LITERATURVERSORGUNG IN DEN GEISTESWISSENSCHAFTEN

v

LITERATURVERSORGUNG IN DEN GEISTESWISSENSCHAFTEN

75. DEUTSCHER BIBLIOTHEKARTAG IN TRIER 1985

Herausgegeben von
Rudolf Frankenberger und Alexandra Habermann

VITTORIO KLOSTERMANN · FRANKFURT AM MAIN

(1986)

ZEITSCHRIFT FÜR BIBLIOTHEKSWESEN UND BIBLIOGRAPHIE
SONDERHEFT 43

CIP-Kurztitelaufnahme der Deutschen Bibliothek
Literaturversorgung in den Geisteswissenschaften / 75. Dt. Bibliothekartag in Trier 1985. Hrsg. von Rudolf Frankenberger u. Alexandra Habermann. – Frankfurt am Main : Klostermann, 1986.
(Zeitschrift für Bibliothekswesen und Bibliographie : Sonderheft ; 43)
ISBN 3-465-01695-5
NE: Frankenberger, Rudolf [Hrsg.]; Deutscher Bibliothekartag <75, 1985, Trier> ; Zeitschrift für Bibliothekswesen und Bibliographie / Sonderheft

Satz und Druck: Druckerei Otto KG, Heppenheim – Printed in Germany

Inhalt

3. ERSCHLIESSUNG UND BENUTZUNG

4. INFORMATIONSVERMITTLUNG

5. PODIUMSDISKUSSION – EINFÜHRUNG

6. NEUE ENTWICKLUNGEN BEIM EINSATZ DER EDV IN BIBLIOTHEKEN

Vorbemerkung

Der 75. Deutsche Bibliothekartag in Trier war einer der am besten besuchten in den letzten Jahren. Nahezu 1 800 Kolleginnen und Kollegen waren gekommen. Eine schöne Stadt und ein attraktives Programm mögen die Ursachen dafür gewesen sein. Besser als durch einen so überwältigenden Besuch kann nicht deutlich gemacht werden, daß der Deutsche Bibliothekartag die wichtigste Arbeits- und Fortbildungstagung im deutschen Bibliothekswesen darstellt.

Der Verlauf des Bibliothekartages hat nicht nur die hervorragende Organisation durch die Trierer Kollegen gezeigt, sondern von der Eröffnungs- bis zur Schlußveranstaltung immer Referate, Diskussionen und Demonstrationen auf hohem Niveau geboten. Es war der einhellige Wunsch aller Teilnehmer, daß möglichst alle Referate vollständig in den Tagungsband übernommen werden. Die Herausgeber haben sich diesem überwältigendem Votum gebeugt und mit dem Verleger verhandelt. Dem Verlag gebührt Dank für seine Bereitschaft, diesmal einen sehr umfangreichen Band zu erstellen. Auch wenn der Band deshalb etwas später erscheint als in den Vorjahren, so ist dies doch weniger schmerzlich, als wenn der eine oder andere wichtige Beitrag nicht aufgenommen worden wäre.

Die Beiträge zur Trierer Buch- und Bibliotheksgeschichte sind zusammengefaßt und Alois Thomas zu seinem 90. Geburtstag gewidmet.

Die Herausgeber hoffen, daß dieser Band sowohl den Besuchern des Bibliothekartages als auch denjenigen, die nicht teilnehmen konnten, Anregungen gibt und Kenntnisse vermittelt, die nutzbringend in der täglichen Praxis Verwendung finden können.

Dezember 1985 — Die Herausgeber

1. ERÖFFNUNG DES 75. DEUTSCHEN BIBLIOTHEKARTAGES IN TRIER

Eröffnungsansprache des Vorsitzenden des Vereins Deutscher Bibliothekare

RUDOLF FRANKENBERGER

75. Deutscher Bibliothekartag, der 35., den der Verein der Diplom-Bibliothekare an wissenschaftlichen Bibliotheken und der Verein Deutscher Bibliothekare gemeinsam veranstalten. Nach 25 Jahren wieder ein Bibliothekartag im nunmehr zweitausend und ein Jahr alten Trier. 85 Jahre Verein Deutscher Bibliothekare. Das muß Anlaß sein, sich wenigstens bei dieser Einführung kurz mit der Geschichte der Bibliothekartage zu beschäftigen. Mitte des 19. Jahrhunderts erscholl es aus Dresden, Förstemann war es, die Bibliothekare mögen doch über ihre engen Landesgrenzen hinaussehen: „Lernet von einander und helft euch."[1] Das erste Ergebnis der darauf kräftig einsetzenden Bemühungen war ein Fachorgan, das 1884 entstand, das „Zentralblatt für Bibliothekswesen". Unter Hartwigs Regie errang es bald Achtung und Ansehen. Bereits in der ersten Nummer wird davon gesprochen, daß deutsche Bibliothekare sich bis jetzt nicht zu Kongressen versammelt hätten, „obgleich gerade für ihre Vereinigungen mancher Übelstand nicht zu befürchten wäre. Die Versammlungen würden keinen unförmigen Umfang erreichen; sie würden keinem Staate, keiner Stadt zur Last fallen; Sectionsbildungen würden kaum vorkommen; das Local wäre leicht zu beschaffen; feindlich einander gegenüberstehende Bibliothekarschulen gibt es nicht."[2] Das Zentralblatt fährt dann fort, „es könnte manches Ersprießliche daraus hervorgehen, namentlich, wenn sich das Empfehlen der eigenen Methode als der allein seligmachenden nicht zu sehr vordrängt".[2]

Die Anregung, sich zusammenzuschließen, Tagungen abzuhalten war 1884 anscheinend doch noch zu früh. Noch viele Jahre mußte das Zentralblatt für den geistigen Zusammenhang sorgen, für den Zusammenhang, den eben das

[1] Hilsenbeck, A.: 25 Jahre Verein Deutscher Bibliothekare. In: Zentralblatt für Bibliothekswesen 42 (1925) – S. 418.

[2] Förstemann, E.: Die Verbindung zwischen den deutschen Bibliotheken. In: Zentralblatt für Bibliothekswesen 1 (1884) – S. 7.

gedruckte Wort zu leisten imstande ist. Bibliothekare und Bibliotheken konnten sich so lediglich aus der Ferne kennenlernen.

Erst im Jahre 1897 haben deutsche Bibliothekare im Anschluß an die Philologenversammlung in Dresden als eigene Sektion getagt. Aber auch dieser erste Zusammenschluß galt nur als „vorübergehende Sektionsversammlung“[3]. Man glaubte damals immer noch nicht so recht, traute es sich vielleicht auch nicht zu, daß man eine Einheit, ein Ganzes bilden könne.

Dziatzko war es dann, der den bedauerlichen Mangel, daß den Bibliothekaren keine Vereinigungsmöglichkeit gegeben, daß keinerlei Standesvertretung da sei, zum Ausdruck brachte und aufforderte, sich ständig an die Philologenversammlung anzuschließen. Die sächsischen Kollegen schrieben gleich 31 deutsche und österreichische Bibliotheken an, und 50 Kollegen fanden sich auch in Dresden ein. Als erster Redner sprach Dziatzko über Generalkatalogisierung, ein Thema, das, wenn Sie das Programm unseres 75. Bibliothekartages aufmerksam durchsehen, auch heute noch im Zentrum bibliothekarischer Fragen steht. Damals wünschte man sich den preußischen Gesamtkatalog ausgedehnt auf Deutschland. Man beschloß auch, sich in zwei Jahren wieder zum Philologentag zu treffen.

1899 tagte man wieder mit den Philologen zusammen, diesmal in Bremen. Bei dieser Tagung kam es dann zu ernsthaften Erörterungen über die eventuelle Einrichtung eines besonderen Bibliothekartages.

Die Begründung für eine solche Tagung klingt recht interessant:[4]

– Der Anschluß an die Philologenversammlung als stillschweigend geduldete Mitglieder sei nicht gut, die Zeit für eigentlich bibliothekarische Fragen sei dabei zu kurz bemessen.

– Städte, in denen die Philologen tagten, seien oft für Bibliothekare ohne besonderes Interesse,

– die persönliche Berührung sei auf so großen Versammlungen ungenügend.

– Die Bibliothekare hätten für jährliche Beratungen selber genügend Stoff.

Wir sehen sehr deutlich, die Bibliothekare fühlten die Selbständigkeit ihres Berufes gegenüber den Schulmännern. Und – besonders interessant und zukunftsträchtig – es dürfe nicht die Vorstellung erweckt werden, als sei die philologische Vorbildung die allein zulässige. Der Beruf erfordere vielmehr Beamte von verschiedenartigster wissenschaftlicher Vorbildung; der Meinung, als förderten die Bibliothekare nur Philologie und Geisteswissenschaften, diesem unberechtigten Verdacht dürfe man keine Nahrung geben: Kurz, die meisten sind für die Bildung eines eigenen Vereins. 32 Namen zeigt die

[3] Hilsenbeck, A.: a.a.O. S. 419.
[4] Nach Hilsenbeck, A.: a.a.O. S. 419.

Präsenzliste von Bremen, 55 am Erscheinen Verhinderte hatten schriftlich ihre Zustimmung zu eigenen Treffen gegeben.

Als die Hauptaufgabe solcher Veranstaltungen werden bezeichnet:

„1. Eine Vereinigung für den lebendigen Meinungsaustausch und den persönlichen Verkehr unter den deutschen Bibliothekaren zu bilden,

2. in den Grundsätzen der Bibliotheksverwaltung eine einheitliche Entwicklung anzubahnen und sich über Vorschläge zu verständigen, welche geeignet sind, diese Einheit zu fördern,

3. solche bibliographischen Unternehmungen, die nur durch Zusammenwirken der Fachmänner möglich sind, ins Leben zu rufen und zu fördern, und

4. für die Ausbildung und Hebung des volkstümlichen Bibliothekswesens in Deutschland zu wirken und auf eine Abgrenzung ihrer Wirksamkeit hinzuarbeiten.“[5]

Eine Kommission sollte alle Vorbereitungen treffen. Als ersten Tagungsort wählte man Marburg, weil zentral gelegen und mit einer neuen Bibliothek zum Vorzeigen. Man wählte Pfingsten „als eine norddeutsche Ferienzeit“[5], wie es damals noch hieß. Vor 85 Jahren fast auf den Tag genau fand also der erste deutsche Bibliothekartag statt. Dort wurde auch, wie berichtet wird, „unter lautem Beifall“[5] am 8. Juni 1900 der Verein Deutscher Bibliothekare gegründet. 58 Kollegen waren erschienen. Als Vorsitzender führte Hilsenbeck später in seinem Festbericht zum 25jährigen Jubiläum des Vereins aus, daß die allerwichtigste Entscheidung, die 1900 getroffen wurde, diejenige war, Schwenke an die Spitze des Vereins zu wählen.[5] Er hat die Tradition begründet, die der Verein bis heute in seiner inneren und äußeren Struktur beibehalten hat.

Gedacht war von Anfang an an einen jährlichen Veranstaltungsturnus. Wegen der schwierigen Kriegs- und Nachkriegszeiten konnten allerdings verschiedene Tagungen nicht stattfinden, deshalb fällt der 85. Geburtstag des Vereins Deutscher Bibliothekare mit dem 75. Deutschen Bibliothekartag zusammen.

Seit 1951, seit dem Kongress Deutscher Bibliothekare in Münster, an dem auch die Volksbibliothekare – wie sie da genannt wurden – teilnahmen, werden die Tagungen gemeinsam mit dem Verein der Diplom-Bibliothekare ausgerichtet. Und ohne diesen Partner wären unsere Veranstaltungen um vieles ärmer.

Bereits die zweite Versammlung 1901 in Gotha beschloß, ein „Jahrbuch der deutschen Bibliotheken“ herauszugeben. 1902 erschien die erste Ausgabe bei Harrassowitz in Leipzig. Die 51. Ausgabe ist gerade in Bearbeitung, nach wie vor betreut von Harrassowitz. Wir hoffen, sie im November ausliefern zu können. Erstmals wird das Jahrbuch mit den Angaben zu 593 Bibliotheken und

[5] Hilsenbeck, A.: a.a.O. S. 420.

108 bibliothekarischen Institutionen und Arbeitsgemeinschaften mehr als 700 Einträge enthalten.

Wer von uns könnte sich heute seine tägliche Arbeit ohne das grüne Buch vorstellen.

In der Folge waren die Bibliothekartage das Forum für die Diskussion aller wesentlichen Probleme. Blättert man die einzelnen Bände des „Zentralblatts für Bibliothekswesen", der „Nachrichten für wissenschaftliche Bibliotheken" und der „Zeitschrift für Bibliothekswesen und Bibliographie" durch, dann kann man feststellen, was auf den einzelnen Bibliothekartagen vorgetragen, diskutiert, geprüft, beraten, beschlossen und verworfen worden ist. Die gesamte Entwicklung des deutschen Bibliothekswesens seit 1900 hat hier ihren Niederschlag gefunden. Kaum ein wichtiges Thema blieb auf diesen Bibliothekartagen unberührt, undiskutiert. Ja oft kehrten gleiche Themen, vielleicht unter etwas anderen Aspekten, wieder.

Fragen der Vor- und Ausbildung beherrschten die ersten Bibliothekartage; dazu auch die Probleme der Gesamtkataloge und der Inkunabelkatalogisierung. Breiten Raum nahmen immer bibliotheksgeschichtliche Fragen ein. Niemals wurden aber, und auch das zeigt die Betrachtung der einzelnen Bibliothekartage, die aktuelle Situation der Bibliotheken und ihre konkreten Probleme ausgeklammert. So ist es verständlich, daß nach dem Zweiten Weltkriege sich die Bibliothekartage ganz besonders mit den praktischen Fragen des Alltags beschäftigten. Hier ging es darum, mit den wichtigsten Schwierigkeiten des Wiederaufbaus fertigzuwerden. Bibliotheks- und buchgeschichtliche Themen traten stark zurück.

Der verlorene Krieg hatte auch zur Folge, daß das bibliothekarische Ausbildungswesen neu zu ordnen war, daß eine Rückbesinnung auf das Berufsbild des Bibliothekars und die Aufgaben der Bibliotheken in der neuen Zeit notwendig wurde. Es hat allerdings bis zum 74. Deutschen Bibliothekartag gedauert, bis jede der veranstaltenden Vereinigungen ihr Berufsbild verabschieden bzw. diskutieren konnte, und Ausbildungsfragen beschäftigen uns weiterhin, gerade jetzt verstärkt. Unser 75. Deutscher Bibliothekartag mit seiner Hauptthematik „Literaturversorgung der Geisteswissenschaften" greift manche Fragen auf, die in der bibliothekarischen Diskussion gerade an Bibliothekartagen schon eine Rolle spielten.

Ich hoffe, aufgezeigt zu haben, daß die bisherigen 74 Bibliothekartage für die Entwicklung des Deutschen Bibliothekswesens von allergrößter Bedeutung gewesen sind. Sie waren nicht nur große kulturelle Ereignisse, sondern sie haben auch durch die Beratungen und Empfehlungen Wege aufgezeigt zu einer Verbesserung bisher unbefriedigender Situationen. Auch wenn Beschlüsse von Bibliothekartagen niemanden zu binden vermögen, so zeigt sich doch, daß das, was die Mitglieder der Vereine auf den Bibliothekartagen gemeinsam diskutiert, angeregt oder auch empfohlen haben, in aller Regel aus freien Stücken in die Tat umgesetzt worden ist. Denken wir nur an den deutschen Leihverkehr. Ohne zentrale Verordnung ist er 1924 in Verhandlungen von Land zu Land Wirklichkeit geworden, oder denken wir an Katalogregeln.

Auch wenn 1973 die Sacharbeit an den deutschen Bibliotheksverband abgetreten wurde und diese heute beim Deutschen Bibliotheksinstitut verankert ist, ist der Bibliothekartag nach wie vor die Veranstaltung, während der die weitaus meisten Kommissionen und Arbeitsgemeinschaften Sitzungen – zum Teil öffentlich – abhalten.

An dieser Stelle sei ganz deutlich darauf hingewiesen – und der Besuch hier in Trier mit mehr als 1700 Teilnehmern zeigt es wieder –, daß der Bibliothekartag die wichtigste Arbeits- und Fortbildungstagung im Bibliotheksbereich darstellt. Nur hier ist es möglich, innerhalb kurzer Zeit die nötigen Informationen über Entwicklung und Fortschritte im Bibliothekswesen zu erhalten. Hier bekommt man Verständnis für den Sinn der Tätigkeit und die Verbundenheit aller Arbeitsvorgänge in der Bibliothek. Und kaum ein Bereich ist so sehr auf Zusammenarbeit bei der Lösung seiner Probleme angewiesen wie der Bibliotheksbereich. Es bedarf der regelmäßigen engen, persönlichen Kontakte. Zeitschriften – so wertvoll und notwendig sie auch sein mögen – können dies nur in beschränktem Maße leisten.

Die Unterhaltsträger werden gebeten, und die Bibliotheken haben nach wie vor viele Herren, auch weiterhin anzuerkennen, daß der Besuch der Bibliothekartage in aller Interesse liegt und daß ein solcher Besuch Unterstützung verdient. Ich hoffe, daß die überwältigende Teilnehmerzahl dieses Bibliothekartages schon ein Zeichen dafür ist, daß der Bibliothekartag als die Fortbildungs- und Arbeitstagung im Bibliotheksbereich weiterhin anerkannt wird.

Selbstverständlich sind Tagungsstätte und Tagungsort so verlockend, daß auch darin ein Stückchen des guten Besuches begründet sein mag. Daß wir uns hier treffen können, verdanken wir der Einladung der Stadt und der Universität Trier. Ich darf mich deshalb bei Herrn Oberbürgermeister Felix Zimmermann vielmals bedanken und ihn gleichzeitig in unserer Mitte sehr herzlich begrüßen. Wir wissen es zu würdigen, daß er uns in seiner Stadt aufgenommen hat, daß es gelang, alle hier unterzubringen, und daß die für das Rahmenprogramm notwendigen Einrichtungen zur Verfügung gestellt wurden.

Ebenso herzlich begrüße ich den Präsidenten der Universität Trier, Herrn Prof. Dr. Arndt Morkel. Herr Präsident, Sie gewähren uns Gastrecht in ihrer Universität. Sie haben uns jederzeit geholfen, alle Schwierigkeiten aus dem Weg zu räumen. Ganz herzlichen Dank dafür. Dank auch Ihnen ebenso wie dem Herrn Oberbürgermeister, daß Sie bereit sind, ein Grußwort an die hier

Versammelten zu richten. Tagungsort Trier und Universität mit ihren geisteswissenschaftlichen Schwerpunkten haben das Thema der Tagung „Literaturversorgung in den Geisteswissenschaften" weitgehend mitbestimmt.

Ein ganz besonderer Willkommensgruß gilt dem Herrn Ministerpräsidenten des Landes Rheinland-Pfalz, Herrn Dr. Bernhard Vogel. Wir sind Ihnen, sehr verehrter Herr Ministerpräsident, zu großem Dank verpflichtet, daß Sie sich trotz der starken Belastung durch das höchste Amt in diesem Lande bereitgefunden haben, zu uns zu kommen und ein Grußwort zu sprechen. Nach 1980 in Wuppertal, 1981 in Regensburg, 1982 in Darmstadt ist dies der vierte Bibliothekartag, an dem der Ministerpräsident des veranstaltenden Landes zu den Bibliothekaren spricht. Ich darf darin, sehr verehrter Herr Ministerpräsident, die Bedeutung ablesen, die Sie den Bibliotheken und der Arbeit der Bibliothekare beimessen.

In den vergangenen Jahren haben wir uns immer bemüht, die Kontakte zum Börsenverein zu pflegen und zu vertiefen. Die Ergebnisse bei Einfuhrumsatzsteuer, Urheberrecht, Leseförderung zeigen die Erfolge des letztlich doch immer gemeinsamen Vorgehens. Ich begrüße den Vorsteher des Börsenvereins, Herrn Günther Christiansen, auf das herzlichste und danke ihm für die Bereitschaft, ein Grußwort zu sprechen.

Eine nicht unwesentliche Rolle bei der Entwicklung des Bibliothekswesens der Bundesrepublik hat immer der Wissenschaftsrat gespielt. Eines seiner aktivsten Mitglieder und gleichzeitig einen „alten" Trierer und Augsburger konnten wir für den Festvortrag gewinnen. Ich begrüße Herrn Professor Frühwald ganz herzlich und bedanke mich für die Übernahme dieses Festvortrages.

Mit besonderer Freude begrüße ich wieder unsere ausländischen Kollegen und Gäste. Aus dem Tagungsbüro wird mir gemeldet, daß 60 Bibliothekare aus 10 Ländern unsere Einladung zur Teilnahme am 75. Deutschen Bibliothekartag angenommen haben. Ich heiße alle in Trier willkommen und darf namentlich die offiziellen Vertreter der folgenden Verbände nennen:

- Herrn Hofrat Dr. Ferdinand Baumgartner, Österreich
- Herrn Dr. Jul Christophory, Luxemburg
- Herrn Professor Siegfried Feller, Vereinigte Staaten von Amerika
- Herrn Jean-Claude Garreta, Frankreich
- Herrn Dr. Gabriele Lunati, Italien
- Frau Frieda Martens, Belgien
- Herrn August Mathijsen, Niederlande
- Herrn Philippe Monnier, Schweiz
- Ms. Andrea G. Polden, Großbritannien

Als Vertreter der International Federation of Library Associations and Institutions, deren Präsidentin sehr bedauert, daß sie nicht nach Trier kommen kann, sind die Herren Dr. Geh aus Stuttgart und Dr. Willem R. H. Koops aus Groningen zu uns gekommen. Das Grußwort für die ausländischen Gäste wird vom Vertreter, der aus der unmittelbaren Nachbarschaft, aus Luxemburg, kommt, Herrn Dr. Christophory, gesprochen. Schon an dieser Stelle darf ich für alle Grußworte ganz, ganz herzlich danken.

Die Zahl der Gäste, die zur Eröffnung des 75. Deutschen Bibliothekartages erschienen sind, ist sehr groß. Die namentliche Aufzählung ließe sich beliebig ausdehnen. Ich hoffe auf ihr Verständnis, wenn ich das Verfahren abkürze und die Vertreter des politischen und öffentlichen Lebens geschlossen begrüße und herzlich willkommen heiße. Ebenso herzlich begrüße ich die Vertreter der Kirchen. Ein besonderer Gruß und Dank gilt den Mitarbeitern der Verlage, Buchhandlungen und allen Firmen, die mit ihren ausgestellten Erzeugnissen den doch so wichtigen Rahmen unserer Bibliothekartage bilden. Wenn sie einen Blick in das Bibliothekartagsheft der ABI-Technik werfen, dann können sie feststellen, daß es ein besonders reichhaltiges Angebot ist, von dem wir alle Gebrauch machen können. Ich danke allen Ausstellern für ihre Mühe und wünsche ihnen den verdienten Erfolg. An dieser Stelle darf ich auch die Vertreter von Presse, Rundfunk und Fernsehen herzlich begrüßen und ihnen danken dafür, daß sie unserer Arbeit und dieser Tagung soviel Aufmerksamkeit schenken.

Und nun endlich, aber nicht weniger herzlich, heißen Frau Usemann-Keller und ich alle Kolleginnen und Kollegen aus den Bibliotheken willkommen. Für sie haben die beiden Vereine und das Ortskomitee diese Arbeits- und Fortbildungstagung organisiert. Wir hoffen, daß alle am Ende sagen können, „es hat sich gelohnt, nach Trier gekommen zu sein".

Die Begrüßung wäre aber doch unvollständig, würde ich nicht denjenigen begrüßen, der vor 25 Jahren zuständig war für den VDB und den Bibliothekartag in Trier. Herr Professor Köttelwesch, ich freue mich sehr, daß Sie gekommen sind, und begrüße Sie ganz herzlich.

Es ist guter Brauch, in einem dritten Teil dieser Eröffnungsrede einige Worte zur persönlichen Situation der Bibliothekare zu sagen.

Ich möchte diese Tradition fortsetzen. Nach wie vor belasten die Sparmaßnahmen der öffentlichen Hand die Bibliotheken und die Bibliothekare. Nach wie vor ist es auch Funktion der Bibliothekare, durch Opfer die öffentlichen Haushalte zu sanieren. Sie alle kennen die Problematik: Verschiebung der Anpassung von Löhnen und Gehältern, Einkommenskürzungen bei Beamten auf Probe im gehobenen und höheren Dienst und darüber hinaus Streichung der Zuschüsse zur Gemeinschaftsverpflegung, um nur einige Punkte anzusprechen.

Dazu kommen natürlich die Stellensperren vor Neubesetzungen, die immer länger werden, jetzt schon im Durchschnitt ½ Jahr betragen. Und als Damoklesschwert über allem der in den Bundesländern beschlossene und in vollem Gange befindliche Stellenabbau.

Gegen die Absenkung der Eingangsbesoldung im gehobenen und höheren Dienst gibt es nun eine erste Klage. Wie weit ihr Erfolg beschieden sein wird, läßt sich noch nicht sagen.

Gerade Stellenabbau und Stellensperre mindern nicht nur die Leistungsfähigkeit der Bibliotheken, sie tragen auch mit dazu bei, daß die Arbeitslosigkeit unter unseren Berufskollegen zunimmt. Sicherlich strömen viele Kolleginnen und Kollegen neu auf den Arbeitsmarkt. Aber manche von ihnen könnten eine Stelle finden, wenn nicht dieser Abbau und diese Stellensperre sich so stark auswirken würden.

Die Bibliothekare und Bibliotheken haben immer wieder ihre Bereitschaft gezeigt zu sparen, wenn gespart werden muß. Ich möchte aber nochmals betonen, daß es jetzt an die Substanz der Bibliotheken geht. Bibliotheken, die „Großgeräte" der geisteswissenschaftlichen Forschung, wie sie vom Präsidenten der Westdeutschen Rektorenkonferenz genannt wurden, können es sich nicht leisten, im Bestandsaufbau und in ihrem Service Lücken auftauchen zu lassen. Der Schaden für die Wissenschaft, der Schaden für die Gesellschaft ist nicht mehr gutzumachen. Ich bitte alle Unterhaltsträger von Bibliotheken, daran zu denken und zu prüfen, ob ausgerechnet diese Institutionen der richtige Ort für kräftige Sparmaßnahmen sein können.

Lassen Sie mich hier Adolf von Harnack zitieren, der 1905 feststellte: „Man darf die Pflege der Bibliotheken mit der Pflege des Waldes vergleichen. Die Sünden und Vernachlässigungen rächen sich erst an den Kindern und Enkeln; daher auch umgekehrt: Die Kinder und Enkel werden den Schatten der Bäume preisen, die wir gepflanzt haben. Es genügt nicht, den alten Bestand zu erhalten und für die nächsten Zwecke zu vermehren; es gilt auch hier, aufzuforsten und neue Gebiete zu gewinnen."

An alle Kolleginnen und Kollegen, die in entsprechenden Positionen sind, appelliere ich, alles zu tun, um durch AB-Maßnahmen oder vorübergehende Arbeitsverhältnisse Möglichkeiten zu schaffen, arbeitslose Kolleginnen und Kollegen in Bibliotheken zu beschäftigen. Die entsprechende Flexibilität ist bei allen vorhanden. Dies hat sich in der Vergangenheit immer wieder gezeigt.

Das letzte Wort sei das des Dankes an das Ortskomitee der Universitätsbibliothek Trier. Stellvertretend für alle seien die Kollegen Ott und Hundemer genannt. Meine Damen und Herren, es wurde hervorragende Arbeit geleistet. Damit möchte ich den 75. Deutschen Bibliothekartag eröffnen.

Literatur

1. Förstemann, E.: Die Verbindung zwischen den deutschen Bibliotheken. In: Zentralblatt für Bibliothekswesen. 1 (1884) – S. 6ff.

2. Fuchs, H.: Von Gestalt und Bedeutung unserer Bibliothekartage. In: Zeitschrift für Bibliothekswesen und Bibliographie. 7 (1960) – S. 187ff.

3. Hilsenbeck, A.: 25 Jahre Verein Deutscher Bibliothekare. In: Zentralblatt für Bibliothekswesen. 42 (1925) – S. 418ff.

4. Leyh, G.: Fünfzig Jahre Verein Deutscher Bibliothekare. Aus vierzig Jahren Bibliotheksarbeit. Kleine Schriften. 1954. – S. 215ff.

5. Tiemann, H.: Zur Reform unserer Bibliothekartagungen. In: Nachrichten für wissenschaftliche Bibliotheken. 3 (1950) – S. 169ff.

WOLFGANG FRÜHWALD

Information oder Wissen?

Zur Entwicklung der Geisteswissenschaften und ihrer Literaturversorgung in der Bundesrepublik Deutschland *

I

Vor rund einem Jahr hat Wolfgang Hildesheimer jenes Interview gegeben, das im Rückblick vielleicht einmal als Zäsur in der Kulturgeschichte der Moderne bezeichnet werden wird, da es im Klartext formuliert, wovon die Literatur – soweit sie nicht nur der Unterhaltung dient – seit langem spricht: das Erschrecken vor der Veränderung des Personbegriffes, die Furcht vor der Verselbständigung der Wissenschaft und vor der Selbsttätigkeit wissenschaftlicher Mechanismen. Sie sind vom einzelnen nicht mehr zu erfassen und zu beherrschen, sie sind ihrerseits längst auf dem Wege, den Begriff des Individuums, ja den Begriff von Menschheit aufzulösen, wie er seit Jahrhunderten das philosophische, literarische und das wissenschaftliche Gespräch im Grundsatz bestimmt. Exemplarisch für eine breite und mächtige Strömung unserer Literatur sagt Wolfgang Hildesheimer ein Ende der Kultur in dem noch immer auf Konsens treffenden Sinne voraus, da der „Mensch in Bälde die Erde verlassen haben" werde und die „Übriggebliebenen [...] sich nicht gerade um Shakespeare oder Mozart kümmern" werden.[1]

In unserer diesem Erschrecken bis zur Stummheit hilflos ausgelieferten Literatur scheint die Stunde des Clowns angebrochen, hinter dessen heiterer Maske das bare Entsetzen lauert. Der Kalauer wird zum bevorzugten Ausdrucksmittel der Welterfassung, mit welcher das „tatenlose, überinformierte Bewußtsein, das nicht mehr in der Lage ist, Wunsch, Idee, Erinnerung zu produzieren", sich der „(sonst nur dem Wahnsinn bekannten) Gleichzeitigkeit des Unvereinbaren" stellt und dem „wahllos aus den Beständen zugespielten Datensalat" die bewußt widerstehende Formulierung gibt.[2] Botho Strauß, der 1981 diese Analyse nicht nur der aktuellen Situation des Schriftstellers gegeben hat, sondern dessen Situation als Paradigma für die des Menschen in der

* Der Text der Festrede auf dem 75. Deutschen Bibliothekartag in Trier, der beim Vortrag aus Zeitgründen gekürzt werden mußte, wird hier in der ursprünglichen Fassung, ergänzt um Literaturhinweise, wiedergegeben.

[1] Wolfgang Hildesheimer: Interview mit Tilman Jens. In: STERN, 12. April 1984, S. 60.

[2] Botho Strauß: Paare, Passanten. München 1981, S. 195f. Das folgende Zitat ebd. S. 196.

sogenannten „Informations-Gesellschaft" betrachtet, definierte als die Krankheit der hochtechnisierten Industrieländer „eine kulturelle Egalität, die jedem Ding gleichen Erscheinungswert zubilligt"; sie bedinge „die Wüste des Bewußtseins".

Den deutlich zivilisationskritischen Tönen unserer Literatur, in der Peter Handke eine belächelte und ironisierte Außenseiterrolle spielt, steht das beredte und vielstimmige Optimismustraining der Informations- und Werbe-Industrie gegenüber, die mit eudaimonistischer Weltsicht und unverkennbar rationalistischem Vokabular eine glückstrahlende Zukunft der total informierten Menschheit verkündet und bemüht ist, die entsprechenden Sprachregelungen durchzusetzen. „Es ist höchste Zeit", meint einer dieser Informations-Propheten, „daß wir für das, was im [Terminus] ‚Bildschirmtext' verborgen ist, Namen finden und verwenden, die sagen, was Sache ist. Zum Beispiel: Elektronisch einkaufen, Tele-shopping, Tele-Bestellung. Oder elektronisches Bankkonto, Tele-Überweisung, Home-Banking. Oder elektronisches Lexikon, Tele-Wörterbuch. Oder elektronisches Telefonbuch (wie in Frankreich bereits erfolgreich realisiert). Oder elektronische Zeitung. Oder Tele-Brief. Oder, oder, oder."[3] Die von Bildschirm-Informationen aller Art, von Elektronik, Videobändern und jederzeit abrufbaren Lesetexten geprägte Gesellschaft des 21. Jahrhunderts wird es, diesen Prophetien zufolge, gelernt haben, sich einer fortgeschrittenen Hoch-Technologie zu bedienen: „Die Informations-Gesellschaft wird es uns möglich machen, unseren Geist, unser Leben und unser Glück auf unzähligen Wegen zu erweitern. Die Voraussetzungen dafür sind heute schon gegeben: Die Technologie und das Know-how sind verfügbar – es ist nur eine Frage der Verwirklichung."[4]

Wer die rasche Entwicklung unserer Gegenwartssprache aufmerksam verfolgt, wird feststellen, daß heute „Kommunikation", „Information" und „Werbung" weitgehend synonym gebraucht werden. Der 3. Deutsche Kommunikationstag etwa, der vom 9. bis 11. Mai 1985 in Berlin stattgefunden hat, deklarierte Kommunikation, neben Boden, Arbeit, Kapital und Geist, zu einem „zentralen Produktiv-Faktor" und propagierte in der Ausschreibung dieses Kongresses mehr oder weniger unverhüllt die Gleichsetzung der genannten Termini. Wolf-Dieter Narr hat schon 1980 darauf hingewiesen, daß die rasche Perfektionierung unserer Informations- und Kommunikationssysteme den Verlust des sozialen Ortes der Menschen beschleunigt. Alle diese Systeme sind

[3] Wolfgang K. A. Disch: Ein falscher Name behindert nicht selten den Zutritt zum Markt. In: MARKETING Journal 5 (Oktober/November 1984), S. 409.

[4] Jim van Horn: 20. November 2000. Von Haushaltsrobotern, führerlosen Autos und „Magischen Bildschirmen". In: MARKETING Journal 5 (1984), S. 433.

auf den einzelnen Konsumenten ausgerichtete bloße Informations-Systeme, die grundsätzlich nicht dialogisch funktionieren, sondern lediglich die rasche Faktenübermittlung erlauben. So ist die deutschsprachige Gegenwartsliteratur angefüllt mit Kommunikations-Neurotikern aller Art, von beziehungsschwachen, ihrer selbst nicht mehr sicheren Menschen. Der Verlust der Kommunikation und gar der Kommunikationsfähigkeit – einziges Thema des Gesamtwerkes von Botho Strauß – wird durch die technischen Symbole der Einsamkeit, durch die Surrogate der Kommunikation (Sprechanlage, Diktiergerät, Lautsprecher, Fernseher etc.) verstärkt. Das Phänomen der sich spezialisierenden Gruppensprachen, der Sekten- und Bandenjargons, weist nicht nur auf die Zerstörung herkömmlicher Gemeinschaftsstrukturen, sondern auch auf die Gefährdung des Staates als des Garanten der Freiheit des einzelnen gegenüber den vordringenden Gruppeninteressen. Ohne Zweifel hat die Menschheit durch die Erfindung des Elektronengehirns das durch Jahrtausende umrätselte Problem des Gedächtnisses gelöst, doch sind gegenwärtig zahlreiche Anstrengungen nicht so sehr auf den vernünftigen Gebrauch dieses elektronischen Gedächtnisses gerichtet als vielmehr auf die Befriedigung neuer durch den Computer geweckter und noch unabsehbarer Bedürfnisse. Es wäre naiv zu verkennen, daß sich mit dem extensiven Gebrauch der elektronischen Datenverarbeitung in den „Humanities" die Substanz herkömmlicher geisteswissenschaftlicher Arbeit zu verändern beginnt, daß die nun zu bewältigenden Datenmengen auch die Forschungsrichtungen, die Erkenntnisinteressen zu beeinflussen beginnen, Neugier und Experimentierfreude eine andere Richtung nehmen als im Zeitalter des endgültig ausrangierten Zettelkastens. Die Computer-Ausstattung von Schule und Universität ist in vollem Gange, mit ihrer Systematisierung hält auch jene Ideologie Einzug, wonach der Student jetzt endlich sich mit dem befassen könne, was in der aktuellen Situation von unmittelbarem und praktischem Nutzen ist. Eine Sprache für die in Überfülle auf uns eindringenden Fakten zu finden, ist das Ziel gewaltiger Wissensanstrengungen in aller Welt. Doch wichtiger als die Normierung der Computersprachen, die von selbst erfolgen wird, wenn sich einer der Marktführer durchgesetzt haben wird, scheint mir das Problem der Wertung, Sichtung und Einordnung dieser Fakten-Fülle in einen humanen Horizont. Es ist dies ein immer drängenderes Problem, das aber meist außerhalb der von der Faktenflut bedrängten Fächer erkannt und versuchsweise auch beantwortet wird. Wenn täglich rund 300 neue chemische Verbindungen entdeckt und beschrieben werden, wenn die Zeitschrift „Chemical Abstracts" jährlich rund 700000 neue Publikationen im Gesamtgebiet der Chemie verzeichnet und über sie berichtet, kann es nicht verwundern, wenn alle Anstrengungen eines solchen Faches darauf gerichtet sein müssen, eine Sprache für diese wahrhafte Wissensexplosion zu finden.

Zugleich aber regt sich allenthalben ein elementares Unbehagen an der verbreiteten Wertneutralität, allgemein unter der Formel des „Sachzwanges" geführt. Ethik in jeder Form hat wieder Konjunktur, der Konflikt zwischen fachexterner allgemeiner Ethik und fachinterner sachnaher Ethik ist voll entbrannt. Jürgen Mittelstraß hat die ethischen Grenzen des wissenschaftlichen und technologischen Fortschritts dort angesiedelt, „wo dieser, statt die Lebensbedingungen in einer technischen Kultur zu verbessern, den Menschen bedroht und verformt".[5] Ethik-Kommissionen suchen daher nach neuen Definitionen für den Beginn und das Ende des menschlichen Lebens, ja für den Begriff des Menschen, seiner Personalität und seiner Würde, um Grundlagen für Arbeiten in Gentechnologie, Biotechnik, in-vitro-Fertilisation und anderen Wissens- und Erkenntnisgebieten zu gewinnen. Schon sind schüchterne Stimmen zu hören, die nicht nur eine Kosten-Nutzen-Analyse darüber fordern, was uns mangelnde Information kostet, sondern gerade darüber, was uns überflüssige Information kostet. Die informativen Lücken informativen Wissens, auf denen – Golo Mann zufolge – die Geschichtsschreibung aller Zeiten basierte, drohen mit Informations-Ballast zugekleistert zu werden, so daß die thesenbildende Kraft und die wissenschaftliche Phantasie geisteswissenschaftlicher Arbeiten wegen des mitgeschleppten und ängstlich auf Widersprüche hin durchkämmten Faktenballastes abnehmen und allenthalben quantifizierende Methoden auch in den Geisteswissenschaften (mit entsprechend teuerer Geräteausstattung) Platz greifen. Im gleichen Maße – und dies scheint mir ein vorläufiges Fazit der kulturkritischen Literatur unserer Gegenwart –, in dem die industrielle Revolution des 19. Jahrhunderts Vorstellung, Erfahrung und Gefühl des Raumes vernichtet hat, scheint die neue technische Revolution die Kategorie der Zeit anzugreifen, den Erfahrungswandel so zu beschleunigen, daß selbst das Identitätsbewußtsein davon betroffen ist. Allenthalben formuliert die Literatur Defizite unserer Lebenswelt (es gibt eine neue Väter-Literatur, eine neue Heimat-Literatur, eine neue Literatur, welche die Entdeckung der Langsamkeit und des Zeit-Habens preist); das Bewußtsein gewöhnt sich an Raum- und Zeitsprünge unerhörten Ausmaßes, menschliche Kontinuität und Identität sind bedroht, das Mitleid könnte in der Anonymität der Fakten- und Bilderflut erstickt werden.

So hat Wolfgang Hildesheimer in jener Sprache, die immer eintritt, wenn aus scheinbarem Überfluß die Hungersnot entsteht, wenn also aus Informations-Überflutung Sprachverwirrung, Sprachlosigkeit und Kommunikationszerfall entstehen, in der Sprache der Gaukler und Satiriker die Situation vielleicht doch zutreffend beschrieben: „Veränderung auf Veränderung. Es ist eben nicht, wie

[5] Jürgen Mittelstraß: Fortschritt und Eliten. Analysen zur Rationalität der Industriegesellschaft. (Konstanzer Universitätsreden) Konstanz 1984, S. 48.

die Wissenschaftler uns, mit beträchtlichem Erfolg, weiszumachen suchen, fünf Minuten vor zwölf, es besteht daher keinerlei Anlaß zur Panik, da es [....] bereits dreiviertel drei ist, und jede Panik wäre eine müßige und unangemessene Anstrengung. [...] Zwar eilt die Wissenschaft uns weit voraus, aber die Wissenschaftler rennen weit hinter ihr her und versuchen, sie wieder einzufangen, vergeblich natürlich. Ich sehe sie da rennen, über Stock und Stein, laut rufend und gestikulierend, mit Schmetterlingsnetzen und Botanisiertrommeln, als seien sie von gestern, was sie natürlich nicht sind, sie sind von vorgestern."[6] Diese Satire beschreibt nicht nur das Verhältnis des einzelnen Forschers zum gesamten Prozeß der Wissenschafts-Entwicklung, sondern zu einem guten Teil auch das Verhältnis der Geisteswissenschaften zu den ihnen enteilenden Natur- und Technikwissenschaften, welche die Kassandra-Rufe der Kulturkritiker nur noch von ferne zu hören scheinen.

II

In dieser – hier bewußt überpointiert dargestellten – Situation sind die Geisteswissenschaften in einer Weise gefordert wie nie zuvor in ihrer Geschichte. Wenn die Geisteswissenschaften tatsächlich, wie Odo Marquard formulierte, die „Modernisierungsschäden kompensieren" und als Regulativ der sich noch immer beschleunigenden Modernisierung wirken, sind sie eben jenem von Hildesheimer beschriebenen Prozeß ausgesetzt, weil die Anforderungen rascher wachsen als ihr Leistungspotential und sie damit in eine „Überforderungskrise" geraten.[7] Wissen bedeutet immer mehr als Information, mehr als die bloße Mitteilung des tatsächlich oder auch nur scheinbar Wissenswerten, nämlich die übergreifende Kenntnis, die Strukturierung und Systematisierung von Einzeltatsachen. Auf diese allgemeine Definition bezogen sind die Geisteswissenschaften, obwohl ihnen zunächst die Umwandlung von Information in Wissen aufgegeben ist, mehr an der überschüssigen Produktion von Informationen als an der Produktion von Wissen beteiligt; sie beteiligen sich an der Herstellung jener „Kultur der Überfütterung und Überfüllung", die recht eigentlich in das Informations-Chaos führt, in dem wir uns „in unserem praktischen Leben zwar ganz gut einrichten, aber in dem uns der Überblick abhanden kommt".[8]

[6] Wolfgang Hildesheimer: Mitteilungen an Max über den Stand der Dinge und anderes. Frankfurt am Main 1983, S. 52. Zur Theorie des Kalauers ebd. S. 67f.

[7] Vgl. den Bericht in der FRANKFURTER ALLGEMEINEN ZEITUNG vom 7. Mai 1985: Zum Ausgleich der Modernisierungsschäden. Die Geisteswissenschaften in einer „Überforderungskrise".

[8] Thomas Nipperdey: Geschichte als Wissenschaft und Lebensmacht. Neugier, Skepsis, Erbe. Vom Nutzen und Nachteil der Historie. In: FRANKFURTER ALLGEMEINE ZEITUNG, 2. Mai 1985, S. 11.

Das große Schlagwort der technischen Kultur lautet „Verwissenschaftlichung"; dessen Inhalt sieht Jürgen Mittelstraß durch zwei Thesen umschrieben:

1) durch die These „einer vollständigen (wissenschaftlichen) Erkennbarkeit der Welt";

2) durch die These, „daß alle Orientierungsprobleme in Form wissenschaftlicher Problemlösungen bewältigt werden können".

Diese These besagt auch, daß Wissenschaft „alles kann, nicht faktisch (dann müßte Wissenschaft abgeschlossen sein), aber prinzipiell – nach dem Motto: Für jedes Problem gibt es mindestens eine wissenschaftliche Lösung".[9] Ein solches Denken ist monistischen Ursprungs und tendiert mit der Behauptung von der Lösbarkeit, ja der prinzipiell schon erreichten Lösung der Probleme unserer Welt zu einer Überbewertung der Quantität vor der Qualität und damit auch zu einer Auflösung des strengen Forschungsbegriffes, der wir uns überall ausgesetzt sehen.[10] In dem Maße, in dem unsere Lebenswelt „verwissenschaftlicht" und die Wissenschaft in die Rolle eines neuen Heilbringers gedrängt wird, entschwindet die seriöse Forschung aus unseren Wissenschaften, in denen sich sektionales und spezialistisches Wissen als das Ganze ausgibt, in denen vielfach Gedachtes als neu deklariert wird, Saisonales als Bleibendes erscheint, die bloße Terminologie als die Sache selbst.

Die Literaturüberflutung, in der jeder Forscher nur noch knapp 5% der Publikationen seines Faches zur Kenntnis nehmen kann, und die Möglichkeiten moderner Reproduktionsverfahren haben es mit sich gebracht, daß die Maßstäbe, an denen Forschungsergebnisse zu messen sind, ins Wanken gerieten, der Forschungsbegriff selbst schillernd und unscharf geworden ist. Das von Bernhard Fabian in seiner – anregenden und provozierenden – Denkschrift geschilderte Problem der bloßen Informations-Literatur, welche „Zwischenstadien" fixiert, ja das Phänomen einer bloßen „Begleitliteratur der Forschung", das „zu einem eigenen Subsystem der wissenschaftlichen Kommunikation geworden" ist[11], ist ein Krankheitssymptom von Wissenschaften, die sich des eigenen Forschungsbegriffes nicht mehr sicher sind. Der zu beobachtende Prozeß der bloßen Faktensammlung und ihrer Dokumentation und der Reproduktion maschinenschriftlicher Gemeinplätze wird durch manche – nur noch in der Quantität der verzeichneten Titel miteinander konkurrierenden – Bibliographien befördert. Die von Fabian erwähnte Reproduktion von Tagungs-Proto-

[9] Jürgen Mittelstraß (s. Anm. 5), S. 39.

[10] Vgl. dazu die derzeit im Wissenschaftsrat zur Beratung anstehende Empfehlung zur „Neustrukturierung des Studiums".

[11] Bernhard Fabian: Buch, Bibliothek und geisteswissenschaftliche Forschung. Zu Problemen der Literaturversorgung und der Literaturproduktion in der Bundesrepublik Deutschland. Göttingen 1983, S. 269.

kollen, mit genauer Angabe der Kaffeepausen, ist in vielen Fächern längst nicht mehr die Ausnahme, sondern die Regel.[12] In einer seriösen Bibliographie meines eigenen Faches z. B. entdeckte ich unter der Rubrik „Geschichte der Germanistik“ meinen (mit dieser Belegstelle auch ins Register aufgenommenen) Namen im dort verzeichneten Titel einer Flugschrift der Münchener „Marxistischen Gruppe“, also einer nach Art der Jugendsekten organisierten Nachfolgeorganisation der ehemaligen „Roten Zellen“, deren verleumderische – bisher universitätsinterne – Pamphlete von einem übereifrigen Bibliographen, im gedanken- und sinnlosen Wettbewerb um die größere Quantität, zur „Fachliteratur“ geadelt wurden.[13] Schließlich kenne ich große Forschungsgebiete, in denen es Mühe kostete, die als Beiträge zur Forschung geltenden Seminar- und Magisterarbeiten vom tatsächlichen Forschungsprozeß, der in der Regel weit jenseits solcher Arbeiten erst beginnt, zu trennen. An diesen wenigen Beispielen wird deutlich, daß in den Geisteswissenschaften nicht so sehr die von Wilhelm Windelband betonte Differenzqualität gegenüber den Naturwissenschaften ausgeprägt ist, da nomothetische Verfahren aus den Naturwissenschaften in die meisten Fächer der Geisteswissenschaften eingedrungen sind und die idiographischen Methoden eine gewisse Zeit lang in Bedrängnis gebracht haben, daß vielmehr in den modernen Geisteswissenschaften die noch immer grundlegende Erkenntnis Wilhelm Diltheys in Vergessenheit zu geraten droht, wonach in den Geisteswissenschaften das kausale Denken durch ein teleologisches Denken der Wertbeurteilung und der Sinngebung ergänzt werden muß.[14]

Wertbeurteilung aber bedeutet in jedem Falle Auswahl, im Bereich nomothetischer Verfahren ebenso wie im Bereich der Idiographie. Den Mut zu dieser wertbestimmenden Auswahl haben wir weitgehend verloren und vertrauen uns statt dessen der nicht gesichteten Faktenflut an.

Wir alle kennen die Ursachen, die zu dieser Entwicklung mit beigetragen haben:

– die Aufschwellung des Lehrkörpers unserer Hochschulen um rund 400% innerhalb von etwa 20 Jahren;

– die damit in engstem Zusammenhang stehende Ausprägung des claim-

[12] Vgl. ebd. S. 342.

[13] Vgl. dazu die Besprechung des ersten Bandes der „Internationalen Germanistischen Bibliographie“ (1980) von Hans Albert Koch und Uta Koch durch Michael S. Batts. In: Arbitrium. Zeitschrift für Rezensionen zur germanistischen Literaturwissenschaft 1 (1983), S. 6. Dort auch allgemein zum Problem der „grauen Literatur“.

[14] Im Gegensatz zum nomothetischen, auf die Erforschung von Gesetzmäßigkeiten gerichteten Verfahren der Naturwissenschaften sind die geisteswissenschaftlichen Methoden nach Windelband idiographisch, das heißt auf das Besondere, das Einzelphänomen, ausgerichtet (Geschichte und Naturwissenschaft, Straßburg 1904, S. 12). Neben Windelband und Diltheys „Einleitung in die Geisteswissenschaften“ scheinen mir die Definitionen der Geisteswissenschaften durch Rothacker und Rickert von Bedeutung.

Denkens, jenes Goldgräber-Syndroms, das die Ergebnisse immer engerer – und unbedeutenderer – Sachgebiete für den Einzelforscher reklamiert, also die Überspezialisierung und die Atomisierung der Fächer, der – unter dem Druck törichter Kapazitätsverordnungen – eine Überspezialisierung der akademischen Lehre gefolgt ist;

– der mangelnde Mut zur Differenzierung der Professoren unserer Universitäten in mehr der Lehre und mehr der Forschung zugehörende Gruppierungen, wobei Voraussetzung dieser längst überfälligen Differenzierung wäre, daß keine der beiden Gruppen von der anderen geringgeschätzt würde, vielleicht sogar ein Austausch zwischen beiden Gruppen möglich wäre;

– die Auswanderung der Forschung aus den Universitäten in die (in den Geisteswissenschaften wenigen) außeruniversitären Forschungseinrichtungen, die unter anderem vielen Bibliotheken eine nur schwer zu erfüllende Doppel-Rolle als Service-Einrichtung der Forschung und zugleich als Forschungs-Institution aufgezwungen hat;

– das bekannte exponentielle Wachstum der wissenschaftlichen Literatur, in der Orientierung kaum noch geboten wird; insbesondere das Anwachsen englischsprachiger wissenschaftlicher Literatur, aber auch der Eintritt der Entwicklungsländer in den Prozeß der Literaturproduktion;

– schließlich die Isolation und die Vereinsamung des Geisteswissenschaftlers in dem von Reinhart Koselleck so genannten „Zeitalter der Singularisierungen“, in dem die Beschleunigung des Erfahrungswandels den fast totalen Erfahrungsverlust und die Delegation nicht mehr selbst zu machender Erfahrungen an „Erfahrungsspezialisten“ bedingt, so daß wir alle von „Erfahrungen“ leben, die andere für uns gemacht haben, also von Informationen.[15]

David Daiches, Professor an der University of Edinburgh, hat in einem Aufsatz über „The Functions of Research in the Humanities“ nochmals den Diltheyschen Grundgedanken der geisteswissenschaftlichen Forschung eingeschärft: „interpretation and evaluation [...]; most of all we need new interpretations and evaluations of the function of humanistic study as a whole, its role in society, its meaning in terms of people's lives and the values we seek to encourage in living.“[16] Er hat in diesem Zusammenhang darauf hingewiesen, daß Frederic Ferrier's Begriff der „Epistemology“ (definiert als „theory of

[15] Vgl. dazu Odo Marquard: Krise der Erwartung – Stunde der Erfahrung. Zur ästhetischen Kompensation des modernen Erfahrungsverlustes. (Konstanzer Universitätsreden) Konstanz 1982, S. 26. Vgl. auch Reinhart Koselleck: Vergangene Zukunft. Zur Semantik geschichtlicher Zeiten. Frankfurt am Main 1979, S. 265.

[16] David Daiches: The Functions of Research in the Humanities. In: Geoffrey Oldham (Hg.): The Future of Research. Society for Research into Higher Education, Monographs, 1982, S. 176. Das folgende Zitat ebd. S. 179.

Vgl. auch Gunther Stephenson: Geisteswissenschaften – Grenze und Ausblick. In: Scheidewege. Vierteljahresschrift für skeptisches Denken 7 (1977), S. 164–187.

knowledge") weltweit aufgegriffen und vielfältig diskutiert worden ist, daß aber der von Ferrier parallel dazu entwickelte Begriff der „Agnoiology" (definiert als „theory of ignorance") nicht in den Wortschatz der Wissenschaftstheoretiker aufgenommen wurde, obwohl er in einer Welt rapider Vermehrung des Wissens wahrscheinlich wichtiger ist als der der Epistemologie. Der Begriff der Agnoiologie nämlich beschreibt, daß die Vermehrung des potentiellen Wissens der Welt gleichzeitig die Vermehrung des individuellen Nichtwissens bedeutet, insofern individuelles Wissen als der ständig kleiner werdende Anteil des einzelnen am Kenntnisstand der Welt definiert ist: „Every new discovery in, say, astrophysics makes every one of us who is not an astrophysicist that much more ignorant. Ignorance therefore inevitably proliferates as knowledge advances. Boundaries close in as the material within each area becomes more abundant and complicated."

Für die Entwicklung der Geisteswissenschaften, aber nicht nur für sie, resultiert daraus die immer drängendere Notwendigkeit zur Aufhebung der Überspezialisierung und der Zersplitterung, die Überschreitung der oft allzu eng gezogenen Schul- und Fachgrenzen in ein multidisziplinär besetztes Feld hinein. Diese – unter dem Schlagwort der „Interdisziplinarität" – allenthalben beschrittenen Wege, welche durch die Theorie der Agnoiologie eine Basis erhalten, verlangen aber zunächst eine gründliche und den durchschnittlichen Kenntnisstand überschreitende Fundierung im eigenen Fach, um überhaupt in ein fruchtbares Gespräch mit dem Nachbarfach geraten zu können, denn sie verlangen – wie es das Eindringen quantifizierender und nomothetischer Verfahren in die traditionellen Geisteswissenschaften belegt – Grenzüberschreitungen nicht nur innerhalb des eigenen Fachzusammenhanges oder in die Gebiete von Fächern der ehemaligen Philosophischen Fakultäten hinein, sondern gerade in Fächer, die traditionell den Bio- und Ingenieurwissenschaften angehören. Der Ruf aus diesen Wissenschaften nach einem interdisziplinären Gespräch über sie bedrängende Probleme etwa der Wissenschaftsethik ist unüberhörbar geworden; die Industrie, die weiß, daß die kreative Phantasie die Grundbedingung auch für den Erfolg des Ingenieurs ist, beobachtet seit langem mit Sorge den Rückgang geisteswissenschaftlicher Ausbildungsanteile an den Ingenieurwissenschaften und den Rückzug geisteswissenschaftlicher Forschung in das Gespräch der Spezialisten. In Japan beginnt das Ingenieur-Studium mit einem zweijährigen Studium generale, und das Tokyo Institute of Technology vermittelt über das ganze Studium hinweg ein „Liberal Arts Education Program", dessen Inhalte sich auf Humanities, Social Science und Natural Science beziehen.[17] Als vor einigen Jahren im Wissenschaftsrat ein Positionspapier für die

[17] Vgl. M. Schweres: Am Anfang steht das Studium. Ingenieure tragen und regen im wesentlichen den Innovationsprozeß an. In: VDI Nachrichten 39 (1985)/16 (19. April), S. 34.

Geisteswissenschaften diskutiert wurde, haben die Vertreter der Industrie diesen damals nicht weiterverfolgten Plan nachhaltig unterstützt. Inzwischen wird – auch mit dem Blick auf die große Science Policy Study des amerikanischen Kongresses[18] – erneut die Frage diskutiert, ob eine wissenschaftspolitische Orientierung und Neuorientierung für die Geisteswissenschaften, die Markierung struktureller Hindernisse für ihre Entwicklung, die Frage nach dem Selbstverständnis der Fächer, nach dem spezifischen Forschungsbegriff in den geisteswissenschaftlichen Fächern etc., nicht überfällig ist.

Realiter existieren wohl die Geisteswissenschaften in dem von Dilthey spezifizierten Sinn, als „das Ganze der Wissenschaften, welche die geschichtlich-gesellschaftliche Wirklichkeit zu ihrem Gegenstand haben", nicht mehr; der Terminus „Geisteswissenschaften" selbst ist zu einem allgemeinen und nicht mehr trennscharfen Orientierungsbegriff geworden. Auch die in den USA übliche Teilung in „Humanities" und „Social Sciences" wird der Fächervielfalt und ihrer methodischen Differenzierung nicht gerecht, wie überhaupt die Fächergruppierungen in Statistik und Förderungsinstitutionen die Verwirrung komplettieren und das verbreitete Mißbehagen verdeutlichen. In der offiziellen Statistik der Bundesrepublik Deutschland zum Beispiel werden „Sprach- und Kulturwissenschaften" von „Kunst und Kunstwissenschaften", „Politik- und Sozialwissenschaften" unterschieden, während die Deutsche Forschungsgemeinschaft eine Gruppe „Geistes- und Sozialwissenschaften" kennt und dazu auch die Psychologie, die Soziologie, die Rechtswissenschaft, die Wirtschaftswissenschaften rechnet, wie sie innerhalb der „Biowissenschaften" Biologie, Medizin, Veterinärmedizin, Agrar- und Forstwissenschaften zusammenfaßt.

Auch wenn die Terminologie noch stärker von wissenschaftshistorischen als wissenschaftstheoretischen Überlegungen geleitet ist, hat sich die Wirklichkeit der geisteswissenschaftlichen Fächer doch von ihrer Bezeichnung wegentwikkelt; die Differenzierung ist ungemein groß und die Fächergrenzen sind fließend geworden. Die Agnoiologie weist darauf hin, daß solche Umgruppierungsphänomene die unmittelbare Folge des beschleunigten Wirklichkeitswandels sind, so daß eine Neudefinition und eine neue Differenzierung der Geisteswissenschaften nötig erscheint. Teile der Sprachwissenschaften sind heute ohne Zweifel enger mit Physik, Mathematik und Informatik verbunden als mit den Literatur- und Textwissenschaften, denen sie traditionell zugezählt werden; Teile der Psychologie haben zu den Biowissenschaften stärkere Affinitäten als zu Pädagogik und Philosophie, zu Fächern also, mit denen die Psychologie noch immer in Fachbereichen zusammengebunden ist. Die historischen Fächer

[18] Die von Mitarbeitern des Committee on Science and Technology des amerikanischen Abgeordnetenhauses koordinierte Untersuchung über die Wissenschaftspolitik in den USA, die in den Jahren 1985 und 1986 erarbeitet werden wird, soll den Bush-Report des Jahres 1945 ersetzen.

der naturwissenschaftlichen und medizinischen Fakultäten sind mit den traditionell geisteswissenschaftlichen Fachbereichen enger verbunden als mit ihren Bezugswissenschaften, in deren Fachbereichen sie eine Randexistenz fristen, woraus die Deutsche Forschungsgemeinschaft immerhin die Konsequenz gezogen hat, die „Geschichte der Naturwissenschaften, Medizin und Technik" zur Gruppe der „Geistes- und Sozialwissenschaften" zu zählen. Es bedarf großer Vorsicht und eines breit gefächerten Sachverstandes, um ohne Zerstörung von Kontinuität (und Traditionsbewußtsein) die Fachbezeichnungen mit der Fächerstrukturierung und beides mit der Realität der modernen Geisteswissenschaften näherungsweise in Einklang zu bringen.

III

In das verbreitete Klagelied über den Zustand der Forschung in den Geisteswissenschaften der Bundesrepublik kann ich nicht einstimmen, da dieser Zustand im internationalen Vergleich besser ist, als gemeinhin angenommen wird. Zwar gibt es kaum Meßinstrumente, die eine Positionsbestimmung unserer geistes- und buchwissenschaftlichen Fächer im internationalen Vergleich zuließen, doch ist aufs Ganze gesehen ihre Position noch immer stark. Die Citation-Indices, besonders der Arts and Humanities Citation Index, sind – im Unterschied vielleicht zum Patent-Index – dubiose Meßinstrumente, da sie Verzerrungen durch die häufigen Sekundär-Zitationen nicht erfassen. Wer aber die internationale Verflechtung unserer historischen und kulturwissenschaftlichen Fächer bedenkt, wird trotz des imperialen Gestus des Englischen als der Wissenschaftssprache der modernen Welt zum Kopfhängen keine Gelegenheit haben. Die 1967 gehaltene Antrittsvorlesung von Hans Robert Jauß über „Literaturgeschichte als Provokation der Literaturwissenschaft" hat in Deutschland über 8 Auflagen erlebt und wurde in 15 Weltsprachen übersetzt, zuletzt ins Koreanische, Ungarische und Polnische. Die knapp zehn Jahre vorher gehaltene Kieler Antrittsvorlesung von Friedrich Ohly „Vom geistigen Sinn des Wortes im Mittelalter" ist in ähnlicher Weise international schulbildend geworden. Dies aber sind nur zwei Beispiele für viele.

Auch das Klagelied über die mangelnde Finanzierung der Geisteswissenschaften ist nur zum Teil berechtigt; die Finanzierung ist gerade im Bereich der Drittmittel noch immer ausreichend und zusammen mit dem – von bürokratischen Hindernissen aller Art bedrohten – Akademien-Programm relativ großzügig. Mit 15,9% Beteiligung am Gesamtetat der Deutschen Forschungsgemeinschaft und einer Förderung von insgesamt DM 128,9 Millionen waren die „Geistes- und Sozialwissenschaften" auch 1983 noch relativ gut ausgestattet. Wer allerdings die Förderung der „Gesellschaftswissenschaften" mit (1983) DM

45,5 Millionen aus dieser Statistik herausnimmt und die Förderung der Geisteswissenschaften im engeren Sinn (Geschichts- und Kunstwissenschaften, Sprach- und Literaturwissenschaften, Theologie, Philosophie, Psychologie, Pädagogik) berechnet, wird die Prozentsätze der Beteiligung geisteswissenschaftlicher Forschung an der Förderung durch den größten Drittmittelgeber der Bundesrepublik rapide sinken sehen. Das – nicht zu leugnende – Finanzierungsdefizit geisteswissenschaftlicher Forschung in der Bundesrepublik liegt nicht so sehr im Bereich der Zusatzausstattung (durch sogenannte Drittmittel) als vielmehr im Bereich der sogenannten Grundausstattung; und hier sind die Geisteswissenschaften von der allgemeinen Entwicklung stärker betroffen als die anderen forschungsintensiven Fächer unserer Hochschulen und Universitäten. Da geisteswissenschaftliche Forschungsmittel innerhalb der Universitäten in der Regel durch den Bibliotheksetat repräsentiert werden, ist jede Kürzung dieses Etats eine erhebliche Beeinträchtigung der Forschung. Die „Laborausstattung" der Geisteswissenschaften wird seit Jahren stetig und konsequent reduziert, so daß es der ganzen Aufmerksamkeit der Öffentlichkeit bedarf, um eine verhängnisvolle (und sich beschleunigende) Entwicklung zu bremsen. Im Bibliotheks- wie allgemein im Sachetat der Hochschulen sind so erhebliche Lücken entstanden, daß das Verhältnis von Grund- und Zusatzausstattung aus dem Gleichgewicht zu geraten droht. Zwar wurde der Konkurrenzkampf zwischen Natur- und Geisteswissenschaften trotz knapper werdender Mittel noch vermieden, doch halte ich es für bedenklich, daß der Terminus „Spitzenforschung" im öffentlichen Sprachgebrauch durch Inhalte der Hoch-Technologie besetzt ist und in den Forschungsplänen des Bundes und der Länder die Geisteswissenschaften immer stärker an den Rand gedrängt beziehungsweise überhaupt nicht mehr zur Kenntnis genommen werden[19].

Nominal und real ist der Sachetat unserer Hochschulen seit 1976 laufend zurückgegangen; den Hochschulen standen 1983 real nur noch 88,1% der Mittel von 1976 zur Verfügung[20]. Die Entwicklung innerhalb der Bibliotheksetats, also der eigentlichen Forschungsetats der Geisteswissenschaften, ist bekanntlich noch düsterer. In der Bundesrepublik sind die Bibliotheksetats seit 1980/81 zwischen 15% und 25% gekürzt worden. Die durchschnittliche Preissteigerung bei wissenschaftlichen Zeitschriften lag im gleichen Zeitraum zwischen 16% und 30%; der durchschnittliche Anteil an Ausgaben für Zeitschriften und Fortsetzungsreihen stieg in den wissenschaftlichen Bibliotheken 1982

[19] Vorreiter bei der Vernachlässigung der Geisteswissenschaften war der Forschungsplan des Landes Baden-Württemberg. Vgl. dazu Eberhard Lämmert: Die Geisteswissenschaften in der Hochschulpolitik des letzten Jahrzehnts. Zur Eröffnung des deutschen Germanistentages 1984. In: Der Deutschunterricht 37 (1985)/1, S. 98.

[20] Vgl. Geschäftsstelle des Wissenschaftsrates: Eckdaten zur Lage der Hochschulen. Stand 1984. (Drucksache 6690/84).

auf 63% an, so daß abzüglich der Ausgaben für den Einband nur noch 27% der Mittel für wissenschaftliche Monographien zur Verfügung standen. 1981/82 haben 48 in eine Umfrage einbezogene Bibliotheken insgesamt rund 25000 Periodika abbestellt, durchschnittlich pro Bibliothek fast 520 Titel. Nur 47% der westdeutschen wissenschaftlichen Zeitschriftenverleger können ihre Auflagenhöhe halten, 15% hatten noch Zuwächse, 27% sind in Schwierigkeiten geraten – und die Verhältnisse haben sich inzwischen mit Sicherheit nochmals verschlechtert[21]. Die Kürzungen im Bibliotheksetat, der ja in der Regel nur 2% des Gesamtetats der Hochschulen ausmacht, beeinträchtigen naturgemäß die geisteswissenschaftliche Forschung stärker als die naturwissenschaftliche, da das bevorzugte Arbeitsinstrument der Geisteswissenschaften – trotz aller Entwicklungen moderner Informationsmedien – Buch und Zeitschrift sind und auf absehbare Zeit auch bleiben werden.

Daß trotz aller aufgezeigter gefährlicher Entwicklungen das System unserer wissenschaftlichen Bibliotheken sein Niveau halten konnte, ja daß es sogar den erhöhten Anforderungen gewachsen blieb, bedeutet für mich eine Art Wunder – und dieses Wunder ist nicht vom Himmel gefallen, sondern erarbeitet worden. Ich habe in der „Arbeitsgruppe Bibliotheken“ des Wissenschaftsrates mit großem Respekt immer wieder den hohen Leistungsstandard der Bibliotheken und ihres Personals (vom Buchbinder bis zum Direktor) erlebt und in keiner Arbeitsgruppe bisher so viel und so bereitwillig gelernt wie von den Sachverständigen dieser Kommission. Der Beruf des Bibliothekars – ein im Ausbildungssektor mit unvermindertem Qualitätssinn organisierter Beruf – hat in einer Zeit allgemeiner Niveausenkung an diesem Trend nicht teilgenommen; die Bibliotheken sind im Gegenteil Modell dafür, wie gut geführte Institute den Herausforderungen der Modernisierung begegnen und die Chancen der Modernisierung zum Vorteil der Benutzer nützen können. Der bisherige Umgang unserer Bibliotheken mit den neuen Informationsmedien, vorsichtig, experimentierend, aber doch engagiert und aufgeschlossen, könnte – wenn er bewahrt wird – vorbildlich werden und der Euphorie sowohl wie auch den Untergangsprognosen entgegenwirken.

Es ist deshalb nicht adäquat und häufig nicht ganz redlich, wenn unser insgesamt doch staatliches und kommunales Bibliothekswesen ausschließlich mit dem völlig anders organisierten und großenteils auf privatwirtschaftlicher Basis funktionierenden System der amerikanischen Hochschulbibliotheken verglichen wird. Wer etwa das italienische Bibliothekssystem zum Vergleich heranzieht, wer den beklagenswerten Zustand der Bücher des 16. und 17.

[21] Vgl. Volker-Jeske Kreyher: Wissenschaftliche Zeitschriften und Fachzeitschriften. Die Bedeutung der Fachpresse und die Entwicklung des Zeitschriftenmarktes. In: Mitteilungen des Hochschulverbandes 5 (Oktober 1984), S. 244f.

Jahrhunderts etwa in den polnischen Bibliotheken kennt, wird das deutsche System noch einmal als ein Wunder an Funktionstüchtigkeit erleben. Dies bedeutet freilich nicht, daß es nicht verbessert werden könnte, aber es bedeutet, daß über Öffnungszeiten, Ausleihfristen und Dauer des Entleih-Vorganges nur lamentieren kann, wer das System der staatlichen Bibliotheken überhaupt, die Arbeitszeitregelung im öffentlichen Dienst und vieles andere in Frage stellt – kurz: wer sich den Ast des Beamtenstatus absägt, auf dem er sitzt. Unsere wissenschaftlichen Bibliotheken, die doch in erster Linie Service-Einrichtungen für Forschung und Lehre sind, sollten sich von den polemischen Lamentationen der Wissenschaftstouristen nicht beeindrucken lassen, die heute hier und morgen da sind und nirgendwo lange genug, um auch die Nachteile eines Systems erkennen zu können; sie sollten vielmehr den Dialog mit den ernsthaft an ihnen und ihren Leistungen interessierten Forschern und Lehrern verstärken, um den schweren auf sie zukommenden Aufgaben noch besser als bisher gewachsen zu sein. Die traditionelle Aufgabe der Bibliothek – so hat Gerhard Schlitt erläutert – ist die „Vermittlung von Informationen und Informationsquellen", der sie sich unter ständig wandelnden Bedingungen und bei rasant steigenden Ansprüchen mit aller Kraft widmen muß, um einer Forschung, die aus diesen Informationen nicht nur Fachwissen, sondern auch „Bedeutungswissen" zu erarbeiten hat, die notwendige Lebensbasis zu geben[22].

IV

Für die Bewältigung dieser Aufgabe sehe ich unmittelbar bevorstehende Probleme, die gelöst sein müssen, ehe eine umfassende Änderung des Systems, wie sie von Bernhard Fabian ins Auge gefaßt wurde, begonnen werden kann. Diese Probleme sind stichwortartig mit *Auswahl, Erhaltung, Speicherung* und *Elektronifizierung* zu beschreiben. Der zweite Teil des Buches von Fabian, mit dem die Diskussion noch kaum begonnen hat – und wieder sind dabei die angesprochenen Geisteswissenschaften abstinenter als die Bibliotheken –, ist deshalb ebenso wichtig wie der erste bibliotheksspezifische Teil[23].

1. *Auswahl:* Bei den Buchanschaffungen in der jährlich über uns hereinbrechenden Titelwelle wird keine Bibliothek umhin können, eine strenge Auswahl

[22] Ich beziehe mich hier (wie in den folgenden Ausführungen) auf den Vortrag von Gerhard Schlitt vor der Wissenschaftlichen Kommission des Wissenschaftsrates „Neue Medien und Technologien in Wissenschaftlichen Bibliotheken" (Wissenschaftsrat, Drucksache 6737/85).

[23] Wenn ich recht sehe, so wurde bisher vor allem die Diskussion mit dem ersten Teil von Bernhard Fabians Buch geführt (also mit den Vorschlägen zur „Literaturversorgung"), wobei sich die Fachwissenschaften in dieser Diskussion sonderbar zurückgehalten haben. Vgl. u. a. die Besprechungen von Hans-Albrecht Koch: Buch, Bibliothek und geisteswissenschaftliche Forschung. Kritische Anmerkungen zu einem kritischen Buch. In: Buchhandelsgeschichte 1984/3; und von Günther Wiegand in: Arbitrium 3 (1985).

des Notwendigen und die Aussonderung des Überflüssigen vorzunehmen, auch wenn als Grundsatz festzuhalten ist, daß jede Information innerhalb einer überschaubaren Frist sollte bereitgestellt werden können, falls eine entsprechende Nachfrage besteht. Es bedeutet eine Überforderung, wenn den Bibliothekskatalogen die Rolle von Fachbibliographien zugedacht wird, die Trennung in Katalog- und Bibliographie-Daten (wie immer sie auch gespeichert und zugänglich sein werden) wird erhalten bleiben. Wenn die Auswahl bei den Buchanschaffungen und der Informations-Strukturierung nicht der Beliebigkeit anheimgegeben sein soll, ist eine enge Zusammenarbeit der Bibliotheken mit der wertbestimmenden Fachwissenschaft unabdingbar. In den Geisteswissenschaften setzt sich in immer breiterer Front die Erkenntnis durch, daß Forschungssichtung, nicht so sehr Quellendokumentation die ihnen gestellte Aufgabe ist[24]. Nicht die Verzeichnung des Überflusses ist die erste und nächste Aufgabe der Geisteswissenschaften, sondern die wertende Strukturierung der Forschung, in Einzel- und Sammelrezensionen, in Forschungsberichten und Forschungskritiken. Zeitschriften wie GNOMON, KRATYLOS und ARBITRIUM, das heißt fachübergreifende Rezensionsorgane, die es in vielen Wissenschaftszweigen der Geistes- und Gesellschaftswissenschaften inzwischen gibt, leisten gerade für die Bibliotheken eine solche Vorprüfung.

Im Zweifel wird die Entscheidung der Bibliothek immer für die entsprechende Anschaffung fallen, doch sind die Grenzen zum Überflüssigen, wegen des brüchig gewordenen Forschungsbegriffes, inzwischen so fließend geworden, daß große Unsicherheit in den Bibliotheken eingezogen ist. Wir brauchen eine Definition dessen, was „graue Literatur" ist, was sie und ob sie etwas für die Forschung leistet oder nicht eher Gegenstand von wissenschaftssoziologischen und sozialpsychologischen Untersuchungen sein sollte. Die Beschaffung nur forschungsbegleitender Informationsliteratur müßte weitgehend reduziert werden. Die Einzelbibliotheken sollten von ihr entlastet, zentrale Deponierungen

[24] Weil Forschungssichtung, Interpretation und Wertung Aufgabe der geisteswissenschaftlichen Forschung ist, ist die von Fabian (unter Berufung auf Hans Fromm) angeführte „Textedition deutscher Autoren" gerade kein Beispiel dafür, „daß die Materialfülle nicht mehr bewältigt und ihre Präsentation nicht mehr finanziert werden kann" (Fabian, S. 274). Die Entwicklung der Editionsphilologie ist eine der großen Leistungen der Germanistik seit den vierziger Jahren unseres Jahrhunderts. Die Sichtung, Anordnung, Darstellung und Kommentierung der Entstehungsmaterialien großer Literatur ist eine bleibende Aufgabe historisch-kritischer Edition, die durch zentrale Deponierung und Aufbereitung zu bequemem Abruf nicht ersetzt werden kann. Abgesehen davon, daß die in den sechziger und siebziger Jahren begonnenen kritischen Editionen weiter gediehen sind, als häufig in der Öffentlichkeit bekannt ist, wird sich durch die Herstellung von Disketten in den Arbeitsstellen eine Verbilligung der Produktion ergeben. Die Fächer (Philosophie, Geschichte, die Philologien etc.) sollten – auch wenn die Jahrtausendgrenze überschritten wird – doch versuchen, ihre Großeditionen, deren Methodik sich im Grundsatz längst stabilisiert hat, zu dem vorgesehenen Abschluß zu bringen.

angestrebt werden[25]. Die Bibliotheken könnten damit auch den Fachwissenschaften – und nur von den Geisteswissenschaften ist hier die Rede, in denen die Informationszeiten ohne Gefahr für die Forschungsqualität die der Naturwissenschaften noch immer um ein Vielfaches übersteigen dürfen – einen Dienst leisten, da sie genötigt wären, ihren eigenen Forschungsbegriff, unabhängig von den unter völlig anderen Bedingungen arbeitenden Natur- und Technikwissenschaften, neu zu definieren. Pre-Prints und Pre-Pre-Prints sind häufig nichts anderes als die gedankenlose Imitation von Verfahren, die in Naturwissenschaft und Technik kostenintensive Doppel- und Dreifacharbeiten vermeiden helfen.

Auch für das – aufs Ganze gesehen – in den Geisteswissenschaften doch eher kümmerliche Dissertationswesen hat Bernhard Fabian Vorschläge gemacht, wie sie in den Naturwissenschaften schon weitgehend verwirklicht sind. Sie richten sich in erster Linie an die Fächer und Fachbereiche, weil diese den Druckzwang beseitigen und die wertvolle (druckenswerte) Dissertationsliteratur mit einem Schlag von der weniger forschungsrelevanten Dissertationsliteratur scheiden könnten. Die Gutachterfragen der Deutschen Forschungsgemeinschaft, ob es sich um eine hochrangige und vom Standpunkt der weiteren Forschung aus unentbehrliche Arbeit handelt, könnten ungefähre Richtlinien für die Entscheidung zwischen Druck oder elektronischer Speicherung geben. Die Entlastung der Bibliotheken und des Leihverkehrs wäre sichtbar groß, und zugleich stützten die Bibliotheken die dringliche Neustrukturierung unserer Graduiertenstudien.

Das Gesamtproblem der Examensliteratur (von der Diplom- und Magisterarbeit bis zur Dissertation) sollte nicht minimiert werden. Bekanntlich haben sich in den Geisteswissenschaften die Examenstrends – bei weiter steigenden Studentenzahlen – radikal verändert. Das Verhältnis von Magisterprüfungen zu Lehramtsprüfungen lautete 1973 noch 1:8,7, dagegen 1983 nur noch 1:2,4 – und die Stunde, in der diese Verhältnisse sich mit steilem Anstieg umkehren, ist schon angebrochen, nur statistisch noch nicht erfaßt. Wenn für künftig Tausende von Magisterarbeiten (2859 waren es bundesweit 1983) die Fiktion literaturintensiver Forschungsarbeiten aufrecht erhalten bleibt, werden unsere Bibliotheken – zum Nachteil der geisteswissenschaftlichen Forschung, die in der Regel jenseits dieser Arbeitstypen beginnt – den Ansprüchen der Examensliteratur und der Forschung nicht mehr nachkommen können.

2. *Erhaltung:* Die Geisteswissenschaften müßten mit Energie auf ein umfassendes und teures Erhaltungsprogramm für Archivalien und ältere Buchbestände in unseren Archiven und Bibliotheken drängen, wenn sie nicht in Kürze ihrer wichtigsten Quellenmaterialien beraubt sein wollen. Angesichts des fort-

[25] Vgl. dazu Kapitel VII.2 „Neuordnung von Publikationsformen" bei Fabian, S. 267–276.

schreitenden und fortgeschrittenen Zerfalls älterer Bücher, Zeitschriften und Archivalien (bekannt ist der Zerfall der säuregeschädigten Bestände seit 1800) ist jeder Aufschub eines solchen Programmes nur schwer zu verantworten. Wenn die Erhaltung historischer Buch- und Archivbestände auch in Kulturabkommen (etwa mit der DDR oder mit Polen) aufgenommen werden könnte, wäre dies eine kulturelle Tat, die billiger wäre als der Bau einer Autobahn etwa von Hannover nach Berlin – und viel weiter reichende Folgen für die nach uns kommenden Generationen hätte. Günter Gattermann hat 1984 von solchen Bucherhaltungsprogrammen in den USA berichtet und damit auch eine ungefähre Vorstellung von den benötigten Mitteln gegeben, da die Konservierung eines einzigen Buches gegenwärtig $ 2.50 kostet.

3. *Speicherung:* Die Buchbestände unserer großen Bibliotheken wachsen – nach relativ sicheren Schätzwerten – gegenwärtig um 1 bis 1,5 km jährlich. Bis zum Jahre 2000 also werden in solchen Bibliotheken noch wenigstens 15000 m Stellfläche benötigt. Die Magazine dieser Bibliotheken aber werden bis zum Ende der 80er Jahre vollgelaufen sein; ein neues Speicherprogramm ist ein dringendes Desiderat.

Die diskutierten Lösungsversuche[26], die letztlich eine Kombination von Baumaßnahmen und Ausweitung der elektronischen Speicherung bedingen, sind noch nicht völlig ausgereift. Da die elektronischen Medien weder technisch noch wirtschaftlich so weit entwickelt sind, daß eine platz- und kostensparende Speicherung großer Textmengen möglich ist, wird es auch in Zukunft noch um konventionelle (Magazin-)Speicherung gehen; mit allen Folgen für die Buchwissenschaften, denn die Devise lautet: Aussonderung veralteter oder wenig benutzter Literatur. Die Geisteswissenschaften sehen sich also vor die Frage gestellt, welche Bestände ausgesondert werden können, um Platz für die neuen Bücher zu schaffen[27].

Sieht man von Kompaktregal-Anlagen einmal ab, so sind derzeit vor allem drei (konventionelle) Speicherungstypen im Gespräch:

1) das Ausweichmagazin vor Ort, wobei eventuell ein Magazin auch für mehrere benachbarte Bibliotheken dienen kann; für die Benutzer und die

[26] Zum Problem der Speicherung vgl. u. a. Hans-Jörg Hauser: Ausweichmagazin oder Speicherbibliothek. Zur Auslagerung von Literaturbeständen aus wissenschaftlichen Bibliotheken. In: Zeitschrift für Bibliothekswesen und Bibliographie 30 (1983), S. 371–389 (mit Literaturangaben); Rolf Fuhlrott: Wohin morgen mit der Literatur von gestern? In: Zeitschrift für Bibliothekswesen und Bibliographie. Sonderheft 40 (1983), S. 160–167. Vgl. vor allem Rolf Fuhlrott und Peter Schweigler: Speicherbibliotheken. Bau – Organisation – Planung. Berlin 1982 (und den in Anm. 22 zitierten Vortrag von Gerhard Schlitt).

[27] Vgl. dazu u. a. Antonius Jammers: Abgabe von Bibliotheksgut der Hochschulen. Überlegungen im Zusammenhang mit der Errichtung einer Speicherbibliothek in Bochum. In: Verband der Bibliotheken des Landes Nordrhein-Westfalen e. V. Mitteilungsblatt 32 (Dezember 1982)/4, S. 370–378.

Bibliotheken scheint dies noch immer die sachgerechteste und gleichzeitig bequemste, freilich auch teure Lösung;

2) die Idee, daß große Bibliotheken in einem Bundesland (oder auch überregional) Archivfunktionen für die anderen Bibliotheken des Landes übernehmen; so wurde in Niedersachsen z. B. die Möglichkeit diskutiert, daß die TIB Hannover Archivfunktion für die natur- und technikwissenschaftlichen Fächer, die UB Göttingen für die geisteswissenschaftlichen Fächer übernehmen könnte;

3) die echte Speicherbibliothek, wie sie derzeit in Bochum gebaut wird, eine neue Bibliothek mit entsprechender Infrastruktur, eventuell auch eigenem Erwerbungsetat, also eine kostenintensive, das Gesamtsystem auf Dauer vielleicht nochmals komplizierende Lösung, deren Erfahrungen abzuwarten sind.

„Aussonderung" und „zentrale Deponierung" also lautet die Devise, und daß die Klagen der Buchwissenschaften darüber noch nicht lauter geworden sind, liegt nur daran, daß das Programm erst vereinzelt und nicht in ganzer Breite begonnen hat. Auch wenn bei diesen Ausdünnungs-Programmen der grundsätzliche Unterschied zwischen naturwissenschaftlich-technischer Literatur einerseits und geisteswissenschaftlicher Literatur andererseits beachtet werden wird, ist jede Art von Aussonderung ein schmerzhafter Eingriff in gewachsene Bibliotheksbestände, welcher den Bibliothekaren und den Benutzern Entschlußkraft und vorausschauende Phantasie abverlangt. Aus Bochum jedenfalls wird berichtet, daß um jedes Buch gerungen wird und täglich neue unentbehrliche Bestände entdeckt werden. Die entsprechende Umfrage des Wissenschaftsrates bei den wissenschaftlichen Bibliotheken wird derzeit ausgewertet, eine Empfehlung ist zu Beginn des Jahres 1986 zu erwarten.

4. *Elektronifizierung:* Durch elektronische Medien – auch wenn sich auf die optische Speicherplatte derzeit viele Hoffnungen gründen – ist wohl zunächst keine Erleichterung, sondern eher eine Komplizierung der Speicherung größerer Textmengen zu erwarten. Gerhard Schlitt und seine Mitarbeiter in der TIB Hannover haben errechnet, daß der Zugriff auf große Mengen von Mikroformen derzeit wirtschaftlich nicht zu realisieren ist. Die Überführung etwa der TIB Hannover in eine miniaturisierte und automatisierte Mikroformen-Bibliothek würde derzeit annähernd soviel kosten wie der geplante Neubau der UB Göttingen, nämlich rund DM 100 Millionen, und würde mit den entsprechenden Folgekosten diese Neubausumme noch überschreiten[28].

In der Katalogführung, wie überhaupt in der Bibliotheksverwaltung, kommt die EDV mit großen Schritten voran. Die Errichtung von Katalogdatenbanken und ihre Einbeziehung in die universitären Verbundnetze (wofür bei den Rechenzentren der Hochschulen Kapazität vorgehalten werden muß) ist keine

[28] Vgl. den in Anm. 22 genannten informationsreichen Vortrag.

Utopie mehr. Der Online-Zugriff auf so aufbereitete Katalogdaten ist im Grundsatz von jedem Terminal im Bereich des Datenverbundes aus möglich, so daß sich für die Buchwissenschaften (und nicht nur für sie) enorme Erleichterungen bei der zeitraubenden Literatursuche und -bestellung abzuzeichnen beginnen.

Solchen Erleichterungen allerdings stehen Erschwernisse durch die zunächst wachsende Vielfalt von Speichermedien und Informationstechniken gegenüber, so daß den Bibliotheken in Zukunft (nach Gerhard Schlitt) auch die Aufgabe erwächst, den Benutzer durch das „Informations-Labyrinth" zu leiten, ihm die benötigte Datenmenge einfach und wenig zeitraubend zugänglich zu machen. Der Wissenschaftsrat sollte darauf hinwirken, daß wenigstens einige größere Bibliotheken in die Lage versetzt werden, über längere Zeit hin an der Entwicklung und der Erprobung neuer Speichermedien mitzuwirken, ihre Möglichkeiten bibliotheksspezifisch abzuwandeln. Technischer, bibliothekarischer und fachwissenschaftlicher Sachverstand müssen zusammenwirken, wenn die von der Hochtechnologie eröffneten Chancen sachgerecht und wissenschaftsfördernd genutzt werden sollen.

*

Die Zukunft also hat in unseren Bibliotheken längst begonnen, und nichts wäre schädlicher als die hie und da sich abzeichnende Ideologisierung der neuen Medien. Bibliotheken, welche der Wissenschaft den Zugang zum nötigen Datenmaterial vermitteln wollen, werden auf den Einsatz neuer Speichermedien nicht verzichten können, auch wenn es wohl kaum zu dem von vielen befürchteten, von anderen aus durchsichtigen Gründen immer wieder beschworenen Konkurrenzkampf zwischen dem Buch und den elektronischen Informationsmedien kommen wird. Wie das 19. Jahrhundert ängstlich vor dem Bücherberg, der Leselust und ihren Gefahren stand, wie es nicht müde wurde, Pred. 12,12 zu zitieren: „[...] viel Büchermachens ist kein Ende, und viel Studieren macht den Leib müde", – so stehen wir vor dem noch gewachsenen Berg, der sich in der Mitte einer weiter steigenden Flut anbrandender Fakten und Daten erhebt. Vielleicht kann auch uns ein zukunftsfrohes Wort Goethes trösten, der die Gefahren des Informations- und des Wissensballastes gesehen hat, die Unmittelbarkeit möglicher Welterfahrung davon aber nicht beeinträchtigt sah. Das Lesen, die vermittelte Erfahrung der Welt, schien ihm eine Weise, die Wirklichkeit zu erfassen, sie mit allen Sinnen unvermittelt auf sich wirken zu lassen, eine andere, zu allen Zeiten mögliche Weise der Welterfahrung. So schrieb er 1793/1794 in einem „Erste Epistel" bezeichneten Fragment – und was stünde einem

Germanisten besser an, als einem Kongreß von Bibliothekaren ein Goethe-Motto zu empfehlen:

„Edler Freund, du wünschest das Wohl des Menschengeschlechtes,
Unserer Deutschen besonders und ganz vorzüglich des nächsten
Bürgers, und fürchtest die Folgen gefährlicher Bücher: wir haben
Leider oft sie gesehen. Was sollte man oder was könnten
Biedere Männer vereint, was könnten die Herrscher bewirken?
Ernst und wichtig erscheint mir die Frage, doch trifft sie mich eben
In vergnüglicher Stimmung. Im warmen, heiteren Wetter
Glänzet fruchtbar die Gegend; mir bringen liebliche Lüfte
Über die wallende Flut süß duftende Kühlung herüber,
Und dem Heitern erscheint die Welt auch heiter, und ferne
Schwebt die Sorge mir nur in leichten Wölkchen vorüber.“

2. ERWERBUNGSFRAGEN

2.1 BESTANDSAUFBAU UND MITTELBEWIRTSCHAFTUNG

HEINRICH WIMMER

Modelle für die Berechnung des Literaturbedarfs an Universitätsbibliotheken

„Der Bibliothekar trägt die Verantwortung dafür, daß der Bedarf der Bibliothek so genau als möglich berechnet und den vorgesetzten Stellen mit eingehender Begründung zur Kenntnis gebracht wird." Diese Behauptung von Fritz Redenbacher[1] ist auch heute noch gültig; allerdings ist diese Aufgabe für die einzelne Bibliothek sehr zeitraubend und schwierig. Es wäre daher für die Bibliotheken bei ihren jährlichen Haushaltsanforderungen sehr vorteilhaft, wenn es geeignete und von den übergeordneten Stellen anerkannte Etatmodelle für die Berechnung des laufenden Literaturbedarfs gäbe. Wie wichtig es ist, daß Etatbedarfsmodelle vorhanden sind, wurde schon immer erkannt. Und so wurden seit dem Ende des 19. Jahrhunderts einschlägige Veröffentlichungen publiziert, die freilich längst nicht so zahlreich sind, als man angesichts der Bedeutung dieser Kernfrage für jede Bibliothek annehmen sollte. Der Grund dafür mag auch darin liegen, daß Etatbedarfsmodelle von den Bibliotheken zwar erstellt, aber von den vorgesetzten Stellen nicht beachtet und akzeptiert wurden. Etatmodelle sind in der Regel immer für eine bestimmte Gruppe von Bibliotheken erstellt worden, die in ihrer Struktur und in ihrem Aufgabenbereich gleichgeartet sind, wie z.B. Universitätsbibliotheken.

Modelle für die Berechnung des Literaturbedarfs an Universitätsbibliotheken gibt es seit Ende des 19. Jahrhunderts. In ihnen kommt das „Streben[2] nach einem angemessenen, gerechten Etat... – angemessen im Hinblick auf die Bedeutung und die Aufgaben der wissenschaftlichen Bibliotheken, gerecht nicht zuletzt im Sinne des Gleichgewichts zwischen den Bibliotheken" zum Ausdruck. Je nach der Methode, wie die Etatmodelle zu ihren Ergebnissen kommen, können sie in zwei große Gruppen eingeteilt werden:

[1] Fritz Redenbacher: Aufgabe und Verantwortung des Bibliothekars in der Erwerbung. In: ZfBB 6 (1959) S. 220.

[2] Wilhelm Grunwald: Etatmodelle für wissenschaftliche Bibliotheken. In: Fünfzehn Jahre Bibliotheksarbeit der Deutschen Forschungsgemeinschaft. 1949–1964. Frankfurt a. M. 1966. S. 79.

I. Globale Etatmodelle

Globale Etatmodelle für wissenschaftliche Bibliotheken sind besonders im angloamerikanischen Bereich, in den USA, Kanada und England üblich. Dabei gibt es mehrere Arten der pauschalen Zuteilung der Geldmittel.

1. So wird z.B. ein bestimmter Prozentsatz (etwa 5%) des Gesamtetats (Sach- und Personaletat) der jeweiligen Hochschule für die Bibliothek zur Verfügung gestellt[3].

2. Es gibt aber auch die Verfahrensweise, bei der pro Student ein bestimmter Geldbetrag oder aber auch eine gewisse Anzahl von Monographien und Zeitschriften angesetzt werden[4]. Dieser globale Etat-Ansatz hat den Vorteil, daß der Erwerbungsetat der Bibliothek mit dem Anwachsen der jeweiligen Hochschule ansteigt.

Umgekehrt besteht jedoch die Gefahr, daß beim Absinken der Studentenzahlen sich auch der Etat der Bibliothek vermindert. Die Folge davon ist, daß der Erwerbungsetat einem ständigen Wandel unterliegt und die so wichtige Kontinuität der Erwerbung (besonders bei Zeitschriften, Serien und Fortsetzungswerken) nicht mehr gesichert ist.

Ferner ist die Abhängigkeit des Etats von der Studentenzahl gerade bei den Universitätsbibliotheken ungünstig, deren Aufgaben über die bloße Versorgung mit Lehrbüchern hinausgehen. Je mehr die Forschung an einer Universität im Vordergrund steht und je größer der Anteil der Forschungsliteratur am Bücherzugang ist, desto nachteiliger ist die Abhängigkeit des Bibliotheksetats von der Studentenzahl.

In Deutschland hat sich daher dieser globale Ansatz mit Recht nicht durchgesetzt; er dürfte auch mehr für öffentliche Büchereien geeignet sein[5], die die Frage nach der wissenschaftlichen Qualifikation der Benutzer außer acht lassen. Weit mehr haben sich in Deutschland die Etatmodelle bewährt, die durch Ermittlung der wichtigen Literatur erstellt wurden.

II. Etatansätze durch Ermittlung der wichtigen Literatur[6]

Seit der Jahrhundertwende ist es üblich, direkt von der Buchproduktion ausgehend den Jahresbedarf der wissenschaftlichen Bibliotheken durch Auszählen der kaufwürdigen Literatur an Hand der Nationalbibliographien zu

[3] K. W. Humphreys: Standards in University Libraries. In: Libri 20 (1970) S. 148f. Wilhelm Grunwald: a. O. S. 89.

[4] K. W. Humphreys: a. O. S. 145f.

[5] Wilhelm Grunwald: a. O. S. 89.

[6] Helmut Schroers: Etatbedarfsermittlungs- und Etatverteilungsmodelle. In: Bibliothek 4 (1980) S. 6ff.

errechnen. Ausgangspunkt können dabei die Monographien, Zeitschriften oder beide zusammen sein. Der notwendige Bedarf wird in einem Geldbetrag oder in der Anzahl der Bände ermittelt. Dabei ist der Methode, die von der Anzahl der Bände ausgeht, der Vorzug zu geben vor der Verfahrensweise, die eine bestimmte Geldsumme errechnet; denn die Zahl der Bände ist ein wesentlich konstanterer und aussagekräftigerer Faktor als ein Geldbetrag, der doch sehr von ständig fortschreitender Geldentwertung, Preissteigerung und schwankenden Wechselkursen beeinträchtigt wird.

Ich habe mir deshalb erlaubt, bei den Etatmodellen, die einen Geldbetrag als Jahresbedarf festlegen, eine Umrechnung in Bandzahlen vorzunehmen, weil dadurch eine bessere Vergleichbarkeit ermöglicht wird.

Nachfolgend werden in Auswahl die wichtigsten Etatmodelle kurz behandelt und analysiert:

1. Modelle von Roquette[7], Weißenborn[8], Leyh[9]:

Die Modelle dieser drei Bibliothekare können zusammen besprochen werden, da sie die gleiche Methode anwenden und von der kaufwürdigen deutschen Literatur ausgehen, die durch Auszählen der in Hinrichs Halbjahreskatalog angezeigten Titel festgestellt wird. Ausgangspunkt sind für alle drei die deutschen Neuerscheinungen. Roquette wertet das Jahr 1892 und 1900 aus, Weißenborn das Jahr 1913 und Leyh das Jahr 1922.

Von diesem feststehenden Betrag der deutschen Literatur ausgehend (Roquette 20000 M und 24000 M, Weißenborn 53296 M, Leyh 309840 M) wird der Betrag für die ausländische Literatur errechnet aufgrund des durch Erfahrungswerte bestimmten Verhältnisses von deutscher zu ausländischer Literatur = 4 zu 3 (Roquette 20000 M und 18000 M, Weißenborn 39972 M, Leyh 232380 M). Die deutsche und ausländische Literatur zusammen ergeben dann den Gesamtbetrag für den Buchkauf (Roquette 40000 M und 42000 M, Weißenborn 93268 M, Leyh 542220 M). Hinzu kommen dann noch die Kosten für den Einband und für den Kauf von Antiquaria. Buchkauf, Einband und Antiquaria ergeben den Gesamtetat. Aufgrund von Erfahrungswerten werden die Kosten für die Buchbinderarbeiten von Roquette mit 18%, von Weißenborn mit 18,8%, von Leyh mit 30,1% des erforderlichen Anschaffungsetats festgelegt, die Kosten für den Kauf von Antiquaria von Roquette mit 8%, von Weißenborn mit 13,9%, von Leyh mit 13,7%. So kommt Roquette auf einen erforderlichen

[7] Adalbert Roquette: Die deutschen Universitätsbibliotheken, ihre Mittel und ihre Bedürfnisse. Leipzig 1894. Sammlung bibliothekswissenschaftlicher Arbeiten 6 S. 40–61.

Adalbert Roquette: Die Finanzlage der deutschen Bibliotheken. Leipzig 1902. Sammlung bibliothekswissenschaftl. Arbeiten. 16.

[8] Bernhard Weißenborn: Der Bücheretat der größten deutschen Bibliotheken im Jahre 1913, historisch-kritisch gesehen. In: ZfB 40 (1923) S. 280–292.

[9] Georg Leyh: Der Bücheretat der Universitätsbibliothek. In: ZfB 39 (1922) S. 227–247.

	Roquette 1892		Roquette 1900		Weißenborn 1913		Leyh 1922	
	Betrag	Bände	Betrag	Bände	Betrag	Bände	Betrag	Bände
Kaufwürdige deutsche Literatur	20000 M	ca. 3300	24000 M	ca. 4000	53296 M	ca. 6700	309840 M	ca. 4000
Betrag für ausländische Literatur	20000 M	ca. 3300	18000 M	ca. 3000	39972 M	ca. 5000	232380 M	ca. 3000
Gesamtbetrag für Buchkauf	40000 M (78%)	ca. 6600	42000 M (74%)	ca. 7000	93268 M (67,3%)	ca. 11700	542220 M (56,2%)	ca. 7000
Betrag für Antiquaria	2308 M (4,5%)	ca. 400	4500 M (8%)	ca. 700	19264 M (13,9%)	ca. 1900	130950 M (13,7%)	ca. 1300
Betrag für Buchbinder	8974 M (17,5%)		10500 M (18%)		26054 M (18,8%)		291750 M (30,1%)	
Gesamtetat bzw. Gesamtbandzahl	51282 M	ca. 7000	57000 M	ca. 7700	138587 M	ca. 13600	964920 M	ca. 8300

Gesamtetat von 51 282 M (bzw. 57 000 M), Weißenborn auf 138 587 M, Leyh auf 964 920 M. Umgerechnet auf Bände ergeben sich bei Roquette etwa 7000 und 7700, bei Weißenborn 13 600, bei Leyh 8 300.

Dabei muß angefügt werden, daß diese Etatmodelle nur 1 Exemplar von jedem Titel berücksichtigen; außerdem wird nur der Bedarf der Universitätsbibliothek festgehalten, nicht aber jener der Bibliotheken der Institute.

2. Modelle der Notgemeinschaft[10] der deutschen Wissenschaft, der Deutschen Forschungsgemeinschaft[11] und des Wissenschaftsrates[12]:

Alle drei Modelle gehen bei der Berechnung der erforderlichen Mittel für den Buchkauf von der Anzahl der für eine Hochschulbibliothek relevanten Zeitschriften aus. Beim Modell der NOTGEMEINSCHAFT DER DEUTSCHEN WISSENSCHAFT, das von Peter Scheibert 1951 erarbeitet wurde, sind es 1 480 Zeitschriften (880 ausländische = 33 500 DM, 600 deutsche = 21 000 DM), die Scheibert in Gesprächen mit Fachleuten ermittelt hatte. Die Summe für ausländische Monographien und Serien setzte er in etwa gleich hoch wie für die ausländischen Zeitschriften an, also 32 000 DM. Die deutschen Serien und Fortsetzungswerke wählte er wieder nach der vorhandenen Produktion aus, nämlich 440 (= 8 800 DM). Schließlich kamen noch 1 300 deutsche Monographien mit einem Wert von 20 000 DM hinzu und 250 Lehrbücher mit einem Wert von 7 500 DM, ferner 15 000 DM für antiquarische Käufe und 32 500 DM für Bucheinband. Insgesamt ergab das einen Gesamtetat von 170 300 DM, was umgerechnet etwa 6 240 Bänden entsprach. Das DFG-Modell aus dem Jahr 1958 geht von 2 850 erforderlichen Zeitschriften (1 950 ausländische und 900 deutsche Zeitschriften) aus, die insgesamt 117 000 DM kosten, beim Modell des Wissenschaftsrates, das auf das Jahr 1965 hochgerechnet wurde, wurde die Zahl der notwendigen Zeitschriften bereits auf 3 850 erhöht (2 650 ausländische und 1 200 deutsche Zeitschriften), die zusammen den Betrag von 210 000 DM ausmachen. Die Auswahl der Zeitschriften erfolgte aus dem „Verzeichnis ausgewählter wissenschaftlicher Zeitschriften des Auslandes“ (VAZ 1957 und 1969) und dem Verzeichnis von B. Sticker.

Aufgrund von Erfahrungen an deutschen und ausländischen Bibliotheken ist für die Relation von Zeitschriften zu Fortsetzungswerken und Serien das Verhältnis von etwa 2:1 gegeben; beim DFG-Modell erscheint daher ein Ansatz von 58 000 DM, beim Wissenschaftsratsmodell von 105 000 DM für Fortset-

[10] Peter Scheibert: Lage und Erfordernisse der westdeutschen wissenschaftlichen Bibliotheken. Bad Godesberg 1951.

[11] Etatmodell für eine Universitätsbibliothek. Gutachten des Bibliotheksausschusses der Deutschen Forschungsgemeinschaft 1958.

[12] Etatmodell für eine Universitätsbibliothek und eine Technische Hochschulbibliothek. In: Empfehlungen des Wissenschaftsrates zum Ausbau der wissenschaftlichen Einrichtungen. T. 2: Wissenschaftl. Bibliotheken 1964. S. 144–151.

zungswerke und Serien angemessen. Für Monographien wurden beim DFG-Modell 119000 DM angesetzt, was 4200 Einzelwerken entspricht (1400 deutsche, 2800 ausländische), beim Modell des Wissenschaftsrates 180000 DM. Der Ansatz für Antiquaria betrug bei der DFG 24000 DM, beim Wissenschaftsrat 25000 DM. Die für Buchbinderarbeiten anzusetzenden Kosten werden aus den statistischen Erfahrungswerten der Bibliotheken abgeleitet und mit ca. 25% angegeben. Der Gesamtetat beläuft sich beim DFG-Modell auf 398000 DM und beim Wissenschaftsratsmodell auf 650000 DM, was etwa 10700 bzw. 12900 Bänden entspricht.

Ein Vergleich der bisher behandelten Etatmodelle zeigt, daß sie grundsätzlich wesentliche Gemeinsamkeiten aufweisen:

– Sie gehen von der tatsächlichen Buchproduktion aus, die Modelle von Roquette, Weißenborn und Leyh von der kaufwürdigen deutschen Literatur, die man durch Auszählen der in der Nationalbibliographie angezeigten Titel ermittelt, eine Methode, die sehr arbeitsaufwendig ist und stark von der subjektiven Auswahl abhängt.

Die drei Modelle, die nach dem 2. Weltkrieg entwickelt wurden, haben als Ausgangspunkt die notwendigen deutschen und ausländischen Zeitschriften, die aus Zeitschriftenverzeichnissen wie VAZ, Sticker, Ulrichs ausgewählt werden. Ausgehend von der kaufwürdigen deutschen Literatur oder von den erforderlichen Zeitschriften werden die anderen Etatposten berechnet.

– Die Etatmodelle werden durch einen Geldbetrag festgelegt

– Die Etatmodelle gelten nur für die Universitätsbibliothek, die Institutsbibliotheken sind nicht berücksichtigt.

Alle bisher dargestellten Etatmodelle wurden nicht mehr fortgeschrieben und haben eigentlich nur noch historischen Wert. Erst die in den siebziger Jahren entwickelten Etatmodelle, die im folgenden behandelt werden, bringen eine Weiterentwicklung, da sie den notwendigen Literaturbedarf für die gesamte Universität, also für Zentralbibliothek und Institutsbibliotheken berechnen und weitere wichtige Faktoren wie Studentenzahl und Zahl der Hochschullehrer mitberücksichtigen.

3. Modelle der Arbeitsgruppe Bibliotheksplan Baden-Württemberg[13], Bibliotheksplan 1973[14] und der Planungsgruppe „Bibliothekswesen im Hochschulbereich Nordrhein-Westfalen“[15]:

[13] Gesamtplan für das wissenschaftliche Bibliothekswesen. Bd. 1 Universitäten. 2. Aufl. München 1973. S. 285–314.

[14] Bibliotheksplan 1973. Berlin 1973. S. 77–80.

[15] Die Verteilung der Literaturbeschaffungsmittel auf die wissenschaftlichen Hochschulen des Landes Nordrhein-Westfalen. In: Verband der Bibliotheken des Landes Nordrhein-Westfalen. Mitteilungsblatt N. F. 25 (1975) S. 102–112.

Diese drei Modelle sind im Gegensatz zu den früheren für ein integriertes Bibliothekssystem bestimmt, und sie weisen daher wesentlich höhere Geldbeträge und Bandzahlen auf.

a) Modell der Arbeitsgruppe Bibliotheksplan Baden-Württemberg 1973

Die Arbeitsgruppe Bibliotheksplan Baden-Württemberg hat die Ansätze des Wissenschaftsrats im Prinzip übernommen; zusätzlich wurden aber die Steigerung der Studentenzahlen (Mehrfachexemplare), die Vergrößerung des Lehrkörpers (starke Zunahme der Menge, des Umfangs, des Spezialisierungsgrades der Forschung, da jeder Dozent eigene Spezialforschungsgebiete hat), die Ausweitung der Buchproduktion (jährlich 5%) sowie die Preissteigerungen (jährlich 5%) mitberücksichtigt. Unter Zugrundelegung dieser Tatsachen ent-

Modell der Notgemeinschaft der deutschen Wissenschaft von Scheibert 1951

	Betrag	Bände
1. Zeitschriften		
ausländische (880)	33500 DM	ca. 1100
deutsche (600)	21000 DM	ca. 800
2. Ausländ. Monographien und Serien	32000 DM	ca. 1600
3. Deutsche Serien und Fortsetzungswerke	8800 DM	ca. 440
4. Deutsche Monographien	20000 DM	ca. 1300
5. Lehrbücher	7500 DM	ca. 250
6. Antiquaria	15000 DM	ca. 750
Bücherkauf zusammen	137800 DM	ca. 6240
7. Einband	32500 DM	
Insgesamt:	170300 DM	

	DFG-Modell 1958		*WIR-Modell 1965*	
	Betrag	Bände	Betrag	Bände
1. Zeitschriften	117000 DM	ca. 3800	210000 DM	ca. 5100
2. Fortsetzungswerke und Serien	58000 DM	ca. 1900	105000 DM	ca. 2500
3. Einzelwerke	119000 DM	ca. 4200	180000 DM	ca. 4500
4. Antiquaria	24000 DM	ca. 800	25000 DM	ca. 800
Bücherkauf zus.	318000 DM	ca. 10700	520000 DM	ca. 12900
5. Einbandkosten	80000 DM		130000 DM	
Insgesamt:	398000 DM		650000 DM	

stand folgender Etatansatz für ein universitäres Bibliothekssystem mit 10000 Studenten:

		Zentralbibliothek		Bereichsbibliotheken	
		Beträge	Bände	Beträge	Bände
1. Monographienetat:		705000 DM	18000	1060000 DM	27000
Monographien	384000 DM				
Fortsetzungswerke u. Serien	221000 DM				
Antiquaria u. Reprints	100000 DM				
	705000 DM				
2. Zeitschriftenetat:		666000 DM	ca. 12100	296000 DM	ca. 5400
3. Buchbinderetat:		308000 DM		180000 DM	
		1679000 DM	30100	1536000 DM	32400

	Beträge	Bände
1. Monographienetat:	1765000 DM	45000
davon für Zentralbibliotheken	705000 DM	18000
davon für Bereichsbibliotheken	1060000 DM	27000
2. Zeitschriftenetat:	962000 DM	ca. 17500
davon für Zentralbibliotheken	666000 DM	12100
davon für Bereichsbibliotheken	296000 DM	5400
3. Buchbinderetat:	488000 DM	–
davon für Zentralbibliotheken	308000 DM	–
davon für Bereichsbibliotheken	180000 DM	–
Gesamtbetrag	3215000 DM	62500

b) Modell nach dem Bibliotheksplan 1973

Die Berechnung des Literaturbedarfs erfolgt aufgrund folgender Voraussetzungen:

– Die Gesamthochschulen werden 1980 durchschnittlich je 18000 Studenten (1975: 13600) umfassen.

– Nach den Berechnungen der Arbeitsgruppe Bibliotheksplan Baden-Württemberg war im Jahr 1970 für das Bibliothekssystem einer Gesamthochschule mit 10000 Studenten die Erwerbung von mindestens 70000 Bänden (einschließlich Zeitschriften) notwendig, um den laufenden Literaturbedarf zu decken.

– Wegen der jährlich sich um ca. 5% ausweitenden Buchproduktion ist eine lineare Steigerung der Bucherwerbung um 6% pro Jahr ab 1970 notwendig.

– Bei der Erhöhung der Studentenzahlen steigt auch der Literaturbedarf (Mehrfachexemplare, zusätzliche Forschungsliteratur). Es ist eine Bereitstellung von zusätzlichen 5% der Titel je 1000 Studenten über 10000 für die Gesamthochschulen notwendig (= 6–8% Steigerungsrate).

Der Gesamtbedarf an Literatur für eine durchschnittliche Gesamthochschule beträgt demnach pro Jahr:

1975 (je 13600 Studenten):	Grundausstattung:	70000	
	Ausweitungsrate:	21000	
	Vermehrungsrate:	16380	
	Bände:	107380	= 4832000 DM
1980 (je 18000 Studenten):	Grundausstattung:	70000	
	Ausweitungsrate:	42000	
	Vermehrungsrate:	44800	
	Bände:	156800	= 7056000 DM

Der im Modell des Bibliotheksplanes 1973 errechnete jährliche Gesamtbedarf von 107380 für 1975 und von 156800 Bänden für 1980 liegt zu hoch und ist fern jeder Realität. Diese Zahlen würden nämlich mehr als eine Verdoppelung der jährlich zu erwerbenden Bände im Laufe von 10 Jahren bedeuten (1970: 70000 Bde. und 1980: 156800 Bde.).

c) Modell der Planungsgruppe „Bibliothekswesen im Hochschulbereich Nordrhein-Westfalen“ 1975

Die Überlegungen der Planungsgruppe zur Berechnung der Literaturbeschaffungsmittel für die wissenschaftlichen Hochschulen des Landes Nordrhein-Westfalen haben sowohl die absolute Höhe der einzelnen Bücheretats wie insbesondere die ausgewogene Verteilung auf die Gesamtheit der Bibliotheken im Auge. Der Berechnungsmodus erscheint vernünftig, weil mehrere Bezugsgrößen mit jeweils eigenbegründetem Ansatz und eigener Gewichtung miteinander kombiniert werden:

aa) Der *allgemeine Grundbedarf* ist für alle Universitäten gleich hoch angesetzt (250000 DM).

bb) Der *fachbezogene Grundbedarf* wird innerhalb nicht zu weit auseinanderliegender Eckwerte je nach Größe der Universität – ausgedrückt in Studentenzahlen, Hochschullehrerstellen und Buchausleihen – berechnet:

Theologie	100000 DM
Geisteswissenschaften	500000 DM–650000 DM
Rechts- u. Staatswissenschaften	150000 DM–250000 DM
Wirtschafts- u. Sozialwissenschaften	100000 DM–250000 DM
Mathematik/Naturwissenschaften	400000 DM–500000 DM
Ingenieurwissenschaften	150000 DM–300000 DM
Medizin	300000 DM–400000 DM
Landbauwissenschaft	50000 DM

cc) Der *ergänzende Grundbedarf* wird nur bei größeren Entfernungen zwischen den einzelnen Hochschuleinrichtungen angesetzt.

dd) Der *forschungsbezogene Bedarf* ergibt sich aus der Zahl der Hochschullehrerstellen, multipliziert mit dem Faktor 4000 DM.

ee) *Bedarf aufgrund zusätzlicher Inanspruchnahme* der Hochschulbibliothek wird nur dann genehmigt, wenn die Bibliotheken zu ihren institutionellen Aufgaben auch Aufgaben in der allgemeinen Literaturversorgung ihrer Orte und Regionen erfüllen (DM 0,50 pro Ausleihe).

Bei einer Universitätsbibliothek mittlerer Größenordnung ergeben sich bei diesem Etatmodell jährliche Literaturbeschaffungsmittel in Höhe von etwa 3000000 DM, mit denen ca. 60000 Bände gekauft werden können.

Bei den vorher behandelten Modellen Baden-Württemberg, Bibliotheksplan 1973 und Nordrhein-Westfalen wird zum erstenmal der Literaturbedarf für die gesamte Universität berechnet. Dabei werden auch die Zahl der Studenten, der Hochschullehrer und der Ausleihen sowie die Ausweitung der Buchproduktion und die Preissteigerung der Bücher miteinbezogen. So kommen die Modelle von Baden-Württemberg und Nordrhein-Westfalen auf einen realistischen Bedarf von etwa je 60000 Bänden pro Jahr. Nur das Modell des Bibliotheksplans 1973, das globale Zahlenwerte nennt, ohne immer eine Begründung dafür zu geben[16], errechnet für 1975 (13600 Studenten) eine unrealistische Bandzahl von 107300 und für 1980 (18000 Studenten) 156800 Bände.

4. Modell des Beirats für Wissenschafts- und Hochschulfragen beim Bayerischen Staatsministerium für Unterricht und Kultus:

Das Bayerische Staatsministerium für Unterricht und Kultus hat mit Schreiben vom 3. Juli 1981 seinen „Beirat für Wissenschafts- und Hochschulfragen"[17] gebeten, eine gutachterliche Stellungnahme abzugeben, wie hoch die Gesamtkosten des Erwerbs des Büchergrundbestandes der Universitäten Augsburg, Bamberg, Bayreuth und Passau zu veranschlagen sind.

[16] Fridolin Dreßler: Bibliotheksplanung in Bayern. In: ZfBB 30 (1983) S. 200.

[17] Der Beirat setzt sich aus 18 Personen zusammen: 15 Hochschullehrer aus bayerischen Universitäten als Vertreter ihres Faches, nicht ihrer Universität, 1 Kanzler einer Hochschule und zwei Gäste, der Federführende der Bayerischen Rektorenkonferenz und der Leiter des Staatsinstituts für Hochschulforschung und Hochschulplanung.

Außerdem wurde der „Beirat" beauftragt, Überlegungen anzustellen, bei welchem Finanzbedarf mittelfristig die Versorgung der Nutzer mit wissenschaftlichem Schrifttum der Bibliotheken der Universitäten Erlangen-Nürnberg, München, Regensburg, Würzburg sowie der Technischen Universität München sichergestellt und die Leistungsfähigkeit dieser Universitätsbibliotheken erhalten werden kann. Der „Beirat" hat daraufhin einen „Bibliotheksausschuß" eingesetzt und diesen beauftragt, Empfehlungen zu den vom Bayerischen Staatsministerium für Unterricht und Kultus aufgeworfenen Fragen auszuarbeiten. Nach eingehenden Erörterungen hat der „Beirat" am 30. Juli 1982 Empfehlungen zum Erwerb des Büchergrundbestandes der Universitäten Augsburg, Bamberg, Bayreuth und Passau vorgelegt.[18] Er hat ferner Empfehlungen zur Sicherung der Literaturversorgung an den Universitäten Erlangen-Nürnberg, München, Regensburg sowie der Technischen Universität München am 1. 8. 1983 verabschiedet.[18]

Mitglieder dieses Ausschusses waren neben Angehörigen des Beirats Sachverständige bayerischer Bibliotheken und aus anderen Bundesländern sowie von der Deutschen Forschungsgemeinschaft und, was besonders wichtig war, drei Vertreter aus dem Kultusministerium bzw. Finanzministerium.

Ausgangspunkt für beide Vorhaben[19] war ein Modell (Anlage 1), in dem nach Fächern aufgezeichnet wird, wieviele Bände an Zeitschriften und Monographien jährlich zu kaufen sind. Zugrundegelegt wurde die Fächereinteilung der Deutschen Bibliotheksstatistik, da allein in der jährlich erscheinenden DBI-Statistik für die Vergangenheit und für die Zukunft einigermaßen brauchbare und vergleichbare Zahlen für den Erwerbungsbereich enthalten sind, sowohl was die Bände als auch die Preise betrifft.[20]

Das Modell gibt den Literaturbedarf einzelner Fächer an, es ist aber kein Vorschlag, wie der Erwerbungsetat der Universitätsbibliothek zwischen Zen-

[18] Beirat für Wissenschafts- und Hochschulfragen beim Bayerischen Staatsministerium für Unterricht und Kultus. Empfehlungen zum Erwerb des Büchergrundbestandes der Universitäten Augsburg, Bamberg, Bayreuth und Passau vom 30. Juli 1982 und zur Sicherung der Literaturversorgung an den Universitäten Erlangen-Nürnberg, München, Regensburg und Würzburg sowie der Technischen Universität München vom 1. August 1983. München 1984.

[19] Zur Entwicklung und zum Aufbau dieser Empfehlungen hat sich der Generaldirektor der Bayerischen Staatlichen Bibliotheken Dr. Fridolin Dreßler, der Mitglied des vom Beirat eingesetzten Bibliotheksausschusses war, in zwei Aufsätzen sehr ausführlich geäußert:

Fridolin Dreßler: Bibliotheksplanung in Deutschland. In: ZfBB 30 (1983) S. 195–203.

Fridolin Dreßler: Die Planung des Mittelbedarfs der Universitätsbibliotheken. In: Das Bibliothekswesen der wissenschaftlichen Hochschulen – rechtliche, organisatorische und ökonomische Aspekte. Essen 1985. (Fortbildungsprogramm für die Wissenschaftsverwaltung. Materialien 19) S. 139–158.

[20] Fridolin Dreßler: Die Planung des Mittelbedarfs der Universitätsbibliotheken. S. 144.

tralbibliothek und Teilbibliotheken oder auf einzelne wissenschaftliche Einrichtungen aufgeteilt werden soll.[21]

Die Zahlen wurden empirisch durch Umfragen bei den bayerischen Universitätsbibliotheken und bei den Universitätsbibliotheken Bielefeld, Bochum, Bonn, Freiburg, Heidelberg, Mainz, Münster und Tübingen und im Gespräch mit einer Reihe von Bibliotheks- und Erwerbungsleitern gewonnen. Geschenk- und Tauschzugänge wurden in dem Modell nicht berücksichtigt, sondern nur die gekauften Bände. Die Modellzahlen umfassen den jährlichen Kaufzugang einer voll ausgebauten Universität, der sich auf 66885 Bände beläuft.

Das Modell ist ein Grundmodell für Universitäten, die ein integriertes Bibliothekssystem haben und die folgenden Voraussetzungen erfüllen:

- Der Erwerb des wissenschaftlichen Schrifttums wird an der Universität koordiniert.
- Der Nutzer erhält den notwendigen Zugang zu den Bibliotheksbeständen.
- Das gesamte wissenschaftliche Schrifttum der Universität ist erfaßt und durch entsprechende Kataloge erschlossen.
- Die räumlichen und strukturellen Verhältnisse einer Campus-Universität liegen zugrunde.

Ausgehend von diesem Grundmodell können die Zahlen für die einzelnen Universitätsbibliotheken festgestellt werden, je nachdem, ob sie den dem Modell zugrunde liegenden Vorstellungen genau entsprechen oder ob sie davon abweichen, sei es, daß manche Fächer an einer Universität überhaupt nicht vertreten sind, sei es, daß manche Fächer nur in einer bestimmten Ausrichtung (z.B. nur Didaktik eines Faches) repräsentiert sind, sei es, daß die räumliche Dislozierung sehr ausgeprägt ist oder daß die Zahl der Studenten und Lehrstühle das zugrunde gelegte Maß erheblich übersteigt. Aufgrund dieser Unterschiede in der Struktur der einzelnen Universitäten schwanken auch die für jede Universität errechneten Bände. So beläuft sich z.B. der erforderliche jährliche Erwerb wissenschaftlicher Literatur an der Universität Erlangen-Nürnberg (Anlage 2) auf 65900 Bände. Hier ergibt sich ein erhöhter Literaturbedarf aus den drei Standorten der Universität und aus dem intensiveren Ausbau mancher Fächer. An der Universität München (Anlage 3) beträgt der empfohlene Literaturbedarf 79215 Bände, die erheblich über dem Richtwert von 66885 Bänden liegen. Bedingt ist diese Abweichung vom Modell durch die vielen Standorte der Universitätseinrichtungen, durch die relativ größere Breite in einzelnen Fächern und durch die großen Studentenzahlen. Die für die Universität Regensburg (Anlage 4) empfohlenen 52385 Bände entsprechen den Modellannahmen.

[21] Fridolin Dreßler: Die Planung des Mittelbedarfs der Universitätsbibliotheken. S. 147.

Die Kosten der für die einzelnen Universitäten empfohlenen Literatur wurden mit den durchschnittlichen Preisen pro Band (Monographien und Zeitschriften) in Höhe von 132,34 DM für die Naturwissenschaften (ohne Geographie) und Medizin und in Höhe von 58,94 DM für die übrigen in der deutschen Bibliotheksstatistik ausgewiesenen Fächer (einschließlich Geographie) nach dem Preisstand von 1982 berechnet. Die jährliche Fortschreibung der für die Literaturversorgung zu veranschlagenden Ausgaben ist ohne große Schwierigkeiten möglich, da zwei leicht zu ermittelnde Durchschnittspreise die Grundlage der Berechnung sind. Man hielt es nicht für richtig, Durchschnittspreise nach Fächern heranzuziehen, da ein Vergleich von fächerspezifischen Preisen über mehrere Jahre hinweg doch sehr unterschiedliche Beträge aufwies.

Es ist ferner noch zu erwähnen, daß das Fach Geographie[22] nicht zur Gruppe Naturwissenschaften und Medizin genommen wurde, weil infolge der billigen aber als bibliographische Einheit gezählten Karte der Durchschnittspreis der nicht eben bändereichen naturwissenschaftlichen Gruppe nach unten ermäßigt worden wäre. Das Fach „Allgemeines" wurde deshalb mit der relativ hohen Zahl von 5050 Bänden angesetzt, weil aus ihm neben den Allgemeinbibliographien und den bibliothekswissenschaftlichen Werken unter anderem auch fachübergreifende Literatur, Bücher für nicht an der Universität vertretene Fächer, Mehrfachexemplare und Lehrbücher beschafft werden sollten. Der Betrag für die Einbandkosten wurde mit rund 9% des Aufwands veranschlagt, der für den Kauf des wissenschaftlichen Schrifttums entsteht.

Die zweite Aufgabe des Ausschusses bestand darin, die Gesamtkosten des Erwerbs des Büchergrundbestandes[23] der Universitäten Augsburg, Bamberg, Bayreuth und Passau zu berechnen. Für dieses Vorhaben konnte wiederum das nach den Fächern der deutschen Bibliotheksstatistik gegliederte Grundmodell

[22] Fridolin Dreßler: Die Planung des Mittelbedarfs der Universitätsbibliotheken. S. 145.

[23] Eine allgemein gültige Definition des Büchergrundbestandes gibt es nicht. Der Büchergrundbestand muß so umfangreich sein, daß eine Beschaffung von Schrifttum im auswärtigen Leihverkehr nur in Ausnahmefällen erforderlich wird, und dies nicht nur wegen der nicht unbeträchtlichen Kosten des Leihverkehrs, sondern auch, weil die Möglichkeit des raschen Nachschlagens unbedingt gegeben sein muß. Die Höhe des Büchergrundbestandes ist so zu bemessen, daß weder die Hochschullehrer noch die Studierenden an einer neuen Hochschule gegenüber denen an einer alten Hochschule nennenswert benachteiligt sind.

Der Wissenschaftsrat hat sich bereits im Jahr 1964 in seinen „Empfehlungen zum Ausbau der wissenschaftlichen Einrichtungen Teil 2: Wissenschaftliche Bibliotheken 1964 S. 47" zum Büchergrundbestand geäußert. Er stellte fest, daß eine Universitätsbibliothek erst bei einem Bestand von 600000 Bände die Angehörigen der Hochschule selbst versorgen kann. Umgerechnet auf das Jahr 1982 ergibt sich bei einer angenommenen jährlichen Steigerung der erwerbenswerten Literatur um 5% ein Bedarf von ca. 1500000 Bänden als Büchergrundbestand.

Für die Aufgabe, eine Modellrechnung des Büchergrundbestandes zu erstellen, wurden auch die z.T. sehr detaillierten Planungen der neugegründeten Universitätsbibliotheken Augsburg, Bielefeld, Bochum und Regensburg herangezogen.

zum Umfang des erforderlichen jährlichen Erwerbs wissenschaftlicher Literatur, das bereits erstellt worden war (Anlage 1), verwendet werden. Es wurden nur die Fachgruppen „Medizin/Zahnmedizin, Tiermedizin, Landwirtschaft/ Gartenbau, Lebensmitteltechnologie, Forstwissenschaft und Technik" weggelassen, da diese Fächer an den Universitäten Augsburg, Bamberg, Bayreuth und Passau nicht vertreten sind.

Somit war für die Ermittlung des Büchergrundbestandes die eine Komponente, der jährlich durch Kauf zu erwerbende notwendige Bedarf, festgelegt. Die zweite Komponente, die erforderliche Tiefe der Rückwärtsergänzung nach einzelnen Fächern, mußte noch bestimmt werden. Hier „handelt es sich um den Faktor, mit dem der Jahresbedarf multipliziert werden muß, um den Grundbestand an Bänden in dem betreffenden Fach zu erhalten. Dieser Faktor hängt von der Altersstruktur der in dem Fach benutzten Literatur ab, er ist aber weder gleich dem Durchschnittsalter noch gar eine zeitliche Begrenzung für die Rückwärtsergänzung."[24]

Um diesen Faktor der erforderlichen zeitlichen Tiefe pro Fach zu erhalten, wurden Statistiken verschiedener Bibliotheken über die Benutzungsfrequenz von Zeitschriften und Monographien in Ortsleihe und Fernleihe ausgewertet, aus denen die Altersschichtung der über Ortsleihe und Fernleihe bestellten Bücher und Zeitschriften ersichtlich war. Der auf diese Weise ermittelte Wert der erforderlichen zeitlichen Tiefe, der zwischen zehn Jahren in der Fachgruppe „Sport" und 50 Jahren beim Fach „Geschichte" schwankt, wurde nun mit dem Jahresbedarf multipliziert. Das Ergebnis war dann der erforderliche Büchergrundbestand, der in einer „Modellrechnung zum Erwerb des Büchergrundbestands" (Anlage 5) dargestellt ist. Nach diesem Modell sind für den Büchergrundbestand einer voll ausgebauten Universität ohne die medizinischen und technischen Fächer 1 394 100 Bände notwendig. Je nach Ausbauziel wurden die Bandzahlen für den Büchergrundbestand der einzelnen Universität errechnet (Anlage 6).

1 370 200 Bände für Augsburg	=	(DM 72 476 500,–)
1 124 000 Bände für Bamberg	=	(DM 58 123 200,–)
1 089 600 Bände für Bayreuth	=	(DM 66 062 400,–)
1 230 500 Bände für Passau	=	(DM 64 634 700,–)

Die Kosten der Beschaffung des Büchergrundbestandes wurden auf der Grundlage der Durchschnittspreise pro Band von DM 120,60 in den Naturwissenschaften (ohne Geographie) und DM 50,24 in den übrigen Fächern nach dem Preisstand von 1981 errechnet.

[24] Fridolin Dreßler: Die Bibliotheksplanung in Deutschland S. 201.

Sie belaufen sich für die Modellrechnung zum Erwerb des Büchergrundbestandes bei 1394100 Bänden auf insgesamt 78897900 DM. Hinzuzurechnen sind jedoch noch 9% von dieser Summe für Einbandkosten.

Der Erwerbungszeitraum für den Büchergrundbestand beträgt in der Regel 10 Jahre. Nur in Ausnahmefällen, in denen die zeitliche Tiefe des Büchergrundbestands über 20 Jahre hinausgeht, ist eine Verlängerung auf höchstens 15 Jahre möglich.

Die bayerischen Empfehlungen zum Erwerb des Büchergrundbestands und die Empfehlungen zur Sicherung der Literaturversorgung sind realistische Modelle, da sie von empirischen Werten ausgehen, die in zahlreichen Umfragen und in vielen Gesprächen mit Bibliothekaren gewonnen wurden. Während die früheren Modellvorschläge entweder nur von Bibliothekaren oder von Bibliothekaren in Zusammenarbeit mit Wissenschaftlern entworfen wurden und somit eher Wunschmodelle darstellen, wurden die Empfehlungen des bayerischen Beirats unter Mitwirkung von Vertretern des Kultus- sowie vor allem des Finanzministeriums, die ihre Zustimmung gaben oder ihre Einwände vorbrachten und z.T. auch durchsetzten, entwickelt und stehen auf einer vernünftigen realisierbaren Basis.

Daß der Wissenschaftsrat[25] die in den Empfehlungen zum Erwerb des Büchergrundbestands der Universitäten Augsburg, Bamberg, Bayreuth und Passau errechneten Werte bereits in seine Empfehlungen zum 14. Rahmenplan für den Hochschulbau 1985–1988 übernommen hat, deutet ebenfalls darauf hin, daß die Modelle des Beirats für Wissenschafts- und Hochschulfragen sich durchsetzen und auch von den übergeordneten Stellen anerkannt werden.

[25] Geschäftsstelle des Wissenschaftsrates. Drucksache 6411/84 vom 27. 3. 1984: Stellungnahme der Arbeitsgruppe Bibliotheken zur Beschaffung von Büchergrundbeständen an neu gegründeten Hochschulen aus Mitteln nach dem HBFG.

Anlage 1

Grundmodell des erforderlichen jährlichen Erwerbs wissenschaftlicher Literatur:

Fach[1])	Modell			
	Erwerb insgesamt	davon		
		Monographien	Zeitschriften	
		Bände		Titel
Allgemeines, Buch und Schrift	5 o5o	4 ooo	1 o5o	7oo
Religion, Theologie	3 9oo	3 5oo	4oo	4oo
Philosophie,Psychologie	2 8oo	2 5oo	3oo	3oo
Philologie	12 9oo	12 ooo	9oo	9oo
Geschichte	2 55o	2 1oo	45o	45o
Bildende Kunst	1 ooo	9oo	1oo	1oo
Musik, Theater, Film	88o	8oo	8o	8o
Erziehung, Hochschulwesen	2 ooo	1 75o	25o	25o
Spiel, Sport	97o	9oo	7o	7o
Recht, Staat, Politik	6 ooo	5 ooo	1 ooo	92o
Gesellschaft, Wirtschaft, Statistik[2])	6 ooo	5 ooo	1 ooo	1 ooo
Medizin und Zahnmedizin	5 5oo	3 2oo	2 3oo	1 3oo
Tiermedizin	1 6oo	1 ooo	6oo	3oo
Naturwissenschaften allgemein	1oo	5o	5o	5o
Mathematik[3])	1 175	75o	425	25o
Physik	1 45o	1 ooo	45o	25o
Chemie	1 71o	1 2oo	51o	3oo
Biologie	1 9oo	1 2oo	7oo	35o
Geowissenschaft	75o	5oo	25o	25o
Geographie, Atlanten	2 ooo	1 75o	25o	25o
Landwirtschaft, Gartenbau, Lebensmitteltechnologie	1 5oo	9oo	6oo	4oo
Forstwissenschaft	65o	35o	3oo	2oo
Technik	4 5oo	2 7oo	1 8oo	1 2oo
Zusammen	66 885	53 o5o	13 835	1o 27o

[1]) nach der Deutschen Bibliotheksstatistik

[2]) einschl. Handel und Verkehr

[3]) einschl. Informatik

Anlage 2

Grundmodell und Empfehlungen zum Umfang des erforderlichen jährlichen Erwerbs wissenschaftlicher Literatur an der Universität ERLANGEN-NÜRNBERG

Fach [1]	Modell				Empfehlungen		
	Erwerb insges.	davon			Erwerb insges.	davon	
		Monographien	Zeitschriften			Monographien	Zeitschriften
	Bände			Titel	Bände		
Allgemeines, Buch u. Schrift	5 050	4 000	1 050	700	5 050	4 000	1 050
Religion, Theologie	3 900	3 500	400	400	3 900	3 500	400
Philosophie, Psychologie	2 800	2 500	300	300	3 400	3 000	400
Philologie	12 900	12 000	900	900	12 900	12 000	900
Geschichte	2 550	2 100	450	450	2 550	2 100	450
Bildende Kunst	1 000	900	100	100	1 000	900	100
Musik, Theater, Film	880	800	80	80	880	800	80
Erziehung, Hochschulwesen	2 000	1 750	250	250	2 000	1 750	250
Spiel, Sport	970	900	70	70	970	900	70
Recht, Staat, Politik	6 000	5 000	1 000	920	6 700	5 500	1 200
Gesellschaft, Wirtschaft Statistik[2]	6 000	5 000	1 000	1 000	6 700	5 500	1 200
Medizin und Zahnmedizin	5 500	3 200	2 300	1 300	6 500	3 500	3 000
Tiermedizin	1 600	1 000	600	300	-	-	-
Naturwissenschaften allg.	100	50	50	50	100	50	50
Mathematik[3]	1 175	750	425	250	2 200	1 400	800
Physik	1 450	1 000	450	250	1 900	1 300	600
Chemie	1 710	1 200	510	300	2 150	1 500	650
Biologie	1 900	1 200	700	350	1 900	1 200	700
Geowissenschaft	750	500	250	250	750	500	250
Geographie, Atlanten	2 000	1 750	250	250	2 350	2 000	350
Landwirtschaft, Gartenbau Lebensmitteltechnologie	1 500	900	600	400	-	-	-
Forstwissenschaft	650	350	300	200	-	-	-
Technik	4 500	2 700	1 800	1 200	2 000	1 300	700
Zusammen	66 885	53 050	13 835	10 270	65 900	52 700	13 200

[1]) nach der Deutschen Bibliotheksstatistik
[2]) einschl. Handel und Verkehr
[3]) einschl. Informatik

Anlage 3

Grundmodell und Empfehlungen zum Umfang des erforderlichen jährlichen Erwerbs wissenschaftlicher Literatur an der Universität MÜNCHEN

Fach[1])	Modell				Empfehlungen		
	Erwerb insges.	davon			Erwerb insges.	davon	
		Monographien	Zeitschriften			Monographien	Zeitschriften
	Bände			Titel	Bände		
Allgemeines, Buch u.Schrift	5 050	4 000	1 050	700	5 050	4 000	1 050
Religion, Theologie	3 900	3 500	400	400	6 700	6 000	700
Philosophie, Psychologie	2 800	2 500	300	300	3 350	3 000	350
Philologie	12 900	12 000	900	900	19 350	18 000	1 350
Geschichte	2 550	2 100	450	450	3 050	2 500	550
Bildende Kunst	1 000	900	100	100	1 000	900	100
Musik, Theater, Film	880	800	80	80	880	800	80
Erziehung, Hochschulwesen	2 000	1 750	250	250	2 750	2 400	350
Spiel, Sport[3])	970	900	70	70	–	–	–
Recht, Staat, Politik	6 000	5 000	1 000	920	9 000	7 500	1 500
Gesellschaft, Wirtschaft Statistik[2])	6 000	5 000	1 000	1 000	6 000	5 000	1 000
Medizin u. Zahnmedizin	5 500	3 200	2 300	1 300	9 700	6 000	3 700
Tiermedizin	1 600	1 000	600	300	1 600	1 000	600
Naturwissenschaften allgemein	100	50	50	50	100	50	50
Mathematik	1 175	750	425	250	1 175	750	425
Physik	1 450	1 000	450	250	1 450	1 000	450
Chemie	1 710	1 200	510	300	1 710	1 200	510
Biologie	1 900	1 200	700	350	2 200	1 400	800
Geowissenschaft	750	500	250	250	1 500	1 000	500
Geographie, Atlanten	2 000	1 750	250	250	2 000	1 750	250
Landwirtschaft, Gartenbau, Lebensmitteltechnologie	1 500	900	600	400	–	–	–
Forstwissenschaft	650	350	300	200	650	350	300
Technik	4 500	2 700	1 800	1 200	–	–	–
Zusammen	66 885	53 050	13 835	10 270	79 215	64 600	14 615

[1]) nach der Deutschen Bibliotheksstatistik

[2]) einschl. Handel und Verkehr

[3]) in "Allgemeines, Buch und Schrift"

Anlage 4

Grundmodell und Empfehlungen zum Umfang des erforderlichen jährlichen Erwerbs wissenschaftlicher Literatur an der Universität REGENSBURG

Fach[1])	Modell				Empfehlungen		
	Erwerb insges.	davon			Erwerb insges.	davon	
		Monographien	Zeitschriften			Monographien	Zeitschriften
	Bände			Titel	Bände		
Allgem.Buch und Schrift	5 050	4 000	1 050	700	5 050	4 000	1 050
Religion, Theologie	3 900	3 500	400	400	3 900	3 500	400
Philosophie, Psychologie	2 800	2 500	300	300	2 800	2 500	300
Philologie	12 900	12 000	900	900	12 900	12 000	900
Geschichte	2 550	2 100	450	450	2 550	2 100	450
Bildende Kunst	1 000	900	100	100	1 000	900	100
Musik, Theater, Film	880	800	80	80	880	800	80
Erziehung, Hochschulwesen	2 000	1 750	250	250	2 000	1 750	250
Spiel, Sport	970	900	70	70	970	900	70
Recht, Staat, Politik,	6 000	5 000	1 000	920	6 000	5 000	1 000
Gesellschaft, Wirtschaft, Statistik[2])	6 000	5 000	1 000	1 000	6 000	5 000	1 000
Medizin u. Zahnmedizin	5 500	3 200	2 300	1 300	-	-	-
Tiermedizin	1 600	1 000	600	300	-	-	-
Naturwissenschaften allg.	100	50	50	50	100	50	50
Mathematik	1 175	750	425	250	1 175	750	425
Physik	1 450	1 000	450	250	1 450	1 000	450
Chemie	1 710	1 200	510	300	1 710	1 200	510
Biologie	1 900	1 200	700	350	1 900	1 200	700
Geowissenschaft	750	500	250	250	-	-	-
Geographie, Atlanten	2 000	1 750	250	250	2 000	1 750	250
Landwirtschaft,Gartenbau, Lebensmitteltechnologie	1 500	900	600	400	-	-	-
Forstwissenschaft	650	350	300	200	-	-	-
Technik	4 500	2 700	1 800	1 200	-	-	-
Zusammen	66 885	53 050	13 835	10 270	52 385	44 400	7 985

1) nach der Deutschen Bibliotheksstatistik

2) einschl. Handel und Verkehr

Anlage 5

Modellrechnung
zum Erwerb des Büchergrundbestands

Fach[1])	laufender Bedarf pro Jahr				erforderliche zeitl. Tiefe[2])	erforderlicher Büchergrundbestand[3])
	insges.	davon an Monographien	davon an Zeitschriften			
	Bände			Titel	Jahre	Bände
Allg.,Buch und Schrift	5 050	4 000	1 050	700	30	151 500
Religion, Theologie	3 900	3 500	400	400	35	136 500
Philosophie, Psychologie	2 800	2 500	300	300	30	84 000
Philologie	12 900	12 000	900	900	30	387 000
Geschichte	2 550	2 100	450	450	50	127 500
Bildende Kunst	1 000	900	100	100	30	30 000
Musik, Theater, Film	880	800	80	80	25	22 000
Erziehung, Hochschulwesen	2 000	1 750	250	250	20	40 000
Spiel, Sport	970	900	70	70	10	9 700
Recht, Staat, Politik	6 000	5 000	1 000	920	25	150 000
Gesellschaft, Wirtschaft, Statistik	6 000	5 000	1 000	1 000	15	90 000
Naturwissenschaft allgemein	100	50	50	50	20	2 000
Mathematik	1 175	750	425	250	20	23 500
Physik	1 450	1 000	450	250	15	21 700
Chemie	1 710	1 200	510	300	15	25 700
Biologie	1 900	1 200	700	350	20	38 000
Geowissenschaft	750	500	250	250	20	15 000
Geographie, Atlanten	2 000	1 750	250	250	20	40 000
Zusammen	53 135	44 900	8 235	6 870		1 394 100

[1]) nach der Deutschen Bibliotheksstatistik
[2]) vgl. S. 48
[3]) auf volle Hunderter gerundet

Anlage 6

Erforderlicher Büchergrundbestand nach dem Ausbauziel der Universitäten AUGSBURG, BAMBERG, BAYREUTH und PASSAU.

Fach[1]	Modell	Erforderlicher Büchergrundbestand nach Ausbauziel Augsburg	Ausbauziel Bamberg	Ausbauziel Bayreuth	Ausbauziel Passau
Allg.,Buch u. Schrift	151 5oo	2o8 5oo	151 5oo	151 5oo	151 5oo
Religion, Theologie	136 5oo	136 5oo	136 5oo	-	136 5oo
Philosophie, Psychologie	84 ooo	84 ooo	5o ooo	5o ooo	5o ooo
Philologie	387 ooo	387 ooo	387 ooo	25o ooo	387 ooo
Geschichte	127 5oo	127 5oo	127 5oo	127 5oo	127 5oo
Bildende Kunst	3o ooo	3o ooo	3o ooo	2o ooo	1o ooo
Musik, Theater, Film	22 ooo	22 ooo	5 ooo	4o ooo	5 ooo
Erziehung, Hochschulwesen	4o ooo	4o ooo	4o ooo	4o ooo	4o ooo
Spiel, Sport	9 7oo	3 ooo	3 ooo	9 7oo	3 ooo
Recht, Staat, Politik	15o ooo	15o ooo	4o ooo	15o ooo	15o ooo
Gesellschaft, Wirtschaft, Statistik	9o ooo	9o ooo	9o ooo	9o ooo	9o ooo
Naturwissenschaft allg.[2]	2 ooo	-	-	2 ooo	-
Mathematik	23 5oo	3o ooo	23 5oo	23 5oo	4o ooo
Physik	21 7oo	21 7oo	-	21 7oo	-
Chemie	25 7oo	-	-	25 7oo	-
Biologie	38 ooo	-	-	38 ooo	-
Geowissenschaft	15 ooo	-	-	-	-
Geographie, Atlanten	4o ooo	4o ooo	4o ooo	5o ooo	4o ooo
Zusammen	1 394 1oo	1 37o 2oo	1 124 ooo	1 o89 6oo	1 23o 5oo

[1]) nach der Deutschen Bibliotheksstatistik

[2]) unter "Allgemeines, Buch und Schrift" enthalten

HERMANN JOSEF DÖRPINGHAUS

Aktuelle Erwerbungsprobleme im Bibliothekswesen der Universitäten

„Im Kampf um Bibliotheksmärkte", so lautete die Überschrift eines Artikels, der Ende Januar 1985 im Börsenblatt für den Deutschen Buchhandel erschien. Der Verfasser, Mitglied des Außenhandelsausschusses des Börsenvereins, gab darin einen aufschlußreichen Einblick in den Konkurrenzkampf, in den heute – zugestandenermaßen auf Kosten des ortsansässigen Buchhandels – führende deutsche und internationale Firmen des Im- und Exportbuchhandels verwickelt sind. „Weltweit" gehe es hier „um einen Hunderte von Millionen Mark umfassenden Markt"[1].

Zu diesem Markt steuern die 56 Universitätsbibliotheken der Bundesrepublik ein nicht unerhebliches Potential bei. Für das vergangene Jahr beziffert die Deutsche Bibliotheksstatistik die Ausgaben der von ihr erfaßten Universitätsbibliotheken für Literaturbeschaffung, Tausch und Einband auf über 146 Millionen DM[2]. Berücksichtigt man, daß in mehr als der Hälfte aller Universitäten neben der zentralen Bibliothek noch dezentrale Einrichtungen – Instituts- und Seminarbibliotheken – mit eigenem Etat existieren, die von der Deutschen Bibliotheksstatistik nicht erfaßt werden, und geht man davon aus, daß deren Gesamtausgaben für den Literaturerwerb mit schätzungsweise mindestens 1:1 im Verhältnis zum Etat der jeweiligen zentralen Bibliothek angesetzt werden können, so kommt man für das Jahr 1984 auf Ausgaben von weit über 210 Millionen DM im Bereich aller bundesdeutschen Universitäten. Die Größenordnung dieser Summe macht bereits deutlich, daß auch in der Bundesrepublik ein von Verlegern und Buchhändlern heiß umkämpfter Markt der Literaturbeschaffung existiert, auf dem „teilweise mit sehr harten Bandagen gekämpft wird"[3].

Bücher und andere Informationsmaterialien sind heute in einem sehr viel stärkeren Maße als noch in den 70er Jahren zu Handelsobjekten geworden, mit denen sich Geschäfte machen lassen. Obwohl sie sich als geistige Produkte

[1] Jochen Barth: Im Kampf um Bibliotheksmärkte. In: Börsenblatt f. d. dtsch. Buchhandel Nr. 7 v. 25. 1. 1985, S. 200–202.

[2] Vgl. dazu: DBS. Deutsche Bibliotheksstatistik 1984 Teil B. Wissenschaftl. Bibliotheken. Berlin 1985. Tabelle 01 Spalte 5. Im Berichtsjahr sind die UB Duisburg und die GHB Kassel allerdings nicht erfaßt.

[3] Barth a.a.O., S. 202.

durch ihren Monopolcharakter von fast allen anderen Warengattungen unterscheiden – ein Austausch eines bestimmten Titels gegen den eines anderen Verfassers oder Verlages ist in aller Regel nicht möglich –, sind sie rein kaufmännisch gesehen zunächst einmal eine Ware wie jede andere auch. Diese Ware läßt sich vermarkten und unterliegt insofern auch den Gesetzen des Marktes. Buchhändler und Bibliothekar sind Handelspartner, von denen – etwas überspitzt formuliert – der eine nach Möglichkeit mit einer guten Rendite verkaufen, der andere nach Möglichkeit preiswert, rasch und zuverlässig einkaufen will[4].

Wer in dieser nun einmal real gegebenen Situation Klage erhebt, daß „die Bibliothekare sich in manchen Ländern daran (gewöhnt) haben, in einer fast schamlos zu nennenden Art auszunutzen, was ihnen durch die immer härter werdende Konkurrenz angeboten wird“[5], der diffamiert nicht nur in erstaunlicher Weise seinen eigenen sich marktkonform verhaltenden Kundenkreis, sondern der übersieht auch, daß die Bibliothekare allen Grund haben, den ökonomischen Aspekten der Literaturbeschaffung ihre ungeteilte Aufmerksamkeit zu widmen. Vor dem Hintergrund einer explosiven Ausweitung der Buchproduktion und einer vielfach unübersichtlichen Marktsituation kommt es für den eigentlich stets in Finanznöten befindlichen Bibliothekar nicht nur darauf an, die jeweils qualitativ wertvollsten Titel zu kaufen. Es kommt auch darauf an, nur noch dort zu kaufen, wo eine rasche, zuverlässige und preisgünstige Erledigung gewährleistet ist.

Das folgende Referat möchte auf einige ganz alltägliche Beschaffungsprobleme aufmerksam machen, die dem in der Erwerbung tätigen Bibliothekar durch die aktuelle Marktsituation aufgezwungen werden.

Ausgewählte Beispiele der Preissituation in einzelnen Lieferländern

Am einfachsten sind noch die Verhältnisse in der Bundesrepublik. Nahezu sämtliche Titel bundesdeutscher Verlage sind innerhalb der Bundesrepublik preisgebunden, wobei der Endpreis bereits die Mehrwertsteuer und die Besorgungsspesen einschließt. Preisvergleiche erübrigen sich daher, allenfalls können Zuverlässigkeit und Schnelligkeit des Services einzelner Lieferanten miteinander verglichen werden.

Ganz anders sieht es aus, wenn man die Grenzen der Bundesrepublik überschreitet. Ausländische Literaturerzeugnisse haben ihren empfohlenen

[4] Vgl. dazu auch Klingner, Edwin: Bibliotheken und Buchhandel. Partnerschaft durch das Buch. In: Bibliothekswissenschaft. Musikbibliothek. Soziale Bibliotheksarbeit. Hermann Waßner zum 60. Geburtstag. Hrsg. von Peter Vodosek. Wiesbaden: Harrassowitz 1982, S. 175–183.

[5] Barth, a.a.O., S. 202.

oder zuweilen auch festen Preis nur im Ursprungsland. Auf Exportmärkten wird dieser Preis bereits durch die Produzenten in vielen Fällen überschritten. Bezugskosten des Ex- oder Importeurs und natürlich seine Gewinnvorstellungen können weitere, den ursprünglichen Ladenpreis eines Buches im Ursprungsland verändernde Kalkulationsfaktoren bilden. Aus der reichen Palette unterschiedlicher Möglichkeiten, mit Literatur Geld zu machen, seien hier nur wenige Beispiele herausgegriffen:

Titel aus der Verlagsproduktion der DDR haben in ihrer Mehrzahl gespaltene Preise, d. h. einen im DDR-Inland niedrigeren, meist subventionierten Preis und einen für den Export ins westliche Ausland bestimmten höheren Preis. Der Bezug ist im Prinzip nur über westdeutsche Grossisten bzw. Spezialfirmen möglich, die meist sowohl örtliche Buchhändler als weitere Zwischenhändler, wie aber auch die Bibliotheken direkt beliefern. Der von der DDR festgesetzte Exportpreis ist dabei lediglich Richtpreis; er hat für das Gebiet der Bundesrepublik keine verpflichtende Wirkung. Für den Weiterverkauf in der Bundesrepublik hat der bundesdeutsche Importeur Mehrwertsteuer in der z. Zt. gültigen Höhe von 7% an den Fiskus abzuführen, doch bleibt es ihm überlassen, ob er sie auch seinen Kunden in Rechnung stellt oder ob er sie aus der ihm eingeräumten Handelsspanne trägt. Ebenso bleibt es ihm überlassen, ob er ihm eventuell entstandene Unkosten für Besorgung, Porto und Verpackung, die sogenannten Handling-Kosten, auf den Richtpreis aufschlägt. Schließlich ist es seine freie Entscheidung, den Bibliotheken als Endkunden ähnlich wie bei westdeutschen Verlagspublikationen einen Rabatt von 5% einzuräumen – es gibt auch Fälle, in denen 10% gewährt werden – oder es sein zu lassen. In einer von mir vor einiger Zeit bei 28 Universitätsbibliotheken durchgeführten, nicht veröffentlichten Umfrage ergab sich, daß allein aufgrund der unterschiedlichen Anwendung der Rabatt- und Mehrwertsteuerberechnung beim Kauf eines Verlagsprodukts der DDR bereits 4 verschiedene Preise zu zahlen waren (Abb. 1).

Ist die Preissituation der DDR immerhin noch überschaubar, so gilt das schon nicht mehr unbedingt für Italien. Viele italienische Verlage setzen schon seit längerer Zeit für ihre Zeitschriften unterschiedliche Preise fest, wobei der für den Export bestimmte höhere Preis nicht selten in Dollar genannt wird. Umrechnungen ergeben dabei Preissteigerungen, die je nach Stand des Dollarkurses 200% übersteigen können (Abb. 2). Sie werden selbstverständlich auch bei direkter Verlagsauslieferung an eine ausländische Bibliothek gefordert. Bundesdeutsche Zeitschriftenimporteure müssen nach eigenen Angaben nicht nur die Exportpreise bezahlen, sondern erhalten auch eine so geringe Handelsspanne, daß sie zusätzlich Zuschläge wegen Minderrabattierung berechnen. Derartigen Preissteigerungen kann man entgehen, wenn es z. B. gelingt, einen in Italien ansässigen Lieferanten zu finden, der den niedrigen Verlagspreis für das Inland zahlt und bereit ist, jedes einzelne Zeitschriftenheft über seine Adresse an die deutsche Bibliothek weiterzuleiten, wofür dann nur die Portospesen und eine im Vergleich zum deutschen Lieferanten erheblich geringere Besorgungsgebühr berechnet werden.

Den augenblicklichen Kurswert des Dollars hat neuerdings eine in Spanien ansässige Exportfirma schätzen gelernt, die auch in der Bundesrepublik mit einem gut gemachten Titelkartenservice die Produktion spanischer Verlage vertreibt. Die Preisangebote dieser Firma erfolgen nur in Dollar (Abb. 3). Ein mehrfach durchgeführter Vergleich dieser Angebote mit den tatsächlich bezahlten Preisen bei anderen Lieferanten, die in Peseten berechnen bzw. den Pesetenpreis offenlegen, ergab je nach Dollarkurs immerhin Preisunterschiede bis zu 180%.

Abb. 1 Preisgestaltung DDR-Literatur

Konditionen:	Empfohlener Verkaufspreis	
	f.d.westl.Länder	DM 100,--
	Mehrwertsteuer	7 %
	Rabatt	5 %

	Orig.Preis	MWSt	Rabatt	Endpreis
1.	100	nein	ja	95
2.	100	nein	nein	100
3.	100	ja	ja	101,65
4.	100	ja	nein	107

Variante 1 = selten
Variante 2-4 = üblich

Einige Firmen geben 10 % Rabatt. Berechnung zusätzlicher Spesen für Porto und Verpackung kommt vor.

Der den Bibliothekaren seit langem bekannte Grundsatz country of origin – lowest price gilt also nur, wenn im Ursprungsland zum dort geltenden Originalverlagspreis eingekauft werden kann. Dies zeigt sich am eindringlichsten auf dem anglo-amerikanischen Markt: Er ist für die Bibliotheken von besonderer Wichtigkeit, da je nach Bibliothekstyp 70% aller Ausgaben für ausländische Bibliotheksmaterialien auf diesen Markt entfallen können. Die Mehrzahl der großen amerikanischen Verlage, die für die Literaturversorgung europäischer

Abb. 2 Preise italienischer Zeitschriften

Berechnung: Briefkurs am 15.5.1985

1000 Lire = 1,5710 DM

1 $ = 3,0653 DM

Beispiel 1: RIVISTA DI FILOSOFIA

Abbonamento annuo per l'Italia, lire 22 000.
Un fascicolo, lire 8000 (Iva compresa).
Abbonamento annuo per l'estero, $ 20.

22.000 Lire = 34,56 DM
20 $ = 61,30 DM

Differenz 77,37 %

Beispiel 2:

LA CIVILTA' CATTOLICA

«Beatus populus, cuius Dominus Deus eius»

CONDIZIONI DI ABBONAMENTO: ITALIA, 1 anno L. 40.000 - 2 anni L.75.000 - 3 anni L. 110.000 - 1 semestre L. 22.000 - Un quaderno L. 3.000 - arretrato L. 5.000 - ESTERO, 1 anno $ 55 - 2 anni $ 100 - 3 anni $ 150 - Un quaderno $ 5 - arretrato $ 8

40.000 Lire = 62,84 DM
55 $ = 168.59 DM

Differenz 168,28 %

Beispiel 3: ANNALI DELLA SCUOLA NORMALE SUPERIORE DI PISA

Prezzo di ciascuna annata:

Italia L. 40.000 Estero $ USA 70

40.000 Lire = 62,84 DM
70 $ = 214,57 DM

Differenz 241,45 %

Abb. 3 Preisvergleich bei spanischen Publikationen

Beispiel 1:

67.-ROJAS, Carlos
EL MUNDO MITICO Y MAGICO DE PICASSO.
Ed. Planeta. Barcelona, 1984. Premio Espejo de España. Col. Espejo de España. Col. Espejo de España, 100. I.S.B.N. 84-300-5700-2. 221 p. $ 11,00.-

Einkauf UB Freiburg am 4.7.84 bei span. Lieferanten für
900 Ptas = 15,84 DM
$-Kurs am 4.7.84 = 2,8011 x 11 = 30,80 DM

Differenz 94,44 %

Beispiel 2:

720.-UMBRAL, Francisco
TRILOGIA DE MADRID. MEMORIAS. Ed. Planeta. Barcelona, 1984. Col. Narrativa, 71. I.S.B.N. 84-320-7171-4. 337 p. $9,00.-

Einkauf UB Freiburg am 8.8.84 bei Frankfurter Spezialfirma
für 900 Ptas = 17,10 DM
$-Kurs am 8.8.84 = 2,9197 x 9 = 26,27 DM

Differenz 53,62 %

Beispiel 3:

634.-CILVETTI, Angel L.
LA LITERATURA MISTICA ESPAÑOLA. Antología. 2 vols. Ed. Taurus. Madrid, 1983. Col. Temas de España 131-132. I.S.B.N. 84-306-9961-9. 550 p. $ 14,00.-

Einkauf UB Freiburg am 4.9.84 bei span. Lieferanten für
1110 Ptas = 19,74 DM
$-Kurs am 4.9.84 = 2,9080 x 14 = 40,60 DM

Differenz 105,67 %

Beispiel 4:

AUTOR: ARRABAL, FERNANDO
OBRA : EL CEMENTERIO DE AUTOMOVILES
EL ARQUITECTO Y EL EMPERADOR DE AUSTRIA.EDC.DIANA
TAYLOR.ED.CATEDRA:234 P.LETRAS HISP.,198
AÑO : 1.984 MATERIA: LI PRECIO: 5,24 $.

Einkauf UB Freiburg am 13.3.85 bei span. Lieferanten
für 350 Ptas = 6,34 DM
$-Kurs am 13.3.85 = 3,356 x 5,24 = 17,58 DM

Differenz 177,28 %

Bibliotheken besonders wichtig sind, arbeitete in den letzten Jahren nicht nur mit doppelten, sondern gleich mit drei verschiedenen Preisen für den gleichen Titel. Unterschieden werden

– 1. Der US-$-Inlandspreis, der auch in Books in print angegeben wird, dort allerdings häufig schon veraltet ist
– 2. Der internationale Dollarpreis und
– 3. Der £-Sterling-Preis.

Die in Europa erhältlichen Verlegerkataloge nennen Dollar- und £-Sterling-Preise. Dabei differieren die £-Sterling-Preise – vom jeweiligen $-Kurs abhängig – relativ geringfügig gegenüber den genannten US-$-Preisen, so daß der Eindruck entsteht, der Preisunterschied zwischen USA und England sei unerheblich. Tatsächlich aber handelt es sich um den internationalen Dollarpreis, der oft beträchtlich höher ist als der US-$-Inlandspreis, wie er im US-Inlandskatalog ausgedruckt ist – in einem Katalog übrigens, der außer der Preisangabe absolut identisch mit seinem europäischen Gegenstück sein kann (Abb. 4). Kein

Abb. 4 Auswertung Frühjahrskataloge '85 USA/England
Yale University Press

1. Angebot

Angeboten werden		76 Titel
davon nur in USA-Katalog	./.	2 "
davon nur in England-Katalog	./.	3 "
demnach Basis für Preisvergleich		71 Titel

2. Preisvergleich auf $-Basis

Identische Preise				12 Titel
7-11 %	Differenz	zugunsten	USA	5 "
29-30 %	"	"	"	2 "
36-39 %	"	"	"	9 "
40 %	"	"	"	36 "
43-47 %	"	"	"	3 "
54 %	"	"	"	1 "
63 %	"	"	"	1 "
außerdem				
7 bzw. 17 %	Differenz	zugunsten	England	2 "
				71 Titel

3. Preis der Gesamtfrühjahrsproduktion

- bei Kauf in England		2589,40 $
- bei Kauf in USA	./.	2055,45 $
Ersparnis bei Kauf in USA		533,95 $

europäischer Lieferant, der US-Literatur von Europa aus liefert, berechnet die US-Inlandspreise, ganz gleich, ob er seinen Sitz nun in Deutschland, Großbritannien oder Holland hat. Der US-Inlandspreis kann nur von Kunden in den USA – also US-Bibliotheken und US-Lieferanten mit Sitz in den USA – in Anspruch genommen werden. Amerikanische Verlage leiten Direktbestellungen entweder an ihre europäischen Niederlassungen weiter oder liefern direkt aus den USA, dann aber zu den erhöhten Exportpreisen nach Europa. Die Preisaufschläge für von Europa aus vertriebene Bücher betrugen in aller Regel – und zwar unabhängig von Währungsschwankungen – in den letzten Jahren zwischen 30 und 40% und sind erst neuerdings, zumindest bei einigen Verlagen, auf 10 bis 15% reduziert worden. Der in dieser Situation naheliegende Schluß, dann eben alle Titel amerikanischer Verlage auch direkt bei Lieferanten mit Sitz in den USA zum US-Inlandspreis einzukaufen, läßt sich indes keineswegs so einfach verwirklichen, wie es zunächst scheinen möchte:

Zum ersten werden keineswegs alle bei einigen bedeutenden amerikanischen Verlagen erschienenen Titel auch tatsächlich in den USA verlegt, sondern erscheinen zum Teil auch in England und sind dann bei Bestellung aus den USA bis zum dreifachen teurer. Zweitens geben viele US-Verlage eine begrenzte Auswahl ihrer Publikationen als internationale Ausgaben heraus, die über USA nicht bezogen werden kann. Und drittens schließlich ist die Vertriebspolitik amerikanischer Firmen laufenden Veränderungen unterworfen: europäische Niederlassungen und Auslieferungslager werden ebenso rasch gegründet wie aufgehoben. Hier hat sich allerdings in den vergangenen Monaten und Wochen eine interessante Entwicklung abgezeichnet: Neben dem für wissenschaftliche Bibliotheken wichtigen Verlag Academic Press haben weitere fünf amerikanische University Presses ihre europäische Niederlassung geschlossen und liefern jetzt nur noch aus USA, und zwar – wie man hört – überwiegend zum amerikanischen Inlandspreis[6]. Gleichwohl bleibt die Situation bei der Vielzahl amerikanischer Verlage mit ihren oft komplizierten Vertriebsformen auch weiterhin unübersichtlich.

Ganz unabhängig vom Bezugsweg kann das gleiche amerikanische, englische oder auch in Holland hergestellte Buch eine Bibliothek DM 50,– oder auch DM 150,– kosten. Viele Titel dieser Länder werden nämlich zugleich in gebundener Hardcover- als auch in broschierter Paperbackform angeboten. Die keineswegs bei allen Verlagen bessere Papierqualität und der qualitativ sehr unterschiedliche Einband der gebundenen Ausgabe rechtfertigen oftmals nicht

[6] Neben Academic Press (einschl. Gruner & Stratton sowie Harcourt Brace) handelt es sich (Stand Mai 85) um Indiana UP, Texas UP und Washington UP. Zwei weitere Verlage – Cornell UP und John Hopkins UP – haben ebenfalls ihre Lagerbestände in England aufgelöst, liefern aber weiterhin mit Preisunterschieden US-Inland : Europa zwischen derzeit 10 und 20%.

die enormen Preisunterschiede (Abb. 5). Branchenkenner wissen, daß die Verleger bei dieser Preispolitik auf die traditionelle Vorliebe der Bibliotheken für den Kauf gebundener Ausgaben spekulieren. Die Entscheidung für den Kauf eines Titels muß daher in diesen Fällen auch das Kriterium künftiger Benutzungserwartung ebenso wie die Überlegung beinhalten, ob es nicht letztlich preisgünstiger ist, die broschierte Ausgabe nachträglich verstärken zu lassen.

Das Bemühen, die Literatur zum jeweils günstigsten Preis innerhalb angemessener Frist zu bekommen, bedingt nicht nur ständige Marktbeobachtung, sondern hängt ganz entscheidend von der Wahl des jeweils richtigen Zwischenlieferanten ab.

Abb. 5

Beispiel für Preisunterschied zwischen gebundener und broschierter Ausgabe des gleichen Titels bei identischer Papierqualität

Broschierte Ausgabe:

21139
Romanische Seminar der Universität
-Bibliothek-
z. Hden Frau Neumann
Werthmannplatz
7800 FREIBURG

Order: Übernommen Ansicht
nr.81277 vom 26.6.1984

81277 Eco, Umberto: Semiotics and the philosophy of language f 50,00 à 0.89 DM 44,50
Porto-Anteil DM 1,35
DM 45,85

Gebundene Ausgabe:

21162
Universitätsbibliothek
Erwerbungsabteilung
Freiburg

zur Ansicht bestellt : 23.5.84

Eco Umberto : GE84/5328
Semiotics and the philosophy of languague

Hfl. 120.00 à 0.89 DM. 106.80
+ Porto Anteil DM. 1.35
DM. 108.15

PREISUNTERSCHIED: DM 62,30

Lieferantenauswahl

Als hauptsächliche Lieferanten kommen für Universitätsbibliotheken bei Monographien

- der ortsansässige Buchhandel
- überregionale Firmen, die sich auf bestimmte Länder oder Sachgebiete spezialisiert haben
- und ausländische Firmen

in Frage. Hinzu kommt eine Vielzahl sonstiger Lieferanten, die ihre Titel im Alleinvertrieb anbieten. Die Bestellung bundesdeutscher Titel beim ortsansässigen Buchhandel dürfte für die meisten Universitätsbibliotheken eine Selbstverständlichkeit sein. Damit wird nicht nur die Leistungskraft des örtlichen Buchhandels gestärkt; auch für die Bibliothek ergeben sich Vorteile wie schnelle, kostenlose Anlieferung, Möglichkeit zur Ansichtsvorlage mit Rückgaberecht ohne zusätzliche Portokosten und einfache Kontaktmöglichkeiten bei allen Problemen.

Bis weit in die 70er Jahre hinein war es weitgehend üblich, auch die ausländische Literatur beim ortsansässigen Buchhandel zu kaufen. Das hat sich in den letzten Jahren zunehmend geändert. Ausländische Großimporteure, aber durchaus auch einige bundesdeutsche Spezialfirmen, die zum Teil sogar über ausländische Zweigniederlassungen verfügen, bieten vielfach günstigere Konditionen als der ortsansässige Buchhandel. Dies hat mehrere Gründe:

Erstens hat der im Ursprungsland über Niederlassungen verfügende Lieferant in aller Regel den besseren Kontakt zu den dort ansässigen Verlagen und kann schneller liefern. Das ist wichtig, weil immer mehr ausländische Verlage aus steuerlichen Gründen auf eine teure Lagerhaltung verzichten und bestrebt sind, ihre Auflagen rasch abzustoßen. Zweitens ist die Ausnutzung der zum Teil gravierenden Spannen zwischen Im- und Exportpreisen nur möglich, wenn der Lieferant über einen Sitz im jeweiligen Ursprungsland verfügt. Drittens haben Großlieferanten durch Abnahme größerer Stückzahlen fast immer günstigere Handelsspannen und unterliegen daher nicht dem gleichen Kostendruck wie der ortsansässige Buchhandel, der meist nur einzelne Titel ordert und in der Regel zu Aufschlägen bei der Endberechnung gezwungen ist. Viertens ist beim Weiterverkauf von Literatur durch einen bundesdeutschen Händler grundsätzlich 7% Mehrwertsteuer an den Fiskus abzuführen, wobei es allerdings dem Händler überlassen bleibt, ob er diese 7% seinem Kunden zusätzlich in Rechnung stellt oder ob er sie aus der eigenen Handelsspanne selbst trägt. Hingegen entfällt diese Steuer für den ausländischen Lieferanten unter Beachtung bestimmter postalischer Vorschriften beim Versand[7].

[7] Vgl. dazu Dörpinghaus, Hermann Josef: Die Kontroverse um die Einfuhrumsatzsteuer. Hintergründe – Verlauf – Konsequenzen. In: ZfBB 31 (1984) S. 314–333.

Diese Sachlage, die hier nur angedeutet werden kann, macht verständlich, daß der ortsansässige Buchhandel mit wenigen Ausnahmen – wie ausdrücklich betont werden muß – dem starken Konkurrenzdruck ausländischer Großimporteure wie überregional arbeitender bundesdeutscher Spezialfirmen nicht mehr gewachsen ist (Abb. 6).

Kritische Aufmerksamkeit sollte bei der Lieferantenwahl namentlich der Preisbezeichnung und der Preisangabe gelten: wird die Literatur zum „Katalogpreis", zum „Ladenpreis", zum „Listenpreis", zum „Verkaufspreis", zum „Originalverlagspreis" oder auch zum „Originalladenpreis" angeboten? Die inflationäre und definitorisch keineswegs abgesicherte Verwendung dieser Begriffe in der Praxis läßt erahnen, daß dieser Begriffswirrwarr nicht auf Zufall beruht. Es gibt bislang keine allgemein gültige Bezeichnung für den vom Verlag für das Ursprungsland festgesetzten oder empfohlenen Verkaufspreis. Um diesen Preis, den ich im folgenden „Originalverlagspreis" nennen möchte, geht es.

Für die Lieferung ausländischer Literatur sollten nur Lieferanten in Frage kommen, die bereit sind, in Angebot und Rechnung den Originalverlagspreis, und zwar in der jeweiligen Originalwährung, offen auszuweisen. Obwohl der Originalverlagspreis für den deutschen Käufer nicht als gebundener Preis gelten kann, macht seine Angabe klar, wieviel ein bestimmter Titel im Ursprungsland kostet. Uninteressant ist diese Angabe nur für schwierig beschaffbare Literatur bestimmter Fächer und für nicht-kommerzielle Titel, die meist konkurrenzlos

Abb. 6 Preisvergleich: Ortsansässiger Buchhandel/ausländischer Lieferant

LIEFERSCHEIN 101118 Freiburg i. Br., den 21.09.83 Sch 2

Universitätsbibliothek, Werthmannplatz 2, 7800 Freiburg

unverlangt zur Ansicht
auf Empfehlung von Herrn Dr. Rahm

PREISVERGLEICH

1 Savage/Russell –
Mammalian Paleofaunas of the World
Addison-Wesley

englischer Lieferant = £ 55.20 = DM 219.25

Kein Nachlaß

289,--

Differenz 31,81 %

und damit monopolartig vertrieben werden. Die Offenlegung des Originalverlagspreises erfolgt heute vielfach noch nicht, obwohl dahingehende gemeinsam von Buchhändlervereinigungen und Bibliothekaren ausgearbeitete Empfehlungen seit 1980 vorliegen[8]. Selbst angesehene Spezialfirmen nennen in ihren Katalogangeboten nur DM-Festpreise und erschweren zusätzlich die Identifizierung der angebotenen Titel durch Weglassen z. B. der Verlagsnamen. Fast immer sind derartige Praktiken auch Indiz für versteckte Preisaufschläge (Abb. 7).

Abb. 7 Preisvergleich einer führenden deutschen Importfirma mit DM-Festpreisangebot und Preisen ausländischer Großhändler

BUCHBLATT 330

Kunst - Fine Arts
=================

Titel,die uns auffielen und die Sie gern bei uns bestellen können:
We invite your orders for the following selection of publications:

1. Actes du Ier Colloque International pour la Photographie, Université de Paris VIII. Réd. sou la dir. de G. Bruni. 1983. 430 p., 126 photos. Br. DM 65.oo

Einkauf UB Freiburg bei französischem Lieferanten

ffrs 145,-- = DM 47,88 ./. 10 % = DM 43,10

Differenz 50,81 %

2. Block,J.: Les XX and the Belgian Avant-Gardism,1868-1894.1984. 250 p. == UMI Research Series, 41 DM 187.oo

Einkauf UB Freiburg bei holländischem Lieferanten

DM 147,--

Differenz 27,21 %

6. Flint,K.: Impressionists in England. 1984. 400 p. DM 96.oo

Einkauf UB Freiburg bei englischem Lieferanten

Stg 17,50 = DM 67,03

Differenz 43,21 %

17. Manion,M.M. and V.F.Vines: Medieval and Renaissance Illuminated Manuscripts in Australian Collections 1984.240 p., 302 (48 col.) ill. DM 129.oo

Einkauf UB Freiburg bei holländischem Lieferanten

Stg 25,-- = DM 96,75

Differenz 33,33 %

[8] Börsenblatt f. d. dtsch. Buchhandel Nr. 74 v. 5. 9. 1980, S. 2190ff.

Neben der Preisoffenlegung spielen auch Umrechnungskurs und die sogenannten Nebenkosten eine wichtige Rolle.

Nebenkosten, Umrechnungskurs und Preissteigerungen

Für die Bearbeitung und Weiterleitung der Bibliotheksbestellungen an den Verlag, für die Überwachung der Auslieferung, für den Versand der Lieferungen an die Bibliotheken entstehen dem Buchhändler Kosten. Kosten entstehen auch bei Bezahlung der Verlagsrechnungen: da staatliche Bibliotheken nicht gerade als schnelle Zahler bekannt sind, muß der Buchhändler die Verlagsrechnungen nicht nur vorausfinanzieren, sondern trägt auch bei Bezahlung in anderen Währungen das Kursrisiko und die Bankspesen. Jedem Insider ist zudem bekannt, daß die Handelsspannen der Verlage für den Buchhändler heute in vielen Fällen nicht mehr ausreichen, um seine Unkosten zu decken.

Vielfach ist es daher üblich und auch einsehbar, bei der Lieferung von Literatur aus bestimmten Ländern zusätzlich zum Originalverlagspreis den Bibliotheken sogenannte Handling-Kosten zu berechnen. Dies kann ein unterschiedlicher Zuschlag pro Einzellieferung sein. Häufiger ist die Vereinbarung von Pauschalen. Vereinbart wird ein in der Regel von der Höhe des Umsatzes abhängiger, für alle Lieferungen geltender prozentualer Zuschlag auf den Originalverlagspreis, der alle Nebenspesen deckt. Je nach Umsatzhöhe werden im übrigen bei bestimmten Firmen auch Abschläge auf den Originalverlagspreis praktiziert. Ebenso sind – ebenfalls vom Liefervolumen abhängig – Abschläge z. B. bei der Berechnung der Portogebühren denkbar. Dem Verhandlungsgeschick des mit der Erwerbung beauftragten Bibliothekars eröffnet sich hier ein weites Feld.

Neben den Handling-Kosten verdient der Umrechnungskurs besondere Aufmerksamkeit. Es kommt auch heute nicht gerade selten vor, daß die Umrechnung nicht zum Tagesbriefkurs erfolgt[9], sondern überhöht angesetzt ist, oder daß ein bis zu 8%iger Risikozuschlag wegen möglicher Kursschwankungen offen ausgewiesen wird. Ob derartige Aufschläge durch die Rechnungshöfe akzeptiert werden, ist nach meinem Wissen noch nicht abschließend geklärt. Im Prinzip handelt es sich ja nur um zusätzliche Besorgungsspesen.

Die bei vielen deutschen Firmen noch übliche Berechnung ausländischer Literatur in einer DM-Pauschalsumme läßt weder den Originalverlagspreis noch zusätzliche Besorgungsspesen noch eventuelle Kursaufschläge erken-

[9] Empfehlenswert dürfte der Briefkurs des Tages sein, an dem der Buchhändler den Verlag bezahlte.

nen[10]. Sie verstößt damit weitgehend gegen die bereits erwähnten Empfehlungen für den Geschäftsverkehr zwischen wissenschaftlichen Bibliotheken und Buchhandel von 1980. Für die Lieferung ausländischer Literatur sollten daher nur Lieferanten in Frage kommen, die neben dem Originalverlagspreis eventuell erhobene zusätzliche Besorgungsgebühren sowie Spesen für Verpackung und Porto gesondert ausweisen (Abb. 8). Zwar kann kein Lieferant zu derart detaillierter Rechnungslegung gezwungen werden, doch steht es jeder Bibliothek frei, auf solche Lieferanten auszuweichen, die bereit sind, für Preisklarheit zu sorgen und den von Börsenverein und Bibliothekaren erarbeiteten Empfehlungen von 1980 vollinhaltlich nachzukommen. Erst auf diese Weise lassen sich die Konditionen verschiedener Lieferanten miteinander vergleichen, wobei an dieser Stelle allerdings auch hervorzuheben wäre, daß der preisgünstigste Lieferant nicht immer unbedingt der zuverlässigste und schnellste sein muß.

Abb. 8 Beispiel für korrekte Berechnung ausländischer Literatur

Datum 15.06.84
Nr. 107232
Bei Zahlung bitte angeben

Universitaetsbibliothek
Freiburg

Rechnung/Invoice

DM

1 24.1.84
Cicero:Epistulkae ad Atticum.Eds.:Sjoegren
SKR. 50.00 =DM 16.91 +SPES. 5.0 %= 0.85
+MWST.7,0% 1.24 19.00 1

1 21.5.84 TX84/949
Hammershøj-painter of Stillness and Light.
602 Ed.Finsen. Selbstkosten
DKR. 90.00 =DM 24.61 +SPES.25.0 %= 6.15
+MWST.7,0% 2.15 32.91 1

51.91 NETTO

TAGESKURS 100SKR. = 33.8100*100DKR. = 27.3400*

Haus.Überwach.
Liste Nr. 1276

[10] S. dazu schon detailliert Lohse, Hartwig: Der Bezug ausländischer Literatur (Zeitschriften). Ein Kapitel zum Thema Buchhandel und Bibliothek. In: Bibliothek – Buch – Geschichte. Kurt Köster zum 65. Geburtstag. Hrsg. von G. Pflug, B. Eckert und H. Friesenhahn. Frankfurt 1977, S. 127–134.

Die völlig unübersichtliche Situation bei der Berechnung von Nebenkosten kann den Endpreis eines ausländischen Buches erheblich verteuern. Für die Beschaffung teurer Neuerscheinungen, etwa ab umgerechnet DM 1000,–, sowie beim Kauf von Reprints und Antiquaria, die in aller Regel frei kalkulierte Preise haben, dürfte grundsätzlich die Ausschreibung (Abb. 9) empfehlenswert sein. Erfahrungen zeigen, daß einzelne Lieferanten durchaus bereit sind, Konditionen zu bieten, die sich von denen ihrer Mitkonkurrenten deutlich unterscheiden. Dies ergibt sich für teure Neuerscheinungen bereits aus der Tatsache, daß sich Originalverlagspreis und Buchhändlerhandelsspanne bedingen: Der Kauf eines teuren Buches mit einer niedrigen Handelsspanne kann für einen

Abb. 9 Beispiel für eine Preisanfrage bei teuren ausländischen Titeln

Sehr geehrte Damen und Herren,

für folgenden Titel bitten wir um ein verbindliches,
detailliertes Preisangebot:

1) Welche Bindeform wird angeboten?
(hardcover/paperback/ ....)

2) Originalpreis (mit Währungsangabe) ....

Falls zusätzlich berechnet:
- Verlagsporto ....
- Besorgungsgebühren ....
- Porto/Verpackung/Handling ....
- Mehrwertsteuer ....
- Sonstige Kosten ....

Welche Rabatte werden gewährt? (%) ....

Verbindlicher Endpreis ....

3) Ist der Titel sofort lieferbar? ja/nein
voraussichtlich
erst am: ....

Wir möchten Sie darauf aufmerksam machen, daß wir diese Preisanfrage an Sie und .... weitere Firmen richten. Sollten Sie an einer Lieferung des oben genannten Titels interessiert sein, bitten wir Sie, uns bis spätestens .... Ihr Angebot zuzuschicken.

Mit freundlichen Grüßen

Buchhändler einen höheren absoluten Gewinn abwerfen als der Verkauf eines billigeren Buches mit einer hohen Handelsspanne.

Pauschalvereinbarungen mit den Lieferanten genügen hingegen für die Masse der kleinpreisigen ausländischen Titel. Ausschreibungen wären hier denkbar ungeeignet, nicht nur weil der erforderliche Verwaltungsaufwand viel zu aufwendig wäre, sondern weil zum Zeitpunkt der Bestellung die Verlagsangaben zunehmend unzuverlässig sind.

Schon immer haben Bibliothekare damit rechnen müssen, daß die in den Ankündigungen der Verlage genannten Liefer- oder Erscheinungstermine nicht eingehalten wurden. Dies kann, sofern sich derartige Fälle häufen, durchaus Rückwirkungen auf die Mittelbewirtschaftung haben. Ebenso unzuverlässig wie die Hinweise auf die vorgesehenen Erscheinungstermine in den Vorausankündigungen sind neuerdings aber auch die Preisangaben der Verlage: die salvatorische Formel „All prices are subject to change without notice" findet sich in dieser oder ähnlicher Form in nahezu jedem Verlagskatalog. Dabei kann durchaus verlegerisches Kalkül eine Rolle spielen: Die Zahl der eingegangenen Bestellungen gibt dem Verlag bereits Anhaltspunkte für die Höhe der Auflage und damit auch für die endgültige Preisgestaltung. Nicht ganz von der Hand zu weisen ist auch die Überlegung, den Titel zunächst einmal relativ preisgünstig anzubieten, um überhaupt Bestellungen zu erhalten. Erfahrungsgemäß kann davon ausgegangen werden, daß einmal plazierte Bestellungen von Bibliotheken auch bei späteren Preiserhöhungen nur ungern storniert werden. Das fachliche Interesse am Erwerb eines bestimmten Buches ist stets unabhängig vom Preis zu sehen. Eine eventuelle Preiserhöhung bei Erscheinen ist für den Verlag – falls er seine Forderung nicht überzieht – daher immer relativ problemlos: als Monopolist, der als einziger diesen bestimmten Titel dieses bestimmten Verfassers anbietet, verfährt er nach dem Grundsatz: „Take it or leave it." Amerikanische Bibliotheken handeln in diesen Fällen nach dem ppp-Prinzip (price per page). Sie lassen die Kaufwürdigkeit eines Titels von der Relation zwischen Seitenzahl und Preis abhängen nach dem Motto: Wieviel bedrucktes Papier bekomme ich für mein Geld?[11] Natürlich ist auch in den USA dieses neuartige Kriterium für die Buchauswahl nicht das einzige. Das Problem der zwischen Bestellung und Auslieferung eines Buches erfolgenden Preiserhöhungen bei oft merkwürdig kurzen Zwischenfristen hat sich in den letzten Jahren besorgniserregend verstärkt. Das gilt sowohl für die Bundesrepublik (Abb. 10) als auch für alle anderen Lieferländer. Für den amerikanischen Bereich gibt die Buchhandelszeitschrift Publishers weekly in ihrer Ausgabe vom 13. 7. 1984 annähernd 200000 Preisänderungen innerhalb der letzten 6 Monate an. Die

[11] S. dazu S. Feller in: Börsenblatt f. d. dtsch. Buchhandel Nr. 76 v. 23. 9. 1983, S. 1987f.

englische Buchhandelszeitschrift Booksellers machte das Thema im April 84 anhand ausgewählter Beispiele zum Gegenstand öffentlicher Diskussion (Abb. 11). In der Bundesrepublik ist es angesichts der Vielzahl der Fälle in vielen Bibliotheken bereits üblich, bei kleinpreisigen Titeln Preiserhöhungen bis zu 20% stillschweigend zu tolerieren und erst bei Forderungen, die diesen Prozentsatz übersteigen, den Ankauf des Titels erneut zur Diskussion zu stellen.

Nicht zuletzt in diesem Zusammenhang sollte es selbstverständlich sein – und von der Mehrzahl der Lieferanten im In- und Ausland wird dies auch schon

Abb. 10 Beispiel für eine kurzfristige Preiserhöhung bei bundesdeutschem Verlag

Ankündigung in CIP 11/85 v.14. 3.85 = DM 100,--
Lieferung am 10.5.1985 = DM 165,--
Preiserhöhung 65 %

Verf.: Freyschmidt, Jürgen

Titel: Gelenkerkrankungen:röntgenolog.Diagnose u. Differentialdiagnose.
Berlin: Springer. 1985. ca DM 100.- geb.
3 540 13832 3

Lief.: Schulz
Dat.: 6.5.85
Qu.: CIP 11/85 Fr-24

☐ Festbestellung ☐ zur Fortsetzung
☐ zur Ansicht A

Universitätsbibliothek
— Erwerbungsabteilung —
Werthmannplatz 2
Postfach 16 29
D 7800 Freiburg i. Br.

Lieferung nur mit diesem Bestellschein. Bei Dissertationen, Serienstücken, Sonderdrucken oder ungenau zitierten Werken bleibt Rückgaberecht vorbehalten.

LIEFERSCHEIN Freiburg i. Br., den 10.05.85 PkI

Universitätsbibliothek Werthmannplatz 2 7800 Freiburg

lt. beil. Bestellschein vom 6.05.85 zur Ansicht

1√ Freyschmidt, Gelenkerkrankungen 165,-
Springer

5 % Nachlaß

angeboten –, daß in eventuellen Zweifelsfällen der Bibliothek auf Wunsch eine Kopie der Originalverlagsrechnung zur Verfügung gestellt wird, so daß die Korrektheit des Endpreises jederzeit ausreichend dokumentiert werden kann.

Meine bisherigen Ausführungen müßten deutlich gemacht haben, daß der in der Erwerbung tätige Bibliothekar, der entsprechend den Landeshaushaltsordnungen der einzelnen Bundesländer für die sparsame und wirtschaftliche Verwendung der ihm anvertrauten Haushaltsgelder verantwortlich ist, ein sehr verantwortungsvolles Geschäft betreibt. Eine zur Zeit noch nicht ganz abgeschlossene Prüfung des Bibliothekswesens an den drei alten baden-württembergischen Universitätsbibliotheken durch den Landesrechnungshof hat bereits zu Beanstandungen namentlich im Bereich der dezentralen Einrichtungen geführt. Dabei hat sich der Rechnungshof besonders eingehend mit dem Bezug von Zeitschriften befaßt.

Abb. 11 Preiserhöhungen angloamerikanischer Titel zwischen Ankündigung und Erscheinen

1708 THE BOOKSELLER, APRIL 21, 1984

Book prices: the need for accuracy

TITLE/AUTHOR/ PUBLISHER	PUBLISHED PRICE	WHERE/WHEN PRICE QUOTED	INVOICE PRICE	% INCREASE
Air Pollution M Crawford, McGraw-Hill	£25·95	*BBIP* Nov 83	£42·90	+65
Chemical Publications 5th Ed. M G Melton, McGraw-Hill	£23·95	*BBIP*	£47·30	+97
Radiation Heat Transfer Notes Edwards, Hemisphere	£13·47 (priced in dollars)	Catalogue	£37·85	+81
Vacuum Physics and Technology Weissler & Carlson, Academic Press	£44	*BBIP* Nov 83	£52·50	+19
Coal-Oil Mixture Combustion and Technology Schumaker, Noyes Data Corp.	£32·41 (priced in dollars)	Catalogue	£41·19	+27

N.B. The invoice includes postage, packing and agents' percentage. The orders were placed with most recent available price and invoices received within weeks of placing of order.

Probleme beim Zeitschriftenbezug

Die Zahl der an den bundesdeutschen Universitäten laufend gehaltenen Zeitschriften dürfte sich bei schätzungsweiser Einbeziehung der in den dezentralen Einrichtungen „alter" Universitäten bezogenen und statistisch nicht erfaßten Titel in einer Größenordnung von derzeit gut ½ Million Abonnements bewegen[12]. Bei mindestens ⅔ dieser Abonnements dürfte es sich um Zeitschriften handeln, die im Kauf erworben werden.

Soweit nicht direkt von den Produzenten bezogen wird, fungieren als Lieferanten:

- der ortsansässige Buchhandel
- auf bestimmte Länder oder Fachgebiete spezialisierte überregional tätige Buchhandlungen im In- und Ausland
- auf die Vermittlung von Zeitschriften spezialisierte Zeitschriftenagenturen des In- und Auslandes.

Über die Marktanteile dieser Lieferanten gibt es keine offiziellen Zahlen. Aus der Branche ist zu hören, daß der Anteil der Agenturen in den letzten Jahren gewachsen ist, aber im Unterschied z. B. zu den USA keineswegs dominiert.

Der Erwerb westdeutscher Publikationen erfolgt bei der großen Mehrzahl der Universitäten über den ortsansässigen Buchhandel. Gleich hier entsteht allerdings ein Problem: westdeutsche Verlagszeitschriften, die – wenigstens z. Zt. noch – nahezu immer preisgebunden sind, gelten als renditeträchtig, d. h. sie haben mit durchschnittlich noch über 20%[13] ausreichende Handelsspannen. Eine Vergabe dieser Abonnements an spezialisierte Zeitschriftenagenturen kann im Einzelfall den Bezug der übrigen Zeitschriften verbilligen. Benachteiligt wird dann allerdings der ortsansässige Buchhandel, auf dessen Existenz die Universitätsbibliotheken unabdingbar angewiesen sind.

Ganz anders verhält es sich bei ausländischen Titeln. Die Handelsspannen für Zwischenlieferanten sind außerordentlich unterschiedlich, die Beschaffung ist in vielen Fällen ein arbeitsaufwendiges Geschäft. Aus diesen und anderen Gründen mehr verzichten viele Universitätsbibliotheken in der Bundesrepublik für einen größeren oder kleineren Teil der von ihnen bezogenen ausländischen Zeitschriften auf unmittelbare Kontakte mit verschiedensten Verlagen und Herausgebern und bedienen sich der Hilfe der Zeitschriftenagenturen bzw.

[12] Die Deutsche Bibliotheksstatistik nennt nur die Gesamtzahl der von den zentralen Universitätsbibliotheken bezogenen Zeitschriften (1984 = 327710) und unterscheidet dabei nicht zwischen Kauf, Tausch und Geschenk. Die zusätzlichen Abonnements in den dezentralen Einrichtungen „alter" Universitäten können nur geschätzt werden.

[13] Verständlicherweise gibt es dazu keine nachprüfbaren Zahlen. Neueste, z. T. vertraulich gemachte Firmenangaben schwanken zwischen 19,2% (Barth, s. Anm. 15) und bis zu 25%. Die Höhe der Durchschnittsrendite pro Firma ist unterschiedlich, da sie von Art der Zeitschrift und Zahl der Abonnements abhängt.

einiger besonders leistungsfähiger Buchhandlungen, die sich auf die Zeitschriftenliteratur bestimmter Länder oder Sachgebiete spezialisiert haben. Auch bei der Einschaltung dieser Agenturen werden in der übergroßen Mehrzahl der Fälle die einzelnen Produkte der Verleger und Herausgeber direkt an die Bibliotheken verschickt – in diesem Punkt besteht zunächst kein Unterschied zur unmittelbaren Geschäftsbeziehung mit dem Produzenten. Die Agenturen und z. T. auch der spezialisierte Buchhandel fungieren also als Zwischenhändler für Waren, die in aller Regel nicht durch ihre Hände gehen. Ihre Bedeutung liegt allein im sogenannten Service:

– Sie verfügen über eine umfangreiche und detaillierte Marktkenntnis, weil sie Verleger und Bibliotheken in der ganzen Welt zu ihren Geschäftspartnern zählen.

– Sie erleichtern und beschleunigen den Abschluß von Neuabonnements, da sie in der Regel als erste über Neuerscheinungen informiert sind.

– Sie überwachen und kanalisieren die in diesem Geschäft unumgänglichen Reklamationen und Verlängerungen und übernehmen die dazu erforderliche Korrespondenz in allen gängigen Sprachen. Sie ersparen damit der Bibliothek nicht nur einen eigenen hohen Arbeitsaufwand, sondern sichern im Prinzip auch die schnellere Verfügbarkeit eventuell fehlender Zeitschriftenhefte.

– Sie standardisieren, vereinfachen und beschleunigen die gesamte Rechnungsabwicklung. Statt Tausender von Zahlungsempfängern gibt es nur noch einen. Der hier eingesparte Arbeitsaufwand dürfte erheblich sein.

– Sie verringern die bei Einzelbezug unabweislich entstehenden Nebenkosten wie z. B. Bankgebühren, Porti usw.

– Sie spielen eine zunehmend wichtigere Rolle bei der notwendigen Vorausfinanzierung und sichern damit den fortlaufenden Bezug.

Selbstverständlich erfolgen diese Dienstleistungen nicht kostenlos. Mit Aufschlägen auf den Originalverlagspreis ist fast immer zu rechnen. Dabei können Konditionen und Service der einzelnen Agenturen und sonstigen Zwischenhändler durchaus unterschiedlich sein. Generalisierend möchte ich auf einige wichtige Probleme hinweisen, die sich für die Bibliotheken derzeit aufgrund der Marktsituation ergeben:

1. Es gibt bislang noch keine detaillierte Kosten-Nutzen-Analyse über die verschiedenen Bezugswege, d. h. Direktbezug oder Einschalten von Agenturen und sonstigen Zwischenhändlern. Bisherige Erfahrungswerte[14] zeigen nur, daß

[14] Bothe, Winfried und Hans Ullrich Kopp: Literaturauswahl und Erwerbung. In: DFW 29 (1981) Sonderheft Bibliothekartag Regensburg, S. 21–25; Allweiss, Werner: Aktuelle Probleme der Zeitschriftenerwerbung. In: Zeitschriften- und Einbandstelle in einer wissenschaftl. Bibliothek: Aufgaben heute. Vorträge, Diskussionen und Arbeitsergebnisse e. Fortbildungskurses d. Landes Baden-Württemberg. 1983. Hrsg. v. Gerhard Römer, Karlsruhe: Bad. Landesbibliothek 1984, S. 39–55.

ein Direktbezug in aller Regel personalintensiver ist und an die Mitarbeiter der Zeitschriftenstelle höhere qualitative Anforderungen stellt. Umgekehrt gilt, daß die Einschaltung von Agenturen zuweilen sehr verteuernde Wirkung haben kann. Für eine sowohl kostenbewußt wie personalsparend arbeitende Bibliothek handelt es sich hier jedoch nur um eine scheinbare Alternative. Abhängig von verschiedensten Kriterien wie z. B. Vertriebsart, Herkunftsland, Verlag, Fachgebiet, Lieferantenkonditionen usw. wird sie mehrgleisig verfahren und nach dem im Einzelfall günstigsten Bezugsweg suchen. Dies kann z. B. bei nicht-kommerziellen Zeitschriften der Direktbezug, bei naturwissenschaftlichen USA-Zeitschriften die Großagentur, bei italienischen Zeitschriften der im Ursprungsland ansässige Buchhändler sein. Es ist bemerkenswert, daß in letzter Zeit im jeweiligen Ursprungsland ansässige Großbuchhandlungen verstärkt zum Teil günstigere Konditionen anbieten als die großen Zeitschriftenagenturen. Natürlich ist hier in jedem Einzelfall die Lieferzuverlässigkeit sorgfältig zu prüfen. Der billigste Lieferant kann sehr teuer werden, wenn er nicht zuverlässig ist. Dies gilt jedoch für Buchhandlungen wie Agenturen gleichermaßen.

2. Es gibt bislang noch keine vergleichende Untersuchung über Konditionen und Service der einzelnen Zwischenhändler, obwohl sie dringend erforderlich wäre[15]. Ein Vergleich ist deshalb so schwierig, weil die Konditionen der einzelnen Firmen sich aufgrund jeweils anderer Berechnungsmodi bei den Servicegebühren praktisch nicht miteinander vergleichen lassen. Während einige Firmen je nach Höhe der Handelsspanne, die ihnen der Hersteller einräumt und die den Bibliotheken in der Regel unbekannt ist, pro Abonnement unterschiedlich hohe Gebühren berechnen, praktizieren andere Firmen die Berechnung für ein ganzes „Paket" von Abonnements. Sie sieht unabhängig von der Höhe der Handelsspanne für jedes Abonnement die gleiche Beschaffungsgebühr vor, wobei die Höhe wiederum von der Anzahl und der Art der bezogenen Zeitschriften und natürlich von der den Bibliotheken unbekannt bleibenden Handelsspanne abhängt. Nicht in Zahlen berechenbar ist letztlich auch der Service, d. h. im wesentlichen der Anspruch auf eine korrekte, rasche und vollständige bzw. regelmäßige Lieferung auch schwierig zu beschaffender Zeitschriften. Diesem Anspruch werden die Agenturen in unterschiedlichem Maße gerecht.

[15] S. jedoch die zur Zeit entstehende Arbeit von Eike Schmüser: Lieferantenwahl für die Erwerbung von Zeitschriften in wissenschaftlichen Bibliotheken der Bundesrepublik Deutschland. Empirische Analyse ausgewählter Beispiele und betriebswirtschaftliche Diskussion. Hausarbeit zur Prüfung für den höheren Bibliotheksdienst (Herbst 1985) Köln 1985. Aus Firmensicht ist neuerdings heranzuziehen: Jochen Barth: Kosten, Preiskalkulation und Rechnungsstellung beim Zeitschriften-Import. In: Arbeitsgemeinschaft der Spezialbibliotheken (ASpB). Bericht über die 20. Tagung in Stuttgart. 5.–9. März 1985. Leverkusen 1985, S. 81–88.

3. Aus den gerade genannten Gründen sind Preisvergleiche einzelner Zeitschriftentitel zwischen verschiedenen Bibliotheken sinnlos. Der Endpreis für ein und dieselbe Zeitschrift kann bei den einzelnen Bibliotheken unterschiedlich sein und ist es de facto auch.

4. Im Unterschied zum Monographiengeschäft, bei dem ein Wechsel des Lieferanten z. B. bei Unzufriedenheit mit dem Service oder zwecks Erlangung besserer Konditionen jederzeit möglich und auch empfehlenswert ist, ist ein Agenturwechsel beim Bezug von Zeitschriften ein äußerst arbeitsaufwendiges Unterfangen. Die Agenturen wissen, daß die Bibliotheken im Hinblick auf den Arbeitsaufwand nur ungern den Lieferanten wechseln, und liefern sich – teilweise auch mit Dumping-Angeboten – einen äußerst harten Konkurrenzkampf, wenn es darum geht, Bibliotheken als neue Kunden zu gewinnen[16].

5. Ein z. Zt. kontroverses Problem bildet die Frage nach der Zulässigkeit von Vorauszahlungen auf Pauschalrechnungen, die einige Agenturen mit interessanten Rabatten verbinden. Das Problem ist gerade beim Zeitschriftenbezug besonders diskutabel, da es hier – bei den heutigen Preisen – durchaus um Beträge von mehreren DM 100000,– pro Bibliothek gehen kann. Die prinzipielle Zulässigkeit von Vorauszahlungen wurde bereits 1976 durch ein Gutachten der Rechtskommission des VDB festgestellt[17], daneben gibt es einen 1981 veröffentlichen Erlaß des Ministeriums für Wissenschaft und Kunst in Baden-Württemberg[18], demzufolge Vorleistungen durch die wissenschaftlichen Bibliotheken des Landes ohne Vereinbarung einer Sicherheitsleistung bewirkt werden können. Voraussetzung ist, daß die Aufträge ensprechend der VOL an fachkundige, leistungsfähige und zuverlässige Lieferanten gegeben werden. Demgegenüber haben noch vor einem Jahr Rechnungshöfe in NRW „die Praxis gerügt, Abschlagszahlungen über unspezifizierte Zeitschriftenkontingente bzw. rabattbegünstigte Zahlungen auf Zeitschriftenabonnements an Großimporteure vorfristig zu leisten". Im übrigen aber seien, so die Rechnungshöfe, „Vorauszahlungen auf spezifizierte Zeitschriftenrechnungen zum Fälligkeitstermin für Hochschulbibliotheken unvermeidlich und auch nicht zu beanstanden"[19].

Die knapp bemessene Zeit verbietet leider, an dieser Stelle ausführlich zu begründen, warum die Forderung der nordrhein-westfälischen Rechnungshöfe nach spezifizierten Rechnungen zum Vorauszahlungszeitpunkt die Praxis des Zeitschriftengeschäftes verkennt[20]. Die Agenturen gewähren den Rabatt ja

[16] S. dazu auch Barth: Im Kampf ... a.a.O.

[17] Verein Deutscher Bibliothekare, Kommission für Rechtsfragen: Gutachten zur Frage der Vorauszahlungen im Erwerbungsbereich. In: ZfBB 23 (1976) S. 23.

[18] Abgedruckt in: Kultus und Unterricht 18 (1981) S. 914f.

[19] Zitat in: Mitteilungsblatt. Verband der Bibl. d. Landes NRW. N. F. 34 (1984) S. 147f.

[20] Zum Problem der Vorauszahlungen ausführlich Schmüser a.a.O.

gerade deshalb, weil sich für sie – und übrigens auch für die Bibliotheken – mit der Erstellung von Pauschalrechnungen zum Vorauszahlungszeitpunkt eine erhebliche Arbeitsersparnis verbindet.

Ich darf aber darauf hinweisen, daß jüngst der Rechnungshof Baden-Württemberg in einem nicht veröffentlichten Prüfungsbericht über das Bibliothekswesen der Universität Freiburg zu einem der nordrhein-westfälischen Auffassung völlig entgegengesetzten Votum gekommen ist: Bei Beachtung der LHO und des oben bereits genannten Ministerialerlasses „erhebt" der Rechnungshof Baden-Württemberg „danach insbesondere keine Bedenken, wenn die eingeräumten Rabatte bei Vorauszahlungen, soweit Haushaltsmittel noch vorhanden sind, ausgenutzt werden"[21].

Hintergrund dieser ganz eindeutigen Stellungnahme des baden-württembergischen Rechnungshofes ist u. a. das Faktum, daß – entgegen einer gängigen Meinung – die bei den Landeszentralbanken eingehenden Steuergelder nicht verzinst werden, insofern also den Ländern bei Vorauszahlung auch kein Zinsverlust entsteht. Ganz im Gegenteil bringt die Vorauszahlung dem Land – allerdings unter der Voraussetzung, daß Haushaltsmittel zur Verfügung stehen – durch die gewährten Rabatte einen geldwerten Vorteil. Für den oft Tausende von Mark umfassenden Rabattbetrag können weitere Bücher angeschafft werden.

Offen bleibt allerdings auch bei diesem Votum die Frage nach der Absicherung der vorausgezahlten Beträge, insbesondere für den Zeitpunkt zwischen Inkasso der Vorauszahlung und Erneuerung der Bestellung beim Verlag durch die Agentur. Dieses rechtlich relevante Problem bedarf noch eingehender Prüfung, denn ausgeschlossen ist es ja nicht, daß auch Lieferanten, deren Fachkunde, Zuverlässigkeit und Leistungsfähigkeit bislang unbestritten waren, kurze Zeit nach Inkasso ihre Zahlungsunfähigkeit anmelden. Dies hat es ja schon gegeben.

Das Problem der zentralisierten Beschaffung im zweigleisigen Bibliothekssystem

Eine Vielzahl der in diesem Referat aufgezeigten Probleme fordert letztlich die Frage heraus, ob es nicht wesentlich kostengünstiger und damit auch im Sinne einer guten Literaturversorgung effektiver ist, auch für die alten Universitäten mit ihrer Fülle von dezentralen Einrichtungen einen zentralen Einkauf ins Auge zu fassen. Es kann doch gar kein Zweifel darüber bestehen,

[21] Prüfungsmitteilungen des Rechnungshofes Baden-Württemberg vom 23. 10. 1984 an die Universität Freiburg. Az 1410-82.14. Zitat S. 10.

– daß Auswahl der Lieferanten und Modalitäten des Beschaffungsvorgangs dann nach fachlichen Gesichtspunkten mit bibliothekarischem know-how vorgenommen würden

– daß unnötige, vermeidbare Doppelungen generell unterbleiben könnten, weil eine zentral aufzubauende Bestellkartei sie a priori ausschließen hilft

– daß sich schon auf dem deutschen Markt der üblicherweise vom Buchhandel gewährte 5%ige Rabatt für alle dezentralen Einrichtungen durchsetzen ließe, was heute gerade für die kleinen dezentralen Einrichtungen von den durch den Buchhandel festgesetzten Bestimmungen her ausgeschlossen ist

– daß aber auch auf dem internationalen Markt bessere Konditionen denkbar wären, weil statt einer Vielzahl von Klein- und Kleinstbibliotheken die Universität schlechthin als Großeinkäuferin über eine ganze andere Marktmacht verfügen würde.

Diese Feststellungen gelten insbesondere für den Zeitschriftenmarkt. Schon eine stärkere Konzentrierung der Abonnements in den dezentralen Einrichtungen, verbunden mit einer Ablösung der oftmals zufälligen, bestenfalls traditionellen Lieferbeziehungen durch gezielte Vergabe an die jeweils „richtigen" Lieferanten, würde zu erheblichen Kostenvorteilen führen. Diesen Kostenvorteilen stehen aber ebenso unverkennbar organisatorische, personelle und finanzielle Unzulänglichkeiten gegenüber, die auf der seit Jahrzehnten gewachsenen Struktur der zweigleisigen Bibliothekssysteme beruhen.

1. Schon die großen räumlichen Entfernungen zwischen den verschiedenen dezentralen Einrichtungen einer Universität machen den Aufbau einer einzigen zentralen, konventionell geführten Bestellkartei, die für Bestellaufgabe, Bestellüberwachung und Lieferungskontrolle bei jeder einzelnen Bestellung zu konsultieren wäre, unmöglich. Jeder Bedienstete in den dezentralen Einrichtungen müßte sich – u. U. mehrmals täglich, je nach Dringlichkeit der Bestellung – an den Standort der zentralen Kartei begeben, um zu prüfen, ob und wo ein bestimmter Titel evtl. schon bestellt oder gekauft worden ist, um dann je nach Ergebnis und eventuell notwendigen Rückfragen seine eigene Bestellung einzuordnen. Dies läßt sich langfristig daher erst dann erfolgversprechend ändern, wenn es möglich ist, auch im Erwerbungsbereich zweigleisiger Bibliothekssysteme eine zentrale EDV-geführte Kartei mit dezentralen Abfrageterminals einzusetzen. Das aber dürfte vor Abschluß der heute überall mit Vorrang betriebenen EDV-Vorhaben im Katalogisierungsbereich in den nächsten Jahren kaum irgendwo der Fall sein.

2. Zentrale Erwerbung zieht unvermeidlich einen mehr oder weniger großen Verlust an Flexibilität und Schnelligkeit bei der Beschaffung nach sich. Auch die Einrichtung von Eilt- und Sondergeschäftsgängen für besonders dringlich benötigte Literatur kann bei einer weitgehend normierten Beschaffung nicht

verhindern, daß ein Vergleich mit der in kleineren Einrichtungen üblichen oft unkonventionellen Beschaffung eindeutig und zu Recht zu deren Gunsten ausfiele.

3. Zentrale Erwerbung dürfte in zweigleisigen Bibliothekssystemen aller Wahrscheinlichkeit nach nicht zu Personaleinsparungen führen. Der Arbeitsaufwand bleibt gleich, da die Anzahl der Bestellungen damit ja nicht reduziert wird. Der unumgängliche und für jede Bestellung individuell anzusetzende Arbeitsaufwand läßt bei Fortbestehen der räumlichen Entfernungen zwischen den einzelnen Einrichtungen sogar erhöhten Zeitaufwand befürchten. Im übrigen ist bei zentraler Erwerbung unabdingbar neben der Fach- auch die Dienstaufsicht über das in diesem Bereich tätige Personal der dezentralen Einrichtungen durch die Zentrale notwendig. Ein rationeller Arbeitseinsatz bei sehr penibel zu führenden Karteien setzt direkte Weisungsbefugnisse hinsichtlich Einsatz und Art der zu leistenden Arbeit voraus, soll es nicht zu chaotischen Verhältnissen kommen.

4. Insbesondere – und dies dürfte der gravierendste Punkt sein – setzt zentrale Erwerbung auch die uneingeschränkte Bewirtschaftungsbefugnis über den Literaturetat durch die Zentrale voraus. Die Erfahrung in der Erwerbungsarbeit einer zentralen Bibliothek zeigt, daß täglich Dutzende von Haushaltsentscheidungen zu treffen sind. Die bei fehlender Bewirtschaftungsbefugnis notwendigen Rückfragen bei der Vielzahl einzelner Lehrstühle – man denke nur an die Einhaltung von Subskriptionsfristen, das Ausnutzen schnell vergriffener Antiquariatsangebote, nachträgliche Preiserhöhungen usw. – all dies würde einen rationellen Arbeitsablauf unmöglich machen.

Daß die Übernahme der Bewirtschaftungsbefugnis durch Bibliothekare das Recht der freien Literaturauswahl durch die Lehrstühle nicht beschneiden muß, macht die Praxis in vielen sogenannten eingleisigen Bibliothekssystemen deutlich.

Das Fortbestehen der genannten Unzulänglichkeiten dürfte eine zentrale Erwerbung im zweigleisigen Bibliothekssystem noch auf Jahre hinaus unmöglich machen. Freilich haben Bibliothekssysteme, in denen die Integration weiter als anderswo fortgeschritten ist, bereits Zwischenlösungen entwickelt: die Einrichtung von leistungsfähigen, der jeweiligen örtlichen Situation angepaßten Bereichsbibliotheken, die räumlich, organisatorisch und fachlich zusammengehörende zuvor getrennt untergebrachte Seminar- und Institutsbibliotheken zusammenfassen, ist in dieser Hinsicht ein Schritt auf den langfristig unvermeidlichen Weg zu einer stärkeren Zentralisation.

ULRICH OTT

Probleme des Bestandsaufbaus an neuen Bibliotheken

Das Thema dieses Referats zielt in seiner Formulierung auf Aussagen und Darstellungen, die allgemein für neugegründete Bibliotheken gelten. Das kann ich kaum in Anspruch nehmen. Denn mein Erfahrungshorizont mit Bibliotheken im Aufbau reicht über vier Jahre Konstanz und fünf Jahre Trier nicht hinaus und umfaßt in keinem Fall die wirkliche Anfangszeit, sondern in beiden Fällen das dritte Jahrfünft nach dem Beginn der Bibliotheken. Ich risikiere aber, an meine Erfahrungen vor allem in Trier anknüpfend, getrost, Besonderheiten stärker als zulässig ins Allgemeine zu erheben. Immerhin hätten die Teilnehmer des Bibliothekartages in diesem Falle einige Trierer Probleme kennengelernt – und auch das hätte seinen guten Sinn, steht es doch dem Gastgeber so vieler sachkundiger Gäste wohl an, ihnen die Eigenheiten seines Hauses vorzustellen. Wichtig erscheint das Thema freilich, werde es nun in der einen oder in der anderen Form behandelt,

– weil erstens der Neuaufbau von 26 Universitätsbibliotheken seit 1963 – von insgesamt 56 in der Bundesrepublik existierenden – zu den bedeutsamsten Ereignissen in der deutschen Bibliotheksgeschichte dieses Jahrhunderts gehört, obwohl das 20. Jahrhundert auch sonst für die Bibliotheken nicht arm an Geschehnissen war,

– weil zweitens dieser Neuaufbau die Bibliothekslandschaft nicht nur quantitativ, sondern auch qualitativ, besser gesagt, strukturell nachhaltig verändert hat – bei vielen Neugründungen ist das duale Bibliotheksprinzip aufgegeben worden; die Bestände der Neugründungen müssen deshalb neben Grundlegendem auch Speziellstes enthalten. 20 Jahre nach dem Beginn mit Bochum umfassen die Bestände der neugegründeten Universitätsbibliotheken 20 Millionen Bände. Das sind 32% der Bestände aller Universitätsbibliotheken. Von den 1,1 Millionen an allen Universitätsbibliotheken positiv erledigten Fernleihbestellungen wurden 29% durch neugegründete Bibliotheken erfüllt, wider Erwarten sogar 31% der Bestellungen, die nicht durch Kopien zu erledigen waren. Der Monographienbestand der Neugründungen ist also deutlich spezialisiert. (Die Zahlen stammen von 1983, als der Verbundkatalog der maschinenlesbaren Daten gerade erst eingeführt war; 1984 sind also noch höhere Anteile zu erwarten.)

– weil drittens in den Bestandsaufbau der neugegründeten Universitätsbibliotheken bis 1982 weit über 400, wohl nahezu 500 Millionen DM allein aus

Mitteln nach dem Hochschulbauförderungsgesetz, also aus der Bund/Länderfinanzierung des Hochschulbaus, investiert worden sind. So wird einfach auch Rechenschaftslegung nötig. (Es sei hier in Parenthese die Frage gestellt, ob der Wissenschaftsrat vor künftigen Bewilligungen nicht den Nachweis der so erworbenen Literatur im Verbundkatalog maschinenlesbarer Daten zur Bedingung machen sollte. Das würde in Trier die Einführung der EDV erzwingen und Bayern den Beitritt zum Verbundkatalog erleichtern.)

– und weil viertens Berichterstattung und öffentliche Diskussion über die Probleme des Bestandsaufbaus neugegründeter Universitätsbibliotheken bisher unerwartet zurückhaltend geübt worden sind. Günther Pflug hat darauf in seinem Aufsatz „Der Aufbau der Buchbestände bei den neugegründeten Hochschulen" in der 1984 erschienenen Festschrift für Harro Heim hingewiesen. Eine rühmliche Ausnahme bilden die einschlägigen Seiten im Bändchen über die Universitätsbibliothek Konstanz von Stoltzenburg und Wiegand aus dem Jahre 1975 (S. 39–43).

Eben der Pflug'sche Aufsatz – er ist mir erst bekannt geworden, als das Programm für den Bibliothekartag schon feststand – veranlaßt mich nun aber auch, in der Behandlung des Themas die generellen Gesichtspunkte stärker zurücktreten zu lassen und den Ansatz von der Praxis aus zu suchen, wie ich sie selbst kennengelernt habe. Denn Pflug hat die allgemeineren, überall gültigen Gesichtspunkt der Finanz- und Bestandsplanung ebenso abgehandelt wie die Möglichkeiten des Marktes und die Erwerbungswege, deren man sich bei der Aufgabe des Bestands-Neuaufbaues bedienen konnte. Dadurch, daß wir unseren Ausgangspunkt von einer bestimmten Bibliothek aus nehmen müssen, erhalten die zu untersuchenden Probleme des Bestandsaufbaus freilich eine besondere Prägung: es handelt sich nicht um den Neuaufbau irgendeines Bibliotheksbestandes, sondern um den Neuaufbau des Bestandes einer integrierten Bibliothek, weiter noch, einer Universitätsbibliothek, die ausschließlich Geisteswissenschaften im weiteren Sinne, also die Fächer der alten Philosophischen und der alten Rechts- und Wirtschaftswissenschaftlichen Fakultäten zu versorgen hat, nicht jedoch Naturwissenschaften, Technik, Medizin und Theologie. Und die Individualisierung des Fallbeispieles Trier wird noch dadurch weitergetrieben, daß die Frage, wer denn die *Literaturauswahl*, und damit die wichtigste Handlung am Bestandsaufbau, verantwortlich zu vollziehen habe, durch das rheinland-pfälzische Hochschulgesetz (und das heißt in diesem Fall durch gesetzgestaltende Wünsche der Universität Trier) anders als in den andern Bundesländern ganz einseitig zugunsten einer Auswahlkompetenz der Fachbereiche entschieden worden ist. –

Bestandsaufbau als Neubau auf bisher unbebautem Gelände müßte, so sollte man denken, zu einem Ergebnis führen, das sich von historisch gewachsenen

Bibliotheksbeständen unterscheidet wie der Stadtgrundriß von Karlsruhe von demjenigen von Rothenburg ob der Tauber.

Denn anders als bei *neuerschienenen* Büchern müßte doch der Erwerb bereits bewährter Literatur nicht mit dem gleichen divinatorischen Elemente, was Qualität und Bedarf betrifft, behaftet sein. Sichere Entscheidungsmöglichkeiten sollten, so müßte man denken, die Zweckmäßigkeit zum beherrschenden Gesichtspunkt machen, *desiderare* und *repperire,* planen, benötigen, suchen und aufspüren des Gesuchten wären die Akte solchen Bestandsaufbaus. In Wirklichkeit aber sind unsere Bestandsschöpfungen ebenso aus Notwendigkeit und Kontingenz gemischt wie die Weltschöpfung, und am integrierten Bibliothekssystem ist der Sündenfall des Kompromisses wahrhaftig die Erbsünde, der sich, wer handeln will, nur mit einem *pecca fortiter* stellen kann. Dieser Kontrast zwischen Wollen und Können läßt sich an drei Problemkreisen aufzeigen, nämlich

1. an den Zeitfaktoren, die auf den Bestandsaufbau einwirken
2. an den Marktfaktoren, von denen der Bestandsaufbau abhängig ist
3. am Sachverstand, der unsere Bestände gebaut hat.

1. Bestandsaufbau unter Zeitdruck

Unter den Alternativen, welche die Diskussion unseres Berufsbildes bestimmen, hat jene einen prominenten Platz, ob „Sammeln" das beherrschende Ziel unserer Tätigkeit sei oder „Literaturversorgung". Ist es nicht eigentlich paradox, wenn aus der größten Sammelaufgabe des Jahrhunderts, dem Aufbau von 26 neuen Universitätsbibliotheken, ein Berufsbild des Fachreferenten erwächst, in dem gelehrte Elemente eher perhorresziert werden, während die Erschließung einer längst bestehenden Sammlung den gelehrten Bibliothekar brauchen soll? Müßten Stoltzenburg und Raabe nicht eigentlich die Fronten wechseln? Ist es nicht auch paradox, daß Literatur und Berichterstattung über die neugegründeten Bibliotheken von Organisationsproblemen wimmeln, von Problemen des Bestandsaufbau dagegen fast ganz schweigen – worauf, wie schon gesagt, Pflug so eindrücklich hingewiesen hat? Ist der Bestandsaufbau von Null an, bei nicht gerade knappen Investitionsmitteln, bei der Gelegenheit, für die Sammlung die Ordnung neu zu bestimmen und ihr auch das Haus zu bauen, nicht eine Sammelaufgabe, ein sammlerischer Auftrag *par excellence?* Nein – so ist es nicht: Es fehlten uns dazu zwei bestimmende Merkmale des Sammelns, Autonomie und Zeit. Von der letzteren soll zuerst die Rede sein, auf die Autonomie kommen wir weiter unten. Sammeln heißt Gelegenheiten aufspüren, aber vor allem auf Gelegenheiten warten – gerade das glaubten wir beim Bestandsaufbau nicht tun zu können. Was hat uns daran gehindert?

Ex post erst hat kürzlich der Wissenschaftsrat Grundbestandsaufbau zeitlich exakt mit 10 Jahren definiert, und zwar gleich für alle Fächer, ob sie im Berechnungsmodell, das in Bayern erarbeitet und vom Wissenschaftsrat gut geheißen worden ist, nun ein Rückergänzungsziel von 50 oder 15 Jahren haben. Die zeitliche Definition ist eine Hilfskonstruktion, weil es sich als unmöglich erwiesen hat, Grundbestandsaufbau von sogenanntem laufendem Erwerb definitorisch zu trennen. Aber sie zeigt, daß die Aufgabe des Bestandsaufbaus von vornherein gebunden war an ein Zeitziel, nämlich das Ziel der vollen und normalen Funktionsfähigkeit einer neugegründeten Universität, deren Aufbauphase ja nicht ungemessene Zeit in Anspruch nehmen kann. Schon 1964 hatte der Wissenschaftsrat in seinen „Empfehlungen zum Ausbau der wissenschaftlichen Einrichtungen. Teil II: Wissenschaftliche Bibliotheken" gefordert, „daß die Bibliothek so bald wie möglich in der Lage sein soll, die Angehörigen ihrer Hochschule...aus eigenen Kräften zu versorgen und den bereits übermäßig belasteten Leihverkehr nach einer Anlaufzeit von wenigen Jahren nur noch in Ausnahmefällen zu beanspruchen" (S. 46).

Der Wissenschaftsrat ist mit seiner neuerdings gesetzten Zehnjahresfrist vom Vorschlag seiner Arbeitsgruppe Bibliotheken abgewichen, der eine Investitionsphase von 15 Jahren für den Aufbau eines Büchergrundstockes vorgesehen hatte. Für historische und philologische Fächer, in Trier beispielsweise für die seit neuestem erst aufzubauenden Fächer Slawistik, Sinologie, Japanologie, sind 10 Jahre mit Sicherheit zu kurz. Denn der Reprintmarkt versiegt nach dem Boom der großen Neugründungsphase zusehends, und auch der Antiquariatsmarkt ist leergefegt – ganz abgesehen von den Sonderbedingungen der Märkte in Osteuropa und Asien.

Eine andere unter den zahlreichen Zeitbegrenzungen, denen der Bestandsaufbau der Neugründungen unterworfen ist, kennt jeder Bibliothekar: Sie resultiert aus der Annuität der Haushalte. Die Erwartung, die *Investitions*mittel für den Bestandsaufbau könnten in der Ausgabensteuerung von der Annuität ausgenommen und ausschließlich an den Gelegenheiten des Marktangebotes orientiert werden, hat sich nicht erfüllt. Der Wissenschaftsrat hat in seinen Rahmenplänen zwar für jede neue Universität *Gesamt*kosten für den Büchergrundstock empfohlen, nicht Jahresraten. Die Verwendung aber konnte nicht wie bei den Kostenansätzen öffentlicher Bauten vor sich gehen, also am Baufortschritt orientiert – zwar erlaubten Verpflichtungsermächtigungen begrenzte (und genehmigungsbedürftige) Vorgriffe, Rückstellungen aber waren nicht ohne Risiko möglich. Jedenfalls haben wir in Trier 1981 dies in einer bösen Erfahrung lernen müssen.

Eine dritte Form von Zeitdruck bringt der tägliche Bedarf unserer Benutzer. Helmut Schelsky hat uns, 1965 in seiner Denkschrift „Grundzüge einer neuen

Universität", das Arbeitsmotto mitgegeben: „Im übrigen sollte als Grundsatz gelten, daß nicht die Masse der um einen herumstehenden Bücher, sondern die Schnelligkeit, mit der die gebrauchten beschafft werden, die Güte eines modernen Bibliothekssystems bestimmt". Sieger im Rennen bleibt natürlich der, der rufen kann „Bin schon da!". Also haben wir zu einem leitenden Grundsatz unseres Bestandsaufbaues, ich möchte vermuten an allen Neugründungen, diesen gemacht, daß der Bestand je besser sei, desto seltener es für den Benutzer Anlaß zum Desiderate gebe. Dies hat, im Widerspruch zu Schelskys zitiertem Vordersatz, ganz selbstverständlich zur Folge, daß bei der Literaturauswahl mit breiterer Flinte geschossen werden muß. Wir werden uns, wenn wir unsere Bestände kritisch betrachten, vielleicht auch fragen müssen, ob wir aus dem „Bin-schon-da"-Prinzip nicht zu sehr ein Dogma gemacht haben. Sicher, die häufig gemachte Erfahrung, daß Neuberufene umfangreiche Desideratenlisten hereinreichen (oder gar Berufungsmittel damit einwerben), von denen sich regelmäßig die meisten Titel als vorhanden erweisen, ist eine gute Bestätigung gelungenen Bestandsaufbaus. Andererseits scheinen nicht alle unsere Nutzer in der Beschaffungsgeschwindigkeit den höchsten Wert zu sehen. Wie könnten sonst so viele Fächer an der Universität Trier auf der organisierten Mitwirkung in der Literaturauswahl bestehen, was natürlich, das ist jedem klar, die Beschaffungszeiten erklecklich verlängert? Auch unsere Forderung, vor Beginn des Lehr- und Forschungsbetriebs seien Vorlaufzeiten für den Bestandsaufbau unerläßlich, ist nicht in *jedem* Falle ein unbezweifelbares Dogma: Beim Aufbau eines unserer am besten gelungenen Fachbestände in Trier, des Kunstgeschichtlichen, ist es zur Auseinandersetzung zwischen Fachvertreter und Bibliothek darüber gekommen. Der Fachvertreter hat zunächst nur das dringend für den Anfang des Lehrbetriebs Benötigte zum Zeitpunkt des Beginns beschafft wissen wollen, im übrigen wurde danach im Zusammenwirken zwischen Fach und Bibliothek ohne Zeitdruck ein vorzüglicher, nicht überladener Bestand *gesammelt.* Auch Pflugs Hinweis in dem zitierten Aufsatz auf seine Erfahrung in Bochum, die Institutionsbibliotheken seien in gewisser Weise systematischer aufgebaut worden als die Universitätsbibliotheken, mag in einem entspannteren Verhältnis der Fachvertreter zur Zeitfrage einen ihrer Gründe haben.

2. *Bestandsaufbau und Buchmarkt*

Der vierte und nicht unwichtigste Zeitdruck leitet uns über zu einem zweiten Komplex von Einflußfaktoren, den Bedingungen, die der Markt setzt. Jede Erwerbungsentscheidung, die nicht ein unmittelbares Desiderat erfüllt, bedeutet Abwägen zwischen dem Risiko der Unwiederbringlichkeit eines Marktangebots und jenem einer Fehleinschätzung des Bedarfs. Zeitdruck übt also das

Marktangebot der Natur der Sache nach aus. Dies gilt für einen rekonstruierenden Bestandsaufbau und dabei natürlich für den Bestandsaufbau bei Textwissenschaften in erhöhtem Maße, weil hier der Antiquariatsmarkt eine besondere Rolle spielt.

Es bedarf keiner Worte, daß seit Beginn der Neugründungsphase der Antiquariatsmarkt und der Reprintmarkt auf der einen Seite und die weltweit neugegründeten Universitäten mit ihren Bibliotheken auf der anderen Seite in lebhafter Wechselwirkung zueinander standen. Pflug hat gerade dieser Frage in seinem Aufsatz besondere Aufmerksamkeit geschenkt, so daß ich mich hier kurzfassen kann. Untersuchen freilich lassen sich Fragen wie die, ob der Bestandsaufbau der in den 60er Jahren gegründeten Bibliotheken aus einem reicheren und kostengünstigeren Antiquariatsangebot hat schöpfen können als jener der jüngeren Neugründungen und wie das die Bestände gegebenenfalls beeinflußt hat, weder in Aufsätzen noch in Vorträgen – das wäre manche Kölner Arbeit wert. Einige Worte aus der Praxis verdient aber Pflugs Frage, warum Antiquariatsangebot und Reprintangebot unseren Bestandsaufbau so entscheidend bestimmt haben, während das Herstellen von Bibliotheksexemplaren durch Photokopie oder Film, also die Beschaffung von außerhalb des Buchmarktes, sich nicht in dem erwarteten großen Stile durchgesetzt habe. Und dies, so fügen wir hinzu, trotz begrenzter Leistungsfähigkeit des Reprintmarktes, der ja erst publiziert, wenn eine hinreichende Abnehmerzahl bekannt ist, das *wirklich* Spezielle also allenfalls in großen Sammelpublikationen, und das heißt wiederum nur in Microficheform, bieten kann. Die Photoreproduktion einzelner Exemplare in Buch- oder Ficheform ist in der Tat ein nur ergänzendes Instrument geblieben – von beträchtlicher Wichtigkeit freilich beim Aufbau unserer Zeitschriftenbestände. Aber auch deren Umfang und Geschlossenheit, die wohl an allen neugegründeten Bibliotheken als besondere Leistung gelten dürfen – genau wie bei der auf diesem Gebiet so vorbildlichen Universitätsbibliothek Saarbrücken auch als besondere Gegenleistung an die im Fernleihverkehr so stark in Anspruch genommenen älteren Bibliotheken – auch der Umfang und die Geschlossenheit unserer Zeitschriftenbestände also verdanken sich in *erster Linie* dem Reprint- und Antiquariatsmarkt. Hätten wir uns der Xerokopie oder des Microfiches nicht wirklich in größerem Stile bedienen sollen? War der Vorschlag eines Trierer Professors, jedes über die Fernleihe gekommene Buch auf Microfiche aufzunehmen und einzuarbeiten, so schlecht? Hätte dies den Bestandsschutz der älteren Quellenliteratur, deren Gefährdung durch dauernde Fernleihnutzung und wiederholte nicht fachmännische Photokopierung nun so sehr zum Problem geworden sind, nicht erheblich gefördert? Vor dem Microfiche, wenn er gelesen, nicht nur punktuell zum Nachschlagen verwendet werden soll, schrecken die meisten unserer Benutzer nach wie vor zurück, und wir selbst brauchen, da wir an den Neugründungen einschichtige und damit überwiegend freizugängliche Bestände aufzubauen haben, aufstellbare und systematisierbare Monographien. Vor dem *photokopierten* Buch schrecken wir Bibliothekare mehr zurück als unsere Benutzer, teils wohl, weil die dauernde Haltbarkeit noch nicht über wirklich lange Zeiten erprobt ist, teils wegen der urheberrechtlichen Schranken, teils wegen des Aufwandes entweder an Arbeitsleistung, wenn man sie selbst herstellt, oder wegen der langen Beschaffungsdauer, wenn man sie in Auftrag gibt. Freilich bedeutet diese Zurückhaltung auch, daß wir die Existenz des Fernleihverkehrs nicht nur aus Not, als Lückenbüßer, sondern systematisch in die Erwägungen zum Bestandsaufbau einbezogen haben. Die Freizügigkeit der Bücher im Fernleihverkehr ist nicht nur die Grundlage für die Freizügigkeit der Forschungsvorhaben und Forschenden, wie sie in Deutschland durch förderalistische Struktur und durch die grundsätzliche Gleichrangigkeit der Universitäten hergebracht ist, sondern sie gehört in besonderer Weise, teils notwendig, teils durch die beim Bestandsaufbau eingeschlagenen Wege, zu den Arbeitsgrundlagen der neugegründeten Universitäten. 450000 Fernleihbestellungen gingen von den neugegründeten Universitätsbibliotheken 1983 nach auswärts, 320000 Fernleihbestellungen, die an sie gerichtet waren, wurden erfüllt. Historische und philologische Fächer bleiben auf den Fernleihverkehr, gerade bei Quellenliteratur – und öfter als man denkt auf die Originale angewiesen. Daß dem der Bestandsschutz, der konservatorische Gesichtspunkt nicht völlig untergeordnet werden darf, versteht sich von selbst. Mit Sorgen müssen wir freilich Tendenzen betrachten, die der Präsentstellung über dieses Maß hinaus zuneigen. Auf der anderen Seite erweist sich der gelegentlich neidvolle Blick von Bibliothekaren älterer Bibliotheken auf die Aufbauetats der Neugründungen als kurzsichtig: Wären uns nicht die Mittel gegeben worden, im rekonstruierenden Bestandsaufbau auch Spezielles zu erwerben, und bleiben uns auch künftig nicht noch Etatmittel, die uns die vielen noch bestehenden Lücken einigermaßen zu schließen gestatten, so müssen wir notwendigerweise die Fernleihe gerade beim Schützenswerten über Gebühr belasten und bleiben mit dem Geben noch stärker in der Schuld. Insofern ergeben sich aus Fabians Buch *auch* Argumente für die Fortführung und Erhöhung der Investitionsmittel an den Bibliotheken der Neugründungsphase.

3. Bestandsaufbau und Sachverstand

Kaum hatte Robert von Mohl den Berufsbibliothekar als Gegenbild des Gelehrtenbibliothekars erfunden, erfanden die Gelehrten, ihre Lust am Bibliothekenmachen zäh verteidigend, die Institutsbibliothek. So konnte jeder zeigen, was er kann. Das Leitmotiv von Robert von Mohl bis Georg Leyh und

Fritz Redenbacher war: „Der Bibliothekar muß in seiner Bücherkenntnis selbst dem Fachgelehrten vorangehen." (So Redenbacher im Abschnitt „Der Bedarf des Tages und das Sammeln für die Zukunft" im Handbuch der Bibliothekswissenschaft (2. Auflage, 2. Band, S. 175), wobei Redenbachers Conclusio dahin geht: „Im ganzen werden wir festhalten dürfen, daß die augenblickliche Nachfrage allein für die wissenschaftliche Bibliothek kaum jemals einen hinreichenden Grund für die Erwerbung eines Buches darstellen kann" – S. 178). In Trier aber hielten drei Professoren 1971 in einer Beschlußvorlage für den Senat, die auch angenommen wurde, dem Kompetenzanspruch des Bibliothekars, wie ihn Redenbacher formuliert hat, folgendes entgegen: „Konzentrieren sich die Bibliothekare auf die Organisationstätigkeit, verlieren sie allerdings den für die Buchauswahl notwendigen Informationsstand. Die Tatsache, daß der wissenschaftliche Standard der meisten Universitätsbibliotheken heute weit unter dem der örtlichen Institutsbibliotheken liegt, zeigt, welche Folgen die Zunahme administrativ-organisatorischer Aufgaben auch in konventionellen Universitätsbibliotheken hat. Als Ausweg bietet sich in dieser Situation nur die verstärkte Kooperation zwischen Bibliothek einerseits und Professoren und wissenschaftlichen Mitarbeitern andererseits an. Die Angehörigen der Fachbereiche müssen die Buchauswahl für die Fachbereichsbibliotheken großen Teils übernehmen."

Die Frage nach der Abgrenzung der Kompetenzen zwischen Fachvertretern und Fachreferenten und die weitere Frage, ob jede Seite in den Neuaufbau der Bestände etwa spezifischen Sachverstand einzubringen vermöchte, hatte sich gestellt, weil alle Bibliotheksneugründungen bis auf Bochum als mindestens verwaltungsmäßig integrierte Bibliotheken aufgebaut wurden.

Es geht mir an dieser Stelle nicht um die berufspolitischen Folgen, um den Einfluß, den diese Strukturentscheidung auf unser Berufsbild hatte. Dazu sei nur so viel gesagt: Es hat natürlich einen tiefgreifenden Einschnitt bedeutet, daß dieser Berufsgruppe von Spezialisten nun nicht mehr Bestandsaufbau und Bestandspflege um einer Büchersammlung willen anvertraut waren, sondern daß sie als Bibliotheks-Fachleute zur Mitwirkung an der Funktionsfähigkeit einer Universität herangezogen wurden.

Hier geht es aber um die Frage, welchen Einfluß das Zusammenwirken mehrerer und verschiedener Sachverständiger an der gleichen Aufgabe, Neuaufbau der Buchbestände, auf die Bestände selbst gehabt hat. Den Sachverstand für den Bestandsaufbau nur auf einer der beiden Seiten zu sehen, wäre töricht – eine Torheit, die auf beiden Seiten gar nicht so selten vorkommt. Die Regelung im rheinland-pfälzischen Hochschulgesetz hat freilich ein Teil ihrer Motive in solcher Torheit, auch in der unberechtigten Sorge, die Bibliothek wolle aus einer Art Selbstzweck-Denken Anschaffungsvorschläge und Desiderate der

Wissenschaftler unterdrücken – es ist hierzulande bis heute nur mit Mühe gelungen, davon zu überzeugen, daß wir Redenbacher eben nicht mehr anhangen. Die Wirklichkeit der Kooperation zwischen Fachreferenten und Fachvertretern sieht in Trier, wo das Recht der Literaturauswahl völlig bei den Fachvertretern ist, und in Konstanz, wo es das Hochschulgesetz ganz auf die Seite der Bibliothek gelegt hat, nicht grundsätzlich verschieden aus. Nur stehen die Fachreferenten in Trier bei ihren Auswahlentscheidungen auf weniger sicherem Boden, Kritik an Anschaffungsentscheidungen des Fachreferenten kann zu aufpasserischen Maßnahmen der Fächer führen, und das – unter anderem – hat hier ein gutes Zusammenwirken zwischen Universität und Bibliothek sich langsamer entwickeln lassen als anderswo.

Aber zurück zu den Beständen. Ich will in einigen Thesen und Erläuterungen die Tendenzen und Akzente darstellen, die ich von seiten der Fächer und von seiten der Fachreferenten bzw. der Bibliothek in der Regel erfahren zu haben glaube – mit bemerkenswerten Ausnahmen auf beiden Seiten –, und die, soweit beide Sachverstandsseiten überhaupt zur Wirkung kommen (ich werde zum Schluß dann darstellen, wie es sich damit bei uns verhält), als Kräftevektoren zu einem mittleren Resultat geführt haben. Erfahrungshorizont sind vorwiegend die Textwissenschaften, also die philologischen, historischen Fächer und die Rechtswissenschaft.

1. Die Fachvertreter gehen den Bestandsaufbau – wohlgemerkt, es ist vom Grundaufbau des Bestandes von Null an die Rede, nicht von der laufenden Bestandspflege – eher desideratenorientiert an, die Fachreferenten eher angebotsorientiert. Was ich meine, sei durch ein Zitat aus Pflugs Aufsatz, das die Erfahrung vom nicht integrierten und an diesem Punkte deshalb deutlicheren Bochumer System wiedergibt, zugleich erhellt und bestätigt: „Die Institutsbibliotheken sind in gewisser Weise systematischer aufgebaut worden als die Universitätsbibliotheken. Während die Fachreferenten die Angebote in den Antiquariatslisten auf diejenigen Titel durchsuchen, die für die Universitätsbibliothek relevant erscheinen, wurde in den Institutsbibliotheken aktiver Bestandsaufbau betrieben. Es wurden Listen von Werken zusammengestellt, die in den Bibliotheken vorhanden sein sollten, und diese Werke wurden – wenn zum Beispiel kein antiquarisches Angebot vorlag – kurzerhand als Xerographien in Auftrag gegeben“. Dies glaube ich, soweit mein Blickfeld reicht, wenigstens im prinzipiellen Ansatz – Desideratorientierung hier / Angebotsorientierung dort – bestätigen zu können. Es wäre dies dann ein wirklich ernstzunehmender Punkt der Kritik. Denn wir wollten das Berufsbild des Fachreferenten ja gegenüber dem Handbuch der Bibliothekswissenschaft erweitern um Dienstleistungsaufgaben und Management – wollten wir aber den Anspruch, „in der Bücherkenntnis den Professoren voraus zu sein“, grundsätz-

lich zurücknehmen? (Wenn man den bei diesem Bibliothekartag vorgelegten Entwurf für die Ausbildung des höheren Bibliotheksdienstes ansieht, könnte es so scheinen!)

2. Sofern wir Bibliothekare mit unseren integrierten Bibliothekssystemen nicht nur verwaltungsrationalisierende und dienstleistungsfördernde Absichten verbunden haben, sondern mit unseren Beständen, die ja ganz oder überwiegend frei zugänglich und systematisch aufgestellt sind, auch die Interdependenzen und übergreifenden Strukturen der Wissenschaftsfächer abbilden wollten, sofern es also auch im Verhältnis der einzelnen Fachbestände zueinander *integrierte* Bestände sein sollten – und diese Absicht trifft für Trier ebenso oder fast ebenso zu wie für Konstanz, – sind wir bei einem größeren Teil der Fachvertreter nicht auf Gegenliebe gestoßen. Beim Entwurf der Systematiken für die Aufstellung trat der bibliothekarischen Tendenz der analogen Gestaltung bei verwandten Wissenschaftsfächern oder ganzer fächerübergreifender Schlüsselungen die Fächertendenz zur individuelleren Gestaltung entgegen.

Der integrative Gesichtspunkt im Verhältnis der einzelnen Fachbestände zueinander hat aber sein Motiv nicht nur in der Absicht, der positivistischen Fächervereinzelung interdisziplinäre Akzente entgegenzusetzen – es war damit auch ein wirtschaftliches Motiv verbunden: Mehrfachexemplare sollten nie bloß angeschafft werden, um einen Fachbestand zu komplettieren, um ihn autark zu machen, sondern nur nach der Richtschnur der Benutzungshäufigkeit. In diesem Punkte sind die Tendenzen von Bibliothek und Fachvertretern nicht immer gleich gelaufen, autarkistische Tendenzen bei den Fächern waren stark. Kompromisse waren unvermeidlich.

3. Eine dritte Alternative der Tendenz darf mit den Begriffen der stärkeren Orientierung am Raren, Besonderen auf seiten der Fachvertreter und der stärkeren Ausrichtung an der Benutzungserwartung auf seiten der Bibliothekare bezeichnet werden. Die Fachvertreter, das kam schon bei der ersten unserer Alternativen zutage, sind vielfach eher sammlungsorientiert, die Bibliothekare funktionsorientiert. Nun ist ja die ausschließliche Benutzungsorientierung in der Tat öde und wohl auch kurzsichtig, wenngleich wir der vollen Sammlerlust, so wir sie denn hätten oder wo sie aus den Fächern auf uns zukommt, schon aus finanziellen und wirtschaftlichen Gründen nicht nachgeben können. Ich glaube, der Weg, der in Konstanz und hier in Trier eingeschlagen wurde, an bestimmten Arbeitsschwerpunkten der Universität oder an selbst gewählten Themen (in Trier beispielsweise Kant oder die Geschichte der Ägyptologie, in Konstanz Johannes Hus oder die Bodenseeregion) sammlerische Akzente zu setzen und so den Sammeleifer etwas zu kanalisieren, bewährt sich. Aber wer von uns mußte nicht schon Professoren enttäuschen, die mit

glänzenden Augen das Angebot einer zu kaufenden Gelehrtenbibliothek von der Witwe eines Kollegen überbrachten mit Preisvorstellungen, die allenfalls an japanischen Konkurrenzangeboten, aber kaum am Doublettengehalt oder auch nur am Einkaufspreis der Antiquariate orientiert waren? Je spezieller, desto begehrenswerter. Wirkliche Schwierigkeiten macht uns an der Trierer integrierten Bibliothek das Mißtrauen der Fächer gegenüber dem Argument der Benutzungshäufigkeit bei unserer Lehrbuchsammlung – wir haben im Landeshaushalt keinen eigenen Titel dafür, haben bei der Mittelverteilung in der Universität nie ein eigenes Kontingent dafür zugeteilt bekommen, müssen sie also aus den Fächerkontingenten bedienen – bei deutlicher Bremswirkung von dort nach dem Prinzip, die Studenten sollten diese wichtigen Bücher selber kaufen, das habe man früher auch tun müssen.

Wären nun, so soll am Schlusse gefragt sein, unsere Bestände konsequenter aufgebaut worden, wenn uns Bibliothekaren die Aufgabe allein zugefallen wäre? Wären die Erwerbsmittel noch besser ausgenützt worden, wenn nur wir darüber zu entscheiden gehabt hätten? Oder umgekehrt, wäre dies beides der Fall, wenn die Fächer ohne Bibliothekare hätten wirken können?

Die Frage ist in keine der beiden Richtungen eindeutig zu beantworten. Aufs Ganze gesehen scheint mir der Bestandsaufbau in Konstanz, wo den Bibliothekaren wegen der Vorlaufzeit vor Aufnahme des Universitätsbetriebs, und weil das Vertrauen zwischen Universität und Bibliothek ohne Störungen blieb, die stärker überwiegende Rolle bei der Literaturauswahl zugefallen ist als in Trier, besser, schlüssiger gelungen zu sein als in Trier, wo die Sicherheit des Griffs für den Fachreferenten nicht durch die Sicherheit des Standes, die Unwiderruflichkeit seiner Auswahlkompetenz unterstützt wird, wo wechselnde Bibliotheksbeauftragte der Fächer große Vollmacht haben. Aber die reine Lehre konnte auch in Konstanz nicht verwirklicht werden – das integrierte Bibliothekssystem ist eben nicht der Raum für die reine bibliothekarische Lehre, dafür steht es viel zu sehr im Getümmel der Welt, die auch die Universität bedeutet. Im ganzen wird man sagen können, daß in den Fächern, in denen Bestandsaufbau auch den Ausgleich verschiedener Interessen bedeutet, also in den Fächern mit mehreren Lehrstühlen, der Fachreferent, wenn er das betreffende Fach studiert hat und wenn er tüchtig ist, Ansehen, Stand und Wirkungsmöglichkeit hat und behalten wird und so für den gleichmäßigen, soliden, dauerhaften Bestands*kern* sorgen wird, den die Universität für ihre Zukunft braucht. Wir haben aber hier auch Beispiele vorzüglichen und, man muß es sagen, *in der Beschränkung konsequenteren* Bestandsaufbaus durch Vertreter einzelner kleiner Fächer. In diesen Fällen hält sich der Fachreferent, zumal wenn er das Fach nicht studiert hat, in der Auswahl weise zurück.

Freilich muß sich der Fachreferent in diesem Fall das Augurenlächeln versagen, das uns Trierer Bibliothekaren immer dann auf die Lippen tritt, wenn ein Fachvertreter im Vollgefühl seiner gesetzlichen Literaturauswahlkompetenz die Bestände mit den Worten lobt: „Ich habe gar nicht gewußt, daß ich diese Bücher angeschafft habe."

RICHARD LANDWEHRMEYER

Bestandsaufbau im Rahmen von Sondersammelgebieten

1. Allgemeine Voraussetzungen

Im Programm des diesjährigen Bibliothekartages, der sich mit der Literaturversorgung in den Geisteswissenschaften und in großen Teilen mit Erwerbungsfragen befaßt, durfte das Thema Sondersammelgebiete nicht fehlen. Es betrifft nicht alle Bibliotheken; aber es geht alle Bibliotheken an. Das Sondersammelgebiets-System ist bisher das einzige Erwerbungsprogramm in der Geschichte unseres Landes, das die Bezeichnung national verdient und repräsentiert in der Praxis, zusammen mit wenigen anderen Einrichtungen, so etwas wie die Einheit des Deutschen Bibliothekswesens. Es steht mit seiner dezentralen Anlage im Kontrast zu der britischen Lösung einer zentralisierten Form der Literaturversorgung. Das Ausland orientiert sich an beiden Formen, wobei – wie z. B. jüngst in Schweden und in Frankreich – der dezentralen Form (mehr aus ökonomischen Zwängen als aus funktionellen Überlegungen) notgedrungen der Vorzug gegeben wird. Die Zwänge, die bei uns zur dezentralen Anlage geführt haben, sind daher nicht nur historisch und spezifisch für unser Land, sondern strukturell und allgemein.

Das Thema Bestandsaufbau in den Sondersammelgebieten ist nur schwer zu behandeln, weil eine große Verschiedenheit und die Eigenart jedes einzelnen Sondersammelgebiets zum Wesen des Systems gehört. Der Versuch, das Gesamtsystem darzustellen, sprengt nicht nur die Möglichkeiten eines solchen Vortrags, sondern geht auch über die Kompetenz eines Einzelnen weit hinaus. Ich muß mich daher auf grundsätzliche Ausführungen beschränken. Trotzdem ergreife ich gern die Gelegenheit, auf die Eigenart und Bedeutung unseres Sondersammelgebiets-Systems wieder einmal hinweisen zu können. Die Existenz und Weiterentwicklung dieses Systems ist für uns ein Bibliothekspolitikum ersten Ranges. Sein Gewicht wird – eben weil die Lasten verteilt sind – nicht immer genügend deutlich erkannt; seine Vorteile werden gegenüber evidenten Nachteilen oft unterschätzt.

Kernstück des Sondersammelgebiets-Systems ist ohne Frage der Bestandsaufbau. Er ist die Voraussetzung für alles übrige. Er geschieht im Hinblick auf den Bedarf; aber die Benutzung, vor allem die aktuelle Benutzungsfrequenz, ist nicht das einzige Kriterium für ihn. Dies gilt für die Bestände unserer wissenschaftlichen Universalbibliotheken überhaupt; es gilt in besonderem Maße für den Bestandsaufbau in den Sondersammelgebieten. Man kann sagen, daß dies den fundamentalen Unterschied zu den überwiegend benutzungsorientierten Formen des Bestandsaufbaus unserer Gebrauchsbibliotheken ausmacht. Wir kommen damit sofort auf den Kardinalpunkt des ganzen Systems, nämlich die Frage, in welchem Ausmaß der Bestandsaufbau in den Sondersammelgebieten „überflüssig" im wörtlichen Sinne ist, d. h. über den akuten Bedarf jeweils hinausgeht, hinausgehen darf und hinausgehen muß. Dahinter steht die Frage nach der Ökonomie unserer Wissenschaftskultur. Bestandsaufbau im Sondersammelgebiets-System ist daher nicht nur ein bibliothekarisches und organisatorisches Problem, sondern eine wissenschaftspolitische und letzten Endes philosophische Frage. Ihre Beantwortung und die Bewertung des Problems – und das heißt in der Praxis seine Finanzierung – sind abhängig von dem Selbstverständnis und der Selbstbewertung unseres politischen Gemeinwesens, d. h. von dem Stellenwert, der politisch der Wissenschaft und ihrer Literaturversorgung eingeräumt wird.

In diesem Zusammenhang kann man nicht genug betonen, wie sehr die dezentrale Anlage des Sondersammelgebiets-Systems in der politischen Konstitution unseres Landes verankert ist. Innerhalb dieses Gefüges ist es ein besonderer Glücksfall, daß die Trägerschaft des Sondersammelgebiets-Systems eine verteilte ist. Die Zuständigkeit für seine Unterhaltung und Koordinierung liegt nicht allein bei den Bibliotheken selbst – der Grad ihrer Abhängigkeit wäre zu groß und ihre Entscheidungsvollmacht zu gering – und nicht allein bei den Trägern der wissenschaftlichen Bibliotheken, also in der Regel den Bundesländern – ihre Haushaltspolitik hat andere Prioritäten, und die pauschalen Proportionsmechanismen der Finanzverwaltungen gehen in aller Regel über solche Fragen wie die Literaturversorgung einfach hinweg –, sondern bei einer dritten Instanz, einer Selbstverwaltungsorganisation der Wissenschaft: bei der Deutschen Forschungsgemeinschaft, bei der man sich über die Bedeutung der Literaturversorgung der Wissenschaft im klaren ist. Dieses Prinzip der verteilten Trägerschaft ist, wenn Sie so wollen, eine besondere Ausprägung des Prinzips der Gewaltenteilung oder wenigstens eine Analogie dazu. Diese Konstruktion ist eine der wichtigsten Voraussetzungen dafür, daß das Sondersammelgebiets-System stabil und funktionsfähig erhalten werden kann. In diesem Modell verteilter Kompetenzen begeben sich die Träger eines Teils ihrer Befugnisse, um sie an eine Selbstverwaltungsorganisation der Wissenschaft abzutreten, die ihrerseits im Rahmen der delegierten Befugnisse unabhängig entscheiden kann. Eines der Fundamente des Sondersammelgebiets-Systems ist daher die Erhaltung dieses Zusammenspiels von politischer Weisheit und Finanzierungspraxis, wobei die Weitsicht der politischen Konstruktion stets in Gefahr ist, von den engeren Argumenten der Finanzverwaltung eingeschränkt zu werden. Ohne die Deutsche Forschungsgemeinschaft als dritte Kraft gäbe es kein Sondersammelgebiets-System. Da die Deutsche Forschungsgemeinschaft aber selbst auf Bund und Länder angewiesen ist, ist es wichtig, daß das Sondersammelgebiets-System nicht nur von allen Bundesländern mit getragen wird, sondern zusammen mit den Zentralen Fachbibliotheken so auf die Bundesländer verteilt ist, daß möglichst jedes Bundesland auch direkt betroffen ist und damit die überregionale Literaturversorgung der Forschung ihre nationale Fundierung hat.

Wie problematisch es ist, dieses Zusammenspiel zu verlassen, zeigen die Zentralen Fachbibliotheken, deren Haushaltskonstruktion zwar auf drei Säulen ruht – Sitzland, Bund und übrige Länder –, aber innerhalb dieser Konstitution einer „dritten Kraft" entbehrt. Die Übernahme der Zentralen Fachbibliotheken in die Bund-Länder-Finanzierung (Blaue Liste) ist einerseits ein bedeutender Stabilisierungserfolg, bedeutet andererseits aber auch ein Risiko. Die Sondersammelgebiete genießen den schützenden Mantel der Deutschen Forschungsgemeinschaft, während die Zentralen Fachbibliotheken den Trägeregoismen direkt ausgesetzt sind. Nur weil es sich bei ihnen um Technik oder Medizin oder Wirtschaft, also um Gebiete handelt, deren Lebenswichtigkeit jedem einleuchtet, besteht Hoffnung, daß ihre Finanzierung im Prinzip gesichert bleibt, wenn die Förderung auch nicht immer ausreichend ist. Die Geistes- und Sozialwissenschaften, also diejenigen Fachgebiete, die durch das Sondersammelgebiets-System im engeren Sinne besonders abgestützt werden, hätten Grund zum Fürchten, wenn sie es ausschließlich mit ihren Trägern zu tun hätten.

Diese Bemerkungen führen nicht vom Thema ab: sie weisen auf Grundvoraussetzungen hin. Jede Kritik am System, die diese Voraussetzungen aus den Augen verliert, griffe zu kurz. Die terribles simplificateurs, die nach einer zentralen Lösung auch für die Geisteswissenschaften gerufen haben und noch rufen, haben in vielen Punkten recht, sind aber in der politischen Einschätzung naiv. Die organisatorischen Verbesserungen, die sie vor allem im Auge haben, würden um den Preis der politischen Destabilisierung erkauft.

Die dezentrale Anlage des Systems hat also nicht nur historische Gründe, sondern konstitutionelle. Aus ihr folgt zugleich die Aufgliederung der Aufgaben nach Fachgebieten. Dies bedingt eine besondere Art des Bestandsaufbaus. Diese Aufgliederung fügt sich wiederum ein in das historisch gewachsene Fachreferate-Prinzip an unseren wissenschaftlichen Bibliotheken. Das Fachprinzip macht die Sondersammelgebiete für die jeweilige Bibliothek und ihre Mutter-Institutionen nicht nur akzeptabel, sondern attraktiv. Nur auf diese Weise kommen große Spezialbestände, die diesen Namen verdienen, in unseren sogenannten Universalbibliotheken zustande. Eine solche Art von Bestandsaufbau dürfte jedem mechanistischen Prinzip (Erwerbung nach Sprachen, Ländern, Verlagen oder anderen denkbaren formalen Gesichtspunkten) qualitativ überlegen sein. Nur so verfügen wir in einer Mehrzahl von Bibliotheken über Bestände von Weltrang – wenn mit dieser Anlage auch bestimmte Nachteile und Effizienzverluste verbunden sind.

Eine weitere Voraussetzung für das Funktionieren des Sondersammelgebiets-Systems ist das Verhältnis von Förderung und Eigenleistung, finanziellen Anreizen und daran geknüpfte Verpflichtungen. Man könnte es eine Art Retourspiel zwischen der dritten Kraft und dem Kreis der Träger-Länder nennen: denn nur durch eine sachgerechte Zuweisung von Förderungsmitteln kann die dritte Kraft bei dem bestehenden Prinzip von Förderung und Eigenleistung auf die Träger der Bibliotheken so einwirken, daß sie die überregionalen Sammelschwerpunkte in angemessener Weise unterstützen, d. h. konkret diese Bibliotheken in die Lage versetzen, 25% des Bedarfs an ausländischer Literatur aus eigenen Mitteln zu erwerben.

Zu den Grundvoraussetzungen gehört eine weitere, im engeren Sinne bibliothekarische, die aber von ebenso großer Bedeutung ist, nämlich die in der Bezeichnung „*Sonder*-Sammelgebietssystem" liegende Sonderfunktion als Versorgung des besonderen und des Spitzenbedarfs, die ihrerseits auf breit angelegten infrastrukturellen Voraussetzungen ruht: sowohl auf dem Vorhandensein einer ausreichenden Grundversorgung mit Literatur durch das wissenschaftliche Bibliothekswesen insgesamt und an jedem Wissenschaftsort (z. B. an den Universitäten), als auch durch die Einbettung der einzelnen Sondersammelgebiete in Universalbibliotheken mit breiten und differenzierten, historisch dichten Beständen. Die Anlage von Spezialsammlungen im Sinne der Sondersammelgebiete innerhalb universaler Sammlungen ist sinnvoll und funktionell richtig, weil sich Sondersammelgebiete nicht scharf abgrenzen lassen und auch aus dem allgemeinen Bestand einer Sondersammelgebiets-Bibliothek genährt werden, auch aus den Tausch- und Geschenk-Beziehungen einer solchen Bibliothek, vor allem auch aus der Verpflichtung dieser Bibliothek, die zugehörige deutsche Literatur umfassend zu sammeln. Zu den infrastrukturellen Voraussetzungen gehört ferner – worauf ich hier nicht wieder eingehen kann – ein funktionierender Leihverkehr, dessen Effizienz wiederum von mehreren Bedingungen abhängig ist, z. B. von regionalen und überregionalen Literaturnachweisen und von einem handhabbaren, praxisgerechten Urheberrecht.

2. Formelle Grundlagen

Die formellen Grundlagen für den Bestandsaufbau in den Sondersammelgebieten sind

– die Denkschrift des Bibliotheksausschusses der Deutschen Forschungsgemeinschaft „Überregionale Literaturversorgung von Wissenschaft und Forschung der Bundesrepublik Deutschland" (1975)

– die Richtlinien zur Abgrenzung der Sondersammelgebiete und zur Beschaffung von Literatur (1983).

2.1 Die „Denkschrift" ist jetzt 10 Jahre alt. Allein dieses Faktum wäre Anlaß genug, auf diesem Bibliothekartag über das kooperative Erwerbungsprogramm erneut zu sprechen. Die Denkschrift bedeutet sowohl Reform als auch Sicherung der Kontinuität. Als Impuls war sie von erheblicher Wirkung. Sie brachte im wesentlichen eine gemäßigte Straffung der Sondersammelgebiete sowie eine Re-Definition der Aufgaben des Sondersammelgebiets-Systems. Sie zielte auf eine Stabilisierung und Festigung der bisherigen Tradition und zugleich auf eine Ausweitung und Vertiefung der Verpflichtungen der Schwerpunkt-Bibliotheken. Sie enthielt zugleich ein Programm zur Behebung von Schwachstellen.

Im Bereich des Bestandsaufbaus wurden vor allem folgende Schwachstellen festgestellt:

– neue Forschungsgebiete fanden im bisherigen System keine ausreichende Entsprechung

– die vorhandenen Sammlungen waren zum Teil unzureichend. Die Unzulänglichkeit ergab sich entweder aufgrund von Stichproben oder (vor allem) aus einer Analyse der Negativ-Bestellungen im deutschen Leihverkehr.

– Nicht für alle Sondersammelgebiete stand an den zuständigen Bibliotheken ausreichendes, nach fachlicher Kompetenz und Anzahl genügendes wissenschaftliches und weiteres Pesonal zur Verfügung.

Ein Überblick über das letzte Dezennium zeigt eine bedeutende Leistungssteigerung des Sondersammelgebiets-Systems nicht nur was den Umfang der Erwerbungstätigkeit angeht, sondern auch der sich daran anschließenden Diensleistungen: die Publikation von Informationsdiensten und Bestandsverzeichnissen und unmittelbar damit zusammenhängend eine bedeutende Erfolgsrate im Leihverkehr. Bedauerlicherweise liegen hierfür keine lückenlose Belege in Form von Statistiken vor. Aus den Jahresberichten der Sondersammelgebiets-Bibliotheken, die vom zuständigen Unterausschuß der Deutschen Forschungsgemeinschaft jährlich eingefordert und geprüft werden, geht jedoch hervor, wieviel an vielen Stellen getan, erweitert und verbessert worden ist und wie sehr die personelle Basis konsolidiert werden konnte, insbesondere auch die Besetzung der Fachreferate mit Referenten vom Fach. Neben allgemeinen statistischen Anhaltspunkten für diese Entwicklung gibt es besonders eklatante positive Beispiele, wie den konsequenten Ausbau des Sammelschwerpunktes Bildungsforschung an der UB Erlangen, den ich hier gern besonders hervorheben möchte, ohne damit durchaus vergleichbare Leistungen in anderen Sondersammelgebieten geringer bewerten zu wollen.

Eine vergleichende Statistik der Erwerbungen in den Sondersammelgebieten von 1974 (letztes Jahr vor der Denkschrift) und 1984 (letztes abgeschlossenes Berichtsjahr) wird durch verschiedene Inkonsistenzen der Berichtsform und statistischen Erfassung erschwert, doch läßt sich auch aus dem begrenzten Ausschnitt, der direkt von der Deutschen Forschungsgemeinschaft gefördert wird, bereits ablesen, welche Ausweitungen tatsächlich stattgefunden haben. Im Jahre 1984 wurden in den Sondersammelgebieten 54% Bände/BE mehr erworben als 1974. Bei den ausländischen Zeitschriften waren es 74% mehr (Jahrgänge), bei den ausländischen Monographien 26% mehr (Bände), bei den Mikroformen 147% mehr (physikalische Einheiten). Der höchste Zuwachs wurde im Jahre 1979 verzeichnet, obwohl die Deutsche Forschungsgemeinschaft die Förderung auch in den 80er Jahren bruchlos fortgesetzt hat. Allein in dem genannten Jahr wurden 126000 Einheiten ausschließlich aus Förderungsmitteln der Deutschen Forschungsgemeinschaft erworben[1].

Im historischen Rückblick erweist sich die Denkschrift als das wichtigste bibliothekspolitische Instrument für die Entwicklung der Sondersammelgebiete seit ihrer Gründung im Jahre 1949. Lassen Sie mich die Hauptthesen der Denkschrift, die sich auf den Bestandsaufbau beziehen, noch einmal kurz zusammenfassen:

– Innerhalb des überregionalen Systems der Literaturversorgung (Zentrale Fachbibliotheken, Sondersammelgebiets-Bibliotheken und einige Spezialbibliotheken) ist das gesamte Spektrum der Wissenschaften abzudecken. Es wird nicht nach wichtigen und unwichtigen, nützlichen oder überflüssigen Wissenschaften unterschieden.

– Die Schwerpunkt-Bibliotheken sind verpflichtet, „die einschlägige Fachliteratur umfassend zu sammeln".

– Die Sammelaufgabe bezieht sich nicht nur auf Zeitschriften und Monographien, sondern auch auf Informationsträger im weiteren Sinne, soweit sie kopier- oder ausleihbar sind, d. h. in der Praxis auf Publikationen in Mikroform.

– Der Bestandsaufbau soll nicht nur die konventionelle, im Buchhandel publizierte Literatur umfassen, sondern auch wissenschaftliche Originalliteratur außerhalb des Buchhandels, auch die sogenannte „graue Literatur".

– Zum Bestandsaufbau gehören nicht nur wissenschafliche Publikationen, sondern alle Arten von Qellen für die wissenschaftliche Forschung, in den

[1] Angaben mit freundlicher Genehmigung der Deutschen Forschungsgemeinschaft aufgrund einer Zusammenstellung von Frau Kiefer.

Geisteswissenschaften selbstverständlich die Texte bis hin zur sogenannten Belletristik und wenigstens in Stichproben bis zur Trivialliteratur.

Der Bestandsaufbau in den Schwerpunkt-Bibliotheken ist nach diesen Vorstellungen nicht nur enzyklopädisch was den Umfang des Gesamtsystems angeht, nicht nur global bezogen auf Länder und Sprachen, sondern auch tief gestaffelt bzgl. der einzubeziehenden Publikationsformen.

Die Denkschrift hält im übrigen fest an der Konzeption von fachlich und regional definierten Sondersammelgebieten und deren Ineinandergreifen nach dem Prinzip konzentrischer Kreise. Je näher die literatur-produzierenden Länder uns geographisch, sprachlich und kulturell liegen, desto eher fallen die in ihren Grenzen erschienenen Publikationen in die fachlich definierten Sondersammelgebiete; je weiter von „Europa“ (als Kulturbegriff) sie entfernt sind, desto mehr fallen sie in die Zuständigkeit der regional definierten Sondersammelgebiete. Eine Frage ist hierbei, in welchem Ausmaß in den fachlich definierten Sondersammelgebieten solche Publikationen berücksichtigt werden können, die außerhalb der normalen Konsumsprachen der Wissenschaft liegen, und in welchem Umfang die regional definierten Sondersammelgebiete bestimmte Wissenschaftsdisziplinen einschließen.

2.2 Die Konkretisierung der Prinzipien der Denkschrift bzgl. des Bestandsaufbaus finden sich in den Beschaffungsrichtlinien, die vom Unterausschuß für die Sondersammelgebiete neu gefaßt und 1983 vom Bibliotheksausschuß verabschiedet worden sind. Sie ersetzen die Beschaffungsrichtlinien von 1971. Ich kann sie hier als Mitglied des Unterausschusses zum ersten Mal der bibliothekarischen Öffentlichkeit vorstellen; den Sondersammelgebiets-Bibliotheken selbst sind sie seit Erscheinen bekannt.

Die Beschaffungsrichtlinien sind ein Arbeitsinstrument für die Sondersammelgebiets-Referenten. Sie umschreiben den Erwerbungsrahmen und legen die Sammelaufgaben für jedes Sondersammelgebiet fest. Richtlinien sind Linien – Leitlinien –, nach denen man sich richtet. Sie schreiben in der neuen Fassung nur soviel vor wie unbedingt nötig, aber auch so wenig wie möglich. Sie sind unentbehrlich, weil bei einem kooperativen und dezentral angelegten System Abgrenzungsfragen unvermeidlich sind und weil weder Überschneidungen überhand nehmen, noch Systemlücken auftreten dürfen. Sie versuchen, durch eine angemessene Mischung von Begrenzung und Großzügigkeit, prinzipielle Schwierigkeiten pragmatisch zu lösen.

Innerhalb der komplizierten Verhältnisse, die durch die Aufgliederung nach Fachgebieten entstehen, ist es keine einfache Aufgabe, für ausreichende Klarheit zu sorgen. Die Beschaffungsrichtlinien sollen zudem nicht nur den Bestandsaufbau in den Sondersammelgebieten steuern, sondern zugleich ein Steuerungsinstrument für den Leihverkehr darstellen. Je klarer die Abrenzung beim Bestandsaufbau, desto erfolgreicher die Lenkung von Leihverkehrs-Bestellungen. Dabei kann sehr wohl eine übersichtliche und ökonomische Ordnung angestrebt werden, doch kann die Zahl der Zweifelsfälle wohl reduziert, nie aber ausgeschlossen werden.

Ich darf nebenbei erwähnen, daß zur Erleichterung dieser Aufgabe der Unterausschuß erst jüngst einen Index zu den Sondersammelgebieten vorgelegt hat, der vor allem in den Fernleihstellen zur Orientierung dienen soll, und der seit einiger Zeit in mehreren Bibliotheken bereits mit Erfolg angewendet wird, obwohl er weit davon entfernt ist, alle Erwartungen zu erfüllen und alle Schwierigkeiten zu lösen. Die Publikation dieses Registers und seine Bereitstellung für die Fernleih-Bibliotheken steht unmittelbar bevor.

Die Beschaffungsrichtlinien sind, vielleicht zur Enttäuschung mancher Sondersammelgebiets-Referenten, nicht detaillierter und konkreter geworden, sondern im Gegenteil abstrakter und entschlackt. Sie stellen einen Kompromiß dar zwischen der Definiton in sich sinnvoller Sammelgebiete (in Anlehnung an die klassischen Wissenschaftsdisziplinen bzw. die Gliederung der Fachausschüsse der Deutschen Forschungsgemeinschaft) und der lebendigen Entwicklung der Wissenschaft. Sie suchen zugleich eine brauchbare Lösung für das Ineinandergreifen von fachlich und von regional definierten Sammelaufgaben.

Die bedeutendste Neuerung der neuen Fassung gegenüber der von 1971 ist neben der bewußten Zulassung bestimmter Überschneidungen die Erweiterung der regionalen Zuständigkeit gegenüber der fachlichen Zuordnung: die für die Geschichte bestimmter Regionen und Länder zuständigen Sondersammelgebiete ergänzen die fachlichen Sondersammelgebiete durch Sammlung von Literatur zur Sozial- und Wirtschaftsgeschichte, zur Anthropogeographie und Länderkunde sowie Literatur über Parteien, Gewerkschaften und ähnliche Verbände – zum Teil auch weitergehend für andere Sparten wie Publizistik, wissenschaftliche Einrichtungen, Bibliothekswesen usw. Diese Tendenz nimmt einerseits Rücksicht darauf, daß Marktbeziehungen, linguistische Kompetenz und Regionalkenntnis in den regional definierten Sondersammelgebieten zusammenfallen, während sie in den fachlich definierten Sondersammelgebieten nicht koinzidieren, und zielen andererseits auf eine größere Übersichtlichkeit für den Leihverkehr und damit eine Verbesserung des Zugriffs. Die erweiterte Regionalisierung soll im übrigen eine größere Sammeldichte bei der regional- und lokal-bezogenen Spezialliteratur bewirken, die für fachlich definierte Sondersammelgebiete oft „zu entlegen“ ist.

Bei der Entwicklung der Literaturproduktion in der Welt, vor allem in den Ländern der Dritten Welt – immer mehr Publikationen erscheinen in immer mehr Sprachen –, kann man getrost voraussagen, daß die Tendenz zur Regionalisierung sich verstärken wird.

Zugleich muß man sich fragen, ob dies alles noch im nationalen Rahmen zu leisten ist und ob nicht auf die Dauer eine Art europäisches Sondersammelgebiets-System die bestehenden nationalen Schwerpunktprogramme ergänzen oder gar ersetzen muß.

Der Vollständigkeit halber erwähne ich kurz, daß der Bestandsaufbau nach den Beschaffungsrichtlinien sich in den folgenden vier Erwerbungsprogrammen abspielt:

- Zeitschriften
- Monographien
- Publikationen in Mikroform
- Ergänzende Maßnahmen.

Lassen Sie mich nur zu dem letzten Programm ein paar Worte sagen, weil dies Beschaffungsprogramm über den realen Umfang hinaus von prinzipieller Bedeutung ist. Der umfassende Charakter des Bestandsaufbaus bezieht sich zunächst auf die aktuelle Literatur, d. h. auf Neuerscheinungen und punktuelle Lückenergänzungen aus den vergangenen Erscheinungsjahren. In den Geisteswissenschaften haben Sondersammelgebiets-Bestände aber auch eine wichtige weitergehende, historische Dimension. Dem wird durch Einführung dieses Erwerbungsprogramms (seit 1980) Rechnung getragen. Aus ihm können mit Hilfe der Deutschen Forschungsgemeinschaft bei entsprechenden Eigenleistungen auch Lücken im älteren Literaturbestand (1800–1950) geschlossen werden. Die Maßnahme ist konsequent, weil die Sondersammelgebiete in der Regel Bibliotheken zugeordnet wurden, die bereits Forcen in den historischen Bestandsschichten besaßen, die aber alle auch ergänzungsbedürftig sind, und weil in den Geisteswissenschaften die historische Literatur genauso Gegenstand der Forschung ist wie die aktuelle und das wissenschaftliche Publikum selbstverständlich voraussetzt, daß die Bestände der Schwerpunkt-Bibliotheken auch die ältere Literatur, vor allem die ältere Quellen-Literatur, umfassen.

Die Maßnahme ist besonders geeignet, die historische Konsistenz der Schwerpunktsammlungen zu stärken; sie erhöht damit ihren Wert, freilich auch ihre Festlegung. Tatsächlich hält sich der Umfang dieses Zusatzprogramms in relativ bescheidenen Grenzen: nicht nur wegen der Proportion von Förderung und Eigenleistung (80:20%), sondern leider auch aus Kapazitätsgründen in den Sondersammelgebiets-Bibliotheken, nicht zuletzt, weil auch bei der Deutschen Forschungsgemeinschaft insgesamt nur begrenzte Mittel zur Verfügung stehen; aber natürlich auch, weil die Dichte der historischen Bestände in vielen Schwerpunkt-Bibliotheken bereits bedeutend ist.

3. Hauptprobleme des Bestandsaufbaus

3.1 Sondersammelgebiets-Referenten

Denkschrift und Beschaffungsrichtlinien zusammen definieren Grundsätze und Leitlinien, sie sorgen für Abgrenzungen zwischen den Sammelgebieten und den Beschaffungsprogrammen – sie enthalten jedoch keine über diesen Rahmen hinausgehenden Erwerbungsprofile. Mit Absicht wird innerhalb der notwendigen inhaltlichen und formalen Abgrenzung zugleich die erforderliche Offenheit erhalten: Offenheit für die dynamische Entwicklung der Sammelgebiete selbst und für einen Bestandsaufbau nach fachimmanenten und sachgerechten Kriterien. Damit fällt eine besondere Verantwortung auf die für die Sondersammelgebiete zuständigen Fachreferenten. Neben den politischen, finanziellen und formellen Voraussetzungen sind die Sondersammelgebiets-Referenten gleichsam die Säulen des ganzen Systems – wenn ich sagte die Karyatiden, würden sie sich in diesem Bilde vermutlich wiedererkennen.

Entsprechend der umfassenden Sammelaufgabe muß der Sondersammelgebiets-Referent umfassende Kenntnisse besitzen. Er muß nicht nur den wissenschaftlichen Horizont seines Gebietes überblicken, sondern auch eingehende Literaturkenntnisse haben, Übersicht über die wissenschaftlichen Einrichtungen und Forschungsinstitute in seinen Gebieten, über die Quellenlage und über die Bedingungen der Literaturbeschaffung. Neben soliden Kenntnissen braucht er aber auch Fantasie, ohne die er den potentiellen und künftigen Bedarf nicht antizipieren kann. Kompetenz und Urteilsfähigkeit müssen mit Flair und Orientierungssinn kombiniert sein. Die individuelle Interessenlage eines Referenten muß ständig durch die seines „Kundenkreises" korrigiert und erweitert werden. Er braucht dazu Kontakt zu den Wissenschaftlern, die in seinen Gebieten arbeiten, nicht nur am eigenen Ort, sondern auch auf Fachkongressen, vor allem in internationalem Rahmen.

Dies bedeutet, daß für jedes Sondersammelgebiet der tatsächliche Gehalt des Begriffs „umfassend" neu zu umschreiben ist und daß nur der zuständige Referent dies tun kann. Umfunktionelles Anhäufen von Literatur ist kein Bestandsaufbau; der Hinweis auf quantitativ geringe Bedarfsäußerungen darf aber kein Freibrief für schwache Erwerbungsaktivitäten sein. Sicher sind in den meisten Sondersammelgebieten Masse und Qualität weitgehend austauschbare Kriterien; doch bleibt das Verhältnis von Masse und Wert äußerst kompliziert. Profil, Kontur und Konsistenz eines Spezialbestandes ergeben sich nicht aus abstrakten Vorgaben und Vorschriften, sondern aus dem Material selbst und aus der Summe der Einzelentscheidungen. Die Kriterien für den Bestandsaufbau sind daher im Prinzip offen. Man kann dies als Schwäche des Systems beschreiben, aber auch umgekehrt als einen seiner Vorzüge. Ein Vorzug ist es allerdings nur, wenn vorzügliche Fachreferenten dahinterstehen.

Man kann nicht übersehen, daß auch hier Lernprozesse einsetzen mußten. Schubkraft hierfür gaben nicht nur die Denkschrift der Deutschen Forschungsgemeinschaft und die entsprechenden finanziellen Anreize: auch die neuen Universitätsbibliotheken, die mit Aufbaumitteln zunächst glänzend ausgestattet waren, haben den Schwerpunkt-Bibliotheken in der Praxis vorgeführt, was umfassende Erwerbung bedeutet. Sicher wurde vor Erscheinen der Denkschrift in manchen großen Universitätsinstituten und vor allem in einigen Spezialbibliotheken intensiver gesammelt als in dem einen oder anderen Sondersammelgebiet. Die Gründe hierfür lagen freilich nicht nur bei den zuständigen Referenten, sondern in den Rahmenbedingungen, die eine Schwerpunkt-Bibliothek ihren Sondersammelgebieten setzte. Dahinter steht das Problem einer angemessenen Proportion zwischen der Schwerpunkttätigkeit und der Gesamttätigkeit einer Sondersammelgebiets-Bibliothek.

3.2 Quellenlage

Der Aufbau eines Fachbestandes im Rahmen von Sondersammelgebieten wirft alle Probleme einer Erwerbungspolitik im Raster von Fachreferaten in extremer Form auf. Hauptproblem scheint mir die „umfassende" Berücksichtigung aller existierenden Angebote bei großer Aktualität der Beschaffung und Bereitstellung. Aktualität ist nicht nur erforderlich, damit auch Neuerscheinungen greifbar sind und Neuerwerbungslisten nicht zu Listen von Alterserscheinungen werden, sondern vor allem weil ohne sofortiges Zugreifen Werke in kleineren Auflagen auf schwierigen Märkten überhaupt nicht mehr zu haben sind. Hauptproblem ist dabei einerseits die Vielschichtigkeit der Informationsmittel und ihr Wiederholungscharakter, andererseits ihr Fehlen. Verlagsinformationen, Buchhandelsprospekte, National- und Spezialbibliographien, Neuerwerbungslisten großer Bibliotheken mit verwandten Sammelgebieten überschneiden sich in ihrem Berichtsmaterial vielfältig und das Titelgedächtnis eines Referenten ist mit Sicherheit überfordert. Fast nie kann man sich auf eine einzige ausreichende Quelle beschränken, sondern muß eine Vielzahl davon benutzen und auswerten. Der Konflikt von Breite und Aktualität ist so etwas wie die Quadratur des Zirkels: sie kann in diesem Falle aber aufgelöst werden, durch entsprechend viel Personal. Bestandsaufbau in den Sondersammelgebieten ist extrem personal-intensiv.

In einigen Sondersammelgebieten kommt das klassische Prinzip der Literaturauswahl (im Unterschied zu pauschalen Beschaffungsformen) mit der Forderung nach Aktualität und Greifbarkeit so sehr in Konflikt, daß man zu unkonventionellen Beschaffungsmethoden übergehen muß. Dies gilt ganz besonders für solche Sondersammelgebiete, für die es eine ausreichende und genügend aktuelle bibliographische Berichterstattung überhaupt nicht gibt. Hier hilft nur der Direktbezug in Form von approval programs, von standing orders und anderen Mitteln pauschalierender Erwerbung aufgrund von Erwerbungsprofilen, die mit leistungsfähigen Buchhandlungen im Ausland ausgearbeitet werden müssen. Besonders in den regionalen Sondersammelgebieten genügt auch intensivste Schreibtischarbeit nicht, um einen Bestand von genügender Breite und ausreichendem Rang zusammenzubringen. Hier müssen die Sondersammelgebiets-Referenten sich auf Beschaffungsreise begeben und oft unter strapaziösen – wenn auch angenehm abenteuerlichen, so doch oft unangenehm lebensgefährlichen – Bedingungen ihre Bestände aus Behörden und Bazaren zusammenhandeln.

Ein Rezept gibt es nicht. Jedem Sondersammelgebiet stellen sich die Probleme anders; die Markt- und Berichtsverhältnisse ändern sich laufend; stets muß man sich wieder auf neue Situationen einstellen.

Der primären Schwierigkeit der Auswahl und Beschaffung steht am anderen Ende des Bestandsaufbaus die Schwierigkeit der Kontrolle und Evaluierung gegenüber.

3.3 Kontrolle und Evaluierung

Der Sondersammelgebiets-Referent ist insofern der Prototyp des Fachreferenten, als er – in Einsamkeit und Freiheit – allein über Ausmaß und Art seines Bestandsaufbaus entscheidet. Seine Entscheidungen werden allenfalls quantitativ kontrolliert; aber auch er muß sich der Kritik stellen.

Im Grunde gibt es nur drei halbwegs wirksame Kontrollinstrumente

– ständige Selbstkontrolle durch Vergleich der eigenen Erwerbungen mit einschlägigen Bibliographien, Angeboten, Rezensionen, Forschungsberichten usw. (ein Zeit- und Personalproblem!)

– die Publikation der Erwerbungsergebnisse in Form von regelmäßig erscheinenden Neuerwerbungslisten oder Bestandsverzeichnissen und die Reaktion der Empfänger darauf

– die Analyse aller Bestellungen aus dem Leihverkehr, die „negativ" bleiben und nicht erfüllt werden können.

Alle drei Kontrollinstrumente sind aber unvollkommen und bieten nur Anhaltspunkte. Auf die Analyse der negativen Leihverkehrs-Bestellungen kann eigentlich keine Schwerpunkt-Bibliothek verzichten. Bedauerlich ist, daß mit Rücksicht auf die Personalsituation der Bibliotheken die Einführung einer gesonderten Fernleihstatistik, die einige Sondersammelgebiets-Bibliotheken freiwillig führen, nicht verbindlich vorgeschrieben werden kann. Das gleiche gilt für die Herausgabe von Neuerwerbungslisten.

Intensiver noch als die genannten Kontrollmittel sind Zwänge, die sich aus der Dokumentation eines Fachgebietes für den Bestandsaufbau ergeben. Diejenigen Schwerpunkte, die aufgrund ihrer Erwerbungen Fachbibliographien herausgeben, unterliegen einem Zwang, der durch keine bessere Motivation zu ersetzen ist. Es ist daher bedauerlich, daß die Versuche, in geeigneten Fällen Sondersammelgebiete in das IuD-Programm der Bundesregierung aufzunehmen und am Ort der umfangreichsten Sammlung zugleich eine fachliche Dokumentation zu erarbeiten, an der Finanzierungsunlust der Bundesländer gescheitert sind.

3.4 Organisation und Personalkapazität

Wenn ich gesagt habe, daß Kern- und Angelpunkt des ganzen Systems neben den Förderungsmechanismen die Qualität und Kompetenz der im System arbeitenden Referenten ist, so liegt auf der Hand, daß diese nur dann voll wirksam werden können, wenn ihre Bibliothek sie in den Stand setzt, ihre umfassenden Aufgaben auch erfüllen zu können. Diese organisatorische Abstützung seitens der Schwerpunkt-Bibliothek ist mindestens ebenso wichtig wie das Aufbringen der proportionalen Eigenleistung im Vergleich zu den Förderungsmitteln der Deutschen Forschungsgemeinschaft. Die Kompetenz eines Sondersammelgebiets-Referenten bleibt wirkungslos ohne eine entsprechende Verarbeitungskapazität seiner Bibliothek, und das heißt, ob man es wahrhaben will oder nicht, Pesonalkapazität.

Die bedeutendste Schwachstelle des Sondersammelgebiets-Systems liegt denn auch heute noch im Personalbereich. Nicht ohne Grund hat sich die Deutsche Forschungsgemeinschaft nicht nur auf Appelle und Monita in der Denkschrift von 1975 beschränkt, sondern neben der Bereitstellung der erforderlichen Sachmittel trotz großer prinzipieller Schwierigkeiten ein umfangreiches Personalhilfeprogramm aufgestellt und damit bestimmte Schwerpunkt-Bibliotheken erst in die Lage versetzt, die von der Denkschrift geforderten Intensivierungen und Expansionen überhaupt vorzunehmen. Zugleich war dies die wichtigste haushaltspolitische Maßnahme für die Einwerbung der notwendigen Planstellen für die Schwerpunkt-Bibliotheken bei den Trägern.

Dieses Programm ist innerhalb der Deutschen Forschungsgemeinschaft wiederholt beanstandet worden, mit Recht, da es nicht Aufgabe der Deutschen Forschungsgemeinschaft sein kann, Grundverpflichtungen der Träger zu übernehmen. Durch das Personalhilfeprogramm sind aber erst Fakten geschaffen worden, die in mehreren Bundesländern wirklich dazu geführt haben, Drittmittelstellen in Planstellen umzuwandeln, und damit die Sondersammelgebiets-Aufgaben einer Bibliothek ausdrücklich anzuerkennen und ihr die erforderliche personelle Basis zu geben. Es besteht jedoch in einer Reihe von Fällen die Gefahr, daß mit dem sukzessiven Rückzug der Deutschen Forschungsgemeinschaft aus diesem Programm die Personalkapazität wieder abbröckelt und einige Schwerpunkt-Bibliotheken in den Zustand von 1975 zurückfallen.

Der Bestandsaufbau in den Sondersammelgebieten belastet nicht nur das speziell hierfür eingesetzte Personal, sondern bedeutet eine Gesamtbelastung der Bibliothek, für die in allen Bereichen, von der Bearbeitung bis zur Benutzung, ausreichende Grundlagen vorhanden sein müssen. Man kann diesen Gesichtspunkt nicht deutlich genug hervorheben und muß versuchen, ihn den Trägern immer wieder vor Augen zu führen.

Gleichwohl muß man immer wieder auch daran erinnern, daß die materiellen Voraussetzungen allein nicht genügen. Herr Römer hat vor einigen Jahren das schöne Wort von der „Leihverkehrs-Gesinnung“ erfunden und festgestellt, daß ein Teil der Misere des deutschen Leihverkehrs sich aus dem Fehlen dieser Gesinnung erklären läßt. Ähnliches kann man auch für die Sondersammelgebiete konstatieren, womit ich aber nicht ein neues Wortungetüm wie „Sondersammelgebiets-Gesinnung“ in die Welt setzen möchte. Daß sie aber an der einen oder anderen Stelle fehlt, ist nicht von der Hand zu weisen. Ebenso sicher ist, daß „Gesinnung“ allein nicht genügend Tragkraft besitzt. Besser als Gesinnung sind Geld und gute Organisation. Aber wir haben Beispiele dafür, daß die Gesinnung eben doch den Unterschied zwischen sehr guten und weniger guten Sondersammelgebieten ausmacht.

4. Dezentraler und nationaler „Bestand“

Schließlich ergibt sich bei der Frage des Bestandsaufbaus in den Sondersammelgebieten das Problem, ob ein sogenannter „Bestand“ entsteht, wenn die Erwerbungen für ein Sondersammelgebiet zusammen mit anderen Erwerbungen in einer mechanischen Numerus-Currens-Aufstellung verschwinden. Ich möchte das Jahrhundertproblem vom Dogma der systematischen Aufstellung hier nicht wieder behandeln; aber unvermeidlich spielt es auch in diese Zusammenhänge hinein und berührt sich mit den Themen, die auf diesem Bibliothekartag behandelt werden. Jedem ist klar, daß die physische Abgrenzung eines Sondersammelgebiets nicht identisch ist mit dem Bestand an sogenannter einschlägiger Literatur, die in einer Schwerpunkt-Bibliothek tatsächlich vorhanden ist. Man braucht nur an die Streuung der Zeitschriftenliteratur über spezielle und allgemeine Zeitschriften zu denken. Je breiter und größer die Verflechtungen eines Sondersammelgebiets mit dem Gesamtbestand einer

Schwerpunkt-Bibliothek sind, desto besser ist auch das Sondersammelgebiet selbst. Nur in einem großen Umgebungsbestand ist auch die in das Sondersammelgebiet fallende Literatur wirklich mit einem hohen Grad von Vollständigkeit vorhanden. Dies gilt für die geisteswissenschaftlichen Sondersammelgebiete in besonderem Maße.

Man muß hierzu gerade jetzt ein klares Wort sprechen und festhalten, daß die Nutzung am Platze und die örtliche Bedeutung der Schwerpunkt-Bestände, wofür eine separate und systematische Aufstellung gewiß besonders günstige Voraussetzungen bieten, im Gesamtsystem nicht den ersten Rang haben können. Geschwindigkeit der Bereitstellung über den Leihverkehr bleibt das oberste Prinzip. Gewiß können Schwerpunkt-Bibliotheken auch Forschungsbibliotheken im Sinne von Bernhard Fabian sein – und sie werden oft genug in diesem Sinne aufgesucht. Sie sind dabei trotz der Durchlöcherung des Bestandes durch Leihverkehrs-Bestellungen mit größtem Gewinn zu benutzen. Primär aber dienen sie der überregionalen Literaturversorgung, also der Versorgung über den Leihverkehr. Dies liegt im Wesen des dezentralen Systems. Dies wird auch in Zukunft die weitaus überwiegende Form der Nutzung bleiben. Die teure Konsequenz ist der Zwang zu möglichst vollständigen Nachweisen und die unaufhörliche Aufgabe, die Leihverkehrs-Organisation zu verbessern.

Stünde an dieser Stelle nicht ich, sondern der Direktor der British Library Lending Division, so würde er Ihnen nachweisen, daß Collection Building im dezentralen System von der Anlage des Ganzen über Auswahl- und Bearbeitungsverfahren bis zu den Nachweisen und Benutzungsformen höchst unökonomisch sei; aber mit einer abschließenden Bewertung müßte auch er äußerst vorsichtig sein. Vor allem wenn man die Bewertung auf die Sozial- und Geisteswissenschaften bezieht. Ich komme damit auf meine Eingangssätze zurück. Eine vergleichende Bewertung beider Systeme wäre von größtem Interesse, bliebe aber mit Sicherheit in der Unvergleichbarkeit stecken. Die unkalkulierbare Größe der Integration eines Systems in vorgegebene Verhältnisse und die Unkalkulierbarkeit der Wirkung führt mit Sicherheit zu offenbleibenden Fragen. Festzuhalten ist, daß die Schwerpunkt-Bibliotheken mit ihren umfassenden Sammlungen eine Attraktion haben, die eine normale, auch gut ausgestattete wissenschaftliche Gebrauchsbibliothek niemals haben kann. Dies bedeutet verteilten und vielfältigen Reichtum der Bestände und einen besonderen Rang der Bibliotheken, an denen über Jahrzehnte hinweg Spezialbestände aufgebaut werden konnten. Die Zersplitterung der Bestände wird technisch mehr und mehr überwindbar – das tatsächliche, wenn auch dezentralisierte Vorhandensein eines Literaturbestandes von Weltrang, ist einer der Vorzüge des deutschen wissenschaftlichen Bibliothekswesens.

2.2 EDV IN DER ERWERBUNGSPRAXIS

RAINER WOLTER

Anforderungen an eine automatisierte Erwerbung

1. Einleitung

Das Thema „Anforderungen an eine automatisierte Erwerbung" bedeutet die Definition dessen, was ein EDV-System, sowohl von seinen Programmen, als auch von den Maschinen, zu leisten im Stande sein muß.

1.1. Die Erwerbung/Die Beschaffung

Der Begriff „Erwerbung" beinhaltet in der Regel die Bereiche (Abb. 1a)
- Erwerbungspolitik (1)
- Etateinteilung und -steuerung (2)
- Kaufunterlagen und Kaufentscheidung (3)
- Organisation der Erwerbungsabteilung (4)
- Buchbeschaffung und -bearbeitung (5)
- Haushaltsabwicklung und -überwachung (6)

Die Bereiche 1–4 (Abb. 1a) sollen zunächst außer Betracht bleiben, denn nur die
- Buchbeschaffung und -bearbeitung (5)
- Haushaltsabwicklung und -überwachung (6)

ergeben zusammen *„Die Beschaffung"* (Abb. 1b)

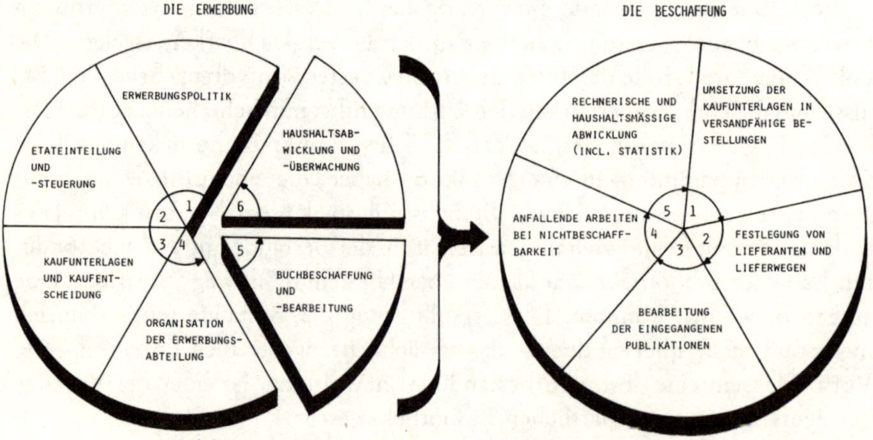

Abb. 1a Abb. 1b

Es werden hier die Tätigkeiten (Abb. 1b)
- Umsetzung der Kaufunterlagen in versandfähige Bestellungen (1)
- Festlegung von Lieferanten und Lieferwegen (2)
- Bearbeitung der eingegangenen Publikationen (3)
- anfallende Arbeiten bei Nichtbeschaffbarkeit (4)
- rechnerische und haushaltsmäßige Abwicklung (incl. Statistik) (5)

ausgeführt. Die Tätigkeiten 2–5 (Abb. 1b) werden bei der Vorstellung des EDV-Geschäftsganges näher zu betrachten sein. Untersuchen wir zuerst die „Umsetzung der Kaufunterlagen in versandfähige Bestellungen".

1.2. Umsetzung der Kaufunterlagen in versandfähige Bestellungen

Eine Bestellung besteht aus einer *bibliographischen Beschreibung* und aus *Lokaldaten.* (Abb. 2)

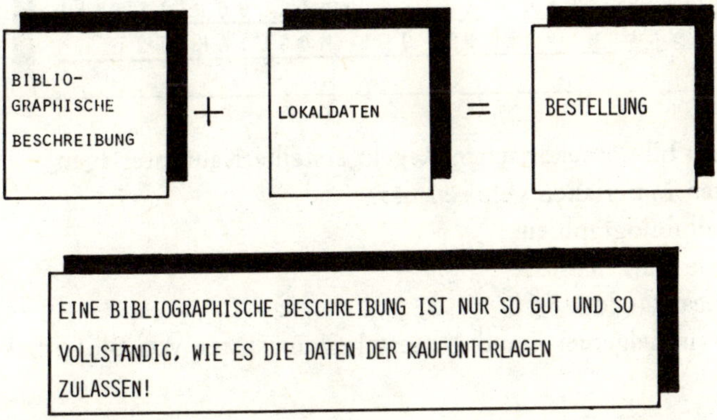

Abb. 2

Untersucht man zunächst die bibliographische Beschreibung einer Bestellung, so gilt:

Was für Kaufunterlagen werden eigentlich in einer Bibliothek genutzt?

1.3. Die Kaufunterlagen

Die in einer Bibliothek gebräuchlichen Kaufunterlagen lassen sich i.d.R. in zwei große Gruppen einteilen
- nach werblichen Gesichtspunkten erstellte Kaufunterlagen
- nach bibliothekarischen Regeln erstellte Kaufunterlagen

1.3.1. Nach werblichen Gesichtspunkten erstellte Kaufunterlagen
Zu diesen Materialien gehören u. a.

- Lieferantenlisten
- Prospekte (Verlagsprospekte in ihrer gesamten vorkommenden Vielfalt)
- Titelanzeigen in Zeitschriften
- Besprechungen in Zeitungen und Zeitschriften

Bemerkung

TROTZ DER UNTERSCHIEDLICHEN
QUALITÄT DER BIBLIOGRAPHISCHEN
VERZEICHNUNG KÖNNEN UND MÜSSEN
DIESE KAUFUNTERLAGEN IN
BESTELLUNGEN UMGESETZT WERDEN-
OB ABER BESTELLKATALOGISIERUNG
NACH RAK-WB OFT MÖGLICH IST ?

1.3.2. Nach bibliothekarischen Regeln erstellte Kaufunterlagen
Zu diesen Materialien gehören u. a.

- Nationalbibliographien
- Nationale Verzeichnisse
- Bibliothekskataloge
- Sondersammelgebiets- und Neuerscheinungslisten von Bibliotheken

Bemerkung

DEUTLICHE QUALITÄTSVER-
BESSERUNG DER BIBLIO-
GRAPHISCHEN BESCHREIBUNG;
IN VIELEN FÄLLEN SIND ABER
DENNOCH KORREKTUREN DER
DATEN ERFORDERLICH! (CIP).

1.4. Lokaldaten

Der Ausgangspunkt der bisherigen Überlegungen war die Umsetzung der Kaufunterlagen in versandfähige Bestellungen, und wir hatten definiert, daß eine Bestellung aus einer bibliographischen Beschreibung und Lokaldaten besteht.

> LOKALDATEN SIND ÄUSSERST VIELFÄLTIGE, ABER KURZLEBIGE DATEN. NACH ERFOLGTER AUSWERTUNG WERDEN DIE DATEN NICHT MEHR BENÖTIGT.

Was sind das für Daten? Die Abb. 3 zeigt die Oberbegriffe der Lokaldaten auf. Hinter jedem der einzelnen Begriffe sind eine große Anzahl von Einzeldaten hinzuzufügen.

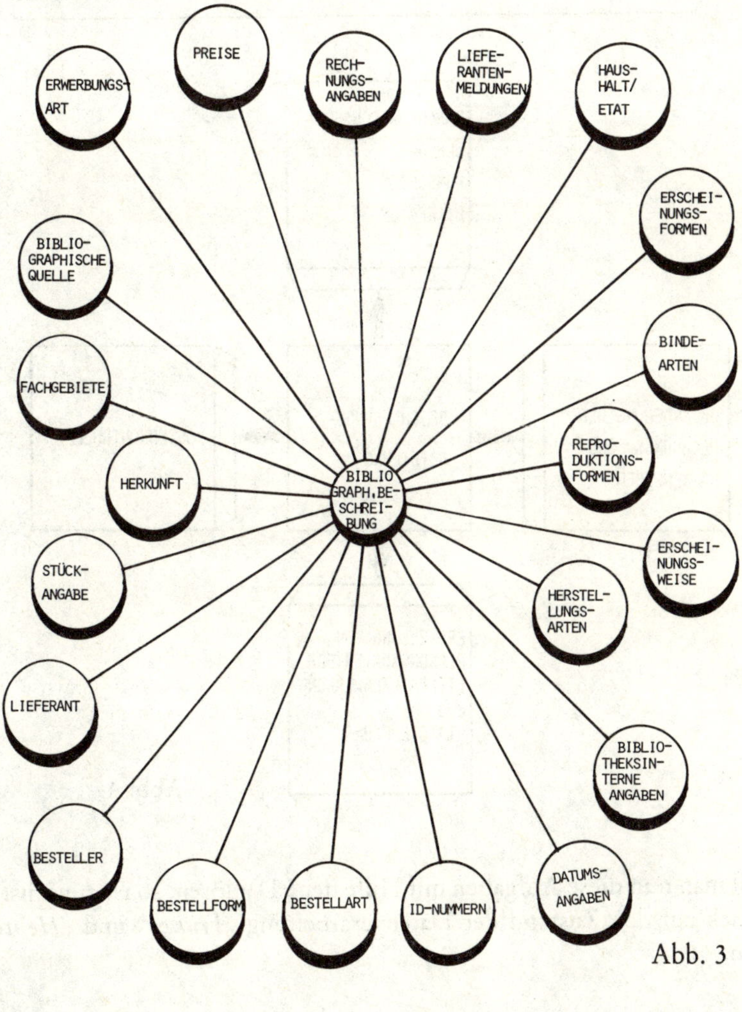

Abb. 3

Lokaldaten sind also Daten, die für die kaufmännische und statistische Abwicklung der Beschaffung benötigt werden. Der Nutzungsgrad ist je nach Bibliothekstyp verschieden. Die Beschaffungsabteilung leistet aber hier u. a. einen Service für andere Stellen in der Bibliothek, und ich möchte die Aufgaben einer Beschaffungsabteilung so definieren (Abb. 4):

1.5. Aufgabenbereiche der Beschaffungsabteilung

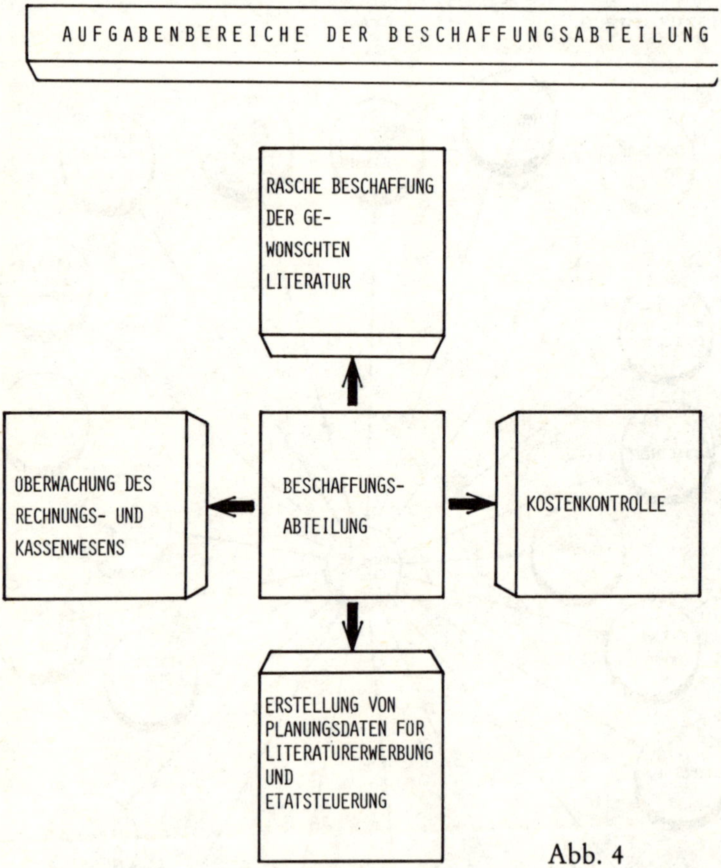

Abb. 4

Will man nun diese Aufgaben mit Hilfe der EDV lösen, so ist zunächst noch ein Blick auf den Zustand der Datenverarbeitung *„Früher“* und *„Heute“* zu werfen.

1.6. *Datenverarbeitung „Früher" und „Heute"*

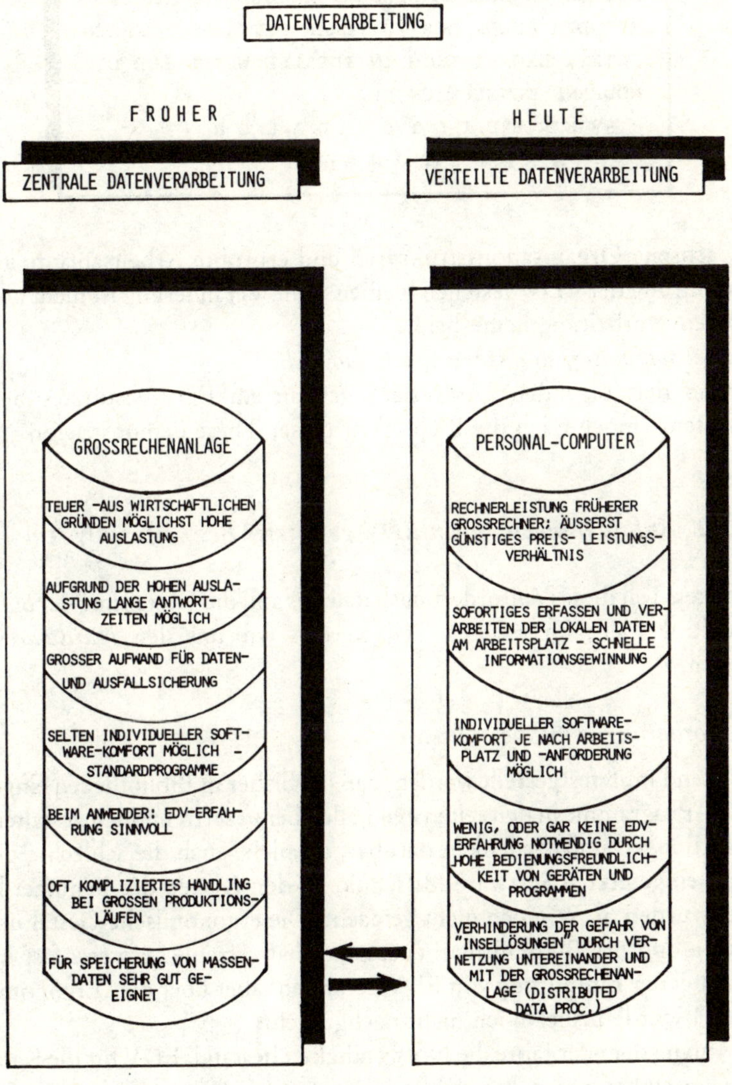

Abb. 5

Aus den bisher gemachten Aussagen und der in Abb. 5 dargestellten modernen Form der Datenverarbeitung läßt sich folgendes ableiten:

DIE BESCHAFFUNGSABTEILUNG EINER BIBLIOTHEK, MIT IHREN KAUFMÄNNISCHEN ANFORDERUNGEN UND MIT DER FÜLLE DER ZU VERARBEITENDEN LOKALEN DATEN, EIGNET SICH IN IDEALER WEISE FÜR DIE MODERNE KONZEPTION DER

-V E R T E I L T E N D A T E N V E R-
A R B E I T U N G-

Gewachsene Organisationsstrukturen und erprobte Arbeitsabläufe können bei Einführung der EDV bestehen bleiben. Eine Veränderung ist nicht notwendig. Datenverarbeitung heute heißt:
So zentral wie nötig, so dezentral wie möglich.

Anhand der folgenden „Anforderungen an ein EDV-gestütztes Beschaffungssystem" möchte ich die Richtigkeit dieser These demonstrieren.

2. *Anforderungen an ein EDV-gestütztes Beschaffungssystem*

Im ersten Teil dieses Anforderungskataloges soll die Gestaltung der *Software* behandelt werden; im zweiten Teil werden wir uns den *Hardware*fragen zuwenden.

2.1. *Anforderungen an die Software*

Einleitend muß festgestellt werden, daß die bisher in Bibliotheken eingesetzten EDV-Programme in den seltensten Fällen benutzerfreundlich gestaltet sind. Untersuchungen und Gedanken darüber, ob nicht auch die schlechte Gestaltung der eingesetzten Software Mitschuld an den Klagen der Benutzer haben könnte, wurden m. W. noch nicht gemacht. Die ergonomische Gestaltung der Hardware und des Bildschirmarbeitsplatzes hat erfreulicherweise fast überall Eingang bei der Einführung von EDV gefunden; aber über die „Ergonomie der Software" wurde bisher noch nicht nachgedacht.

Als Anfang der 60er Jahre die Notwendigkeit bestand, EDV für die Katalogisierung einsetzbar zu machen, fehlten einfach die Erfahrungswerte, die Gestaltung der Software zu optimieren – bei offline-Verfahren auch nicht möglich.

Erst heute sind die Voraussetzungen gegeben, sich mit der optimalen Gestaltung von Software auseinanderzusetzen:
- entsprechende Hardware für den Dialog Mensch–Maschine ist auf dem Markt (Personalcomputer)

– entsprechende Betriebssysteme/Datenbanken stehen ebenfalls zur Verfügung

Aus diesen Gründen, und da auch keine Dringlichkeit vorliegt, könnte für die Beschaffung von Literatur Software entwickelt werden, die äußerst benutzerfreundlich gestaltet ist.

Was unter dem Begriff „Software-Ergonomie" zu verstehen ist; welche Aufgaben und wie eine optimale Software auszusehen hat, wurde von *Klaus W. Otten* in seinem Aufsatz: *Software: Neuer Schwerpunkt für Büro-Ergonomie*, erschienen in der Zs *„Office Management, Mai 1985"* beschrieben. Dem ist nichts hinzuzufügen.

Wenden wir uns nun den Systemfunktionen „Beschaffung" zu.

2.1.1. Systemfunktionen „Beschaffung"

Folgende Funktionen sind näher zu untersuchen:
- Vorakzession
- Bestellen (1–3)
- Bearbeitung (1–3)
- Fortsetzungsverwaltung
- Benachrichtigungen
- Reklamationen/Stornierungen
- Haushaltsüberwachung
- Statistik
- Tabellen
- Adreßverwaltung
- Druckausgabe – Bestellung/Briefe/Inventar/Statistik

2.1.1.1. Vorakzession

Bibliotheken, die noch nicht mit Hilfe der EDV katalogisieren, werden i. d. R. ein zweistufiges Verfahren zur Überprüfung auf Vorhandensein eines gewünschten Titels wählen müssen
- manuell am AK (in welcher Form er auch immer vorhanden ist)
- online in der Bestelldatei

Bibliotheken, mit Einsatz der EDV, können online in den vorhandenen Dateien den gewünschten Titel abprüfen.

Denkbar ist auch: Abprüfung und Bestellvorgang in eine Routine zu legen.

Als Ergebnis wird in jedem Fall die Meldung sein: Der gewünschte Titel ist oder ist nicht vorhanden.

2.1.1.2. Bestellen

Die folgenden Maskendarstellungen stellen selbstverständlich keine verbindlichen Darstellungen dar; jede Bibliothek kann eigene Vorstellungen einbringen und gestalterisch Masken erstellen.

Ein Kategorienschema für die Benutzeroberfläche ist nicht notwendig, da die einzugebenden Daten in vorher festgelegten Strukturen eindeutig definierbar sind und von dem System in die entsprechenden Kategorien intern abgelegt werden können.

2.1.1.2.1. Bestellen 1

Hierbei handelt es sich um ein *einmaliges Bestellen aus gedruckten Bestellunterlagen.* Ein Bestellformular (Abb. 6), bestehend aus 2 Teilen
- einem bibliographischen Teil und
- einem Lokaldatenteil,

wird zum Ausfüllen auf dem Bildschirm bereitgestellt.

Bestimmte eingegebene Informationen unterliegen einer Prüfroutine; bei Unstimmigkeiten wird der Bearbeiter darauf hingewiesen und um Korrektur oder um eine Bestätigung gebeten.

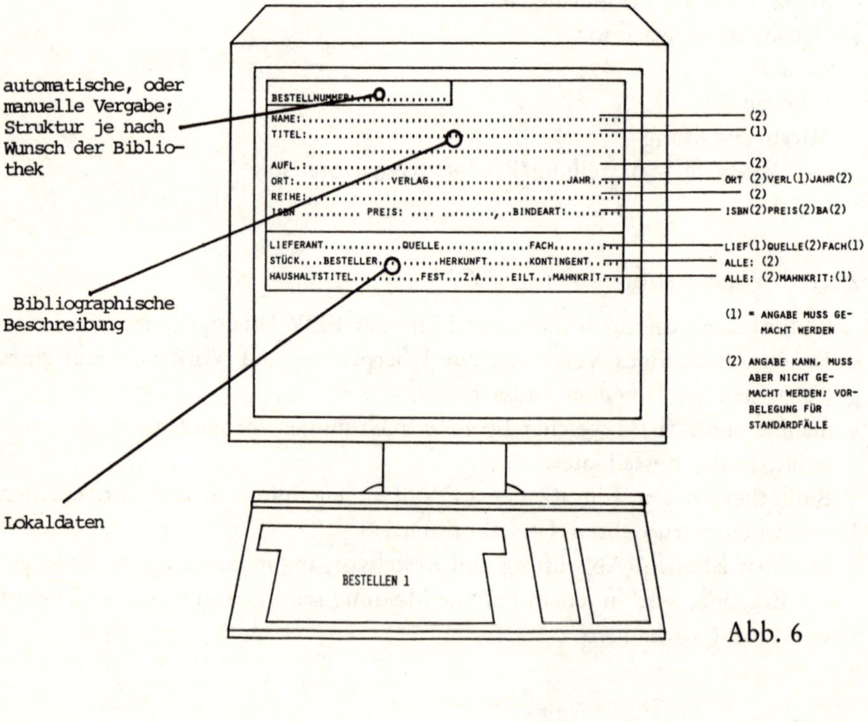

Abb. 6

Ein denkbares Ergebnis einer Plausibilitätskontrolle könnte z. B. dazu führen, daß eine eingegebene Bestellung nur aufgrund einer nochmaligen Bestätigung ausgeführt wird – dem Fach/Kontingent stehen keine Gelder mehr zur Verfügung, da die vorgesehene Summe ausgegeben ist –.

Noch ein Beispiel: Aufgrund der Vorgaben erkennt das System – Lieferant, Mahn- und Eiltkriterium passen nicht zueinander – Korrektur wird erbeten.

Um eine Bestellung zu tätigen, bedarf es einer Mindestmenge an Daten, ohne die das System nicht auskommt. Wie in Abb. 7 dargestellt, wird zur Ausführung einer Bestellung ein

- Titel
- Verlag
- Lieferant
- Mahnkriterium

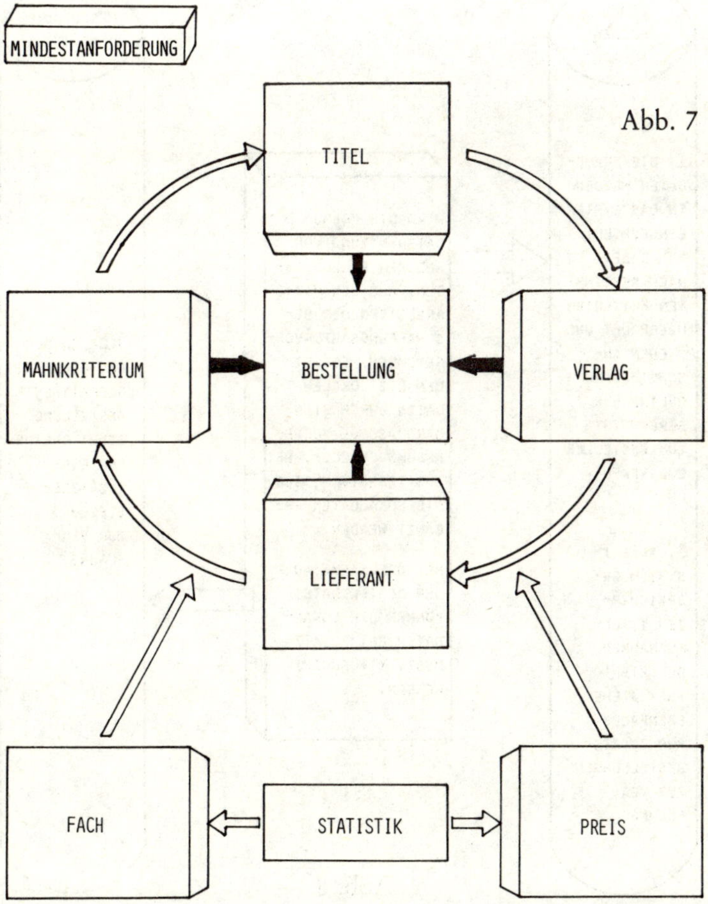

Abb. 7

benötigt. Wird in der Bibliothek eine Bestellstatistik als notwendig erachtet, so müssen noch
- das Fach und
- der Preis

hinzukommen. Sollte allerdings der Preis nicht vorliegen, so übernimmt das System den Durchschnittspreis des betreffenden Faches aus einer Tabelle.

Kaufunterlagen, die diesen Mindestanforderungen nicht genügen, dürfen entweder nicht benutzt oder müssen entsprechend aufbereitet werden.

Selbstverständlich werden aber bibliographische Beschreibungen mit hohem Standard nicht „heruntergebrochen"; das System muß alles verarbeiten – je nach Bibliothekstyp und den benutzten Kaufunterlagen.

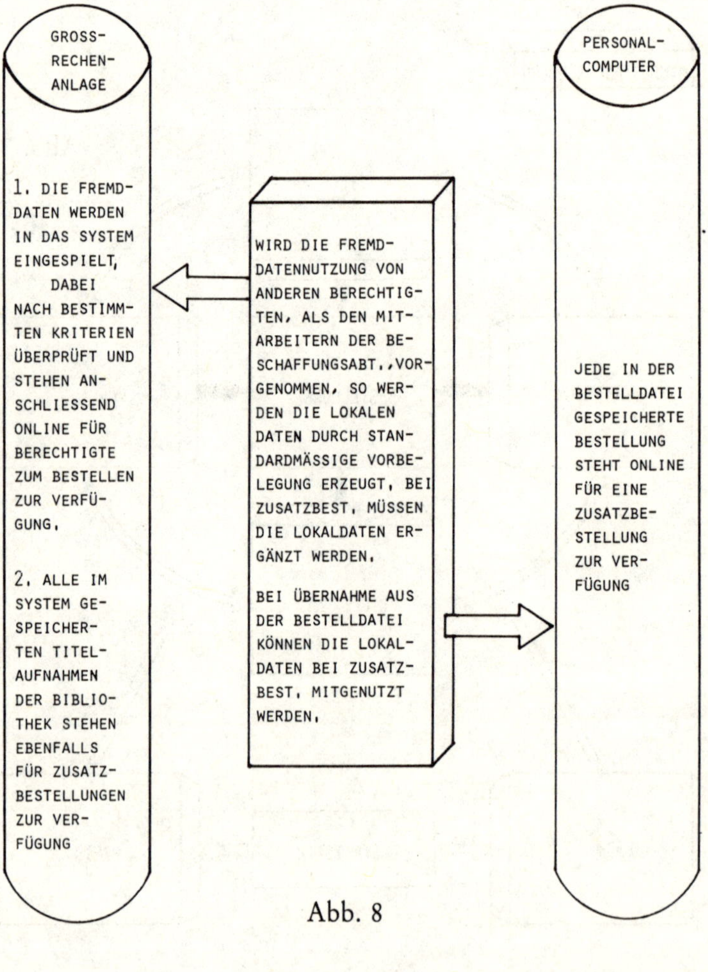

Abb. 8

2.1.1.2.2. Bestellen 2

Bestellen 2 ist ein online-Bestell-Verfahren für

- Fremddatennutzung bei Titelauswahl und Bestellung
- Mehrfachexemplarbestellung

Fremddatenübernahme in der Beschaffung bietet m. E. keinen entscheidenden Vorteil gegenüber dem Bestellen aus gedruckten Bestellunterlagen zum „frühest möglichen Zeitpunkt". Im Gegenteil:

- das Verfahren und die Handhabung ist umständlich (verlangt zudem immer den online-Zugriff auf die Fremddatenbank im Großrechner)
- das Fremddatenmaterial kommt häufig für das Bestellen zu spät.

Fremddatenübernahme ist vernünftig, wenn es um die endgültige Katalogisierung der gelieferten Bücher geht.

Selbstverständlich muß eine Beschaffungs-Software auch diese Möglichkeit bieten; der Nutzungsgrad muß sich erst noch in der Praxis zeigen.

2.1.1.2.3. Bestellen 3

Diese Funktion bietet die Möglichkeit des *„erstmaligen Bestellens eines Titels zur Fortsetzung"*. Ein Bestellformular (Abb. 9), bestehend aus 3 Teilen

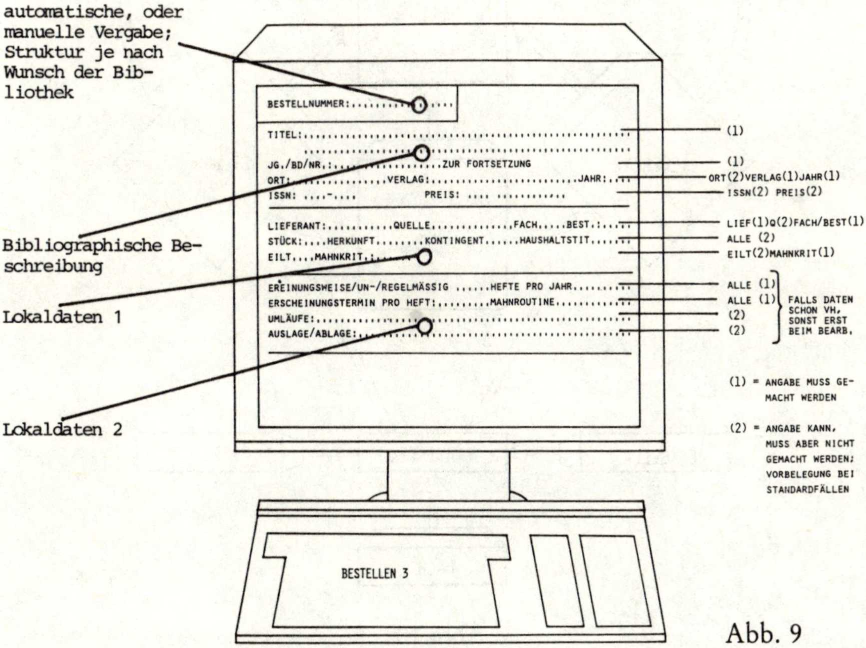

Abb. 9

- einem bibliographischen Teil
- einem Lokaldatenteil 1 und
- Lokaldatenteil 2,

wird zum Ausfüllen auf den Bildschirm bereitgestellt.

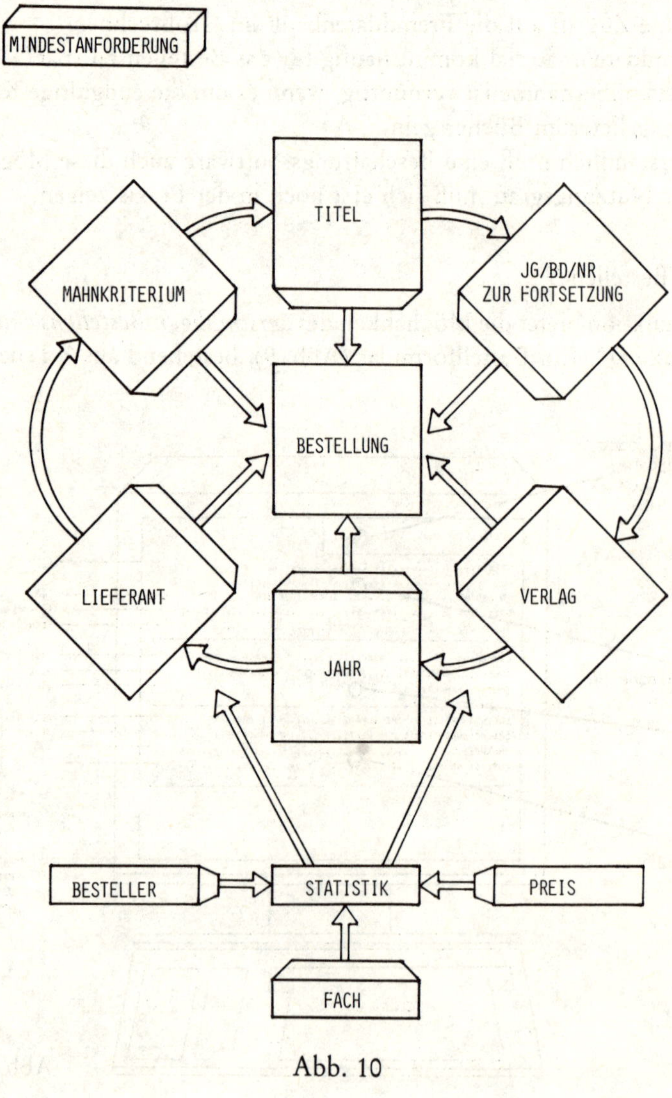

Abb. 10

Analog der Funktion „Bestellen 1“ werden auch hier Mindestinformationen erwartet, ohne die das System nicht arbeitsfähig ist (Abb. 10). Zu den bereits bekannten Informationen
- Titel
- Verlag
- Lieferant
- Mahnkriterium

kommen noch die Fortsetzungsinformationen hinzu
- Jg./Bd/Nr.-Bezeichnung und
- das Jahr

Bei der Bestellstatistik kommt noch der *Besteller* hinzu, um festzuhalten, wer die langfristige Geldbindung veranlaßt hat.

2.1.1.3. Bearbeitung

Alle im Bereich der Beschaffung anfallenden Rechnungen, Gutschriften etc. werden in das System eingegeben und verarbeitet.

Die eingegebenen Daten werden auf ihre rechnerische Richtigkeit hin überprüft. Der Bearbeiter wird auf auftretende Unstimmigkeiten hingewiesen und um Korrektur gebeten. Durch den *„Zwang“* zur exakten Eingabe und den durchgeführten Plausibilitätskontrollen stehen dann die Rechnungsdaten der *„Haushaltsüberwachung“* in der hier notwendigen Genauigkeit zur Verfügung.

Die für Planung und Etatsteuerung notwendigen Kosten-Informationen und Statistiken sind dann nur noch „Abfallprodukte“ der Haushaltsüberwachung.

In den nachfolgenden Beschreibungen der Funktionen „Bearbeitung 1–3“ werden in 3 Blöcken die
- Eingabe
- Verarbeitung
- Ausgabe

von Daten bei der Inventarisierung dargestellt.

2.1.1.3.1. Bearbeitung 1

Ein bestellter Titel wird mit Einzelrechnung oder Lieferschein geliefert und steht zur Inventarisierung an.

Ebenfalls ist ein mit Lieferschein zur Ansicht gelieferter Titel von der Bibliothek behalten worden und wird „vorläufig“ inventarisiert.

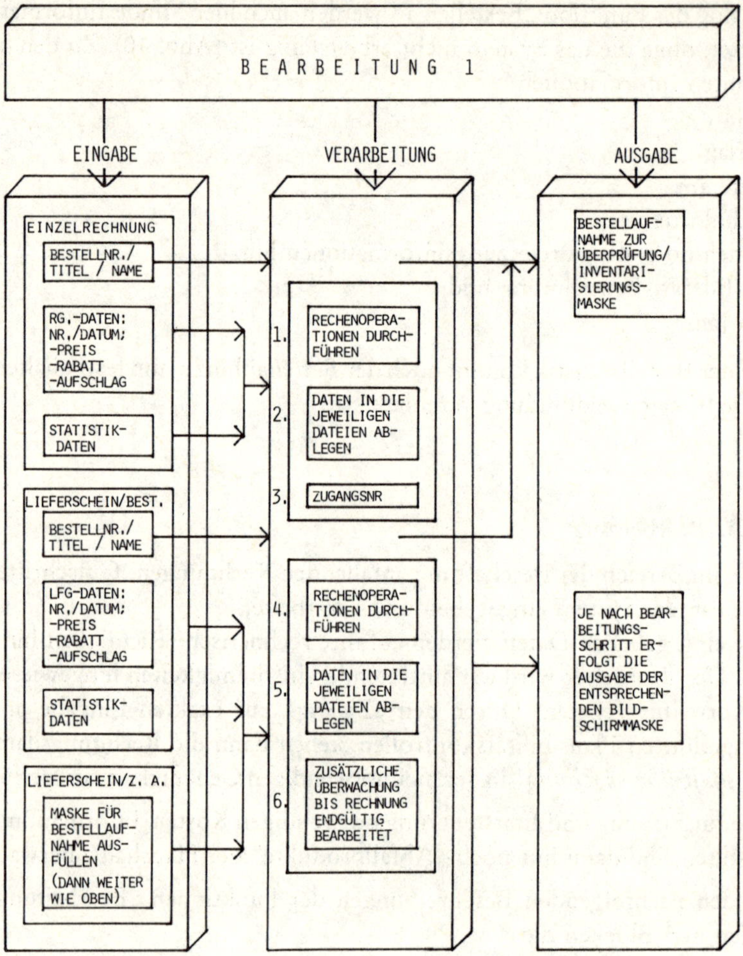

Abb. 11

2.1.1.3.2. Bearbeitung 2

Es werden Sammelrechnungen mit Lieferungen und Sammelrechnungen aufgrund der vorhergehenden Lieferscheininventarisierung (Bearbeitung 1) bearbeitet.

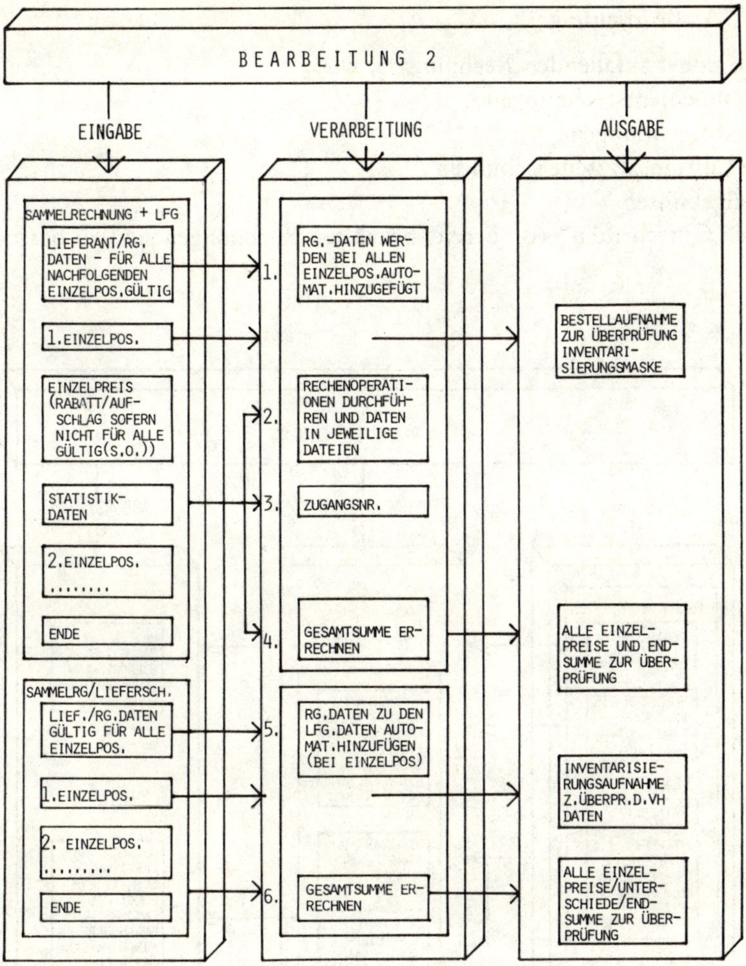

Abb. 12

Das System übernimmt hierbei auch die Funktion einer Rechenmaschine
- alle Einzelpreise werden angezeigt
- Prozente werden errechnet
- die Gesamtsumme wird ausgewiesen.

Der Bearbeiter wird um Bestätigung gebeten, ob die angezeigten Preise akzeptiert werden oder zu ändern sind.

2.1.1.3.3. Bearbeitung 3

Alle sonst anfallenden Rechnungen, wie
- Abonnementsrechnungen
- Frachtrechnungen
- Einfuhrumsatzsteuergebühren
- Zollgebühren

sowie „Gutschriften“ von bereits bezahlten Rechnungen sind zu bearbeiten.

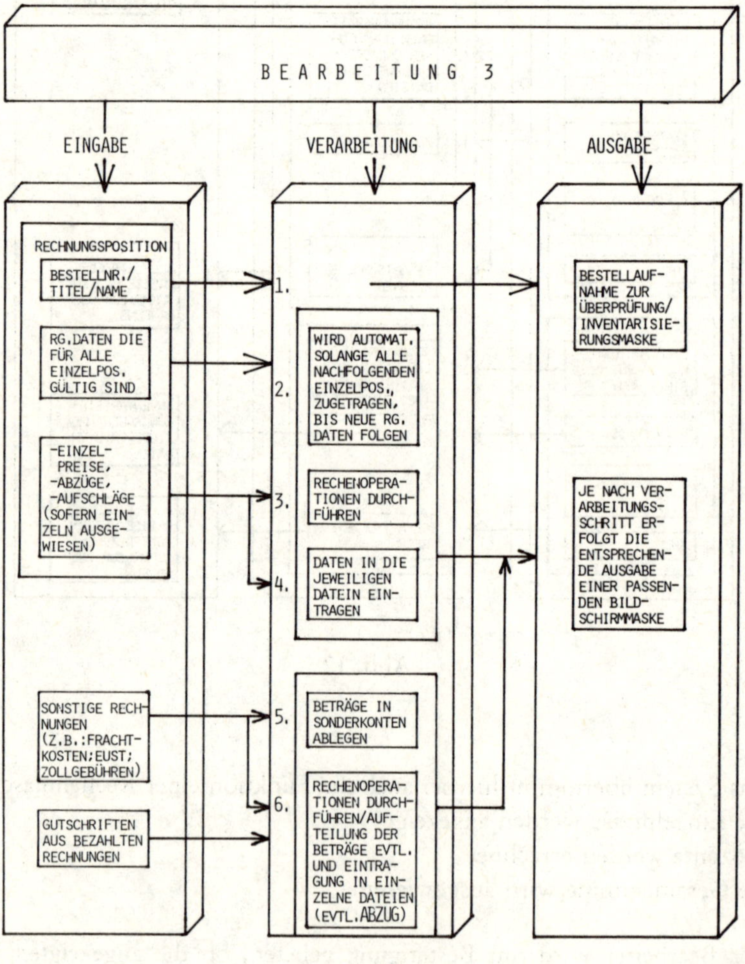

Abb. 13

2.1.1.4. Fortsetzungsverwaltung

Es gibt bereits sehr gut fundierte Programmpakete für die Eingangskontrolle bei Zeitschriften und Serien.

Daher kann ich mich auf die Darstellung der wichtigsten Schritte beschränken (Abb. 14).

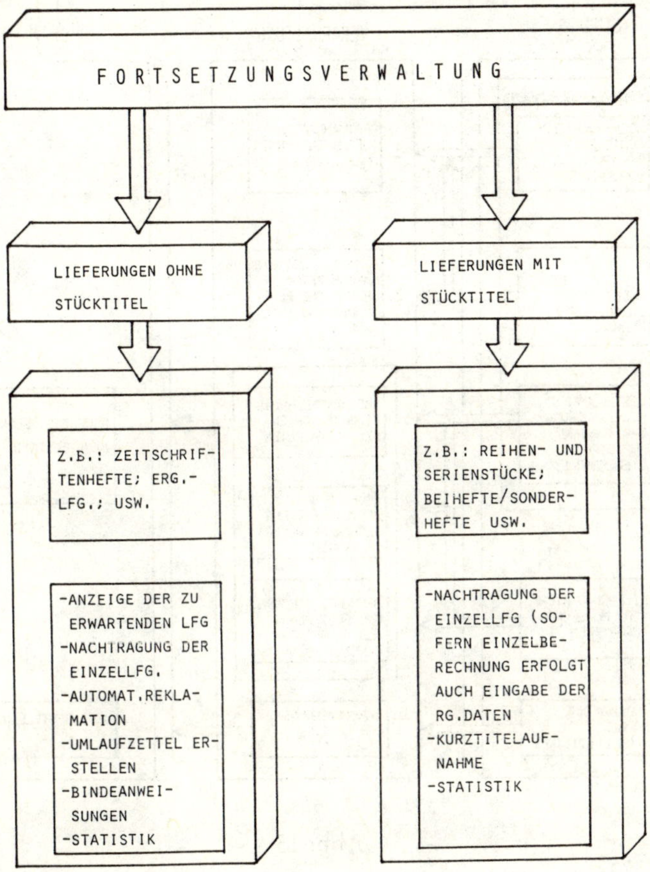

Abb. 14

2.1.1.5. Benachrichtigungen

Benachrichtigungen über noch
– nicht erschienene Titel
– nicht mehr lieferbare Titel
– Angebote auf frühere nicht mehr lieferbare Titel

und die daraus folgenden Arbeitsabläufe und Überwachungsvorgänge werden i. d. R. in den Bibliotheken, aus den unterschiedlichsten Gründen, recht stiefmütterlich behandelt.

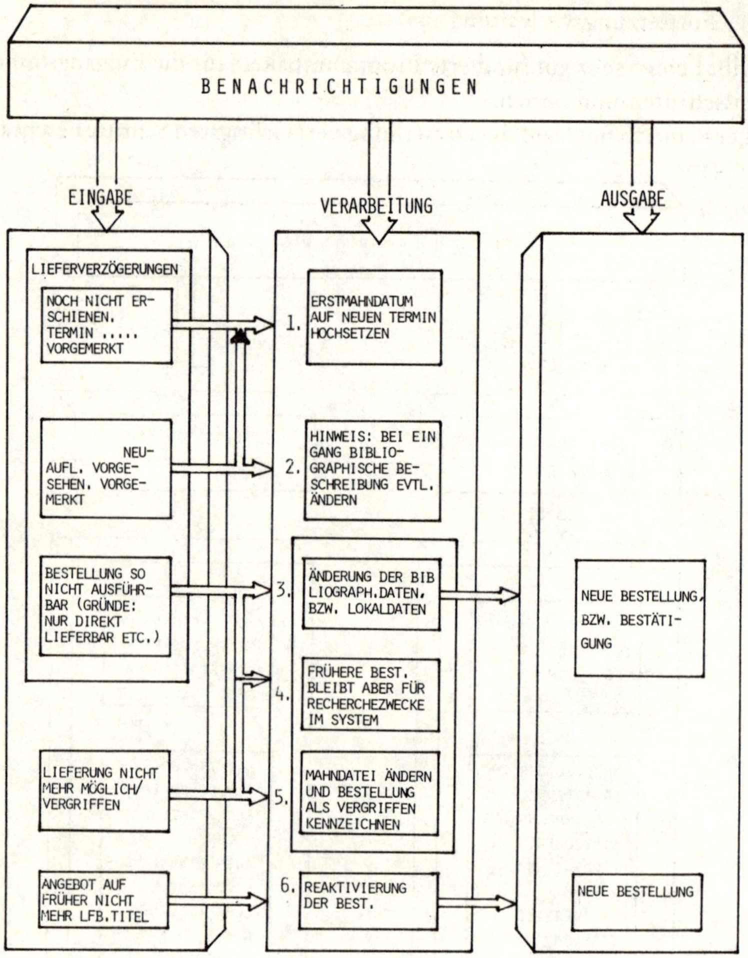

Abb. 15

Wie in obiger Abb. dargestellt, übernimmt das System, nach Eingabe der Verzögerungsgründe, automatisch die weitere Überwachung bis hin zum nun folgenden Reklamationsvorgang.

2.1.1.6. Reklamationen und Stornierungen

Das Reklamationsverfahren läuft aufgrund des eingegebenen Mahnkriteriums weitgehend automatisch ab. Gerade im Zeitschriftenbereich können durch das rechtzeitige Reagieren Kosten bei der Wiederbeschaffung reduziert werden.

Jederzeit kann aber jede Bestellung einzeln zum Reklamieren oder auch Stornieren angesprochen werden (Abb. 16).

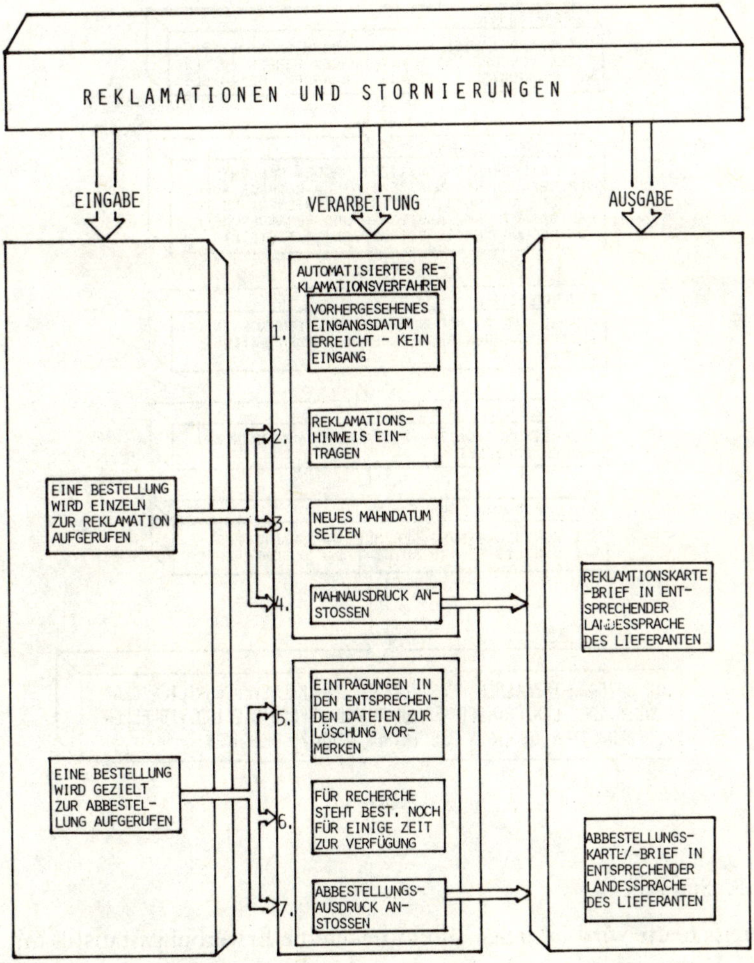

Abb. 16

2.1.1.7. Haushaltsüberwachung

Wie bereits bei den Funktionen „Bearbeitung 1–3“ beschrieben, stehen nun die exakten Rechnungsdaten dem Bereich der Haushaltsüberwachung zur Verfügung. Das Schreiben der Auszahlungsanordnungen und die HÜL-Führung laufen nun weitgehend automatisch ab (Abb. 17).

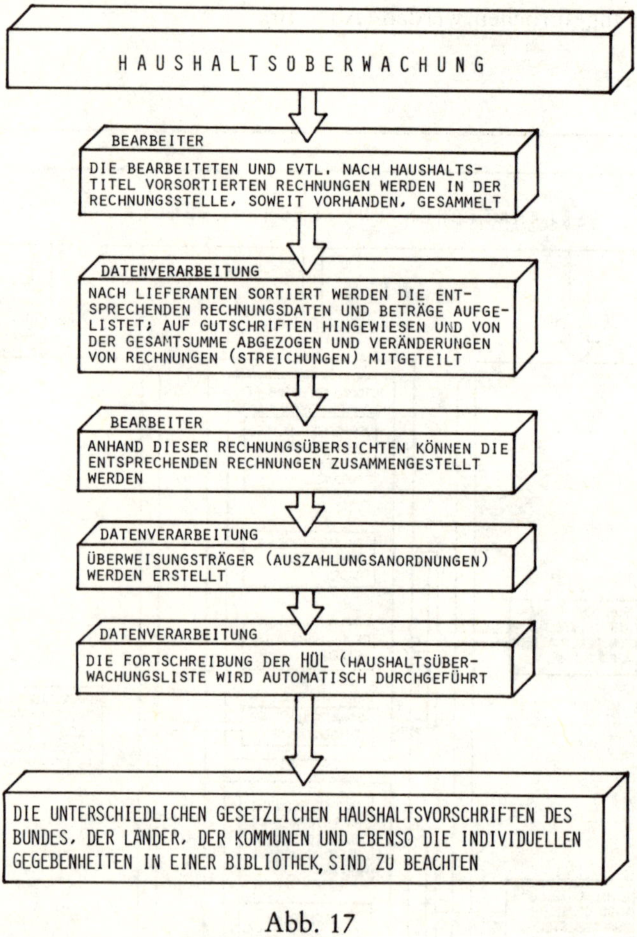

Abb. 17

2.1.1.8. Statistik

Bereits heute wird in vielen Bibliotheken die Erwerbungsstatistik mit Hilfe der EDV abgewickelt. In der Regel werden die Daten zusätzlich in ein Erfassungsformular eingetragen, danach erfaßt, in den Rechner eingegeben, bei

Fehlererkennung nachgebessert. Dies alles führt dann in größeren Zeitabständen zu Listenausdrucken der ausgegebenen Geldmittel. Am Jahresende wird eine mehr oder minder umfangreiche Jahresstatistik erstellt.

Aktuelle Informationen sind selten zu erhalten, und zwischen den tatsächlich ausgegebenen Haushaltsmitteln (HÜL) und der Statistik sind oft große Diskrepanzen festzustellen.

Ganz anders sieht dies in einem integrierten EDV-Beschaffungssystem aus. Hier ist die Statistik nur ein Abfallprodukt (Abb. 18)

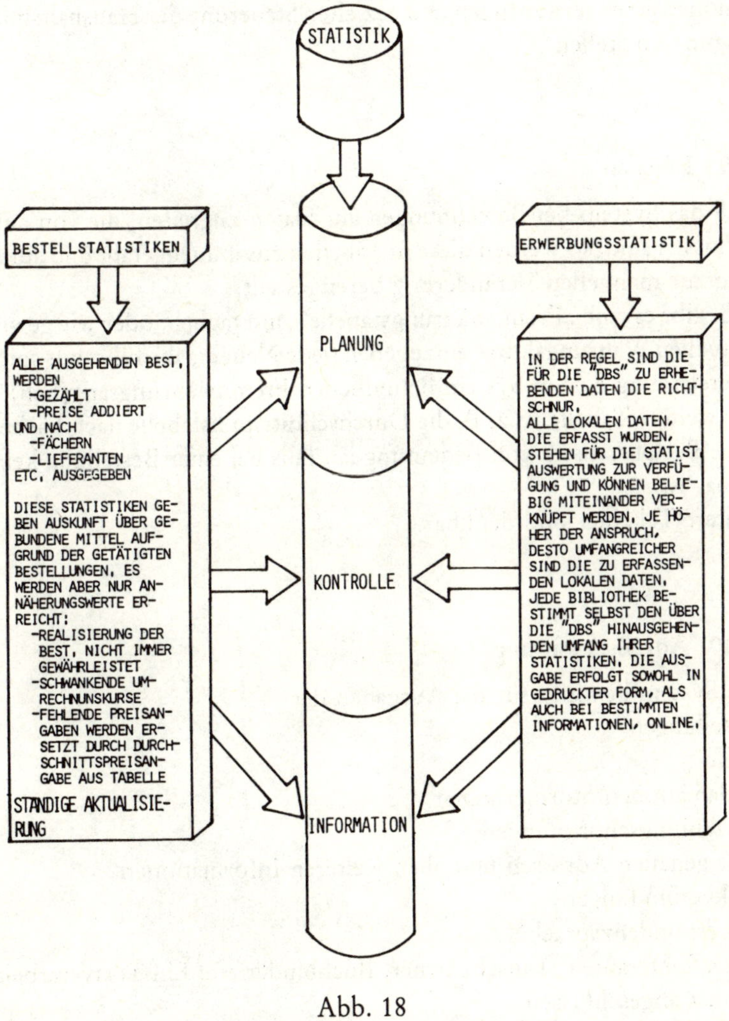

Abb. 18

Die für die statistischen Übersichten notwendigen Daten müssen selbstverständlich auch erfaßt werden – meistens aber nicht zusätzlich, sondern können größtenteils aus denjenigen Daten ermittelt werden, die im Rahmen einer Bestellung und Inventarisierung sowieso erfaßt werden.

Gleichzeitig ist durch ständige Aktualisierung und dem online-Zugriff auf bestimmte Auswertungen der Sinn aller Statistikbemühungen gewährleistet, nämlich aktuelle Daten für die
- Planung
- Kontrolle
- Information

im Rahmen einer vernünftigen und gezielten Steuerung der Haushaltsmittel zur Verfügung zu stellen.

2.1.1.9. Tabellen

Muß das System bei Berechnungen auf Daten zugreifen, die von außen zu beeinflussen sind, so werden diese in Tabellen zusammengefaßt und auf Anforderung zur manuellen Veränderung bereitgestellt.

Z. B. gibt es eine „Fremdwährungstabelle", um täglich, oder wie gewünscht, die aktuellen Währungskurse einzugeben (jede Neueingabe führt zur sofortigen Neuberechnung der im System befindlichen Fremdwährungsangaben);

eine weitere Tabelle ist z. B. die Durchschnittspreistabelle nach Fächern, die für eine Bestellstatistik von Bedeutung ist, falls bei einer Bestellung kein Preis angebbar ist.

Weitere Tabellen sind denkbar.

2.1.1.10. Adreßverwaltung

Das System benötigt für die Ausgaben der
- Bestellungen
- Briefe
- Reklamationen/Stornierungen
- Auszahlungsanordnungen

etc. die genauen Adressen und allen weiteren Informationen
- Bankverbindungen
- Korrespondenzsprache

usw. der Lieferanten, Tauschpartner, Buchbinder etc. Ein Textverarbeitungssystem ist angeschlossen.

2.1.1.11. Datenausgabe

Die im System befindlichen Daten müssen ja für die verschiedensten Funktionen genutzt und ausgegeben werden können. Wie oft und in welcher Form wird in Abb. 19 dargestellt.

DATENAUSGABE

	SOFORTIGER EINZELAUSDRUCK	TÄGLICHER AUSDRUCK SORTIERT	AUSDRUCK IN GRÖSSEREN INTERVALLEN	AUSGABE AUF DISKETTE	AUSGABE IN ABRUFBARER FORM (TELEFON)	ONLINE-ABFRAGE AM TERMINAL
BESTELLUNGEN *	○	○		○	○	○
MAHNUNGEN*	○	○		○	○	
ABBESTELLUNGEN*	○	○		○	○	
STATISTIKEN**			○			○
INVENTAR***			○			
ÜBERWEISUNGSTRÄGER		○				
HÜL		○				

* BRIEF / ZETTELFORM(POSTKARTE)
** LISTENFORM
*** MICROFICHE MÖGLICH

Abb. 19

Hiermit können die „Anforderungen an die Software" im großen und ganzen als abgeschlossen betrachtet werden. Wenden wir uns nun kurz den „Anforderungen an die Hardware" zu.

2.2. Anforderungen an die Hardware

Um jetzt nichts Falsches zu erzählen, habe ich mich an kompetente Fachleute der Firma Siemens gewandt und dankenswerterweise große Unterstützung erhalten.

Ich darf an meine Aussage erinnern, daß ich eine dezentrale, verteilte Datenverarbeitung, mit Einsatz eines Personalcomputers, für die Beschaffung als einzig sinnvolle Vorgehensweise erachte.

Und dann ist es Zeit zum Schluß zu kommen, obwohl vieles ungesagt blieb, vieles nur angedeutet werden konnte und alles zur Diskussion steht.

2.2.1. Personalcomputer-Systeme heute

Die Systemeinheiten der heutigen PC bauen auf einem 16 bit Mikroprozessor auf; haben einen Hauptspeicher ab 512 KByte aufwärts, ein Disketten- und ein Plattenlaufwerk. Tastatur, Bildschirm und Drucker vervollständigen den Computer. TELETEX- und Btx-Fähigkeit werden über DFÜ-Anschluß erreicht.

Neben einem Einplatzsystem gibt es mehrplatzfähige Systeme mit bis zu 4 Arbeitsplätzen, größeren Speichermöglichkeiten und attraktiveren Betriebssystemen (z. B. Unix und Derivate).

Um *Insellösungen* zu vermeiden, ist die Möglichkeit der Vernetzung untereinander und mit einer Großrechenanlage vorhanden.

2.2.2. Ausblicke

In absehbarer Zeit, Ende 1985, werden leistungsfähigere Prozessoren – 32 bit – verfügbar sein. Dadurch kann der Hauptspeicher bis 4 MB (Mega-Byte) und in einer weiteren Stufe bis 8 MB (d. i. die Kapazität der heutigen Großrechner) erreicht werden. Die externe Plattenspeicherkapazität wird auf 40 MB, ja sogar 70 MB und mehr angehoben. Die Mehrplatzfähigkeit wird bis zu 16 Plätzen ausgebaut.

Aufgrund dieser enormen Möglichkeiten fällt das Preis-/Leistungsverhältnis immer mehr zugunsten des Personalcomputers aus.

3. *Thesen*

Die folgenden Thesen möchte ich zur Diskussion stellen:

– Die Herstellung von Katalogisaten in der Beschaffung ist zweitrangig. Die Beschreibung der zu liefernden Ware Buch muß so zweckgerichtet sein, daß ein Lieferant etwas damit anfangen kann.

„Buchhändlerische Beschreibungen von Titeln sind oft nicht identisch mit bibliothekarischen Titelaufnahmen."

– „LITERATUR*BESCHAFFUNG*" ist in erster Linie eine kaufmännische und danach erst eine bibliothekarische Tätigkeit.

– Im Mittelpunkt der Beschaffungstätigkeiten stehen die Bereiche
- rasche Besorgung
- Überwachung
- Kostenkontrolle
- Mittelbewirtschaftung
- Zahlungsverkehr
- Erstellen von Planungsdaten

– Die bibliothekarischen Tätigkeiten
- Literaturrecherche
- bibliographische Recherche

sind die Voraussetzungen einer optimalen Literaturbeschaffung.

– Bestellkatalogisierung ist der falsche Weg, um die Literaturbeschaffung zu automatisieren.

– Eine automatisierte Literaturbeschaffung verlangt nach einer individuellen Hard- und Software-Lösung.

– Die Hardware führt weg von der zentralen Großrechenanlage, hin zu einer dezentralen Datenverarbeitung mit Personalcomputer. Eine Vernetzung, auch mit der Großrechenanlage, verhindert eine „Insellösung“.

– Die einzusetzende Software verknüpft die kaufmännischen Geschäftsvorgänge und ermöglicht ein sofortiges Reagieren auf Veränderungen von Märkten und bei Lieferanten.

– Die in der Praxis erprobten Beschaffungsmethoden und Verfahrensabläufe werden beibehalten; die Abteilungsstruktur muß nicht aus „EDV-Gründen“ verändert werden.

MARGOT WIESNER

Angebote von kommerziellen Fremdleistungen und ihre Einsatzmöglichkeiten in Bibliotheken

Einleitung

Zunächst eine kurze Erklärung des Begriffs Fremdleistung: Durch Fremdleistungen werden Arbeitsvorgänge ersetzt oder unterstützt, die vorher bibliotheksintern geleistet wurden, oder (besser) häufig mangels Personalkapazität nicht oder unzureichend geleistet werden konnten.

Fremdleistungen sind im Bereich der Erwerbung auch mit konventionellen Mitteln möglich und werden bereits als spezielle Serviceangebote des Buchhandels an die Bibliotheken praktiziert. Teilweise sind derlei Dienste auf seiten des Buchhandels schon EDV-gestützt. Ich kann aus eigener Erfahrung berichten, daß uns z. B. einige Lieferanten das Ausschreiben der Bestellzettel abnehmen. Auch das Nutzen von Titelkarten der DB, anderer Nationalbibliographien oder von Zetteldiensten des Buchhandels kann als Fremdleistung dienen, wenn die Karten durch Kopieren für ein vereinfachtes Bestellverfahren verwandt werden. In diesen Zusammenhang gehören auch Blanket-Order-Programme aufgrund von Erwerbungsprofilen, die einen erheblichen Rationalisierungsgewinn bringen können.

Zweck der beschriebenen Verfahren ist letztendlich die Verkürzung des Bestellweges, um das Buch etwas schneller an den Benutzer zu bringen. Die Geschäftsgänge dauern, besonders in den großen Bibliotheken, zu lange. Das ist eine Binsenweisheit. Wie Sisyphos arbeiten in den Betriebsabteilungen Bibliothekare gegen Berge von Unterlagen und Büchern an und verlieren über dem Traum vom leeren Schreibtisch und Regal den eigentlichen Adressaten ihrer Arbeit, den Benutzer, aus den Augen. Die Aufgabe des Erwerbungsbibliothekars darf nicht darauf reduziert werden, die Mittel in der haushaltsrechtlich vorgesehenen Frist „kleinzukriegen", er soll vielmehr auch schwierig zu beschaffende Materialien bibliographisch verifizieren können, adäquate Bestellwege finden und für eine mediengerechte Bearbeitung sorgen, und zwar in angemessener Zeit.

Die Bewältigung des Problems scheint ohne Einbeziehung neuer Technologien nicht möglich. Dabei stehen auch externe Dienstleistungsangebote zur Diskussion. Ob sie den gewünschten Effekt bringen, sich in vorhandene Arbeitsorganisationen integrieren lassen und unseren bibliothekarischen

Anforderungen genügen, muß im Einzelfall geprüft werden. Die nachfolgend vorgestellten EDV-Serviceleistungen sind teilweise erst als Modell oder Möglichkeit vorhanden, zum Teil noch in der Testphase, in einigen Fällen aber auch schon seit Jahren erprobt. Die Skala der Angebote reicht vom Anschluß an eine bibliographische Datenbank mit direkter Bestellmöglichkeit unter Benutzung eines eigenen Terminals, über Servicepakete, die bibliotheksinterne Verwaltungsabläufe automatisieren und mit der Datenbank von Agenturen verknüpfen, bis zu schlüsselfertigen Systemen, die die gesamte Software und Hardware für die Automatisierung der Erwerbung umfassen.

Die Nutzung in den Bibliotheken ist von mehreren Faktoren abhängig:
- vom Bibliothekstyp und der damit verbundenen Schwerpunktsetzung,
- von den Organisationsstrukturen und dem eventuellen Grad bereits vorhandener Automatisierung in der Erwerbung oder anderen Abteilungen,
- von der Kompatibilität der Hardware, falls bereits vorhanden.

Bei dem folgenden Überblick geht es nicht um eine auch nur annähernd vollständige Empfehlungsliste, sondern darum, aus der erwähnten Skala einige Beispiele zu beschreiben:

Gliederung

1. Direkte Online-Bestellung unter Nutzung von Verleger- und Händler-Datenbanken, z. B. GPO (U.S. Government Printing Office), NTIS (National Technical Information Service), Wiley, Blackwell (BOOKLINE-FIBER), Pergamon (InfoLine), IDD-Verlag

2. Teleordering in Großbritannien und Buchhandels-Systeme in der Bundesrepublik, z. B. Koch, Neff & Oetinger (BIS) und Bertelsmann/VVA (BooK)

3. Bestellung im Verbund, z. B. Bowker (BAS) und OCLC (Online Computer Library Center)

4. Zeitschriften-Systeme von Agenturen, z. B. Faxon (LINX, Infoserv) und Ebsco (Ebsconet, Checkmate)

5. Erwerbungssysteme des Buchhandels, z. B. Blackwell (PEARL) und Baker & Taylor (BATAB, LIBRIS, BataPHONE)

6. Integrierte Systeme des Buchhandles, z. B. Swets (FAST, SAILS, DATASWETS)

7. Integrierte Systeme von Software-Firmen, z. B. Geac (GLIS) und Microdata (URICA)

Beschreibung der Angebote

1. Online-Bestellung unter Nutzung von Verlags- oder Händler-Datenbanken

In einigen Bibliotheken werden bereits DB- oder BNB-Bänder für den automatischen Ausdruck von Bestellzetteln eingesetzt.

Außer den bekannten nationalen und überregionalen bibliothekarischen Datenbanken werden inzwischen auch Buchhandels- und Verlagsverzeichnisse in Online-Version angeboten, z. B. Bowker's „Books in Print" und Whitaker's „British Books in Print". Die Online-Ausgabe des VlB wird ab Frühjahr 1986 für den Buchhandel zugriffsbereit sein. Zur Zeit sind die VlB-Daten bereits über die Datenbanken einzelner Barsortimente bzw. Verlagsauslieferungen abrufbar. Ob der Zugriff auch für Bibliotheken ermöglicht wird und in welcher Weise, darüber wird z. Zt. in den Gremien des Börsenvereins diskutiert.

Ich möchte hier nur die Datenbanken abhandeln, die außer der Recherche auch die gleichzeitige Möglichkeit der Bestellung bieten.

Praktische Erfahrungen mit Online-Bestellungen über Datenbanken amerikanischer Anbieter hat die Bibliothek der BASF gemacht. Es handelt sich dabei um zwei amerikanische Regierungsstellen: das U. S. Government Printing Office (GPO) und den National Technical Information Service (NTIS). Die Datenbanken werden laufend aktualisiert und weisen nicht nur Titel und Preise nach, sondern auch Statusberichte. Der Bestellvorgang wird durch Eingabe einer Kurzzeile und der Kundennummer eingeleitet. Die Nutzung der Datenbank für Bestellzwecke ist von der Einrichtung eines Finanzdepots abhängig. Die Lieferung erfolgt nach Aussagen der BASF in wenigen Tagen.

Es gibt auch in USA bislang nur wenige größere Verlage, die einen ähnlichen Service bieten: Wiley gibt seinen Verlagskatalog mit rund 10000 lieferbaren und doppelt so vielen vergriffenen Titeln in Online-Version heraus. Die Wiley-Datenbank enthält auch Vorankündigungen, die Preise werden laufend aktualisiert. Automatische Bestellmöglichkeit wird angeboten, der Zugriff von der Bundesrepublik aus wird z. Zt. noch mehr aus vertriebstechnischen als aus datentechnischen Gründen erschwert.

Online-Direktbestellungen bei amerikanischen Verlagen können im Einzelfall bei Eilt-Aufträgen, oder wenn konventionelle Methoden versagen, sicher eine Verbesserung des Bezugsweges bedeuten, falls per Luftpost geliefert wird.

Auch wenn die Zahl amerikanischer Verlage mit Dialorder-Möglichkeit wächst und es für uns keine datentechnischen Hindernisse gäbe, den Service zu nutzen, bleiben doch die altbekannten Hindernisse des direkten Verkehrs mit amerikanischen Verlagen bestehen:

- es gibt erhöhte Exportpreise,
- der normale Postweg der Lieferung dauert mehrere Wochen
- und häufig erwarten amerikanische Verlage Vorauszahlung mit Scheck, so daß der Zeitgewinn wieder eingeholt wird.

Blackwell Technical Services in Oxford arbeitet z.Zt. an einer Version der Blackwell-Datenbank mit Bestellkomponente. Das Produkt heißt BOOKLINE FIBER und gewährt Zugriff auf ca. 900000 Eintragungen, die ständig aktualisiert werden durch Daten aus Verlagskatalogen, Prospekten, den wöchentlichen BNB-Bändern mit CIP-Informationen, Whitaker's Books of the Month und Books to Come, sowie British Books in Print. Es ist eine kostengünstige Bestellmethode durch Eingabe der ISBN mit anschließender Stapelverarbeitung vorgesehen und direkte Online-Bestellung, etwa im Anschluß an eine Titelrecherche. Die Datenübertragung läuft über Telefon, Akustikkoppler und Terminal oder, komfortabler, über Personal-Computer. Eine Variante für das europäische Festland ist für einen späteren Zeitpunkt geplant.

Für den Kunden besteht bei einem solchen Angebot die Gefahr einer starken Bindung an den Lieferanten, in dem Bestreben, Datenfülle und technische Möglichkeiten rentabel zu nutzen.

Unter den englischen Verlagen kann in diesem Zusammenhang Pergamon genannt werden, der über InfoLine seit kurzem ein Document-Delivery-System anbietet.

Aus der BRD ist mir nur das Projekt der Buchhandlung Flach bzw. des IDD-Verlags in Frankfurt bekannt. Hier wird eine Datenbank mit deutschen und englischsprachigen Titeln vorwiegend aus den Natur-, Wirtschafts- und Sozialwissenschaften aufgebaut, die ab Mitte 1986 für Kunden Online abrufbar sein wird. Eine Bestellkomponente ist geplant. Ein bibliographisches Erfassungsprogramm für den Aufbau einer bibliothekseigenen Datenbank, vorwiegend für kleinere Bibliotheken, ist bereits jetzt erhältlich. Die Titel können über Stich- und Schlagwörter (auch aus dem Inhaltsverzeichnis) abgerufen werden.

Der Gewinn beim Dialorder-Verfahren liegt vor allem in der aktuellen Information. Man spart den Postweg der Bestellung und das Ausschreiben von Bestellzetteln. Für die Bewältigung größerer Bestellmengen wird diese Serviceleistung erst interessant durch Verknüpfungsmöglichkeiten mit internen automatisierten Erwerbungssystemen.

2. Teleordering in Großbritannien und Buchhandelssysteme in der Bundesrepublik

Die Firma Teleordering Ltd vermittelt englischen Buchhändlern die Möglichkeit der automatisierten Bestellung beim Verlag. Dabei übernimmt sie eine Art

Verteilerstellung. Grundlage ist eine ISBN-Datenbank, die auf British Books in Print basiert und mehr als 750000 Eintragungen enthält. Der Buchhändler erwirbt von Teleordering ein intelligentes Terminal und zahlt jährliche Teilnehmergebühren. Er kann im Laufe des Tages unter Eingabe der ISBN als Hauptkriterium Bestellungen eingeben und kurzfristig speichern. Nachts werden die Bestellungen aller angeschlossenen Buchhändler über ein minicomputergesteuertes Sammelsystem abgerufen und gespeichert. Nach Beendigung dieses Prozesses werden die Daten in der Zentraleinheit verarbeitet, d.h. ISBN, Titeldaten und Adressendatei werden zusammengeführt. Am nächsten Tag werden die Bestellungen Online, auf Magnetband oder als Ausdruck an die Verleger weitergeleitet, gleichzeitig erhält der Buchhändler über sein Terminal eine Bestätigung.

In der Bundesrepublik gibt es keine solche zentrale Bestellmöglichkeit des Buchhandels. Die Barsortimente haben getrennt voneinander ihre eigenen Systeme entwickelt. Hardware, Software, Leistung und Preise muß der Buchhändler gegeneinander abwägen und sich für eines der Systeme entscheiden: BooK, BIS, Sort von Lingenbrink oder Wegner.

BIS, das System von Koch/Neff, ist ein Jahr lang von 30 Buchhandlungen getestet worden. Davon haben 20 nach dem Test das System übernommen. Der Datenpool besteht aus dem VlB und der KNOE-Datenbank. Der Vorteil gegenüber BooK von Bertelsmann besteht in der direkten Verbindung zum Barsortiment. Der Buchhändler erhält bei Eingabe des Titels sofort auf dem Bildschirm Nachricht über die Lieferbarkeit. Bestellte Bücher werden am nächsten Tag ausgeliefert. Das Programm enthält außer der bibliographischen Suche und Bestellabwicklung weitere interne Verwaltungsprogramme, z.B. die Abonnement-Verwaltung und Adressendateien. Die zur Zeit benutzten Terminals sollen durch Personal-Computer ersetzt werden, die mehr Komfort bieten. BIS ist nur für KNOE-Kunden erhältlich.

Bertelsmann liefert Hardware und Software an alle Buchhändler. Die BooK-Datenbank enthält vor allem die VlB-Daten und die Datenbank des Grossohauses Wegner. Sie wird alle 6 Wochen aktualisiert. Es gibt mehrere Zugriffsmöglichkeiten. Suche und Bestellung laufen ähnlich ab wie bei den vorher beschriebenen Angeboten. Über den benötigten Microcomputer kann die Buchhandlung interne Verwaltungsprogramme laufen lassen. Mit BooK ist die VVA in Gütersloh verbunden. Nach neuesten Meldungen werden BooK-Kunden auch bald Zugriff auf die Libri-Daten haben.

Es wäre eine logische Schlußfolgerung, die Bibliotheken über den Buchhandel an die beschriebenen Systeme anzukoppeln. Das scheitert vorerst an buchhandelspolitischen Überlegungen.

3. Verbundsysteme

Ein Modell der elektronischen Verbindung von Endnutzer und Buchhandlung, Vertrieb oder Verlag hat Bowker entwickelt: das Bowker Acquisition System. In Bowker's Electronic News 1.1984/85,3 konnte man lesen: Nach viermonatigem Test geht BAS jetzt in den Verkauf. In Heft 4 wurde mitgeteilt: Nach dreimonatigem erfolgreichem Test ist BAS jetzt im Handel erhältlich. Am 16. April 1985 teilte Bowker den Interessenten mit, daß gründliche Überlegungen dazu geführt hätten, das Produkt nicht mehr anzubieten.

Ich kann im Nachfolgenden also nur von einem Bowker-Modell sprechen. Dieses Modell sah vor, daß die gesamte Datenbank mit rund 1 Million Titeln und ca. 100000 Händleradressen mit Bestellkomponente zur Verfügung gestellt wird. Der Bibliothekar sollte die Möglichkeit haben, beim Bestellen einen Buchhändler seiner Wahl einzugeben. Die Bestellung sollte am nächsten Tag Online oder als Ausdruck an den Adressaten weitergeleitet werden. Das System sah auch Reklamationen, Annullierungen, Meldungen, Kostenübersichten und das Speichern einer Bestelldatei vor. Der Abbruch von BAS beruht auf der Erkenntnis, daß die Bibliotheken im Begriff sind, ihre eigenen lokalen Erwerbungssysteme zu entwickeln, und daß die Zukunft wohl eher darin liegt, das Bowker-Datenbank-System so kompatibel wie möglich zu machen für diese internen Systeme.

Das OCLC (Online Computer Library Center) in Dublin, Ohio, ein Verbundsystem, das von zahlreichen amerikanischen Bibliotheken genutzt wird, hat eine andere Variante entwickelt: Nutzer des Erwerbungs-Subsystems haben die Möglichkeit, ihre Bestellungen Online an bestimmte Lieferanten zu transferieren. Die bisher angeschlossenen Händler (darunter Blackwell, NA und Coutts Library Service) können am Vortag aufgegebene Bestellungen ab 6 Uhr morgens elektronisch abrufen. Das System heißt DX (Direct Transmission).

4. Zeitschriften-Systeme von Agenturen

Einige der großen Zeitschriften-Agenturen haben ihre jahrelangen Erfahrungen mit der Abonnement-Verwaltung und mit ihren Kunden, den Bibliotheken, in die Entwicklung von Zeitschriften-Erwerbungs-Systemen gesteckt, die sie den Bibliotheken als neue Dienstleistung anbieten. Die Systeme haben den Vorteil, daß man mit der Software für die Zeitschriften-Verwaltung auch den direkten Zugriff auf den enormen Datenpool erwirbt. Sie haben für uns zunächst den Nachteil, daß sie für den amerikanischen Markt entwickelt wurden und auf das anglo-amerikanische Bibliothekswesen zugeschnitten sind.

Faxon bietet mit LINX ein ganzes Paket von Online-Diensten an. Die wichtigsten sind:

1. Zugriff auf DataLINX. Darin sind die Faxon-Titeldatei mit 200000 Eintragungen enthalten, 185000 LoC-Eintragungen im Marc-Format, eine Verlegerdatei, eine Datei mit Preisentwicklungen pro aktivem Abonnement und 7 weitere Dateien.

2. SC-10, ein Abonnement-Verwaltungssystem für eine unbegrenzte Anzahl an Abonnements, das den gesamten Geschäftsgang der Zeitschriften-Erwerbung automatisiert von der Bestellung über die Bearbeitung eingehender Hefte bis zur Reklamation. Die für die Eingangskontrolle erforderlichen Daten sind auf zwei Masken festgehalten: Die 1. Maske enthält Titel, Erscheinungsweise, Reklamationszeitraum, Erwerbungsart, Signatur, Standort, Ablage- oder Auslagenummer, Publikationsstatus mit Datum, Angabe ob bzw. in welchem Heft Titelblatt und Index geliefert werden, Bindehinweise, Umlaufdaten. Die 2. Maske enthält speziellere Angaben. Beim Eintragen eines neuen Hefts werden, wie vom konventionellen Geschäftsgang her gewohnt, die Zählung und das Eingangsdatum eingegeben. Das System verarbeitet auch Abonnements, die nicht über Faxon laufen. Faxon-Abonnements werden allerdings nach Fälligkeitsterminen automatisch reklamiert, bei anderen Abonnements müssen die Reklamationen von der Bibliothek initiiert werden, entweder nach regelmäßig ausgedruckten Mahnlisten oder beim Feststellen von Lücken.

Die Verknüpfung zu Rechnungsdaten und Etatüberwachung ist nicht vorgesehen.

Zusätzlich wird ein Umlaufverwaltungsprogramm angeboten (Route) und ein Union-List-System, das Faxon-Kunden den Datenaustausch untereinander erlaubt und den Leihverkehr unterstützt. Dieser Programmteil kann unabhängig von den anderen benutzt werden.

LINX läuft seit 1981 und hatte Ende 1984 84 Kunden, davon 38 Hochschulbibliotheken. Man kann unter einer Anzahl kompatibler Terminals wählen, auch ein IBM/PC ist einsetzbar. Der Bibliothekskunde kann die Ausstattung bei einem Hersteller seiner Wahl erwerben oder bei Faxon leasen oder kaufen. Die Service-Kosten errechnen sich aus monatlichen Grundgebühren und Gebühren pro Eintragung.

Mit seinen neuesten Produkten Publinx und Infoserv schlägt Faxon eine Brücke zu den Verlegern. Bis Ende 1985 sollen 25 Verlage direkte Online-Verbindung zu Faxon haben. Infoserv ist ein Zeitschriften-Neuerscheinungsdienst, der Titel der letzten 3 Jahre enthält. Verlage haben die Möglichkeit, gegen eine Gebühr ihre Produkte näher zu beschreiben und Infoserv als Werbeträger zu nutzen. Die Bibliotheken können die Datenbank zum Bibliographieren neuer Titel und zum Bestellen von Probeheften benutzen.

Ebsco-Subscription-Services bietet unter dem Namen Ebsconet einen Online Subscription Service (OSS) und ein Serials Control System (SCS) an. Der OSS beinhaltet u.a. den Zugriff auf die Ebsco-Datenbank mit 160000 Titeln, Online-Bestell- und Reklamationsmöglichkeiten und ein Umlauf-Verwaltungsprogramm. Das SCS ist ein Service-Paket für die Abonnement-Verwaltung in der Bibliothek. Das System unterscheidet sich in Details von LINX. Bei der Eingangskontrolle ist z.B. das nächste zu erwartende Heft auf dem Bildschirm abzulesen. Der ordnungsgemäße Eingang muß nur durch Tastendruck bestätigt werden. Abonnements, die nicht von Ebsco geliefert werden, können gegen eine leicht erhöhte Gebühr vom System mitverarbeitet werden.

Neuerdings vertreibt Ebsco das von CLASS (Corporative Library Agency for Systems and Services) entwickelte Serials Control System Checkmate, das auf einem IBM/PC läuft und bis zu 6000 Datensätze speichern kann. Es enthält alle notwendigen Funktionen und ist vor allem für kleine und mittlere Bibliotheken geeignet.

5. *Erwerbungssysteme des Buchhandels*

Bei LINX und Ebsconet ist der Kunde mit dem Großcomputer der Agenturen verbunden und an ihn gebunden. Blackwell, Oxford, hat 1982 mit PEARL und AMBER zwei selbständige Systeme für die Zeitschriften- und Monographien-Erwerbung entwickelt. Die Systeme liefen später unter den Bezeichnungen Perline (für Zeitschriften) und Bookline (für Monographien). Zur Zeit ist eine 4. Version in Arbeit, die beide Systeme unter dem Namen PEARL zu einem integrierten Erwerbungssystem vereinigt.

Kern des Systems sind 4 Dateien, die miteinander verknüpft werden können: Publikationendatei, Lieferantendatei, Verlegerdatei und Benutzerdatei. PEARL arbeitet wie vergleichbare Systeme mit Menue-Technik, so daß keine Retrievalsprache erlernt werden muß. Auf einer Übersichtsmaske werden alle Hauptfunktionen aufgeführt, durch Selektion wird man dann tiefer in das System hineingeführt. Bei intensiverer Kenntnis des Systems kann man Verknüpfungen herstellen, ohne auf das Haupt-Menue zurückgreifen zu müssen. Den Dateien sind unterschiedliche Funktionen zugeordnet:

– Die Publikationendatei wird aktiviert beim Bestellen, beim Reklamieren, bei der Buchführung und Etatüberwachung, beim Binden, bei der Eingangsbearbeitung, bei der Ausleihkontrolle, bei der Umlaufbearbeitung, bei Benutzerrecherchen.

– Die Verlegerdatei wird aktiviert beim Bestellen, beim Reklamieren und beim Recherchieren bestellter Titel.

– Die Lieferantendatei wird zusätzlich bei der Rechnungsbearbeitung aktiviert

– und die Benutzerdatei beim Recherchieren, beim Umlauf, bei der Ausleihe.

Daß der Benutzer bei einem reinen Erwerbungssystem so intensiv miteinbezogen wird, ist für uns ungewohnt. Der Zugriff ist für Benutzer allerdings auf die reine Recherche beschränkt.
PEARL ist für alle Medienarten und alle Bezugsmöglichkeiten vorgesehen. Falls Blackwell Adressat der Bestellung ist, kann Online bestellt werden. Eine Verknüpfung mit der Blackwell-Datenbank ist für die nächste Zukunft geplant.

Für den Einsatz in deutschen Bibliotheken müßte PEARL angepaßt und ergänzt werden. Das System arbeitet mit MUMPS als Programmiersprache und Betriebssystem und ist auf mittlere Computer bestimmter Hersteller abgestimmt. Eine IBM/PC-Version ist in Entwicklung.

PEARL-Kunden zahlen das Software-Paket, eine Lizenz für das Betriebssystem, die Hardware und jährliche Beiträge für die Systempflege, die Rechte auf neuere Versionen einschließt. Sollte die Bibliothek bereits einen kompatiblen Computer besitzen, erhält sie Discount. Blackwell-Kunden erhalten ebenfalls Rabatt, je nach Umsatz.

In England gab es Ende 1984 9 PEARL-Kunden, in den USA 4, alles kleinere Bibliotheken.

In den Vereinigten Staaten bieten Blackwell und CLSI (Computer Library Services International), eine der ältesten Firmen auf dem Gebiet der Bibliotheksautomatisierung, PEARL und LIBS 100 zusammen auch als integriertes System mit allen Funktionen an.

Das erste System, das vom Buchhandel angeboten wurde, war eine Entwicklung von Baker & Taylor, dem bedeutendsten Großhändler in den USA, und hieß BATAB. Das System wurde 1969 eingeführt, und es gab in den Staaten rund 50 Kunden. BATAB basierte auf Offline-Verarbeitung und umfaßte Bestellwesen, Mitteilungen, Mahnungen, Annullierungen, Statistik, Haushaltsüberwachung, Rechnungswesen und die Produktion diverser Listen und Reports.
Später führte B&T ein Online-Bestellsystem ein: LIBRIS. 1982 reiften Pläne, LIBRIS mit den Komponenten von BATAB zu vereinen und als LIBRIS II auf den Markt zu bringen. Im Gegensatz zu PEARL handelt es sich aber nicht um ein unabhängiges System, das Programm läuft über den B&T-Computer.

1983 führte B&T eine fast spielerische Version der Online-Bestellung ein: BataPHONE: Das Besondere an diesem System ist, daß die Dateneingabe völlig ortsunabhängig über ein tragbares Terminal läuft, das einem Taschenrechner oder einer TV-Fernbedienung ähnelt und batteriebetrieben ist. Zur Ausrüstung gehört ein Akustikkoppler für die Datenübertragung.

Bis zu 300 ISBNs können zu einer Bestellübertragung gebündelt werden. Es gibt 2 Service-Pakete: Das 1. sieht schriftliche Bestätigungslisten vor, das 2. Bestätigungen in Form von Mehrfach-Bestellzettelsätzen. Die Bestätigungen folgen am Tag nach der Bestellübermittlung und enthalten Autor, Titel, Verlag, Anzahl, ISBN, Listenpreis, LCCN, Kundennummer. Die Leasing-Kosten für das Terminal betragen rund $ 300,- pro Jahr. Die Telefonübermittlung wird von B&T getragen.

6. *Integrierte Systeme des Buchhandels*

Die Zeitschriftenagentur Swets & Zeitlinger ist noch einen Schritt weiter gegangen als die bisher erwähnten Firmen und bietet unter dem Namen SAILS ein komplettes integriertes Bibliotheks-System an.

Ein wichtiger Baustein für das Bibliotheks-System SAILS war der seit 1970 existierende FAST-Service. Der Kern von FAST ist die Übernahme der Zeitschriften-Eingangskontrolle und der Erstreklamation mit automatisch folgenden weiteren Reklamationen, falls notwendig. FAST funktioniert wie folgt:

– Die Bibliothek beauftragt Swets mit der Bearbeitung ihrer Abonnements bzw. eines Teils davon.

– Amerikanische Zeitschriften werden kostengünstig an die USA-Niederlassung von Swets geliefert, registriert und per Luftfracht nach Holland geschickt. Alle anderen Titel werden in Lisse verarbeitet.

– Bei der automatisierten Eingangskontrolle kann der vorliegende Titel über mehrere Suchkriterien abgefragt werden. Die nächste zu erwartende Nummer ist vom System vorgegeben, der ordnungsgemäße Eingang wird bei Übereinstimmung durch bloßen Knopfdruck bestätigt. Andernfalls wird eine Reklamation initiiert. Bei Unstimmigkeiten, z. B. Titeländerungen, wird eine Clearingstelle eingeschaltet. Das System sieht nach Fristen gestaffelte automatische Mahnroutinen vor.

– Für die weitere Bearbeitung gibt es mehrere Möglichkeiten:

a) Die Hefte werden nach Wunsch regelmäßig per Post oder privaten Versandmöglichkeiten mit Packlisten an die Bibliothek geschickt. Dort werden die Zeitschriftennummern nach Konsultieren der Kardex-Karten mit allen notwendigen Angaben versehen. Das Eintragen der Hefte auf den Karten ist möglich, aber verzichtbar.

b) Im extremen Fall können die Hefte bereits durch Swets mit allen bibliotheksrelevanten Daten einschließlich Umlauflisten versehen werden, d. h. die komplette Eingangsbearbeitung kann außer Haus verlagert werden, was im Hinblick auf die Arbeitsplätze sicher ein bedenkliches Verfahren wäre.

Zum FAST-Service gehören zweimonatliche Statusberichte für alle betroffenen Abonnements mit statistischen Übersichten. Diese Statusberichte sind von besonderer Bedeutung, wenn auf die eigene Karteiführung verzichtet wird.

Derzeit führt Swets ca. 100 000 FAST-Abonnements. Es gibt viele Kunden in der Dritten Welt, in der Bundesrepublik existieren erst 5 FAST-Teilnehmer.

SAILS, die Neuentwicklung, wird als Software-Paket im Leasing-Verfahren angeboten. Es ist als integriertes System mit allen Funktionen gedacht, auf Wunsch sind auch einzelne Module für bestimmte Funktionen erhältlich. Das System läuft auf bibliothekseigener Hardware, soweit kompatibel (mit IBM-Großrechner und VAX 11/730). Eine PC-Version soll getestet werden.

SAILS kann unabhängig davon eingesetzt werden, ob die Bibliothek Swets-Kunde ist oder nicht. Man wird allerdings geneigt sein, die vollen Informations- und Datenaustauschmöglichkeiten, die Kunden zur Verfügung stehen, zu nutzen, indem man die Abonnements auch über Swets laufen läßt.
Die Hauptfunktionen von SAILS sind: Bestellen, Eingangskontrolle, Etatüberwachung, Reklamieren, Umlaufbearbeitung, Bindekontrolle, Katalogisieren, Ausleihe, Leihverkehr.

Die Haupteintragung im System ist der Titel, dem alle anderen Datensätze zugeordnet werden können. In bezug auf die Erwerbungskomponente läßt sich nach kurzer eigener Anschauung sagen, daß das System vielfältig und einfach zu handhaben ist. Wie alle beschriebenen Systeme sieht auch SAILS bislang keine direkte Verknüpfung von Titel und Rechnung vor, ein umfassender Statistik-Teil fehlt noch. Der Schwerpunkt des Systems liegt auf der Zeitschriftenbearbeitung. Wie der Monographien-Teil einem Test standhält, muß abgewartet werden. SAILS ist seit September 1983 am University College in Dublin im Probelauf. Ein Erfahrungsbericht liegt vor.

Swets plant, seinen Kunden Zugriff zur eigenen Datenbank zu gewähren, wie das bei anderen Agenturen bereits der Fall ist. DATA-SWETS beinhaltet außer der bibliographischen Suche im Datenpool eine Bestellkomponente, Reklamationsmöglichkeit, Eingangskontrolle und einen elektronischen Briefkasten. Mit DATA-SWETS wird SAILS durch die Verknüpfung mit der Datenbank abgerundet. Andererseits stellt DATA-SWETS eine Alternative dar für Kunden, die SAILS nicht übernehmen wollen oder können.

7. Integrierte Systeme von Software-Firmen

Die vorher beschriebenen, von Lieferanten entwickelten und angebotenen Systeme stehen in Konkurrenz zu den auf dem Markt vorhandenen schlüsselfertigen Systemen professioneller Software-Anbieter. David C. Genaway listet in seinem Buch „Integrated Online Library Systems (Knowledge Industry 1984)" 34 integrierte Bibliothekssysteme auf, dazu kommen 10 Teilsysteme, die Monographien- oder Zeitschriften-Erwerbung betreffen. In „Hilary Gates: A Directory of Library and Information Retrieval Software for Microcomputers (Grafton 1985)" werden über 20 Systeme aufgeführt, die Erwerbung beinhalten.

Einige Namen sind vielleicht bekannt, z.B. DOBIS/LIBIS, ADLIB, BASIS, BLIS oder DATALIB.

Eine der potentesten Firmen auf diesem Sektor ist Geac, ein kanadisches Unternehmen mit europäischen Niederlassungen in Holland und der Bundesrepublik. Das angebotene System heißt GLIS (Geac Library Information System). Das System läuft ausschließlich über die Geac-Minicomputer 6000 bzw. 8000, bei denen es sich um sehr leistungsfähige Multiprozessor-Systeme handelt. Die Hardware gehört zum Angebot. Geac entwickelte zunächst ein Ausleihe-System. Mit der Entwicklung des inzwischen voll funktionsfähigen Erwerbungs-Systems wurde 1980 begonnen. GLIS kann als integriertes System übernommen werden oder für Einzelfunktionen. Das Erwerbungsmodul wird auch den Anforderungen großer Universitätsbibliotheken gerecht. Die Funktionen berücksichtigen unterschiedliche Erwerbungspraktiken detailliert und umfassend. Eine Anpassung an bundesdeutsche Bibliotheksverhältnisse wäre natürlich auch hier notwendig.

Es können an dieser Stelle nicht alle Eingabe- und Ausgabe-Funktionen genannt werden, die im GLIS-Erwerbungsteil enthalten sind. Ich nenne deshalb nur einige, die über die Mindestvoraussetzungen hinausgehen:

z.B. beim Bestellen: Flexible Dublettenkontrolle, Einbeziehung von Blanket-Order-Programmen, Ausdruck von Rückmeldungen für den Fachreferenten, Warnung bei Verlagen, die auf der „schwarzen Liste" stehen, differenzierte Verarbeitung von abgeschlossenen und offenen Bestellungen,

oder bei der Eingangsbearbeitung: Eingangskontrolle bezogen auf die komplette Lieferung, modifizierter Zugriff auf die Bestelldaten, die auch Abbestellungen enthalten, Ausdruck eines detaillierten Laufzettels für die Weiterbearbeitung, abgestufte Bearbeitungsmöglichkeiten für Geschenke, Blanket-Orders, Pflichtexemplare, Mitgliedschaften und Tausch,

und bei der Rechnungsbearbeitung: Signalisieren von Preiserhöhungen, Berücksichtigung von Vorauszahlungen einschließlich Verknüpfung mit der tatsächlichen Lieferung.

In den USA und Kanada wurde GLIS über 60mal verkauft, in Europa fast 30mal. Kunde ist z.B. auch die British Library Lending Division. Als neuestes Projekt plant Geac eine Schnittstelle zur Faxon-Datenbank.

In der Bundesrepublik drängt in den letzten Monaten die Firma Microdata mit ihrem System URICA auf den Markt. Auch dieses System wird nur zusammen mit der Hardware angeboten. Es ist als integriertes System konzipiert, das Erwerbungsmodul kann aber herausgelöst werden. URICA stellt sich konkret auf den Einsatz in deutschen Bibliotheken ein. Die Funktionsübersichten und Kommandos sind ins Deutsche übersetzt, die bibliographische Anzeige entspricht den RAK. Im Erwerbungsteil sind einige Funktionen schon gut ausgearbeitet, z. B. die Etatsteuerung, andere Bereiche müssen noch ausgebaut werden. Der Zugriff auf die Daten könnte noch komfortabler gestaltet werden. Es ist geplant, die Erfordernisse der DBS in das Erwerbungsmodul einzubauen.

Zusammenfassung

Statt einer zusammenfassenden Wertung möchte ich abschließend einige Thesen aufstellen:

– Die neuen Entwicklungen potenzieren die Gefahr wachsender Konzentration im Buchhandel. Auf die Dauer werden sich wahrscheinlich nur die Lieferanten im Bibliotheksgeschäft behaupten können, die die neuen Technologien in ihre Service-Angebote miteinbeziehen. Darauf haben sich ganz offensichtlich vor allem Buchhandlungen im Ausland eingestellt. Es könnten sich in einigen Jahren möglicherweise aber auch Marktnischen ergeben für Lieferanten, die dann damit werben, daß sie alle Arbeiten noch per Hand und kundenbezogen ausführen.

– Eine leistungsfähige Erwerbungsabteilung muß empfindlich auf Veränderungen im Buchhandel und Verlagswesen, auf wirtschaftliche Entwicklungen und auf sich wandelnde Anforderungen der Benutzer reagieren können. Dazu ist größtmögliche Flexibilität und Unabhängigkeit erforderlich. Sowohl innerbetriebliche organisatorische Abhängigkeiten als auch Abhängigkeiten von Firmen können Funktionsfähigkeit und Bewegungsfreiheit mindern.

– Allgemeingültige Aussagen über die besten Organisationsmethoden sind nicht möglich. Erwerbungsabteilungen haben natürlich gleiche Grundstrukturen; Anforderungen und Prioritätensetzung sind je nach Bibliothekstyp, Etat und Benutzerzahlen aber sehr unterschiedlich. Jede Bibliothek muß für sich entscheiden, wie sie im Erwerbungsbereich die wachsenden Anforderungen bewältigt.

– Der Informationsmarkt entwickelt sich mit ungeheurer Dynamik. Das für jeden Bibliothekstyp ideale automatisierte Erwerbungssystem ist vielleicht z. Zt. noch nicht auf dem Markt, aber die Systeme werden verfeinert, die Hardware wird weiterentwickelt, Mini- und Micro- bzw. Personal-Computer verfügen über wachsende Kapazitäten und werden billiger. Der Trend geht weg von Verbundsystemen und Rechenzentren hin zu schlüsselfertigen Systemen und Abteilungs- oder Arbeitsplatzrechnern. Das kommt einer vernünftigen Erwerbungsautomatisierung entgegen, vorausgesetzt, daß schlüsselfertige dezentrale Erwerbungssysteme den direkten Zugriff auf zentrale Datenbanken ermöglichen. Die technologische Herausforderung der nächsten Jahre liegt in der Überwindung der Vielfalt an Systemen und Standards durch neue Verknüpfungsmethoden und größere Kompatibilität bei der Hardware.

– Angesichts des beschriebenen Sachverhalts stellt sich die Frage, ob es nicht vernünftig wäre, den Markt noch ein paar Jahre zu beobachten und eventuell aus den Fehlern der anderen zu lernen. Bis dahin sollten wir konkrete Vorstellungen im Hinblick auf eine eventuelle Automatisierung entwickeln. An die Entscheidungsträger sei an dieser Stelle appelliert, aus der Anwendung neuer Technologien keinen Konkurrenzkampf zu machen, in dem es darum geht, welche Bibliothek am schnellsten vollautomatisiert ist.

– Die aufgezeigten neuen Dienstleistungen stecken noch in den Anfängen. Sie sollten jedoch als Trend erkannt und in die Gedankengänge aller mit Erwerbung Beschäftigten einbezogen werden. Das betrifft nicht nur Bibliotheks- und Erwerbungsleiter, sondern auch die Lieferanten, die Mitarbeiter und nicht zuletzt die Personalräte, die in diesem Zusammenhang außer über Arbeitsplatzfragen auch über Privatisierungstendenzen nachzudenken haben.

Nachtrag

Zu 2.: Die Einspielung der Wegner-Datenbank in das BooK-System war im August 1985 abgeschlossen. Dadurch wurde auch bei BooK der Zugriff auf aktuelle Barsortiments-Daten möglich. Das Grossohaus Wegner plant, die Daten künftig 14täglich zu aktualisieren.

Zu 4.: Das jüngste Kind in Faxons LINX-Familie ist MicroLinx, ein unabhängiges Zeitschriftenverwaltungssystem für den IBM Personal Computer mit Zugriffsmöglichkeiten auf Data-Linx, Infoserv und LINX Courir.

Zu 5.: Auf dem amerikanischen Markt läuft die 4. Version des Blackwell-Systems weiter unter dem Namen Perline/Bookline.

Quellenangaben

Auswirkungen neuer Technologien auf Bibliotheken und Bibliothekare. Arbeitsbericht. Berlin: VdDB 1984. 103 S.

Automated Book acquisition becomes reality. Baker & Taylor electronic ordering system. In: Information retrieval & library automation, 19:1983/84,8(Jan.), 1–2.

Automated library systems. A listing of the most wellknown library systems in USA/Canada and outside USA/Canada. Lisse: Swets 1984. 13 S. Annex: Matthews, Joseph R.: Competition & change. 1984. S. 853–860.

Aveney, Brian, and Luba Heinemann: Acquisitions and collection development automation. In: Library hi tech, 1:1983,1(Summer), S. 45–52.

Bailey, Dorothy C., and Helen R. Citron: Automated Serial Control: One library's perspective. In: The serials librarian, 8:1983/84,3, S. 43–54.

Battelle markets library serials data management software for its BASIS system. In: Information retrieval & library automation, 19:1983/84,4(Sept.), S. 7.

Bauer, Wolfgang: Daten zur Datenverarbeitung. In: Börsenblatt für den Deutschen Buchhandel, 41:1985,8, S. 230–246.

Begg, Karin E., and Linda D. Miller: Faxon's LINX: Test library reports. In: Serials review, 8:1982,2(Summer), S. 57–72.

Blackwell Library Systems, Inc. Comline. 1:1984,1.

Boss, Richard W.: Automating library acquisitions. Issues and outlook. White Plains, NY: Knowledge Industry Publications 1982. 135 S. (Professional librarian series).

Boss, Richard W.: Technology and the modern library. In: Library journal, 109:1984,11(June 15), S. 1183–1189.

Bowker's electronic news. 1:1984/85, 1–4.

Brown, David J.: The use of INFOSERV. In: Library hi tech. 1984,6, S. 33–36.

Bryant, Bonita: Automating acquisitions: The planning process. In: Library resources & technical services, 1984,4, S. 285–298.

Bullard, Scott R.: Gylord's acquisitions system GS–500. In: Library acquisitions: Practice & theory, 8:1984,3, S. 207–215.

Burton, Paul F., and Hilary Gates: Library software for microcomputers. In: Program, 19:1985,1, S. 1–19.

Carpenter, Gai: LS/2000 and Five Colleges, Inc.: The user's perspective. In: Library hi tech, 1984,6, S. 21–24.

Cenzer, Pamela S.: Decentralized acquisitions – A future trend? In: Library acquisitions: Practice & theory, 9:1985,1, S. 37–40.

Chen, Ching-Chih: Microcomputer use in libraries in the US: current and future trends. In: Program, 19:1985,1, S. 29–38.

CLSI and Blackwell join forces. In: The electronic library, 3:1985,1, S. 19–21.

Corrigan, Pauline, and Terry Waller: SAILS – A subscription agent becomes a software supplier. (Unveröffentl. Manuskript. Lisse: Swets 1984.) 19 S.

De Gennaro, Richard: Integrated online library systems: Perspectives, perceptions, & practicalities. In: Library journal, 110:1985,1(Jan.), S. 37–40.

Dewey, Patrick R.: Searching for software. A checklist of microcomputer software directories. In: Library journal, 109:1984,5(March 15), S. 544–546.

Directory of information management software for libraries, information centers, record centers. 1983 ed., suppl. 1984. Comp. and ed. by Pamela Cibbarelli, Carol Tenopir, and Edward J. Kazlauskas. Studio City, CA: Pacific Information 1983–84. 133 S.

Eight vendors become DX participants. In: OCLC newsletter, 1985,156(Feb.), S. 15.

Einsatz neuer Technologien an wissenschaftlichen Bibliotheken. Arbeitsbericht. Berlin: VdDB. 123 S.

Epstein, Susan Baerg: Buy, build, adapt – or forget it! In: Library journal, 108:1983,9(May 1), S. 888–889.

Epstein, Susan Baerg: Implementation: preparing the site. In: Library journal, 108:1983,20(Nov. 15), S. 2142–2143.

Epstein, Susan Baerg: Implementation of an automated system. In: Library journal, 108:1983,16(Sept. 15), 18(Oct. 15), S. 1771–1772, S. 1934–1935.

Epstein, Susan Baerg: Integrated systems: Dream vs. reality. In: Library journal, 109:1984,12(July), S. 1302–1303.

Epstein, Susan Baerg: Maintenance of automated library systems. In: Library journal, 108:1983,22(Dec. 15), S. 2312–2313.

Epstein, Susan Baerg: Suddenly last decade! Automation arrives. In: Library journal, 108:1983,3(Feb. 1), S. 183–185.

Ertz, Stefan: Die Auswertung des Magnetbanddienstes der Deutschen Bibliothek (Frankfurt) an der Universitäts- und Stadtbibliothek Köln im Jahre 1978. In: Verband der Bibliotheken des Landes Nordrhein-Westfalen e.V. Mitteilungsblatt, 30:1980,3, S. 344–376.

Freedman, Maurice J.: Automation and the future of technical services. In: Library journal, 109:1984,11(June 15), S. 1197–1203.

The future of library automation. A symposium. West Newton, MA: CL Systems 1984. 27 S.

Gabel, Linda: Acquisitions Direct Transmission operational. In: OCLC newsletter, 1985,156(Feb.), S. 15.

Gates, Hilary: A directory of library and information retrieval software for microcomputers. Aldershot: Gower 1985. 59 S.

Genaway, David C.: Integrated online library systems: Principles, planning and implementation. White Plains, NY: Knowledge Industry Publications 1984. 151 S.

Goodram, Richard J.: The AWA URICA System and TULIPS: its application at the University of Tasmania Library. In: Program, 18:1984,1, S. 46–65.

Graham, Frank, and Eric Holt: Perline at Risley: Blackwell's serials system. In: Serials review, 9:1983,3(Fall), S. 77–85.

Gray, Carolyn M.: Turnkey systems. In: Library hi tech, 1:1983,1(Summer), S. 59–61.

Greenberg, Esther: OCLC's serials subsystem: Success at CWRU. In: Serials review, 8:1982,4(Winter), S. 77–86.

Hepfer, William: Serials and the OCLC acquisitions subsystem. In: Serials review, 10:1984,2, S. 72–76.

Hesse, R., und P. Rottke: Heureka URICA? In: DFW. Dokumentation, Information, 32:1984,2, S. 65–66.

Hoffmann, Heinz-Werner: Datenverarbeitung für Bibliothekare. 2., erw. Aufl. Frankfurt am Main: Klostermann 1985. X, 195 S. (Das Bibliothekswesen in Einzeldarstellungen.)

Ireland, Jeanetta M.: Faxon LINX at Brandeis University Libraries: A user's appraisal. In: Library hi tech, 1984,5, S. 29–35.

Lastrapes, Edwin P.: Implementation decision: Consideration of the inadequacies of the OCLC serials control subsystem. In: Serials review, 8:1982,1(Spring), S. 69–74.

Local library systems. Essen Symposium, 24 Sept. – 27 Sept. 1984. Ed. by Ahmed H. Helal, Joachim W. Weiss. Essen: Gesamthochschulbibliothek 1984. 337 S.

Lowell, Virginia, and Audrey Eaglen: Ebsconet at Cuyahoga County Public Library. In: Library hi tech, 1:1983,2(Fall), S. 49–51.

Lutz, Marilyn: OCLC's local library system: LS/2000. In: Library hi tech, 1984,6, S. 7–16.

McKinley, Margaret: Victims, villains or victors: The impact of serials automation on a library organization. In: Serials review, 10:1984,2, S. 43–48.

Matthews, Joseph R.: Competition & change: the 1983 automated library system marketplace. In: Library journal, 109:1984,8(May 1), S. 853–860.

McQueen, Judy, and Richard W. Boss: Serials control in libraries. In: Library technology reports, 20:1984,2, S. 89–282.

Martin, Susan K.: The new technologies and library networks. In: Library journal, 109:1984,11(June 15), S. 1194–1196.

Microcomputers for libraries: product review and procurement guide (loose-leaf). Powell, OH: James E. Rush 1984.

Niles, Judith: Acquisitions fund accounting on a word processor. In: Library hi tech, 1:1983,2(Fall), S. 10–13.

Philipp, Jürgen: Verwaltung und Verteilung von Periodika mit Hilfe eines Minicomputers in der Kreditanstalt für Wiederaufbau. In: Nachrichten für Dokumentation, 35:1984,2, S. 75–80.

Penniman, W. David: Microcomputers in libraries: If they are the answer, what is the question? In: Microcomputers for information management, 1:1984,1, S. 31–38.

Phaneuf, Richard D.: Software development for libraries. In: Library software review, 3:1984,4, S. 501–505.

Processing and data distribution within the research libraries information network. Final report to the Carnegie Corp. of New York on a study of distributed processing, Nov. 1983. Stanford, CA: The Research Libraries Group 1983.

The professional librarian's reader in library automation and technology. Introd. by Susan K. Martin. White Plains, NY: Knowledge Industry Publications 1980. 201 S. (Professional librarian series.)

Programmed periodical circulation control. In: Information retrieval & library automation, 19:1983/84,12(May), S. 5–6.

Ra, Marsha H.: The OCLC acquisitions subsystem at the City College Library: An appraisal. In: Library acquisitions: Practice and theory, 9:1985,1, S.83–92.

Redalje, Susanne: Pergamon InfoLine. In: Library software review, 3:1984,4, S. 506–511.

Rein, Hans Günther: Neue Dienstleistungsangebote des Buchhandels aus der Sicht der Spezialbibliotheken (Vortrag anläßlich der 20. Tagung der Arbeitsgem. d. Spezialbibliotheken v. 5.3.85–9.3.85 in Stuttgart. Unveröffentl. Manuskript.) 10 S.

Roughton, Karen: Thinking of OCLC serials control? Read this. In: The serials librarian, 7:1982/1983,1, S. 23–30.

Serials automation for acquisition and inventory control. Ed. by William Gray Potter and Arlene Farber Sirkin. Chicago: ALA 1981. 181 S.

Spies, Phyllis Bova: OCLC and local systems – The product, the people: A self-assessment. In: Library hi tech, 1984,6, S. 17–19.

Stine, Diane: Centralized serials processing in an automated environment. In: Serials review, 9:1983,3(Fall), S. 69–75.

Swets catalog of available publications, handbooks, journal articles on library automation and subscription agents. Lisse: Swets 1985. 37 S.

Swets, Adrian, und Anne Bein: Gegenwart und Zukunft der Zeitschriften-, Serien- und Monographienverwaltung. Vortrag anläßlich der 20. Tagung der Arbeitsgem. d. Spezialbibliotheken vom 5. 3. 85–9. 3. 85 in Stuttgart. (Unveröffentl. Manuskript. Lisse: Swets 1985.) 12 S.

Tedd, Lucy A.: An introduction to computer-based library systems. 2nd ed. Chichester: Wiley 1984. 262 S.

Tedd, Lucy A.: Software for microcomputers in libraries and information units. In: The electronic library, 1:1983,1, S. 31–48.

Tonkery, Dan: The necessity of serials automation. In: The serials librarian, 7:1982/83,4, S. 57–61.

The vendor's corner: Biblio-Techniques' library & information system (BLIS). In: Library software review, 3:1984,2, S. 207–221.

Wiley catalog online through Dialog. In: Information retrieval & library automation, 19:1983/1984,11(April), S. 4–5.

Von den nachfolgenden Firmen lag Informationsmaterial zur Auswertung vor:

ALS
Automated Library Systems Ltd.
Nibelungenweg 5
3550 Marburg-Elnhausen
Tel. (06420) 585

Bertelsmann Software GmbH
Königstraße 4
4830 Gütersloh 1
Tel. (05241) 8660

Blackwell Technical Services Ltd.
Beaver House
Hythe Bridge Street
Oxford OX1 2ET
Tel. (0865) 44944

R.R. Bowker Company
205 East Forty-second Street
New York, New York 10017
USA

CLSI
Computer Library Services International Ltd.
46–47 Pall Mall
London SW1Y 5JG
England
Tel. 018393612

EBSCONET
Online Subscription Service
P.O.Box 1943
Birmingham, AL 35201
Tel. (205) 991–6600

EDV
Elektronische Datenverarbeitung Ges.m.b.H.
1060 Wien
Hofmühlgasse 3–5
Österreich
Tel. (0222) 5607–0

The Faxon Company, Inc.
15 Southwest Park
Westwood, MA 02090
USA
Tel. (617) 329–3350

Geac Computers bv
Herengracht 481
NL-1017 BT Amsterdam
Niederlande
Tel. (3120) 273666

Head Computers Ltd.
Oxted Mill
Spring Lane
Oxted, Surrey RH8 9PB
England
Tel. (08833)7057/5580

IDD Verlag für Internationale Dokumentation
Werner Flach KG
Altkönigstraße 10
6000 Frankfurt 1
Tel. (069) 729233

LMR
Lipman Management Resources Ltd.
54–70 Moorbridge Road
Maidenhead, Berkshire SL6 8BN
England

Microdata GmbH
Hahnstraße 70
6000 Frankfurt 71
Tel. (069) 664160

OCLC Europe
2nd Floor, Lloyd Bank Chambers
75 Edmund Street
Birmingham B3 3HA
England
Tel. 0212363224

Pergamon InfoLine Ltd.
12 Vandy Street
London EC2A 2DE
England
Tel. 01-3774650

Ringgold Management Systems, Inc.
Box 368
Beaverton, OR 97075
USA
Tel. (503) 645-3502

Swets & Zeitlinger B.V.
Heereweg 347-b
2161 CA Lisse
Niederlande
Tel. 02521-19113

Teleordering Ltd.
Grosvenor House
4–7 Station Road
Sunbury-on-Thames, Middlesex TW16 6SB
Tel. 09327 81266

HANS-JÜRGEN KUHLMEYER

Konsequenzen einer DV-betriebenen Erwerbung

1. Einführung

Im Rahmen dieses Zyklus über Erwerbungsfragen wird mein Beitrag einige Überlegungen über die Konsequenzen einer DV-gestützten Erwerbung beitragen.

Nun dürfte die Kombination EDV und Erwerbung für viele noch Neuland darstellen. Im Vordergrund der Bemühungen der letzten Jahre standen eindeutig Fragen der Katalogisierung, der Ausleihe, zunehmend auch Verbundfragen incl. der Übernahme von Fremddaten. Auch über das Thema „Information Retrievel" ist häufiger berichtet worden. Warum, so frage ich mich als Erwerbungsbibliothekar, ist der Themenkomplex EDV und Erwerbung bislang so stiefmütterlich behandelt worden? Ganz sicher kann es nicht daran liegen, daß die Erwerbung im Rahmen der Geschäftsverteilung einer Bibliothek eine unter- oder nebengeordnete Rolle spielt. Im Gegenteil, die Erwerbungsabteilung ist mit Katalogisierung und Benutzung eine der Linienabteilungen, das heißt einer der Schwerpunkte im Geschäftsablauf. Bereits hier an dieser Stelle wird ein wesentlicher Beitrag geleistet, damit die Bibliothek ihrem Auftrag gerecht werden kann, den Benutzer schnell mit der benötigten Literatur zu versorgen. Auf der anderen Seite sind Erwerbungsabteilungen personalintensive Abteilungen, es ist darauf zu achten, daß das Personal effektiv und rationell eingesetzt wird.

Warum also gibt es bei dieser Bedeutung der Erwerbungsabteilung bis heute kaum ein allgemein anerkanntes Software-Paket, das die anfallenden Arbeiten bei der Monographien- und Zeitschriftenerwerbung abdeckt. Mit Sicherheit wirft die Erwerbung von allen bibliothekarischen Bereichen die größten organisatorischen und DV-technischen Probleme auf. Das liegt an der vielschichtigen Struktur der Erwerbungsabteilungen, der die Komplexität der Erwerbungsprogramme entsprechen muß. Hinzu kommt, daß die Erwerbungsroutinen in jeder Bibliothek anders aussehen dürften. In dieser Situation wundert es jedenfalls nicht, daß auch seitens der Industrie bislang wenig Anstrengungen unternommen wurden, überzeugende Lösungen anzubieten. Meines Wissens gibt es im wesentlichen nur Programmpakete für Teilbereiche, insbesondere die Monographienerwerbung, und auch hier in unterschiedlicher Tiefe. Für die Zeitschriftenroutine gibt es derzeit kaum ein Online-System, das weitgehend alle

Arbeiten erfaßt und ausgetestet und erprobt ist. Seit vielen Jahren läuft in Göttingen, wenig beachtet von der bibliothekarischen Fachwelt, ein Offline-System – mit Online-Komponenten – zur Akzession und Katalogisierung von Zeitschriften und Serien, mit welchem ich seit Jahren arbeite und das mich auf eine Reihe von Vorstellungen bezüglich der Leistung eines Online-Dienstes brachte. Ich werde später noch darauf zu sprechen kommen.

2. *Der Arbeitsablauf*

Die Geschäftsverteilung hat sich in den traditionellen Universalbibliotheken seit der Jahrhundertwende sehr stark arbeitsteilig entwickelt. Diese Entwicklung war zwangsläufig eine Folge der Entwicklung der Wissenschaft und damit eine Folge der Steigerung der Buchproduktion. Der heutige Zustand spiegelt diese Entwicklung wider. Er ist das festgeschriebene Ergebnis aus einer Zeit, in der in Bibliotheken die handgeschriebenen Bandkataloge vorherrschten oder Zettelkatalogkarten noch mit Adrema-Anlagen vervielfältigt wurden.

Kataloge und Karteien, egal zu welchem Zweck sie angelegt waren, und wo sie auch standen, waren Unikate, die nur an ihrem Standort zu benutzen waren. Das heißt, die Erlangung von Informationen war ortsabhängig. Diese Voraussetzung war bei jeder Geschäftsgangplanung zugrunde zu legen. Anders formuliert kann man auch sagen, daß die Arbeitsmittel die Strukturen geschaffen haben, oder zumindest, daß Arbeitsmittel und Strukturen in einem engen Wechselverhältnis zueinander stehen.

Heute hat uns die technische Entwicklung erstmals wieder die Möglichkeit eröffnet, den Geschäftsablauf in einer Bibliothek im Ganzen zu betrachten. Der Computer mit seinen heutigen Möglichkeiten ist nicht mehr nur Ersatz für die Schreibmaschine, ein anderes Arbeitsmittel also, sondern er ist das zentrale Arbeitsmittel. Dezentraler und multifunktionaler Zugriff eröffnen die Möglichkeit, Ablauf und Funktionen im Geschäftsgang zu überdenken und neu zu definieren. Die Reihenfolge der Abläufe wird nicht mehr – notwendigerweise – durch die Arbeitsmittel bestimmt werden. „Bedingt durch die Einführung von Online-Systemen für die Buchbearbeitung wird es wahrscheinlich zu einer Auflösung der getrennten Geschäftsgangsabteilungen kommen. Da durch die Online-Bearbeitung verschiedene Tätigkeiten integriert werden, wird man künftig wohl nicht mehr nach einzelnen Arbeitsvorgängen (Erwerbung, Katalogisierung etc.) trennen, sondern nach Fachgebieten.“[1] Erstmals können an jedem Terminal in der Bibliothek alle Informationen, die während des

[1] Telekommunikation und Online-Information in Bibliotheken. In: Einsatz neuer Technologien an wissenschaftlichen Bibliotheken. Berlin 1983. S. 45.

Geschäftsgangs anfallen, sichtbar gemacht werden. Es liegt an uns, was wir aus dieser Ausgangsposition machen, wie wir zu einem sinnvollen und adäquaten Einsatz kommen, um den Benutzer immer schneller mit immer besseren Informationen zu versorgen und dem Bibliothekar, den Mitarbeitern in den Bibliotheken ein Stück Selbstverwirklichung in der täglichen Arbeit zu ermöglichen.

Ein weiterer Aspekt, den die Datenverarbeitung auch für die Erwerbung bietet, ist die Möglichkeit der Übernahme von Fremddaten. Dabei können derzeit Katalogisate aus Verbundsystemen oder auch nationalbibliographische Dienste, wie Biblio-Data der Deutschen Bibliothek, die BNB und LoC Daten für die eigene Arbeit herangezogen werden. Für die Zukunft zeichnen sich bereits Verknüpfungen mit Verlagen und Barsortimenten ab.

Lassen Sie mich das bisher Gesagte in den Konsequenzen auf die Erwerbung unter folgenden Schwerpunkten untersuchen:

- Die EDV als zentrales Arbeitsmittel, welches dezentral zu nutzen ist und
- die Möglichkeit der Übernahme von Fremdleistungen.

2.1 Der konventionelle Arbeitsablauf

Eine Gegenüberstellung des konventionellen Geschäftsgangs zum EDV-bestimmten Ablauf läßt die Unterschiede deutlich werden[2]. Beginnen wir mit der Vorakzession.

Hier laufen die Bestellunterlagen, wie Bibliographien, Prospekte, Kataloge, Negativ-Leihscheine usw. zusammen. Sie werden gesichtet und schließlich an die Referenten oder Fachreferate verteilt. Auf dieser Ebene wird dann entschieden, ob ein Titel gekauft, zur Ansicht bestellt oder zurückgestellt werden soll. Auf jeden Fall kommt die Bestellunterlage zurück in die Vorakzession. Nunmehr werden die Bestellungen auf Vollständigkeit geprüft, unter Umständen müssen bibliographische Ermittlungen angestellt werden. Auch Fragen zur Sonderstandorten, Notationen usw. sind zu klären. Sehr wichtig ist die Entscheidung über den richtigen Lieferanten, was insbesondere bei der grauen Literatur entscheidend für den Erfolg der Bestellung sein kann. Schließlich muß jede Bestellung an den einschlägigen Katalogen wie Bestellkartei, Interimskartei, alphabetischem Katalog auf Vorhandensein geprüft werden, bevor im positiven Fall der Bestellsatz mit mehreren Kopien geschrieben werden kann. Aus diesem Bestellsatz bekommt der Buchhändler zwei Zettel, einer wird in die Bestellkartei eingelegt, einer in eine Termin- oder Mahnkartei; einen Zettel bekommt meist noch der Fachreferent für seine eigenen Unterlagen. Dieser

[2] Vereinfachte Darstellung aus: Auswirkungen neuer Technologien auf Bibliotheken und Bibliothekare. Berlin 1984. S. 7ff.

Vorgang ist aufwendig und arbeitsintensiv – mit vielen Stationen, bei denen immer die Gefahr besteht, daß bei Unterbrechungen der gesamte Ablauf ins Stocken gerät!

An dieser Stelle endet der Aufgabenbereich Vorakzession, und nach Eintreffen der Bücher beginnt die Arbeit der Akzession, jetzt weiterverfolgt am Beispiel der Monographien. Die eingehenden Lieferungen werden zunächst sortiert: Periodika als auch Dissertationen und Tauschzugänge werden an die zuständigen Dienststellen abgegeben. Die verbleibenden Lieferungen werden an der Bestellkartei überprüft, die Bestellzettel werden gezogen und ins Buch gelegt, der gesamte Vorgang an das Akzessionsbuch gegeben. Zuvor muß noch die Frage nach Rechnung oder Sammelrechnung, nach Vorauszahlung etc. geklärt werden. Nunmehr kann das Buch inventarisiert werden. Das heißt, es wird abermals eine – wenn auch verkürzte – Titelaufnahme angelegt, es wird eine Zugangsnummer vergeben und eingetragen, je nach Aufstellungsart können noch Sondersignaturen vergeben werden, die Statistik wird fortgeschrieben. In einem weiteren Arbeitsprozeß wird die Rechnung bearbeitet, es werden Daten verglichen und ergänzt, Zugangsnummern übertragen, und schließlich wird die Rechnung sachlich richtig gezeichnet und an die Rechnungsstelle zur Anweisung weitergegeben. Das Buch bekommt einen Laufzettel, einer der beiden Bestellzettel wird, als Nachweis für im Hause befindliche Bücher, die noch nicht im alphabetischen Katalog nachgewiesen sind, in die Interimskartei eingelegt.

Diese Geschäftsgangdarstellung ist vereinfacht, in Wirklichkeit gibt es noch eine Vielzahl von Fragestellungen, auf die hier nicht mehr eingegangen worden ist. Mir ging es darum, die Vielschichtigkeit der Arbeiten und die Vielzahl der Karteien und Kataloge kurz ins Gedächtnis zurückzurufen.

2.2 *Der EDV-gestützte Arbeitsablauf*

Wie sieht nun eine Arbeitsfolge unter Zuhilfenahme eines EDV-Systems aus? Voraussetzung für unsere Betrachtung ist also ein Online-geführter Bibliothekskatalog, sowie die Bereitstellung von Fremdleistungen, z. B. DB, BNB, LoC, unter Umständen auch Fremddaten aus Verbünden. Zunächst beginnt alles wie bisher üblich, die Benutzerwünsche, die Bibliographien, Prospekte und Verlagskataloge werden gesammelt und für die Referenten aufbereitet. Erst wenn die Bestellungen aus den Referaten zurückkommen, beginen sich die neuen Möglichkeiten abzuzeichnen. Statt die Unterlagen am alphabetischen Katalog an der Bestell-, Interims- oder Fortsetzungskartei zu prüfen, kann der Bearbeiter am Terminal alle Vorgänge im Online-Katalog, der sämtliche Informationen enthält, recherchieren. Der nächste Schritt wäre bereits die Bestellung. Und auch hier findet eine ganz entscheidende Änderung statt, nämlich durch die Bestellkatalogisierung unter weitgehender Zuhilfenahme von Fremdleistungen[3]. Bereits jetzt und an dieser Stelle – am Anfang des Geschäftsgangs – wird der Titel katalogisiert. Im Gegensatz zum konventionellen Geschäftsgang ist der Bestellvorgang sofort abfragbar, für Benutzer, aber auch für Institute im Rahmen einer abgestimmten Erwerbung. Die dabei entstandene Aufnahme wird bei allen weiteren Bearbeitungsschritten nur noch verändert oder ergänzt, und das bis hin zu einer automatisierten Ausleihe. Hier ist ein wesentliches Element einer durch EDV bestimmten Infrastruktur zu erkennen, nämlich Doppelarbeit zu vermeiden, eine Aufnahme nur einmal einzugeben. Sie kann dann, je nach Software und Erfordernis, als vollständige oder Kurztitelaufnahme multifunktional genutzt werden. Je nach Aufbau und Erwerbungsmodalitäten einer Biblitohek sind auch andere Strukturen denkbar. Doch betrachten wir die Schritte im einzelnen.

Der Titel soll bestellt werden. Dazu sucht der Titelaufnehmer in den zur Verfügung stehenden Datenbanken, sei es über Titel, Verfasser, ISBN, Match-Code oder was es dergleichen Suchbegriffe mehr gibt. Wenn er den Titel gefunden hat, wird dieser in den Online-Bibliothekskatalog überführt. Unter Umständen werden bei der Gelegenheit die selektierten Aufnahmen den eigenen Bedürfnissen oder Regelwerkanforderungen angeglichen. Die Aufnahme hat den Status einer Bestellung, das Bestelldatum und der Lieferant werden hinzugefügt, auch spezielle Mahnfristen. Das Mahnen erfolgt dann automatisch nach Ablauf dieser Frist. Schließlich wird die Bestellung über einen Drucker, der an das System angeschlossen ist, ausgedruckt.

Wenn die Titelrecherche negativ verlaufen ist, sei es, weil der Titel in den nationalbibliographischen Diensten noch nicht angezeigt ist, sei es, weil er als graue Literatur nicht angezeigt werden wird, dann wird an Hand der Unterlagen eine Kurztitelaufnahme angefertigt, die nach Eingang des Buches ergänzt wird. Was immer aufgenommen wird, ist ein zuverlässiger Suchbegriff. Er ermöglicht auch zu einem späteren Zeitpunkt einen einfachen Zugriff auf dann vorhandene Fremdleistungen[4].

Ähnlich konzentriert verläuft nach Eintreffen der Bestellung die eigentliche Akzession. Am Terminal wird die Bestellung aufgerufen. Die Aufnahme für das

[3] In seinem Beitrag: Die Automatisierung der Erwerbung im Hinblick auf ihre Integration mit der Katalogisierung hält es Bernhard Adams für vertretbar, die deutsche Literatur erst nach ihrer Verzeichnung in der Deutschen Bibliographie auszuwählen! In: Aktuelle Probleme des EDV-Einsatzes in Erwerbung und Katalogisierung. München 1976. S. 56ff.

[4] Die UB Göttingen beabsichtigt beim Fehlen von Fremddaten die Kurzaufnahme zunächst nicht zu ergänzen, sondern im jährlichen Abstand erneut nach Fremdleistungen zu suchen. Erst nach dem zweiten erfolglosen Versuch wird durch die Titelaufnahme eine vollständige Aufnahme angelegt, die dann maschinell gegen die Kurzaufnahme ausgetauscht wird.

Zugangsbuch ist somit bereits vorhanden, sie muß nur noch mit den entsprechenden Angaben versehen werden. In einem Arbeitsgang – evtl. durch festgelegte Unterprogramme – werden zunächst all die Bestellangaben gelöscht, die jetzt nicht mehr benötigt werden. Die Akzessionsdaten, wie Eingangsdatum des Titels und die Rechnungsdaten, werden hinzugefügt. Dabei steht eine Hilfsdatei zur Verfügung, die die täglich aktualisierten Umrechnungskurse für Fremdwährungen enthält. Die Rechnungsbeträge können also sofort in DM-Beträge umgerechnet werden, die Haushaltsüberwachungsliste geführt und die Rechnungen zur Anweisung gebracht werden[5]. Bei diesem Verfahren besteht auch die Möglichkeit, genaue Auskünfte über die jeweilige Haushaltssituation zu bekommen. Sonderstandorte können ebenfalls eingegeben werden, bei Serien und Fortsetzungen kann bereits jetzt eine automatische Verknüpfung erfolgen. Schließlich wird der Laufzettel ausgedruckt, und das Buch geht weiter an die nächste Bearbeitungsstelle.

Die Effizienz dieses Vorgangs läßt sich in der graphischen Darstellung besonders gut verdeutlichen[6]. Die Diagramme, exemplarisch für den Arbeitsbereich Inventarisierung, sind so angelegt, daß die Arbeitsabschnitte einander entsprechen. Aus vielen einzelnen Stationen des konventionellen Geschäftsgangs (Abb. 1) wird eine große integrierte Bearbeitungsstelle beim EDV-Geschäftsgang (Abb. 2), in der eine Reihe von Tätigkeiten teilweise oder vollständig am Bildschirm erledigt werden (ein oder zwei seitliche Balken), teils auch automatisch ablaufen (Raster). Die eben geschilderte Arbeitsfolge kann in einzelnen Bibliotheken unterschiedlich ablaufen. Mir ging es darum, exemplarisch vorzuführen, welche Möglichkeiten ein EDV-System auch oder gerade in der Erwerbung bietet.

3. Die Organisation

Im folgenden werde ich mich verstärkt Organisationsfragen zuwenden. Eine EDV-bestimmte Infrastruktur schafft auch in der Erwerbung Voraussetzungen zu einer integrierten Bearbeitung. Das führt zwangsläufig dazu, daß auch meine Ausführungen übergreifend sein werden.

Es ist – was die Möglichkeiten anbetrifft – völlig gleichgültig, ob die Führung der Daten in einer Verbundzentrale erfolgt oder aber, ob vernetzte Mikrocomputer zum Einsatz kommen. Zur Zeit sieht es so aus, als ob für die vielschichti-

[5] An dieser Stelle kann die Akzession mit der Rechnungsstelle verknüpft werden. Eine problematische Zone, weil hier die Vorgaben und Sicherheitsbestimmungen der Finanzverwaltungen beachtet werden müssen. Insoweit ist die Frage sehr wichtig, wo die Schnittstelle gelegt wird.

[6] Die Ablaufdiagramme sind der Veröffentlichung Auswirkungen neuer Technologien auf Bibliotheken und Bibliothekare, Berlin 1984 entnommen. Dort werden die Arbeitsabläufe für den Monographien-Geschäftsgang untersucht und dargestellt.

EDV-Geschäftsgang

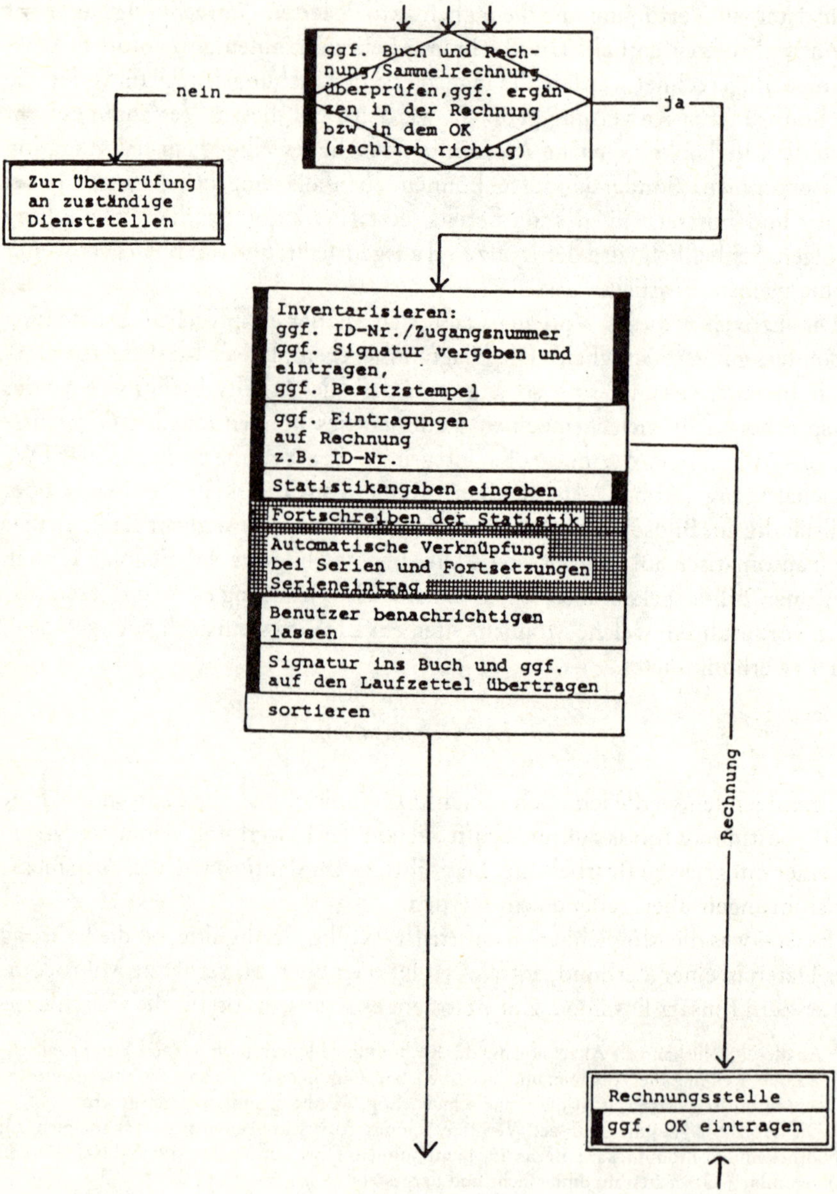

Konventioneller Geschäftsgang

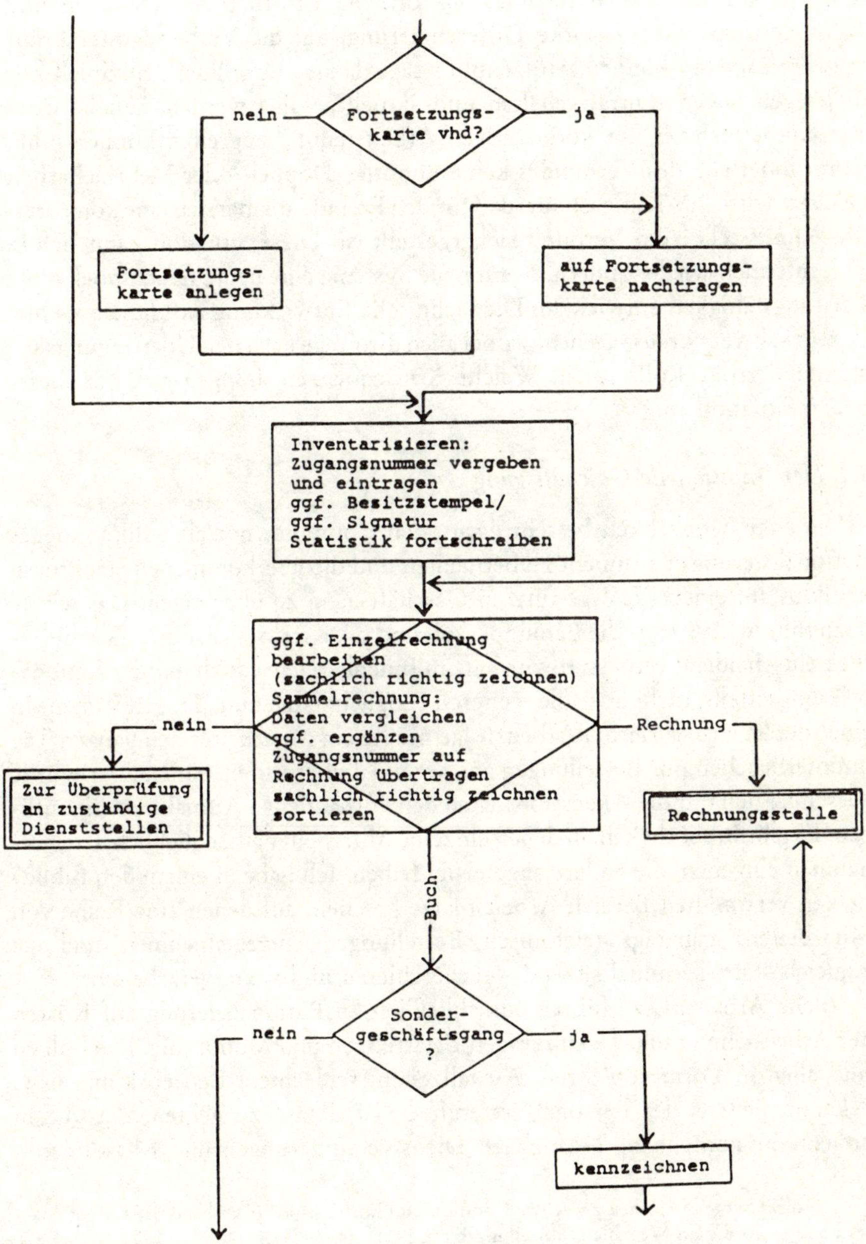

gen und komplexen Aufgaben im Erwerbungsbereich, die zudem den Charakter von Lokaldaten haben, der Einsatz von Mikrocomputern in Verbindung mit zentralen Datenbanken sinnvoll und auch wirtschaftlich sein wird. Lokale Systeme können zudem flexibler auf örtliche Erfordernisse reagieren und verhindern so eine zu starke Differenzierung, auf die Verbundsysteme nur schwer reagieren können. Stolzenburg sagt dazu: „Es sollten prinzipiell nur diejenigen Daten zentral gehalten und aktuell geführt werden, auf die jeder Verbundteilnehmer zur kooperativen Arbeitsteilung zugreifen können muß, damit innerhalb des Verbundes keine unnötige Doppel- oder Mehrfacharbeit geleistet wird."[7] Wichtig ist nur, daß für den Fremddatenbereich eine komfortable Schnittstelle zum Verbund sichergestellt ist. Diese Situation kann sich in Zukunft auch wieder ändern, wenn neue Systeme eine heute noch unbekannte Leistungsfähigkeit entwickeln. Die technische Entwicklung auf diesem Gebiet ist sehr schwer vorauszusehen, wobei auch die Frage nach den Übertragungskosten eine große Rolle spielt. Welche Konsequenzen drängen sich aus dieser neuen Situation auf?

3.1 Der traditionelle Geschäftsgang

Die erste Möglichkeit besteht darin, den Computer nur als willkommenes Rationalisierungsinstrument zu betrachten und die überkommenen Strukturen kritiklos auf einen EDV-gestützten Geschäftsgang zu übertragen. Das würde dazu führen, daß zwar die Benutzbarkeit und die Katalogsituation einer Bibliothek entscheidend verbessert würden, im Innenbereich jedoch nur der Rationalisierungseffekt, nicht aber die weiteren Möglichkeiten zum Tragen kämen. In einer derart strukturierten Arbeitsfolge müßte ein Mitarbeiter den ganzen Tag ununterbrochen nur Bestellungen am Terminal überprüfen, ein anderer würde ausschließlich nur die Akzessionsdaten den vorhandenen Aufnahmen hinzufügen. Es gibt Bibliotheken, in denen einzelne Mitarbeiter ausschließlich Titelaufnahmen eingeben, die andere angefertigt haben. Ich habe in einem den Bibliotheken verwandten Bereich Arbeitsplätze gesehen, auf denen eine Reihe von Mitarbeitern ganztags telefonisch Bestellungen entgegennehmen und sie zugleich – am Terminal sitzend – recherchieren und weiterverarbeiten.

Solche Arbeitsplätze führen ausschließlich zu Rationalisierung auf Kosten der Arbeitnehmer und zu einseitigen Belastungen und Monotonie. Die Folgen sind allen in Form von Streß, Ausfallzeiten, schlechtem Betriebsklima usw. bekannt. Seitens der Personalvertretungen ist darauf zu achten, daß die in diesem Zusammenhang ergangenen Dienstvereinbarungen und Richtlinien –

[7] J. Stolzenburg: Bibliothek zwischen Tradition und Fortschritt. In: Verband der Bibliotheken des Landes Nordrhein-Westfalen. Mitteilungsblatt. N. F. 34 (1984) S. 440.

also im wesentlichen Schutzbestimmungen für den Arbeitnehmer – auch tatsächlich konsequent und sinnentsprechend eingehalten werden. Darüber hinaus ist zu fordern, daß vor Einsatz der Datenverarbeitung auch die Folgen für die innere Struktur bedacht werden.

Betrachten wir nun alternative Möglichkeiten, die erst durch EDV-Einsatz möglich werden.

3.2 Der integrierte Geschäftsgang

Die bereits dargestellten EDV-bedingten Veränderungen in der Arbeitsstruktur haben konsequenterweise in den letzten Jahren auch zu Überlegungen darüber geführt, wie auf dieser neuen Basis die Arbeit effektiver und die Arbeitsplätze humaner gestaltet werden können. Ganz wesentlich sind sicherlich die Überlegungen und Versuche, die an der UB Konstanz seit einigen Jahren angestellt werden, und über die Joachim Stolzenburg[8] und Klaus Franken[9] auf dem vorjährigen Bibliothekartag in Bielefeld berichtet haben. Ausgangspunkt der Überlegung ist, daß uns mit dem Online-Katalog ein zentrales Auskunftsmittel mit mehrdimensionalem Zugriff in die Hand gegeben ist. Stolzenburg sagt dazu: „Plastisch ausgedrückt ist es wie in alten Zeiten, in denen jeder Angehörige der Familie sich aus dem in der Mitte des Tisches stehenden Essenstopf seine Portion, die er braucht, herausholte.“[10]

Ein weiteres Kriterium besteht darin, daß durch den Online-Katalog der Arbeitsablauf enorm verdichtet wird. Viele manuelle und zeitaufwendige Arbeitsgänge im Erwerbungsbereich, ich denke nur an das Führen der verschiedenen Karteien, wie Bestell-, Interims- und Fristenkartei, das Führen von Statistiken, die entweder nicht mehr notwendig sind oder aber automatisch durch den Rechner erledigt werden. Auch solche räumlichen Trennungen, die eingeführt werden mußten, weil sperrige Organisationsmittel sie notwendig machten, ich denke an die Zeitschriftenabteilungen großer Universalbibliotheken, in denen die Kardexschränke ganze Räume füllten (in Göttingen standen zuletzt im Zeitschriftenbereich 31 Kardexschränke und 20 Meter Stehkartei) werden überflüssig, weil eben alle Informationen im Online-Katalog abgespeichert werden können.

Parallel zu dieser verdichteten Organisation werden sich auch die Tätigkeitsfelder der in Bibliotheken Beschäftigten verändern. Alle Indikatoren weisen darauf hin, daß die Entwicklung der letzten Jahrzehnte in Richtung eines immer

[8] J. Stolzenburg, a.a.O., S. 443ff.

[9] K. Franken: Mischarbeitsplätze in Bibliotheken. In: ZfBB. Sonderheft 41 (1985) S. 85ff. Weitere Beiträge in Bibliothek aktuell. Informationsblatt für die Mitarbeiter der Bibliothek der Universität Konstanz Heft 50 (1985) und früher.

[10] J. Stolzenburg, a.a.O., S. 448.

ausgeprägteren Spezialistentums nicht nur zum Stehen gekommen ist, sondern bereits ins Gegenteil umschlägt. Die Arbeitsfelder und die Arbeitsinhalte werden wieder wachsen. Diese Entwicklung muß als zwangsläufig angesehen werden, da es unökonomisch wäre, eine Arbeitsfolge unnötig zu zerstückeln. Der Bibliothekar wird also in einer Sitzung am Terminal, im Dialog mit dem Computer, eine ganze Reihe von Bearbeitungsgängen erledigen. Diese Tätigkeit wird – da sie losgelöst ist von Nebentätigkeiten – auf Dauer eine erhöhte Konzentration des Bearbeiters verlangen. Das System wird ihn jedoch bei dieser Tätigkeit mit eingebauten Kontrollroutinen unterstützen. Die Befürchtung, der EDV-Einsatz führe zu qualitativer Abwertung der Arbeitsplätze, ist bei einer integrierten Bearbeitung in Bibliotheken nicht zu sehen. „Begriffe wie Abqualifizierung, Polarisierung sind insofern für dieses Anwendungsgebiet untauglich, als durch die neue Technik auch ein neuartiger Qualifikationseffekt eintritt. Die komplexen Informationsleistungen verlangen mehr abstraktes, systematisches Denken. Der Anteil der manuellen Arbeiten verringert sich.[11]

Die hier skizzierte Herausforderung wird ganz sicherlich viele der gewachsenen Strukturen unserer Bibliotheken in Frage stellen, und niemand wird sich ihr entziehen können. Die Frage ist nur, wie tief und wie radikal wird dieser Eingriff sein. Hier bieten sich wieder Denkmodelle an, wobei ich das „Denk" in Klammern setzen möchte, da die Phase der Realisierung bereits eingesetzt hat.

3.2.1 Das Konstanzer Modell

Die Kollegen aus Konstanz haben in den letzten Jahren ihre Vorstellungen sehr ausführlich der bibliothekarischen Öffentlichkeit vorgetragen, insoweit möchte ich in diesem Zusammenhang von einem Konstanzer Modell sprechen. Ähnliche Überlegungen werden aber sicherlich auch in anderen Bibliotheken angestellt.

Ziel der Bemühungen und Überlegungen ist die Schaffung eines Mischarbeitsplatzes, eines menschlichen, nicht monotonen Arbeitsplatzes. In diesem Rahmen soll die Terminalarbeit 50% nicht übersteigen. Eine Arbeitsgruppe von 3–4 Bibliothekaren, die je zur Hälfte aus der Erwerbung und Katalogisierung stammt, wird als Team definiert. Laut Franken hat das Team die Aufgabe, für bestimmte Bereiche – zunächst Soziologie, Wirtschaftswissenschaften, Psychologie und Erziehungswissenschaft – die Monographien zu beschaffen, zu inventarisieren und zu katalogisieren. Innerhalb des Teams soll jeder jede Tätigkeit ausführen. Alle anstehenden Probleme sollen kollegial geregelt werden, einen formellen Teamleiter gibt es nicht, keine Hierarchie, nur einen

[11] Klaus-Dieter Lehmann: Hessisches Bibliotheks- und Informationssystem. In: ABI-Technik 2 (1982) Nr. 3, S. 202.

wechselnden Teamsprecher. Es wird überlegt, in späteren Jahren auch die Fachreferate und die Benutzung in die Teams mit einzubeziehen. Stolzenburg meint dazu, daß erst in einem Team die in den letzten Jahren erheblich verbesserte Ausbildung der Diplom-Bibliothekare voll zur Entfaltung kommen kann.

Diese Vorstellungen sind faszinierend, jedoch sind im Laufe der Zeit auch die Bedenken gewachsen, ob die Voraussetzungen für dieses Modell so sind, wie sie sein sollten, ob nicht von zu idealistischen Vorgaben ausgegangen wird. Franken zählt gleich einige auf; so spricht er davon, daß bestimmte Spezialkenntnisse bei RAK-Anwendung erhalten bleiben müßten; jemand hätte darauf zu achten, daß die Teams nicht – trotz der ihnen zugestandenen Autonomie – aus dem Rahmen des Geschäftsganges ausbrechen.

Ich möchte als Probleme hinzufügen:

– Die Frage der Eingruppierung, besonders bei Angestellten, denn nach Konstanzer Vorstellungen sollen Gehobener Dienst neben Angelernten, Mittlerer Dienst neben ehemaligen Buchhändlern arbeiten.

– Die Frage der Entlohnung bei gleicher Tätigkeit.

– Der unterschiedlichen Belastbarkeit der einzelnen Teammitglieder.

– Schwächung des Leistungsgedankens und Leistungsansporns, weil nicht die Leistung des Einzelnen zählt und honoriert wird.

– Und schließlich besteht die Gefahr, daß schwächere Teammitglieder die schwierigen Fälle an andere Teammitglieder abschieben, die dann auf Dauer stärker belastet werden, ohne daß die Leistung honoriert wird.

– Und der letzte Aspekt, den ich zu bedenken gebe, ist die Frage: Ist ein guter Erwerber auch immer ein guter Katalogisierer, ein guter Titelaufnehmer ein guter Akzessionsknecht, wobei ich für die überaus plastische Funktionsbezeichnung um Verzeihung bitte. Ein gewiefter Erwerber, der in einer großen Bibliothek mit Sondersammelgebieten nicht nur das Buch in der Buchhandlung um die Ecke bestellen kann, braucht Kenntnisse im kaufmännischen und Buchhandelsbereich, die weit über das Übliche hinausgehen.

Zusammenfassend möchte ich sagen: der Gedanke an das Team ist faszinierend, Bedenken hinsichtlich einer Realisierbarkeit scheinen jedoch angebracht; wobei die Probleme, die im Bereich menschlicher Verhaltensnormen liegen, auf Dauer schwerer zu überwinden sein werden.

3.2.2 Arbeitsschwerpunkte

Die Frage, die sich nunmehr anschließt, ist die nach Alternativen, Mischarbeitsplätze zusammenzufügen. Ich würde diese Frage bejahen, zwischen den Extremen alles beim alten zu belassen, und der Überwindung aller überkommenen Strukturen muß es einen Mittelweg geben, der behutsam neue Formen in bewährte Strukturen einfügt. Unter der Voraussetzung, daß die Tätigkeitsfelder durch einen Online-Katalog enorm verdichtet werden, ist es auch möglich, Arbeitsschwerpunkte zu bilden, die sehr wohl abteilungsübergreifend sein können, aber nicht sein müssen. Die Kriterien für einen Mischarbeitsplatz ließen sich im Erwerbungsbereich noch relativ leicht zusammenstellen. Konventionelle Tätigkeiten, wie das Sichten von Bestellunterlagen, bibliographische Recherchen, der Verkehr mit Buchhandel und Verlagen – und ich meine nicht nur den Routineverkehr – bieten eine Reihe von Tätigkeiten neben der Terminalarbeit, die sinnvoll und notwendig sind, ohne daß die Gefahr einseitiger Belastung besteht. Mehr noch, das spezielle Fachwissen wird gefordert. Ich könnte mir vorstellen, daß ein Mitarbeiter, der das Gefühl hat, seine speziellen Kenntnisse auf einer verbreiterten Basis voll ausspielen zu können, in der Arbeit mehr Erfüllung findet als jemand, der das Gefühl hat, vieles nur halb tun zu können. Ich sehe auch nicht, daß ein Diplom-Bibliothekar heutiger Ausbildung dabei unterfordert würde.

Daß diese Vorstellung zu sinnvollen Ergebnissen führt, kann ich Ihnen an dem eingangs erwähnten Beispiel aus Göttingen belegen. Dort wurde – vor nunmehr 20 Jahren – mit dem Einsatz der Datenverarbeitung, dem Stand der Zeit entsprechend natürlich einem Offline-System, begonnen. In diesem Zusammenhang spielt online oder offline nur eine untergeordnete Rolle. Die Struktur der Arbeitsplätze bleibt davon unberührt, das Ganze ist mehr eine Frage des Komforts und der Zugriffsmöglichkeit. In das Vorhaben einbezogen wurden drei bis dato selbständige Dienststellen

- die Akzession von Zeitschriften und Serien,
- die Katalogisierung der Zeitschriften und Serien
- und die Führung des Standortkatalogs.

Heute werden in dieser Dienststelle – wir könnten auch sagen, im Schwerpunkt Zeitschriften- und Serienbearbeitung – ca. 14000 laufende und 14000 nicht laufende Zeitschriften sowie 29000 Serientitel bearbeitet.

Zu diesem Zweck ist das Alphabet in 11 Arbeitsplätze aufgeteilt, für die jeweils ein Mitarbeiter verantwortlich zeichnet. Innerhalb seines Alphabetsteiles macht jeder Mitarbeiter alles, also von der Bestellung, dem Verkehr mit dem Buchhändler, der Inventarisierung, der Katalogisierung bis zur Führung des Standortkatalogs. Ich möchte meinen, ein breitgefächerter Tätigkeitskanon, der keine Monotonie aufkommen läßt. Diese Organisationsform hat sich so bewährt, daß in den vergangenen 20 Jahren keine grundsätzlichen Änderungen vorgenommen werden mußten. Die Kontinuität hat sich auch positiv auf das Arbeitsklima auswirkt. Die Weiterentwicklung dieses Systems zu einem Online-System ist in Vorbereitung, wobei sicherlich auch einige Tätigkeitsfelder modifiziert werden. Grundsätzliche Änderungen sind nicht vorgesehen und werden von den Kollegen auch nicht gewünscht.

4. *Zusammenfassung*

Ich komme nun zum Schluß und fasse zusammen: Mein Thema lautete: Konsequenzen einer DV-betriebenen Erwerbung. Richtiger hätte es – wie es sich gezeigt hat – lauten müssen: Konsequenzen eines DV-gestützten Geschäftsgangs, unter besonderer Berücksichtigung der Erwerbung, denn auch die Probleme der Erwerbungsabteilung werden sich nur in einem größeren Kontext lösen lassen. Insoweit spiegelt dieser Vortrag die Entwicklung wider, die notwendig ist, um integrierte Strukturen zu schaffen. Die Zeiten, in denen man Arbeitsabläufe in Bibliotheken sukzessive und abschnittsweise nach Abteilungen aufbauen und betrachten konnte, sollten endgültig vorbei sein. Ein EDV-geführter Online-Katalog befreit von der Notwendigkeit, die Dienststellen an bestimmte, ortsgebundene Arbeitsmittel anzubinden. „Der Computer als zentrales Nachweisinstrument gibt uns die volle freie Gestaltung über die Arbeitsabläufe zurück und befreit in hohem Maß von den bisherigen Zwängen.“[12]

Zu verhindern ist, daß die EDV im Innenbereich der Bibliothek ausschließlich zu Rationalisierungsmaßnahmen „mißbraucht“ wird. Wir müssen sogenannte Mischarbeitsplätze fordern, bei denen die Belastungen durch Bildschirmarbeit in Grenzen gehalten und die Interessen der Mitarbeiter berücksichtigt werden.

Neue Organisationsformen können mit Blick auf den heutigen Geschäftsgang vertikal oder horizontal angelegt sein. Beispiel für den vertikalen Schnitt wären Teams, fächerbezogene Kleingruppen, die in letzter Konsequenz vom Einkauf bis zur Auskunft und Benutzerberatung alles machen. Dieses Modell setzt sehr hohe Maßstäbe an Kenntnisse und Flexibilität der Mitarbeiter.

Das horizontale Modell, eben dargestellt am Beispiel der Zeitschriftenstelle der UB Göttingen, wäre die Konzentration von Tätigkeitsfeldern. Dieses Modell läßt sich organisatorisch einfacher darstellen und würde Spezialkenntnisse leichter zur Entfaltung kommen lassen.

Für welchen Weg man sich auch entscheidet, gefordert ist organisatorische Flexibilität. Nicht verhindern läßt sich, daß auch die Bibliotheksabläufe in der Erwerbung zunehmend technisiert und vielfach am Bildschirm abgewickelt werden. Dabei scheint mir die Belastung nicht so sehr am Bildschirm selbst zu liegen, als vielmehr in der dauernden hohen Konzentration, die der kompri-

[12] Chr. Boßmeyer: Der Einfluß neuer Techniken auf den Arbeitsplatz in der Bibliothek. In: ZfBB. Sonderheft 32 (1981), S. 111.

mierte Arbeitsprozeß fordert. Auch die nunmehr für jeden – auch für den Benutzer – gegebene Transparenz der innerbetrieblichen Abläufe und Laufzeiten (z. B. von Bestellungen) dürfte ganz neue Erfahrungen und Folgen für den Bibliothekar mit sich bringen. Elke Bonneß stellt fest: „Nirgendwo ist früher die Produktivität der Bibliothek nach außen hin so direkt überprüfbar geworden, wie seit dem Einsatz von Online-Systemen mit ihren Auskunfts- und Zugriffsmechanismen. Wie weit die Transparenz der Information gehen soll oder aber, wie weit der Bibliothekar sich durch den Benutzer kontrollieren lassen will, kann nicht allgemein beantwortet werden."[13]

Was die Zukunft anbelangt, werden wir den Einzug der neuen Techniken in die Bibliotheken nicht aufhalten können und sollen. Hatte die Bibliothek früher ein Monopol als Informationsspeicher und Informationsvermittler, so wird sie dieses Monopol in der Zukunft verlieren. Sie wird ihre Dienstleistungen zunehmend im Wettbewerb teilen müssen mit Information-Brokern und modernen Computer-Systemen, die Informationsflüsse an den Bibliotheken vorbei ermöglichen. Denken Sie an Entwicklungen wie On-demand-publishing, an BTX, Volltext-Speicherung, document delivery, an die Expertensysteme, an denen mit Hochdruck gearbeitet wird. Wenn die Bibliotheken ihre Stellung in der Informationslandschaft halten wollen, müssen sie alles tun, um ihre Leistungsfähigkeit den sich ändernden Erfordernissen anzupassen[14]. Dazu gehört sicherlich eine Erweiterung der Angebotspalette, aber auch die Verbesserung der innerbetrieblichen Abläufe. Wenn wir diese neue Technik so einsetzen und steuern können, daß parallel zur Leistungssteigerung auch für die Mitarbeiter – im ganzen gesehen – eine Verbesserung der Arbeitssituation erreicht wird, dann hätten wir das verwirklicht, was in Abwandlung eines Wortes von Klaus Haefner als eine „human computerisierte Bibliothek" zu bezeichnen wäre.

[13] Elke Bonneß: Automatisierte Datenverarbeitung in der Universitätsbibliothek Bielefeld. In: Die neue Bibliothek. Festschrift für Harro Heim. München 1984. S. 100.

[14] In diesem Zusammenhang verweise ich auf den Vortrag Klaus Haefners anläßlich der 2. norddeutschen Bibliothekstage in Göttingen. Erschienen in: mb. Mitteilungsblatt der Bibliotheken in Niedersachsen. Heft 59 (1984) S. 19ff.

3. ERSCHLIESSUNG UND BENUTZUNG

FRANZ GEORG KALTWASSER

Erschließung alter Buchbestände in Bibliotheken der Bundesrepublik Deutschland

1. Einleitung

Während des stürmischen Aufbaus der neuen Universitätsbibliotheken in den 60er und 70er Jahren war das „alte Buch" in der allgemeinen bibliothekarischen Diskussion kein Thema.

Ich erinnere mich sehr deutlich an das Erstaunen, das die Ergebnisse der Untersuchungen von Kratsch im Jahr 1979 hervorriefen[1]. Es stellte sich heraus, daß 61 Prozent der Bestellungen im deutschen Fernleihverkehr sich auf geisteswissenschaftliche Bücher beziehen und 39 Prozent auf medizinisch-naturwissenschaftlich-technische. Kratsch schrieb: „Dies ist gegenüber der ursprünglichen Annahme insofern überraschend, als man davon ausging, daß der medizinisch-naturwissenschaftlich-technische Bereich zwei Drittel und der geisteswissenschaftliche Bereich nur ein Drittel der Gesamtbestellungen umfassen würde. Das Verhältnis ist also nahezu umgekehrt."[2] Bei den Bestellungen auf geisteswissenschaftliche Bücher bezogen sich wiederum 38,4 Prozent auf Bücher vor 1945 (4,5 Prozent vor 1801; 11,2 Prozent 1801–1900; 22,8 Prozent 1901–1945). Kratsch rechnete die Zahl der Testwoche auf ein Jahr hoch, und das ergab eine Zahl von 293600 Bestellungen auf geisteswissenschaftliche Literatur vor 1945 (vor 1801: 34000; 1801–1900: 85600; 1901–1945: 174000). Heute dürfte durch weitere Steigerung der Fernleihe die Zahl deutlich über 300000 pro Jahr liegen.

Die Wissenschaft – und diese ist es in der Tat; denn das allgemeine Lesebedürfnis zielt zwar manchmal auf alte Texte, aber nicht auf alte Ausgaben –, die Wissenschaft also benötigt alte Bücher in hohem Maße. In Bibliotheken mit großen Altbeständen wußte man das zwar immer. Die Ergebnisse der Untersuchungen von Kratsch waren hier keine Überraschung, sondern eine Bestäti-

[1] Werner Kratsch: Untersuchung zur Struktur des Leihverkehrs der deutschen Bibliotheken. Berlin 1983 (= DBI-Materialien 27).

[2] a.a.O. S. 13.

gung. Aber das alte Buch war – wie gesagt – kein allgemein interessierendes Thema. Mir wurde einmal von Finanzbeamten bei einer Besprechung über die Notwendigkeit einer Speicherbibliothek gesagt: „Mieten Sie doch eine leere Fabrikhalle und stapeln Sie da Ihre alten Bücher, die Sie nicht mehr brauchen."

In den letzten Jahren hat sich jedoch das Bewußtsein geschärft, daß wissenschaftliche Bibliotheken die Wissenschaft auch mit Büchern früherer Erscheinungsjahre zu beliefern haben – wie immer das geschehen mag: durch die Originale, durch Kopien oder durch Bereitstellung am Ort. Der Bibliothekartag 1985 in Trier legt davon Zeugnis ab.

Das neue Bewußtsein schärft jedoch auch sofort den Blick für die Schwächen im System der Literaturversorgung auf diesem Gebiet. Trotz großer Kriegsverluste sind die Bibliotheken in der Bundesrepublik Deutschland reich an alten Beständen, reicher als wir es im einzelnen wissen. Und das ist das Problem: Die alten Bestände in unseren Bibliotheken sind überörtlich, das heißt in veröffentlichten Einzel- beziehungsweise Gesamtkatalogen nicht hinreichend erschlossen. Andererseits gibt es erfreuliche Ansätze in jüngster Zeit. Man sollte versuchen, diese zu reflektieren, sie in einen Gesamtzusammenhang zu stellen und ihnen womöglich eine zweckmäßige Zielrichtung zu geben. Das sei mein heutiges Thema.

Grundsätzlich wird man zwei Methoden der Altbestandserschließung unterscheiden müssen, und zwar eine mehr oder weniger aufwendige Neukatalogisierung einerseits und die Übernahme vorhandener Katalogisate andererseits, wobei letzteres in der Regel auf Überführung in die EDV hinzielt. Bei allen Überlegungen wird man auf diese Unterscheidung, die auf eine Entscheidung für oder gegen Autopsie der Bücher hinaus läuft, genau achten müssen. Sie bestimmt den notwendigen Arbeitsaufwand in ganz entscheidendem Maße. Man wird nicht sagen können, die eine Methode sei richtig und die andere sei falsch. Sie werden durch verschiedene Zielrichtungen bestimmt. Es kann jedoch durchaus dazu kommen, daß man Prioritäten setzen muß, und ein solcher Punkt ist womöglich bereits erreicht. Ich werde später noch darauf zurückkommen. De facto gibt es Unternehmen nach beiden Methoden, und ich möchte versuchen, diese zu exemplifizieren.

2. *Altbestandskatalogisierung nach Autopsie*

2.1 *In zeitlicher Schichtung*

Wenn wir genau hinsehen, müssen wir feststellen, daß in den Jahrzehnten nach dem 2. Weltkrieg doch eine erhebliche Menge wertvollen Bibliotheksmaterials in hervorragender Weise erschlossen wurde. Es handelt sich dabei allerdings zumeist um die ältesten Bestände der Bibliotheken beziehungsweise um Sonderbestände.

Ich möchte mich bei meinen heutigen Überlegungen im wesentlichen auf die Erschließung von Druckschriften beschränken. Es erscheint mir aber unerläßlich zu erwähnen, daß die *Handschriften* in unseren Bibliotheken nach dem 2. Weltkrieg dank kräftiger Förderung durch die Deutsche Forschungsgemeinschaft qualitativ und quantitativ in einer Weise erschlossen wurden wie nie zuvor in ihrer Geschichte. Seit den ausgehenden 50er Jahren wurden über 130 gedruckte Handschriftenkataloge herausgebracht. Dazu kommen etwa 60 gedruckte Bände der Reihe „Verzeichnis der orientalischen Handschriften in Deutschland". Das ist international ein absolutes Spitzenergebnis und wird auch so bewertet.

Erlauben Sie mir auch die Bemerkung, daß selbst die allerältesten Bestände in Bibliotheken, nämlich die *Papyri*, nach jahrzehntelanger Pause durch wissenschaftliche Arbeiten weiter erschlossen werden. 1914 erschien der erste Band der Papyrussammlung der Bayerischen Staatsbibliothek; jetzt nach über siebzig Jahren werden gleichzeitig der zweite und der dritte Band publiziert, erarbeitet von Wissenschaftlern aus Deutschland und Italien. Die Bände erscheinen bei Teubner, Stuttgart.

Kommen wir zu den Drucken. Eine ganze Reihe von *Inkunabelbeständen* wurde in der letzten Zeit durch gedruckte Kataloge vorgestellt (z. B. Augsburg, Frankfurt, Freiburg und Würzburg). Die Bayerische Staatsbibliothek hat vor kurzem mit Hilfe einer Fragebogenaktion Umfang und Art der Erschließung der Inkunabelsammlungen in der Bundesrepublik Deutschland festzustellen versucht. Von den etwas über 100000 Inkunabelexemplaren, die so erfaßt werden konnten, ist fast die Hälfte durch gedruckte Kataloge erschlossen. Der mit Unterstützung der Deutschen Forschungsgemeinschaft erarbeitete Katalog der Bayerischen Staatsbibliothek erscheint in Kürze im Verlag Dr. Reichert, Wiesbaden. Durch die Erstellung eines Inkunabel-Census, der möglichst viele Bestände nachweist, dürfte die Erschließung auf diesem Gebiet einen gewissen Abschluß erreichen. Die Herstellung eines solchen Census erscheint in Zusammenarbeit mit der British Library und unter Verwendung des Datenbanksystems BLAISE in erreichbare Nähe gerückt[3].

Das wohl wichtigste Unternehmen der retrospektiven Katalogisierung ist das seit 1983 erscheinende *„Verzeichnis der im deutschen Sprachbereich erschienenen Drucke des 16. Jahrhunderts (VD 16)"*, das von Hiersemann, Stuttgart, verlegt wird. Das VD 16 kann in der Tat als ein fundamentaler Baustein zu einer

[3] Franz Georg Kaltwasser: Der geplante Census der Inkunabeln in Bibliotheken der Bundesrepublik Deutschland. Ein Beitrag zur retrospektiven bibliographischen Kontrolle. Papier, vorgetragen auf der IFLA-Tagung August 1985 in Chicago.

retrospektiven deutschen Nationalbibliographie angesehen werden. Es erfaßt Drucke in allen Sprachen, die im deutschsprachigen Raum (Deutschland, Österreich und die deutschsprachigen Teile der Schweiz und des Elsaß) zwischen 1501 und 1600 erschienen sind. Das Verzeichnis wird von der Bayerischen Staatsbibliothek in Verbindung mit der Herzog August Bibliothek erarbeitet, dabei kräftig unterstützt durch die Deutsche Forschungsgemeinschaft.

Ausgangsmaterial war die Arbeitskartei von J. Benzing. Die Titelaufnahmen des VD 16 beruhen in aller Regel auf Autopsie. Es werden also keine Irrtümer tradiert, wie dies sonst bei unkontrollierter Übernahme von Eintragungen aus älteren Bibliographien in neuere Kompilationen häufig geschieht. Dies erscheint mir ein ganz wesentlich positives Merkmal des VD 16.

In einer ersten Arbeitsphase, die 1969 begann, wurden rund 90000 Drucke beschrieben. Das sind alle Titel der Bayerischen Staatsbibliothek und der Herzog August Bibliothek, darüber hinaus aber weitere Titel aus verschiedenen Bibliotheken in der Bundesrepublik Deutschland und aber auch aus dem Ausland. Das bedeutet, daß mehr als drei Fünftel der geschätzten Gesamtsumme von 140000–150000 Titeln (ohne Einblattdrucke) erfaßt sind. Das ist eine Menge, die von der Quantität und gleichzeitig der Qualität her alle bisherigen Verzeichnisse weit in den Schatten stellt.

Das Verzeichnis gliedert sich in drei Abteilungen:

I. Verfasser, Körperschaften und Anonyma

II. Herausgeber, Kommentatoren, Übersetzer und literarische Beiträger. Letztere spielen im 16. Jahrhundert als Vorredner, Schreiber von Widmungsgedichten etc. eine große Rolle und sind bislang praktisch überhaupt nicht erschlossen.

III. Druckorte, Drucker und Verleger.

Insgesamt wird das Verzeichnis etwa 40 Bände umfassen. Die EDV konnte bei diesem Unternehmen 1969 leider noch nicht eingesetzt werden. Es ist somit wohl die letzte große konventionell hergestellte Bibliographie dieser Art.

Die erste Abteilung wird zwanzig Bände umfassen und in wenigen Jahren komplett vorliegen. Die zwei anderen Abteilungen, die mit der ersten gleichzeitig jetzt redigiert werden, können dann in noch größerer Schnelligkeit vorgelegt werden.

Wenn man überlegt, welcher Zeitraum seit dem Beginn des Unternehmens im Jahre 1969 vergangen ist, können Sie ermessen, welche Schwierigkeiten einer umfassenden Erstellung einer retrospektiven Nationalbibliographie, die von den erhaltenen Originalen ausgeht, entgegenstehen. Trotzdem hat sich die Deutsche Forschungsgemeinschaft entschlossen, in der Erschließung der Literatur des 16. Jahrhunderts hier nicht stehen zu bleiben, sondern in einer zweiten Phase weiteres Titelmaterial zusammenzutragen. Man muß dabei bedenken, daß im Fortschreiten der Arbeit immer mehr Dubletten bereits erfaßter Titel in die Hand genommen werden müssen und damit das Auffinden neuer Titel mit immer mehr Arbeit verbunden ist. Da es keine Institution in der Bundesrepublik Deutschland gibt, die diesen Fischzug mit immer geringer werdender Ausbeute auf Dauer auf sich nimmt – jedenfalls haben wir bislang keine gefunden –, muß man in überschaubaren Schritten weiter vorgehen, um bei jedem Schritt nach dem weiteren Verhältnis des Aufwandes zum Nutzen fragen zu können. Nur so kann die Deutsche Forschungsgemeinschaft das Unternehmen weiter fördern und ist auch wegen der hohen wissenschaftlichen und nationalbibliographischen Bedeutung des Unternehmens dazu gewillt. Dabei wurde als Grundsatz aufgestellt, daß die Gewinnung neuer Titel das überregionale Interesse der DFG, die Feststellung und Katalogisierung von weiteren Nachweisen dagegen Sache der einzelnen Bibliotheken sei.

In der nun angelaufenen zweiten Phase des Unternehmens sollen die Bestände von acht weiteren Bibliotheken (Stadtbibliothek Braunschweig, Universitätsbibliothek Düsseldorf, Universitätsbibliothek Freiburg, Staats- und Universitätsbibliothek Göttingen, Universitäts- und Stadtbibliothek Köln, Ratsbibliothek Lüneburg, Württembergische Landesbibliothek Stuttgart, Stadtbibliothek Trier) für das VD 16 erschlossen werden, wobei sich die Bibliotheken bereiterklärt haben, die Titel der Redaktion zu melden, die sie dann verarbeitet. Selbstverständlich gibt es eine ganze Reihe weiterer Bibliotheken mit interessanten Beständen und diese liegen nicht nur in der Bundesrepublik Deutschland, sondern auch in der DDR, in Österreich, Polen und in der Schweiz.

Gleichzeitig soll mit Hilfe der EDV ein Bestandsregister aufgebaut werden, das nach den Nummern des VD 16 angeordnet ist und beliebig mit Bestandsangaben, das heißt Bibliothekssigel und Signaturen, angereichert werden kann.

Ich will nicht verhehlen, daß eine Zusammenarbeit mehrerer Stellen sachliche Probleme aufwirft. Die zweite Phase, in der noch mehr Partner zusammenarbeiten, erfordert hohe Kooperationsbereitschaft. Wenn die Zusammenarbeit nicht klappen würde, bestünde die Gefahr, daß die finanzielle Unterstützung durch die Deutsche Forschungsgemeinschaft verspielt würde.

Das VD 16 hat in Rezensionen bereits ein gutes Echo gefunden. Gelegentlich wird Perfekteres gewünscht. Professor Garber vergleicht in der Wochenzeitung „Die Zeit“ vom 14. 9. 1984 das VD 16 mit dem Preußisch/Deutschen Gesamtkatalog, der perfekt angelegt gewesen sei und stellt zum VD 16 mit dem Blick auf die Unvollständigkeit der ersten Ausgabe die Frage „Warum die Eile bei einem Werk solchen Kalibers?“ Dazu kann man nur sagen, daß der Preußisch/Deutsche Gesamtkatalog zwar perfekt geplant war, aber nach über 40jähriger Arbeit – kriegsbedingt – beim Buchstaben „Be“ stecken blieb. Er hätte aber auch ab dem Jahr 1939 nach damals angestellten Berechnungen unter Beibehaltung seines Erscheinungsrhythmus noch 200 Jahre bis zu seiner Fertigstellung bedurft, also bis zum Jahr 2139[4]. Das großartige Werk stellt sich also als eine gigantische Planungsruine dar. Der ebenfalls von Garber gerühmte Gesamtkatalog der Wiegendrucke (GW) steht jetzt nach achtzig Jahren beim Buchstaben „Fr".

Solche perfekten Planungen mit „offenem Ende" waren für die Gremien der Deutschen Forschungsgemeinschaft abschreckend. Das VD 16 bringt eine Fülle von Titeln, wie kein vergleichbares Verzeichnis für diese Zeit und diesen Raum. Es ist sicher besser, dieses Verzeichnis jetzt zu publizieren, als es perfekt fertig stellen zu wollen und es damit auf unabsehbar lange Zeit zu verstecken. Eine Veröffentlichung erst nach einer vollständigen Erfassung aller Titel des 16. Jahrhunderts hätte das Unternehmen in die Gefahr gebracht, ebenfalls stecken zu bleiben. Natürlich muß man jetzt daran weiterarbeiten.

Wir können durch die Jahrhunderte weiterschreiten und kommen ins 17. Nachdem sich der Erfolg der Arbeiten am VD 16 abzeichnete, kam die Frage nach einer Weiterführung ins *17. Jahrhundert* auf. Ein verständlicher Wunsch, da die Literatur des 17. Jahrhunderts eher noch schlechter erschlossen ist als die des 16. und überdies noch zersplitterter ist. Die überwiegend lateinische Literatur des 16. Jahrhunderts ist zwar theologisch kontrovers, aber die kontroverse Auseinandersetzung hat doch zu einer gleichmäßigen Verteilung der Bücher geführt. Im 17. Jahrhundert dagegen haben sich regionale Literaturtraditionen entwickelt, und damit ist die Summe aller Schriften auf noch mehr Bibliotheken verteilt als im 16. Jahrhundert.

Am 14. November 1980 fand in der Geschäftsstelle der Deutschen Forschungsgemeinschaft eine Expertenbesprechung zu Fragen der Verzeichnung (und Erschließung) von Drucken des 17. Jahrhunderts statt. Die von Fachwissenschaftlern vorgetragenen Meinungen waren leider nicht auf einen Nenner zu bringen. Das Spektrum der Wünsche reichte von der Erschließung nur ihres engsten Wissenschaftsgebietes bis zur Erfassung zwar aller Titel des 17. Jahrhunderts, aber in einer solchen formalen und inhaltlichen Intensität, daß dies kaum mehr als realistisch zu bezeichnen war.

Die Deutsche Forschungsgemeinschaft bat daraufhin die UB München um eine „Studie zur Frage der Verzeichnung der Drucke des 17. Jahrhunderts im deutschen Sprachraum", die diese 1984 erstellte. Es wird darin eine Übersicht über den gegenwärtigen Stand der Erfassung, Verzeichnung und Erschließung gegeben. Hier zeigt sich die ganze Zersplitterung der literarischen Überlieferung, ein bibliothekarisch bibliographisches Abbild der politischen Situation. Es wurden auch Methoden der Bestandsverzeichnung erörtert.

[4] Werner Schochow: Griff in die Geschichte der Staatsbibliothek. In: Staatsbibliothek Preußischer Kulturbesitz. Mitteilungen. Jg. 17 (1985), S. 27–30.

In einem zweiten Teil der Studie, die noch zu erarbeiten ist, sollen jetzt jederzeit einsetzbare und aktualisierbare Berechnungsgrundlagen und Kalkulationsmodelle für die Überlegungen zur Erschließung der im deutschen Sprachraum erschienenen Drucke des 17. Jahrhunderts erstellt werden. Die Deutsche Forschungsgemeinschaft sieht sich zur Zeit nicht in der Lage, neben dem VD 16 auch noch den Aufbau eines VD 17 finanziell zu unterstützen. Doch erscheint es zweckmäßig, bei sich eventuell bietenden Finanzierungschancen jederzeit mit konkreten Vorstellungen und Kostenangaben reagieren zu können. Zu diesem Zweck sollen Modelle verschiedener Erschließungstiefe erarbeitet werden, für die Kostenbedingungen genannt werden können. Selbstverständlich geht man davon aus, daß ein solches Projekt, wie auch immer es im einzelnen gestaltet ist, sich der EDV bedient, so daß die Daten übernehmbar und auch in Datenbanken recherchierbar werden.

Zweifelsohne ist ein dem VD 16 vergleichbares VD 17 in seiner Erstellung noch komplexer, arbeits- und finanzaufwendiger. Eigentlich ist ein solches nationalbibliographisches Unternehmen eine Daueraufgabe. Als solche kann die Deutsche Forschungsgemeinschaft es nicht fördern. Wir müssen sehen, ob nicht andere Institutionen für eine solche Aufgabe einspringen können, zum Beispiel die Konferenz der Akademien der Wissenschaften, die ja ähnlich langfristige Projekte wie zum Beispiel den Thesaurus Linguae Latinae betreuen. Mir scheint, das Thema liegt in der Luft. Eine Realisierung ist jedoch nur politisch durchsetzbar und wenn die Wissenschaft dies ernsthaft fordert[5].

2.2 Sonderbestände

Der Vollständigkeit halber muß darauf hingewiesen werden, daß zur Zeit ältere Bestände nicht nur in zeitlicher Schichtung neu erfaßt werden, sondern auch unter fachlichen Gesichtspunkten. Auch hier verdanken wir es der Deutschen Forschungsgemeinschaft, daß sie Projekte mitträgt, die von den einzelnen Bibliotheken allein nicht zu leisten gewesen wären.

Eines dieser Projekte ist die *Erschließung historisch wertvoller Kartenbestände.* Am 14. Dezember 1980 fand eine Expertenbesprechung der Deutschen Forschungsgemeinschaft zur Vorbereitung eines Förderungsprogramms für die Erschließung historisch wertvoller Kartenbestände statt, zu der Fachwissenschaftler und Bibliothekare eingeladen worden waren. Die Deutsche For-

[5] Auf dem Bibliothekartag in Trier erhoben Claus Garber die Forderung nach einem VD 17 und Walther Gose nach einem VD 18. Vgl. hierzu in diesem Band:

Klaus Garber: Erwartungen der Wissenschaft an Erschließung und Benutzungsmöglichkeiten älterer Literatur. S. 206–233.

Walther Gose: Der entfernte Benutzer. Gebrauch und Benutzung alter Bestände als Problem der Forschungspraxis. S. 234–247.

schungsgemeinschaft folgte dem Vorschlag der Experten, vorrangig die Bestände der Staatsbibliothek Preußischer Kulturbesitz, der Niedersächsischen Staats- und Universitätsbibliothek Göttingen und der Bayerischen Staatsbibliothek zu erschließen, und zwar nach einem gemeinsamen Konzept, bei dem die RAK-Karten zugrundegelegt werden sollten, die daraufhin von der Kommission des DBI für Alphabetische Katalogisierung vorrangig fertiggestellt und 1983 als Vorabdruck publiziert wurden. Es soll darüber hinaus eine sachliche Erschließung in Form geographischer Schlagwörter nach RSWK mit zusätzlichen Sachschlagwörtern zum Kartentyp stattfinden. Die erfaßten Daten sollen publiziert werden. Außerdem werden sie in Göttingen zentral mit EDV für eine Datenbank aufbereitet. In dieser Weise katalogisiert werden die gedruckten Karten bis zum Erscheinungsjahr 1850.

In Berlin handelt es sich um 30000–35000 Karten (nachdem bereits 60000 – wenn auch noch nach PI – katalogisiert sind), in Göttingen um 17500 und in München um 40500. Das 1985 begonnene Projekt soll in viereinhalb Jahren abgeschlossen sein.

Eine andere fachliche Gruppe sind die Notendrucke. Hier wird als ein erster Ansatz zur retrospektiven Erfassung der Bestand an Notendrucken der Bayerischen Staatsbibliothek in Bälde im Verlag Saur, München, publiziert werden. Es handelt sich um den neben Berlin größten Bestand an Notendrucken, der durch das Sondersammelgebiet Musik laufend ausgebaut wird. Die 125000 bibliographischen Einheiten des älteren Katalogteiles (Erscheinungsjahre vor 1982) wurden mit Hilfe der Deutschen Forschungsgemeinschaft nach RAK-Musik redigiert, zu einem kleineren Teil nach Autopsie (insofern handelt es sich bei dieser Art von Unternehmen um einen Mischtyp). Zur Zeit werden die redigierten Titel für die EDV erfaßt. Da auch der Neuzugang aller Titel mit EDV verarbeitet wird, haben wir hier den Fall, daß der Katalog einer Sondersammlung bereits ganz auf EDV umgestellt ist. Zweifelsohne kann dies ein Ansatz zu einem Zentralkatalog der Musikalien werden, wenngleich Bemühungen in dieser Richtung, zu konkreten Ergebnissen zu kommen, bislang ins Leere liefen.

Erwähnt werden muß schließlich das *DFG-Programm zur Erschließung von Spezialbeständen.* Als Beispiele seien genannt die Wagner-Drucke in Ulm, der Bibel-Katalog der Landesbibliothek in Stuttgart oder die Hobrecker-Sammlung Braunschweig. Auch die *SSG-Fachverzeichnisse* weisen zum Teil alte Bestände nach. Für viele Bibliotheken am Rande liegend, oder besser gesagt, außerhalb des Randes liegend, aber für die Wissenschaft in der Bundesrepublik doch von großer Wichtigkeit sind die *ostasiatischen Bestände* in einzelnen Bibliotheken. Auch hier ist dank DFG-Unterstützung eine Erfolgsmeldung aus den letzten Jahren zu geben. Die Staatsbibliothek Preußischer Kulturbesitz hat ihren

Katalog der ostasiatischen Bestände im Verlag Biblio, Osnabrück, publiziert, und der entsprechende Katalog der Bayerischen Staatsbibliothek erscheint zur Zeit im Verlag Dr. Reichert, Wiesbaden. Beide Sammlungen ergänzen sich ideal, da der Münchener Bestand vor allem durch seine älteren Werke hervorgehoben ist, während die Berliner Sammlung ihren Schwerpunkt bei der neueren Literatur hat.

Last but not least sind hier die *Zeitschriften* in der Zeitschriftendatenbank (ZDB) zu nennen. In der ZDB ist bereits ein nicht unerheblicher Bestand an älteren Zeitschriften verzeichnet. Es handelt sich um insgesamt 114000 Titel, die vor 1945, bzw. 30500 Titel, die vor 1900 erschienen sind[6]. Wenn ich in diesem Vortrag vor allem von Monographien spreche, so sollte nicht vergessen werden, daß auch dieser Nachweis an älteren Zeitschriften ausgebaut werden sollte.

3. Altbestandskatalogisierung durch Übernahme vorhandener Katalogisate

Im Gegensatz zum Preußisch/Deutschen Gesamtkatalog, der neue Titelaufnahmen anfertigte und dazu Standortnachweise gab, war der in den siebziger Jahren entstandene Plan eines neuen *Deutschen Gesamtkataloges (DGK)* vergleichsweise bescheiden[7]. Leider sind die statistischen Ausgangsdaten für die Stichprobenuntersuchung, die gemacht wurde, nicht so tragfähig, um von ihnen ausgehend Aussagen machen zu können, in welchem Umfang dieses Unternehmen ältere Bestände erfaßt hätte. Oberschelp schreibt, daß vermutlich die älteren Titel in dem schmalen Ausschnitt des Alphabets von „Quadf – Quadz", den er untersuchte, überproportional stark vertreten seien. Von den 1152 ausgewerteten Titelaufnahmen wiesen 25 Prozent (= 288) Ausgaben aus der Zeit vor 1800 nach und 16,4 Prozent (= 189) Ausgaben von 1801–1910. Der Zeitraum von 1911–1930 war mit 4,5 Prozent (= 52) Ausgaben vertreten. Rechnet man diese 45,9 Prozent auf die 44 Mio. Kärtchen hoch, ergeben sich 20196000 Kärtchen für die Zeit von 1501–1930. Die Zahl der Titel hätte aus dem schon genannten Grund und da die Zahl der Kärtchen höher ist als die Zahl der Titel, deutlich daruntergelegen. Das heißt mit anderen Worten, die vereinigten Zentralkataloge und die dazu genommenen Kataloge einiger Großbibliotheken hätten nur einen Teil, wenn auch einen großen Teil der Altbestände der

[6] Diese Zahlen hat mir freundlicherweise Herr G. Franzmeier von der ZDB mit Schreiben vom 16. 4. 1985 mitgeteilt.

[7] Reinhard Oberschelp: Der Deutsche Gesamtkatalog. Bestandsverzeichnis deutsch- und fremdsprachiger Literatur in Bibliotheken der Bundesrepublik Deutschland einschließlich Berlin (West). In: Deutscher Gesamtkatalog und Verbundkatalog. Zwei Projektstudien. Berlin 1978, S. 5–57 (= Bibliotheksdienst. Beiheft 131).

Bibliotheken in der Bundesrepublik Deutschland nachgewiesen. Die vorhandenen Schätzungen über die Größe des Altbestandes variieren. Sie liegen aber alle deutlich über der eben genannten Zahl[8].

Nach dem Scheitern des Planes zur Herstellung eines Deutschen Gesamtkataloges entstanden in den letzten Jahren als Ersatz *Microficheausgaben von Teilen einzelner Zentralkataloge,* die den Leihverkehr in den Regionen, aber auch zwischen ihnen steuern sollen. Wenngleich es sich dabei überwiegend um Literatur nach 1945 handeln dürfte, ist doch sicher ein nicht unerhebliches Potential auch an älteren Drucken darin nachgewiesen. Die Kataloge sollen hier kurz in ihrer Größenordnung aufgezählt werden:

Baden-Württemberg:	ca. 1,3 Mio. Kärtchen
Bayern:	ca. 2,4 Mio. Kärtchen
Hessen:	ca. 1,16 Mio. Kärtchen
Nordrhein-Westfalen:	ca. 3,7 Mio. Kärtchen[9]

Diese hochnützlichen Instrumente dürften jedoch einen gewissen Endpunkt einer Entwicklung darstellen, nämlich die Verarbeitung großer Mengen von Informationen in der Form von Katalogdaten in der „vorelektronischen" Zeit.

3.1 Das DFG-Projekt der Publizierung der Altbestandskataloge von Göttingen und München

Die DFG hat Mittel dafür bereitgestellt, die Altbestandskataloge der Bayerischen Staatsbibliothek und der Staats- und Universitätsbibliothek Göttingen zu publizieren. Es soll ein deutscher Bibliotheksbestand veröffentlicht werden, der internationalen Vergleichen standhalten kann. Bekanntermaßen gibt es im Gegensatz zu anderen Ländern keinen Katalog einer großen Bibliothek in der Bundesrepublik Deutschland, der veröffentlicht ist. Die ursprünglichen Überlegungen gingen von der Publizierung des Kataloges der Bayerischen Staatsbibliothek aus, bezogen dann aber die Universitätsbibliothek Göttingen mit ein, da sich die älteren Bestände dieser beiden Bibliotheken ideal ergänzen. War die Erwerbung der im 16. Jahrhundert gegründeten Münchner Hofbibliothek mehr auf den romanischen Raum, auf den Osten und Südosten Europas und den Vorderen Orient ausgerichtet, so ging das Augenmerk der im 18. Jahrhundert gegründeten Göttinger Bibliothek von Anfang an vor allem auf den angloamerikanischen Bereich. Auch bei der deutschen Literatur bestehen nord- und süddeutsche Schwerpunkte.

[8] Bernhard Fabian geht von 30 Mio. Titeln aus. Vgl.: Bernhard Fabian: Buch, Bibliothek und geisteswissenschaftliche Forschung. Göttingen 1983, S. 105.

[9] Monika Brazda: Microfiche-Zentralkataloge – eine vergleichende Analyse. In: Bibliotheksdienst 18 (1984), S. 9–33.

Beide Kataloge werden mit EDV erstellt und sind so angelegt, daß sie in eine gemeinsame Datenbank aufgenommen werden können.

Bei der Bayerischen Staatsbibliothek handelt es sich um ca. 660000 Titel mit den Erscheinungsjahren 1501–1840. Der Teil von 1841–1952 soll parallel dazu auf Microfiche verfilmt und auf diese Weise publiziert werden. Insofern muß ich meine Aussage, daß der ganze Katalog *jetzt* auf EDV übernommen wird, zurücknehmen.

In Göttingen sollen zunächst die knapp 600000 Titel der geisteswissenschaftlichen Fächer mit den Erscheinungsjahren 1501–1945 übernommen werden (das ist etwa die Hälfte des ganzen Bestandes bis zu diesem Erscheinungsjahr).

In beiden Fällen handelt es sich um pragmatische Abgrenzungen. In Göttingen geht man von dem alten Realkatalog aus, der in der Regel die besseren Titelaufnahmen bietet als der Alphabetische Katalog, der ursprünglich mehr ein Register war. Hier war wegen der Masse der Titel bis 1945 jedoch erst einmal eine Eingrenzung nötig, um in 12 Jahren zu einem in sich geschlossenen Nachweis zu kommen.

In München ergab sich die andere Grenze aus der anderen Katalogsituation. Der älteste noch gültige Alphabetische Katalog in Bandform reicht bis 1840. Die Jahresgrenze 1840/41 bot sich damit als Zäsur an.

Jeder, der über Projekte dieser Größenordnung nachdenkt, sollte sich klar machen, was es heißt, bis zwei solche Unternehmungen, wie die eben genannten, überhaupt ins Laufen kommen. Ich möchte daher auf die ziemlich lange Vorgeschichte eingehen, um zu zeigen, welche Überlegungen im Vorfeld notwendig waren, bevor es zur Realisierung kam.

Am 28. Oktober 1977 stellte die Bayerische Staatsbibliothek einen Antrag an die Stiftung Volkswagenwerk auf Förderung der Einarbeitung des sogenannten „Bandkataloges“ in den „Quartalkatalog“[10]. Damit sollte ein einheitlich durchgehender Katalog der Druckschriften mit den Erscheinungsjahren von 1501–1952 hergestellt werden. Bis dahin war diese Reihe durch das Erwerbungsjahr 1841, mit dem man den Quartkatalog begonnen hatte, durchschnitten. Das verursachte häufig ein doppeltes Suchen in beiden Katalogen. Es war daran gedacht, diesen konventionell auf sogenannten Quartblättern (Format 22×18 cm) geführten Katalog in Microficheform zu publizieren.

Die Stiftung Volkswagenwerk hat zwar geprüft, ob dieses Projekt im Rahmen ihres Schwerpunktes „Erfassen, Erschließen, Erhalten von Kulturgut als Aufgabe der Wissenschaft“ gefördert werden könnte, fand dazu jedoch keine Möglichkeit und reichte den Antrag der Bayerischen Staatsbibliothek kurzer-

[10] Anregendes Vorbild war die Neugestaltung des Alphabetischen Kataloges der Wiener Nationalbibliothek. Vgl. hierzu: Joseph Stummvoll: Der Nominalkatalog 1501–1929 an der Druckschriftensammlung der Österreichischen Nationalbibliothek. In: Biblos 17 (1968), S. 76–86.

hand an die Deutsche Forschungsgemeinschaft weiter. Der Bibliotheksausschuß der DFG hat sich auf seiner Frühjahrssitzung 1979 mit dem geplanten Vorhaben befaßt und gelangte zu der einhelligen Meinung, daß die Sicherung, Zusammenführung und Veröffentlichung des Altbestandskataloges der Bayerischen Staatsbibliothek eine wesentliche Bedeutung für die überregionale Literaturversorgung habe und eine Förderung grundsätzlich zu befürworten sei.

Die DFG setzte daraufhin eine Arbeitsgruppe zur Projektbetreuung ein. In der Diskussion mit dieser Gruppe kam man in der Bayerischen Staatsbibliothek zu der Überzeugung, daß, da die Titel aus dem Bandkatalog jedenfalls abgeschrieben werden mußten, diese besser gleich für die EDV zu erfassen wären. Gleichzeitig sollten dann allerdings auch die Titel mit Erscheinungsjahren vor 1841 aus dem Quartkatalog mit erfaßt werden. Das ergibt dann einen maschinenlesbaren Katalog aller Titelaufnahmen vor 1841. Dieses Modell schafft zwar wieder zwei zeitlich getrennte alphabetische Kataloge, die aber nun eine klare Trennung nach Erscheinungsjahren haben werden. Es hat den Vorteil, daß der ältere Teil im modernen technischen Medium der EDV nachgewiesen ist. Den Quartkatalog gleichzeitig auf EDV zu übernehmen, scheitert zunächst an der Masse der 2,2 Mio. Katalogblätter.

Da zu dieser Zeit niemand in der Lage war, den Arbeitsaufwand eines solchen Großprojektes genau zu bestimmen, stellte die Bayerische Staatsbibliothek den Antrag, Mittel für einen Probelauf bereitzustellen, in welchem verschiedene Arbeitsorganisationen erprobt und damit zusammenhängend Arbeitszeitermittlungen angestellt werden sollten.

Übrigens wurde in diesen Jahren die Frage der Verfügbarkeit der Bestände für den Leihverkehr stark diskutiert. Doch wurde bereits der Slogan des Bibliotheksplans '73, daß jedes Buch für jedermann an jeden Ort bereitzustellen sei, durch den gegenläufigen Pendelschlag des Wunsches nach Präsenzhaltung überlagert. Für beide dieser sich gegenseitig ausschließenden Benützerwünsche ist jedoch die Publizierung großer Bibliothekskataloge nützlich und damit von dieser Diskussion unabhängig.

Mit Schreiben vom 4. Dezember 1980 genehmigte die DFG Mittel für den Probelauf. Gleichzeitig regte die DFG an, die Staats- und Universitätsbibliothek Göttingen aus den schon genannten Gründen in die Planungen mit einzubeziehen.

Auszählungen hatten ergeben, daß etwa 40 Prozent der Altbestände der Bayerischen Staatsbibliothek weder im Katalog der British Library noch in dem der Bibliothèque Nationale Paris nachgewiesen und somit auch im internationalen Vergleich selten sind. Es muß jedoch angemerkt werden, daß das Unternehmen nicht nur den Sinn hat, unikale Bestände nachzuweisen, sondern große Bestände insgesamt besser zugänglich zu machen.

Im Dezember 1980 begann die Erfassung der Titel für das Projekt an der Bayerischen Staatsbibliothek. Der Probelauf ergab, daß die bibliothekarische Tagesleistung bei 80 Titelaufnahmen liegt (Redaktion der Titel und Korrektur der erfaßten Titel) und die Schreibkräfte 150 Titel pro Tag aufnehmen können (Neuaufnahmen und Korrekturen). Daraus errechnete sich für das ganze Projekt eine notwendige Arbeitsleistung von 41,4 Mannjahren für bibliothekarische Kräfte und eine solche von 22,07 Mannjahren für Datentypistinnen. Bei einem Einsatz von 4 Bibliothekaren und 2 Schreibkräften ergibt das eine Laufzeit von etwa 10 Jahren für das Unternehmen.

Das Projekt wird mit den Programmen des Bayerischen Verbundkataloges abgewickelt. Die Erfassungsgeräte stellt der Verlag Saur zur Verfügung, der den Katalog publizieren wird. Die DFG zahlt 4 Stellen, und die Bayerische Staatsbibliothek investiert 2 Stellen als Eigenleistung. Mit Schreiben vom 30. 5. 1983 stellte die Deutsche Forschungsgemeinschaft Mittel für den ersten Zweijahreszeitraum zur Verfügung.

Die Titelaufnahmen werden nicht nach Autopsie angefertigt, sondern aus den vorhandenen Katalogen übernommen. Trotzdem stellt sich hier eine Reihe von Problemen, die freilich bei ähnlichen Projekten von Bibliothek zu Bibliothek unterschiedlich sein werden.

In München werden die Titelaufnahmen aus zwei alphabetischen Katalogen gewonnen, die nach etwas unterschiedlichen Regeln angelegt worden waren. Nicht so entscheidend ist, daß die Titelaufnahmen des Quartkataloges im beschreibenden Teil ausführlicher sind als die älteren des Bandkataloges. Es werden die vorhandenen Informationen übernommen. Bedeutender ist das Problem, daß die Namensansetzungen beider Kataloge divergieren. Sie müssen also schon aus diesem Grund redaktionell bearbeitet und vereinigt werden. Selbstverständlich redigieren wir sie und außerdem die Sachtitel, nicht nach den Regeln des Bandkataloges oder des Quartkataloges, sondern gemäß RAK-WB. So sind diese Titelaufnahmen in den bayerischen Verbundkatalog und in andere Kataloge übernehmbar. Bei dieser Redaktion werden die Titel zur genaueren Bestimmung noch mit den Eintragungen in folgenden Katalogen verglichen: British Library Catalogue; National Union Catalog; Bibliothèque Nationale, Catalogue général des livres imprimés und GV alt.

Auch die Verlagsorte werden normiert, um ein Verlagsregister erstellen zu können. Daneben ergeben sich weitere Probleme der redaktionellen Aufarbeitung, wie die Auflösung von Abkürzungen, gewisse orthographische Normierungen etc.[11].

[11] Vgl. hierzu im einzelnen: Klaus Haller: Retrospektive, maschinenlesbare Katalogisierung in München und Göttingen. In: Libri 34 (1984), S. 263–269.

In Göttingen stellen sich die Probleme anders dar. Da man hier vom Realkatalog ausgeht und dieser die Titel in der Vorlageform wiedergibt, ist die Normierung der Namen besonders schwierig. Während in München ein Name – mit Ausnahme der der zweiten und dritten Personen in einer Titelaufnahme – für alle Titel auf einmal normiert werden kann, ist das in Göttingen nicht möglich. Man muß hier nachträglich die Normierung in größeren Gruppen von Titeln vornehmen. Auch dies geschieht nach RAK-WB.

Übrigens kann man aus den durch Abschreiben gewonnenen Titelaufnahmen mittels EDV mehr Suchbegriffe gewinnen, als das konventionell möglich ist. Dies gilt natürlich beim Online-Zugriff für praktisch alle Bestandteile der Titelaufnahmen. Das gilt aber auch in einem gewissen Maße für den auf Papier oder in Mikroficheform ausgegebenen Katalog. In diesen sind zusätzliche Eintragungen unter den Sachtiteln bei Verfasserwerken vorgesehen. Auf diese Weise sind Werke im Gegensatz zum jetzigen Katalog auch auffindbar, falls die Verfasserzuschreibung falsch sein sollte beziehungsweise der Verfasser gar nicht bekannt ist. Es gab Leute, die meinten, man kann mögliche falsche Verfasserzuschreibungen nicht in einen neu angelegten Katalog übernehmen. Hätte man diesen Einwand ernst genommen, hätte man neu katalogisieren müssen. Dies wäre, da viel zu teuer, nicht möglich gewesen. So wurde der geschilderte Kompromiß gefunden.

Weiterhin werden Eintragungen unter dem alten grammatischen Ordnungswort bei Sachtitelwerken gemacht, das ja bei barocken Titeln oft der bessere Sucheinstieg ist als das erste Wort in der mechanischen Wortfolge. Mit diesen zusätzlichen Eintragungen konnten die Praktiker des Signierdienstes der Bayerischen Staatsbibliothek beruhigt werden, die fürchteten, daß alte Sachtitelwerke durch die mechanische Ordnung unauffindbar würden. Die zusätzlichen Eintragungen unter diesen alten Ordnungsworten ist nicht schwierig. Bei Online-Zugriff sind sie gar nicht mehr notwendig.

Die DFG geht bei ihrer Förderung der beiden Unternehmungen in Göttingen und München davon aus, daß die Kataloge nicht allein für diese Bibliotheken interne Bedeutung haben. Mit der Publizierung der Kataloge wird ein Instrument geschaffen, das gleichermaßen der bibliographischen Information, der Auskunftserteilung in den Bibliotheken und der gezielten Lenkung im Leihverkehr dient. Ferner sollen die Daten von Göttingen und München auch in einen gemeinsamen Katalog eingehen. Dieser kann als Nucleus für eine Altbestandserfassung durch weitere Bibliotheken in der Bundesrepublik Deutschland dienen.

In den Gremien der DFG wird zur Zeit diskutiert, ob die zunächst auf die Bayerische Staatsbibliothek und die Staats- und Universitätsbibliothek Göttingen beschränkten Maßnahmen erweitert werden können. Das wäre jedoch nicht nur eine Erweiterung, sondern auch eine Änderung der Zielvorstellungen, da dann nicht mehr ohne weiteres an eine verlegerische Publikation mit internationalem Vertrieb gedacht werden kann. Angesichts der lebhaften Diskussion der Literaturversorgung in den Geisteswissenschaften und der geforderten besseren Nachweisinstrumente für ältere Literatur erscheint eine Ausweitung des Programms aber sinnvoll.

Ich muß hier aber sofort vor übertriebenen Hoffnungen warnen. Die DFG kann wegen ihrer förderungspolitischen Grundsätze keine Dauervorhaben fördern. Die Erstellung eines Deutschen Gesamtkataloges der Altbestände vieler Bibliotheken wäre aber ein solch zeitlich nicht mehr begrenzbares Unternehmen. Es ist der DFG nur möglich, einzelne, in sich abgegrenzte, Projekte der Altbestandskatalogisierung zu fördern[12].

3.2 *Weitergehende Überlegungen zur Altbestandskatalogisierung*

Nachdem man in München und Göttingen gewisse Erfahrungen zur Übernahme alter Titelaufnahmen (ohne Autopsie) in die EDV hat, ist es an der Zeit, bereits angestellte Berechnungen über den Aufwand, der notwendig ist, einen Deutschen Gesamtkatalog der Altbestände in EDV zu erstellen, zu überprüfen.

Erstmals hat wohl Hans *Popst* den Vorschlag gemacht, einen Deutschen Gesamtkatalog mit EDV aufzubauen[13]. Er geht davon aus, daß nicht 44 Mio. Titelaufnahmen zu erfassen seien, wie Oberschelp in seiner Projektstudie zu einem Deutschen Gesamtkatalog angenommen hatte[14], sondern nur 10,5 Mio. Titel, wenn man nämlich den Mehrfachbesitz in Betracht zieht. Wenn man jeden Titel nur einmal erfaßt und dies durch Arbeitsteilung an verschiedenen Stellen erreicht, dann ergäbe das eine notwendige Arbeitsleistung von 1 029,4 Mannjahren für die Erfassung der Titel und für die Bestandsnachtragungen nochmals 490,2 Mannjahre, insgesamt also ca. 1 500 bibliothekarische Mannjahre (ohne Datentypistinnen und ohne Berechnung des organisatorischen Aufwandes). Die Berechnung beruht auf der Grundannahme, daß pro Arbeitsstunde 6 Titelaufnahmen erfaßt bzw. 30 Bestandsnachtragungen gemacht werden können. Solche Grundzahlen sind allerdings sehr kritisch zu sehen und können nur akzeptiert werden, wenn sie auf längeren Erfahrungen beruhen.

[12] Insofern ist der Vorschlag von Winold Vogt, daß die DFG die Erstellung des retrospektiven Teiles eines Deutschen Gesamtkataloges fördern möge, so nicht möglich. Vgl. Winold Vogt: Der DBI-VK und die regionalen Verbund- und Zentralkataloge im Leihverkehr. In: Bibliotheksdienst 18 (1984), S. 792–796.

[13] Hans Popst: Vorschlag für die Vereinigung der beiden Projekte „Deutscher Gesamtkatalog" und „Verbundkatalog" und deren gemeinsame Verwirklichung mittels EDV. In: ZfBB 26 (1979), S. 206–214.

[14] Reinhard Oberschelp: Der Deutsche Gesamtkatalog. In: Deutscher Gesamtkatalog und Verbundkatalog. Berlin 1978, S. 18.

Punktuell erfaßt, darf man sie nicht hochrechnen. Der Bundesrechnungshof beispielsweise geht davon aus, daß einer punktuell ermittelten Arbeitsleistung die „üblichen Zeitzuschläge“ zuzurechnen seien, und dies sind 12 Prozent für persönliche Verweilzeit und Erholungszeiten und 30 Prozent für nicht erfaßbare Tätigkeiten und für Verwaltungsaufgaben, insgesamt also 42 Prozent.

Schwererwiegend erscheint mir, nach den nun vorliegenden Erfahrungen bei der Übernahme alter Titel in der Bayerischen Staatsbibliothek auf EDV, die Erkenntnis, daß solche Titelaufnahmen in aller Regel nicht so genau sind, daß man bei zwei Titelaufnahmen sagen könnte, sie meinen dieselbe Ausgabe desselben Werkes. Gerade durch verschiedenartige Abkürzungen langer Titel, aber auch durch verschiedene Katalogisierungsregeln etc. läßt sich solche Identität oft genug nicht feststellen. Das heißt, eine Übernahme solcher alten Titelaufnahmen läßt sich vermutlich nur in geringem Umfang realisieren und wohl nur dann, wenn ursprünglich eine vergleichbare Praxis der Katalogisierung stattgefunden hat. Daraus folgt, daß sehr weitgehend alle vorliegenden Titelaufnahmen alter Kataloge ohne Prüfung des Mehrfachbesitzes übernommen und nebeneinander gespeichert werden müssen. Das aber bedeutet für die Berechnungen von Popst, daß eben doch 44 Mio. Titel zu erfassen wären, was einen Aufwand von 4313,7 Mannjahren ergäbe.

Bernhard *Fabian* verwirft die Idee eines neuen „modernen Ansprüchen genügenden nationalen Zentralkataloges“[15]. Er geht dabei von der Überlegung aus, daß hierzu die Titel neu aufgenommen werden müßten. Bei einer von ihm vorausgesetzten Menge von 30 Mio. Titeln benötigte man dafür bei einer Arbeitsleistung von 10 Titelaufnahmen pro Tag insgesamt 12000 Mannjahre. Ein solches Projekt hält er für utopisch. Man muß sogar noch weiter gehen, da Fabian von 250 Arbeitstagen pro Jahr ausgeht, was nicht realistisch ist. Nimmt man, wie üblich, 200 Arbeitstage an, so ergäbe das ingesamt 15000 Mannjahre. Utopie ist es so oder so. Eine Neukatalogisierung aller Altbestände in Bibliotheken der Bundesrepublik Deutschland oder auch nur wesentlicher Teile derselben ist jenseits des Erreichbaren. Die schlichte Rechnung macht deutlich, daß ein Vorankommen nur durch Übernahme bestehender Titelaufnahmen möglich ist.

Einen neuen Versuch der Berechnung macht *Oberschelp*[16], wobei er auch der eben von mir skizzierten Meinung ist, daß bei dieser Art von zu übernehmenden Katalogen in vielen Fällen „es gar nicht gelingt, identische Titel zu identifizie-

[15] Bernhard Fabian: Buch, Bibliothek und geisteswissenschaftliche Forschung. Göttingen 1983, S. 105.

[16] Reinhard Oberschelp: Vorschlag für einen Modellversuch, „Deutscher Gesamtkatalog im EDV-Verfahren“. In: Mitteilungsblatt der Bibliotheken in Niedersachsen. Heft 57. März 1984, S.39–43.

ren". Er rechnet daher mit der Übernahme von etwa 25 Mio. Titeln bis zum Erscheinungsjahr 1961. Da er unterstellt, daß in einem Mannjahr 10000 Titel bearbeitet werden können, ergibt das eine Zahl von 2500 erforderlichen Mannjahren. Das entspricht in der Tat ungefähr den Münchner Erfahrungen. Die praktisch erprobten Werte lauten hier: bibliothekarische Jahresleistung 16000 Titel und zusätzliche notwendige Jahresleistung der Datenerfasserinnen 30000 Titel, wobei aber notwendige Nebenarbeiten, wie z. B. das Ziehen von 140000 Blättern aus einer Zahl von 2,25 Mio. nicht mitgerechnet sind. Das ergäbe bei 25 Mio. Titeln

1562,5 Mannjahre bibliothekarischer Tätigkeit
+ 833,3 Mannjahre Datenerfassung

2395,8 Mannjahre ingesamt (Oberschelp: 2500)

Ob die Münchner Grundzahlen jedoch überall übertragbar sind, muß dahingestellt bleiben. Die Ausgangsposition in München ist aufgrund der gegebenen Katalogsituation relativ günstig. In Göttingen zeigt es sich, daß die notwendige Normierung der Namen viel schwieriger zu bewerkstelligen ist. So wird es von Bibliothek zu Bibliothek verschiedene Werte geben.

Einen weiteren Berechnungsversuch stellt Winold *Vogt* an[17]. Er geht von 30 Mio. älteren Titeln aus und kommt auf 1500 bibliothekarische Mannjahre, da er annimmt, daß man eine bibliothekarische Leistung von 20000 Titeln pro Mannjahr ansetzen kann. Die bereits genannten Erfahrungen der Bayerischen Staatsbibliothek lauten inzwischen auf 16000 Titel pro bibliothekarisches Mannjahr und zuzüglich 30000 Titel Datenerfassung pro Jahr. Das ergibt bei 30 Mio. Titel:

1875 Mannjahre bibliothekarischer Tätigkeit
+1000 Mannjahre Datenerfassung

2875 Mannjahre ingesamt.

Dem vermutlichen Aufwand am nächsten kommt also Oberschelp, wobei natürlich noch eine gehörige Portion Reibungsverluste in Rechnung zu setzen wäre, falls eine größere Anzahl von Bibliotheken zusammenarbeiten müßte.

Während die drei besprochenen Vorschläge alle auf die Verarbeitung der Titel mit EDV hinzielen, wurde soeben ein Vorschlag anderer Art von Wolfgang *Schibel* gemacht[18]. Der Vorschlag läuft darauf hinaus, ein EDV-Register zum National Union Catalog, Pre-1956 Imprints (NUC) aufzubauen, derart, daß nach der Nummer dieses Kataloges Bestandsangaben gemacht werden. Im

[17] Winold Vogt: Der DBI-VK und die regionalen Verbund- und Zentralkataloge im Leihverkehr. In: Bibliotheksdienst 18 (1984), S. 792–796.

[18] Wolfgang Schibel: Zur Erschließung und Bereitstellung älterer Bücher. In: Bibliotheksdienst 19 (1985), S. 368–382.

NUC fehlende Titel sollten eine Zwischennummer und eine Kurztitelaufnahme erhalten.

Das Unternehmen wird von Schibel auf 800 Mannjahre geschätzt, wobei von 24 Mio. Nachweisen von 8 Mio. älterer Titel ausgegangen wird. Das bedeutet, daß pro Mannjahr 30 000 Titelaufnahmen überprüft, registriert und gegebenenfalls mit Kurztitelaufnahmen neu angelegt werden müßten.

Schibel hat selbst durch Überprüfung festgestellt, daß etwa 50 Prozent der Titel in deutschen Bibliotheken im NUC nicht verzeichnet sind. Natürlich sind weit mehr als die Hälfte der 24 Mio. Exemplare mit Titeln im NUC vertreten. Immerhin müßten jedoch für etwa 4 Mio. Titel Kurztitelaufnahmen angelegt werden. Wenn dies mit dem Tempo der Übernahme alter Titel in der Bayerischen Staatsbibliothek geschehen könnte, nämlich 16 000 Titel pro bibliothekarische Kraft und 30 000 Titel pro Schreibkraft im Jahr, so würde dies 250 Mannjahre bibliothekarischer Tätigkeit und 133 Mannjahre Datenerfassung, also zusammen 383 Mannjahre bedeuten. Ich bezweifle jedoch, daß diese Leistung zu erreichen wäre, da anders als bei der Münchner Arbeitsgruppe, die in einer Kopie des vorhandenen Kataloges Namensansetzungen und sonstige Kennzeichnungen machen kann, in diesem Fall die Arbeit an einer Vielzahl, ganz unterschiedlicher deutscher Kataloge geschehen müßte, die wiederum einzeln zum anders angelegten NUC in Relation gebracht werden müßten. Außerdem müßten die Kurztitelaufnahmen nach den Regeln des NUC angelegt werden (mit englischsprachigen Namensformen!). Eine Verdreifachung der bibliothekarischen Arbeitszeit ist eher zu gering angesetzt. Das wären dann 750 Mannjahre, beziehungsweise mit der Schreibleistung zusammen 883.

Übernimmt man die Zeitschätzung für die Verzeichnung der übrigen 20 Mio. Nachweise, nämlich mit einem Zeitaufwand von 3 Min. beziehungsweise 30 000 Nachweisen im Jahr, so ergibt das weitere 666 Mannjahre. Das sind zusammen 1 549 Mannjahre.

Ein solches Unternehmen sieht Schibel als ein Vorprojekt für einen EDV-geführten Altbestandskatalog an, an den er perfekteste Anforderungen stellt, die weit über RAK hinausgehen und Sacherschließung, Gattungsangaben und exemplarspezifische Besonderheiten einschließen.

Der Vorschlag von Schibel scheint mir in die falsche Richtung zu gehen, und zwar aus 2 Gründen:

– Es würde eine Kataloguntemehmen aufgebaut, das nach einem Regelwerk geführt werden müßte, das weder PI noch RAK ist, das heißt nach einem dritten Regelwerk, das englischsprachige Ansetzungsformen von Namen hat, dabei aber nicht einmal der heutigen Regelwerksentwicklung im anglo-amerikanischen Bereich entspricht.

– Gravierender noch scheint mir, daß hier zwar für ein Register die EDV eingeführt würde, aber nicht für die eigentliche Titelverwaltung. Das würde bedeuten, daß kein Weg zu den übrigen modernen Einzel- und Verbundkatalogen führte. Was für den Beginn des VD 16 im Jahr 1969 gerade noch verständlich erscheint, dürfte 1985 für Unternehmen dieser Art nicht mehr möglich sein.

4. Zukünftiges Vorgehen

Wir müssen uns überlegen, wie wir dem in den letzten Jahren wieder virulent gewordenen Thema eines möglichst umfassenden Nachweises der reichen, aber zerstreuten alten Buchbestände zum Nutzen der geisteswissenschaftlichen Forschung am besten gerecht werden können. Dabei gilt es, nicht nur vom physischen Verfall bedrohte Kataloge neu zu organisieren, wie dies alte Bibliotheken auch früher schon getan haben[19], sondern schnelle und effektive überörtliche Zugriffsmechanismen aufzubauen.

Wir haben wohl gelernt, daß perfektionistische Vorstellungen, die eine totale Neukatalogisierung zum Ziel haben, unrealistisch sind. Die Vorschläge zu einem neuen Deutschen Gesamtkatalog der 70er Jahre gingen daher auch von der Übernahme vorhandener Titelaufnahmen aus[20]. Allerdings war das Unternehmen konventionell, also ohne Zuhilfenahme der EDV geplant. Vielleicht – ich sage das mit aller gebotenen Vorsicht – war der Plan, dessen finanzielles Volumen auf 40–80 Mio. DM geschätzt wurde und der etwa 44 Mio. Zettel in ein Alphabet bringen wollte, deswegen – oder: auch deswegen – zum Scheitern verurteilt, weil angesichts des gleichzeitigen Einzugs der EDV in die Katalogführung der Bibliotheken bereits eine latente, wenn auch nicht artikulierte Abwehr gegen ein solches konventionelles Unternehmen bestand. Wie dem auch sei: Der neue Deutsche Gesamtkatalog, wäre er entstanden, hätte einen mit hohen Kosten erstellten, einmaligen Zustandsbericht über die Bestände der westdeutschen Bibliotheken gegeben, und zwar abgelöst von den Katalogen der einzelnen Bibliotheken. Er wäre nicht fortsetzbar gewesen.

Ein umfassender Bestandsnachweis alter Titel kommt um die EDV nicht mehr herum. Er muß sich die Vorteile der EDV zunutze machen. Die jüngsten Vorschläge zielen – mit der einen genannten Ausnahme – daher auch in diese Richtung und modifizieren die Überlegungen zu einem Deutschen Gesamtkatalog entsprechend.

Wir haben aber gesehen, daß die Schätzungen zum notwendigen Aufwand stark divergieren. Eines haben die Vorschläge gemeinsam. Sie gehen alle von der

[19] So zum Beispiel die Münchner Hof- und Staatsbibliothek in einer für ihre Zeit unvergleichlich großen Aktion in der ersten Hälfte des 19. Jahrhunderts.

[20] Vgl. Anm. 7.

Vorstellung eines einmaligen, großen, geschlossenen Unternehmens aus. Niemand freilich weiß, woher die achtstellige DM-Summe kommen soll. Die Zeiten sind nicht günstig dafür. Das bedeutet aber, daß man anstelle eines Großprojektes von Teilprojekten ausgehen muß, die allerdings so anzulegen sind, daß die einzelnen Teile auch hinterher zusammenpassen. Ansätze sind vorhanden, insbesondere jetzt durch die Übernahme der alten Titelaufnahmen der Bayerischen Staatsbibliothek und der Niedersächsischen Staats- und Universitätsbibliothek.

Ich möchte für ein solches Konzept einige *Grundbedingungen* und daran anknüpfende Überlegungen formulieren:

a) Um möglichst viele ältere Titelaufnahmen schnell auf EDV zu überführen, verbietet sich die Autopsie.

b) Es muß ein ganz bestimmtes Mindestmaß an Normierung eingehalten werden, damit die Titel in Listenkatalogen einheitlich ausgegeben und in Datenbanken die verschiedenen Formen eines Namens miteinander verknüpft werden können.

Zu diesem Zweck müssen die Namen und die in den verschiedenen Katalogeintragungen sich findenden Sachtitel einheitlich nach RAK-WB angesetzt werden.

Eine weitere Normierung ist für die Erstellung von „Findlisten" nicht notwendig und sollte daher nicht angestrebt werden. Perfekte Neuaufnahmen nach RAK-WB erstellen zu wollen, wäre bei der Übernahme der alten Titel falsch[21].

c) Die vorhandenen Titelaufnahmen sollten in ihrem gegebenen Umfang übernommen und nicht bibliographisch ergänzt (außer evtl. bei den Namen), aber auch nicht verkürzt werden.

d) Die Kataloge beziehungsweise Datenbanken sollten so aufgebaut sein, daß zugleich Kurztitelaufnahmen und ausführliche Aufnahmen in einen gemeinsamen Katalog oder in eine gemeinsame Datenbank zusammengeführt werden können. Die schon genannte strenge Normierung der Namen ist dafür ein hinreichend einigendes Band. Es sollte so auch möglich sein, kürzere und

[21] Die Einwendung, daß die RAK-WB nicht gut geeignet seien für die Katalogisierung alter Bücher (Schibel, a. a. O.), greift nicht. Spezialkataloge alter Bücher, die nach Autopsie angelegt werden, werden *zusätzliche* Angaben und Nebeneintragungen zu den von RAK-WB geforderten machen, und das ist nicht gegen die RAK. Das VD 16 beispielsweise erweitert die bibliographische Beschreibung und macht weitere Nebeneintragungen unter Beiträgern, ja unter Druckern. Aber auch die Altbestandskatalogisierung in Kurzform erlaubt natürlich weitere Eintragungen, zum Beispiel unter dem Sachtitel bei Verfasserschriften. Das ist für die EDV ja kein Problem, vielmehr ihr Vorteil.

Zu diesem Thema spezieller Regelungen für die Katalogisierung seltener oder alter Bücher vgl.: Stephen Paul Davis: Computer Technology as Applied to Rare Book Cataloguing. In: IFLA Journal 10 (1984), S. 158–169.

schlechtere Titelaufnahmen durch bessere und informationsreichere zu ersetzen, wenn dies möglich ist.

e) Die Übernahme eines konventionellen Kataloges mit Titeln älterer Werke darf nicht für die einmalige Herstellung einer Ausgabe des Kataloges dienen, sondern sollte dazu führen, daß auch der örtliche Katalog nach EDV weitergeführt und ergänzt wird, so daß jederzeit ein gemeinsamer Pool auf den neuesten Stand gebracht werden kann und Doppelarbeit zwischen lokal geführten Daten und größerem Datenpool vermieden wird.

f) Die auf EDV übernommenen Titelaufnahmen müssen kompatibel sein mit denen in den Verbundkatalogen, beziehungsweise sollten sie in den Regionen von den Verbundkatalogen mitverarbeitet werden können.

g) Da die Daten der Verbundkataloge in den maschinell geführten Deutschen Verbundkatalog überführt sind beziehungsweise überführt werden können, sind so auch die Altdaten in einem zentralen Katalog oder in einer zentralen Datei nachweisbar. Es sollten jedoch Vorkehrungen getroffen werden, daß die Daten der älteren Titel so gekennzeichnet sind, daß sie gegebenenfalls in einem eigenen Alphabet oder einer eigenen Datei zusammengeführt werden können. Das kann für Benützungszwecke und aber auch für die Dateiführung praktisch sein.

h) Es ist genau zu prüfen, inwieweit Fremdleistungen genützt werden können. Trotz der geäußerten Bedenken, Identität verschiedener Titelaufnahmen sicher feststellen zu können, muß die Frage einer möglichen Übernahme etwa der von der British Library erfaßten Titel, aber auch solcher kommerzieller Unternehmungen wie z. B. des Remarc-Projektes näher geprüft werden.

i) Eventuell sollte man eine Namensdatei älterer Personennamen aufbauen, jedenfalls aber eine solche für ältere Körperschaften. Bei der Benützung der gerade erschienenen ersten Bände des VD 16 erwies es sich sofort als großer Gewinn für die Wissenschaft, daß gewisse Schriften des 16. Jahrhunderts unter Körperschaften nachgewiesen sind[22]. Da die Ansetzung der Namen alter Körperschaften jedoch ein sehr schwieriges Gebiet ist und diese Arbeit keinesfalls die Übernahme großer Mengen von Titelaufnahmen behindern sollte, da dieses Problem auch ausgrenzbar ist, sollte man ein aus Drittmitteln finanziertes Projekt einer Liste älterer Körperschaftsnamen, angesetzt nach den RAK-WB,

[22] Vgl. z. B. Konrad Repgen: Anmerkungen zu VD 16. In: Historisches Jahrbuch. 104 (1984), S. 425–433, speziell S. 428: „Ebenfalls vielen von uns nicht geläufig ist wohl der Begriff ‚Körperschaft', den die deutsche Bibliothekswissenschaft in den letzten Jahrzehnten aus dem angelsächsischen Raum übernommen hat. Vom Standpunkt des Historikers aus kann man unseren Bibliothekaren dazu nur gratulieren. Wenn seine Verwendung sich in unseren Katalogen und Bibliographien einmal allgemein durchgesetzt hätte, würden wir unsere Bibliotheksbestände viel besser nützen können als augenblicklich; denn für die Bedürfnisse des Historikers ist die Verwendung des Körperschaftsbegriffes beim Katalogisieren ausgesprochen nützlich."

durchführen. Dies könnte nicht nur in diesem engen Zusammenhang, sondern auch für andere Spezialkataloge, für die Zeitschriftendatenbank etc., interessant sein.

k) Der von Fachwissenschaftlern immer wieder geäußerte Wunsch nach sachlicher Erschließung zusätzlich zur formalen ist nur bei kleineren Spezialprojekten erfüllbar, nicht bei dem hier ins Auge gefaßten. Wir haben allerdings die glückliche Ausnahme, daß die Staats- und Universitätsbibliothek Göttingen mit der Erfassung ihrer alten Titel auch die alte Systematik mit erfassen kann. Die Erschließung aller alten Titel in vielen Bibliotheken nach einer einheitlichen Systematik oder auch nach den RWSK muß wohl in den Bereich der Utopie verwiesen werden. Man muß in diesem Zusammenhang aber auf das im Entstehen begriffene „Handbuch der historischen Buchbestände in der Bundesrepublik Deutschland und in Westberlin", das Professor B. Fabian herausgibt, hinweisen. Es hat sich zum Ziel gesetzt, die historischen Bestände vieler Bibliotheken sachlich zu umschreiben und durch Register zu erschließen.

Wenn man unter den genannten Bedingungen – die vielleicht durch die DFG noch genauer zu kodifizieren wären – an möglichst vielen Orten Teilprojekte pragmatisch angeht, so scheint mir das eine Möglichkeit zu sein, durch das Zusammenfügen von Bausteinen nach und nach zu einem größeren Katalog von historischen Buchbeständen zu kommen. Auf diese Weise könnten Einzelprojekte, die mit Drittmitteln gefördert werden und solche, die aus Eigeninitiative entstehen[23], zusammengebracht werden. Das wäre wohl eher eine Chance, als auf das große Geld für ein einziges, riesiges Unternehmen zu warten[24].

Allerdings sollte man die hier ausgebreiteten Grundsätze noch näher präzisieren und spezifizieren, um die Verbindung einzelner Bausteine zu einem größeren Ganzen mittels der EDV sicherzustellen. Man müßte dazu von den in Göttingen und München bereits gemachten Erfahrungen ausgehen. Die DFG, die sich in jüngster Zeit der Fragen der Literaturversorgung der Geisteswissenschaften intensiv angenommen hat, fördert in diesem Zusammenhang eine Studie, die u. a. folgende Fragen klären soll: Feststellung von Plänen zur Altbestandskatalogisierung im Bereich regionaler Verbünde und Zentralkataloge, der zu erfassende Zeitraum, die Frage von Authority files und die Nutzung von Fremddaten. Die Studie soll dazu dienen, Voraussetzungen für die Kompatibilität der erfaßten Daten zu schaffen und geplante Aktivitäten zur Altbestandskatalogisierung zu koordinieren.

[23] Mir bekannte Bereitschaft dazu besteht z. B. an der Universitätsbibliothek München mit ihrem wertvollen, aber nicht hinreichend bekannten Altbestand und an der Universitätsbibliothek Augsburg zur Erschließung der Öttingen-Wallerstein'schen Bibliothek.

[24] Die Vorschläge, die Günter Beyersdorff in seinem Vortrag „Überregionale Katalogunternehmungen, Stand und Entwicklungsmöglichkeiten" am 31. Juni 1985 auf dem Bibliothekartag in Trier gemacht hat, haben ein solches Großunternehmen im Blick. Vgl. hierzu in diesem Band S. 260–273.

Man wird auch sein Augenmerk auf die Verknüpfung von Spezialverzeichnissen mit hohem bibliographischen Standard nach Autopsie mit einer Massenübernahme gegebener Titelaufnahmen richten müssen. Ich möchte hier noch einmal an die Idee des VD 17 erinnern, das heißt den Wunsch, die retrospektive Nationalbibliographie (mit entsprechend hohem Anspruch) ins 17. Jahrhundert weiterzuführen. Ich glaube annehmen zu können, daß sich dieser Wunsch in absehbarer Zeit von seiten der Wissenschaft noch stärker artikulieren wird. Man könnte hier von einem Zielkonflikt sprechen: einerseits die Erfassung möglichst vieler Titel, auch ausländischer, in Findlisten, und andererseits die intensive bibliographische Erschließung der nationalen Literatur.

Man wird jedoch auch hier pragmatisch sein müssen. Die Erfassung einer großen Zahl alter Titel zum Zwecke der effektiven Ausnützung unserer Bibliotheksbestände für die geisteswissenschaftliche Forschung sollte keinesfalls zurückstehen. Ein VD 17 zu organisieren ist dagegen entschieden aufwendiger. Vielleicht gelingt es aber, hierfür politisches Interesse zu finden und eventuell auch eine Akademie der Wissenschaften zu gewinnen. Jedenfalls dürfte man sich keinesfalls in einen Gegensatz hineinmanövrieren lassen. Man muß auch sehen, daß die Übernahme großer alter Bibliothekskataloge auf EDV eine Vorarbeit für ein VD 17 sein kann. Mit ihrer Hilfe ließen sich leicht vorläufige Listen der Drucke des 17. Jahrhunderts aus dem deutschen Sprachbereich zusammenstellen. Man könnte danach gezielt die Titelaufnahmen nach Autopsie verbessern.

Abschließend möchte ich feststellen, daß die Katalogisierung mittels EDV nicht mehr nur auf neu aufzunehmende Titel zielt, sondern inzwischen auch auf die Übernahme alter Titel übergegriffen hat. Von dem Ziel der vollständigen Überführung der alten Kataloge auf EDV sind wir noch weit entfernt, wenngleich dies wegen der damit gegebenen Vorteile des flexibleren und vielfältigeren Zugriffs erstrebenswert wäre.

Es kommt jetzt darauf an, daß wir pragmatisch, aber geplant vorgehen und die gegebenen Ansätze geschickt koordinieren. Das könnte dazu führen, daß neben der Zeitschriftendatenbank und dem zwar noch unvollständigen, aber im Ausbau begriffenen Deutschen Verbundkatalog ein drittes Programm entsteht, das sich der Übernahme alter Titelaufnahmen auf EDV annimmt, dabei die „nationalbibliographischen" Unternehmungen mit der Übernahme vorhandener Kataloge verknüpft, um auf diese Weise die wertvollen und wissenschaftlich zum Teil noch unerschlossenen reichen Altbetände unserer Bibliotheken besser zu erschließen. Wir müssen dazu allerdings einen Weg finden, der zwischen den typisch deutschen Extremen der perfekten Planung des Alles oder Nichts einerseits und den eigenbrötlerischen Entwicklungen andererseits liegt.

SEVERIN CORSTEN

Das Projekt zur Erschließung der historischen Buchbestände in Deutschland

Es war wohl im Herbst 1983, daß die Öffentlichkeit zum ersten Mal über ein von Bernhard Fabian angeregtes „Handbuch der historischen Buchbestände in der Bundesrepublik Deutschland" lesen konnte. In seinem bei Wissenschaftlern und Bibliothekaren gleichermaßen – wenn wohl auch z. T. mit umgekehrten Vorzeichen – beachteten Situationsbericht „Buch, Bibliothek und geisteswissenschaftliche Forschung"[1] schlägt Fabian als eine der „Möglichkeiten für die Zukunft" ein solches Arbeitsinstrument vor, das „eine für bibliothekarische und wissenschaftliche Zwecke hinreichend präzise und detaillierte Beschreibung der historischen Buchbestände enthalten" müsse (S. 117). In der von unserer Seite her recht lebhaft geführten Diskussion über Fabians Buch kommt zwar der Handbuchplan auch nicht ungeschoren davon (H.-A. Koch)[2], aber er scheint doch nach dem Dafürhalten der meisten Rezensenten (so z. B. H. Lohse[3], F. G. Kaltwasser[4]) noch am ehesten Aussicht auf baldige Realisierung zu haben. Zumindest möchte ich das aus dem Umstand, daß die beiden letztgenannten das Handbuch nur kurz erwähnen und sich eines Urteils enthalten, schließen. Da die Realisierung nun angelaufen ist, ist es an der Zeit, über das Projekt zu berichten. Ich halte, um es gleich vorweg zu sagen, das geplante Handbuch für sinnvoll und nützlich. Ob die Realisierung in der vorgesehenen Zeit und mit den veranschlagten Mitteln zu bewerkstelligen ist, das wird sich allerdings erst herausstellen müssen. Auf mehr als drei Jahrzehnte berufliche Tätigkeit zurückblickend, weiß ich mittlerweile, daß der Teufel – nicht so sehr in der Hölle, sondern – im Detail steckt und daß jede Planung, und sei sie noch so gründlich und um nichts auslassende Voraussicht bemüht, sich erst in der Durchführung zu bewähren hat.

Mit der praktischen Durchführung konnte jedoch noch nicht im vorgesehenen Umfang begonnen werden, und wo man begonnen hat, steht man noch in den allerersten Anfängen. Von Erfahrungen kann ich darum beim besten Willen

[1] Göttingen 1983 (Schriften der Stiftung Volkswagenwerk 24).

[2] In: Buchhandelsgeschichte. Beilage zum Börsenblatt für den deutschen Buchhandel, Frankfurter Ausgabe. 1984, S. B 110–117.

[3] Die Bibliothek als Forschungsstätte? In: Verband der Bibliotheken des Landes Nordrhein-Westfalen. Mitteilungsblatt N. F. 34, 1984, S. 125–135.

[4] In: ZfBB 31, 1984, S. 338–345.

nicht berichten. Ich muß mich vielmehr darauf beschränken, den Plan vorzustellen und dazu die eine oder andere, kritische oder zustimmende Meinung zu äußern.

Fangen wir gleich damit an, indem ich wiederhole, daß ich ein Handbuch der vorgesehenen Art für sinnvoll und nützlich halte. Wohl jeder von uns hat sich schon einmal in der peinlichen Situation befunden, daß er genauere Angaben über die von ihm verwalteten Altbestände machen sollte und es beim besten Willen nicht konnte. Es mag Ausnahmen geben; aber ich bezweifele, daß eine wissenschaftliche Regional- oder Hochschulbibliothek ohne größere Ermittlungen etwas über den zeitlichen, sprachlichen und fachlichen Aufbau ihrer vor 1800 erschienenen Bücher aussagen kann, was über bloße Schätzungen hinausgeht und darum Vertrauen verdient. Gewiß, wir kennen uns aus in den uns anvertrauten Inkunabeln und Rara, die in der Regel gesondert aufgestellt sind und wohl auch Sonderkataloge haben. Auch über die sogenannten Spezialbestände und Sondersammlungen wissen wir einigermaßen Bescheid. Aber die übrigen älteren Materialien, die nicht besonders kostbar, sondern nur alt sind, sie stehen kaum in unserer besonderen dienstlichen Gunst. Wer wollte bestreiten, daß sie unzulänglich katalogisiert sind und meistens ohne die liebevolle Zuwendung auskommen müssen, die wir den Neuerwerbungen angedeihen lassen. Aus durchaus verständlichen und einsichtigen Gründen behilft man sich heute noch mit den vor Jahrhunderten begonnenen Katalogen, die nicht nur die modernen Standards vermissen lassen, sondern häufig auch nur von paläographisch Versierten gelesen werden können. Auch die sachliche Erschließung läßt viel, wenn nicht alles zu wünschen übrig. Es soll sogar vorkommen, daß gewisse Teile des Altbestandes, so z. B. die älteren Dissertationen, überhaupt ohne jegliche Erschließung sind. Da Abhilfe zu schaffen und das in langen Jahren Versäumte nachzuholen, dazu ist keine Bibliothek aus eigenen Kräften in der Lage. Der dafür nötige Aufwand scheint im gerade umgekehrten Verhältnis zu dem Nutzen zu stehen, den man von einer gründlichen Aufarbeitung erwarten darf. So haben wir uns immer wieder getröstet und die gelegentlich aufkommenden Gewissensbisse verdrängt. Diese unsere praktische Einschätzung der Altbestände gemahnt mich an einen älteren Karnevalsschlager, was Sie dem Kölner Bibliothekar hoffentlich nachsehen werden: Dieses in den zwanziger Jahren vielgesungene Liedchen empfahl, die Schwiegermutter, so man sie habe, als „eine süße Last“ zu betrachten; denn „wo kämen all' die Mädchen her, gäb' es keine Schwiegermütter mehr“. Die Altbestände als Last und nur in Hinblick auf die jüngere Buchproduktion von Bedeutung, das ist die Einschätzung, die ihnen von uns Bibliothekaren – ob bewußt oder unbewußt, will ich nicht entscheiden! – nur allzu oft entgegengebracht wurde und möglicherweise auch heute noch wird.

Die Wissenschaft unserer Tage sieht dagegen die Dinge ganz anders. Für die Geisteswissenschaften und die irgendwie geschichtlich ausgerichteten anderen Wissenschaftsgebiete liegt in den Altbeständen unserer Bibliotheken die Überlieferung von Jahrhunderten vergraben. Hier könnten Quellen zum Sprudeln gebracht werden, wüßte man, wo die Bohrung anzusetzen ist. Dieses neuerwachte oder vielleicht auch nur stärker ins Bewußtsein getretene Interesse an unseren „historischen" Beständen klingt durch die gesamte Streitschrift von Fabian immer wieder an. Es soll um Gottes willen nur keiner glauben, da hätten wir es nur mit einer vereinzelt dastehenden Meinung zu tun. Es gibt schriftlich und mündlich vorgetragene Stellungnahmen zu Fabians Thesen, die beweisen, daß sie eine weit verbreitete, wenn auch meist nur unter der Decke äußerer Nettigkeit schlummernde Mißstimmung artikulieren. Das wachsende Interesse der Wissenschaft an unserer Haltung den Altbeständen gegenüber kommt beispielsweise auch darin zum Ausdruck, daß nach dem Erscheinen von VD 16 ein namhafter Historiker in einem namhaften Jahrbuch dazu detailliert und wohlwollend-kritisch Stellung genommen hat[5]. Der Tenor ist: Alles sehr schön und gut, aber es muß noch viel mehr getan werden. So wird von wissenschaftlicher Seite bereits mit Nachdruck ein VD 17 gefordert.

Ich möchte aus derartigen Erscheinungen nicht den Schluß ziehen, daß wir auf jede noch so extreme Forderung unter allen Umständen mit Eifer reagieren sollten. Aber die Stimmung bzw. Mißstimmung, die darin zum Ausdruck kommt, die müssen wir allerdings ernst nehmen.

Die Stiftung Volkswagenwerk hat das jedenfalls getan. Schon im Frühjahr 1983 (26. April) gab sie Herrn Fabian Gelegenheit, seine Vorstellungen über ein „Handbuch der historischen Buchbestände" mit führenden Vertretern der Stiftung und einigen Bibliothekaren zu diskutieren. Von bibliothekarischer Seite nahmen an dem Gespräch teil die Herren Raabe (Wolfenbüttel), Vogt (Göttingen), Corsten (Köln), Kehr (Freiburg) und Kaltwasser (München). Der genannte Kreis trat inzwischen im Frühjahr (10. Februar und 22. Mai) und im Sommer (7. August) 1984 sowie zuletzt vor wenigen Tagen (21. Mai 1985) noch viermal zusammen. Es galt, die von Fabian vorgetragene Konzeption aus der Sicht der Praxis zu prüfen und die sich daraus ergebenden Konsequenzen zu ziehen. Man darf wohl sagen, daß die anfangs zu beobachtende Skepsis zugunsten einer positiven Stellungnahme in den Hintergrund getreten ist. Am 22. Mai 1984 konnte ein Arbeits- und Finanzplan verabschiedet werden, der als Grundlage für einen Antrag an die Stiftung Volkswagenwerk diente. Im Juli 1984 bewilligte das Kuratorium der Stiftung die Bereitstellung von 5 Millionen DM im Rahmen des Schwerpunktes „Beispiele kulturwissenschaftlicher Dokumentation" zur Realisierung des geplanten Handbuches. Als Hauptherausgeber

[5] Konrad Repgen in: Historisches Jahrbuch 104 (1984), S. 425–433.

wurde Bernhard Fabian bestellt, der von seinen Lehrverpflichtungen vorläufig dispensiert wurde. Die Aufsicht über das Projekt übernimmt ein Beirat. In der vorigen Woche wurde schließlich die endgültige Fassung der Arbeitsrichtlinien verabschiedet und ein Musterfinanzierungsmodell aufgestellt. Letzteres geht davon aus, daß für die entsprechend der Größe und Bedeutung ihrer Bestände in Prioritätsgruppen eingeteilten Bibliotheken abgestufte finanzielle Aufwendungen erforderlich sind. Über die Ziele des Unternehmens hatte sich der Initiator bereits in seinem Buch geäußert. In leichter Abwandlung des ursprünglich Beabsichtigten geht es nun um folgendes:

1. Als „kulturwissenschaftliche Dokumentation" soll mit dem Handbuch ein Inventar des nationalen Bestandes an historischem, d. h. älterem Schrifttum erarbeitet werden. Um die Grenzen des Machbaren nicht zu überschreiten, werden nur Biblioheken mit Beständen einer gewissen Größenordnung berücksichtigt. Diese müssen überdies ohne Einschränkungen für die Forschung zugänglich sein. Privatsammlungen bleiben daher außerhalb.

2. Das Handbuch soll der geisteswissenschaftlichen Forschung zur Orientierung dienen und alle als Quellen in Betracht kommenden Bestände eingehend beschreiben, damit der wissenschaftliche Benutzer sich anhand dieser Angaben ein Bild vom Nutzen der Bestände für seine Arbeit machen kann. Damit sollen eine spätere Katalogisierung oder bereits vorhandene Kataloge nicht überflüssig gemacht werden.

3. Als Hilfsinstrument der bibliothekarischen Praxis kann das Handbuch die vorhandenen Kataloge usw. ergänzen und helfen, für künftige Erschließungsmaßnahmen Prioritäten zu setzen.

Wegen der Größe des Unternehmens bietet sich eine regionale Gliederung des Handbuches an. Den vorgesehenen fünf Teilen entsprechen ebenso viele Regionalredaktionen, deren Aufgaben zur Zeit folgendermaßen verteilt sind:

1. Wolfenbüttel für Schleswig-Holstein, Bremen, Hamburg, Niedersachsen und Berlin (= Teil 1)
2. Köln für Nordrhein-Westfalen (= Teil 2)
3. Frankfurt für Hessen und Rheinland-Pfalz (= Teil 3)
4. Freiburg für Baden-Württemberg und Saarland (= Teil 4)
5. München für Bayern (= Teil 5)[6]

Der Sitz der Zentralredaktion, die dem Hauptherausgeber anvertraut ist, ist Münster. Es wird noch darüber gesprochen, ob nicht das Saarland besser mit Rheinland-Pfalz gekoppelt wird und welcher Regionalredaktion die beiden Länder zugewiesen werden sollen. Die Regionalredaktionen haben von den mitarbeitenden Bibliotheken die benötigten Daten zu beschaffen, d. h. sie zu

[6] Bei Drucklegung lag die Zustimmung des Bayerischen Staatsministeriums für Unterricht und Kultus noch nicht vor.

erbitten oder selber zu ermitteln. Sie sammeln und koordinieren die verschiedenen Beiträge und leiten sie an die Zentralredaktion weiter. Die Manuskripte sollen entsprechend den Vorstellungen, die Fabian der Öffentlichkeit vorgetragen hat, mit Hilfe der EDV für den computergestützten Lichtsatz erstellt werden. Eine zügige Publikation müßte unter diesen Umständen gesichert sein.

Aber zuerst muß man die Manuskripte auch bekommen. Ich möche mich da ganz klar und deutlich ausdrücken: Das Projekt ist auf die Unterstützung und Mitarbeit der Bibliotheken angewiesen. Es gibt viele Daten, die bei den Bibliotheken ohnehin schon zur Verfügung stehen. Anderes muß zwar erst erarbeitet werden, aber es gibt Vorarbeiten und latente Kenntnisse vor Ort, die zu aktualisieren sind. Die Projektplanung geht davon aus, daß in jeder Bibliothek, die mitmacht, Kollegen sind, die mit den älteren Beständen und ihrer Entstehung vertraut sind und ihre diesbezüglichen Kenntnisse auch zu Papier bringen können. Dafür winken Ehren, nämlich die namentliche Zeichnung der betr. Beiträge des Handbuches und eine angemessene Honorierung. Es stehen für Honorare, aber auch für die Unterstützung der Vorarbeiten bei den mitarbeitenden Bibliotheken der beiden ersten Prioritätsstufen – das dürften ingesamt etwa 30 Institutionen sein – ausreichende Mittel zur Verfügung. Darüber hinaus sind bei den Regionalredaktionen wissenschaftliche Mitarbeiter für die Beratung vorgesehen. Diese sollen die erforderlichen Daten bei den kleinen und personalschwachen Bibliotheken, d. h. denen der 3. und 4. Prioritätsstufen, im Rahmen des Möglichen selber ermitteln.

Für jede Bibliothek ist ein Eintrag vorgesehen, der Angaben zu folgenden Punkten enthalten wird:

1. Sogenannte „administrative Information“. Gemeint sind so elementare Dinge wie Anschrift, Telefonnummer, Öffnungszeiten usw. usw.

2. Angaben zur Bestandsgeschichte.

3. Eine ausführliche Beschreibung des Altbestandes in Hinblick auf die zeitliche, sprachliche und fachliche Zusammensetzung. Außerdem sind sogenannte Sondersammlungen vorzustellen.

4. Angaben über die vorhandenen Kataloge.

5. Eine Aufstellung der Quellen und Darstellungen zur Geschichte der Bibliothek und ihrer Bestände.

6. Eine Zusammenstellung der Literatur, die über die Besonderheiten des Bestandes und seine Erschließung Auskunft gibt.

Es liegt auf der Hand, daß es sich da um Angaben von unterschiedlicher Bedeutung und von extrem unterschiedlichem Schwierigkeitsgrad in bezug auf ihre Beschaffung und Ermittlung handelt. Je nach Größe und Umfang der in Betracht kommenden Bestände wird die Berücksichtigung im Handbuch ausfallen. Die Planung geht von einem Durchschnittseintrag von 10 Seiten aus.

Kein Wort zu verlieren brauchen wir an Nr. 1 des Eintrags. Diese Angaben stehen überall zur Verfügung und könnten notfalls aus anderen Informationsmitteln übernommen werden. Aber sie gehören natürlich auch hierhin, sie sollen aber auf Benutzung der Altbestände zugeschnitten sein. Verhältnismäßig unproblematisch dürfte es sein, an die Bestandsgeschichten zu kommen, die unter Nr. 2 gefordert werden. Sie werden nicht als stichwortartige Aufzählungen, sondern als zusammenhängende erzählende Darstellung erwartet. Bekanntlich besteht die Bibliotheksgeschichte, wie sie uns während der Ausbildung vorgetragen wurde und wahrscheinlich auch noch wird, überwiegend aus Bestandsgeschichte. Man kann darin eine bedauerliche Verengung des Faches sehen. Aber ich möchte doch meinen, daß dieser Aspekt noch am meisten praxisbezogen und für den bibliothekarischen Alltag hilfreich und nützlich ist. An den meisten Bibliotheken gibt es entsprechende Vorarbeiten zur Geschichte der eigenen Bestände, vieles ist auch als veröffentlicht allgemein zugänglich. Es müßte darum keine unüberwindlichen Schwierigkeiten bereiten, für das Handbuch eine Geschichte der in Betracht kommenden Bestände zu schreiben, über etwaige größere Verluste, etwa während des letzten Krieges, zu berichten und Angaben über die Beschaffungspolitik zu machen. Es liegt auf der Hand, daß ein Angehöriger der betreffenden Bibliothek – es muß nicht unbedingt der Direktor sein! – am besten die Bestandsgeschichte schreibt. An Sachkennern und Meistern einer flotten Feder dürfte es bei den Bibliothekaren nicht mangeln. Sie müssen allerdings aufgespürt und motiviert werden. Im Einzelfall wäre zu prüfen, ob nicht bereits existierende Bibliotheksführer ausreichen und die dort zur Bestandsgeschichte gemachten Passagen übernommen werden können.

Die unter Nr. 3 geforderte ausführliche Beschreibung der Altbestände ist nicht nur das „Kernstück jedes Eintrags", sie dürfte auch kaum auf örtliche Vorarbeiten stoßen und deshalb am schwierigsten zu realisieren sein. Vorweg muß ich noch kurz sagen, um welche Bestände es sich handelt. Während der vorbereitenden Sitzungen ist ausgiebig darüber diskutiert worden, was als „historische Bestände" im Sinne des Projektes anzusehen ist. Man kann die Grenze aufgrund von subtilen Überlegungen zur Periodisierung sehr fein ziehen. Das Ergebnis aber dürfte dann schlecht zu handhaben sein und einer zügigen Abwicklung des Projektes im Wege stehen. In den Bibliotheken hält man sich lieber an „runde" Zahlen, etwa die Einschnitte zwischen zwei Jahrhunderten. Gewiß, das ist einigermaßen willkürlich; aber man kann mit derartigen Grenzziehungen arbeiten. Trotzdem wird mancher von Ihnen erschreckt sein, wenn ich Ihnen als Epochejahr 1900 nenne. Zweifellos werden dadurch die Mengenprobleme verschärft; denn Schnellpresse und Setzmaschinen haben die Literaturproduktion des 19. Jahrhunderts jäh emporschnellen lassen. Andererseits aber gehört das 19. Jahrhundert zu unserer nächsten Vergangenheit, die legitimerweise im Mittelpunkt des wissenschaftlichen Interesses steht. Es sollte allerdings dabei auch bedacht werden, daß damit auch Literatur in das Projekt einbezogen wird, die in den modernen Katalogen nachgewiesen ist und vom Grad ihrer Benutzung hergesehen nicht ohne starke Hemmungen als „historisch" eingeordnet werden kann. Da wird man die Spreu vom Weizen zu sondern haben.

Ich muß auch noch in diesem Zusammenhang klarstellen, daß in die Buchbestände auch die Zeitungen und Zeitschriften einbezogen werden sollen; auch die Kleinschriften aller Art bzw. gerade sie gehören dazu. Dagegen bleiben die Handschriften, weil es für sie andere Unternehmen gibt, unberücksichtigt.

Was nun die ausführliche Beschreibung der Bestände angeht, so gibt es da mehr formale und daher relativ leicht zu ermittelnde Teilaspekte und solche, die an die Intelligenz und Sachkunde des Rechercheurs weit größere Ansprüche stellen. Grundsätzlich sollte es mit Hilfe von angelernten Kräften möglich sein, die zeitlichen und sprachlichen Kriterien anzuwenden, die für die Beschreibung des chronologischen und nach Sprachen gegliederten Bestandsaufbaus vorgesehen sind. Vorgesehen ist wieder ein durch die Jahrhunderte gegliedertes Raster, die Zahl der in Betracht kommenden Sprachen ist notwendigerweise begrenzt. Um die Größenordnungen zu ermitteln, könnte man durchzählen oder abgezählte Teilbereiche hochrechnen. Die Arbeiten sind also überwiegend im Magazin durchzuführen. Soll überdies auch noch nach Herkunftsländern differenziert werden, werden an die Erhebenden schon größere Anforderungen gestellt. Es ist nicht immer ganz einfach, von den alten Ortsangaben in den Erscheinungsvermerken schnell und richtig auf die damalige staatliche Zugehörigkeit zu schließen.

Jedenfalls müssen diese mehr formalen Tatbestände so erhoben werden, daß Doppelarbeit vermieden wird. Es geht nicht an, die Regale zuerst nach den chronologischen Eigentümlichkeiten und dann ein zweites Mal nach den Sprachen durchzusehen. Beides muß in *einem* Arbeitsgang geleistet werden.

Ganz gewiß ein Arbeitsgang für sich ist die Ermittlung des fachlichen Aufbaus; schon deswegen, weil sie nicht mit Hilfskräften zu schaffen ist. Will man sie am Regal durchführen, müssen die Bestände systematisch aufgestellt sein. Das dürfte zwar bei älterem Material durchweg der Fall sein; aber es ist nicht immer leicht, die systematischen Gliederungsgrundsätze am Regal zu erkennen. Außerdem gerieten wir in die Gefahr – und das ist ein sehr gewichtiger Einwand, den u. a. auch Hans-Albrecht Koch in seiner Rezension gemacht hat –, die alten Publikationen in die Zwangsjacke moderner Wissenschaftssystematiken zu stecken. Es gilt vielmehr an sie die Elle ihrer Zeit anzulegen, und das geht am besten mit Hilfe der alten Kataloge, die man, so ist zu hoffen, selbst dort noch pietätvoll aufbewahrt hat, wo sie längst durch neue Systematiken überflüssig geworden sind. Weil es darum geht, möglichst tief zu erschließen, müssen „kleinste Einheiten“ gefunden werden, deren Bezeichnungen in erster Linie zeitgenössisch und nur subsidiär aus modernen Begriffen bestehen sollten. Hilfreich kann es sein, von historisch arbeitenden Fachwissenschaftlern Spezialbegriffe und -themen zu erfahren, die dem älteren Material adäquat sind. Es ist Sache der Generalredaktion, erfahrene Forscher zu ermitteln und zu befragen. Damit ist bereits begonnen worden.

Soweit die zuständigen Ministerien ihre Zustimmung gegeben haben, werden die Regionalredaktionen demnächst an die zur Teilnahme vorgesehenen Bibliotheken herantreten und sie um ihre Mitwirkung bitten. Wir stellen uns vor, daß anhand von bereits erarbeiteten Mustereinträgen bestimmter Bibliotheken die Vorgehensweise beraten und die Verteilung der Arbeiten besprochen wird. Es werden auch die finanziellen Möglichkeiten von Fall zu Fall genau abzustecken sein. Da es sich um wenig erprobte Methoden und nicht alltägliche Ermittlungen handelt, wird es nötig sein, gewisse psychologische Hemmnisse auszuräumen und um Zustimmung zu den Zielen des Projekts zu werben. Ganz gewiß wird man auch darauf verzichten müssen, Erschließungstiefe und -breite in allen Fällen auf denselben Stand zu bringen. Auch wenn im einzelnen Fall aus zwingenden Gründen bestimmte Abstriche am ursprünglich Gewollten nicht zu vermeiden sein werden, so dürfte doch noch so viel an Wissenswertem herauszuholen sein, daß sich der Aufwand lohnt.

FRANZ RUDOLF REICHERT

Literaturversorgung in den Geisteswissenschaften durch kirchliche Bibliotheken

Fakten – Möglichkeiten – Probleme – Wege

Von kirchlichen Bibliotheken war im deutschen Bibliothekswesen lange und bis in die neueste Zeit nur unter historischem Aspekt die Rede. Von ihrer aktuellen Bedeutung für die Literaturversorgung über den eigenen kirchlichen Bereich hinaus hat, wenn man von der innerkirchlichen Diskussion und Bewußtseinsbildung einmal absieht, zuerst Gisela von Busse öffentlich gesprochen. In ihrer 1977 erschienenen Darstellung über „Struktur und Organisation des wissenschaftlichen Bibliothekswesens in der Bundesrepublik Deutschland. Entwicklungen 1945 bis 1975" informiert sie dankenswert ausführlich und gediegen über das kirchliche Bibliothekswesen und stellt fest, die gegenseitige Ergänzung kirchlicher und staatlicher Bibliotheken müsse im Interesse von Forschung und Lehre als sinnvolle Lösung angesehen werden. „So wird es wichtig sein, daß sich die kirchlichen Bibliotheken an einem Hochschulort bereit halten und elastisch genug bleiben, ihre Funktion je nachdem zu erweitern oder umzuändern, immer unter dem Leitgedanken, daß ihre Bestände da, wo sie gebraucht werden, gerade auch für Lehre und Ausbildung, sei es ausschließlich, sei es ergänzend zur Verfügung stehen."[1]

Nun stehen natürlich nicht alle kirchlichen Bibliotheken an Hochschulorten, und gerade große Bibliotheken mit interessanten historischen Beständen und speziellen Sammlungen sind nicht selten „auf dem flachen Lande" angesiedelt; wenn Sie mir diese Bezeichnung einmal für Standorte wie Beuron, Ettal, Herborn, Maria Laach oder Metten erlauben. Wenn ich hier heute etwas über Literaturversorgung in den Geisteswissenschaften durch kirchliche Bibliotheken sagen soll, habe ich deshalb nicht nur kirchliche Bibliotheken an Hochschulorten, sondern das ganze kirchliche Bibliothekswesen sowohl in der katholischen wie in der evangelischen Kirche vor Augen; auch wenn das im Rahmen dieses Vortrags nicht in seiner ganzen Breite und Vielfalt vorgestellt werden kann und konkrete Beispiele nur in Einzelfällen benannt werden.

Ob die von Frau von Busse anvisierte „gegenseitige Ergänzung kirchlicher und staatlicher Bibliotheken" wirklich zustande kommt und fruchtbar werden

[1] Gisela von Busse: Struktur und Organisation des wissenschaftlichen Bibliothekswesens in der Bundesrepublik Deutschland. Entwicklungen 1945–1975. Wiesbaden 1977, S. 169.

kann, wird außerdem sicher nicht allein von der Bereitschaft und Elastizität kirchlicher Bibliotheken abhängen, sondern auch von der Einsicht und Kooperationsbereitschaft der jeweiligen Partner.

„Kirchlich“ bedeutet in diesem Zusammenhang, daß es sich um Bibliotheken in kirchlicher Trägerschaft handelt, wobei diese Trägerschaft – vor allem im katholischen Bereich – durchaus unterschiedlich verfaßt sein kann. Da gibt es die Diözesen selbst als Unterhaltsträger und innerhalb der Diözesen z. B. auch Priesterseminare, die eigenständige Körperschaften des öffentlichen Rechts und als solche Träger von Bibliotheken sind; es gibt die einzelne Abtei, es gibt in anderen Gemeinschaften die Ordensprovinz als Bibliotheksträger und es gibt – neben ausgesprochenen Behörden- und Hochschulbibliotheken – die Bibliotheken der bisweilen auch vereinsrechtlich organisierten kirchlichen Verbände und bischöflichen Werke. Es gibt zwar eine von der Deutschen Bischofskonferenz anerkannte „Arbeitsgemeinschaft Katholisch-Theologischer Bibliotheken“ in der Bundesrepublik, aber es gibt in der verfaßten Katholischen Kirche keine Stelle, die für das gesamte kirchliche Bibliothekswesen zentral zuständig wäre. Das bedeutet, daß es auch keine zentrale Förderung der Bibliotheken gibt. Gemeinschaftsunternehmungen kirchlicher wissenschaftlicher Bibliotheken im Bereich der Katholischen Kirche sind – abgesehen von Zuschüssen im Einzelfall, wie etwa bei der Herausgabe des Handbuchs der kirchlichen katholisch-theologischen Bibliotheken – ausschließlich angewiesen auf die Leistungsfähigkeit und Leistungsbereitschaft einzelner Bibliotheken[2]. In der „Arbeitsgemeinschaft der Archive und Bibliotheken in der evangelischen Kirche“ wird dagegen der Finanzbedarf „in der Regel über den Haushalt der Evangelischen Kirche in Deutschland aufgebracht“[3].

Nach diesen kurzen aber notwendigen Vorbemerkungen möchte ich nun in vier Schritten Fakten, Möglichkeiten, Probleme und Wege der Literaturversorgung in den Geisteswissenschaften durch kirchliche Bibliotheken ansprechen. Die zu treffenden Aussagen stützen sich im wesentlichen auf die Veröffentlichungen der beiden Arbeitsgemeinschaften und auf eine gezielte Anfrage bei einzelnen Bibliotheken. Es sei noch einmal daran erinnert, daß es in unserem Zusammenhang immer um Literaturversorgung über den eigenen kirchlichen Bereich hinaus geht. Und es geht dabei nicht nur um das alte Buch. So stolz wir

[2] Vgl. dazu die Einleitungen in: Reichert, Franz Rudolf: Handbuch der kirchlichen katholisch-theologischen Bibliotheken in der Bundesrepublik Deutschenland und in West-Berlin. Trier 1972 u. 2. neubearb. u. wesentl. erw. Auflage. München 1979. – Memorandum der Arbeitsgemeinschaft Katholisch-Theologischer Bibliotheken über das wissenschaftliche Bibliothekswesen der Kirche. In: Mitteilungsblatt der Arbeitsgemeinschaft Katholisch-Theologischer Bibliotheken 30, 1983, S. 35–61. (künftig zitiert: Mitteilungsblatt AKThB).

[3] Bibliotheksführer der evangelischen Kirchen in der Bundesrepublik Deutschland und in West-Berlin. 3. neubearb. Ausg. 1982, S. 25.

natürlich auf das sind, was faktisch durch kirchliche Bibliotheken schon geleistet wird, so wird der Hauptakzent doch im folgenden auf den weitergehenden Möglichkeiten und den Problemen bei deren Verwirklichung liegen. Vielleicht zeigt sich dann für die eine oder andere Interessenlage auch ein bisher noch nicht beschrittener, gangbarer Weg.

I. Fakten

Eine Reihe von kirchlichen Bibliotheken ist mit ihren Beständen ganz oder teilweise in den Zentralkatalogen oder in anderen zentralen Verzeichnissen (z.B. im GAZS oder in Anfängen jetzt auch in der ZDB) nachgewiesen und wird entsprechend im Leihverkehr der deutschen Bibliotheken beansprucht. Dabei weist die Relation zwischen gebendem und nehmendem Leihverkehr in der Regel eine deutliche Mehrleistung auf der Aktiv-Seite aus. So standen nach der Deutschen Bibliotheksstatistik von 1983 etwa in der Nordelbischen Kirchenbibliothek Hamburg 1183 aus der Fernleihe eingegangenen Leihscheinen (allerdings wohl einschließlich innerkirchlicher Leihverkehr[4]) nur 125 selbst abgesandte Leihscheine gegenüber. In der Erzbischöflichen Diözesan- und Dombibliothek Köln heißt das Verhältnis im gleichen Bereich gar 3425 zu 95. Das sind zweifellos stolze Zahlen. Daß sie nicht repräsentativ sind für das gesamte kirchliche Bibliothekswesen, wird sich in den weiteren Ausführungen noch zeigen. Es bleibt aber festzuhalten: Soweit die *überörtliche* Literaturversorgung durch zentrale Bestandsnachweise gesteuert wird, werden zur Dekkung des Literaturbedarfs in erheblichem Maße auch die Bestände kirchlicher Bibliotheken herangezogen[5].

Die Bedeutung kirchlicher Bibliotheken für die Literaturversorgung am *Ort* oder in einem bestimmten Einzugsbereich reicht von der öffentlichen Zugänglichkeit einer im übrigen ganz auf die Belange der eigenen Institution ausgerichteten und beschränkten Bibliothek[6] bis zu Formen der Zusammenarbeit, in denen die kirchliche Bibliothek einen durchaus eigenständigen Part übernimmt und die Literaturversorgung am Ort in den Geisteswissenschaften ohne ihre

[4] Der „Verband kirchlich-wissenschaftlicher Bibliotheken in der Arbeitsgemeinschaft der Archive und Bibliotheken in der evangelischen Kirche" und die „Arbeitsgemeinschaft Katholisch-Theologischer Bibliotheken" haben jeweils für ihren Bereich einen eigenen Leihverkehr eingerichtet. Die Leihscheine werden problemlos in den jeweils anderen Bereich weitergegeben. Vgl. dazu Bibliotheksführer (wie o. Anm. 3) S. 30–34 und Mitteilungsblatt AKThB 29, 1982, S. 69–84 und 31, 1984, S. 51–57.

[5] Es wird darauf hingearbeitet, daß sich die kirchlichen Bibliotheken künftig stärker als bisher auch an der Deutschen Bibliotheksstatistik beteiligen, damit ein besserer Überblick gewonnen werden kann.

[6] Das „Handbuch der kirchlichen katholisch-theologischen Bibliotheken" (vgl. o. Anm. 2) gibt über die Benutzungsmodalitäten der einzelnen Bibliotheken Auskunft.

Mitwirkung unzureichend wäre. Das ist immer dann der Fall, wenn wissenschaftliche Bibliotheken in staatlicher oder kommunaler Trägerschaft das Sachgebiet Religion/Theologie deshalb weniger pflegen, *weil* es die kirchliche Bibliothek gibt.

Was etwa die Nordelbische Kirchenbibliothek in Hamburg für die Literaturversorgung auch an der Universität und in der Stadt bedeutet, wurde vor einigen Jahren deutlich, als Überlegungen zur Beschränkung oder gar Veräußerung dieser Bibliothek die Kollegen aus den verschiedensten Bereichen mit ihrem Einspruch auf den Plan rief[7].

Für Köln hat Herr Kollege Professor Dr. Corsten kürzlich festgestellt: „Das Sammelgebiet der Erzbischöflichen Diözesan- und Dombibliothek sichert ihr in einer Stadt, deren Universität keine Theologischen Fakultäten hat, eine einzigartige Bedeutung. Für das Gebiet der Evangelischen Theologie kann man dasselbe von der Evangelischen Bibliothek Köln sagen. Die Universitäts- und Stadtbibliothek vernachlässigt zwar die Theologie nicht völlig... Aber sie muß sich hier doch bescheiden und kann das, weil sie darauf vertrauen darf, daß die beiden kirchlichen Bibliotheken auch den Angehörigen der Universität offenstehen."[8]

Die Trierer Bibliothekslandschaft können Sie in diesen Tagen, wenn Ihnen das reichhaltige Programm noch etwas Zeit läßt, unmittelbar erleben. Sie begegnen im Katalograum der Universitätsbibliothek u.a. auch dem nach Preußischen Instruktionen geführten Alphabetischen Katalog der Bibliothek des Priesterseminars; und ebenso in der Stadtbibliothek. An beiden Orten fehlen allerdings in diesen Katalogen wichtige Altbestände und viele aus Nachlässen bisher nur vorläufig erfaßte Titel. Sie finden im Microfiche-Ausdruck der ZDB unter den Zeitschriften mit Standort Trier in zunehmendem Maße neben den Zeitschriften der Universitätsbibliothek und der Stadtbibliothek auch die aus der Bibliothek des Priesterseminars und demnächst aus drei weiteren kirchlichen Bibliotheken der Stadt[9]. Herr Kollege Dr. Ott betrachtet die „Pluralität der Trierer Bibliotheken, ihr Zusammenwirken in Unabhängigkeit voneinander, als eine besondere Chance für alle Seiten." In Abwandlung eines bekannten Wappenspruchs spricht er von den Trierer Bibliotheken als „e pluribus universum", wobei darin nicht nur zum Ausdruck kommen soll, daß erst das Ensemble aus Stadtbibliothek, Priesterseminarsbibliothek und Univer-

[7] Vgl. etwa: Auskunft. Mitteilungsblatt Hamburger Bibliotheken. 2, 1982, S. 79–83, 197–198. – Informationen für kirchliche Bibliotheken 8, 1982, Nr. 2, S. 9.

[8] Grußwort anläßlich der Einweihung der Erzbischöflichen Diözesan- und Dombibliothek Köln am 10. November 1983. In: Mitteilungsblatt AKThB 31, 1984, S. 78.

[9] Es handelt sich um die Bibliotheken des Liturgischen Instituts, der Abtei St. Matthias und des Missionshauses der Weißen Väter. Die notwendigen Arbeiten werden in Zusammenarbeit von Universitätsbibliothek und Bibliothek des Priesterseminars geleistet.

sitätsbibliothek annäherend universelle Literaturbestände ergibt und die Universalbibliothek ersetzt, die die Universitätsbibliotheken der alten Universitäten darstellen, sondern auch der im Wort universum enthaltene Gedanke der Hinwendung auf ein gemeinsames Ziel von verschiedenen Richtungen her."[10]

Das sind einige besonders herausragende *Fakten* zur Literaturversorgung in den Geisteswissenschaften durch kirchliche Bibliotheken, die durch andere Beispiele noch vermehrt werden könnten. Weit größer freilich als die Zahl der Fakten – auch wenn man alles zusammennimmt – ist die Zahl der noch nicht verwirklichten, und bisweilen auch noch nicht erkannten, *Möglichkeiten*.

II. Möglichkeiten

Nur wenige der heute existierenden kirchlichen Bibliotheken gehen in ihrer Bestandsgeschichte hinter die Jahre der französischen Revolution und der Säkularisation zurück[11]. Gleichwohl verfügen viele über historische Bestände von erheblicher Bedeutung. Sei es, daß ihnen bei ihrer Wiederbegründung „die Ausgeburten obskurer Theologen", mit denen man in einem aufgeklärten Zeitalter nichts anzufangen wußte, überlassen wurden[12], sei es, daß sie über Zwischenbesitzer durch Schenkungen und Legate an oft wertvolle und nicht selten gutsortierte alte Bestände kamen[13]. Nachlässe und die Übernahme kleinerer Bibliotheken aus Pfarrämtern, Dekanaten, Kirchenkreisen und kirchlichen Verwaltungsstellen spielen dabei oft auch heute noch eine nicht unbedeutende Rolle. In der Katholischen Kirche haben die Ordensgemeinschaften die Notwendigkeit erkannt, in sogenannten Provinz- oder Zentralbibliotheken die Buchbestände aufgehobener Niederlassungen aufzufangen, zu sichten und zu erfassen[14]. Neben historisch zu nennenden Buchbeständen wie z.B. philoso-

[10] Ulrich Ott: Bibliotheken in Trier – e pluribus unum? In: Kurtrierisches Jahrbuch 21, 1981, S. 338–345; hier S. 341.

[11] Zu nennen wären hier etwa die Bibliothek des Mainzer Priesterseminars und einige Bibliotheken im Bereich der evangelischen Kirche. Im einzelnen vergleiche man dazu die in Anm. 2 u. 3 genannten Publikationen.

[12] So in einem Brief des Wiesbadener Bibliothekars Johannes Weitzel. Vgl. Götting, Franz: Geschichte der Bibliothek des Priesterseminars zu Limburg. In: Archiv für mittelrheinische Kirchengeschichte 15, 1963, S. 239–260; hier S. 241.

[13] Vgl. Götting (wie Anm. 12) und Reichert, Franz Rudolf: Zur Geschichte der Trierer Seminarbibliothek. In: Im Dienst des Glaubens und der Wissenschaft. Festschrift zum 175jährigen Bestehen der Bibliothek des Trierer Priesterseminars (= Mitteilungen und Verzeichnisse aus der Bibliothek des Bischöflichen Priesterseminars zu Trier. H. 5.) Trier 1980, S. 33–73. – Reichert, Franz Rudolf: Bestandsentwicklung und Bestandsstrukturen der Bibliotheken von Priesterseminaren. Paradigmatisch demonstriert an der Bibliothek des Trierer Priesterseminars. In: Bibliothek und Buchbestand im Wandel der Zeit. Bibliotheksgeschichtliche Studien (= Buchwissenschaftliche Beiträge aus dem Deutschen Bucharchiv München. Bd 8.) Wiesbaden 1984, S. 64–82.

[14] So etwa die Bibliotheken der Franziskaner in Fulda, Mönchengladbach und Münster und die der Kapuziner in Altötting und Münster.

phischen und theologischen Dissertationen und Disputationen des 17. und 18. Jahrhunderts[15] kommen dabei oft erstaunlich vollständige Sammlungen von Literaturgruppen zusammen, die sonst in Bibliotheken meist nur schwer nachweisbar sind. Ich meine die sogenannte „Verbrauchsliteratur“: Gebet- und Gesangbücher, Erbauungsliteratur, Katechismen, Predigtbücher, Hilfen für den Religionsunterricht u. ä. Literatur, die nicht nur für den Theologen, sondern unter bestimmten Gesichtspunkten auch für den Soziologen, den Erziehungswissenschaftler, den Germanisten von Bedeutung ist. So weit die Mittel es zulassen, werden solche Bestände dann in vielen Bibliotheken auch bewußt weiter gepflegt. Da gibt es etwa in der „Bibliothek der Großen Kirche zu Emden“, in der „Arbeitsstelle für Gottesdienst und Kirchenmusik der Evangelisch-lutherischen Landeskirche Hannovers“ und in der „Landeskirchlichen Bibliothek Karlsruhe“ umfangreiche Sammlungen von Gesangbüchern, die bis in die Reformationszeit zurückreichen. Es gibt in der „Bibliothek der Abtei Maria Laach“ eine Sammlung von Meßbuchübersetzungen[16] seit dem 16. Jahrhundert oder in der „Dombibliothek Freising“ eine bewußt weiter ausgebaute Sammlung zur Theologie des 17.–19. Jahrhunderts und zur Volksfrömmigkeit[17].

Nicht selten sind auf solchen Wegen aber auch Bestände in kirchliche Bibliotheken gekommen, die man dort nicht ohne weiteres erwartet. Da verfügt etwa die Bibliothek der Abtei Metten über rund 15000 Schulprogramme deutscher und österreichischer Gymnasien[18] bis 1920, über Periochen aus dem Schultheater des 17. und 18. Jahrhunderts und über eine umfangreiche Sammlung „Musica practica“. Bedeutende Musiksammlungen gibt es auch in der Erzbischöflichen Diözesan- und Dombibliothek Köln, in der Diözesanbibliothek Münster und in der Bischöflichen Zentralbibliothek Regensburg. In der Bibliothek des Mainzer Priesterseminars gibt es eine reiche Sammlung von Erstausgaben deutscher und ausländischer Klassiker und in der Bibliothek des Wilhelmstifts in Tübingen einen durchaus nicht auf Theologie beschränkten respektablen Zeitschriftenbestand, der bis ins 18. Jahrhundert zurückreicht und inzwischen auch in die ZDB eingebracht ist. Die heute leider praktisch tote Diözesanbibliothek Limburg verfügt neben manchen anderen interessanten

[15] Sie finden sich – oft unerschlossen – in verschiedenen Bibliotheken; teils auf den jeweiligen ehemaligen Hochschulort beschränkt, teils in umfassenderen Sammlungen.

[16] Vgl. dazu Häussling, Angelus Albert: Das Missale deutsch. Materialien zur Rezeptionsgeschichte der lateinischen Meßliturgie im deutschen Sprachgebiet bis zum 2. Vatikanischen Konzil. T.1.: Bibliographie der Übersetzungen in Handschriften und Drucken (= Liturgiewissenschaftliche Quellen und Forschungen. Bd. 66.) Münster 1984.

[17] Das Handbuch (wie o. Anm. 2) und der Bibliotheksführer (wie o. Anm. 3) verzeichnen die Erwerbungsschwerpunkte und Sondersammlungen.

[18] Bestandszahl nach einer Anfrage vom Frühjahr 1985. Im Handbuch 1979 (wie o. Anm. 2) war von 20000 Programmen die Rede.

Altbeständen über eine 270 Sammelbände umfassende Sammlung von juristischen Dissertationen des 17. und 18. Jahrhunderts. Sie sind „in dem hierher gebrachten Teile der Bibliothek des alten Reichskammergerichts Wetzlar enthalten", sollten 1920 schon einmal veräußert werden und sind bis heute nicht erschlossen[19].

Interessant sind kirchliche Bibliotheken für die Literaturversorgung in den Geisteswissenschaften aber nicht nur und vielleicht nicht einmal in erster Linie durch solche Altbestände. Interessant sind sie im Gesamtgefüge bibliothekarischer Einrichtungen vor allem auch wegen der durch ihre speziellen Aufgaben bedingten Spezialisierung auch im innerkirchlichen Bereich. „Kirchliche Bibliotheken" – das heißt ja nicht einfach: Spezialbibliotheken im Bereich Religion/Theologie, sondern meint Bibliotheken mit unter Umständen sehr hoch spezialisierten Beständen innerhalb dieses Bereichs.

Bibliotheken von Diözesen und Landeskirchen sammeln neben der spezifisch theologischen Literatur – je nach Leistungsfähigkeit – möglichst vollständig die regional und lokal gebundene Literatur ihres Einzugsbereichs, soweit sie kirchliche Bezüge hat. Sie sammeln die Amtsdrucksachen und halbamtlichen Publikationen – Kirchliche Amtsblätter, Kirchenzeitungen, Bulletins, Schematismen etc. – auch übergeordneter Institutionen[20]. Persönliche Kontakte und bessere Kenntnis der Beschaffungswege ermöglichen gerade auch im Bereich der sogenannten „grauen Literatur" eine relative Vollständigkeit, wie sie im sonstigen Bibliothekswesen für diesen Bereich kaum möglich ist[21]. Ähnliches gilt auf ihrem Gebiet für die Bibliotheken der Orden und Verbände.

Bibliotheken kirchlicher Zentralstellen, Institute und unterschiedlich verfaßter Vereinigungen erreichen oft einen hohen Spezialisierungsgrad, sind aber über die üblichen Wege der Literaturversorgung nicht immer ohne weiteres zu erreichen. Das gilt zum Beispiel – im Unterschied zur im Zentralkatalog nachgewiesenen und am Deutschen Leihverkehr beteiligten Bibliothek des Deutschen Caritasverbandes – für die Bibliotheken des Konfessionskundlichen Instituts des Evangelischen Bundes in Bensheim und für die des Johann Adam-Möhler-Instituts für Ökumenik in Paderborn. Die kirchlichen Werke „Missio", „Adveniat" und „Misereor" haben Bibliotheken aufgebaut, die nicht nur für die Theologie, sondern auch für Fragestellungen der Entwicklungspolitik und der Entwicklungshilfe von nicht zu unterschätzender Bedeutung sind[22].

[19] Vgl. Götting (wie o. Anm. 12) S. 258. In Limburg sind Bemühungen im Gange, den Bestand jetzt zu erschließen.

[20] So etwa die regelmäßigen Veröffentlichungen Päpstlicher Kongregationen, Kommissionen und Sekretariate.

[21] Vgl. Reichert, Franz Rudolf: „Graue Literatur" in unseren Bibliotheken. Notwendigkeit – Möglichkeiten – Schwierigkeiten der Sammlung. In: Mitteilungsblatt AKThB 28, 1981, S. 60–73.

[22] Hingewiesen sei etwa auf die Publikation „Theologie im Kontext. Informationen über

Bedingt durch geschichtliche Entwicklungen, spezielle Aufgabenstellungen oder auch besondere persönliche Beziehungen haben sich in kirchlichen Bibliotheken gelegentlich laufend gepflegte Sondersammlungen entwickelt, die in ihrer Dichte und in ihrem Umfang manchem Benutzer umfangreiche Recherchen und langwierige Beschaffungswege ersparen könnten, wenn er nur darum wüßte. So gibt es zum Beispiel in der Erzbischöflich Akademischen Bibliothek in Paderborn eine Sammlung von Heiligsprechungsakten, die neben dem Theologen auch den Volkskundler und den Soziologen interessieren dürfte.

Die Bibliothek des Bischöflichen Priesterseminars Trier sammelt gezielt und weltweit die periodisch erscheinende und die monographische Literatur aller Bewegungen, die pointiert und polemisch Kritik an der Entwicklung der Katholischen Kirche nach dem Zweiten Vatikanischen Konzil äußern; Literatur, die unter Umständen auch für den Historiker und Soziologen von Interesse ist. Auf ganz anderem – und in sich wieder unterschiedlichem – Sektor liegen die hier laufend gepflegten Sondersammlungen Nikolaus von Kues und Friedrich Spee. Hier wird nicht nur die monographisch erscheinende Literatur gesammelt und nach rückwärts ergänzt. Es wurde vielmehr auch die unselbständig erschienene Literatur beschafft und in Sammelbänden zusammengeführt. 32 Sammelbände sind es inzwischen für Nikolaus von Kues, sieben für Friedrich Spee. Ähnlich umfassende Literaturbestände zu diesen beiden Persönlichkeiten und ihrem Werk dürfte es wohl in kaum einer anderen Bibliothek geben[23]. Und wiederum sind diese Sammlungen zweifellos nicht nur für Theologen interessant, sondern ebenso für den Historiker, den Juristen, den Naturwissenschaftler, den Germanisten.

Wenn diese hier beispielhaft genannten Leistungen – andere könnten hinzugefügt werden – nicht unter den „Fakten“ der Literaturversorgung in den Geisteswissenschaften durch kirchliche Bibliotheken genannt werden, sondern nur unter den „Möglichkeiten“, so deshalb, weil die interessierte Öffentlichkeit davon oft noch zu wenig oder nichts weiß. Auch eine mit über 250000 Bänden so große und für kirchliche Verhältnisse so aktive Bibliothek wie die des Bischöflichen Priesterseminars Trier ist mit ihren Beständen bisher nicht im zuständigen Zentralkatalog nachgewiesen. Lediglich der Zeitschriftenbestand konnte mit dankbar angenommener Unterstützung durch die Universitätsbi-

theologische Beiträge aus Afrika, Asien, Ozeanien und Lateinamerika. Zeitschriftenschau, Zusammenfassungen ausgewählter Beiträge, Berichte über theologische Konferenzen.“ Hrsg. vom Missionswissenschaftlichen Institut Missio e.V. Aachen; z. Zt. Jg 6, 1985.

[23] Die Sammelbände können nur in den Räumen der Bibliothek benutzt werden. Auf der Spee-Sammlung fußt die Bibliographie von Reichert, Franz Rudolf: Friedrich Spee-Bibliographie. In: Friedrich Spee im Licht der Wissenschaften (= Quellen und Abhandlungen zur mittelrheinischen Kirchengeschichte. Bd 49.) Mainz 1984, S. 243–281. – Ein bibliographischer Nachweis für die Cusanus-Sammlung konnte leider noch nicht publiziert werden.

bliothek inzwischen an die Zeitschriftendatenbank gemeldet werden, wobei bis jetzt 840 Titel anfielen, die dort bisher nicht vertreten waren. Bis zum Abschluß der Meldungen werden es sicher mehr als 1000 sein. Andere kirchliche Bibliotheken sind mit ihren Spezialbeständen noch weniger erschlossen. Gegebene Möglichkeiten der Literaturversorgung bleiben deshalb oft ungenützt. Weshalb das so ist, wird deutlich, wenn wir uns nun den damit schon angesprochenen *Problemen* ausdrücklich zuwenden.

III. Probleme

Gisela von Busse hat 1977 das Kapitel über „Kirchliche Bibliotheken" in ihrer bereits genannten Darstellung des deutschen Bibliothekswesens mit der Feststellung eröffnet: „Kirchliche Bibliotheken haben unter allen Bibliotheken die längste, und dazu eine an Wechseln reiche Geschichte hinter sich, trotzdem stehen sie... erst am Anfang einer modernen bibliothekarischen Entwicklung."[24] Das gilt aufs Ganze gesehen auch heute noch. Von Sonderfällen wie der Universitätsbibliothek Eichstätt sei hier einmal abgesehen. Wie weit gerade die wechselreiche Geschichte ursächlich ist für die diagnostizierte „Entwicklungsstörung" kann und braucht hier nicht untersucht zu werden.

Tatsache ist, daß es in den meisten kirchlichen Bibliotheken noch immer zu wenig bibliothekarische Fachkräfte gibt. Manche, auch große Bibliotheken werden überhaupt nur im Nebenamt und mit Hilfskräften verwaltet. Das kann, auch bei bestem Willen der Beteiligten, nicht ohne Auswirkungen insbesondere auf die Erschließung der Bestände bleiben. Katalogisierungsrückstände und Mängel in der Katalogführung sind dann fast unvermeidlich. Wo Kompromißlösungen ihren Zweck für den Hausgebrauch noch einigermaßen erfüllen mögen, erschweren sie die Bestandsverzeichnung in zentralen Nachweisen und damit die faktische Nutzung der in vielen Bibliotheken tatsächlich gegebenen Möglichkeiten.

Auch wo sich die Personalsituation im Laufe der Zeit gebessert hat, reicht die Kapazität in den seltensten Fällen, um Rückstände aus der Vergangenheit aufzuarbeiten, Lücken zu schließen oder unzulängliche Katalogteile zu überarbeiten. Was ich einmal von unserer Bibliothek des Priesterseminars gesagt habe, gilt sicher ähnlich auch von anderen kirchlichen Bibliotheken: „Wer einen voll funktionsfähigen Sachkatalog, einen einheitlichen Alphabetischen Katalog und manchen anderen Service im Benutzungsbereich vermißt, wird daran denken müssen, daß diese Bibliothek auf ihre Geschichte stolz ist, aber auch an deren Last trägt. Es ist erstaunlich, was die vor uns mit den ihnen verfügbaren Mitteln geleistet haben. Sie haben vieles nicht so tun können, wie es der

[24] Busse (wie o. Anm. 1) S. 165.

Bibliotheksbenutzer heute erwartet, weil ihnen vor allem das Personal dazu fehlte. Wir können dankbar aufbauen auf dem, was sie uns hinterlassen haben; aber wir können nicht neben der laufenden Arbeit auch alle organisatorischen Mängel aus einer langen Geschichte aufarbeiten."[25]

An solchen Entwicklungen, aber auch an der Arbeitsbelastung bei den Zentralkatalogen mag es gelegen haben und liegen, daß längst nicht alle – auch längst nicht alle hauptamtlich und von Fachkräften geführten – kirchlichen Bibliotheken mit ihren Beständen in den Zentralkatalogen nachgewiesen sind. Darunter sind Hochschulbibliotheken, Bibliotheken von Diözesen und Landeskirchen, Spezialbibliotheken kirchlicher Institute, Abteibibliotheken sowie Zentral- oder Provinzbibliotheken von Ordensgemeinschaften. Die sachgerechte Nutzung vorhandener und bisweilen vielleicht nirgendwo sonst vorhandener Bestände wird dadurch erschwert, wenn nicht unmöglich gemacht[26].

Keine nennenswerten Probleme bereitet dagegen in aller Regel die Benutzung kirchlicher Bibliotheken, soweit es die Zulassung angeht. Wenn sie nicht ohnehin allgemein zugänglich sind, wird interessierten Benutzern auf Voranmeldung meist unkompliziert Zugang gewährt. „Die Benutzung wird von den kirchlichen Bibliotheken großzügig gehandhabt. Auch Bibliotheken, die für die Angehörigen des eigenen Hauses bestimmt sind, wie die Spezialbibliotheken und die Ordensbibliotheken, und im Prinzip ihre Bestände präsent halten, lassen meist außenstehende Benutzer zu."[27] Das Handbuch der kirchlichen katholisch-theologischen Bibliotheken gibt über die Benutzungsmöglichkeiten im einzelnen Aufschluß.

Bleibt die Frage, welche *Wege* denkbar sind, um die in kirchlichen Bibliotheken vorhandenen Möglichkeiten für die Literaturversorgung in den Geisteswissenschaften besser bekannt und nutzbar zu machen.

IV. Wege

Zweifellos ist das zunächst eine Frage an die Bibliotheken selbst, ob sie ein solches Bekanntmachen ihrer Bestände und die damit verbundene verstärkte Inanspruchnahme überhaupt wollen. Dazu kann niemand eine verbindliche Erklärung für alle kirchlichen Bibliotheken abgeben. Die Entscheidung liegt bei der einzelnen Bibliothek beziehungsweise bei ihrem Unterhaltsträger. Hier

[25] Reichert, Geschichte (wie o. Anm. 13) S. 105.

[26] Daß Literaturreservoirs nicht nur in kirchlichen Bibliotheken unzureichend erschlossen sind, macht Bernhard Fabian deutlich. Vgl. Fabian, Bernhard: Buch, Bibliothek und geisteswissenschaftliche Forschung. Zu Problemen der Literaturversorgung und der Literaturproduktion in der Bundesrepublik Deutschland (= Schriftenreihe der Stiftung Volkswagenwerk. Bd 24.) Göttingen 1983, insbesondere S. 63–72.

[27] Busse (wie o. Anm. 1) S. 178.

müssen also auch die Wege beginnen, die zu einer besseren Erschließung der Bestände führen sollen. Die bestehenden Arbeitsgemeinschaften sind sicher bereit, solche Initiativen zu unterstützen und im Sinne einer Bewußtseinsbildung auf die Bibliotheksträger einzuwirken. Sie können aber kaum Träger eigener Katalogunternehmungen etwa mit dem Ziel kirchlicher Zentralkataloge sein. Das von der „Arbeitsgemeinschaft Katholisch-Theologischer Bibliotheken" betriebene Projekt eines Zeitschriftenzentralkatalogs ist trotz allen Bemühens und engagierten Einsatzes einzelner Kollegen ein Torso geblieben[28]. Er tut in der Praxis seine Dienste. Aber er ist längst nicht das, was er sein könnte und nach der Absicht seiner Initiatoren auch sein sollte. Ein Zentralkatalog als Nachweis aller in kirchlichen Bibliotheken vorhandenen Monographien ist sicher in absehbarer Zeit nicht zu realisieren[29].

Der Weg muß also von der einzelnen kirchlichen Bibliothek in die vorhandenen bibliothekarischen Strukturen führen. Dabei ist natürlich zunächst an die Zusammenarbeit am Ort zu denken. Doch sollte der Weg dort nicht enden. Auch wenn das System des Leihverkehrs und seine Steuerung durch die Zentralkataloge herber Kritik unterzogen werden, sehe ich für einen überörtlich zu führenden und für die Wissenschaft hilfreichen Einzelnachweis der Bestände kirchlicher Bibliotheken derzeit keinen anderen Weg als den über die bestehenden Zentralkataloge. In vielen Fällen würde das aber – von der mit dem Übergang auf RAK gegebenen Problematik einmal ganz abgesehen – eine Neukatalogisierung erheblicher Altbestände voraussetzen, die von den Bibliotheken selbst kaum geleistet werden kann. Hier sollte geprüft werden, ob nicht – wie auch in anderen Bereichen praktiziert – bibliothekarische Fachkräfte vom jeweils zuständigen Zentralkatalog abgeordnet werden könnten, um die Bestände solcher Bibliotheken nach und nach und unter Berücksichtigung ihrer Bedeutung für den Leihverkehr in die Zentralkataloge einzuarbeiten.

Das von Professor Bernhard Fabian angeregte „Handbuch der historischen Buchbestände in der Bundesrepublik Deutschland und in West-Berlin"[30] nimmt inzwischen ja schon langsam Gestalt an[31]. Hier sollten die kirchlichen Bibliotheken von Anfang an mit berücksichtigt werden. Der Vorschlag von Professor Fabian sieht vor, daß neben den in erster Linie zu erfassenden Beständen der

[28] Besonders verdient gemacht hat sich um dieses Projekt der frühere Direktor der Erzbischöflichen Diözesan- und Dombibliothek Köln, Prälat Wilhelm Schönartz. Unter seinen zahlreichen Veröffentlichungen zu diesem Thema (meist im Mitteilungsblatt AKThB) vgl. vor allem: Schönartz, Wilhelm: Der Zeitschriften-Zentralkatalog der Arbeitsgemeinschaft Katholisch-Theologischer Bibliotheken und seine Vorgeschichte. In: Bibliotheksarbeit heute. Beiträge zur Theorie und Praxis (= Zeitschrift für Bibliothekswesen und Bibliographie. Sonderheft 16.) Frankfurt 1973, S. 167–175.

[29] Das Thema wurde im Memorandum der Arbeitsgemeinschaft Katholisch-Theologischer Bibliotheken (vgl. o. Anm. 2) angesprochen, blieb aber ohne jedes Echo seitens der Adressaten.

[30] Fabian (wie o. Anm. 26) S. 117–119.

[31] Vgl. dazu in diesem Band das Referat von Severin Corsten S. 186–193.

öffentlichen Bibliotheken die Bibliotheken einzubeziehen wären, „die für die wissenschaftliche Benutzung zugänglich sind, ohne im eigentlichen Sinne öffentlich zu sein."[32] Ich halte es hier für notwendig, daß die Arbeitsgemeinschaften über den Stand der Dinge und die geplanten Schritte informiert werden. Sie könnten unter Umständen eine Mittlerfunktion zwischen den vorgesehenen regionalen Redaktionen und einzelnen kirchlichen Bibliotheken übernehmen. Die nach den bisherigen Überlegungen vorgesehene Bestandsbeschreibung wird nicht von allen kirchlichen Bibliotheken ohne weiteres zu leisten sein. Hier bedarf es sicher im Einzelfall zusätzlicher Hilfe.

Bis solche Wege begangen und zu Ende gegangen werden können, bieten das „Handbuch der kirchlichen katholisch-theologischen Bibliotheken" und der „Bibliotheksführer der evangelischen Kirchen"[33] mit ihren Angaben über Erwerbungsschwerpunkte und Sondersammlungen eine wenigstens einigermaßen hilfreiche Wegweisung für den, der Literatur in den Geisteswissenschaften abseits wohl ausgebauter und dann manchmal auch überlasteter Wege der Literaturversorgung sucht.

„Literaturversorgung in den Geisteswissenschaften durch kirchliche Bibliotheken." – Das war kein strahlender Erfolgsbericht, was ich Ihnen da vorgetragen habe; konnte es nicht sein, wollte es auch nicht sein. Ich habe in der Schule von Professor Dr. Werner Krieg gelernt, was Kooperation für das Bibliothekswesen bedeutet. Ich erlebe hier in Trier im bibliothekarischen Alltag, was Zusammenarbeit an Chancen bietet – für alle Beteiligten. Ich wollte Fakten, Möglichkeiten und Probleme solcher Zusammenarbeit aufzeigen und ermutigen, nach Wegen zu suchen und Wege gemeinsam zu gehen, auch wenn sie nicht gleich zu Jahrhundertlösungen führen. Die ausdrücklich genannten Wege sind ja bei weitem nicht die einzig möglichen. Es gibt die vielen kleinen Schritte, und auch ein Weg von tausend Meilen beginnt mit dem ersten Schritt.

[32] Fabian (wie o. Anm. 26) S. 118.
[33] Vgl. o. Anm. 2 u. 3.

KLAUS GARBER

Erwartungen der Wissenschaft an Erschließung und Benutzungsmöglichkeiten älterer Literatur

Deutscher Nationalkatalog und Deutsche Nationalbibliothek Eine gesamtdeutsche Aufgabe im gesamteuropäischen Kontext

Der verfremdete Blick ist allemal der geschärftere. Das deutsche Profil konturiert sich klarer in den Augen der Nachbarn, zumal des großen Antipoden Frankreich. Am tiefsten sahen die großen Vermittler, heißen sie nun Ernst Robert Curtius oder Friedrich Sieburg, Heinrich Mann oder Walter Benjamin, Alfred Grosser oder Robert Minder. Bei Robert Minder – gleich tief verwurzelt in der deutschen wie in der französischen Literatur und Kultur – lesen wir in einem der größten Essays dieses Jahrhunderts mit dem bezeichnenden Titel „Deutsche und französische Literatur – inneres Reich und Einbürgerung des Dichters" die folgende Beobachtung: „Der Grad der Einbürgerung des Dichters in die Nation ist sehr verschieden diesseits und jenseits des Rheins. ... Wann öffnet selbst der gebildete deutsche Durchschnittsleser je noch einen Band von Klopstock, Wieland, Herder, sogar von Lessing? Große Namen, vom Winde verweht, in der Weite verdämmernd: undenkbar, daß in Frankreich die ‚Gemeinschaft' so ihre Klassiker vergäße. Schon die Schule sorgt dafür, daß das Kind eng vertraut wird mit den großen Texten, in strenger Zucht sich sprachlich an ihnen bildet und zugleich sehr früh einen klaren Überblick über das Wirken der Schriftsteller in ihrer jeweiligen Epoche erhält, eine fundierte kulturell-soziale Standortbestimmung. Hier steht der Dichter in seiner Zeit und dort außer ihr."[1]

Wie aber verträgt sich solches Vergessen mit der hohen und durchaus öffentlichen Aufgabe, die der Literatur gerade in Deutschland jahrhundertelang überantwortet schien. War ihr nicht aufgetragen, stellvertretend für die nicht existente politische Nation zu agieren? Bildete die deutsche Sprache zunächst Luthers, dann Opitzens, dann der Aufklärer und schließlich Goethes nicht jenes einigende Band, das sich um die ungezählten Kommunen und Territorien des Heiligen Römischen Reiches Deutscher Nation schlang? Wurde in der deutschen Literatur seit den Tagen des Erzhumanisten Conrad Celtis nicht jener

[1] Robert Minder: Deutsche und französische Literatur – inneres Reich und Einbürgerung des Dichters. In: Robert Minder: Kultur und Literatur in Deutschland und Frankreich. Fünf Essays. Frankfurt/M. 1962, S. 5. (Sammlung Insel. 771.)

Traum von der Einheit der Nation wach gehalten, den Dante auf der Schwelle zur Neuzeit erstmals artikuliert hatte und der sich für die Deutschen erst ein halbes Jahrtausend später für wenige unheilvolle Dezennien realisierte, nachdem Gelehrte wie Gebildete ihn immer wieder zu ihrer Sache gemacht hatten?

Vielleicht aber stehen Vergessen und Verklären, Abwerten und Überhöhen auch in einem inneren Zusammenhang miteinander. Die öffentlichen, die gemeinschaftsstiftenden, die im weitesten Sinn eben politischen Hoffnungen, die sich an die deutsche Literatur hefteten, während die westlichen Nachbarstaaten ringsum de facto zu Nationalstaaten aufstiegen, verliehen der Literatur ihren utopischen Horizont, ihr menschheitliches Pathos. Sie bedrohten sie jedoch zugleich mit dem Stigma, als Ersatz für politisches Handeln zu figurieren. Die hohe Literatur als Substitut der gescheiterten nationalen Politik – in dieser Konstellation ist die literarische Erinnerung, ist die geistige Überlieferung eines Volkes an den Wurzeln vergiftet. Die verhängnisvolle Rede von der „Kulturnation“, in deren Zeichen noch die „Betrachtungen eines Unpolitischen“ sich formten, ist dafür nur der prägnante Ausdruck.

Den Schnitt- und Scheitelpunkt bildet hier wie sonst die Französische Revolution. Was Deutschland als Erfüllung seiner frühneuzeitlichen, in der vorrevolutionären Dichtung des Sturm und Drang gipfelnden literarischen Tradition realiter versagt blieb, die Feuerprobe aufgeklärten Denkens in der geschichtlichen Umwälzung durch den dritten Stand, schien in Dichtung, Philosophie und Musik sich gleichermaßen zu erfüllen; die Namen Goethes, Hegels und Beethovens stehen dafür ein. Doch diejenigen, die den inneren Zusammenhang der politischen und der geistig-ästhetischen Revolution dachten, ob Heine oder der junge Marx, ob Büchner oder Weerth, ob Gervinus oder die Jungdeutschen, sie standen als Exilierte oder Inkriminierte außerhalb der deutschen Wirklichkeit der Restauration, und dies um so mehr, je nachdrücklicher sie der deutschen Misere die politischen Ideale des Bürgertums: nationale Einigung, politische Partizipation und geistige Libertät entgegensetzten. Die Oberhand behielten jene, deren Glaube an die besondere Mission der deutschen Kultur mit dem politischen Bescheiden in den gegebenen Verhältnissen der immer noch feudal-agrarisch bestimmten Gesellschaft einherging, genau so, wie Robert Minder es immer wieder beschrieb.

Doch warum diese scheinbar weit abführenden Worte? Weil das intakte Nachleben der Literatur an die mündige, öffentlich über ihre Vergangenheit sich verständigende Gesellschaft gebunden ist, wenn anders die Nachgeschichte der Werke nicht zum pseudopolitischen Surrogat herabsinken soll. Und was für die Literatur gilt, gilt für die Institutionen ihrer Überlieferung, vorab die Bibliotheken. Sie sind eingebunden in das kulturpolitische Profil einer Nation. So darf es niemanden verwundern, wenn in die folgenden Erwägungen eines buch- und bibliotheksgeschichtlich interessierten Literaturwissenschaftlers immer wieder auch politische Einschätzungen hineinspielen. Die Frage nach der Erfassung und Erschließung der älteren – und das heißt in unserem Zusammenhang immer: der frühneuzeitlichen Literatur bis an die Schwelle der europäischen bürgerlichen Revolutionen –, die Artikulation der Ansprüche, Wünsche und Hoffnungen des Geisteswissenschaftlers gegenüber Bibliotheken und Bibliothekaren, ist selbst eine eminent öffentlichkeitsbestimmte.

Der Traum des Geisteswissenschaftlers in Bezug auf seinen Gegenstand – wo nicht die Handschriften, so doch die gedruckten Quellen – ist mit einem Satz umrissen und entsprechend arm an originärem Gehalt: Er sehnt sich nach der einen großen zentralen bibliothekarischen Institution, in der er die gedruckte geistige Überlieferung seines Sprachraums einschließlich der wissenschaftlichen Literatur komplett und die der ausländischen Kulturkreise in sinnvoller Auswahl zusammengetragen und optimal erschlossen vorfindet. Die British Library in London, die Bibliothèque Nationale in Paris, die Library of Congress in Washington, die Saltikov-Shchedrin Bibliothek in Leningrad werden dem deutschen Leser stets als ein schmerzlich vermißtes Ideal erscheinen. Diese Gebäude zu betreten heißt, gerade im Blick auf das Europa zwischen Renaissance und französischer Revolution, die geistige Potenz des jeweiligen Landes im Brennpunkt der hohen repräsentativen Zeugnisse wie in dem der ephemeren tagesbezogenen in erreichbarer Vollständigkeit zusammengefaßt und binnen weniger Stunden verfügbar zu wissen. Das Gefühl der Gelassenheit, der geistigen Behaglichkeit, ja der Inspiration wird jeder sogleich verstehen, der das Glück hatte, in den historischen Lesesälen dieser ehrwürdigen und mancher vergleichbaren Institutionen zu weilen.

Deutschland konnte und durfte nicht hoffen, Schöpfungen solchen Rangs etablieren zu können. Die einzige Bibliothek, die den Vergleich mit den erwähnten universalen Nationalbibliotheken für ein halbes Jahrhundert nicht zu scheuen brauchte, war bekanntlich die Königliche, dann die Preußische Staatsbibliothek zu Berlin. Ich denke dabei nicht nur an die imponierenden Bestandszahlen[2]. Ich denke vor allem auch an die beispiellose Form der Erschließung. Der Realkatalog der Berliner Staatsbibliothek, leider nicht mehr ganz komplett und zwischen Ost- und Westberlin geteilt (ironischerweise so, daß die Bücher zu den entsprechenden Katalogen in der Regel jeweils auf der anderen Seite stehen) bietet auch heute noch für jeden Geisteswissenschaftler den unübertroffenen und besten Einstieg für jedes Wissenschaftsgebiet bis 1939. Er steht völlig ebenbürtig neben den großen Dictionary Catalogues der amerikanischen Bibliotheken, zumal dem herrlichen achthundertbändigen der New

[2] Die letzte offizielle Statistik: Jahrbuch der Deutschen Bibliotheken. 33. 1943, S. 7.

York Public Library, ist aber leider niemals gedruckt oder verfilmt worden, wie dies auch heute noch überaus wünschenswert wäre[3].

Und doch: Auch der Berliner Bibliothek mußte es aus geschichtlichen Gründen versagt bleiben, den Zentral-Bibliotheken der Nachbarländer an Vollständigkeit der gedruckten nationalen Überlieferung gleichzukommen. Spät erst im 19. Jahrhundert mit der Reichsgründung wuchs die Königliche Bibliothek zunehmend in die Rolle einer Nationalbibliothek hinein – viel zu spät, um das gedruckte Gut des deutschen Sprachraums von der Inkunabelzeit und dem Jahrhundert der Reformation über das Barock-Zeitalter bis hin zur Aufklärung noch komplett bergen zu können. Und im 20. Jahrhundert bestand – wiederum aus geschichtlichen Gründen – von vornherein hinsichtlich des nationalen Sammelauftrags ein Interessenkonflikt mit der 1913 ihre Arbeit aufnehmenden Deutschen Bücherei in Leipzig[4]. Diese stand unter der Obhut des Börsenvereins in Leipzig. Und so spielte in den Dualismus der beiden nationalen bibliothekarischen Institutionen nicht nur der alte territoralstaatliche Gegensatz zwischen Preußen und Sachsen hinein, sondern zugleich auch der latente zwischen Reich und Territorium, zwischen dem kaiserlichen Berlin und dem großbürgerlichen Leipzig.

In Berlin arbeiten zu können, bedeutete bibliothekarisch für den Geisteswissenschaftler gewiß das Optimum. Noch heute merkt man den großen geisteswissenschaftlichen Leistungen an, daß sie auf den schier unerschöpflichen Fundus der Staatsbibliothek zurückgreifen konnten. Walter Benjamins „Ursprung des deutschen Trauerspiels", Richard Alewyns sensationelle Entdeckung des barocken Erzählers Johann Beer, Erich Trunz' Studien zur Soziologie des europäischen Späthumanismus – um hier nur drei Beispiele aus dem eigenen Fachgebiet der Barockphilologie zu nennen – wären in dieser Form schwerlich ohne den Hintergrund der Berliner Bibliotheks-Zentrale und ihres Auskunftsbüros zustandegekommen[5]. Umgekehrt lassen so viele geisteswissen-

[3] Die reichhaltige Literatur zum Realkatalog der Preußischen Staatsbibliothek zusammengeführt bei: Curt Balcke: Bibliographie zur Geschichte der Preußischen Staatsbibliothek. Leipzig 1925, S. 55f. (Mitteilungen aus der Preußischen Staatsbibliothek. 6.), sowie bei: Peter Kittel: Bibliographie. In: Deutsche Staatsbibliothek 1661–1961. Bd. I–II. Leipzig 1961, Bd. II, S. 85f. Hier auch Bd. I, S. 146ff. aus der sachkundigen Feder von Heinrich Roloff die vorläufig letzte Rekonstruktion der Geschichte des Realkatalogs. Zum erhaltenen Bestand siehe Bd. I, S. 53 und 162.

[4] Dazu: Bibliographie zur Geschichte der Deutschen Bücherei. Auswahl aus fünf Jahrzehnten, zusammengestellt von Albert Paust unter Mitarbeit von Charlotte Alberti und Anneliese Weissenborn. In: Deutsche Bücherei 1912–1962. Festschrift zum fünfzigjährigen Bestehen der Deutschen Nationalbibliothek. Leipzig 1962, S. 287–379, sowie Heinrich Uhlendahl: Vorgeschichte und erste Entwicklung der Deutschen Bücherei. Leipzig 1957.

[5] Benjamins Trauerspielbuch – mit reichhaltigen Beigaben – jetzt leicht greifbar im Rahmen der „Gesammelten Schriften" des Suhrkamp-Verlags. Bd. I, S. 203–430, 868–981 (dazu in Kürze: Klaus Garber: Drei Studien zu Walter Benjamin). Das Werk von Richard Alewyn: Johann Beer. Studien

schaftliche Arbeiten der Nachkriegszeit – gerade im Vergleich mit England und Frankreich – die Einbuße der großen nationalen bibliothekarischen Institution nur allzu deutlich spüren. Der Verlust wissenschaftlicher Standards im internationalen Vergleich hat hier einen seiner (wenig bedachten) Gründe.

Gleichwohl blieb man auch in Berlin auf die anderen Bibliotheken Deutschlands (und natürlich des Auslands) zwingend angewiesen. Denn wenn das zweite deutsche Reich unter Führung des mächtigsten Territorialstaats aus den teilweise über Jahrhunderte autonomen Kommunen und de facto selbständigen Territorialstaaten schließlich zusammengefügt worden war, so wahrten Städte und Fürstentümer neben ihrer mehr oder weniger intakten politischen und kulturellen Eigenständigkeit zugleich auch ihre jeweilige autogene bibliothekarische Physiognomie. In den Stadt- und Patrizier-, in den Landes- und Adels-, in den Kirchen- und Klosterbibliotheken, die in der Welt nicht ihresgleichen hatten, war die unerhört reichhaltige gedruckte Überlieferung der ungezählten lokalen politisch-kulturellen Einheiten magaziniert[6]. Und diese in einem einzigen nationalen Pool zu vereinigen, war schon deshalb ausgeschlossen, weil sie vielfach den Status besaß, den wir in der Regel nur Handschriften zuzuschreiben geneigt sind, nämlich den des Unikats.

Wir Angehörigen des massenkommunikativen Zeitalters sind an die Ubiquität jedweder Nachricht nicht nur in nationalem, sondern in globalem Maßstab gewöhnt. Es wird uns daher immer schwerer, die ganz anders gearteten Produktions- und Rezeptionsbedingungen von Druckerzeugnissen in der Frühen Neuzeit zu verstehen. Sie sind in einem Maße an landschaftliche Sonderheiten gebunden, die uns heute unvorstellbar geworden sind. Ein Autor, der sein Manuskript dem Drucker übergab, hatte auf dessen weiteres Schicksal in der Regel keinen Einfluß mehr. Mochte er sich noch so sehr um eine normierte überregionale Sprachgestalt bemüht haben – er durfte keineswegs erwarten, seine Bemühungen honoriert zu sehen. Vielmehr mußte er im Gegenteil befürchten, den Dialektgewohnheiten der Setzer (die ja nicht die seinen zu sein brauchten) mehr oder weniger schutzlos ausgeliefert zu sein und also sein gedrucktes Werk in verfremdetem Idiom wieder zu Gesicht zu bekommen. Der

zum Roman des 17. Jahrhunderts. Leipzig 1932. (Palaestra. 181.), ist leider seit langem vergriffen. Verfasser bereitet nach dem erhaltenen Handexemplar eine Neuauflage vor. Unüberholt (und dringend fortzuführen) Erich Trunz: Der deutsche Späthumanismus um 1600 als Standeskultur. In: Zeitschrift für Geschichte der Erziehung und des Unterrichts, 21. 1931, S. 17–53. Neudruck in: Deutsche Barockforschung. Dokumentation einer Epoche. Hrsg. von Richard Alewyn. 2. Aufl. Köln, Berlin 1966, S. 147–181. (Neue Wissenschaftliche Bibliothek. 7.)

[6] Die beste Übersicht in: Minerva-Handbücher, 1. Abt.: Die Bibliotheken. Herausgegeben von Hans Praesent. Bd. I: Die Bibliotheken des Deutschen Reiches. Bearbeitet von Hans Praesent. Berlin, Leipzig 1929. Hinzuzunehmen aus der gleichen Reihe Bd. II: Österreich. Bearbeitet von Robert Teichl (1932) und Bd. III: Schweiz. Bearbeitet von Felix Burckardt (1934).

Versand von Korrekturfahnen war angesichts der langen, unsicheren und teuren Postwege ein Luxus, in dessen Genuß nur wenige Autoren kamen.

Darüber hinaus war die Produktion ungeachtet der nationalen Buchmessen zumal in Frankfurt und Leipzig in der überwiegenden Mehrzahl der Fälle auf den lokalen bzw. regionalen Markt abgestellt. Noch das größte druckgeschichtliche Ereignis der Frühen Neuzeit, die literarische Propagierung der lutherischen Reformation, vollzog sich nicht mittels der vieltausendfachen Auflage des einen Druckes der einen Offizin, sondern mittels des unvorstellbar rapiden Nachdrucks in den Kommunen und Territorien des Heiligen Römischen Reiches deutscher Nation. Ähnliches gilt unter gewandelten Bedingungen durchaus noch für die politische Pulizistik etwa des Dreißigjährigen Krieges oder später der Kriege mit dem Frankreich Ludwigs XIV. Die Herausbildung eines homogenen nationalen Buchmarkts – und damit der verzweifelte Kampf gegen das grassierende Nachdruckwesen bzw. -unwesen – sind überhaupt erst Errungenschaften der Aufklärung, die überdies rudimentär blieben und die landschaftlichen Besonderheiten und insbesondere die konfessionellen Barrieren nie zu paralysieren vermochten.

Schließlich und endlich aber – und damit finde ich den Übergang aus der Historie zu detaillierteren bibliographischen Erwägungen –: Die Literaturgattung, die in der Frühen Neuzeit neben dem akademischen Schrifttum die größte Masse ausmacht und mit der ich mich deshalb vor allem beschäftigen möchte, die Gattung des Personal- oder Gelegenheitsschrifttums, noch heute nach Millionen zählend, war von vornherein nur für einen beschränkten Adressatenkreis bestimmt. Sie wurde deshalb in aller Regel in erreichbarer Vollständigkeit nur von den ortsansässigen Bibliotheken gesammelt, sofern sie überhaupt für sammlungswürdig galt und nicht ganz verloren ging oder späterem privaten Sammeleifer ihr Überleben verdankte[7]. Ist es erlaubt, von Rangunterschieden abzusehen, so darf man in rein numerischer Hinsicht gewiß die These wagen, daß die überwiegende Mehrzahl der Druckerzeugnisse des deutschen Sprachraums der Frühen Neuzeit – sofern überhaupt erhalten – nur noch in einem einzigen Exemplar auf der Welt vorhanden ist. Die Hoffnung auf eine auch nur annähernd komplette deutsche Nationalbibliothek ohne Zuhilfenahme technischer Reproduktionsinstrumente war daher zu jedem Zeitpunkt eine fromme Illusion.

[7] Zur – inzwischen reichhaltigen – Literatur dieser in den letzten Jahren praktisch neu entdeckten Gattung vgl. Wulf Segebrecht: Die bibliographische Erschließung der Gelegenheitsdichtung des 16.–18. Jahrhunderts. In: Beiträge zur bibliographischen Lage in der germanistischen Literaturwissenschaft. Herausgegeben von Hans-Henrik Krummacher, Boppard 1981, S. 223–256. (Kommission für Germanistische Forschung. 3.) Wichtig vor allem die von Rudolf Lenz herausgegebene Reihe Marburger Personalschriften-Forschungen. Marburg 1978ff.

Wer Gelegenheit hatte, fünfundzwanzig Jahre lang für ein großes bibliographisches Gattungsprojekt der deutschen Literatur des 17. Jahrhunderts mit Unterstützung der Deutschen Forschungsgemeinschaft alle einschlägigen Bibliotheken in West- und Osteuropa, in der Sowjetunion und den Vereinigten Staaten zu bereisen, ist immer wieder erstaunt über den unermeßlichen Reichtum auch heute noch unbekannter und deshalb ungehobener Schätze der jeweiligen Region zumal im ehemaligen deutschen Sprachraum. Der letzte große Vorkriegsführer, Hans Praesents Handbuch der Bibliotheken des deutschen Reiches aus dem Jahre 1929 oder auch die erste Nachkriegsbestandsaufnahme, Walther Gebhardts Spezialbestände in deutschen Bibliotheken (1977), geben keineswegs eine hinreichende Vorstellung dieser Kostbarkeiten. Und das schon einfach deshalb nicht, weil das Schrifttum, das wie nichts sonst den literarischen Alltag zwischen 1570 und 1740 bestimmte, eben das Kasualschrifttum, das Interesse von Bibliotheken und Bibliothekaren im 19. und 20. Jahrhundert nicht in der wünschenswerten Weise zu fesseln vermochte. Auch Bibliothekare – und nicht nur Wissenschaftler – sind ihrem Zeitgeschmack oft erschreckend unreflektiert verhaftet. So wie das alteuropäische Wissenschaftssystem im Grunde mit der Aufklärung und spätestens mit der Humboldtschen Reform obsolet geworden war, so auch das kasuale Gelegenheitsschrifttum mit der Erlebnisdichtung Goethes oder genauer mit dem, was das Bürgertum des 19. Jahrhunderts aus ihr machte, denn Goethe selbst war der Göttin Gelegenheit doch als Dichter noch so sehr geneigt[8].

Das hat tiefe Spuren in der Überlieferungsgeschichte dieses heute unersetzlichen Schriftguts hinterlassen. Vieles wurde überhaupt gar nicht gesammelt, vieles nur unzulänglich erschlossen (bestenfalls Verfasser-, häufiger nur Adressatenlisten), vieles vor dem Untergang nicht gesichert. Damit ist für ganze Regionen eine einzigartige historische und poetische Quelle versiegt. Hochzeits- und Trauergedichte, Gratulations- und Huldungscarmina, Leichenpredigten und anderweitige Gedächtnisschriften bewahren wie keine andere literarische Gattung sonst die Erinnerung an ganze Generationen; sie sind das kollektive Medium, in dem Abertausende von Geschlechtern vom 16. bis tief ins 18. Jahrhundert hinein vor dem Vergessen geschützt waren. Welche Kreise in einer Stadt, an einem Hof, in einem Bistum am literarischen Leben teilhatten, welche Dichter immer wieder huldigend zur Feder griffen – dies und vieles andere läßt sich heute nur noch übers Gelegenheitsschrifttum ermitteln. Es ist

[8] Dazu die inzwischen klassische Studie von Wulf Segebrecht: Das Gelegenheitsgedicht, ein Beitrag zur Geschichte und Poetik der deutschen Lyrik. Stuttgart 1977. Hier auch S. 448–480 ein Bestandsverzeichnis der Gelegenheitsdichtung aus dem deutschen Sprachraum in europäischen Bibliotheken (einschließlich entsprechender Spezialliteratur), mit dem die älteren von Wecken (Familiengeschichtliche Blätter, 17. 1919, S. 121–124, 153–156) und von Roth (1959) ersetzt bzw. ergänzt werden.

der Spiegel seiner Zeit, die es wie niemals wieder in der Geschichte verstand, einen jeden Anlaß zu einem öffentlichen zu erheben und poetisch zu verklären. Die Regionalforschung, auch in Deutschland unaufhörlich im Vormarsch, besitzt in diesem Quellenfundus ihr Herzstück[9].

Was ist heute von dem wertvollen Gut noch vorhanden, was ist unrettbar verloren? Wo lagert das Gerettete? Auf welchen Wegen dürfen wir hoffen, seiner habhaft zu werden? So zu fragen heißt zugleich, über das Schicksal so mancher großen Bibliothek des alten Deutschland während und nach dem Krieg im Blick auf das gewählte Beispiel zu berichten. Und da muß die Erwägung an den Anfang gestellt werden, daß nach dem großen Auftakt der deutschen Literatur zwischen der Mitte des 15. und der Mitte des 16. Jahrhunderts im Zeichen der oberdeutschen Metropolen zwischen Nürnberg und Straßburg im nachfolgenden 17. Jahrhundert das politische wie das literarische Kräftefeld (von Ausnahmen wie der Pfalz und Bayern abgesehen) sich nach Mittel- und Ostdeutschland verschiebt. Böhmen, Schlesien, Sachsen, Thüringen, am Rande auch die Ostseeprovinzen und schließlich Leipzig und Hamburg werden die Zentren literarischer und kultureller Innovationen. Das hat auch bibliothekarisch und bibliographisch für uns heute die nachhaltigsten Konsequenzen. Die großen und vielfach noch unerschlossenen Büchersammlungen der Frühen Neuzeit und gerade des 17. Jahrhunderts befinden sich heute nicht nur auf dem Boden der DDR, sondern auch auf demjenigen Polens, der Tschechoslowakei und der Sowjetunion. Planungen zur Erfassung und Erschließung älterer Literatur, die diesen Umstand nicht von vornherein mit in Rechnung stellen, sind daher wenig seriös[10].

In den ehemaligen deutschen Ostgebieten gab es drei große bibliothekarische Zentralen: die Königsberger Staats- und Universitätsbibliothek (dazu, durchaus nicht zu vergessen, die Königsberger Stadtbibliothek), die Danziger Stadtbibliothek sowie die Staats- und Universitätsbibliothek in Breslau (wiederum mit der herrlichen Breslauer Stadtbibliothek). Über Königsberg wird noch zu reden sein. Wie durch ein Wunder haben sich zwei der drei großen kommunalen Sammlungen des Ostens, die zugleich landesgeschichtliche Bedeutung hatten, erhalten. Die Danziger neugotische Stadtbibliothek steht noch heute und beherbergt als jetzige Akademiebibliothek die unversehrten Bücher und Kataloge. Das Gebäude der Stadtbibliothek Breslau hat die letzten verheerenden

[9] Vgl. Klaus Garber: Der Autor im 17. Jahrhundert. In: Lili, 11. 1981, S. 29–45.

[10] Ich darf mich hier beziehen auf meinen Beitrag „Kleine Barock-Reise durch die DDR und Polen". In: Wolfenbüttler Barock-Nachrichten, 7. 1980, S. 2–10, 50–62, sowie auf einen noch unpublizierten Bericht „Barockliteratur in der Sowjetunion". Beide Studien demnächst in: Klaus Garber: Buch – Bibliothek – Bibliographie, drei kleine kulturpolitische Studien. Hier jeweils die einschlägige Literatur zu den einzelnen Bibliotheken, so daß auf Referenzen an dieser Stelle verzichtet werden kann.

Kriegsmonate gleichfalls überstanden. Die überwiegende Mehrzahl der Bestände wurde gerettet – die Handschriften wurden ärger getroffen als die Bücher! – und findet sich heute neben den erhaltenen Resten der Staatsbibliothek und anderen schlesischen Sammlungen in dem Gebäude der ehemaligen Staats- und Universitätsbibliothek vereinigt[11]. Diese beiden Sammlungen mit ihren Herzstücken der nach Zehntausenden zählenden Personalschriften als unersetzlicher Quelle westpreußischer wie schlesischer Geschichte haben in der DDR und der Bundesrepublik meines Wissens nur zwei Parallelen: Die unübersehbare Kollektion des Rektors Daum in der Ratsschulbibliothek Zwickau und die Norica-Sammlung des Altdorfer Gelehrten Will in der Stadtbibliothek Nürnberg. Drei von vier Sammlungen also jenseits des Hoheitsgebiets der Bundesrepublik!

Oder ein zweites Beispiel aus dem höfischen Bereich, den wir so gerne mit der Barock-Kultur assoziieren und darüber vergessen, daß die Masse der literarischen Produktion eben dem städtischen Bereich entstammt. Wer Gelegenheit hatte, die aus der Sowjetunion nach Gotha zurückgekehrten Schätze zu bewundern, die völlig intakt gebliebene Sachsen-Anhaltinische Bibliothek in Halle sah, die gleichfalls erhaltenen und so häufig über der Klassik vergessenen Sammlungen der alten Thüringischen Landesbibliothek in Weimar kennt, die Saxonica in der ansonsten so schwer getroffenen Landesbibliothek Dresden benutzte, gar einen Abstecher an einen der Ursprungsorte der Barockdichtung nach Köthen machte, der konnte sich schnell überzeugen, daß hier Zeugnisse der höfischen Kultur in einer Vielfalt und Dichte bewahrt werden, die man stets neben den erhaltenen bzw. teilweise erhaltenen Schatzhäusern höfischer Repräsentationskunst auf dem Territorium der Bundesrepublik, ob in Wolfenbüttel oder Hannover, Heidelberg oder Stuttgart, München oder in Wien auf österreichischem Boden im Auge behalten muß.

Schließlich drittens: Die ungeheuren Verluste und parallel zu ihnen: die Verlagerungen der Bibliotheksbestände während und nach dem Zweiten Weltkrieg haben es mit sich gebracht, daß neue Schwerpunkte besonders im osteuropäischen Raum entstanden. Es sind – wenn für einen Moment lang diese trostlose Aufrechnung gestattet ist – aufs Ganze gesehen eben doch die großen heute auf bundesrepublikanischem Boden liegenden Bibliotheken, die in besonders grausamer Weise im letzten Krieg in Mitleidenschaft gezogen wurden[12].

[11] Das ist nicht zuletzt dem Wirken des polnischen Germanisten und renommierten Barock-Forschers Marian Szyrocki zu danken. Vgl. Marian Szyrocki: Deutsche Barockliteratur in der Universitätsbibliothek Wrocław. Die Sammlungen der Altdrucke und Handschriften. In: Daphnis, 7. 1978, S. 361–367.

[12] Zum folgenden neben den einschlägigen Berichten der einzelnen Bibliotheken das ergreifende Werk von Georg Leyh: Die deutschen wissenschaftlichen Bibliotheken nach dem Krieg. Tübingen 1947.

Das beginnt – wenn man einmal absieht von der zerstörten Universitätsbibliothek Kiel, den nicht zurückgekehrten Schätzen der Stadtbibliotheken Lübecks und Bremens – mit der alten Hamburger Stadtbibliothek, die mit Hunderttausenden anderer Bücher und Hamburgensien ihr gesamtes Personalschrifttum verlor (das durch die reichhaltigen Bestände der gleichfalls schwer getroffenen Commerzbibliothek nur teilweise ersetzt wird), setzt sich fort in der Zerstörung nahezu aller großen Landesbibliotheken als den unersetzlichen Sammelzentren der territorialstaatlichen Geschichte und Kulturgeschichte und damit des höfischen Fest- und Memorial-Schrifttums, ob in Kassel (einschließlich der völlig unersetzlichen Murhardtschen Sammlungen), ob in Darmstadt (wo nur noch spärliche Überbleibsel an die Hessen-Darmstädter Dynastie erinnern), ob in Karlsruhe, wo teilweise die reiche badische Überlieferung ebenso ein Opfer der Flammen wurde wie das württembergische Schrifttum in der Landesbibliothek Stuttgart[12a]. Daß das Kasualschrifttum in der gleichfalls so schwer getroffenen Münchner Staatsbibliothek nur spärlich repräsentiert ist, der Einsatz im Grunde erst im 18. Jahrhundert erfolgt, wird wie in Wien den katholischen Sonderbedingungen zuzuschreiben sein. Immerhin dürfte unter den verlorenen neulateinischen Drucken – der Domäne Münchens – auch manches Kasuale sein. Die Pflege des Gelegenheitsschrifttums war Sache des protestantischen, des bürgerlich-gelehrten Deutschland.

Dagegen in der DDR? Natürlich ist das Schicksal der Berliner Staatsbibliothek ein eigenes Kapitel. Nie wird sich die deutsche Wissenschaft von dem Verlust dieser zentralen Sammelstätte erholen. Und doch muß man als Kulturwissenschaftler dankbar sein für das viele, das den Krieg und die Auslagerungen überstand: Die fast zwei Millionen zunächst in Marburg und Tübingen (unzureichend) untergebrachten, heute in Westberlin im Rahmen der Stiftung Preußischer Kulturbesitz verwahrten Bände, sodann die Herzstücke der Bibliothek mit der Varnhagenschen Sammlung, der unvorstellbar großen Autographensammlung, wertvollster Teile der herrlichen Musikdrucke, der Reformationsschriften und nicht zuletzt Teile der Rara-Drucke aus der Literatur der Frühen Neuzeit, die man heute in der Jagiellonen-Bibliothek in Krakau bewundern und bearbeiten kann, schließlich die in die rechtmäßige Heimstätte Unter den Linden in Berlin/DDR wieder zurückgeführten Stücke[13]. Und was die zweite

[12a] Während der Drucklegung dieses Beitrags erfahre ich von dem Direktor der Hamburger Staats- und Universitätsbibliothek, Horst Gronemeyer, daß soeben ein Teilbestand der alten Hamburger Personalschriftensammlung wieder aufgefunden wurde. Es handelt sich um ca. 350 Stücke mit merklichem Schwerpunkt im norddeutschen Raum (eine Reihe von Drucken u. a. aus Stade!) und einer erheblichen Reihe von poetischen Zuschriften an das dänische Königshaus.

[13] Dazu neben der Anm. 3 zitierten Literatur: Staatsbibliothek Preußischer Kulturbesitz. Festgabe zur Eröffnung des Neubaus in Berlin. Herausgegeben von Ekkehart Vesper. Wiesbaden

ehrwürdige, ebenfalls über Jahrhunderte gewachsene Bibliothekszentrale auf mitteldeutschem Boden angeht, die Sächsische Landesbibliothek in Dresden, so hat auch sie gewiß manches kostbare ausgelagerte Gut verloren[14]. Der weitaus überwiegende und wertvollste ältere Bestand mit den Schwerpunkten in der Literatur, der Theologie, der alteuropäischen Politik hat sich, wie ich mich auf einer Reise durch die Sowjetunion überzeugen konnte, erhalten und ist öffentlicher Benutzung zugänglich. Nimmt man die erwähnten anderen höfischen Bibliotheken hinzu, erinnert sich der großen kommunalen und universitären Sammlungen in Berlin, in Leipzig (die Stadtbibliothek ganz zerstört, die Universitätsbibliothek jedoch weitgehend erhalten), in Zwickau, in Jena, in Rostock, in Greifswald etc., so stellt die DDR mit den Annexen in Polen und der Sowjetunion immer noch ein immenses Reservoir an frühneuzeitlichen Quellen, das bei jeder bibliographischen Erschließung berücksichtigt sein will.

Ein letztes Wort zur bibliothekarischen Kulturgeographie der Frühen Neuzeit, bevor ich zu den praktischen Fragen komme. Unendlich viel ist verloren. Und doch haben Bibliotheken wie Kulturwissenschaftler bisher eine Chance viel zu wenig wahrgenommen, die sich nach einer nationalen Kulturkatastrophe derartigen Ausmaßes doch zwingend angeboten hätte. Ich meine die Zusammenführung des Erhaltenen und lokal Zusammengehörigen jeweils an seinem angestammten Ort und wo das nicht möglich ist, die ersatzweise Schaffung entsprechender Auskunfteien. Ich gebe drei Beispiele wiederum an Hand des gewählten Literatur-Paradigmas. Zu den ganz großen deutschen Bibliotheken auf der Basis einer einheimischen Buchproduktion, die im alten Reichsverband des 15. und 16. Jahrhunderts nur eine Parallele in Nürnberg und auf Schweizer Boden nur in Basel besaß, gehörte die Stadtbibliothek in Straßburg. Sie wurde ausnahmsweise nicht das Opfer des Zweiten Weltkrieges. Hier war schon

1978. Hier gleichfalls S. 196–215 ein Literaturverzeichnis von Volker Bogun, dem ebenso wie der zitierten Bibliographie der Deutschen Staatsbibliothek die einschlägigen Titel zur Marburger Etappe der ehemaligen Preußischen Staatsbibliothek zu entnehmen sind. Ein illustratives Beispiel zur Misere: 1963 befanden sich die beiden bedeutendsten äußerst seltenen Romane des Barockdichters Johann Beer noch in Marburg: Teutsche Winternächte, 1682 (Yu 7661) und Kurtzweilige Sommer-Täge, 1683 (Yu 7861). Sie wurden vom Verfasser noch 1963 benutzt, fehlten aber bereits 1965 und sind seither nicht wieder aufgetaucht. (Vgl. James Hardin: Johann Beer. Eine beschreibende Bibliographie. Bern, München 1983, S. 86 und 90. (Bibliographien zur deutschen Barockliteratur. 2.) – Barbara Strutz: Deutsche Drucke des Barock in der Universitätsbibliothek Krakau. In: Wolfenbüttler Barock-Nachrichten, 11. 1984, S. 49–76. – Wolfgang Milde: Deutsche Handschriften in der Universitätsbibliothek Krakau. Ebd., S. 76–80. Dazu demnächst Klaus Garber: Literatur der Frühen Neuzeit in Kraków.

[14] Dazu: Sächsische Landesbibliothek Dresden 1556–1956. Festschrift zum 400jährigen Bestehen. Leipzig 1956, mit der Bibliographie von Christian Alschner und Marie Bundesmann, S. 207–279, fortgeführt in den Zehnjahresberichten „Aus der Arbeit der Sächsischen Landesbibliothek".

früher, im deutsch-französischen Krieg 1870/71, ganze Arbeit geleistet und die Bibliothek in jener Stadt zerstört worden, die das zweite Wilhelminische Reich für kurze Zeit wieder ihr eigen nennen sollte[15]. Noch in den siebziger Jahren setzte eine Sammelaktion größten Ausmaßes unter den deutschen Bibliotheken ein, viele Göttinger, Königsberger und andere Dubletten findet man noch heute in Straßburg. Und doch, das ausgedehnte heimische Schrifttum und zumal das Personalschrifttum war schlechterdings unersetzbar. Gewiß konnte man teilweise ausweichen auf andere elsässische Bibliotheken zumal in Colmar und Schlettstadt. Aber wer weiß schon, daß die alte kaiserliche Bibliothek des ehemaligen Petersburg, die heutige Saltykov-Shchedrin-Bibliothek zu Leningrad, unter ihren unvorstellbaren Schätzen älterer deutscher Literatur und ihren großen Personalschriftensammlungen auch Hunderte von Straßburger Drukken und Kasualia birgt? Die Rekonstruktion des Straßburger literarischen Lebens ist undenkbar ohne die Kenntnisnahme dieser Leningrader Bestände. Aber dazu müßten sie wie andere Straßburger Drucke der Welt wenigstens als Film und Kopie auch in Straßburg zugänglich sein.

Oder ein zweites Beispiel: Das Schicksal der Königsberger Bibliotheken, Sammelzentrum für Ostpreußen. Auch heute kann man die Königsberger Bibliotheken selbst im Rahmen eines wissenschaftlichen Austauschprogrammes mit der Sowjetunion noch nicht wieder besuchen. Man ist angewiesen auf sekundäre Informationen. Niemand, so denke ich, vermag heute mit Sicherheit außerhalb des Zuständigkeitsbereiches der Sowjetunion zu sagen, wieviel an Altbeständen in der Stadt- wie in der Staats- und Universitätsbibliothek in Königsberg verblieben ist und wieviel davon gerettet werden konnte[16]. Wohl aber zeichnet sich das Schicksal der ausgelagerten Bestände in Umrissen ab. Was ausgelagert war in Depots des heutigen polnischen Staatsgebiets ist – soweit es gerettet werden konnte – wie das Gut anderer ostpreußischer Bibliotheken heute zu einem Gutteil in der nach dem Krieg neu gegründeten und vorbildlich geführten Universitätsbibliothek in Thorn untergebracht und wird dort laufend durch Kataloge erschlossen. Kleinere Teile scheinen auch in die Nationalbibliothek nach Warschau gelangt zu sein. Bestände jedoch auf dem heutigen Gebiet der Sowjetunion sind, wenn nicht ausschließlich, so doch vorwiegend in die ehrwürdige, schon 1714 gegründete Akademiebibliothek zu Leningrad

[15] Vgl. S. Hausmann: Die Kaiserliche Universitäts- und Landesbibliothek in Straßburg. Festschrift zur Einweihung des neuen Bibliotheksgebäudes. Straßburg 1895, S. 1ff. – Henri Dubled: Histoire de la Bibliothèque Nationale et Universitaire de Strasbourg. Strasbourg 1964, S. 9ff. (Publ. de la Soc. savante d'Alsace et des régions de l'Est, sér. Recherches et documents. 2.)

[16] Dazu die umsichtige Studie von Manfred Komorowski: Das Schicksal der Staats- und Universitätsbibliothek Königsberg. In: Bibliothek, Forschung und Praxis, 3. 1979, S. 139–154.

gelangt[17]. Man hat bei der Katalogisierung keinerlei Versuche gemacht, Provenienzen zu rekonstruieren, sondern statt dessen das in großem Umfang aus den ehemaligen deutschen Ostgebieten zusammengeströmte ältere Bibliotheksgut schlicht nach dem Numerus currens erfaßt. Der buch- und bibliotheksgeschichtliche Forscher jedoch, dem es um die Synopse des historisch Gewachsenen gehen muß, stößt allenthalben auf zusammengehörige alte Signaturgruppen und Provenienzen. Und da zeigt sich rasch, daß berühmte Bibliotheken des Ostens wie die einzigartige Wallenrodtsche Bibliothek aus der Staats- und Universitätsbibliothek in Königsberg oder die von Gersdorffsche Bibliothek mit ihren faszinierenden personalschriftlichen Sammlungen heute in der Leningrader Akademiebibliothek wieder zugänglich sind, nur eben nicht geschlossen wie an sich wünschenswert, sondern über den ganzen Altbestand verstreut. Niemals sind komplette Ausgaben der großen Königsberger Dichter Simon Dach und Heinrich Albert zustandegekommen. Nach dem Untergang der Königsberger Bibliotheken wird sich das Versäumte nicht nachholen lassen. Aber in Thorn wie in Leningrad finden sich wichtige Bausteine für ein solches Werk. Wie viel wäre gewonnen, wenn Forscherteams aus Ost und West sich zusammenfinden könnten, um die vielen Spuren in Polen und der Sowjetunion gemeinsam zu verfolgen.

Und schließlich ein letzter Hinweis, wieder aus einer Region, über die Bibliographen, Bibliophile und Kulturwissenschaftler viel zu wenig wissen. Historische Buchforschung, bibliographische und editorische Erschließung älterer deutscher Drucke muß tatsächlich Ernst machen mit der kultursoziologischen und sprachgeographischen Einbeziehung des älteren deutschen Sprachraums, der ja zu keinem Zeitpunkt mit den politischen Grenzen zusammenfiel. Und das nicht, um Ansprüche zu reklamieren, sondern um das sprachlich Zusammengehörige endlich zu bergen. Ohne Kenntnis der literarischen Überlieferungen in Böhmen oder der Slovakei, Siebenbürgens oder des Zip, Polens oder Litauens, Lettlands oder Estlands ist hier gar nichts auszurichten. Ich gebe ein Beispiel aus dem jüngst bereisten Baltikum. Die Bibliothekszentrale zumal des deutschsprachigen Schrifttums neben Dorpat war hier die Stadtbibliothek zu Riga. Sie war noch zu Ende des 19. Jahrhunderts in das freigewordene Gebäude des alten Rigaer Rathauses verlegt worden – Zeichen für die Bedeutung, die die Bürgerschaft ihrer Bibliothek zuzusprechen geneigt war. Aber sie kam damit in die unmittelbare Nähe des Düna-Ufers. Das gesamte Quartier mit dem alten

[17] Das hat schon der jüngst verstorbene Bonner Historiker Walther Hubatsch erkannt: Walther Hubatsch: Königsberger Frühdrucke in Bibliotheken des Ostens. In: Preußenland, 9. 1971, S. 1–12. – Ders.: Königsberger Frühdrucke in westdeutschen und ausländischen Bibliotheken. In: Acta Prussica. Abhandlungen zur Geschichte Ost- und Westpreußens. Fritz Gause zum 75. Geburtstag. Würzburg 1968, S. 115–134. (Beih. z. Jb. d. Albertus-Universität Königsberg/Pr. 29.)

Rathaus, der Petrikirche und dem Schwarzhäupter-Haus – einem baulichen Kleinod des Ostens – geriet gleich beim deutschen Vormarsch 1940 in die Schußlinien und brannte ab. Damit ging auch in Riga wertvollstes bibliothekarisches Gut zugrunde, sofern es nicht, wie etwa die Rigaer Früh- und Einzeldrucke aus der Offizin Mollins und Schröders in feuersicheren Safes verwahrt war. Die Sammelbände mit Personalschriften, eine unersetzliche Quelle für das Baltikum und den gesamten Ostseeraum, waren natürlich nicht darunter, und alle sogleich von mir eingeleitete Suche blieb bisher vergeblich.

Das Dritte Reich, sehr wohl wissend, was im Osten in Kürze bevorstehen würde, hatte noch 1939/40 eine große Verfilmungsaktion im Baltikum gestartet. Aber natürlich wurden vor allem handschriftliche Archivalien dupliziert (die entsprechenden Filme lagern heute zumeist im Herder-Institut zu Marburg)[18]. Das wertvolle Personalschrifttum wurde nicht mit erfaßt. Es reicht, eine kurz vor Kriegsbeginn geschriebene Dissertation von Tiersch über das Rigaer Gelegenheitsschrifttum zu lesen, um sich vorstellen zu können, daß es schwerlich als film- oder auslagerungswürdig deklariert wurde[19]. Im Zeichen der immer noch nachwirkenden spätbürgerlichen irrationalen Erlebnis-Ästhetik wurde es kritisiert und verworfen. Daß es für alle historischen Disziplinen eine unersetzliche Quelle darstellt, wurde zu wenig beachtet; den Preis haben heute die Kulturwissenschaften und nicht zuletzt die Literatursoziologie zu zahlen. Wiederum muß die mühselige Suche nach Ersatz beginnen. In Riga existierte eine zweite große Bibliothek der Gesellschaft für Geschichte und Altertumskunde der Ostseeprovinzen Rußlands, gleichfalls mit einer mächtigen Personalschrifttumssammlung, die noch vor dem Krieg von Erich Seuberlich in einem dreibändigen maschinenschriftlichen Katalog aufgenommen wurde[20]. Alle Versuche, an Ort und Stelle und andernorts über das Schicksal dieser Sammlung und ihres Katalogs etwas in Erfahrung zu bringen, blieben bisher ohne Erfolg. Schwer vorstellbar, daß sie zu den von den Nazis noch vor dem Krieg aus dem Baltikum

[18] Vgl. Kurt Duelfer: Die baltischen Archivfilme. In: Baltische Geschichtsforschung. Mitteilungen der Baltischen Historischen Kommission, 53–56, Beil. zu Baltische Briefe 6. 1953 – 9. 1956. Zum Kontext: Jürgen von Hehn: Die Umsiedlung der baltischen Deutschen – das letzte Kapitel baltischdeutscher Geschichte. Marburg/L. 1982, S. 144ff. (Marburger Ostforschungen. 40.)

[19] Vgl. Kurt Tiersch: Deutsches Bildungswesen im Riga des 17. Jahrhunderts. München 1932, S. 93ff. Dazu die gehaltvolle Rezension von Erich Trunz in: Deutsche Literaturzeitung 1933, H. 18, Sp. 838–843.

[20] Vgl. Erich Seuberlich: Katalog der Gelegenheitsschriften der Bibliothek der Gesellschaft für Geschichte und Altertumskunde zu Riga. Bd. I–III. Riga 1937–1938 (Masch.). Zitiert nach: Karl Goedeke: Grundriß zur Geschichte der deutschen Dichtung aus den Quellen. 2. Aufl. Bd. XV. Herausgegeben von Herbert Jacob. Berlin (DDR) 1964, S. 13. Hier auch genauere Spezifizierung des Werkes. Vgl. auch Erich Seuberlich: Leichenpredigten und Trauerreden in der Stadtbibliothek zu Riga. In: Familiengeschichtliche Blätter, 42. 1944, H. 3/4, Sp. 51–55, H. 5/6, Sp. 89–92. H. 7/8, Sp. 111–120. H. 9/12, Sp. 151–166, besonders Sp. 54f.

in Posen zusammengezogenen Kulturschätzen gehörten, über die wir bislang kaum etwas wissen. Immerhin, die einzigartige Staats- und Universitätsbibliothek in Göttingen enthält einen starken Sammelband mit Gelegenheitsdrucken aus den Ostseeprovinzen, an der Spitze Riga[21]. Anderswo wird man anderes Material finden und so wiederum nach Maßgabe des Möglichen zu rekonstruieren suchen. Die alten Dorpater Bestände gelangten schon im schwedisch-russischen Krieg nach Schweden und haben sich vielfach in Stockholm und Uppsala erhalten. Die Schätze der Revaler Bibliotheken hingegen gerieten bereits 1917 vielfach nach Rußland, sind aber teilweise zurückgekehrt und heute auf Akademiebibliothek und Staatsarchiv verteilt.

Die Beispiele, beliebig fortsetzbar, waren so angelegt, daß sich die Formulierung der Aufgaben von bibliothekarischer wie von kulturwissenschaftlicher Seite wie von selbst aus ihnen ergibt. Was wir ein halbes Jahrhundert nach der größten politischen wie kulturellen Katastrophe, durch die Deutschland in seiner Geschichte je hindurchgegangen ist, endlich dringlichst auf dem geisteswissenschaftlichen Sektor und speziell der Frühen Neuzeit bezüglich der Literaturerfassung, -erschließung und -versorgung benötigen, läßt sich lapidar formulieren. Die gewiß nicht geringen, aber doch übersehbaren Aufgaben sind so eindeutig, so unabweislich, so zwingend vorgeschrieben, daß ihre Nichterledigung einem Versäumnis gleichkommt, das wiederum historische Dimensionen besitzt und jedwede Rede „gesamtdeutscher" Verpflichtungen bei der Wahrung der kulturellen Identität der Nation so lange Lügen straft, wie nichts geschieht. Über den politischen wie kulturellen Stellvertreter-Anspruch der Bundesrepublik für ein fiktives Gesamtdeutschland, gar ein Deutschland in den Grenzen von 1937, braucht hier kein Wort verloren zu werden. Für derartige Ansprüche hätte es allenfalls die Spur einer Berechtigung gegeben, wenn in den westlichen Zonen jene Symbiose aus westeuropäischer, bürgerlich-demokratischer Überlieferung und gesellschaftlich verantworteter, eben sozialistischer Form des ökonomischen Handelns zustandegekommen wäre, wie sie bekanntlich bis in die Entwürfe des Ahlener CDU-Programms hin diskutiert wurde und nicht a priori als obsolet galt.

Anders steht es um die bis heute so häufig zu hörende, weil wohlklingende Erinnerung an die besondere Verantwortung, die beiden deutschen Staaten für die Wahrung und Pflege der gemeinsamen kulturellen Substanz auferlegt sei. Soll sie mehr sein als ein Alibi, unter dessen Schutz die Teilung politisch um so unverblümter betrieben werden kann, dann folgen daraus verpflichtende Normen kulturellen Handelns auch und gerade hinsichtlich der handschriftlichen

[21] Lateinische und deutsche Gelegenheitsgedichte des 17. Jahrhunderts aus Königsberg, Lübeck und Riga. SuUB Göttingen: 8° Poet. Coll. 168. Vgl. auch Goedeke, a.a.O., 2. Aufl. 3. Bd., S. 140.

wie gedruckten geistigen Überlieferung, an denen vollmundige Reden in Zukunft gemessen sein wollen. Denn bei allem Respekt vor den bibliothekarischen Leistungen der Nachkriegszeit und dem Beitrag der öffentlichen Hand zu ihnen muß doch in aller Deutlichkeit gesagt werden, daß die retrospektive bibliothekarische Ergänzung, Erschließung und Nutzbarmachung unserer gedruckten Zeugnisse die schwersten Defizite aufweist, wohl geeignet, die ohnehin prekäre Rede von der nach wie vor intakten „Kulturnation" in Frage zu stellen. Niemals hätten die Naturwissenschaften vierzig Jahre lang ihre Arbeit auf ein so wenig gesichertes Fundament gegründet, wie die Geisteswissenschaftler dies – vielleicht ohne es immer zu merken – in der Vergangenheit mußten und immer noch müssen.

Was wir nicht haben, was wir dringlichst benötigen und was die naturwissenschaftlich-technischen Disziplinen lange von der Gesellschaft eingeklagt hätten, wären sie wie die Geisteswissenschaften vornehmlich auf gedruckte und ungedruckte Quellen anwiesen, ist ein Bestandsverzeichnis aller heute noch erhaltenen bzw. bezeugten Druckerzeugnisse zunächst der Frühen Neuzeit vom 15. bis zum Ende des 18. Jahrhunderts im deutschen Sprachraum sowie der deutschen Drucke des Auslands einschließlich kompletter Angaben der heutigen öffentlichen und wo immer möglich privaten Besitzverhältnisse sowie die Archivierung des ermittelten Materials gemäß einem sinnvollen und systematischen Bibliotheksplan. Ich will hier nicht die Diskussion um den Deutschen Gesamtkatalog wieder aufnehmen – man befindet sich da unter Bibliothekaren der Gegenwart als Literaturwissenschaftler merkwürdigerweise stets alsbald in der Defensive –, will nicht einmal das Für und Wider des Gesamtkatalogs der Wiegendrucke hier erneut erörtern[22]. Sicher ist, daß angesichts der nicht hoch genug zu schätzenden Berliner Versuche um eine Fortführung dieses Unternehmens von Weltruf unter schwierigsten Bedingungen und den zahllosen vorhandenen oder geplanten Inkunabelkatalogen einzelner Bibliotheken die bibliogra-

[22] Vgl. die wiederum reichhaltige Literatur in der Bibliographie Balckes, S. 82ff. sowie in der Bibliographie Kittels (Anm. 3) II, S. 60ff. Dazu auch Heinz Gittig: Das Auskunftsbüro der deutschen Bibliotheken, a.a.O., I, 223–240, S. 231, sowie zu den Auslagerungsorten des Gesamtkatalogs, a.a.O., S. 82f. Vgl. auch aus der zeitlichen Distanz das abgewogene und völlig zutreffende Urteil von dem Meister bibliographischer Berichterstattung zwischen den Weltkriegen Joris Vorstius: Ergebnisse und Fortschritte der Bibliographie in Deutschland seit dem ersten Weltkrieg. Leipzig 1948, S. 37f. (Beih. zum ZfB. 74.) Nachdrücklich zu betonten bleibt, daß der Gesamtkatalog in Zettelform bis zum Buchstaben Z geführt, prinzipiell – ungeachtet laufender Ergänzungen, wie sie aus der ständig vergrößerten Zahl der berücksichtigten Bibliotheken resultierten – also abgeschlossen war und bei Anwendung reprographischer Verfahren (wie später beim NUC) sehr viel rascher erschienen wäre. Bei der Kritik an diesem größten bibliothekarischen Unternehmen muß gewiß auch berücksichtigt werden, daß es in der föderativen Bundesrepublik nach dem Krieg nicht gelang, ein vergleichbares Werk aufzubauen. Die alternative Zusammenführung der bestehenden regionalen Zentralkataloge scheidet m.E. schon deshalb aus, weil diese gerade die wichtigen Altdrucke völlig unzureichend erfassen und erschließen.

phische Erfassung der Drucke des 15. Jahrhunderts nicht zu den vordringlichsten Sorgen gehört. Nein, es muß zunächst um die Erfassung und Erschließung der Druckerzeugnisse des 16., 17. und 18. Jahrhunderts gehen.

Bekanntlich ist ein Anfang mit dem 16. Jahrhundert gemacht worden. Ich habe mich dazu öffentlich geäußert und will mich hier nicht wiederholen[23]. Möge es gelingen, nach den beiden mustergültig aufgenommenen Bibliotheken München und Wolfenbüttel nun im zweiten Durchgang die bereits jetzt teilweise beteiligten Bibliotheken hinsichtlich ihres Bestandes komplett zu erfassen, sukzessive weitere wichtige Bibliotheken hinzuzuziehen und neben der langfristig anzulegenden elektronischen Datei aller Dubletten wenigstens alle Unikate der einschlägigen Bibliotheken in der nun einmal gewählten Form des gedruckten Kataloges zu präsentieren! Die Form der Erschließung und insbesondere die Erfassung der Beiträger und Adressaten, der Drucker und Verleger, der Orte und Provenienzen verdient alle Anerkennung und sollte die Regel werden. Besitzen wir eines Tages zunächst für die Bundesrepublik ein komplettes bibliothekarisches Instrumenatrium der Drucke des 16. Jahrhunderts, so wäre ein erster wichtiger Baustein geschaffen. Andere Länder mit reichen Beständen aus dem ehemaligen deutschen Sprachraum wie Österreich und die Schweiz, die DDR und Polen, die Tschechoslowakei und die Sowjetunion könnten folgen; die Vollendung des Werkes wäre prinzipiell absehbar. Insofern war und ist der Beginn ungeachtet der Organisationsprobleme nur nachhaltig zu begrüßen.

Anders steht es um das 17. und 18. Jahrhunderte. Dabei dürfte unbestritten sein, daß die nach Jahrhunderten gegliederte bibliographische Ermittlung angesichts der immensen Titelmenge und der besonderen Probleme der einzelen Epochen sinnvoll war und beibehalten werden sollte. Nur ein ganz kurzes Wort sei hier zunächst zum 18. Jahrhundert gesagt[24]. In ihm nimmt die Buchproduktion ganz langsam aber doch stetig ein nationales Profil an. Das im 17. Jahrhundert immer noch dominierende Latein wird verdrängt, die Buch- und Lesekultur bleibt nicht länger eine Angelegenheit allein der Gelehrten. Mit der Erschließung neuer Leseschichten steigen nicht nur die Titel- und Auflagenzahlen. Vielmehr werden auch die regionalen Barrieren sukzessive überwunden, und Ansätze zu einem nationalen Büchermarkt kristallisieren sich heraus.

[23] Verzeichnis der im deutschen Sprachbereich erschienenen Drucke des XVI. Jahrhunderts. Herausgegeben von der Bayerischen Staatsbibliothek München in Verbindung mit der Herzog August Bibliothek Wolfenbüttel. I. Abt.: Verfasser – Körperschaften – Anonyma. Bd. Iff. Stuttgart 1983ff. Dazu Klaus Garber in: Die Zeit, Nr. 38, 1984.

[24] Dazu – in meinen Augen immer noch denkwürdig – das frühe und scharfsinnige, aber offensichtlich lautlos verhallte Plädoyer von Hans-Joachim Koppitz: Zur Bibliographie der deutschen Buchproduktion des 18. Jahrhunderts. In: Zeitschrift für Bibliothekswesen und Bibliographie, 9. 1962, S. 18–30.

Welchen Anteil die Zeitschrift an diesem Prozeß hat, ist bekannt. Und deshalb ist es gut zu wissen, daß mit ihrer Erschließung und Auswertung in großem Stil schon vor Jahren in Göttingen als der großen Zentrale des 18. Jahrhunderts begonnen wurde[25]. Der Literaturwissenschaftler wird darüber hinaus dankbar anerkennen, daß er sich mit seinem Standardwerk, Goedekes Grundriß zur Geschichte der deutschen Literatur, in der Frühen Neuzeit für die Aufklärungsepoche besonders gut versorgt weiß. Der Band zum 18. Jahrhundert, mit der Empfindsamkeit beginnend, liegt als einziger in einer dritten Auflage vor. Er erfüllt wahrlich nicht alle heutigen Bedürfnisse, macht einen deutschen Nationalkatalog des 18. Jahrhunderts wahrlich nicht entbehrlich, aber nimmt ihm aus literaturwissenschaftlicher Perspektive ein wenig von jener Dringlichkeit, den das vorangehende 17. Jahrhundert für sich beanspruchen darf.

Das große Sorgenkind bleibt die Achsenepoche des 17. Jahrhunderts, die literaturgeschichtlich von 1570 bis 1740, vom Späthumanismus bis zur Empfindsamkeit reicht, bibliographisch aber natürlich im Rahmen eines Nationalkataloges auf die fixen Daten 1600 bis 1700 zu begrenzen ist. Das 16. Jahrhundert war wohl das klassische Zeitalter des Buchdrucks und fand als solches seit je die besondere Aufmerksamkeit der Bibliophilen und Bibliographen. Das 17. Jahrhundert ist jedoch an Drucken unendlich viel reicher[26]. Selbst wenn man die immer wieder bekräftigten offiziellen Schätzungen von ca. 150000 Drucken im 16. Jahrhundert für viel zu niedrig hält – insbesondere dann, wenn man die Zehntausende von lateinischen Kasualia des letzten Drittels hinzurechnet –, so liegt doch allein die Anzahl der Gelegenheitsschriften im 17. Jahrhundert um ein Vielfaches über der Zahl der Gesamtdrucke des vorangehenden Jahrhunderts. Hinzukommt, daß die lokale Streuung von Drucken des 17. Jahrhunderts unvergleichlich viel breiter ist als in den beiden angrenzenden Jahrhunderten. Wenn eines fernen Tages einmal das auf dem Boden der Bundesrepublik und Westberlins heute noch vorhandene Schrifttum des 16. und 18. Jahrhunderts endlich bibliographisch eingesammelt ist, darf man hoffen, wenigstens doch die Mehrzahl der Drucke des deutschen Sprachraums erfaßt zu haben. Nicht so im

[25] Vgl. die Arbeitsberichte von Walther Killy im Jahrbuch der Akademie der Wissenschaften in Göttingen. 1976ff.

[26] Vgl. etwa die interessanten Beiträge von Helmut Urban: Zur Erschließung der deutschen Drucke des 17. Jahrhunderts. In: Aus dem Antiquariat, 1979, Nr. 2, A 33 – A 45 (mit reichhaltiger Literatur). – Ders.: Deutsche Nationalbibliographie des 17. Jahrhunderts in Sicht? Experten bei der Deutschen Forschungsgemeinschaft. In: Aus dem Antiquariat, 1980, Nr. 12, A 537 – A 538. – Ders.: Neues zur bibliographischen Erschließung des deutschen 17. Jahrhunderts. In: Aus dem Antiquariat, 1982, Nr. 5, A 161 – A 166. Dazu Gerhard Dünnhaupt: Der barocke Eisberg. Überlegungen zur Erfassung des Schrifttums des 17. Jahrhunderts. In: Aus dem Antiquariat, 1980, Nr. 10, A 441 – A 446 (gleichfalls mit reicher Literatur). Demnächst: Klaus Garber und Renate Stiening: Bibliographie der deutschen Schäfer- und Landlebendichtung des 17. Jahrhunderts. (Hiersemanns Bibliographische Handbücher.)

17. Jahrhundert. Die lokale Präsenz der mittel- und ostdeutschen Drucker – von Auslandsdruckern gar nicht zu reden – ist hier so groß, die Verbreitung tatsächlich so eng an die Druckorte gebunden, daß eine sogenannte Nationalbibliographie des 17. Jahrhunderts auf der Basis allein der Quellen in der Bundesrepublik mit Gewißheit weniger als die Hälfte der deutschen Drucke im ehemaligen Sprachraum des 17. Jahrhunderts erfassen würde.

Macht man sich eines naiven kulturpolitischen Idealismus schuldig, wenn man fordert, diesen Umstand bei allen Planungen zu berücksichtigen und wenn man die Hoffnung äußert, die teilweise immensen Sammlungen der DDR und Osteuropas, von denen gesprochen wurde, eines fernen Tages einem Gesamtkatalog der deutschen Drucke des 17. Jahrhunderts, der diesen Namen wirklich verdient, integriert oder wenigstens doch angegliedert zu wissen? In Polen z. B. ist man lange vor Westeuropa zur Titelblattkopie von Altdrucken auch für Katalogzwecke übergegangen. Der Katalog der Altdrucke der vereinigten schlesischen Bibliotheken in der heutigen Universitätsbibliothek zu Wrocław (Breslau), der schon jetzt Hunderttausende von Titeln umfaßt und dessen Ende durchaus absehbar ist, steht dem Berichterstatter als besonders erfreuliches, keinesfalls jedoch als einziges Beispiel vor Augen[27]. In Polen plant man und ist bereits damit befaßt, alle auf heutigem Staatsgebiet vorhandenen Drucke und damit auch alle Altdrucke vor 1800 in der Nationalbibliothek Warszawa in einem großen nationalen Katalogwerk zusammenzuziehen. Ist eine Übernahme dieser imponierenden bibliothekarischen Arbeiten aus den Händen des Volkes mit dem nach wie vor sensibelsten historischen Bewußtsein in Europa wirklich von vornherein aus dem Bereich des Denkbaren auszuschließen? Ganz ähnliche, freilich nicht so weit fortgeschrittene Versuche werden in der Tschechoslowakei mit ihren unvorstellbar reichen Sammlungen vornehmlich aus den böhmischen Adelsgeschlechtern unternommen[28]. In der Sowjetunion stand und steht die bibliographische Erschließung der russischen Altdrucke nach der ja auch für die Sowjetunion größten geschichtlichen Katastrophe begreiflicherweise im Mittelpunkt des Interesses. Überall ist aus Bibliothekarkreisen jedoch zu hören, daß die Verzeichnung der ausländischen und zumal der westeuropäischen Drucke sich anschließen würde, unter denen sich eben auch so viel

[27] Dazu demnächst in den Akten des dritten Marburger Personalschriften-Symposiums der beste Kenner und verdienstvolle Konservator der jetzigen vereinigten Altdrucksammlung Adam Skura: Die Trauerschriften des 16.–18. Jahrhunderts in den Sammlungen der Universitätsbibliothek Wrocław, mit Ausnahme der Sammlung der Stadtbibliothek Breslau.

[28] Dazu Leonard Forster: German Baroque Literature in Czechoslovak Libraries. In: German Life and Letters, 15. 1961/62, S. 210–217. – Ders.: Iter Bohemicum. A Report on German Baroque Literature in Czechoslovak Libraries. Amsterdam 1980 (auch als Beihefte zu Daphnis, Vol. 4 = Daphnis, 9. 1980, H. 2).

Buchgut aus deutschen Bibliotheken befindet[29]. An keiner Stelle in der Sowjetunion war die Bestellung von Mikrofilmen für den Besucher aus der Bundesrepublik mit Schwierigkeiten verbunden. Gewiß gelten im zwischenstaatlichen Handeln andere Usancen. Aber ist ein Kooperationsabkommen angesichts des unermeßlichen Devisenbedarfs der Sowjetunion wirklich unmöglich?

Gewiß liegen die Dinge anders in der DDR. Die verhängnisvolle Zerrissenheit der ehemaligen Bestände auf dem Boden der BRD und der DDR, die zutiefst zu beklagende Diversifikation der Berliner Staatsbibliothek und das damit nicht zuletzt zusammenhängende Fehlen eines Kulturabkommens erschwert die Dinge erheblich. Auch ist umstandslos einzuräumen, daß dem 17. Jahrhundert in der DDR in den letzten zwei Jahrzehnten historiographisch wie literaturgeschichtlich unvergleichlich viel weniger Aufmerksamkeit angediehen ist als dem 16. und 18. Jahrhundert[30]. Für das Zeitalter der frühbürgerlichen Revolution wie für das der Aufklärung sind herausragende Quellenwerke und geschichtliche Darstellungen zustandegekommen. In Gotha wurde sogar ein Katalog der Drucke des 16. Jahrhunderts geplant[31]. Kaum so für das 17. Jahrhundert. Doch mehren sich die Zeichen, daß ein Wandel eintreten wird. Die qualifiziertere Fassung des „Erbe"-Begriffs wirkt sich auch auf die Epoche des Absolutismus samt seiner Kultur und Literatur aus. Der schöne, soeben erschienene Band „Studien zur deutschen Literatur des 17. Jahrhunderts" (Aufbau-Verlag 1984) steht dafür ebenso ein wie die große Ausstellung Barock und Klassik aus der DDR auf der Schallaburg in Niederösterreich[32]. Derartige kulturpolitische Rochaden pflegen nicht ohne Einfluß in der Grundlagenforschung zu bleiben. Längst wird man in der Akademie der Wissenschaften der DDR den Abbruch der unvergleichlichen, nur bis 1950 reichenden „Jahresberichte für deutsche Sprache und Literatur" bedauert haben – eines bis heute in West und Ost unersetzten, noch ins 19. Jahrhundert zurückreichenden Hilfs-

[29] Vgl. etwa: Svodnyj katalog knig na inostrannych jazykach, izdannych v Rossii v XVIII veke 1701–1800. Vol. I: A–G. Leningrad 1984. (Katalog der Bücher in ausländischen Sprachen, die in Rußland im 18. Jahrhundert herausgegeben worden sind, 1701–1800.)

[30] Vgl. Klaus Garber: Gelehrtenadel und feudalabsolutistischer Staat. Zehn Thesen zur Sozial- und Mentalitätsgeschichte der ‚Intelligenz' in der Frühen Neuzeit. In: Kultur zwischen Bürgertum und Volk. Herausgegeben von Jutta Held. Berlin 1983, S. 31–43. (Argument – Sonderband 103.)

[31] Dazu der verdienstvolle Direktor des Instituts Helmut Claus: Die Forschungsbibliothek Gotha. In: ZfB, 89. 1975, S. 562–567. – Ders.: Proletarischer Internationalismus in Aktion – zum 20. Jahrestag der Rückgabe der Bestände der Gothaer Forschungsbibliothek an die Regierung der DDR. In: ZfB, 91. 1977, S. 455–460.

[32] Studien zur deutschen Literatur im 17. Jahrhundert. Autoren: Heinz Entner, Werner Lenk, Ingrid Schwiewek, Ingeborg Spriewald. Herausgegeben von der Akademie der Wissenschaften der DDR, Zentralinstitut für Literaturgeschichte. Berlin, Weimar 1984. – Barock und Klassik, Kunstzentren des 18. Jahrhunderts in der Deutschen Demokratischen Republik. Schallaburg 1984. Wien 1984. (Katalog des NÖ Landesmuseums. N. F. 146.)

mittels (wohingegen die gleich berühmten Jahresberichte für Geschichtswissenschaft zum Glück erhalten blieben). Den Goedeke hingegen, von dem schon die Rede war, hat man wieder aufgenommen und bringt ihn unter der Ägide Herbert Jacobs soeben bis 1830 zum Abschluß; die Vorbereitungen für den Anschluß 1830–1880 sind getroffen. Ist erst das Zeitalter des Barock als wichtige Achse zwischen Renaissance und Aufklärung wieder entdeckt, werden auch Editionen und Bibliographien nicht ausbleiben. Die soeben erscheinende monumentale Dokumentation der bedeutendsten Dichtervereinigung des 17. Jahrhunderts, der Furchtbringenden Gesellschaft, in der Edition Leipzig ist da ein hoffnungsvolles Zeichen[33].

Hier ist überhaupt nicht der Ort, die organisatorischen Modalitäten eines deutschen Gesamtkatalogs der Frühen Neuzeit weiter zu verfolgen. Die Deutsche Forschungsgemeinschaft hat dankenswerterweise eine Pilotstudie zur Erfassung und Erschließung der Drucke des 17. Jahrhunderts im ehemaligen deutschen Sprachraum sowie der deutschsprachigen im Ausland in Auftrag gegeben[34]. Diese ist institutionell an der UB München verankert und vermag dort dank einer gleichfalls überaus begrüßenswerten Verlängerung der Förderungszeit gründlich vorbereitet zu werden, bevor sie den Experten, die sich 1980 erstmals trafen, zu neuerlicher Beratung zugeht. Rechtzeitig sollten sodann die planerischen Voraussetzungen für einen deutschen Gesamtkatalog des 18. Jahrhunderts geschaffen werden, die man gerne an der Staats- und Universitätsbibliothek in Göttingen installiert wüßte.

Nachdrücklich ist jedoch an dieser Stelle darauf hinzuweisen, daß Neukatalogisierung und Speicherung von Altkatalogisaten sich auf keinen Fall ausschließen, sondern sich wechselseitig ergänzen. Sie dürfen deshalb in allen endlich sich intensivierenden Überlegungen für einen deutschen Gesamtkatalog mittels EDV unter gar keinen Umständen als Alternativen behandelt werden. In Göttingen und München wird mit Unterstützung der DFG derzeit die Transposition der Altkataloge in ein maschinenlesbares Katalogwerk betrieben[35]. Die Aussicht, diese reichhaltigen und hoffentlich bald weitere Katalogwerke in absehbarer Zukunft über EDV verfügbar zu wissen (selbstverständlich in einem

[33] Vgl.: Fruchtbringende Gesellschaft. – Der Fruchtbringenden Gesellschaft geöffneter Erzschrein. – Das Köthener Gesellschaftsbuch Fürst Ludwigs I. von Anhalt-Köthen. Herausgegeben von Klaus Conermann. Weinheim 1985. (Acta humaniora. 1–3.) (Lizenz-Ausgabe der Edition Leipzig.)

[34] Dazu der oben zitierte Beitrag von Urban. Vgl. auch die Berichte von Dieter Oertel, später von Horst Braun, „Aus der Deutschen Forschungsgemeinschaft". In: Zeitschrift für Bibliothekswesen und Bibliographie, 27. 1980ff.

[35] Vgl. Klaus Haller: Retrospektive, maschinenlesbare Katalogisierung in München und Göttingen. In: Libri, 34. 1984, S. 263–269.

großen Pool vereinigt!), wird jeder Benutzer dankbar begrüßen, um so mehr, wenn er als Leser auf eine bibliothekarische Neugründung ohne Altbestände angewiesen ist. Aber diese reproduzierten Altkataloge machen neue aus den Quellen erarbeitete Kataloge doch nicht überflüssig, sondern fordern sie zwingend gerade im EDV-Zeitalter heraus. Wir brauchen zuverlässige und komplette Informationen über neu erschlossene Anonyma und Pseudonyma, über Beiträger und Adressaten, über Provenienzen und Überlieferung, über Drucker und Verleger etc., wie sie nur über Neuaufnahme des Altbestandes zu haben sind und über EDV in nationalem wie prinzipiell in europäischem Rahmen optimal zusammenzuführen und abrufbar wären.

Denn über eines darf man sich keiner Täuschung hingeben: Wir werden keine einzige komplette Personal- oder Gattungsbibliographie erstellen können, solange wie das noch vorhandene Schrifttum nicht komplett erfaßt und in der angedeuteten Weise ausgewertet ist. Wir werden keine einzige vollständige Edition zustandebringen, solange wir das Gesamtwerk eines Autors nicht kennen. Und wer wagte zu behaupten, daß unter dem bislang nicht Erschlossenen nur Spreu ist? Auswählen kann und soll man doch erst, wenn man einen lückenlosen Überblick über das Vorhandene besitzt. Und was schließlich die wichtigste und reizvollste Aufgabe angeht, die Abfassung einer dringlich benötigten regionalen Kulturgeschichte der Frühen Neuzeit, so wird auch sie verantwortlich nur zu erstellen sein, wenn man in die Tiefenschichten der lokalen Überlieferung vorzudringen vermag. Das heißt im Fazit: Dem großangelegten Programm der Handschriftenerfassung von seiten der Deutschen Forschungsgemeinschaft muß endlich ein paralleles für die Drucke zunächst der Frühen Neuzeit zur Seite treten. Dabei bedarf es angesichts der schwierigen Aufgaben des Muts, in langen Zeiträumen zu planen. Insofern wäre ernsthaft zu erwägen, ob Projekte dieses Zuschnitts nicht der Obhut der Arbeitsgemeinschaft der vereinigten wissenschaftlichen Akademien in der Bundesrepublik zu überantworten wären, die ja bereits eine Reihe herausragender Langzeitprojekte betreuen[36]. In jedem Fall handelt es sich, das darf von geisteswissenschaftlicher Seite aus ohne Polemik erinnert werden, beim deutschen Gesamtkatalog (der Frühen Neuzeit) organisatorisch wie finanziell um einen Bruchteil jenes Aufwands, der uns im Zeichen einer offensichtlich unaufhaltsamen Militarisierung des Weltraums in den kommenden Dezennien abgefordert werden wird.

[36] Vgl. Günther Brenner: Träger von Editionen in der Bundesrepublik. Entwicklungen und Möglichkeiten. In: Philosophisches Jahrbuch, 80. 1973, S. 404–414. – Wilhelm G. Jacobs: Editionen im Bereich der Philosophie. Zur Arbeitskonferenz in der Bayerischen Akademie der Wissenschaften 19.–21. März 1973. In: Philosophisches Jahrbuch, 80. 1973, S. 386–390.
Ich danke meinem editionswissenschaftlichen Osnabrücker Kollegen Winfried Woesler für den Hinweis auf diese Publikationen.

Und doch wäre damit noch nicht alles getan. Gesetzt, die Bemühungen um einen Gesamtkatalog der Drucke des 16., 17. und 18. Jahrhunderts könnten in drei großen Unternehmungen in der Bundesrepublik zu einem vorläufigen Abschluß gebracht und parallele Bibliographien in Kooperation mit der DDR, Polens, der Tschechoslowakei und der Sowjetunion initiiert werden, so bliebe die Aufgabe, das erfaßte und erschlossene Material optimal verfügbar zu halten. So mündet die Frage nach dem deutschen Nationalkatalog zunächst für die Frühe Neuzeit zwangsläufig ein in die nach der einer deutschen Nationalbibliothek bzw. eines deutschen Nationalarchivs.

Bernhard Fabian, dessen ebenso geistreichen wie wohlüberlegten Anregungen die Bibliothekare wie die Geisteswissenschaftler gleich viel verdanken, ist auch auf diesem Felde mit einem qualifizierten Vorschlag hervorgetreten[37]. So zurückhaltend Fabian die Chancen zur Verwirklichung eines retrospektiven Nationalkatalogs einschätzt, dessen Plädoyer dieser Beitrag galt, so energisch nimmt sich Fabians Forderung nach einem deutschen Nationalarchiv aus. In Wahrheit, das indiziert auch Fabian, ist das eine ohne das andere nicht zu denken und nicht zu haben. Gewiß braucht das Katalogwerk nicht abgeschlossen zu sein, bevor mit dem Archivwerk begonnen werden kann. Aber verzahnt werden sollte das eine mit dem anderen. Es gibt keinen Grund, Bund, Länder und forschungsfördernde Institutionen nicht immer wieder mit den beiden fundamentalen Anliegen der Geisteswissenschaft zugleich zu konfrontieren. Das bereits auf Fabians Anregung hin begonnene Handbuch der historischen Bestände in Bibliotheken der Bundesrepublik und Westberlin ist ein hochwillkommenes Hilfsmittel, sehr wohl geeignet, beide Vorhaben vorbereitend zu befördern, aber selbstverständlich kein Ersatz für diese (und von Fabian auch als ein solcher nie konzipiert).

Nach allem Gesagten kann ein geplantes Nationalarchiv (in völliger Übereinstimmung mit Fabian) zu Ende des 20. Jahrhunderts im geteilten Deutschland nicht mehr bzw. nicht noch einmal in Gestalt einer zentralen Nationalbibliothek realisiert werden. Diese Chance, in Deutschland immer nur halben Herzens wahrgenommen, ist mit dem Untergang der Berliner Staatsbibliothek endgültig dahin; die Staatsbibliothek Stiftung Preußischer Kulturbesitz in Westberlin wird diese Rolle aus vielerlei Gründen nicht übernehmen können. Auf der anderen Seite kann und darf der Weg nicht allein über die Region und damit die Fortschreibung des dezentralen Prinzips führen. Die Stadt- wie die Landesbibliotheken bleiben aufgefordert, alles in ihren Kräften Stehende zu tun, um die kommunalen und territorialen Druckerzeugnisse bzw. die auf sie

[37] Bernhard Fabian: Buch, Bibliothek und geisteswissenschaftliche Forschung. Zu Problemen der Literaturversorgung und Literaturproduktion in der Bundesrepublik Deutschland. Göttingen 1983, S. 123ff. (Schriftenreihe der Stiftung Volkswagenwerk. 24.)

bezogene Literatur so komplett als möglich zu ergänzen. Keinerlei Scheu sollte hier bei der Zuhilfenahme reprographischer Techniken beim retrospektiven Aufbau walten. Verbindet sich die Bestandsergänzung mit der Fertigung kommunaler bzw. territorialer Katalogwerke – Kayser/Dehns Bibliographie der Hamburger Drucke des 16., Mitchells Bibliographie der Schleswig-Holsteiner Drucke des 17. Jahrhunderts wären hier etwa als Vorbild zu nennen –, so dürfte den nur allzu berechtigten Ansprüchen der Regionalforschung Genüge getan werden.

Aber das deutsche Nationalarchiv muß gewiß mehr und etwas anderes sein als die Summe dieser Bemühungen in der Region. Die Geisteswissenschaft braucht, wenn ihr schon keine Nationalbibliothek zur Verfügung steht, herausragende Plätze, an denen ihr wenn nicht das Ganze, so doch sinnvoll gegliederte Teilbezirke in größtmöglicher Vollständigkeit zur Verfügung stehen. Mein Vorschlag ergibt sich aus dem Vorgetragenen wie von selbst und deckt sich fast nahtlos mit demjenigen Fabians. Was die Geisteswissenschaft zusätzlich zu den dezentralen kommunalen bzw. territorialen Bibliotheken benötigt, sind chronologisch und epochal konzipierte Forschungs- und Archivbibliotheken. Auf die Frühe Neuzeit bezogen heißt das: Wir brauchen wenigstens eine große Bibliothek zur Erforschung und Archivierung der Drucke der Renaissance bzw. des Humanismus bzw. der Reformation, eine zweite für das Zeitalter des Barock, eine dritte für das der Aufklärung. Nationalarchiv und Forschungsstätte sollten jeweils in solchen Bibliotheken verankert werden, die bereits jetzt über die besten Bestände verfügen und in deren Erschließung weit vorangeschritten sind.

Hier konkurrieren für die Inkunabelzeit und das 16. Jahrhundert die Bayerische Staatsbibliothek in München und die Herzog August Bibliothek in Wolfenbüttel miteinander, für das 17. Jahrhundert wenigstens Göttingen, München und Wolfenbüttel, für das 18. Jahrhundert steht die Staats- und Universitätsbibliothek in Göttingen konkurrenzlos da. Mein (gänzlich vorläufiger) Vorschlag wäre, jede der drei großen internationalen Bibliotheken mit jeweils einem großen Auftrag zu versehen und dabei die Kooperation untereinander wie mit anderen Bibliotheken wo immer möglich verpflichtend zu machen. Dementsprechend sollte die Pflege der Inkunabelzeit und des 16. Jahrhunderts in die Obhut Münchens gestellt werden. Hier kommt der Inkunabelkatalog soeben zum Abschluß; hier liegt die redaktionelle Verantwortung für das „Verzeichnis der im deutschen Sprachbereich erschienenen Drucke des XVI. Jahrhunderts" – ein günstigerer Standort ist folglich nicht denkbar. Göttingen umgekehrt als weltweit anerkannte Bibliothekszentrale der Aufklärung, seit Jahrzehnten von der heimischen Universität wie der internationalen Forschung bis an die Grenzen der Belastbarkeit in Anspruch genommen und in bester liberaler Tradition den Wünschen und Bedürfnissen der Benutzer zugetan, sollte endlich die Chance erhalten, über eine Aufstockung von Personal- und Sachmitteln als Forschungsbibliothek mit Sammelschwerpunkt 18. Jahrhundert zusätzliches Profil zu erlangen. Jeder Kundige weiß die einzigartige bibliographische Infrastruktur wie die immensen wissenschaftsgeschichtlichen Bestände dieser ehrwürdigen Institution zu schätzen.

Besondere Schwierigkeiten wird die Zusammenführung der weltweit verstreuten gedruckten Überlieferung aus dem deutschen Sprachraum des 17. Jahrhunderts bereiten. Hier wird jede Bibliothek der Welt nur den kleineren Teil des Bezeugten und Erhaltenen im Original verfügbar halten können, den größeren in reproduzierter Form anbieten müssen (wobei der Kopie auf der Basis eines Film-Archivs in jedem Fall der Vorzug gebührt!). Man kennt die Verdienste, die sich die Herzog August Bibliothek in Wolfenbüttel unter der ebenso souveränen wie kompetenten Stabführung Paul Raabes um die Erforschung der Frühen Neuzeit im allgemeinen, des Barockzeitalters im besonderen erworben hat. Hier wurde die historische Erschließung der Buchbestände einschließlich ihrer differenzierten katalogmäßigen Erfassung vorbildlich vorangetrieben, hier entsteht unter Leitung Martin Birchers der Katalog der Barockdrucke (1600–1720), hier bildet die mit so glücklicher Hand auch baulich erneuerte Bibliothek den idealen Hintergrund für die mannigfachsten Formen gelehrter Zusammenkunft, deren Resultate inzwischen stattliche Publikationsreihen dokumentieren, unter denen auch die dem Barock gewidmeten aus der täglichen Arbeit nicht mehr fortzudenken sind. So wäre es sinnvoll, das gegenwärtige geistige wie organisatorische Zentrum der internationalen Barockforschung mit den reichhaltigsten Beständen zum 17. Jahrhundert in der Bundesrepublik zugleich auch als Zentrum eines deutschen Nationalarchivs und Nationalkatalogs des 17. Jahrhunderts zu deklarieren. Gewiß wird die retrospektive Ergänzung der ja in der Regel besonders seltenen und wertvollen barocken Drucke kein einfaches Unterfangen. Vielleicht wären bei der Komplettierung der alten Drucke auf der Basis der jeweils gewachsenen Bestände Formen der Zusammenarbeit mit Göttingen, mit der Landesbibliothek Hannover, schließlich für das katholische 17. Jahrhundert mit München zu entwikkeln. Wünschenswert und wichtig wäre vor allem die möglichst rasche reprographische Ergänzung der in Wolfenbüttel bzw. in zweiter Linie in Niedersachsen fehlenden Titel. Nur so könnte das nach Autor, Gattung, Region Zusammengehörige endlich an einem Ort studiert, nur so die systematische Verzeichnung der Drucke des 17. Jahrhunderts verantwortlich über Autopsie in Angriff genommen werden.

Natürlich liegt der Einwand nahe, daß die filmische Ergänzung vor allem aus den sozialistischen Ländern schwierig sei. Sie bedarf genauer Planung und

Organisation, birgt jedoch keineswegs nur Risiken, sondern auch bislang ungenutzte Möglichkeiten. In Tallinn beispielsweise – also in Reval – ist eine hochspezialisierte Bibliothekarin in der Akademie-Bibliothek damit befaßt, einen Katalog der Revaler Drucke des 17. Jahrhunderts aufzubauen. Natürlich ist ihr bewußt, auf der Basis der heutigen Estländischen Bestände wiederum nur den kleineren Teil erfassen zu können. Schon während einer kleinen Bibliotheksreise durch Moskau, Leningrad und das Baltikum traten weitere, in Tallinn fehlende Drucke zutage, die inzwischen z. B. durch Göttinger ergänzt wurden. Damit wird nicht nur das so hilfreiche Unternehmen in Tallinn gefördert. Der Barockforscher im Westen darf umgekehrt erwarten, in den Besitz von Kopien in Tallinn vorhandener Drucke des 17. Jahrhunderts zu gelangen. Das aber heißt doch: Der Aufbau eines Nationalkatalogs bzw. eines Nationalarchivs ist ein Unterfangen, von dem alle Teilnehmer profitieren, weil sie idealiter immer zugleich nehmen und geben. Die Zentrale z. B. in Wolfenbüttel wäre in der Lage, den einzelnen regionalen Bibliotheken Titel und Filme der vor Ort fehlenden Drucke zu vermitteln und würde im Gegenzug das zum Aufbau des Archivs in der Zentrale fehlende, vor Ort jedoch vorhandene einschlägige Schrifttum erhalten. Zentrale wie Region wäre gleichermaßen geholfen, beiden sinnvolle, einander ergänzende und fördernde Arbeitsfelder angewiesen. Ein kleiner, durchaus praktizierbarer Beitrag der so viel beschworenen europäischen Solidarität.

Andere Wege werden für das 19. und 20. Jahrhundert zu beschreiten sein. Frankfurt als Nationalbibliothek für das deutsche Schrifttum seit 1945 einschließlich der Exil-Literatur bedarf keiner Diskussion. Ob dieser Kristallisationspunkt zusammen etwa mit der Rothschildschen Bibliothek und den literatur- und theaterwissenschaftlichen Sondersammelgebieten der DFG hinreicht, um die gesamte neuere Druck-Kultur seit 1800 in Frankfurt zusammenzuziehen, muß geprüft werden. Ob und in welcher Form auch hier Formen der Kooperation mit dem Freien Deutschen Hochstift in Frankfurt und dem Literaturarchiv in Marbach entwickelt werden könnten, desgleichen. Schließlich bedarf der Beitrag Berlins, speziell der Staatsbibliothek Stiftung Preußischer Kulturbesitz der Erörterung. Hat sich das in den Jahren zwischen 1870 und 1945 gesammelte Gut, in denen Berlin faktisch die Rolle einer Nationalbibliothek innehatte, weitgehend erhalten und war es in den Westen ausgelagert, so daß es den Kernbestand eines Nationalarchivs für diesen Zeitraum abgeben könnte? Wäre folglich zwischen Frankfurt und Berlin sinnvoll noch einmal zu differenzieren? Oder sollte der universale Sammelauftrag für Berlin erhalten bleiben, die Beteiligung am Nationalarchiv indes eher vermieden werden? Es sind dies Fragen, die die komplette Erschließung des jetzigen Berliner Bestandes voraussetzen und, was die kulturpolitisch-diplomatischen Aspekte angeht, gänzlich außerhalb unserer Kompetenz liegen.

Gewiß dagegen ist nur das eine: Es bedarf nicht nur erheblicher sachverständiger Phantasie, organisatorischen Vermögens und uneingeschränkter Bereitschaft zur Kooperation unter den deutschen Bibliotheken. Es bedarf auch nicht nur ganz erheblicher Investitionen endlich auch in den Geistes- und Kulturwissenschaften. Es bedarf vor allem eines Wandels des Bewußtseins[38]. Solange Vorschläge wie die hier skizzierten von bibliothekarischer wie von fachwissenschaftlicher wie von kulturbürokratischer Seite als Ausgeburten realitätsfremder Einzelgänger eingestuft werden, werden sie das Ambiente des Vergeblichen und Illusionären nicht verlieren. Erst wenn sich die Erkenntnis durchsetzen sollte, daß es hier nicht um elitären Luxus geht, sondern um das kulturelle Erbe und damit die kulturelle Zukunft einer vielfältig diversifizierten Nation, dürfte ein Wandel eintreten. Schon einmal vor einer nationalen Katastrophe wurde Entscheidendes versäumt. Die jetzt immer deutlicher sich abzeichnende Bedrohung hat noch einmal ganz andere, aber genau wie vor fünzig Jahren wiederum unvorstellbare Dimensionen.

Angemessener Umgang mit der Tradition ist stets an ein Moment der Krisis gebunden. Gefahr, das hat uns Walter Benjamin in der tiefsten Krise 1939/40 gelehrt, droht ihren Empfängern, den gegenwärtigen Rezipienten stets genau so wie dem Gehalt der Überlieferung selbst[39]. Ebenso aber hat jede Generation auch eine besondere, so nicht wiederkehrende Chance des Umgangs mit ihr, und sei sie noch so minimal. Das hat für jede geschichtliche Darstellung Konsequenzen, nämlich Vergangenheit und Gegenwart im Glutkern der Jetztzeit zusammenzuschmelzen. Hier ging es um die Voraussetzungen dafür in der sogenannten Grundlagenforschung. Das Bewußtsein der Bedrohung, vielleicht nirgendwo sensibler ausgebildet als auf dem Kontinent, von dem die Buchkultur ihren Ausgang nahm, setzt zugleich Kräfte der Bewahrung, ja der Rettung frei. Die beiden deutschen Staaten, der geschichtlichen Katastrophe um den Preis nationaler Identität entkommen, bleiben aufgefordert, das Werk der

[38] Dazu etwa die programmatischen Beiträge von Paul Raabe: Das alte und kostbare Buch – eine bibliothekarische Zukunftsaufgabe. In: Erlesenes aus der Welt des Buches. Herausgegeben von Bertram Haller. Wiesbaden 1979, S. 164–188. (Das Buch und sein Haus. 1.) – Ders.: Gelehrte Tradition und preußisches Erbe. Zur Ortsbestimmung des deutschen Bibliothekswesens. In: Die gesellschaftspolitische Aufgabe der Bibliotheken. Gegenwartsprobleme und Zukunftsperspektiven. Bibliothekskongreß Hannover 1983. Herausgegeben von Jürgen Hering u.a. Frankfurt/M. 1983. S. 32–51. (Zeitschrift für Bibliothekswesen und Bibliographie. Sonderheft 40.) – Ders.: Politik und Bibliotheken. In: ZfBB, 31. 1984, S. 293–300.

[39] Vgl. Walter Benjamin: Über den Begriff der Geschichte. In: Walter Benjamin: Gesammelte Schriften. Bd. I. Herausgegeben von Rolf Tiedemann und Hermann Schweppenhäuser. Frankfurt/M. 1974, I/2, S. 691–704; I/3, S. 1223–1266.

Bergung und Erschließung ihrer geistigen Überlieferung endlich in einer Weise in die Hand zu nehmen, die als Antwort auf die Katastrophe geschichtlich bestehen kann. Es ist dies eine Aufgabe, die der Hilfe der europäischen Partner, aber auch der beiden Großmächte zwingend bedarf. Ließe sich eine schönere Aufgabe in der Mitte des alten Kontinents zwischen den Blöcken namhaft machen?

WALTHER GOSE

Der entfernte Benutzer

Gebrauch und Bewahrung alter Bestände als Problem der Forschungspraxis

Im Umgang mit unseren Altbeständen vollzieht sich gegenwärtig ein Verhaltenswandel, denn zunehmend treten Probleme ihrer Bewahrung vor solche der Bereitstellung und wissenschaftlichen Nutzung. Davon war auf dem Trierer Bibliothekartag mehrfach die Rede. Mein Referat versucht, auf diese Entwicklung zu reagieren: Im ersten Teil spreche ich von der heutigen Lage des Fernleihbenutzers von Altbeständen, im zweiten Teil von den Konsequenzen des eingangs erwähnten Wandels und zum Schluß von Erschließungsproblemen. Ich bin mir bewußt, daß ich dabei von meinem Gastrecht[1] unfreundlichen Gebrauch mache: Teils laste ich Eulen ab, teils sage ich Unbescheidenes. Das Einzige, womit ich mein Tun wiedergutmachen will, ist der Versuch zur Kürze.

Ich stütze mich im Folgenden hauptsächlich auf Erfahrungen und Beobachtungen, die sich aus einem verhältnismäßig umfangreichen bibliographischen Unternehmen zur Publizistik der deutschen Spätaufklärung[2] ergaben. Einige der hieran geknüpften Überlegungen zielen allerdings über diesen vergleichsweise engen Sachbereich hinaus. Ich beziehe mich überdies häufig auf Gedanken aus Bernhard Fabians Unruhe stiftender Streitschrift „Buch, Bibliothek und geisteswissenschaftliche Forschung“[3], allerdings ohne dies stets ausdrücklich zu erwähnen.

[1] Die Organisatoren des Trierer Bibliothekartages haben für mehrere Themenkreise eine Reihe von Benutzern zu Beiträgen eingeladen, so auch den Autor. Für die Möglichkeit, sich als Außenstehender vor dieser Fachtagung äußern zu dürfen, sei auch an dieser Stelle nochmals Dank gesagt.

Wertvolle Hinweise erhielt ich von Dr. Ulrich Ott (Marbach), der mit freundlicher Geduld und sachkundiger Umsicht auch hier mir die Arbeit erleichterte. Ihm sind diese Seiten gewidmet – im Dank für seine Trierer Arbeitsjahre.

[2] Die „Gesellschaft von Freunden der Aufklärung“: eine Bibliographie der von Mitgliedern der Berliner „Mittwochsgesellschaft“ veröffentlichten sowie der auf sie bezogenen Publikationen. Das von der DFG geförderte Projekt wird nach Fertigstellung zwölf- bis fünfzehntausend Einträge verzeichnen.

[3] Bernhard Fabian: Buch, Bibliothek und geisteswissenschaftliche Forschung. Zu Problemen der Literaturversorgung und der Literaturproduktion in der Bundesrepublik Deutschland. Göttingen 1983. (Schriftenreihe der Stiftung Volkswagenwerk. 24.)

I

Zunächst ein Blick auf die gegenwärtige, allgemein bekannte Ausgangslage. Das herkömmliche Spannungsverhältnis zwischen dezentralisierter Forschung und dezentralisierter Bibliothekslandschaft hat für die deutsche Entwicklung der letzten Jahrzehnte – insbesondere bei den historischen Fächern – eine folgenreiche Veränderung erfahren. Diese hat nicht nur institutionelle Gründe, wie vielfach angenommen wird, denn auch das inhaltlich gewandelte Interesse an den Quellen hat eine Fülle von neuen und neuartigen Zugriffen auf bislang wenig genutzte Materialien notwendig gemacht: Sozialhistorische Interessen, die Hinwendung zu unerforschten Textgenera, eine Neubeachtung von auctores minores und anderes dergleichen führten zu erheblichen Ansprüchen an die alten Literaturbestände. Vor allem aber ist es die nahezu verdreifachte Anzahl von Hochschulen mit historischen Lehr- und Forschungseinrichtungen (und deren – im Verhältnis zur Vorkriegszeit – komfortable Personalausstattung), die einschneidende Neuerungen im Zusammenspiel von Bibliotheks- und Forschungspraxis erzwingen: Allein schon die grundsätzlich richtige, aber ungewollt auch forschungspolitisch wirksame Entscheidung der Bibliothek, zunehmend sich bestandsschützend gegen den sprunghaft verstärkten Benutzungsdruck wehren zu wollen, ist von handlungsorientierender Bedeutung.

Zur Ausgangslage gehört der Alltag des Fernleihbenutzers. Seine Arbeitsbedingungen stellen sich mir allerdings etwas anders dar, als sie Bernhard Fabian sieht[4]. Grundsätzlich und zuallererst ist doch festzuhalten, daß die deutschen wissenschaftlichen Bibliotheken sich inzwischen ein Äußerstes an organisatorischem, materialem und technischem Aufwand abverlangen, um jener außerordentlichen Maxime ihre Geltung zu erhalten, wonach „Literatur aller Art... für jedermann an jedem Ort erreichbar“[5] zu sein habe. Schon wenige Zahlen sprechen deutlich genug für sich: In den bundesdeutschen wissenschaftlichen Bibliotheken wurden 1973 1,82 Millionen Fernleihvorgänge gezählt, bis 1983 stieg diese Zahl auf 2,9 Millionen an[6]. Gegenwärtig kommen also auf 100 neu eingestellte Bände 87 Fernleihvorgänge[7]. Mit dieser explosionsartigen, von uns

[4] Ebd. S. 73–75 u.ö.

[5] Bibliotheksplan 1973. Entwurf eines umfassenden Bibliotheksnetzes für die Bundesrepublik Deutschland. Berlin 1973. S. 9f.

[6] Die erste Zahl entnehme ich: Betriebsstatistik 1973. Hrsg.: Verein Deutscher Bibliothekare. Berlin 1974. – Die zweite Zahl errechnet sich – Summen fehlen hier leider! – aus den Angaben in: DBS. Deutsche Bibliotheksstatistik 1983. Teil B: Wissenschaftliche Bibliotheken. Berlin 1984. (Die DBS 1983 enthält – im Gegensatz zur Betriebsstatistik – nicht mehr die Daten der Gruppe ‚Spezialbibliotheken‘. – Addiert ist die Anzahl der Bearbeitungen, die also höher liegt als die Summe der aufgegebenen Fernleihbestellungen.

[7] Die Gesamtzahl erworbener Bände errechnet sich aus den Angaben in DBS 1983 (wie Anm. 6) auf 3 361 381 Bände.

Benutzern allzu leicht als selbstverständlich hingenommenen Leistungssteigerung hat es das bundesdeutsche Bibliothekswesen vermocht, bei wachsenden Belastungen seinen Aufgaben zu entsprechen: Man hat noch von keiner ernstzunehmenden Forschungsarbeit gehört, die an der Funktionsuntüchtigkeit der Fernleihe gescheitert sei. Dies gilt – ausdrücklich – auch für die historischen Fächer.

Freilich, gerade bei diesen zeigt es sich, daß die herkömmliche Fernleihpraxis möglicherweise inzwischen den Grenzen ihrer Leistungskraft – zumindest in qualitativer Hinsicht – nahegerückt ist. Bei der Durchsicht eigener Unterlagen zu ungefähr eintausend Fernleihbestellungen aus den Jahren 1981 bis 1983 – ausschließlich deutsche Drucke der zweiten Hälfte des 18. Jahrhunderts betreffend – zeigt sich eine Reihe von unguten Symptomen. Verhältnismäßig häufig kommt es zu unfreiwilligen Störungen, etwa wenn man als einzigen Nachweis vom Bayerischen Zentralkatalog den Standort Coburg – mit dem Vermerk „nicht ausleihbar" – erhält, während man Monate später zufällig im Katalog der Staatsbibliothek München ein weiteres Exemplar desselben Druckes entdeckt. Gar nicht so selten findet man auf dem roten Zettel nachträglich und gewiß wohlmeinend eingetragene Korrekturen am ursprünglichen, durch den bibliographischen Nachweis begründeten Titelzitat. (Was wurde denn hier nun eigentlich gesucht? Der unerledigt heimkehrende Zettel gibt darüber keine Auskunft.) Wenig hilfreich sind auch die falsch gelieferten – d.h. nicht gewünschten – Auflagen bzw. Ausgaben. Verschleppungen ergeben sich durch das Fehlen einer öffentlichen Information über die – von Bibliothek zu Bibliothek unterschiedlich festgesetzte – Ausgrenzung von Beständen aus dem Fernleihverkehr. (Derlei Nachrichten scheinen nicht einmal den Zentralkatalogen zuverlässig vorzuliegen.) Bibliotheken, Zentralkataloge und Benutzer wären zu großem Dank verpflichtet, wenn das zukünftige „Handbuch der historischen Buchbestände in der Bundesrepublik und in West-Berlin"[8] derlei Sperrungen sorgfältig ausweisen würde. – Geheimnisvoll, nämlich nicht zu erklären ist der unverhältnismäßig hohe Anteil ‚verlorengegangener' Fernleihbestellungen. Die Zahlen, die seinerzeit Hartwig Lohse[9] schon für die Jahre 1965–1972 als ansteigend mitteilte (UB Saarbrücken: von 1,7 bis auf 5,5 Prozent[10]) und bei denen eine differenzierte Betrachtung von Fernleihbestellungen der UB Bonn (1971) auf einen besonders hohen ‚Schwund' beim Verlangen nach frühneuzeitlichen Drucken verwies (24,4 Prozent)[11], müssen von mir leider bestätigt

[8] Fabian (wie Anm. 3) S. 117–119. Ausführlicher dazu das Trierer Referat von Severin Corsten: Das Projekt zur Erschließung der historischen Buchbestände in Deutschland, in diesem Band S. 186–193.

[9] Hartwig Lohse: ‚Verlorengegangene' Fernleihbestellungen. Ergebnisse einer Umfrage vom Januar 1973. In: Zeitschrift für Bibliothekswesen und Bibliographie. 21 (1974) S. 36–41.

[10] Ebd. S. 37. [11] Ebd. S. 39.

werden: Von den Fernleihzetteln des Jahres 1981 kehrten 21,4 Prozent nicht zurück, von denen des Jahres 1982 17,9 und von 1983 wieder 19 Prozent. Besonders gefährdet scheint die Suche zu sein nach

- Kleinschriften wie etwa Predigt-Einzeldrucken,
- Universitäts- und Personalschriften sowie
- unrechtmäßigen Nachdrucken.

Bei allen drei Gruppen handelt es sich also um Publikationsgenera, die bislang von unseren Bibliographien und Katalogen besonders unzureichend erschlossen wurden. (Um schnell dem Verdacht irgendeiner Schuldzuweisung auf Sorgfaltsmangel entgegenzutreten: Unerledigt heimkehrende Zettel sind in der Regel beidseitig so übervoll an kryptographisch anmutenden Hinweisen und notae, daß sie jede Hoffnung auf einen dennoch möglichen Nachweis gründlich beseitigen.)

Zu unerwarteten Problemen führt öfters auch die zunehmende, grundsätzlich zu begrüßende Praxis gebender Bibliotheken, dem Fernleihwunsch mittels photoförmiger Vertreter zu entsprechen. Ich erlaube mir dazu zwei spezielle Anmerkungen und ein grundsätzliches Bedenken: Unerläßlich ist es, daß die gewünschte bibliographische Einheit korrekt und vollständig kopiert wird. Es geht beispielsweise nicht an, daß bei der Mikrofichierung einer Zeitschrift, die im Original vorhandenen, aber gesondert angebundenen bedruckten Umschläge und Intelligenzteile nicht mit abgelichtet werden. Der unerfahrene Benutzer, der keine Kenntnis von der vollständigen Kollation des Titels hat, kann hierdurch erheblich in die Irre geführt werden. Gemachte Erfahrungen legen den Vorschlag nahe, bei der Ablichtung älterer oder komplizierterer Drucke eine sachverständige Endkontrolle einzuführen, deren Erledigung mittels Paraphe auf dem Leihzettel dokumentiert wird. – Das zunehmend genutzte Verfahren, den Fernleihwunsch durch Verfilmung zu beantworten, wirft auch Kostenfragen auf, die rechtzeitig bedacht sein sollten: Insbesondere der quellenintensiv arbeitende, oftmals aber wirtschaftlich schwache Dissertant sollte hier durch finanzielle Belastungen nicht ungerechtfertigt gegenüber demjenigen benachteiligt werden, für dessen Arbeit die heimischen Bibliotheksbestände eine ausreichende Grundlage bieten. – Schließlich sei an dieser Stelle noch auf eine forschungspolitisch wichtige Folge der – zukünftig wohl als organisiert zu denkenden – Autopsiebeschränkungen verwiesen. Führt letztere doch zu dem Ergebnis, daß künftig an neuen Universitäten mit altbestandsschwachen Bibliotheken keine größeren Forschungsunternehmen mehr etablierbar sein werden, die in einem hohen Maße autopsieabhängig sind. Da häufig aber gerade von diesem Typus der Forschungsarbeit die wichtigen Innovationen auszugehen vermögen, behindert die besagte Zugangserschwerung nicht nur die Freiheit der Forschung, sondern es könnte im Nebeneinander der historischen Fächer an alten und neuen Universitäten ein unbedingt zu verhindernder qualitativer Unterschied entstehen zwischen alten, unbegrenzt forschungsfähigen und neuen, nur begrenzt forschungsfähigen Instituten, beziehungsweise Abteilungen.

II

Mit den letzten Sätzen habe ich meine Anmerkungen zur Ausgangslage verlassen und mich bereits meinem zweiten Teil, der Erörterung künftiger Entwicklungsmöglichkeiten zugewandt. Es handelt sich dabei um Überlegungen, die sich an eine nachdrücklich zu bejahende Feststellung Bernhard Fabians knüpfen: „Überall bricht sich der Gedanke Bahn, daß man es in den Büchersammlungen mit einem Segment der kulturellen Überlieferung zu tun hat, das ebenso erhaltenswürdig und schutzbedürftig ist wie andere historische Denkmäler. Das heißt nicht, daß eine Verwandlung der Bibliotheken in Buchmuseen angestrebt werden sollte oder angestrebt werden könnte. Es bedeutet jedoch, daß der freizügige und gedankenlose Umgang mit historischen Buchbeständen endgültig der Vergangenheit angehört.“[12] Die entsprechenden Postulate sind nach meinem Erachten klar:

1. Das Funktionsverständnis der wissenschaftlichen Bibliothek mit historischen Beständen hat sich zu wandeln. Nicht mehr die Dienstleistung für die Wissenschaft ist dirigierende Zweckbestimmung, sondern Erhaltung und Pflege ihrer Bestände. Insofern ist der Vergleich mit dem Museum – oder genauer: mit der graphischen Sammlung – sehr wohl zulässig. Eine Folge sollte es sein, daß sich zukünftig die Bibliothek auch gegenüber ihren frühneuzeitlichen Beständen als eigene Forschungsinstitution verfestigt, so wie sie dies im Bereich von Kodikologie und Inkunabulistik längst vollzogen hat.

2. Ist die Dienstleistung der Bibliothek für die Wissenschaft zukünftig (hinsichtlich ihrer Altbestände) eine nachgeordnete Zweckbestimmung, hat sich der Anspruch der Wissenschaft auf die Bestände – und damit ihre Arbeitspraxis – entsprechend zu wandeln.

3. Gleichwohl wäre es unsinnig, wenn dieser Wandel sich auf Kosten der Leistungsfähigkeit von historischer Wissenschaft vollzöge: Veränderung im Zusammenspiel zwischen Bibliothek und Forschung darf nicht zu einer qualitativen Minderung führen. Beide Seiten haben Arbeitsformen zu entwickeln, die der Sachlage längerfristig gerecht werden.

Diese drei Forderungen mögen für manchen zu weit gehen, tatsächlich aber formulieren sie als Maßgabe einen Zustand, auf den sich die Entwicklung bereits jetzt mit einiger Zwangsläufigkeit hinbewegt. Am anstößigsten freilich müssen

[12] Fabian (wie Anm. 3) S. 114.

sie dem Benutzer erscheinen, dem die weithin noch immer geübte Liberalität in der Fernleihpraxis gewissermaßen einen ‚Besitzstand' verschaffte, von dem sich zu lösen ihm schwerfallen dürfte. Die ihm abverlangte Gewöhnung an Film und Mikrofiche bedeutet ja nicht nur einen Verlust an sinnlich-ästhetischem Kontakt mit den Quellen, sondern eine eingreifende Änderung des Such- und Lesevorganges. Die Behinderung des stimulierenden Effektes, der so oft vom planlosen Blättern und ‚Schmökern' ausgeht, ist ernsthaft zu beklagen. Da andererseits aber eine unzögerliche Bestandssicherung – langfristig gesehen – auch im vorrangigen Interesse der Forschung liegt, wird dem Benutzer dieser Verhaltenswandel abzuverlangen sein. Freilich heißt das auch, daß dort, wo bestimmte Fragestellungen den Gebrauch des photoförmigen Vertreters ausschließen und die gebende Bibliothek eine Ausnahmeregelung begründeterweise nicht gewähren kann, auch die Reise zur fremden Bibliothek – wie einstmals – wieder zu den gebräuchlichen Forschungsbedingungen gehören müßte. Dies bedeutet aber zugleich, daß vermehrt – etwa für autopsieintensive Forschungsprojekte – genügend Reisebeihilfen aus Drittmitteln anzuwerben sind, insbesondere für einkommensschwache Dissertanten.

Noch tiefgreifender scheint mir der Verhaltenswandel, den sich die Bibliothek selbst abzuverlangen und auszugestalten hat. Dies gilt für sehr unterschiedliche Bereiche. So liegt es nach meinem Erachten in der Logik einer eingeschränkten Fernleihmobilität alter Bestände, daß die besitzende Bibliothek auch zur Entlastung der Photostelle mehr als bisher in der Lage ist, dem Benutzer kleinere Recherchen im Objekt abzunehmen – sachverständig und ohne Verwaltungsaufwand. Ein wissenschaftlicher Auskunftsdienst dieser Art ließe sich in gewissen Grenzen formalisieren und vor unangemessener Überbeanspruchung ausreichend schützen. Angesprochen wurde bereits, daß sich künftig die Bibliothek stärker als eigene Forschungsinstitution begreifen und sich ihrem Altbestand selbst zuwenden sollte. (Damit sei die von Fabian angesprochene Problematik der ‚rare book librarianship'[13] aufgegriffen.) Überreich sind wir an Fragen, die uns bislang die buchhistorische Forschung nicht beantwortet hat. Ich nenne nur zufällig aufgegriffene Beispiele: Was wissen wir denn wirklich von der großen Innovation des achtzehnten Jahrhunderts, dem damaligen Zeitschriftenwesen? Welche Illustratoren – außer vielleicht Chodowiecki, Gessner, Meil und Oeser – wurden verzeichnet? Wo sind denn die Arbeiten über die dekorierten Berliner oder Wiener Einbände? Und dann etwas wirklich Zentrales: Seitdem sich – auf dem Wege von Nicolai bis Perthes – das Leipziger Verständnis von Urheber- und Verlagsrecht durchgesetzt hat, gilt die gesamte Produktion der sogenannten ‚unrechtmäßigen Nachdrucke' mehr oder minder

[13] Ebd. S. 116.

als zweitrangiger und zu vernachlässigender Bestand, ungeachtet ihres großen Anteils am Zustandekommen unserer Nationalliteratur. Warum werden wir hier nicht eines Besseren belehrt? Im Zugang zu den alten Beständen werden die Bibliothekare zukünftig weitaus privilegierter sein als der Benutzer: Die Bibliothek sollte – auch von ihrem in der Mitverantwortung stehenden Träger – in die Lage versetzt werden, in diesem Umstand nicht nur Chancen, sondern auch Verpflichtung zu sehen.

III

Es dürfte deutlich sein, daß dieser Verhaltenswandel eine der diffizilsten Schwachstellen im Zusammenspiel von Bibliothek und Forschung nicht wird ausgleichen können: den Zustand der Erschließung unserer Altbestände. Hier stehen seit langem Probleme an, die besonders dann zu einer schweren Belastung von Forschungsarbeit führen müssen, wenn man sie noch weiter vor sich her schieben will, während davon unberührt die Thesaurierung der Altbestände zunimmt.

Die Quellensuche der Forschung kann sich nur innerhalb der Maßgabe der ihr zugänglichen Erschließungsmittel bewegen. Diese sind es also, die bestimmend sind für die Qualität von jener. Anders als Fabian meine ich, daß – hinsichtlich der Altbestände – weniger die Dezentralisierung[14] als vielmehr die mangelhafte Inventarisierung das Problem der Fernleihe ist. Für das achtzehnte Jahrhundert in Deutschland haben wir es – grob und verkürzt gezeichnet – mit folgender Situation zu tun:

1. Bei einer kleinen Anzahl von kanonisierten Autoren und bei einer noch kleineren Anzahl von Sachgebieten können wir auf jüngere, autoptisch gearbeitete, in ihrer Vollständigkeit und bibliographischen Kompetenz wissenschaftlich befriedigende Bibliographien zurückgreifen. Die hier verzeichneten Drucke nehmen insgesamt einen kleinen Umfang ein; auf jeden Fall bewegt sich ihre Anzahl an Titelbeschreibungen im Bereich der fünfstelligen Zahlen.

2. Heranziehen können wir ebenfalls eine wiederum sehr kleine Gruppe von wissenschaftlich gearbeiteten Bestandskatalogen einzelner Sammlungen (wozu ich auch gewisse Auktionskataloge zähle). Neben diese stellen sich Catalogue général, British Museum Catalogue und National Union Catalog sowie das ebenso bewundernswerte wie traurig stimmende Fragment des Preußischen (beziehungsweise Deutschen) Gesamtkataloges. Am wichtigsten hiervon sind die umfangreichen Bestandsverzeichnisse aus Paris, London und den USA, jedoch sind sie lediglich – das liegt in der jeweiligen Fremdnationalität unserer Literatur begründet – ein gutes, quantitativ aber keineswegs ausreichendes

[14] Ebd. S. 77–79.

Hilfsmittel[15]. Bei Attribuierungen und Lokalisierungen gehen sie nur selten über Holzmann/Bohatta und Weller hinaus.

3. Die weitaus umfangreichste Verzeichnung ergibt sich aus dem gegebenen Thesaurus der zahlreichen älteren, meist zeitgenössischen Werke: Messekataloge, Heinsius, Kayser und Gelehrtenlexika. Die Mehrzahl der hier vermittelten Einträge ist bibliographisch unzureichend; bei Verfasserattribuierungen, Datierungen und Lokalisierungen finden wir viel Hilfreiches, allzu häufig aber auch Irreführendes. Daß es heute kaufmännisch sinnvoll zu sein scheint, eine große Zahl der hier angesprochenen Werke in kompilierter Form – an der Stelle fehlender moderner Verzeichnung – erneut vorzulegen, verweist auf unsere bibliographische Notlage. (Um so betrüblicher ist die Beobachtung, daß die Fähigkeit zum Umgang mit Schere und Leim bei manchem Kompilator dieser Montage-Werke noch sehr viel Verbesserungsmöglichkeit ausweist[16].)

4. Als Letztes bleiben die zugänglichen, aber unveröffentlichten Kataloge der besitzenden Bibliotheken. Hierzu hieß es bereits im Jahre 1913: „...die Kataloge der Preußischen Bibliotheken [befinden sich] in einer besorgniserregenden Verfassung. Zum größten Teil bleiben sie weit hinter den Anforderun-

[15] Wolfgang Schibel (Zur Erschließung und Bereitstellung älterer Bücher. In: Bibliotheksdienst. 19, 1985, S. 368–382) hat bei einem Stichprobenvergleich zwischen dem Deutschen Gesamtkatalog einerseits und dem National Union Catalog (NUC) andererseits festgestellt, daß die Verzeichnung von selbständigen, vor 1800 erschienenen Veröffentlichungen bei letzterem „weit unter 50%" dessen liegt, was der GK ausweist (S. 371). – Franz Georg Kaltwasser berichtete, daß 40% der Altbestände der Bayerischen Staatsbibliothek (1501–1840) weder im British Museum Catalogue noch in NUC parallele Nachweise finden (Erschließung alter Buchbestände in Bibliotheken in der Bundesrepublik Deutschland. Trierer Referat vom 30. 5. 1985), in diesem Band S. 174.

[16] Sogar das von Bernhard Fabian selbst herausgegebene ‚Deutsche Biographische Archiv' (bearbeitet unter der Leitung von Willi Gorzny. München 1982ff.) weist ebenso gravierende wie vermeidbare Mängel an einfacher Sorgfalt auf:

Montage-Fehler: Johann Jakob Engel, dem Herausgeber des ‚Philosophen für die Welt' (hier wird er als „Aestherik." bezeichnet) mischte man einen Johann Jakob Christian Engel ein („Küchenmeister des Klosters Malchow"). – Übler erging es Friedrich v. Gentz: In die Einträge des Hamberger/Meusel eingeordnet ist der Artikel aus dem „Neuen Nekrolog der Deutschen"; die auf Selbstauskunft fußende Verzeichnung im Schmidt/Mehring (Neuestes gelehrtes Berlin) sucht man vergebens, denn diese Seiten haben ihren Platz – unauffindbar – inmitten der Collage zu Friedrich Gedike erhalten.

Unvollständigkeit: Den besten älteren Bericht über die Schriften von Christian Wilhelm v. Dohm enthält Strieders ‚Grundlage zu einer Hessischen Gelehrten und Schriftsteller Geschichte' und zwar in den Bänden 3 (Haupteintrag), 4, 6, 7, 9, 11, 14 u. 17. Enthalten sind nur der Artikel aus Bd 3 sowie die „Zusätze und Berichtigungen" aus Bd 14 u. 17; infolgedessen fehlt der Bericht über Dohms Veröffentlichungen aus den drei Jahrzehnten zwischen 1782 bis 1814.

Eindeutig handelt es sich hier nicht um wissenschaftliche Irrtümer, sondern um technische Produktionsmängel. Dies aber führt zu dem leidigen Problem, ob die Käufer dieses kostspieligen Werkes die fehlerhaften Teile als vertragsgemäße Lieferung zu akzeptieren haben. Dies wirft aber auch die grundsätzliche Frage auf, welche Erwartungen (auf wissenschaftsgemäße Funktionalität) an solche photoförmige Groß-Kompilationen gestellt werden dürfen.

gen zurück, die heute an sie gestellt werden müssen."[17] Daß sich seitdem die Lage – aufs Ganze gesehen – nur um Nuancen verbessert hat, wissen wir alle, denn unergänzte Einträge des Typus „Novum testamentum. sine loco, sine anno. 8°" gehören zu unserem Alltag. Mit Recht schreibt Bernhard Fabian 1983: „In den ‚alten' Universitätsbibliotheken stammen beide Katalogteile vielfach noch aus dem neunzehnten oder sogar achtzehnten Jahrhundert. Sie sind häufig nicht nur schwer lesbar, sondern aufgrund der damals geübten Katalogpraxis auch ungenau. Im gesamten historischen Bereich helfen solche Bibliothekskataloge nur begrenzt bei der Zuschreibung von Anonyma, bei der Identifizierung von Erstausgaben oder bei der Auflösung fingierter Druckorte."[18] Gerade der lässige Umgang mit Titeltext und Kollation ist allzuoft störend.

Diese vier Punkte ergeben ein ungutes Bild. Unsere Kenntnis der deutschen Gesamtliteratur des achtzehnten Jahrhunderts gewinnen wir im großen und ganzen aus veralteten Bücher- und Gelehrten-Lexika sowie aus veröffentlichten ausländischen Neukatalogisierungen. Unsere Kenntnis der uns erhaltenen Teile dieser Gesamtliteratur stützt sich auf weitgehend unzureichende und nicht allerorten zugängliche Alt-Katalogisate. Wir alle sind bei der ersten und dringendsten Aufgabe säumig geblieben, bei der wissenschaftsgemäßen Inventarisierung eines wesentlichen historischen Segmentes unserer Nationalkultur.

Die Lage, in der wir uns befinden, ist eigentümlich: Der Modernisierungswandel, in dem die deutsche Bibliothek seit zwanzig Jahren begriffen ist, scheint mir der tiefstgreifende in der deutschen Bibliotheksgeschichte zu sein – seit Gründung der Göttinger Universitätsbibliothek. Mit bewundernswerter Energie und Phantasie wurden – stets mit Blick auf die Benutzer-Interessen – Organisations- wie Technologie-Konzepte entwickelt und aufwendig realisiert; ganze RAK-Säcke voller Innovationen strukturieren die Neubestands-Kataloge. Freilich, mit bestimmten Problemlösungsversuchen, sollten sie sich durchsetzen, gerieten wir gleichwohl in eine unproduktive Schieflage: Auf der einen Seite will man sich hochtechnologischer Mittel bedienen und uns den Zugang zu den Altbeständen verbessern; auf der anderen Seite soll dabei die Menge der Alt-Katalogisate – vielleicht auf weitere hundert Jahre – festgeschrieben werden. Ich halte die Münchner und Göttinger Unternehmungen zur

[17] Denkschrift betreffend die Kataloge der Preußischen Bibliotheken und ihre Reform durch den Druck des Gesamtkataloges. Zitiert nach Fabian (wie Anm. 3) S. 45.

[18] Fabian (wie Anm. 3) S. 65f. – Erinnert sei hier auch nochmals an das Konstanzer Votum von Jochen Briegleb, in dem es schließlich heißt: „Selbst wenn in dem einen oder anderen Falle glänzende Gegenbeispiele anzuführen wären: ein allgemeiner Überblick führt unausweichlich zu dem Fazit, daß die derzeitige Katalogisierung der Altbestände nicht anders als vollkommen unzureichend genannt werden muß." (Die Katalogisierung alter Drucke in der Bundesrepublik. In: Gemeinsame Probleme von Staats- und Hochschulbibliotheken in Großbritannien und der Bundesrepublik Deutschland. Berlin 1981. S. 79. (dbi-Materialien. 10.)

Katalog-Transformation für Kompromisse, die in die falsche Richtung führen[19].

Mir scheint es dringend geboten zu sein, die Diskussion um ein geschlossenes und neu gearbeitetes Gesamtverzeichnis der deutschen Drucke des 18. Jahrhunderts nochmals aufzugreifen. Bei seiner Planung wäre es freilich untunlich, über Einsparung von Arbeitsaufwand die notwendige Wirkungskraft und Wirkungsdauer einer solchen Gesamtkatalogisierung zu schmälern. Der Gesamtkatalog wäre zudem ein wesentliches Mittel der Bestandserhaltung und -pflege. Gegenwärtig hat die Bibliothek kein unmittelbar leistungsfähiges Informationsinstrument, das ihr Auskunft über die Seltenheit oder Häufigkeit eines Druckes gibt. Dieser Mangel führt nicht nur zu Unsicherheiten in der konservatorischen Arbeit, sondern auch zu gravierenden Fehlern gegenüber dem Antiquariatsangebot. Der zu schaffende Gesamtkatalog erbrächte vor allem aber eine weitgreifend reformierende Kommunikationsbasis zuerst für die Zusammenarbeit der Bibliotheken, insbesondere jedoch für das Wechselverhältnis zwischen Bibliothek und Benutzer. Er böte ein wirkungsvolles Mittel, die zukünftige Entwicklung des Zusammenspiels zwischen Bibliothek und Benutzer – mit Rücksicht auf die praktischen Interessen beider – nachhaltig zu entproblematisieren.

Erlauben Sie mir bitte zum Abschluß noch einen Nachsatz zur gestrigen Sitzung dieser Sektion. Wir haben von Herrn Kaltwasser gehört[20], daß das ‚Verzeichnis der Drucke des 16. Jahrhunderts' voranschreitet und VD 17 wenigstens im Gespräch bleiben soll. Dann allerdings hieß es: „Vom 18. kann man wohl nur träumen." Dieses resignative Urteil vermag nicht ganz einzuleuchten, auch nicht bei Würdigung des zu erwartenden, notwendigen Aufwandes. Die Messekataloge 1701 bis 1800 verzeichnen 167026 einschlägige Titel[21]. Rechnen wir die Personal-, Amts- und sonstigen Kleinschriften hinzu, ebenso die Nachdrucke und die in Leipzig oft nicht angebotenen süddeutschen Publikationen, so dürfte die Annahme von fünf bis sechshunderttausend Katalogisaten eher zu hoch als zu niedrig ausfallen. Lese ich aber die ‚Deutsche Bibliotheksstatistik' richtig, dann wurden allein im Jahr 1983 von den bundesdeutschen wissenschaftlichen Bibliotheken 3,36 Millionen Bände neu katalogisiert[22]. Mir ist schon deutlich, daß dieser Vergleich etwas unfair erscheint,

[19] In der Diskussion dieses Referates stellte Franz Georg Kaltwasser fest, daß sich mein Urteil auf eine unbegründete Befürchtung stütze: Es bestehe sehr wohl die ernsthafte Absicht, mit der Zeit die computerisierten Alt-Katalogisate von München und Göttingen durch angemessene Neuaufnahmen zu ersetzen. Im angefügten Exkurs habe ich diesen Hinweis dankbar nutzen können.

[20] Im erwähnten Referat (wie Anm. 15).

[21] Errechnet aus: Gustav Schwetschke ([u.] Eduard Brinckmeier): Codex nundinarius Germaniae literatae ... Meß-Jahrbücher des Deutschen Buchhandels ... 2 Bde. Halle 1850–1877.

[22] Errechnet aus DBS 1983 (wie Anm. 6).

zumal es sich nach bibliothekarischer Rechenweise nicht nur um die Titelzahl, sondern um 300 ‚Mannjahre' zusätzlicher Arbeit handelt[23]. – Gleichwohl: Es kann nicht angehen, daß wir vor einem bibliothekarischen und wissenschaftlichen Desiderat dieser Dringlichkeit kleinmütig bleiben.

Exkurs
über eine mögliche Anlageform
des Gesamtkataloges deutscher Drucke des achtzehnten Jahrhunderts

I.

Die Gesamtkatalogisierung deutscher Drucke[24] des achtzehnten Jahrhunderts sollte zwei Ergebnisse zum Ziel haben:

1. die alphabetische Gesamtinventarisierung aufgrund der vorhandenen Katalogisate besitzender Bibliotheken und
2. die Neukatalogisierung der Bestände entsprechend einer wissenschaftsgemäßen Beschreibungsformalität.

Für beide Arbeitsebenen kommt als Speichermedium allein der Computer in Betracht. Aus arbeits- und benutzungspraktischen Gründen hat die Arbeit an der Inventarisierung Vorrang vor der Katalogisierung, freilich ohne daß letztere den Abschluß der ersten voraussetzt.

Die Inventarisierung[25] folgt den Ergebnissen und Erfahrungen, welche die Münchner und Göttinger Katalogtransformationen erbringen. Dabei wird es richtig sein, die Menge der hier unerfaßten Katalogisate anderer Bestände nicht über die Zentralkataloge, sondern direkt aus den Bibliothekskatalogen zu gewinnen[26]. Für die Vollständigkeit unerläßlich wäre auch die Bestandserfassung bisher dem Leihverkehr nicht angeschlossener (aber einschlägigen Buchbestand besitzender) Bibliotheken sowie endlich die Erschließung solcher Bestände, die bisher „allenfalls summarisch inventarisiert worden sind"[27].

[23] Diese Zahl ergibt sich, so man von der angenommenen Höchstzahl von 0,6 Mio. Katalogisaten ausgeht und zehn Aufnahmen als Mann-Tagesleistung erwartet.

[24] Gemeint ist damit die Gesamtmenge der erhaltenen, innerhalb des damaligen deutschen Sprachraums erschienenen selbständigen Drucke – unabhängig von der Sprache ihrer Texte. Auszuschließen sind die Zeitschriften, da deren Erfassung bereits die Zeitschriftendatenbank übernommen hat.

[25] Der Begriff ‚Inventarisierung' wird hier abweichend vom bibliothekarischen Gebrauch verwendet: Auf diesen Seiten wird damit die Erstellung einer bloßen Bestandsliste bezeichnet, bei der auf bibliographischen Komfort verzichtet ist.

[26] Günter Beyersdorff sieht in einer Zusammenführung künftiger Verbundkataloge die Problemlösung. (Überregionale Katalogunternehmungen. Trierer Referat vom 31. 5. 1985.) In diesem Band S. 260–273.

[27] Briegleb (wie Anm. 18) S. 79.

Der Umstand, daß die bisher gegebene Altbestandskatalogisierung sich weitgehend sehr einfacher Beschreibungsformen bediente, führt zu dem Vorteil, daß dementsprechend diese Inventarisierung den Charakter eines ‚Short title catalogue' erhielte. Zugleich aber führen die verbreiteten Unzulänglichkeiten der alten Kataloge dazu, daß eine ausreichende Unterscheidung von Drukken beziehungsweise Autoren allzu häufig nicht gewährleistet sein wird[28]. Dennoch würde diese provisorische Inventarisierung in Grenzen eine brauchbare Orientierung bieten, sowohl für Bestandspflege, Fernleihe und Erwerbung, als auch für die Forschung. Daneben bildete sie die Grundlage und den Bezugsrahmen für die revidierende Gesamtkatalogisierung.

Die autopsiegebundene Neukatalogisierung sollte von denselben Großbeständen ausgehen wie die Inventarisierung, also von München und Göttingen. Die Katalogisierungsarbeiten sämtlicher anderer Bibliotheken sind in der Form nachzuordnen, daß zunächst bestandsreiche und dazu leistungsfähige Bibliotheken ihren eigenen Bestand mit den gelieferten Neukatalogisaten autoptisch abgleichen und das variante oder bisher unverzeichnete Gut neu aufnehmen; erst hiernach beginnt die entsprechende Aufarbeitung in den bestandsärmeren, kleineren oder leistungsschwächeren Häusern.

Die Neukatalogisate ersetzen nicht die Kurzeinträge, sondern werden diesen angefügt; aufgrund der Neuaufnahmen werden jedoch die Kurzeinträge – wo notwendig – korrigiert. Eine solche doppelte Verbuchung empfiehlt sich insbesondere aus zwei Gründen:

1. Für eine Reihe von Benutzungsarten wäre es attraktiv, wenn die Datenausgabe auch in der Form des übersichtlichen und leicht zu benutzenden ‚Short title catalogue' erhältlich wäre.

2. Die Beschreibungsform für das ausführliche Neukatalogisat wäre von gewissen Nachteilen der RAK-WB freizuhalten, ohne daß auf die gegebenen und im Kurzeintrag greifenden Sortierprogramme verzichtet werden müßte[29].

Der vollständige Eintrag im Gesamtkatalog wäre vierteilig zu denken:

– Der (korrigierte) *Kurzeintrag*, der zugleich als Nennung im ‚Short title catalogue' dient.
– Der (autoptisch erstellte) *Haupteintrag*.
– *Banderschließung*.
– *Sacherschließung*.

Der *Kurzeintrag* besteht aus dem überprüften (beziehungsweise korrigierten) Altkatalogisat, den Siglen besitzender Bibliotheken sowie der GK-internen

[28] Abgesehen von den allzuoft ganz unterschiedlich ausgefallenen Verfasserattribuierungen, Lokalisierungen und Datierungen.

[29] Daß RAK-WB anfangs auch bei den Kurzaufnahmen zu einzelnen Schwierigkeiten führen dürfte, das ergibt sich z. B. aus Beobachtungen, die Schibel (wie Anm. 15) S. 375 mitteilt.

Kennung. Bei den Siglen könnte dasjenige Exemplar, das dem Haupteintrag zugrundegelegt ist, durch Nennung der Signatur hervorgehoben werden. Ob die Kennung als durchlaufender Numerus oder in einer anderen Form festzusetzen ist, kann hier offen bleiben. – Die Korrekturen des Altkatalogisates sollten sich auf Namensansetzung, Lokalisierung und Datierung beschränken. Ergänzung des Titeltextes bliebe dem Ausnahmefall vorbehalten; Kollations- und Formatangaben entfallen.

Über die im *Haupteintrag* einzuhaltende Beschreibungsform sollte ein möglichst einfaches Regelwerk bestimmen[30]. Wünschenswert sind dabei u.a. die folgenden Details:

– Titelblatt-Texte sind ausführlich und zeichengetreu zu geben, Kürzungen also auf ein notwendiges, definiertes Minimum zu beschränken. Transliterierung fremdalphabetischer Texte (z.B. Griechisch oder Hebräisch) sollte als Hinzufügung, nicht aber als Ersatz für die Originalzeichenfolge gegeben werden[31].

– Namen werden zur Vollständigkeit ergänzt, und zwar ebenso Vor- wie Adelsnamen.

– Kollationen werden vorlagengemäß gegeben, unpaginierte Teile sind aufzuführen. Graphische Beigaben sind gesondert zu nennen, getrennt gezählt nach solchen innerhalb und außerhalb der Paginierung (beziehungsweise Foliierung).

– Titelauflagen, Doppeldrucke etc. werden – soweit bekannt – gekennzeichnet.

– Bedruckte Umschläge sind auszuweisen.

– Formatangaben werden nach Bogenfaltung und nicht als Größenbezeichnung genannt.

Die *Banderschließung* gibt Auskunft über wesentliche inhaltliche Bestandteile des Buches, die der Titelblatt-Text nicht (oder nicht ausreichend) beschreibt. Hierzu zählen hauptsächlich:

– in sich abgeschlossene Texte fremder Autoren (z.B. Einleitungen, gesonderte Beiträge, Herausgeber-Berichte)[32]

– Akten-Anhänge oder vergleichbare Dokumentationen sowie

[30] Den großen Vorteil für die getrennte Gesamtkatalogisierung der Bestände des 16., 17. und 18. Jahrhunderts sehe ich vor allem darin, daß für alle drei Verzeichnungen gesonderte, d.h. jeweils von der Formgeschichte des Buches unterschiedlich gebotene Beschreibungsmodi angewandt werden können. Mit Sicherheit wird deshalb ein für das 18. Jahrhundert zu beschließendes Regelwerk einfacher ausfallen als entsprechende Festlegungen zu den beiden anderen Jahrhunderten.

[31] Dieser Wunsch ist freilich zur Zeit nur dann erfüllbar, wenn die Datenausgabe über einen Satzrechner erfolgt.

[32] Hierzu zählen nicht die Einzelbeiträge zu Anthologien, Almanachen oder Briefsammlungen.

– Namen von Illustratoren (Zeichner und Stecher beziehungsweise Radierer).

Der verhältnismäßig große Arbeitsaufwand für die autoptische Katalogisierung legt es nahe, in diesen die *Sacherschließung* mit einzubeziehen. Ob und welche bibliothekarischen Regelwerke hier günstig anwendbar sind, steht außerhalb meiner Erfahrung.

II

Zur Anlageform eines Gesamtkataloges deutscher Drucke des achtzehnten Jahrhunderts gehört nicht nur die Gestalt des gewünschten Produktes, sondern auch die Organisation seiner Erstellung. Vorschläge hierzu stehen zwar grundsätzlich außerhalb der Kompetenz eines Nichtbibliothekars, dennoch ist vielleicht die Äußerung einzelner Einfälle erlaubt.

Die historische Druck- und Literaturerschließung für das deutsche achtzehnte Jahrhundert stand bisher nicht im Mittelpunkt eines kontinuierlichen und breiten Forschungsinteresses; ihre Ergebnisse – abgesehen von denen der Literaturwissenschaft – lassen sich nicht mit unseren Kenntnissen vom 15. und von der ersten Hälfte des 16. Jahrhunderts[33] vergleichen. Dieses Defizit bildet eine wesentliche Arbeitsbedingung für den gewünschten Gesamtkatalog. Also ist es geboten, möglichst zuverlässig die vorhandenen, aber weit verstreuten Nachrichten und Erkenntnisse verfügbar zu haben. Es empfiehlt sich daher die Einrichtung einer zentralen Arbeits- und Auskunftsstelle[34], die selber über breite Recherchier-Möglichkeiten verfügt[35] und zugleich gute Kontakte zu befragbaren Forschungs- und Editionsunternehmen aufbaut und nutzt. Diese Arbeitsstelle wäre überdies in der Lage, ein zentrales Archiv eigener Art aufzubauen und zu pflegen, um einen besonderen Übelstand zu mindern: Überall in der wissenschaftlichen Literatur gilt die selbstverständliche Pflicht, ein Urteil zu begründen und die Mitteilung eines Faktums überprüfbar zu machen. Nicht so in unseren Bibliographien! Fast überall finden wir Verfasserzuweisungen, Datierungen und ermittelte Druckort- oder Druckerangaben ohne irgendeinen Hinweis auf Gründe oder Quellen. Das ist zwar ein alter,

[33] So konnte VD 16 sich nicht nur auf eine dichte, bibliographisch gut erschlossene Forschungsliteratur stützen, sondern überdies auch auf die Dokumentation des Forschungsertrages von Josef Benzing.

[34] Vielleicht in Zusammenarbeit mit der ‚Deutschen Gesellschaft für die Erforschung des achtzehnten Jahrhunderts' (Wolfenbüttel).

[35] So sollte sie am Ort einer Bibliothek angesiedelt sein, in der möglichst viele der zeitgenössischen Rezensionszeitschriften greifbar sind (also z.B. in Göttingen). Gerade in diesen Periodika finden sich überraschend oft zuverlässige Hinweise auf Verfasser, Erscheinungsorte und -jahre, die bibliographisch bislang nicht ausgewertet sind.

dennoch aber kein guter Brauch[36]. Die vorgeschlagene Arbeitsstelle wäre der gegebene Ort, für alle im GK 18 vorgenommenen bibliographischen Ergänzungen die Begründungsprotokolle[37] einzufordern und zu archivieren. Der bibliographische und wissenschaftliche Nutzen dieser Einrichtung wäre außerordentlich.

Ein anderes sachliches Problem, dessen organisatorische Lösung in weiter Ferne wünschbar wäre, ergibt sich aus der geographischen Inkongruenz zwischen dem Gebiet der Bundesrepublik und dem deutschsprachigen Raum des 18. Jahrhunderts. Die Erfahrung lehrt, daß damals – bis weit in die zweite Jahrhunderthälfte – die überregionale Literaturdistribution weitaus begrenzter war, als dies verbreiteten Vorstellungen entspricht. Damit stellt sich die Frage, ob ein bundesdeutscher Gesamtkatalog in der Lage sein wird, die regionalen Literaturproduktionen aus den Gebieten der heutigen DDR und der Schweiz sowie aus Österreich und Schlesien ausreichend nachzuweisen[38]. Sollte einmal die großräumige Lösung des Problems realisierbar sein, dann liegt auch der Gedanke nahe, daß die Federführung für das langwierige und ohnehin sehr stark von Drittmitteln abhängige Projekt bei einer der großen Akademien liegen könnte. – Immerhin, so weit über das Naheliegende hinaus zu ‚träumen', mag unvernünftig sein. Schon ein unschätzbarer Fortschritt für Bibliothek und Benutzer wäre es, wenn wir die Aufarbeitung unserer Inlandbestände ins Werk setzen könnten.

[36] Rühmliche Ausnahme bildet z. B. der ‚Gesamtkatalog der Wiegendrucke', der Druckerzuweisungen stets und Datierungen öfters begründet.

[37] Diese könnten sehr wohl in zeit- und platzsparender Formalisiertheit abzufassen sein.

[38] Auch der Alsatica-Bestand von Freiburg und Karlsruhe zeigt erhebliche Lücken.

FREDERICK WILLIAM RATCLIFFE

Retrospective Conversion: a Progress Report from the United Kingdom

Das Wachstum neuer Technologien in der Nachkriegszeit muß zu den wichtigsten Revolutionen der Wissenschaft seit der Erfindung der Buchdrukkerkunst gezählt werden. Der alte Lebensstil während dieser Zeit wurde drastisch verändert, und trotzdem, nach Meinung der Jugend ist das Zeitalter vor dem Computer und Video mit der Steinzeit zu vergleichen. Die neuen Medien von gestern werden schon bald technisch veraltet sein; so schnell ist der Fortschritt der heutigen Wissenschaft.

Für die Bibliothekswissenschaft bedeuten die neuen Technologien eine Sonderrevolution. Die alten, konventionellen Bibliotheken zeigen noch Spuren des Mittelalters in ihrem Tagesablauf. Durch ihre Größe und ihren Reichtum sind sie bisher für Beispiele von Tüchtigkeit, Modelle der idealen Universitätsbibliothek, gehalten worden. Jetzt muß es anders werden. Das moderne Leben stellt Anforderungen an die Bibliotheken, die nur mit drastischen Verbesserungen der Dienstleistungen zu bewältigen sind. Die ungeheueren Bestände der alten Bibliotheken, oft in großen, alten Gebäuden untergebracht, bedeuten auch große Probleme vom Standpunkt der Automatisierung aus. Die Probleme, mit denen sich wissenschaftliche Bibliotheken im Vereinigten Königreich konfrontiert sehen, sind den Ihrigen in Deutschland sehr ähnlich, und in diesem Bericht möchte ich kurz auf gegenwärtige Entwicklungen in britischen Bibliotheken hinweisen.

Die Zeit, in der man Mikroformen und Photokopien als neue Medien betrachtete, ist schon lange vorbei. In der Tat ist ihr Einfluß auf das Buch als Informationsmittel kaum von Bedeutung. Im Gegenteil, sie haben das traditionelle Medium Buch verstärkt und gefördert. Erst bei der Einführung des COM-Katalogs haben Mikroformen, insbesondere Mikrofiches, im Sinne der neuen Technologien wie diese jetzt von Bibliothekaren verstanden werden, Einzug in die Bibliotheken gehalten. Trotzdem sind sie für viele Bibliotheken, ganz sicher für die Universitätsbibliothek Cambridge, bloß Hilfsmittel, eine Zwischenstufe beim Einsatz der EDV, bis ein Online-Katalog zur Verfügung steht. Man sollte auch nicht vergessen, daß Mikroformen bei den Benutzern sehr unbeliebt sind, und nach unserer Erfahrung bildet der COM-Katalog dabei keine Ausnahme. Dagegen ist der Online-Katalog eine ganz andere Sache. Schon bald nach seiner

Einführung in der Universitätsbibliothek Cambridge wurde er von den Benutzern angenommen. Die Anwendung von COM kann von daher nur als Übergangslösung angesehen werden, und wenn Bibliothekare glauben, daß ein Online-Katalog ein zu teurer Luxus ist, sind die schnell steigenden Kosten der regelmäßigen Nachträge des COM-Katalogs auch zu berücksichtigen. In großen Bibliotheken, die keinem Bibliotheksverbund angehören, ist das augenblicklich sehr teuer. Ein Hauptargument für die Einführung der EDV war aber die versprochene Kostensenkung. Auf irgendeine Weise sind die Kosten der neuen Technologie leider immer noch sehr hoch, früher für Hardware, jetzt für Software und darin liegt ein scheinbar unlösbares Problem für Bibliothekare.

Die Lage im United Kingdom weicht von derjenigen des europäischen Festlandes in zweierlei Hinsicht ab. Erstens muß man immer den amerikanischen Einfluß auf die britische Bibliothekswissenschaft bedenken: es gibt dabei Nachteile sowohl wie Vorteile. Obschon unsere ältesten Bibliotheken, z. B. Cambridge, Oxford, die alten schottischen Universitätsbibliotheken zur europäischen Tradition gehören, ist es im Bibliothekswesen fast unmöglich, etwas zu planen, ohne amerikanische Erfahrungen zu berücksichtigen. Ich möchte nur die großen Schwierigkeiten erwähnen, die wir in den Forschungsbibliotheken bei der Einführung der neuen Katalogisierungsregeln, AACR[1], gehabt haben. Vor dem Volksbibliothekengesetz von 1851 gab es fast keine Unterschiede zwischen britischen und andern europäischen Bibliotheken.

Zweitens muß man die noch junge British Library (BL) in Betracht ziehen. Ihre Gründung 1973 fiel mit der Einführung der neuen Technologien in den Bibliotheken zusammen. Die neue Nationalbibliothek füllte ein echtes Bibliotheksvakuum. Sie übernahm die Führung in der Bibliothekswissenschaft in England. Mehr noch als ihre Vorgängerin, die British Museum Bibliothek, wurde sie von Anfang an als eine Bibliothek ersten Ranges, ohne Vergleich in dem Vereinigten Königreich, geschaffen, um ein Mittelpunkt für die Bibliothekswissenschaft zu werden. Zu diesem Zweck wurde sie reichlich unterstützt und gefördert. Sie unterscheidet sich von der British Museum Bibliothek (BM) darin, daß sie die Interessen der Volksbibliotheken ebenso wie die der wissenschaftlichen Bibliotheken vertritt. Deshalb rechnen alle Bibliotheken in bezug auf die Anwendung der neuen Technologien auf die BL. Die British Museum Bibliothek war eine rein wissenschaftliche Bibliothek mit rein akademischen Interessen. Die BL ist für alle Arten von Bibliotheken da, à la Library of Congress, dabei tauchen aber ganz neue Probleme für die Universitätsbibliotheken auf.

[1] Anglo-American Cataloguing Rules. Ed. by M. Gorman and P. W. Winkler. 2nd ed. London 1978.

Die zahlreichen Beiträge der BL zum Einsatz der EDV sind wohl bekannt. Viele britische Bibliotheken benützen das verfügbare Titelmaterial der BL bei der Katalogisierung ihrer laufenden Erwerbungen durch eine BLAISE[2] Online-Verbindung oder durch Magnetbänder. Im großen und ganzen geht diese Zentralkatalogisierung ziemlich gut, obgleich, setzt man alles auf eine Karte, läuft man große Gefahr, alles zu verlieren. Zum Beispiel, als die Schreibkräfte der BL vor vier Jahren in den Streik traten, litten alle Benutzer ihres Katalogisierungssystems darunter. In diesem Fall waren die Streikenden Staatsbeamte, und der Streik hatte gar nichts mit Bibliotheken zu tun.

Hinsichtlich der EDV für die neue Katalogisierung von Altbeständen warten viele Bibliotheken auf die retrospektive Umstellung der großen Datenmengen in dem gedruckten Gesamtkatalog, dem sogenannten GK3. Die Altbestände der BL sind äußerst bedeutsam, und dieser Katalog umfaßt ungefähr zehn Millionen Titel für den Zeitraum 1501 bis 1975. Die BL beabsichtigt, diesen GK3 durch ein optisches Leseverfahren in eine maschinenlesbare Form zu bringen, wofür sie bis jetzt das Grafixsystem benutzt. Auf einer SCONUL-Konferenz 1980 verkündete D. W. G. Clements[3], daß die Umstellung im Jahre 1985 hoffentlich vollendet wäre. Solche schriftliche Versprechungen sind nicht immer klug, denn vorläufig hat die BL wirklich keine Ahnung, wann die Arbeit zu Ende sein wird, außer daß das Ende noch weit in der Ferne liegt. Bei derselben Konferenz meinte ein zweiter Redner[4] von der BL, daß selbst nach erfolgreicher Umstellung durch ein optisches Leseverfahren das ganze Projekt in unserem Arbeitsleben kaum fertig werden würde. Auf jeden Fall wurde dies als schlimme Nachricht für jene Bibliotheken angesehen, die die Gelegenheit versäumt haben, sich einen Bibliotheksverbund für ihre retrospektive Katalogisierung zunutze zu machen oder sich einer solchen bibliographischen Datenbank, wie derjenigen des Online Computer Library Center, anzuschließen[5].

[2] BLAISE: British Library Automated Information Service.
BLAISE-LINE: Name der BLAISE Online-Verbindung.
ESTC: Eighteenth Century Short-Title Catalogue.
ISTC: Incunable Short-Titel Catalogue.

[3] D. W. G. Clements: Conversion of the General Catalogue of Printed Books to Machine-Readable Form. In: Papers from the Seminar on the Conversion of GK3. London 1979, S. 5. Vgl. auch Clements: Conversion of the General Catalogue of Printed Books to Machine-Readable Form. In: Journal of Librarianship, 15. 1983, S. 206–213.

[4] R. A. Christophers: Records and the bibliographical standards. In: Papers from the Seminar on the Conversion of GK3. London 1979, S. 6–9.

[5] Kurz nach dem Ende des 75. Deutschen Bibliothekartages hat das Sonntagsblatt „The Observer" einen Artikel über die Zukunft des GK3 veröffentlicht. Die Umstellung des GK3 soll jetzt von der amerikanischen Corrolton Press im Jahre 1991 vollendet sein. Nach der Zeitung hat die BL schon mindestens 2 Millionen Pfund für die Umstellung ausgegeben. Das Corrolton-Projekt wird noch 3,2 Millionen Pfund kosten. Dieser Kostenaufwand wird von dem BL-Personal heftig kritisiert.

Wenn die Umstellung des GK3 der größte und wichtigste Beitrag der BL zur EDV-gerechten Katalogisierung von Altbeständen ist, so ist es nicht der einzige. Das ESTC[2] Projekt ist sehr wohl bekannt und bereits weit vorgeschritten. Diese erfolgreiche Unternehmung hat eine bahnbrechende Technik erfunden, die auch für die GK3 Umstellung höchst bedeutend sein dürfte. Die Mikroficheausgabe ist seit 1983 verfügbar, und die immer größer werdende Datenbank wird auch durch BLAISE-LINE[2] online zugänglich gemacht. Als Ausschußmitglied vom Anfang des Projekts im Jahre 1976 an darf ich offen gestehen, daß die Zeitdauer und die Kosten ganz unterschätzt und die Titelmenge bedeutend übertrieben wurden. Man mag trotzdem mit dem Herausgeber[6] übereinstimmen, als er die Vorteile der ESTC maschinenlesbaren Bibliographie folgendermaßen beschrieb: „Computerised data open a window on the past which traditional research tools have never provided." Bei der Schaffung des maschinenlesbaren ESTC wird es ganz klar, daß die Verarbeitung der bibliographischen Daten auf einem Rechner nicht nur umfangreiche Programme und einen bisher in Bibliotheken unerhörten organisatorischen Aufwand, sondern auch eine Kreuzung von Bibliothekar und Computerwissenschaftler erfordert. Diese Entwicklung wird von weitreichender Bedeutung für den Bibliothekarsberuf sein.

Nach dem technischen Erfolg des ESTC versucht die BL etwas ähnliches für Inkunabeln zu schaffen, und zwar der ISTC[2]. Da die Inkunabelkunde durch den *Gesamtkatalog der Wiegendrucke, The Catalogue of Books printed in the XVth Century now in the British Museum* und Goff's *Third Census of Incunabula in American Libraries* weit vorgeschritten ist, beinhaltet der ISTC Dinge, die im allgemeinen wohl bekannt sind. Er zeigt aber, wie wichtig und hilfreich die Vielseitigkeit der Online-Bibliographie für die Gelehrten ist. Der Sachkatalog wird heute immer wichtiger, und bei der neuen Katalogisierung von Altbeständen kann er ziemlich leicht erstellt werden. Dabei können Nebeneintragungen unter dem Sachtitel fast automatisch gemacht werden. Es mag wohl sein, daß der Einsatz der EDV in großen Bibliotheken am lohnendsten für die Sachkatalogisierung ist.

Beide BL-Projekte beschränken sich nicht auf die BL-Bestände. Von Anfang an war ihr Ziel, eine STC im Sinn von Pollard und Redgrave[7] zu erhalten und dabei neue Technologien zu benutzen. Es war nicht geplant und sicher nicht vorauszusehen, daß diese zwei Projekte als Teile der retrospektiven Katalogisierung von Altbeständen angesehen werden würden; sonst müßten sie anders

[6] R. C. Alston: Searching ESTC on BLAISE-LINE. A brief guide. In: Factotum, Occasional Paper No. 1, 1982, S. 5.

[7] A. W. Pollard and G. R. Redgrave: A short-title Catalogue of Books printed in England, Scotland and Ireland and of English-Books printed abroad, 1475–1640. London 1926.

geplant worden sein. Als Teile eines Automatisierunggesamtplanes wurden sie nicht eingeführt, denn sie bieten Maßstäbe dar, die bei der Umstellung des GK3 gar nicht praktisch sind. Die maschinenlesbare Form des GK3, wenn verfügbar, wird nicht nach den AACR neukatalogisiert worden sein. Sie bleibt in GK3 Form, und MARC Sachfelder werden eventuell beigefügt. Da der ESTC die AACR erfolgreich verwendet hat, kann er auf paradoxe Weise sogleich bei der EDV des GK3 benutzt werden.

Die Erstellung der maschinenlesbaren Daten ist der mühsamste und teuerste Arbeitsgang. Die Bibliothekare haben längst verstanden, daß es sich lohnt, wenn mehrere Bibliotheken ihre Altbestände in der gleichen Weise erfassen und gemeinsame maschinenlesbare Kataloge zu ermöglichen versuchen. In dem UK, um Kosten zu sparen, wurden frühzeitig vier regionale Verbünde, jetzt Online-Verbünde, mehrerer Bibliotheken geschaffen, nämlich BLCMP Ltd., LASER, SCOLCAP und SWALCAP[8]. Außer bei dem schottischen SCOLCAP schlossen sich keine großen Universitätsbibliotheken diesen Verbünden an. 1980 bildeten die vier Verbünde samt der BL die Co-operative Automation Group, CAG. Unter verschiedenen anderen war auch ein Ziel die Schaffung einer nationalen Datenbank, aber diese schlug fehl, da die größten Universitätsbibliotheken dazu keinen Beitrag leisten konnten. Zu dieser Zeit wurde ein neuer Verbund geboren, das Consortium of University Research Libraries, CURL[8], dem die sieben größten Universitätsbibliotheken im UK beitraten, nämlich Cambridge, Edinburgh, Glasgow, Leeds, London, Manchester und Oxford. Die Bestände dieser Bibliotheken belaufen sich auf mehr als zwanzig Millionen Bände; auch wenn viele Duplikate dabei sind, besitzen diese Bibliotheken viele Titel, die weder in der BL noch in den CAG Bibliotheken zu entdecken sind. Die Bibliotheken zu Cambridge und Oxford sind Copyright Deposit Libraries – Pflichtexemplarbibliotheken –, die zusammen mindestens zehn Millionen Bände besitzen.

Die Größe dieser sieben Bibliotheken, von denen fünf schon ihre laufenden Erwerbungen in maschinenlesbare Form gebracht haben, deutet unverkennbar darauf hin, daß die Schaffung einer zentralen CURL-Datenbank für die Altbestände unmöglich sein wird. Die Entwicklungskosten wären unerschwinglich. Stattdessen entschlossen sie sich, ihre vorhandenen Kataloge durch Online-Zugriff verfügbar zu machen und so der Verarbeitung der bibliographischen

[8] BLCMP. (Library Services) Ltd., formerly Birmingham Libraries Co-operative Mechanisation Project.
LASER: London and South-Eastern Library Region.
SCOLCAP: Scottish Libraries Co-operative Automation Project.
SWALCAP: South-West Academic Libraries Co-operative Automation Project.
CAG: Co-operative Automation Group.
CURL: Consortium of University Research Libraries.

Daten auf einem Rechner zu entgehen. Glücklicherweise ist es jetzt möglich durch das Joint Academic Network, JANET, alle Universitäten im U.K. in Online-Verbindung miteinander zu bringen. Bei dieser neuen Entwicklung sind die Möglichkeiten für die Bibliotheken sehr groß, und unser Online-Katalog in Cambridge kann schon von den andern CURL-Bibliotheken benutzt werden.

Wenn die Entscheidung, auf eine zentrale Datenbank zu verzichten, in der Tat unvermeidlich war, so war sie nicht nur negativ. CURL wurde begründet, um Kooperation zwischen den sieben größten Universitätsbibliotheken im allgemeinen, nicht nur bei der Automatisierung, zu fördern. Sie hofften dabei, gemeinsame Probleme zu besprechen und zu lösen und ihre Bibliothekserfahrungen zu teilen. Sie erkannten, daß, wenn auch das Ideal der selbstgenügsamen Universitätsbibliothek schon lange vorbei ist, die Bibliotheken des Consortiums noch etwas wirklich Bedeutendes zusammen anbieten könnten. Alle sieben benutzen EDV, um spezifische Probleme zu lösen, z. B. in der Ausleihe, Katalogisierung, Erwerbung und bei der Literatursuche. Nur Manchester und Oxford setzen EDV für die Katalogisierung der laufenden Neuerwerbungen noch nicht ein. Der Online-Katalog der Universitätsbibliothek Cambridge enthält ihre post-1978 veröffentlichten Erwerbungen, etwa 300 000 Titel, und noch dazu, ungefähr 85 000 Titel des Universitätszeitschriftenkatalogs.

Die Katalogregeln wurden frühzeitig im CURL erörtert. Die AACR wurden von den Bibliotheken eingeführt, um Arbeit und Kosten zu sparen, aber dabei müssen vorhandene Kataloge verändert oder abgebrochen werden, und die Leser müssen sich an ein neues System gewöhnen. Jede Bibliothek in CURL hat schon mehrere Kataloge. In Cambridge war der COM-Katalog der vierte, wenn man Sonderkataloge außer acht läßt, und zwar wurde er nach AACR katalogisiert. Bei seiner Einführung wurde er von den Benutzern stark abgelehnt. Der neue Online-Katalog enthält dieselben Titel, die sich in dem COM-Katalog befinden, nur in verkürzter Form. Er ist sicherlich viel leichter zu benutzen. Jetzt hoffen die Leser, daß die drei Vorgänger des COM-Katalogs auch im Online-Katalog erscheinen werden. Für eine solche Umstellung sind Kosten von mindestens sechzehn Millionen Mark zu berechnen, ohne diese Altbestände nach AARC aufs neue zu katalogisieren. Seit 1978 hat die Universitätsbibliothek Cambridge ungefähr drei Millionen Mark ausgegeben, um die jetzigen Kataloge zu schaffen. Echte Kostensenkungen sind schwierig anzuzeigen: sie bleiben immer versteckt.

Es ist zu bemerken, daß beim Einsatz der EDV die Benutzer nur beiläufig erwähnt werden. Im CURL berücksichtigten wir die Bedürfnisse der Leser, die gewöhnlich alle Arten traditioneller Kataloge ohne weiteres benutzen können. In der Tat sind sie Sachkenner und Bibliographen, die häufig die Standardbibliographien für ihr Fach beherrschen. Sie kümmern sich um keine Katalogisierungsregeln und wollen nur das Buch in der Hand haben. Bald werden die Leser im CURL durch Online-Fernverbindung Titel im Cambridge-Katalog nachschlagen können. Wir erwarten keine Probleme dabei, selbst wenn ihre eigenen Kataloge dem unsrigen ganz unähnlich sind.

Die Leser werden die Kataloge anderer Bibliotheken meistens durchsehen, um gewisse Titel oder Verfasser herauszufinden. Bei uns können sie auch einzelne Fachgebiete im Sachkatalog erforschen. Die EDV eröffnet verschiedene Perspektiven für die Leser. Der Bibliothekar nutzt die Kataloge für andere Ziele. Er möchte Doppelarbeit einsparen, die Leistungen anderer Bibliotheken für die eigene Katalogisierung ausnutzen, das ‚Down-loading' von Information. Nach unserer Erfahrung ist es aber so, daß diese Informationen immer irgendwie ergänzt werden müssen, wenn auch nur, um dem Buch seinen Standort im richtigen Regal zu geben. CURL hat sich entschlossen, daß es unnötig für die sieben Bibliotheken ist, denselben Katalogisierungsregeln zu folgen, daß sie nur die Katalogisierungsinformation brauchen. Dieser Entschluß ist natürlich von höchster Bedeutung beim Einsatz der EDV in der retrospektiven Katalogisierung.

Es wurde oben erwähnt, daß die maschinenlesbare Form des GK3 die alte Katalogisierung beibehalten wird, daß die BL MARC zu gleicher Zeit dabei nicht eingeführt werden konnte. Die Bodleian-Bibliothek zu Oxford hat die EDV für laufende Erwerbungen nicht eingesetzt, aber sie hat die Umstellung ihres sogenannten Vor-1920-Katalogs in maschinenlesbare Form fast vollendet. Dieser Katalog enthält über eine Million Titel, und obwohl er keine neuen Katalogisierungsregeln oder Fachfelder bietet, könnte er für CURL äußerst wichtig sein. Es wäre ein Unsinn in dieser Zeit, diesen großen Bestand aufs neue zu katalogisieren. CURL zweifelt nicht daran, daß die Informationen, die in diesem Katalog schon zur Verfügung stehen, viel wichtiger als das Format sind und bei irgendeinem Kostenvergleich viel billiger zu erwerben sein werden. Jetzt wird Geld von einer Privatstiftung gesucht, um diesen maschinenlesbaren Katalog in den anderen Bibliotheken zu Oxford verfügbar und, hoffentlich, dem CURL bei seiner retrospektiven Katalogisierung zugänglich zu machen. Noch dazu hat die Universitätsbibliothek Cambridge versprochen, die schnell anwachsenden Dateien in ihrem Online-Katalog auch in Magnetbändern vorzusehen, um Offline- sowohl wie Online-Zugriff zu haben und den Datenaustausch zwischen den CURL-Bibliotheken zu vereinfachen. Vorläufig kann jede Fach-, College- und Institutsbibliothek in Cambridge in Online-Verbindung mit der Universitätsbibliothek gebracht werden. Es gibt ungefähr achtzig solche Bibliotheken, unter denen sich einige große und berühmte befinden. Sie können nicht nur im Online-Katalog nachschlagen, sondern auch ihre Neuerwerbungen zuspielen, dabei ihren eigenen Seminarkatalog schaffen und einen echten

Universitätskatalog, einen ‚Union Catalogue' in der einen Datenbank vorsehen. Hoffentlich werden sie auch einen Beitrag zur Katalogisierung der Altbestände der Universitätsbibliothek leisten.

Die Ausnutzung von Fremdleistungen ist auch nicht kostenlos, und es könnte wohl sein, daß unter gewissen Umständen die eigene Titelerfassung die preiswertere Lösung bei der retrospektiven Katalogisierung ist. Das Durchsuchen eines großen Katalogs lohnt sich nur, wenn die Erfolgsquote des Auffindens (oder „Hits") hoch ist. Dies stimmt ebenso beim Benutzen des CURL-Katalogs wie bei denjenigen in anderen Verbünden. Der Unterschied im CURL, was sicher nicht übertrieben ist, liegt in der Größe ihrer Bestände, die das Alter dieser Bibliotheken widerspiegelt. Die Bibliotheken von Cambridge und Oxford haben viel Gemeinsames, und ohne allen Zweifel gibt es auch viele Duplikate in ihren Altbeständen. Es sind 1028 Folianten in dem alten gedruckten Hauptkatalog (dem Guard Book catalogue) in Cambridge. Wieviele Duplikate darin sind, kann man nur durch Vergleich ihrer zwei Kataloge feststellen, aber eine solche Abgleichung nimmt viel Zeit in Anspruch. Es wäre sicher viel leichter und auch billiger, wenn das optische Leseverfahren vervollkommnet werden könnte, um den ganzen Katalog von Anfang bis Ende lesen zu können.

Es sind deshalb zwei Probleme – wenn man an das nötige Geld nicht denkt –, die CURL lösen muß, wenn seine Altbestände in maschinenlesbarer Form erscheinen sollen. Das erste, wie eben erwähnt, ist, wie der Oxford-Katalog, wenn er verfügbar ist, von den andern benutzt werden kann. Das zweite ist die Zwischenzeit von 1920 bis 1978, wofür keine Bibliothek im CURL ihre Titel in maschinenlesbarer Form hat. Hier ist zu bemerken, daß jede Bibliothek im CURL auch ihre eigenen Pläne für retrospektive Katalogisierung geschmiedet hat. Glasgow[9] hat Versuche mit optischen Leseverfahren gemacht und hat eine Kurzweil Data Entry Maschine, KDEM, dabei gebraucht. Die Ergebnisse zeigen, daß, obwohl viele Korrekturen dabei notwendig waren, diese Methode gute Möglichkeiten bietet und erfolgreich sein könnte. Sie ist etwas langsam, hat aber den wichtigen Vorteil, daß die Maschinenkosten nicht hoch sind. Wie gewöhnlich kommt viel auf die Effektivität des vorhandenen Personals an. In Cambridge wurde die KDEM bei der Umstellung des Zeitschriftenkatalogs in maschinenlesbare Form angewandt. Die Cambridge-Erfahrung stimmt mit den Ergebnissen des Glasgower experimentellen Versuchs überein. Als ein Weg zu maschinenlesbarer Form ist die KDEM nicht zu vernachlässigen.

Die Universitätsbibliothek Edinburgh bedient sich der OCLC- und ReMARC-Systeme und kauft sich die Informationen ein, wenn sie gebraucht werden. Beide Systeme sind bei der retrospektiven Katalogisierung in einer

[9] R. J. Diamond: Recon via KDEM at Glasgow University. In: Vine, October 1982, S. 17–22.

großen Bibliothek sehr teuer. Edinburgh nimmt an, daß nur ein Teil seiner Bedürfnisse auf diese Weise befriedigt werden kann. Dazu kommen noch Urheberrechtsfragen. Bei einer solchen Umstellung der Altbestände kann keine zusammenhängende Titelaufnahme erfolgen, da jeder Titel gekauft wird, wenn er gebraucht wird, d.h. in der Regel bei seiner Erwerbung. Dieses Verfahren hat den Vorteil, daß viel verlangte Bücher früh ins System kommen.

Auf ähnliche Weise wird die Frage in Cambridge gestellt, ob das elektronische Ausleihsystem, das erst im September dieses Jahres eingeführt wird, zu diesem Zweck benutzt werden könnte. Die Ausleihfrequenz ist erheblich, wenn man dem Prinzip des viel verlangten Buches folgt. Aber die Nachteile sind auch nicht zu übersehen. Vom Standpunkt der Leser aus wäre es sicher viel besser, wenn der alte Katalog konvertiert werden könnte oder abgebrochen würde und die neuen Titel, die nach einem bestimmten Stichjahr veröffentlicht wurden, in maschinenlesbare Form gebracht werden könnten. Wie können die Benutzer sonst wissen, in welchem Katalog die gewünschten Titel aufzufinden sind? Eine teilweise Umstellung von Altbeständen, wenn nicht deutlich begrenzt, macht große Schwierigkeiten für unsere Leser, die dann immer verschiedene Kataloge nachschlagen müssen.

Es ist kein Zufall, daß der maschinenlesbare Oxford-Katalog der vorgeschlagenen Umstellung des GK3 in vielerlei Hinsicht ähnlich ist. Der vor kurzem verstorbene Bibliothekar von der Bodleian-Bibliothek, J. W. Jolliffe, arbeitete bis 1970 in der alten BM-Bibliothek, und danach, zwölf Jahre lang bis 1982, war er Kurator des Katalogs in der Bodleian. Er war auch als beratender Fachgelehrter bei der Planung der Umstellung von GK3 tätig.

Selbstverständlich zeigt die BL großes Interesse an den Tätigkeiten des CURL, insbesondere an seiner retrospektiven Katalogisierung. Der Director-General der Reference Division wird jetzt regelmäßig zu den CURL-Sitzungen eingeladen. Wenn CURL einen Beitrag zur EDV von GK3 leisten soll, so muß es auch für CURL entsprechende Vorteile bringen. Übrigens interessieren sich zwei amerikanische Verbünde für CURL, nämlich OCLC und die Research Libraries Group (RLG). Unsere reichen Altbestände sind für OCLC von großem potentiellem Wert, und gleichfalls sind die Möglichkeiten für CURL vielversprechend, falls das Consortium einen realistischen Handel mit OCLC abschließen würde. Es kommt jetzt auf einen Duplikatvergleich an. Obgleich CURL bei der Umstellung den AACR speziell nicht folgt, wäre es ihm trotzdem möglich, unter gewissen Umständen einen Sachkatalog aus dieser großen internationalen Datenbank zu erhalten. Eine solche Entwicklung würden Benutzer und Bibliothekare freudig begrüßen.

Ich habe viel vom CURL und von seinen Umstellungsversuchen gesprochen, aber ich möchte noch andere Versuche im UK erwähnen, die, wenn auch nicht so weitreichend, jedoch gewiß bemerkenswert sind. Der erfolgreichste Versuch ist zweifellos die retrospektive Katalogisierung nach AACR, die von der Universitätsbibliothek zu Newcastle upon Tyne durchgeführt wird. Diese Universität mittlerer Größe hat sich an die bibliographische Datenbank des OCLC angeschlossen und hat auf überzeugende Weise gezeigt, daß OCLC ebenso praktisch anwendbar im UK wie in den USA sein kann. Dies trifft genausogut zu für die retrospektive Katalogisierung in einer Bibliothek dieser Größenordnung wie für die Katalogisierung der laufenden Neuerwerbungen. Man braucht nur das Geld dafür. 1983 berichtete die Bibliothek[10] über einen Auffindungserfolg von 95% und Kosten von DM 8,– bis 15,– je Titel. Der Bibliothekar kann also auch Kostensenkungen nachweisen, da das Personal weitere Aufgaben übernommen und ein höheres Maß an Arbeitsvorgängen bewältigt hat.

Die neue Universitätsbibliothek zu York setzte die EDV fast seit ihrer Gründung ein und scheint damit ziemlich erfolgreich zu sein. Sie konnte viele Umstellungskosten vermeiden und hatte keine nennenswerten Probleme mit ererbten Altbeständen. Nicht so erfolgreich ist der Einsatz der EDV in der Universitätsbibliothek zu Hull[11]. Sie hat eine Online-Datenbank von ungefähr 750000 bibliographischen Einträgen geschaffen und hat dazu einen GEAC 8000 Minicomputer benutzt. Anstatt die Automatisierung schrittweise durchzuführen, begann die Bibliothek mit Ausleihe, Erwerbung und Katalogisierung zu gleicher Zeit, obgleich das GEAC-System ursprünglich nur für die Ausleihe geplant wurde. Es sind so viele Fehler beim Eintragen der Daten erfolgt, daß das ganze System nur mit großer Schwierigkeit zu gebrauchen ist. Die Qualitätskontrolle bei der Dateneintragung gehört zu den wichtigsten Voraussetzungen für den erfolgreichen Einsatz der EDV. „Dirty data“ (unreine Daten) können eine Bibliothek viel Zeit und Mühe kosten und sind fast unmöglich auszumerzen. Da die Universitätsbibliothek zu Hull ihren alten Kartenkatalog bei der Umstellung abgebrochen hat, muß die Situation heute viel schlimmer sein, als sie früher je war.

Die Tätigkeiten der vier schon erwähnten regionalen Online-Verbünde werden hier nicht berücksichtigt, denn sie sind schon ziemlich lange bekannt und in der Literatur häufig beschrieben worden. Das GEAC-System wird auch nicht in Betracht gezogen. Viele Bibliotheken benutzen es für laufende Neuerwerbungen, und man wird höchstwahrscheinlich bei der retrospektiven Katalogisierung vielmehr davon hören[12]. Jetzt möchte ich noch zwei weitere Beobach-

[10] Peripherals. In: Vine, May 1983, S. 49.

[11] B. Dyson: Data input standards and computerization at the University of Hull. In: Journal of Librarianship, 16. 1984, S. 246–261.

[12] Vgl. T. McSean: GEAC Library systems. A survey of current installations. In: Vine, May 1982, S. 25–30.

tungen äußern. Der Einsatz der EDV für die Katalogisierung ist in Cambridge so erfolgreich beim Online-Katalog, daß die traditionellen Eintragungen verkürzt werden und zum Schluß wahrscheinlich aufgegeben werden. Der Online-Katalog wird eine Art Auffindungsliste von geringem bibliographischem Wert sein, mit höchstens 320 Zeichen in jeder Titelaufnahme: Sein Vorgänger, der Guard Book Catalogue, war eine gelehrte Bibliographie. Diese Entwicklung ist vielleicht die wichtigste in der langen Geschichte des Katalogs in der Universitätsbibliothek. Dieser neue Online-Katalog wird eventuell keine gelehrten Bibliothekare mehr brauchen, sondern Techniker. In der Katalogisierungsabteilung der Universitätsbibliothek Cambridge werden Keypunchers – Schreibkräfte – jetzt fast so wichtig und zahlreich sein wie Bibliothekare: Sie sind auch schwieriger zu bekommen. Im UK war die Absicht, beim Einsatz der EDV Kosten einzusparen. Es war nicht beabsichtigt, daß der Einsatz der EDV eine Vermehrung des Personals zur Folge hat. Die glänzenden technischen Erfolge des Online-Katalogs, zusammen mit der beruflichen Flucht vor der Beschäftigung mit dem Buch und der Buchkunde, könnten wohl das Ende der akademischen Bibliothekswissenschaft, wie sie in der Vergangenheit anerkannt war, anzeigen: „Es ist nicht alles Gold, was glänzt.“

GÜNTER BEYERSDORFF

Überregionale Katalogunternehmungen – Stand und Perspektiven –

Die Veranstalter baten mich zu Beginn ihrer Planungen, einen Vortrag zum Thema „Die Zukunft des Deutschen Gesamtkataloges" zu halten, und gingen dabei sicher von der Erwartung aus, daß die Erfahrungen beim Auf- und Ausbau des im Deutschen Bibliotheksinstitut produzierten „Verbundkataloges maschinenlesbarer Katalogdaten neuerer Universitätsbibliotheken" einen Anstoß zu Überlegungen in der oben genannten Richtung gegeben haben.

Dies trifft zu; dennoch habe ich mich dazu entschlossen, einen anderen und auf den ersten Blick sehr viel unverbindlicheren Titel zu wählen.

Der Begriff „Deutscher Gesamtkatalog" und selbst seine Abkürzung „DGK" sind durch die jahrzehntelange Diskussion so eindeutig auf einen bestimmten Inhalt, eine bestimmte Zielsetzung und eine bestimmte Arbeitsform hin geprägt, daß seine Verwendung Erwartungen wecken würde, die durch die hier anzustellenden Überlegungen u. U. nicht erfüllt werden können. In diesem Beitrag geht es nicht um ein in sich geschlossenes Konzept für einen Deutschen Gesamtkatalog, sondern darum, wie unter Nutzung schon bestehender oder sich derzeit entwickelnder Katalogunternehmen die Ziele des Gesamtkataloges wenigstens näherungsweise erreicht werden können. Es wird dabei aber auch darum gehen, ob die bisher in der Diskussion formulierten Ziele angesichts der Entwicklungen im In- und Ausland im Bereich der Verbundzentren und der ihnen angeschlossenen Bibliotheken verändert und erweitert werden müssen, und es wird wichtig sein, die Frage nach den Wechselbeziehungen zwischen absehbaren technischen Entwicklungen und den Zielen eines Gesamtkataloges, seiner Nutzung und seinem Aufbau zu stellen.

Im März 1978 veröffentlichte die damalige Arbeitsstelle für das Bibliothekswesen die zwei Projektstudien „Deutscher Gesamtkatalog und Verbundkatalog" von Reinhard Oberschelp und Paul Niewalda. Die Herausgabe dieser beiden Studien unter einem Titel in einem Band war kein Zufall, denn beide Projekte gemeinsam sollten das weitgesteckte Ziel eines vollständigen Nachweises aller in deutschen Bibliotheken vorhandenen Bestände an Monographien erreichen. Die Trennung in zwei Vorhaben ergab sich aus den damals absehbaren technischen Möglichkeiten:

Oberschelp schlug vor, auf reprographischem Wege einen Gesamtkatalog herzustellen und dabei von den Zettelkatalogen der sieben regionalen Zentralkataloge auszugehen. Er sah vor, daß die einzelnen Aufnahmen auf konventionellem Wege ineinandergeordnet werden sollten, wobei identische Titel mit den entsprechenden Besitznachweisen nur einmal mit der vollen Aufnahme aufzuführen waren. Als Ordnungsregeln schlug er die Preußischen Instruktionen vor. Eine Überführung der Daten in maschinenlesbare Form lehnte er wegen des vergleichsweise zu hohen Aufwandes ab.

Die Kosten für das Projekt wurden mit etwa 40 Millionen DM veranschlagt. Ergebnis der Arbeiten wäre ein Microfichekatalog mit etwa 3400 einzelnen Fiches gewesen, der die Monographien bis zum Erscheinungsjahr 1960 umfaßt hätte.

Niewalda ging davon aus, daß für monographische Publikationen vom Erscheinungsjahr 1960 an ein Gesamtverzeichnis durch Zusammenspiel aller maschinenlesbaren Daten der neueren Universitätsbibliotheken erstellt werden könnte. Der Aufwand wurde mit etwa 1% der Projektsumme des Deutschen Gesamtkataloges relativ niedrig vorausgeschätzt, weil man davon ausging, daß nach den gleichen Regeln (nämlich RAK) erfaßte maschinenlesbare Daten ohne größeren Aufwand maschinell zu bearbeiten wären.

Am Vorschlag von Oberschelp entzündete sich eine Kontroverse, die ihren Höhepunkt beim Bibliothekartag in Wuppertal fand. Hier trug der Projektleiter beider Vorhaben, Max Pauer, vehement die Forderung nach Durchführung eines Modellversuches zur Durchführbarkeit und zur Kostenermittlung beim von Oberschelp vorgeschlagenen Verfahren vor; der damalige Vorsitzende des Deutschen Bibliotheksverbandes, Wilhelm Totok, begründete die Ablehnung dieses Modellversuches durch den Vorstand des DBV, indem er Zweifel daran anmeldete, ob der hohe Aufwand für die Erstellung des DGK in einer vertretbaren Größenordnung zu seinem Nutzen gesehen werden konnte und indem er die Befürchtung äußerte, die Mittel für die Erstellung des DGK würden allen anderen überregionalen Projekten des Bibliothekswesens verlorengehen.

Zur Durchführung des Modellversuches und damit auch zum Beginn der Arbeiten am DGK nach den Oberschelpschen Vorstellungen ist es also nicht gekommen; der Verbundkatalog maschinenlesbarer Katalogdaten nach den Vorschlägen von Niewalda wurde jedoch 1983 mit einem ersten Grundwerk produziert und 1984 durch ein umfangreiches Supplement ergänzt.

Könnten wir die seit 1978 entstandenen oder auch schon früher vorhandenen Anforderungen an unsere Bibliotheken lösen, wenn wir heute neben dem Verbundkatalog auch den Deutschen Gesamtkatalog, wie er 1978 vorgeschlagen wurde, fertiggestellt hätten?

Wären wir vor allen Dingen gerüstet, auch den künftigen, jetzt schon absehbaren Anforderungen zu begegnen?

Diese Fragen lassen sich nicht ad hoc beantworten. Sie setzen Betrachtungen über folgende Bereiche voraus, die als Bestimmungsfaktoren oder Randbedingungen für einen Gesamtkatalog angesehen werden müssen:
– den derzeitigen Stand und die absehbaren Entwicklungen bei regionalen Katalogunternehmen in der Bundesrepublik Deutschland
– den Stand und die Perspektiven solcher Vorhaben im Ausland, insbesondere in den USA, die unbestreitbar einen erheblichen Entwicklungsvorsprung gegenüber der Bundesrepublik aufweisen
– die heute verfügbaren und in absehbarer Zeit zur Verfügung stehenden technischen Möglichkeiten und Hilfsmittel.

Ich hoffe, daß sich aus einer solchen Betrachtung Aussagen über offene Fragen unserer Planung, Hinweise zu ihrer Lösung, Bemerkungen zum Stellenwert des DGK mit seiner ursprünglichen Zielsetzung in einem veränderten Umfeld und schließlich Anregungen für einen veränderten Ansatz eines Gesamtkataloges ergeben.

Wird ein Projektvorschlag sieben Jahre nach seiner Formulierung unter Wertung aller genannten Faktoren betrachtet, besteht die Gefahr, daß sich der Referent in eine Position begibt, die oft der Rechnungshof einnimmt: In Kenntnis der inzwischen eingetretenen Entwicklung werden Entscheidungen kritisiert, weil sie offensichtlich wichtige Einflußfaktoren nicht berücksichtigt oder in ihren Auswirkungen falsch bewertet haben. Dabei wird übersehen, daß der Kritisierende sich in einer ungleich besseren Situation als der damals Entscheidende befindet: Er kennt die Entwicklungen, die damals nur vorausgeschätzt werden konnten, und kann damit rückwirkend Alternativen ausschließen, die ebenfalls zur Diskussion standen.

Er kann so sein Urteil auf einer sicheren Grundlage abgeben, aber er gerät sofort in die gleiche Unsicherheit wie der von ihm bewertete Vorschlag, wenn er nun seinerseits Aussagen über künftige Entwicklungen macht. Nichts spricht dafür, daß heute bibliothekspolitische und technische Entwicklungen mit größerer Genauigkeit prognostiziert werden können als 1978. Die stürmisch voranschreitenden Entwicklungen in der EDV legen sogar die Vermutung nahe, daß Voraussagen eher noch unsicherer werden müssen. Gleichzeitig wird aber klar, daß ein Endpunkt dieser Entwicklungen nicht sichtbar ist, es also keinen Sinn hat, mit weitreichenden Planungen auf einen Zeitpunkt zu warten, der absolute Sicherheit der Prognose verspricht. Es kann daher nicht darauf ankommen, mit der derzeitigen Planung alle (vielleicht noch nicht einmal sichtbaren) Möglichkeiten abdecken zu wollen. Es ist vielmehr wichtig, darauf zu achten, daß mit vorgesehenen Lösungen nicht Wege und Möglichkeiten von vornherein verbaut werden, die heute schon anderswo mit Erfolg beschritten werden oder von denen mit einiger Sicherheit anzunehmen ist, daß sie sich in naher Zukunft durchsetzen.

Als unmittelbare Folge der „Empfehlungen zur Einrichtung Regionaler Bibliothekszentren“ der Deutschen Forschungsgemeinschaft werden derzeit in allen Leihverkehrsregionen der Bundesrepublik Deutschland solche Zentren aufgebaut, wobei der Realisierungsstand von Region zu Region stark differiert; keines dieser Zentren nimmt bisher seine Aufgaben voll im geplanten Funktionsumfang wahr. Allen Zentren gemeinsam ist das Ziel, mit Hilfe der Datenverarbeitung einen Gesamtnachweis für die in der Region mindestens in den wissenschaftlichen Bibliotheken vorhandene Literatur zu schaffen, der von einem bestimmten Erscheinungsjahr an die konventionellen Zentralkataloge ablöst. Dieser Gesamtnachweis wird aufgebaut durch weitestgehende Nutzung von Fremdleistungen und überwiegend nach dem Prinzip des Shared cataloging, d.h. jede Titelaufnahme soll im Prinzip nur einmal im System angefertigt werden und anschließend für die Nutzung durch alle Teilnehmer zur Verfügung stehen.

Unterschiedlich sind jedoch die Wege, die in den einzelnen Zentren hin zum gemeinsamen Ziel beschritten werden. So werden drei Softwaresysteme für den Betrieb der Verbundsysteme eingesetzt, wobei bei dem am meisten verbreiteten System IBAS III schon jetzt erkennbar ist, daß bei seiner Weiterentwicklung und der Art seines Einsatzes ebenfalls unterschiedliche Wege eingeschlagen werden.

Die angewandte Hardware stammt von den Firmen Siemens und IBM. Einige Verbundzentren planen, einen Teil der in den ursprünglichen Organisationsvorschlägen bei den Zentren angesiedelten Funktionen (Ausleihverbuchung, Abwicklung der Erwerbung, Zeitschrifteneingangskontrolle) zu den Bibliotheken zu verlagern, alle gehen jedoch davon aus, daß Online-Recherchen im Verbundpool des Zentrums durchgeführt werden und auch die Erstellung der einzelnen Bibliothekskataloge durch das Bibliothekszentrum erfolgt, wobei Katalogkarten und Microfichekataloge die hauptsächlichen Ausgabeformen sind.

Die genannten und andere hier nicht gesondert aufgeführte Unterschiede in Organisation und Arbeitsweise der Verbundzentren (wie etwa Art und Zahl der zugelassenen Bibliotheken, Regelwerksanwendungen, Kommunikation zwischen Bibliothek und Zentrum) bereiten so lange keine Probleme, soweit sich die Auswirkungen nur auf die betreffende Region erstrecken. Die Schwierigkeiten beginnen jedoch dort, wo es um Fragen der Zusammenarbeit der Zentren untereinander und zwischen regionalen Zentren und überregionalen Institutionen geht.

Die Deutsche Forschungsgemeinschaft sieht in den schon zitierten Empfehlungen zwar eine enge Zusammenarbeit zwischen den einzelnen Verbundzentren und zentralen Institutionen vor, war zum Zeitpunkt der Verabschiedung ihres Papiers aber noch nicht in der Lage, dafür auch konkrete technische und organisatorische Lösungen vorschlagen zu können.

Es ist klar, daß eine Verbindung der Zentren untereinander, etwa durch Datentausch und durch automatisches Durchschalten von Retrievalanfragen, umso schwieriger ist, je größer die Unterschiede bei der Anwendersoftware, den Betriebssystemen und der Hardware sich ausprägen, denn es ist nicht einmal ohne größere Probleme möglich, Rechner gleicher Bauart mit gleicher Anwender- und Betriebssoftware miteinander zu koppeln.

Wegen der unklaren technischen Konzepte, der damit notwendigerweise unklaren Planungsgrundlagen und der Eigenständigkeit der einzelnen Verbundzentren bestand zeitweise die Gefahr, daß sich Großprojekte, wie etwa die Zeitschriftendatenbank und die Gemeinsame Körperschaftsdatei auf der einen und die regionalen Verbundsysteme auf der anderen Seite, soweit auseinander entwickelten, daß sie schließlich sogar in Gegensatz zueinander geraten wären. Glücklicherweise hat hier eine Entwicklung eingesetzt, die diese Projekte und Institutionen wieder zu einem effektiven Miteinander führen wird; darauf ist bei der Darstellung der Zeitschriftendatenbank noch einzugehen.

Ungelöst ist jedoch – wenn keine anderen Hilfsmittel eingesetzt werden – auf lange Sicht die praktische Abwicklung von Leihverkehrsrecherchen, die über eine Region hinausgehen. Auch nach Aufbau aller Zentren könnte es dazu kommen, daß insgesamt mindestens vierzehnmal recherchiert werden muß, um eine Bestellung zu erledigen: je siebenmal im verfilmten regionalen Zentralkatalog und im regionalen EDV-Verbund, wobei drei verschiedene Retrievalsprachen anzuwenden wären. Bei dem hohen Aufwand, der bisher in den Aufbau regionaler und überregionaler Nachweissysteme investiert wurde, darf dies sicher nicht die Lösung auf Dauer bleiben.

Die Zeitschriftendatenbank (ZDB) bietet seit etwa 12 Jahren ihre Dienstleistungen in Routine an. Ursprünglich als reines Leihverkehrsinstrument entwikkelt, hat sie schon schnell auch eine zentrale Katalogisierungsfunktion für die Teilnehmerbibliotheken übernommen.

In der Katalogisierungsfunktion als gemischtes Online-offline-System betrieben, enthält sie 480000 Titel mit 1,3 Millionen Bestandsnachweisen und produziert neben den Arbeits- und Leihverkehrsausgaben auf Microfiche mehr als 250 Einzelkataloge für Bibliotheken und Bibliotheksverbünde pro Jahr.

Neben der Katalogisierungs-ZDB läuft die Online-Zeitschriftendatenbank seit 1983 als reines Nachweisinstrument für den Leihverkehr ebenfalls im Routinebetrieb. In dieser Version der ZDB können über ein sehr komfortables

Retrievalsystem Online-Recherchen nach Titeln und Standorten durchgeführt werden. Ab Mitte 1985 wird auch die Online-Bestellung der gewünschten Aufsätze bei der besitzenden Bibliothek technisch möglich sein.

Die genannten Funktionen der Zeitschriftendatenbank waren lange Zeit unumstritten; noch Ende 1981 wurden von der Deutschen Forschungsgemeinschaft erhebliche Mittel zur Verfügung gestellt, die den Ausbau der ZDB zu einem Online-Katalogisierungsverbundsystem (analog den Funktionen der regionalen Zentren) ermöglichen sollen; mit der Fertigstellung dieses Systems ist bis zur Mitte des Jahres 1986 zu rechnen.

Je konkreter jedoch die Planungen bei den regionalen Zentren wurden, desto drängender und zeitweise sogar desto weniger lösbar schienen die Probleme in der Zusammenarbeit zwischen den neu entstehenden regionalen Verbundsystemen und der seit langem arbeitenden Zeitschriftendatenbank zu werden.

Mindestens ein Teil der regionalen Systeme strebt den Nachweis von Monographien und Zeitschriften in einem System für die gesamte Region an. Es erschien deshalb in diesen Regionen folgerichtig, künftig die Zeitschriften in der Region zu katalogisieren und die Daten anschließend nach Berlin für die ZDB zu melden. Die ZDB hätte damit mindestens für einen Teil der jetzt mitarbeitenden Bibliotheken die Katalogisierungsfunktion verloren und wäre auf mittlere Sicht zu einem reinen Leihverkehrsinstrument reduziert worden.

Eine solche Entwicklung konnte aus der Sicht der ZDB weder im Gesamtinteresse der Bibliotheken noch im Interesse der einzelnen Verbundsysteme liegen. Sie hätte u. a. folgende Auswirkungen gehabt:

– Die regionalen Zeitschriftenkataloge hätten sich immer weiter von der ursprünglich einheitlichen ZDB wegentwickelt; es wäre nicht möglich gewesen, die Dateien auf Dauer synchron zu halten

– dies hätte zu außerordentlich großen Schwierigkeiten bei der Führung der Leihverkehrs-ZDB geführt, die – wenn überhaupt – nur mit hohem redaktionellen Aufwand hätten beseitigt werden können

– Zeitschriften wären künftig nicht mehr einmal, sondern mindestens siebenmal katalogisiert worden.

Nachdem konkrete technische Lösungsvorschläge vorgelegt werden konnten, fanden – unterstützt von der Deutschen Forschungsgemeinschaft – intensive Beratungen zwischen der Zeitschriftendatenbank und den Verbundsystemen in Baden-Württemberg, Niedersachsen und Nordrhein-Westfalen statt, die folgende Ergebnisse hatten:

– Die Bibliotheken in diesen Regionen werden (auch) künftig ihre Zeitschriften in Berlin katalogisieren

– die Verbundsysteme erhalten von der ZDB alle für sie relevanten Daten zurückgeliefert, damit regionale Nachweissysteme aufgebaut werden können.

In diesen Nachweissystemen finden jedoch keine Neuaufnahmen oder Korrekturen von Zeitschriften statt

– die ZDB wandelt die Stufenaufnahmen in Einheitsaufnahmen um und wendet künftig nur noch Einheitsaufnahmen an, da die Regionen sich einheitlich für diese Form entschieden haben.

Außerdem wurden weitere technische Einzelheiten für die Zusammenarbeit vereinbart, auf die hier nicht näher eingegangen werden soll.

Da die Region Berlin sich dieser Lösung anschließen wird, mit Hessen über den Datentausch schon jetzt eine enge Zusammenarbeit besteht und man sich dort u. U. auch mittelfristig zur direkten Mitarbeit entschließen wird, die norddeutsche Region sich nach Göttingen orientiert und auch Bayern keine prinzipiellen Einwände geäußert hat, kann davon ausgegangen werden, daß die Katalogisierungsfunktion der ZDB künftig sogar noch stärker in Anspruch genommen wird und die Leihverkehrsfunktion noch besser erfüllt werden kann, weil wesentliche Bestands- und Titelzuwächse zu erwarten sind.

Der hier vorgestellten Konzeption hat die Deutsche Forschungsgemeinschaft als wichtiger Geldgeber für die ZDB bereits zugestimmt.

Damit ist klar, daß auch für die weitere Zukunft die Übernahme von Zeitschriften und Serien in einen wie auch immer zu produzierenden Gesamtkatalog nicht diskutiert werden muß. Die ZDB wird für diesen Bereich als leistungsfähiges und immer vollständiger werdendes Nachweisinstrument erhalten bleiben.

Unmittelbar nach Erscheinen der Projektstudie von Niewalda zum Verbundkatalog (VK) wurden die Vorarbeiten zu diesem Vorhaben begonnen. Waren die Schätzungen über die Menge der voraussichtlich in diesem Katalog enthaltenen Titel noch erstaunlich genau, so trafen die Abschätzungen über Zeit- und Finanzbedarf nicht mehr zu:

Der Verbundkatalog erforderte einen wesentlich höheren Finanz- und Zeitaufwand als ursprünglich vorausberechnet. Dies ist nun weder Niewalda noch den Mitarbeitern des DBI anzulasten. Die Gründe für das Auseinanderklaffen von Planung und Realisierung lagen in der Tatsache, daß die Rechnung „gleiche Regelwerke + definierte Austauschformate = einfache Sortierarbeit für die EDV-Anlage“, so einleuchtend sie auch anfangs sein mochte, während der Bearbeitung nirgendwo aufging. Unterschiedliche Regelwerksauslegungen, Wechsel der Katalogisierungspraxis in den Bibliotheken, nicht angegebene Änderungen von Kategorieinhalten, Formatabweichungen, Änderungen des Betriebssystems der Rechenanlagen erforderten außergewöhnlich aufwendige Programmierarbeiten, um das Ziel, nämlich die Ansigelung bei identischen Titeln zur Verminderung des Katalogumfangs, wenigstens annähernd zu erreichen. Als Ergebnis des Projekts stehen nach unserer Meinung die Erfahrungen zur Überführung von Daten und zur Katalogausgabe gleichberechtigt neben dem Katalog selbst.

1983 erschien das erste Grundwerk mit 3 Millionen Titeln und 3,7 Millionen Bestandsnachweisen. Es wurde 1984 ergänzt durch das erste Supplement mit 1,15 Millionen Titelaufnahmen und 1,46 Millionen Bestandsnachweisen. Leider zog das Bayerische Staatsministerium für Unterricht und Kultus die schon von den Universitätsbibliotheken gegebene Zusage zur Teilnahme am Verbundkatalog zurück, so daß mit einer wesentlich geringeren Titelmenge als ursprünglich geplant begonnen werden mußte und die von Bayern befürchtete Ungleichverteilung im Leihverkehr tatsächlich einzusetzen drohte.

Bei uneingeschränkter Bereitschaft der Teilnehmerbibliotheken, bei massiver Unterstützung der zuständigen Gremien äußerten sich zu Beginn des Vorhabens auch kritische Stimmen. Die Haupteinwände waren:

– Der bibliographische Standard des VK ist für ein reines Leihverkehrsinstrument viel zu hoch. Eine Kurztitelliste wäre mit wesentlich geringerem Aufwand zu realisieren.

– Die Zahl der teilnehmenden Bibliotheken ist zu niedrig. Wenn Dienstbestellungen zugelassen werden, kann eine zu starke Belastung bei den Datenlieferanten eintreten.

– Der VK läßt sich in die geplante, auf Regionalisierung ausgerichtete Struktur der Bibliothekszentren nicht einpassen. Er wird bei vollem Ausbau aller Zentren überflüssig werden.

Wegen des Gewichts dieser Einwände und in dem Bemühen, sichere Daten für die weitere Planung zu gewinnen, entschloß sich das DBI zu einem umfassenden Praxistest, an dem sich dankenswerterweise eine große Zahl von Bibliotheken beteiligte. Wichtigste Ergebnisse dieses Tests waren:

– Der Verbundkatalog hat sich als Leihverkehrsinstrument auch in den Regionen bewährt, die bereits über einen umfangreichen eigenen Verbundkatalog verfügen.

– Die Belastung im gebenden Leihverkehr bei den teilnehmenden Bibliotheken stieg an, allerdings nicht in einem nicht mehr zu bewältigenden Ausmaß.

– Die Mehrzahl der Direktbestellungen stammte aus der eigenen Region. Dies trat besonders ausgeprägt dort auf, wo die teilnehmenden Bibliotheken bisher noch nicht in regionalen Verbundkatalogen enthalten waren.

– Der Verbundkatalog wurde sehr häufig als bibliographisches Hilfsmittel genutzt. Häufig konnten nach Recherchen im VK die betreffenden Aufnahmen im eigenen Katalog identifiziert werden, nachdem die erste Suche dort erfolglos geblieben war.

– Es wurde massiv der Wunsch nach Rücklieferung von Daten im MAB-Format zum Zwecke der Katalogisierung geäußert.

– Ebenfalls massiv wurde die Forderung nach einem schnellen Ausbau des VK gestellt.

Schon hier wird deutlich, daß neben die ursprünglich allein geplante Funktion als Leihverkehrsinstrument die der Katalogisierungshilfe getreten ist. Diese Funktionsausweitung darf bei den weiteren Planungen nicht außer acht bleiben; auf die damit verbundenen Probleme und Chancen komme ich später zurück.

Für die Jahre 1985 und 1986 sind beim VK folgende Aktivitäten vorgesehen:

– Ende 1985 Produktion des zweiten Grundwerks. Dieses wird mindestens die Daten der bisherigen Teilnehmerbibliotheken sowie die in Göttingen vorhandenen maschinenlesbaren Aufnahmen des Niedersächsischen Monographiennachweises enthalten. Außerdem ist vorgesehen, durch Abgleich mit dem hessischen ISBN-Register die Besitznachweise zu den im zweiten Grundwerk enthaltenen Titeln erheblich zu erhöhen.

Bei diesem Verfahren werden die Sigel und Signaturen (soweit vorhanden) aller Titel aus der Region Hessen sowie der Staatsbibliothek Preußischer Kulturbesitz, die mit den im VK vorhandenen Titeln identisch sind, zusätzlich aufgenommen. Damit wird die Basis für den Leihverkehr entscheidend verbreitert, und es müßte damit auch Bayern möglich sein, beim dritten Grundwerk mitzuarbeiten.

– Im Jahre 1986 wird ein Supplement zum zweiten Grundwerk produziert, bei dem man sich um weitere Teilnehmerbibliotheken bemühen wird.

– Ende 1985 wird eine Online-Testversion des VK zur Verfügung stehen, die voraussichtlich in erster Linie Daten zur geistes- und sozialwissenschaftlichen Literatur bereithalten wird, da eine komplette Online-Version als Testpool zu aufwendig wäre und gerade der Mangel an Online-Nachweisen zu dieser Literatur bisher besonders beklagt wurde.

Tendenzen für eine längerfristige Planung lassen sich aus den derzeitigen Entwicklungen in den Vereinigten Staaten ableiten, in denen Verbundzentren und Teilnehmerbibliotheken langjährige Erfahrungen im Betrieb von Verbundsystemen aufweisen und in denen der Einsatz neuer Techniken und Verfahren besonders weit vorangeschritten ist.

Die folgenden Aussagen beziehen sich auf Eindrücke während einer dreiwöchigen Studienreise durch die USA, über die an anderer Stelle, leider aber parallel zu dieser Veranstaltung während dieses Bibliothekartages von Klaus-Dieter Lehmann berichtet wird. Da dort ausführlich referiert wird, kann ich mich hier auf die wichtigsten, für unser Problem relevanten Ergebnisse konzentrieren.

– In den USA werden die großen Verbundsysteme für die Katalogisierung der Bibliotheksbestände und für die Steuerung des Leihverkehrs genutzt. Bei der Katalogisierung werden Fremdleistungen konsequent eingesetzt; der Anteil der Eigenkatalogisierung liegt außerordentlich niedrig.

– Der Nachweis der eigenen Bibliotheksbestände wird bei der betreffenden Bibliothek geführt. Die Zentren liefern nach der Katalogisierung im Verbundpool die Aufnahmen an die Bibliothek zurück, wobei Katalogkarten und Träger von maschinenlesbaren Daten benutzt werden.

– Die für den Benutzer vorgesehenen Online-Publikumskataloge gewinnen rasch an Bedeutung. Sie verdrängen die konventionellen Zettelkataloge und ersetzen die Microfichekataloge, von deren laufender Produktion man aus Kostengründen immer mehr abkommt. Diese Online-Publikumskataloge bieten außerordentlich gut aufgebaute, benutzerfreundliche Retrievalsysteme, die sowohl die Suche nach Autoren als auch die nach Titeln, Schlagwörtern und Systematikgruppen gestatten. Die Online-Publikumskataloge werden durch die einzelnen Bibliotheken betrieben und durch die Datenlieferungen aus den Verbundzentren – wie oben beschrieben – gespeist.

– Nach Einführung dieser komfortablen Kataloge wurde sehr schnell festgestellt, daß die Benutzer – einmal an den Komfort gewöhnt – erst dann zufriedengestellt werden können, wenn die Katalogdaten der betreffenden Bibliothek nicht nur von einem bestimmten Erscheinungsjahr an nachgewiesen sind, sondern daß sie erst dann effektiv wirken können, wenn möglichst der gesamte Bibliotheksbestand im Online-Katalog enthalten ist.

– Folgerichtig gewinnt auch die retrospektive Katalogisierung eine immer größere Bedeutung. Hierbei können die Bibliotheken auf Dienstleistungen der Zentren zurückgreifen, die über Recherchen am eigenen Datenpool, an anderen Datenbasen oder durch eigene Katalogisierung gelieferte Zettelkataloge komplett maschinenlesbar umformen. Sie können aber auch selbst diese Arbeiten unter Nutzung der Verbundpools und eines breiten Angebots maschinenlesbarer Daten privater Firmen übernehmen.

– Schließlich hat sich gezeigt, daß die Mehrzahl der Suchanfragen an einen Online-Katalog über den sachlichen Einstieg und nicht über die formale Erschließung läuft. Die Bibliotheken übernehmen deshalb in ihre Online-Publikumskataloge auch Schlagwörter und Notationen der gebräuchlichen Systematik. Die Verbundzentren haben entweder die Sacherschließung schon seit langer Zeit vorgesehen, oder sie bemühen sich, durch aufwendige Aktionen nachträglich Sacherschließungsmerkmale in ihren Verbundpool einzubringen, um nicht an Attraktivität gegenüber Konkurrenzanbietern zu verlieren.

– Die Anforderungen an die bibliographische Qualität wachsen mit zunehmenden Datenmengen und mit verstärkter Verbreitung von Online-Katalogen. So unternehmen die großen Verbundzentren z. Z. große Anstrengungen, ihre

Datenbasen zu bereinigen und normierte Ansetzungen für Namensformen und Körperschaften einzuführen.

Wenn auch die Verhältnisse in den USA nicht ohne genaue Prüfung auf die bundesdeutsche Bibliothekslandschaft zu übertragen sind, müssen die Grundlinien der Entwicklung bei uns genau beobachtet und die dort gemachten Erfahrungen genutzt werden.

Die Probleme, mit denen wir uns heute hier befassen, sind gestern in den USA diskutiert worden, und man hat zu Lösungen gefunden, die sich offenkundig bewähren.

Lassen Sie mich aus den bisherigen Ausführungen folgende Schlußfolgerungen ziehen:

1. Die Zeitschriftendatenbank wird wegen der getroffenen Absprachen, der technischen Weiterentwicklung und der erklärten Absicht der Deutschen Forschungsgemeinschaft, ihren Ausbau weiterhin intensiv zu fördern, zu einem „Deutschen Gesamtkatalog" für Zeitschriften und Serien werden. Sie wird weiterhin ihre Leistungen für die Katalogisierung einzelner Bibliotheken und Bibliotheksverbünde erbringen, als Leihverkehrsinstrument dienen, Online-Bestellungen ermöglichen und als Datenbasis für die retrospektive Katalogisierung fungieren. Schon heute kann ein neuer Teilnehmer ohne exzeptionelle Sonderbestände erwarten, daß er etwa 80% seiner Titel in der Zeitschriftendatenbank auffindet, also nur 20% Eigenleistung zur Aufnahme aller seiner Titel erbringen muß.

2. Der Verbundkatalog als online-geführter Nachweis bleibt als Hilfsmittel für die Beschleunigung des Leihverkehrs selbst bei vollem Ausbaustand der regionalen Verbundsysteme unentbehrlich. Dabei wird es zu keiner Konkurrenzsituation zwischen dem VK und den regionalen Systemen kommen, genauso wie es keine Konkurrenz zwischen lokalen Online-Publikumskatalogen der Einzelbibliotheken und regionalen Verbundkatalogen geben wird:

Die lokalen Online-Kataloge entlasten die regionalen Zentren von Rechercheanfragen zum Bestand der Einzelbibliotheken, nutzen aber zu ihrem Aufbau die regionalen Verbundkataloge.

Die regionalen Verbundkataloge entlasten den VK von Anfragen, die in der Region bereits positiv bedient werden können, und dienen als Basis für die laufende Katalogisierung in der Region.

Der VK wird dann angegangen, wenn eine Recherche in einer Region negativ verläuft. Es müßte nach diesem Versuch dann nur noch einmal recherchiert werden, um die besitzende Bibliothek aufzufinden.

Damit der VK diese Funktion voll erfüllen kann, müßten so bald als möglich alle schon vorhandenen und noch entstehenden maschinenlesbaren Aufnahmen in ihn eingearbeitet werden.

3. Online-Publikationskataloge werden auch in der Bundesrepublik zunehmend an Bedeutung gewinnen. Damit wird, wie in den USA, der Bedarf an Dienstleistungen für die retrospektive Katalogisierung ebenfalls steigen.

4. Da diese Aufgabe nach den Erfahrungen in den USA wirtschaftlich nur dann zu bewältigen ist, wenn eine möglichst leistungsfähige Datenbasis vorhanden ist, wächst die Bedeutung des VK als schon vorhandenes und demnächst über 6 Millionen Titel umfassendes Katalogwerk auch für diesen Tätigkeitsbereich.

5. Wenn der VK auch als Hilfe für die retrospektive Katalogisierung benutzt wird, sollte er durch alle entstehenden Besitznachweise bei schon vorhandenen Titeln ergänzt und durch Neuaufnahmen, die bei der retrospektiven Katalogisierung entstehen und die aus anderen Quellen stammen, ergänzt werden.

6. Wenn die retrospektive Katalogisierung für den Aufbau von Online-Katalogen benötigt wird, ist auch Sorge für eine sachliche Erschließung der Literatur zu treffen. Künftig könnten bei deutschsprachigen Titeln die Schlagwörter der Deutschen Bibliothek nach den Regeln für den Schlagwortkatalog (RSWK) übernommen werden. Offen ist noch die Frage, welche Dienste für die Erschließung ausländischer Literatur zu übernehmen wären und wie die älteren Titel erschlossen werden können. Hier ließe sich eine über die ISBN gesteuerte Übernahme der Klassifikation der Library of Congress denken, die zwar nicht in allen Fällen greifen würde und auch keine vollkommene Lösung darstellte, aber auf einem Gebiet, auf dem ohne ungeheuren Aufwand keine Ergebnisse zu erzielen wären, wenigstens Hilfen böte.

Mit diesen Überlegungen befinde ich mich in der Nähe der Vorschläge von Pobst, der sich schon 1979 für eine Zusammenführung von DGK und VK ausgesprochen hat. Anders als er stelle ich mir jedoch vor, daß der Ausbau zu einem DGK nicht über Umsetzung der einzelnen Aufnahmen in den Zentralkatalogen, sondern über die retrospektive Katalogisierung einzelner Bibliotheken vor sich gehen sollte.

Einige Gründe dafür sind hier schon ausgesprochen worden, der Hauptgrund für diesen Ansatz liegt in der Überlegung, daß der sicher bald entstehende Bedarf nach Umsetzung einzelner Bibliothekskataloge in maschinenlesbare Form mit dem Wunsch nach Ausbau des VK in einen Gesamtkatalog so verbunden werden sollte, daß beiden Zielen möglichst schnell gedient werden kann.

Dieser Ansatz entspricht dem Vorgehen bei der Zeitschriftendatenbank, das innerhalb relativ kurzer Zeit zu doch beachtlichen Erfolgen geführt hat.

Wiederum Erfahrungen aus den USA sprechen dafür, mit der retrospektiven Katalogisierung eine zentrale Dienstleistung anzubieten, die sinnvollerweise mit dem Auf- und Ausbau des VK zu einem Gesamtkatalog zu verknüpfen wäre:

Die Überführung eines konventionellen Bibliothekskataloges in maschinenlesbare Form unter Änderung der Ansetzungsformen nach RAK ist eine so spezielle Aufgabe, daß dafür qualifiziertes Personal benötigt wird. Andererseits ist sie eine zeitlich begrenzte Aufgabe, für die kaum Planstellen eingeworben werden können.

Diese Möglichkeit hätte aber eine Institution, die die retrospektive Katalogisierung als langfristige Aufgabe für Einzelbibliotheken durchführte. Sie könnte außerdem die technischen Voraussetzungen zur Nutzung auch ausländischer Datenbasen für die Ermittlung von Titelaufnahmen, deren Umsetzung in das deutsche Regelwerk und Verarbeitunsformat schaffen. Es wäre damit durchaus denkbar, daß um den derzeitigen Verbundkatalog ein Team von Mitarbeitern gruppiert wird, das im Auftrag einzelner Bibliotheken die retrospektive Katalogisierung vornimmt, dabei zunächst die Ressourcen des VK nutzt, im negativen Fall auf andere Datenbasen übergeht und bei auch dort negativen Ergebnissen die Umsetzung selbst vornimmt. Alle über dieses Team abgewickelten Aufnahmen würden entweder als neue Titel in den VK fließen oder als Besitzvermerke hinzukommen.

Die Kosten könnten so verteilt werden, daß die Infrastruktur und die Grundausstattung für diese zentrale Dienstleistung zentral von Bund und Ländern beim DBI und geeigneten Partnerorganisationen finanziert und für die einzelne Dienstleistung eine Gebühr je nach Schwierigkeitsgrad bei der einzelnen Bibliothek erhoben werden würde.

Untersuchungen über die absolute Höhe der Kosten, über die Nutzbarkeit ausländischer Datenbasen zum Zweck der retrospektiven Katalogisierung wären noch anzustellen. Das Beispiel amerikanischer Verbundsysteme jedoch macht Mut, diesen Weg weiter zu beschreiten.

Könnte uns bei diesen Problemstellungen ein Verbundkatalog nach den Vorstellungen von 1978 in allen Punkten weiterhelfen, wenn wir heute über ihn verfügen würden?

Wir hätten zwar ein Leihverkehrsinstrument, das uns heute noch fehlt, aber
– wegen seiner Aufnahmen nach PI und der fehlenden Maschinenlesbarkeit wäre es nie mit dem VK zu vereinigen
– es könnte nur mit großen Schwierigkeiten für die retrospektive Katalogisierung eingesetzt werden und wäre wegen seiner Vielzahl von Microfiches und Supplementen außerordentlich umständlich zu handhaben
– es würde sich damit modernen Retrievalsystemen und allen Versuchen widersetzen, eine nachträgliche sachliche Erschließung durchzuführen.

Vielleicht hat der Beschluß des DBV-Vorstandes, einen Modellversuch zur Erstellung eines solchen Gesamtkataloges nicht zu empfehlen, den Weg für einen erfolgversprechenden Ansatz offengehalten. Das DBI wird sich durch Tests, Modellversuche, vor allem aber durch einen zielstrebigen Ausbau von ZDB und VK darum bemühen, bald eine Antwort auf diese Frage zu geben.

4. INFORMATIONSVERMITTLUNG

NORBERT HENRICHS

Geisteswissenschaften im Schatten des modernen Informationswesens

Das im Entwurf vorliegende „Fachinformationsprogramm 1985–1988 der Bundesregierung...", das bekanntlich der Bundesminister für Forschung und Technologie federführend vorbereitet, äußert sich auch zur Frage der Fachinformation in den Geisteswissenschaften. Der Programmentwurf ist zum gegenwärtigen Zeitpunkt zugegebenermaßen nur bedingt zitierfähig, da aber zu erwarten steht, daß die zum Thema Geisteswissenschaften vorliegende Textpassage in der Substanz keine Änderung erfährt, seien ihre wesentlichen Aussagen im Wortlaut mitgeteilt:

„In der geisteswissenschaftlichen Fachinformation, die überwiegend in die Zuständigkeit der Länder fällt, hält die Bundesregierung wegen der Bedeutung der Geisteswissenschaften für die kulturelle Entwicklung die Verbesserung geisteswissenschaftlicher Fachinformation durch den Einsatz neuer Informationstechnologien für wichtig und empfiehlt den Ländern, dieses vor allem in folgenden Bereichen zu prüfen

– Aufbau von Literaturhinweisbanken in den größeren geisteswissenschaftlichen Disziplinen in Zusammenarbeit vor allem mit den Sondersammelgebietsbibliotheken;

– Verbesserung des Zugangs zu Texten sowie wertvollen Dokumenten (z.B. ältere Urkunden und Drucke, Handschriften, Inkunabeln) im Bibliotheks- und Archivbereich (z.B. online benutzbare Kataloge, Mikrofiche-Kataloge, Neuerwerbungslisten);

– Verbesserung des Zugangs zu geisteswissenschaftlichen bzw. künstlerischen Objekten (z.B. im Bereich der Musik-, Theater-, Altertums- und Kunstwissenschaften sowie der Museen und der Denkmalspflege)."[1]

Damit endet das Zitat, aber auch schon der gesamte Text (er umfaßt gerade eine halbe Seite von insgesamt 114 Seiten Programmtext). Er bedarf wohl keiner aufwendigen Interpretation. Der Hinweis auf die Länderkompetenz macht es deutlich: Vom neuen Fachinformationsprogramm der Bundesregierung haben

[1] Fachinformationsprogramm 1985–1988 der Bundesregierung für die Bundesrepublik Deutschland, Entwurf Jan. 1985, S. 34/35.

die Geisteswissenschaften rein gar nichts zu erwarten. Der ausgesprochene Appell an die Länder verpflichtet niemanden auch nur zu einer Spur von Förderungsaktivität. Die Länder, mit denen der Entwurf vorbesprochen wurde, sollen denn auch der vorgeschlagenen Formulierung ohne weiteres zugestimmt haben. Sie ließen nicht erkennen, ob und wann sie auf die Empfehlung reagieren werden.

Die Geisteswissenschaften stehen – um das Bild im Titel dieses Vortrages aufzugreifen – offenbar im Schatten der IuD-Förderpolitik 1985–1988, sie stehen sogar in deren Kernschatten. Die hier bundesseitig eingenommene und verkündete Haltung kann freilich nicht überraschen. Sie stimmt völlig mit früheren Formulierungen überein, die sich in der Stellungnahme der Bundesregierung zum Gutachten des Bundesrechnungshofes von 1983 finden[2]. Und diese lassen sich wiederum auf den BMFT-Leistungsplan Fachinformation von 1982 zurückführen, wo es heißt: „Wegen der Vorbehalte der Länder, insbesondere gegenüber der Gründung eines FIZ Geisteswissenschaften, ruht augenblicklich die Förderung auf diesem Gebiet."[3] Diese Förderung wurde bei einer Reihe von Projekten in der Tat nach Ablauf eines Ultimatums an die Länder, sich an der Förderung angemessen zu beteiligen, zum Ende des Jahres 1980 eingestellt (zum großen Teil noch während der Projektlaufzeit ohne Rücksicht auf bis dahin erzielte Zwischenergebnisse).

Eine vorausgehende Textfassung des neuen FI-Programms vom letzten Herbst enthielt interessanterweise noch die folgende Formulierung: „In der geisteswissenschaftlichen Fachinformation, die überwiegend in die Zuständigkeit der Länder fällt, scheiterte die Gründung eines Fachinformationszentrums, so daß die Bundesregierung ihre Förderung einstellte." Zum Zeitpunkt der Einstellung der Förderung Ende 1980, war von dieser Begründung freilich nicht die Rede, sondern – wie schon gesagt – von der damals angeblich nicht ausreichenden Beteiligung der Länder an der Finanzierung geisteswissenschaftlicher IuD-Aktivitäten. Ich komme auf diesen Punkt noch zurück.

Bei der Überarbeitung des zitierten Vor-Entwurfs des FI-Programms hat man dann den Satz von der gescheiterten FIZ-Gründung gestrichen. Der Hinweis auf die ausstehende FIZ-Gründung kann wohl kaum länger die Basis darstellen für eine Förderverweigerung, da das neue Programm an anderer Stelle ausdrücklich betont, das FIZ-Konzept von ehedem werde nicht weiterverfolgt. Es kann hier das schon viele Jahre währende Dilemma der geisteswissenschaftlichen IuD-Situation nicht in allen Details verfolgt und analysiert werden. Die

[2] Fachinformation in der Bundesrepublik Deutschland. Stellungnahme der Bundesregierung zum Gutachten des Präsidenten des Bundesrechnungshofes als Bundesbeauftragter für Wirtschaftlichkeit der Verwaltung, Hrsg. BMFT, Bonn 1982, S. 22.

[3] BMFT-Leistungsplan, Fachinformation, Hrsg. BMFT, Bonn 1982, S. 40.

Kompetenzfrage, die der FI-Entwurf in den Vordergrund stellt und für den Bund verneint („Kulturhoheit der Länder“ ist das Stichwort), wurde und wird offenbar immer dann und leider Gottes für den Bund stets erfolgreich ins Spiel gebracht, wenn Sachargumente fehlen. Die Bund-Länder-Problematik belastet die Informationspolitik hierzulande seit langem nicht unbeträchtlich.

Zu beklagen ist aber zweifellos auch eine prinzipielle Lustlosigkeit unter den Verantwortlichen im Bund, für die Geisteswissenschaften etwas zu tun, mindestens seit der Planungsbericht für ein FIZ vom August 1977 eine offenbar abschreckende Vielfalt der zu berücksichtigenden Disziplinen aufzeigte und noch dazu abweichend von der Musterkonzeption des FIZ 4 (Physik, Energie, Mathematik) keine zentrale, sondern eine dezentrale FIZ-Lösung vorschlug[4]. Als bei späteren Fortsetzungen der Planung die Standortfrage des FIZ (München oder Saarbrücken) nicht gelöst werden konnte, wurde es zusätzlich aussichtslos, wenigstens die Länderseite, von Einzelaktionen abgesehen, für eine gewisse Institutionalisierung und Absicherung geisteswissenschaftlicher IuD-Aktivitäten zu gewinnen. So sitzen die geisteswissenschaftlichen IuD-Vorhaben weitgehend zwischen allen Stühlen.

Die prinzipielle Lustlosigkeit, wie ich es genannt habe, sich für geisteswissenschaftliche Informationsversorgung zu engagieren, hat sich vor allem aber seit der Kommerzialisierung des Informationswesens und eines Denkens in extrem marktwirtschaftlichen Kategorien auch im Informationsbereich massiv verstärkt. Eine zweifellos realistische Einschätzung der Marktsituation gibt geisteswissenschaftlichen Informationsprodukten, zumal online angebotenen Datenbanken, nicht die geringste Chance, auch nur annähernd die für den Input erforderlichen Investitionen wieder einzuspielen, zumal dies auch im technisch-wissenschaftlichen Bereich nur zu geringen Teilen gelingt und bestenfalls mit Wirtschaftsdaten Kostendeckung und sogar ein Gewinn zu erzielen ist. Warum sollte man sich daher in einem Bereich engagieren, der die Defizite der Hosts mit Sicherheit vergrößert, anstatt sie abbauen zu helfen?

Mit der wachsenden Kommerzialisierung des Fachinformationswesens, die uns zweifellos vom Ausland her überrollt hat, hat sich aber hierzulande zusätzlich auch noch das Verständnis von der Rolle des Staates im FI-Bereich gewandelt. Und hier liegt eine weitere Ursache für das Schattendasein geisteswissenschaftlicher IuD-Aktivitäten. Hatte das IuD-Programm von 1974 sicherlich übertrieben oder zumindest mißverständlich formuliert die volle Zuständigkeit des Staates für Planung, Organisation und Finanzierung des Informa-

[4] Fachinformationssystem Geisteswissenschaften. Bericht der Planungsgruppe (FPG 14) im Auftrag des Bundesministers für Forschung und Technologie, August 1977, D 1.

tionsbereiches reklamiert[5], so sieht sich das neue Programm nur noch dem sog. Subsidiaritätsprinzip verpflichtet, ein Standpunkt, der in der noch nicht zu Ende gebrachten Abstimmung mit dem Wirtschaftsminister selbst auch noch strittig ist.

„Privatisierung des Fachinformationswesens" ist in diesem Zusammenhang ein Stichwort, das auf einige an der Diskussion beteiligte Verantwortliche einen magischen Reiz ausübt. Man muß sogar davon ausgehen, daß es Kräfte gibt, die mehr oder weniger explizit selbst den Bibliotheksbereich mit in diese Privatisierungsdiskussion einbezogen wissen wollen. Wo man von Bibliotheken Marketingkonzepte fordert, wie jüngst geschehen, ist man nicht weit von einer solchen Haltung entfernt.

Doch kommen wir auf die geisteswissenschaftliche Informationsversorgung zurück. Es soll hier einem fehlenden FIZ 14 nicht nachgeweint werden, zumal auch im Planungszusammenhang bis zuletzt – bei der Heterogenität der beteiligten Fachgruppen auch durchaus verständlich – keine volle Einigung auf ein gemäßigt zentrales/dezentrales Konzept möglich war. Zwischen einem zentral gesteuerten System und einer weitgehenden Beliebigkeit und Zufälligkeit der Aktivitäten, wie sie z.Zt. üblich ist, liegt aber ein breiter Spielraum für ein vernünftiges und unter den heutigen wirtschaftlichen Verhältnissen einigermaßen finanzierbares Konzept. Es bedarf nämlich m.E. unbedingt einer für die Anbieter- wie für die Nachfragerseite deutlich erkennbaren Struktur für die Fachinformationsversorgung und deutlich erkennbarer Ansprechpartner. Man sollte sich mit dem derzeitigen Zustand also nicht abfinden und tatenlos abwarten, ob sich irgendwann eine Änderung „von oben her" ergibt.

Es bedarf hier keiner neuen Einrichtungen, denn die vorhandenen einschlägigen Einrichtungen in der Bibliothekslandschaft geben m. E. gerade auch in ihrer Verteilung über das Bundesgebiet ein vollauf geeignetes Raster ab für die geforderte Struktur einer zweifellos verbesserbaren Informationsversorgung. Vorgeschlagen wird daher zu diesem Zweck die Gründung einer offenen Arbeitsgemeinschaft der geisteswissenschaftlichen Sondersammelgebietsbibliotheken sowie derjenigen Bibliotheken, die in unserem Lande eine besondere Rolle für die geisteswissenschaftliche Literaturversorgung spielen und zumal als geisteswissenschaftliche Forschungsbibliotheken fungieren – also insbesondere die

– Staatsbibliothek Preußischer Kulturbesitz
– Bayerische Staatsbibliothek
– Staats- und Universitätsbibliothek Göttingen

[5] Programm der Bundesregierung zur Förderung der Information und Dokumentation 1974–1977, Hrsg.: Der Bundesminister für Forschung und Technologie, Bonn 1975, Vorwort.

– Herzog-August-Bibliothek in Wolfenbüttel
– Stadt- und Universitätsbibliothek in Frankfurt.

Genannt sei auch das Deutsche Literaturarchiv in Marbach. Dabei könnte die jeweilige Belastung für die Mitglieder dieser AG so gering wie möglich gehalten werden.

Erste Aufgabe einer solchen Arbeitsgemeinschaft sollte es nämlich sein, die für die jeweiligen Fachgebiete *existierenden* Dienste und Aktivitäten erst einmal überhaupt transparent und besser bekannt zu machen. Wie das seit Jahren von der GID herausgegebene IuD-Stellen-Verzeichnis ausweist[6] und, vor allem, der in Kürze in Neuauflage erscheinende Führer für geisteswissenschaftliche Dokumentationsvorhaben DOGE darstellt, der vom Institut für Informationswissenschaft der Universität des Saarlandes herausgegeben wird[7], ist die Versorgungslage mit geisteswissenschaftlichen Informationsinstrumenten viel besser als gemeinhin geglaubt wird bzw. bekannt ist. Und gerade weil zahlreiche dieser nachgewiesenen Dienste als gedruckte Produkte existieren, sind ihre Zugangsbedingungen eigentlich besonders günstig. Sie sollten daher auch tatsächlich genutzt werden können. Nur setzt dies natürlich voraus, daß man sie kennt. Hier sind zu allererst lediglich Referral-Aktivitäten notwendig. Um es also deutlich zu sagen: Mein Vorschlag zielt auf keinen Fall darauf ab, der Online-Idee das Wort zu reden, als liege im Fehlen von Datenbanken das Dilemma der geisteswissenschaftlichen Informationsversorgung. Wohl aber plädiere ich ganz entschieden, um es zu wiederholen, für eine *organisierte* Verbesserung des allgemeinen Referrals im geisteswissenschaftlichen Bereich, und hier sollten die angesprochenen Bibliotheken einen konzertierten Beitrag leisten.

Die erwähnten Verzeichnisse, deren Fortschreibung unbedingt unterstützt werden muß, sind sicherlich eine wichtige Grundlage für dieses angeregte Referral, reichen aber offenbar nicht aus. Verfügbar ist in den Bibliotheken zusätzlich seit eh und je eine Fülle einschlägiger Biographien, Bibliographien und Verzeichnisse aller Art, und da und dort gibt es auch freilich meist nur disziplinbezogene Zusammenstellungen solcher Nachweisinstrumente. Die vorgeschlagene Arbeitsgemeinschaft sollte sich daher eine Meinung bilden über Möglichkeit und Form einer diese verstreut existierenden Hilfsmittel zusammenfassenden Referraldatenbank bzw. eines entsprechenden Handbuchs analog zu den existierenden Datenbankführern. Daß es übrigens gerade in dieser Hinsicht hierzulande nicht an verlegerischer Initiative mangelt, ist bekannt und

[6] Verzeichnis deutscher Informations- und Dokumentationsstellen, Ausgabe 4 – 1982/83, Hrsg.: Gesellschaft für Information und Dokumentation, München 1982.

[7] DOGE Dokumentationsstellen Geisteswissenschaften. Ausgabe 1/1982, hrsg. v.: Wolfgang von Keitz, Harald Zimmermann, Informationsstelle zum Fachinformationsbereich Geisteswissenschaften, Schriftenreihe Fachinformation Nr. 1, Saarbrücken 1982.

muß unbedingt bei der Frage nach einer entsprechenden Realisierung berücksichtigt werden.

Derlei übergreifende Initiativen zu starten hat freilich nur Sinn, wenn die interessierten Einrichtungen ihre jeweilige eigene Rolle in diesem Gesamtsystem des Informationsnachweises auch selbst intensiv wahrnehmen und nach Verbesserungen der eigenen Dienste streben. Konkret bedeutet dies, daß auch die jeweiligen örtlichen Auskunftsdienste ausgebaut werden müssen hinsichtlich ihrer sächlichen, technischen und vor allem personellen Ausstattung. Dazu muß freilich deutlich an die Unterhaltsträger dieser Bibliotheken appelliert werden, die Notwendigkeit eines solchen Auskunftsdienstausbaus als eine Maßnahme zu begreifen, die dem Benutzer unmittelbar und in besonderem Maße zugute kommt und daher dringlich ist. Sollte je an einer Stelle im Bibliotheksdienst der Einsatz moderner Technik zu Rationalisierungen auch im Personaleinsatz führen, dann müßten frei werdende Personalressourcen bevorzugt dem Auskunftsdienst zugeführt werden können.

Die Automation etwa der Akzession und der Katalogisierung, der Magazinverwaltung oder der Ausleihe massiv voranzutreiben sollte deshalb ein ernsthaftes Ziel sein, um damit das kommunikative Element an anderer Stelle in der Bibliothek zu stärken.

Appelliert werden muß in diesem Zusammenhang übrigens auch an die Ausbildungseinrichtungen, dem Thema Auskunftsdienst eine noch nachhaltigere Aufmerksamkeit zu widmen. Daß in diesem Zusammenhang zudem ein fortwährender Fortbildungsbedarf besteht, der erfüllt werden muß, versteht sich von selbst. Die vorgeschlagene Arbeitsgemeinschaft sollte sich sicherlich auch mit dieser Thematik des Ausbaus des Auskunftsdienstes, seiner Ausstattung, seiner Schulung etc. intensiv beschäftigen.

So wichtig der Auf- und Ausbau eines Referraldienstes und Referralnetzes ist, so unverzichtbar ist für die Geistenwissesschaften und dabei natürlich für die textorientierten Disziplinen in aller erster Linie das Vorantreiben der Zugangsverbesserung zu den Bibliotheksbeständen über die Kataloge. So trivial es ist, es muß dies in unserem Zusammenhang dennoch hervorgehoben werden, gerade weil in der Vergangenheit FI-Dienste fast ausschließlich mit bibliographischen Datenbanken gleichgesetzt wurden. Es kann demgegenüber aber gerade die Bedeutung der Kataloge nicht deutlich genug hervorgehoben werden.

Bislang sind diese, sofern nicht Mikrofiche-Versionen vorliegen, und dies ist nur in Ausnahmen der Fall, nur vor Ort nutzbar. Es besteht aber darüber hinaus ein dringender Bedarf gerade auch an ortsunabhängig zugänglichen Katalogen und Standortnachweisen. Zahlreiche bereits unternommene Anstrengungen, zu Verbesserungen zu kommen (z. B. Monographienverbund, Zeitschriftendatenbank, Inkunabelkatalog), auf örtlicher, regionaler, überregionaler Basis reichen leider noch nicht aus. Die laufenden Unternehmungen sind in jedem Fall zu stärken und weiter fortzusetzen. Mit Geduld ist dabei auf einen weitgehend überregionalen Verbund hinzuarbeiten. Vor rigorosen Standardisierungsforderungen ist allerdings zu warnen, wenn man in überschaubarer Zeit zu Ergebnissen kommen will.

An dieser Stelle, also bei der Frage nach Zugangsverbesserungen zu Katalogen, möchte ich nun allerdings – trotz meiner bisherigen Zurückhaltung – das Stichwort „Online-Dienst" ins Spiel bringen. Lieber sollten wir übrigens von elektronischen Katalogen sprechen, weil dann offen bleiben kann, ob sie über Telekommunikationsleitungen aus entfernten Hosts abgerufen werden oder im Stand-alone-System, offline, aber eben doch über Bildschirm zugänglich sind. Der Einsatz von Compactdiscs wird es in Zukunft möglich machen, auch sehr umfangreiche Dateien auf dem Mikrorechner am Arbeitsplatz verfügbar zu halten, ohne für jede Anfrage teure Leitungen in Anspruch nehmen zu müssen. Ortsunabhängig benutzbare elektronische Kataloge und Standortnachweise erleichtern den Fern-Leihverkehr. Zugleich ist ihr Wert für die Vorbereitung von Präsenzbenutzungen nicht-ausleihfähiger Texte unschätzbar. Bibliotheksreisen von Forschern ließen sich so sehr gezielt planen.

Als neuer interessanter Zugangsweg bietet sich sicherlich auch das Btx-Verfahren an. Btx-Kataloge dürften für den vielfach auch am heimischen Schreibtisch arbeitenden Geisteswissenschaftler ein wichtiges Referenzinstrument werden können. Mit Btx-gängigen Katalogen (inklusive Bestellverfahren und organisierter Dokumentlieferung) ließen sich auch bibliothekarisch unterversorgte Gebiete besser bedienen. Noch gibt es allerdings keine ausreichenden Erfahrungen, um eine sichere Aussage darüber zu treffen, ob der hier erforderliche Aufwand tatsächlich lohnend sein wird.

Es ist hier nicht der Ort, die vielfältigen Probleme anzusprechen, die die dv-gestützte Katalogisierung, insbesondere die Verbundkatalogisierung nach wie vor aufwirft, und darüber zu spekulieren, wie weit der Weg noch ist bis zu einem benutzerfreundlichen Zugriffssystem unter erträglichen Kosten. Hier kam es nur darauf an, die Unverzichtbarkeit technikunterstützter Kataloge gerade für die Geisteswissenschaften herauszustellen. Für quellenbewußte Geisteswissenschaftler haben sie sicherlich eine höhere Bedeutung als Datenbanken, die lediglich die periodische Literatur erschließen, so wichtig diese auch sind. Meine Intention mit dieser Aussage ist, einmal mehr die Bedeutung der *bibliothekarischen* Auskunftsmittel für die geisteswissenschaftliche Informationsversorgung herauszustellen. Sie sind höher zu bewerten und daher m. E. auch umso dringlicher zu unterstützen als dokumentarische Aktivitäten. Ich betone dies deshalb, weil ich mir wegen der klareren Zuständigkeiten im Bibliotheksbereich ein Vorantreiben einer Verbesserung der geisteswissenschaftlichen Informationsversorgung eher über die Förderung bibliothekarischer als über außerhalb des Bibliotheksbereichs angesiedelter dokumentarischer Aktivitäten verspreche, deren Förderung z. Zt. so gut wie aussichtslos erscheint.

Mit diesem Hinweis soll nun allerdings keineswegs alle Bemühung, für geisteswissenschaftliche IuD-Aufgaben doch noch einen angemessenen Platz auch in einem Bundesförderungsprogramm zu erreichen, aufgegeben werden. Um es noch einmal zu sagen: Insgesamt ist trotz aller Vielfalt vorhandener Dienste und Aktivitäten die informationelle Versorgung der Geisteswissenschaften keineswegs schon so ausreichend, daß man sich abfinden könnte mit ihrer stiefmütterlichen Behandlung durch die FI-Programme auf Bundesebene, und der Hinweis auf die Bedeutung der Kataloge, gerade auch von ortsunabhängig benutzbaren elektronischen Katalogen, sollte keinesfalls bundesseitig zu dem Fehlschluß führen, als seien diese lediglich ein Thema für die Unterhaltsträger der Bibliotheken, also im wesentlichen die Länder selbst. Der Hinweis auf den Bedarf nach überregionalen Zugriffsmöglichkeiten zielt im Gegenteil darauf ab, Argumente zu liefern, die auch eine Bundesbeteiligung ermöglichen.

Gerade an dieser Stelle möchte ich den bereits oben im Zusammenhang mit der Schilderung des Abbruchs der Bundesförderung Ende 1980 von der Finanzseite erhobenen Vorwurf aufgreifen, die Länder beteiligten sich selbst an Aktivitäten zur Verbesserung der Fachinformationsversorgung in den Geisteswissenschaften zu wenig, als daß der Bund sich hier stärker engagieren könnte. Bereits damals – und heute erst recht – läßt sich dieser Vorwurf völlig entkräften. Greift man nur einmal auf die Angaben des letzten IuD-Stellenverzeichnisses (Ausgabe 4) zurück, das für den Bereich des ehedem vorgesehenen FIZ 14 ca. 40 Einrichtungen enthält, dann zeigt sich leicht, daß die durch die heutigen Träger (Länder und Kommunen) bis zum gegenwärtigen Zeitpunkt bereits etatisierten Anstrengungen nicht unerheblich sind.

Die im Verzeichnis unter den genannten Stellen aufgeführten Personalangaben sind leider nicht völlig vergleichbar, da mehrere Institute mit weitergehender Aufgabenstellung ihr gesamtes Personal angegeben haben und nicht nur das mit Fachinformationsaufgaben i. e. S. betraute Personal. Sieht man von diesen Fällen aber ab, ergibt sich ein Durchschnitt von 8 Mitarbeitern/IuD-Einrichtung. Legt man einmal pro Stelle jährliche Kosten von 500 TDM als Durchschnittswert zugrunde, so ergibt sich derzeit ein jährlicher Aufwand von ca. 20 Mio. DM allein bei den im Verzeichnis genannten Stellen. Da durch die Aktivitäten des Bibliotheksbereichs (Auskunftsdienst, Erstellung von Spezialkatalogen und -bibliographien) aber auch in den geisteswissenschaftlichen Forschungsinstituten selbst („Bibliographien als Nebenprodukte") erhebliche weitere Fachinformationsleistungen erbracht werden, dürfte die obige Summe mindestens zu verdoppeln sein. Schon die 1980 im Auftrag des BMFT erstellte Studie, Analyse 14, sprach von einem Schätzwert von 40 Mio. DM Aufwendungen jährlich (die SSG-Aufwendungen waren dabei ausdrücklich ausgenommen)[8]. Stimmen diese Zahlen, dann ist die alte Forderung des Bundes nach einer erheblichen Eigenleistung der Länder als Voraussetzung für eine Bundesbeteiligung längst erfüllt. Der Bund sollte angesichts dieser Leistungen zur Förderpraxis von 1980 zurückkehren.

Um einmal einen Vergleichswert zu geben, da Zahlenangaben stets relativ sind: Für die beschlossene, in Vorbereitung befindliche Online-Version des Beilstein-Handbuchs der organischen Chemie ist ein Betrag veranschlagt, der den der geschätzten jährlichen Aufwendungen für die Geisteswissenschaften insgesamt noch übertrifft. Die Kosten für die Online-Version des Gmelin-Handbuchs zur anorganischen Chemie, für deren Aufbau eine Voruntersuchung läuft, sind nicht geringer prognostiziert. Selbst wenn man berücksichtigt, daß bei beiden Vorhaben die Bundesbeteiligung nur zwischen 40 und 50% liegt und sich die Finanzierung auf die nächsten zwei bis drei Jahre erstreckt, zeigt sich hier überdeutlich, in welch anderen Größenordnungen im naturwissenschaftlichen Fachinformationsbereich gedacht wird.

Nach Ausweis des FI-Programms beliefen sich die Projektmittel des BMFT für die Naturwissenschaften allein im letzten Jahr auf mehr als 26 Mio. DM. Im Jahresdurchschnitt lag die Fördersumme für naturwissenschaftliche FI-Projekte seit Ende der 70er Jahre bei ca. 22 Mio. DM. Daneben nimmt sich die Förderungssumme der DFG für bibliographische Vorhaben, die zum größten Teil wohl der geisteswissenschaftlichen Forschung zugute kommen (z.B. Gesamtkataloge und Gesamtzeitschriftenverzeichnisse, Erschließung von Spezialbeständen, Informationsvermittlung, Handschriftenkatalogisierung etc.), in Höhe von 6,5 Mio. DM für 1983 sehr bescheiden aus[9].

In der mittelfristigen Finanzplanung (Aufwendung aller Bundesressorts insgesamt für die Fachinformation: institutionelle plus Projektförderung) sind vorgesehen für

1985: DM 184188000,–
1986: DM 193495000,–
1987: DM 197085000,–
1988: DM 222214000,–[10].

[8] Analyse 14. Bericht zur Voruntersuchung organisatorischer, rechtlicher und technologischer Probleme im Fachinformationssystem Geisteswissenschaften. Prototypische Untersuchung zur Integration und zum Aufbau wesentlicher Dienstleistungen des FIS 14, im Auftrag des BMFT durchgeführt von PROGRIS Projektgruppe Informationssysteme GmbH, Berlin 1980, BMFT-Förderkennzeichen IDF 25.

[9] Deutsche Forschungsgemeinschaft, Tätigkeitsbericht 1983, S. 172.

[10] Entwurf des FI-Programms (vgl. [1]) S. 80/81.

Die vor allem im institutionellen Bereich (FIZe, Hosts) nicht unerheblichen Länderanteile sind in diesen Summen nicht enthalten.

Alle diese Mittelansätze jedoch – ich erinnere Sie an das Zitat zu Beginn meines Vortrags – sind an den geisteswissenschaftlichen Bedürfnissen vorbeigeplant. Kann hier eine Revision herbeigeführt werden? Zuständigkeitsfragen sind zweifellos stets diskutabel, und getroffene Festlegungen sollten nicht für allemal festgeschrieben bleiben. Eine Bereitschaft, diese Problematik anzugehen, ist freilich derzeit unter den Verantwortlichen nicht erkennbar.

Die allererste Voraussetzung für eine Veränderung der heutigen Situation ist daher zweifellos mehr Aktivität seitens der Betroffenen, und zwar eine energische und überzeugende Bedarfsanmeldung der Geisteswissenschaften selbst. Hieran hat es in der Vergangenheit stets gefehlt. Die Beteuerungen der wenigen IuD-Engagierten im geisteswissenschaftlichen Bereich wurden nur allzu leicht als ein Pro-domo-Appell verstanden, kaum unterstützt von den Benutzern selbst.

Der zwar oft gehörte Hinweis auf ein im Grunde ungeheuer großes Benutzerpotential im Bereich der Geisteswissenschaften (Hochschullehrer, Mitarbeiter in Forschungs- und Kulturinstituten, Lehrer, Studenten, Schüler, allgemein interessierte Bürger – es existieren leider keine Zahlenangaben) reicht allein nicht aus. Hier ist eine ausdrückliche und nur so auch politisch wirksame Bedarfsanmeldung durch Wissenschaftsverbände und Forschungsgruppen erforderlich. Und natürlich muß diese Bedarfsartikulation die Entwicklungen des wissenschaftlichen Bibliothekswesens grundsätzlich mit einbeziehen. Eine Diskussion darüber ist dankenswerterweise in jüngster Zeit in Gang gekommen[11].

Die Bereitschaft, sich in diesem Zusammenhang auch mit Möglichkeiten der Informationstechnik positiv auseinanderzusetzen, ist glücklicherweise gewachsen. Gerade auch die Geisteswissenschaftler werden ja vom Einzug der Textverarbeitung in die Büros und vom Einsatz dieser Systeme in den Redaktionsstuben bis hin zum Schreibtisch der Autoren selbst nicht verschont bleiben. Ein Dialog in dieser Sache mit den Verlagen, die längst auf elektronische Produktionsverfahren eingestellt sind und vor diesem Hintergrund über neue Produkt- und Vertriebsformen nachdenken und auch eine neuartige Funktionsteilung mit den Autoren im Sinne haben (das Stichwort heißt CAP, computer aided publishing), wird auch für die Geisteswissenschaftler unvermeidbar sein und die Dinge vorantreiben. Man muß keineswegs die Möglichkeiten moderner Informationstechnik euphorisch beurteilen, um nicht doch deutliche Vorzüge für ihren Einsatz auch im geisteswissenschaftlichen Raum zu sehen. Nachdem es anfangs

[11] Vgl. Fabian, Bernhard: Buch, Bibliothek und geisteswissenschaftliche Forschung, Göttingen 1983.

vor allem die Geisteswissenschaften waren, die von der Erfindung Gutenbergs profitiert haben, ist nicht einzusehen, daß die modernen Informationstechniken und modernen Instrumente der Informationsversorgung für die Geisteswissenschaften belanglos sein sollen. Hat man dies schließlich einmal im Blick, wird sich die bisher nur schwache Bedarfsanmeldung auch nach neuen Zugangswegen zur Information sicherlich verstärken.

Es kann hier kein Rezept für eine Beschleunigung dieses Prozesses gegeben werden, dessen Ergebnis gerade auch denen zugute kommt, die heute noch mit oft völlig unzureichender Ausstattung Informationsvermittlungsdienste leisten müssen. Denn fehlt zwar, wie gesagt, noch weitgehend eine politisch wirksame Bedarfsartikulation, um förderpolitisch eine verbesserte Lage herbeizuführen, so ist Informationsbedarf im Einzelfall vor Ort natürlich durchaus vorhanden und will befriedigt werden, unabhängig von der jeweiligen vorhandenen Ausstattung, unter deren Mängeln sicherlich aber die Vermittler mehr zu leiden haben als die Anfrager. Ob es da nicht letztendlich sogar wirkungsvoller ist, wenn diejenigen, die professionell Informationsvermittlung betreiben, die Initiative ergreifen und politisch aktiv werden, bevor sich die Nutzer, die es eigentlich tun müßten, dazu verstehen können? Ich halte es für völlig legitim, wenn sich der Bibliotheksbereich hier nicht nur für seine Benutzer verwendet, sondern durchaus eigennützig argumentiert. Denn das Fehlen ausreichender Informationsdienste und -instrumente geht zu allererst zu Lasten der Vermittler. Die Tagesarbeit der Informationsvermittler erfordert unter diesem Aspekt längst eine stärkere Aufmerksamkeit als bisher. Und wie benachteiligt gerade diejenigen sind, die hier für die geisteswissenschaftliche Informationsversorgung tätig sind, sollten die vorgestellten Daten und Fakten ausweisen. Es ist sicherlich nicht übertrieben, hier geradezu von einer Diskriminierung zu reden. Sie trifft eben nicht nur die Geisteswissenschaftler, sondern in starkem Maße auch die Bibliothekare. Die genannte Diskriminierung, die den gegenwärtigen Zustand fortschreibt, sollte deshalb auch von den Bibliotheken nicht länger hingenommen werden.

HANS POPST

Die bibliographische Situation im Bereich der Geisteswissenschaften

Mit Sicherheit kann „Die bibliographische Situation im Bereich der Geisteswissenschaften“ in einem halbstündigen Referat nicht angemessen dargestellt werden. Im folgenden soll daher nur versucht werden, Probleme, Tendenzen und Desiderate an Beispielen aus dem Bereich der konventionellen Bibliographien und vorzugsweise aus bibliothekarischer Sicht aufzuzeigen.

Wesentliche *Gesichtspunkte*, nach denen die bibliographische Situation eines Wissenschaftsfaches beurteilt werden kann, sind am Zweck orientierte Typenvielfalt, Erschließungsumfang und -komfort sowie Aktualität der bibliographischen Verzeichnisse dieses Faches.

Die bibliographische *Grundversorgung* eines Wissenschaftsfaches ist dann gewährleistet, wenn es eine in kurzen Abständen periodisch erscheinende, aktuelle Bibliographie gibt, die alle für die Forschung wesentlichen Neuerscheinungen verzeichnet und durch möglichst umfassende retrospektive Verzeichnisse sowie thematische Bibliographien für Teilbereiche dieses Faches ergänzt wird. Vor allem im Bereich der Literatur gehören zur Grundversorgung auch noch Epochen- und Personalbibliographien, in den historischen Fächern Epochen- und Regionalbibliographien.

In der Ihnen vorliegenden „Übersicht über den Erschließungsumfang und die Aktualität ausgewählter geisteswissenschaftlicher Fachbibliographien“ finden Sie neben 13 auf einzelne Fächer bezogenen Bibliographien, die dem Grundmuster einer periodischen Fachbibliographie entsprechend selbständige und unselbständige Literatur enthalten, auch zwei Verzeichnisse, die nur unselbständig Erschienenes berücksichtigen: als Nr. 1 den „Arts & humanities citation index“ als fächerübergreifende Bibliographie für den Gesamtbereich der Geisteswissenschaften; als Nr. 9 die „Internationale Bibliographie der Zeitschriftenliteratur (IBZ)“ als Allgemeinbibliographie. Solche Verzeichnisse sind immer dann ergänzend zu den Fachbibliographien heranzuziehen, wenn diese aufgrund des festgelegten Kanons der ausgewerteten Zeitschriften und Sammelwerke bestimmte, fachlich einschlägige Aufsätze nicht verzeichnen, weil letztere in einer Zeitschrift eines anderen Faches erschienen sind.

In bezug auf den Erschließungsumfang scheint auf den ersten Blick der „Arts & humanities citation index“ dank seiner Beschränkung auf die Geisteswissenschaften mit im Jahre 1983 verzeichneten 117000 „Items“ das titelreichere Verzeichnis zu sein. Da aber „Items“ unselbständige bibliographische Einheiten wie Aufsätze, Rezensionen, Leserbriefe, Nachrichten u. ä. sein können und die Anzahl der Aufsätze nur 30000, gegenüber z. B. 51000 Buchbesprechungen, beträgt, kann die IBZ mit ihren im Jahrgang 1983 verzeichneten ca. 135000 Aufsätzen, wovon, also etwa 47000, also gut ein Drittel auf die Geisteswissenschaften entfallen, eindeutig als das bedeutendere der beiden Verzeichnisse gelten. Dies gilt umso mehr, als ja die in der IBZ fehlenden Rezensionen in der parallel erscheinenden „IBR“, der „Internationalen Bibliographie der Rezensionen“ verzeichnet werden und die IBZ korrekte originalsprachige Zitate liefert, wohingegen im „Source index“ des „Arts & humanities citation index“ bei anderen als englischsprachigen Titeln nur ins Englische übersetzte Sachtitel angegeben werden, was zu permanentem Nachbibliographieren nach einer Literatursuche führt und aus der Sicht der geltenden Zitierpraxis als unseriös bezeichnet werden muß. Ob dieser Nachteil durch den Vorteil des großzügig angelegten „Permuterm subject index“ mit seinen Stichwortkombinationen und vor allem des „Citation index“ mit seiner völlig anderen Literatursuchmöglichkeit durch Verfolgen von Zitierzusammenhängen aufgewogen wird, hängt vom Benutzungszweck ab: Für die Titelüberprüfung liegen, abgesehen von der noch zu untersuchenden Aktualität, die Vorteile sicher bei der IBZ, für die Literatursuche aber beim „Arts & humanities citation index“.

Bei den 13 untersuchten periodischen *Fachbibliographien* liegt dem Erschließungsumfang nach die „MLA international bibliography“ (Nr. 4 der Übersicht) mit 42500 Titeln für das Berichtsjahr 1983 an der Spitze. Vergegenwärtigt man sich allerdings die Tatsache, daß dieses Verzeichnis den Gesamtbereich der neueren Sprachen und Literaturen abdeckt, dann beeindruckt diese Zahl weniger als etwa die über 23000 Titel für das Berichtsjahr 1982 in der „Internationalen germanistischen Bibliographie (IGB)“ (Nr. 10) oder die 18500 Titel im Jahrgang 1983 der „Historical abstracts“ (Nr. 6). Da es sich bei den „Historical abstracts“ um ein Referateblatt handelt, in dem neben den erst neuerdings und ohne Referierung berücksichtigten Monographien hauptsächlich mit *Referaten* versehene Aufsätze verzeichnet sind, ist diese Zahl umso imponierender. Im krassen Gegensatz dazu bietet die „International bibliography of historical sciences (IBOHS)“ (Nr. 14) als Titelbibliographie mit betont auswählendem Charakter für das Berichtsjahr 1980 und demselben Erschließungsbereich nur knapp 7200 Titel.

Aus bibliothekarischer Sicht ist das Streben nach Vollständigkeit in einer Bibliographie der wertenden Auswahl vorzuziehen: Jeder zusätzlich verzeichnete Titel erhöht die Chance, bei der Titelsuche an der vermuteten Stelle fündig zu werden.

Daß es im Bereich der Geisteswissenschaften im Gegensatz zum naturwissenschaftlichen Bereich nur wenige bedeutende Referateorgane gibt, hängt damit zusammen, daß es wesentlich schwerer ist, geisteswissenschaftliche Sachverhalte in knapper Zusammenfassung wiederzugeben als naturwissenschaftliche. Die „Germanistik" (Nr. 2), die sich selbst als Referateorgan bezeichnet, ist kein echtes Verzeichnis dieses Typs, weil sie nur Monographien referiert und die der Zahl nach viel umfangreicheren Aufsätze nur mit bibliographischen Daten im Sinne einer Titelbibliographie berücksichtigt.

Eine größere Rolle spielen in den Geisteswissenschaften die *Rezensionen*. Sie sind wesentlich länger als Referate, haben als Buchbesprechungen häufig einen Umfang von mehreren Seiten und können so geisteswissenschaftlichen Fragestellungen eher gerecht werden. Auf die Verzeichnung der Rezensionen in der IBR und im „Arts & humanities citation index" ist bereits hingewiesen worden. Mit dem „Index to book reviews in the humanities" liegt eine fächerübergreifende periodische Rezensionsbibliographie für den Gesamtbereich der Geisteswissenschaften vor, die allerdings den Nachteil hat, daß sie nur wenige nicht englischsprachige Besprechungen verzeichnet.

Die meisten periodischen Titelbibliographien verzeichnen Rezensionen im Anschluß an das rezensierte Werk: Das gilt z. B. für die „Bibliographie der deutschen Sprach- und Literaturwissenschaft" (Nr. 3), die „Bibliographie linguistischer Literatur (BLL)" (Nr. 7), die IGB (Nr. 10), „L'année philologique" (Nr. 11), die „Annual bibliography of English language and literature" (Nr. 12), die „IBOHS" (Nr. 14) und die „Romanische Bibliographie" (Nr. 15). Dem Vorteil, daß das rezensierte Werk und die dazugehörigen Rezensionen an einer Stelle zu finden sind, steht der Nachteil gegenüber, daß Laien in Sachen Bibliographie solche Zitate häufig mit Zeitschriftenaufsätzen verwechseln.

Um dieses Mißverständnis nicht aufkommen zu lassen, verzeichnet das „Répertoire bibliographique de la philosophie" (Nr. 5) die Rezensionen in einem Anhang im Anschluß an den Hauptteil. Der Umstand allerdings, daß die Eintragungen des Anhangs im Register des „Répertoire" nur auf dem Umweg über die Eintragungen des Hauptteils erschlossen werden, führt bei den Benutzern dieser Bibliographie permanent zu Mißverständnissen und Ratlosigkeit.

In der „Revue d'histoire ecclésiastique" werden beide Verfahren für die Verzeichnung von Rezensionen angewandt: Im Hauptteil folgen unmittelbar auf die Angaben zu einem erstmalig angezeigten Buch die bis zum Redaktionsschluß ermittelten Besprechungen; später ermittelte Besprechungen werden in den Rezensionsnachträgen „Comptes rendus d'ouvrages précédemment annoncés" des nächsten Jahrgangs der „Revue" mitgeteilt.

Für die Bewertung wissenschaftlicher Neuerscheinungen spielen neben den Rezensionen die *Fortschrittsberichte* – in den Geisteswissenschaften häufig etwas irreführend „Forschungsberichte" genannt – eine wesentliche Rolle. Sie stellen im fortlaufenden Text die Forschungssituation eines Faches oder Teilbereiches eines Faches dar, vergleichen Publikationen zum selben oder verwandten Forschungsgegenständen und zeigen auf, was sich an Neuerungen oder Tendenzen in einem bestimmten Bereich als Veröffentlichung niedergeschlagen hat.

In „The year's work in modern language studies" sind die bibliographischen Angaben der zitierten Arbeiten in den Text des Fortschrittsberichts eingestreut; häufig, insbesondere in älteren und unselbständig erschienenen Fortschrittsberichten, sind sie aber auch in Fußnoten, z. B. in den „Jahresberichten der Geschichtswissenschaft", oder in Form einer Literaturübersicht nach oder vor dem Bericht dargeboten, z. B. in den Bänden der ersten Folge der „Jahresberichte für deutsche Geschichte".

Die bibliographische Erfassung der zahlreichen unselbständig erschienenen Fortschrittsberichte in dem von der Staatsbibliothek Preußischer Kulturbesitz in Kartenform herausgegebenen „Katalog geisteswissenschaftlicher Fortschrittsberichte" ist für die Jahre 1965–1975 durch einen Ergänzungsband zu den „Bibliographischen Berichten" mit dem Titel „Geisteswissenschaftliche Fortschrittsberichte" leichter zugänglich gemacht worden. Eine Fortsetzung dieser Verzeichnung in Buchform und in schnellerer periodischer Folge wäre wünschenswert.

Die Aktualität oder Inaktualität einer periodischen Bibliographie wird durch den Berichtsverzug, d. h. durch den Abstand zwischen den Erscheinungsjahren der Bibliographie und denen der verzeichneten Dokumente bestimmt. Von einer wirklich aktuellen Bibliographie kann man sprechen, wenn bei jährlicher oder häufigerer Erscheinungsweise erheblich mehr als die Hälfte der Titel aus dem Erscheinungsjahr und dem ihm vorhergehenden Jahr stammen. Von den mittels Stichproben untersuchten 15 Verzeichnissen können demnach fünf als *aktuell* bezeichnet werden: Es sind dies der „Arts & humanities citation index", die „Germanistik", die „Bibliographie der deutschen Sprach- und Literaturwissenschaft", die „MLA international bibliography" und das „Répertoire bibliographique de la philosophie". Dabei fällt auf, daß in drei Fällen die Aktualität durch das Erscheinen mehrerer Bände bzw. Hefte pro Jahr erreicht wird: Der „Arts & humanities citation index" erscheint springend kumulierend in zwei Viermonats- und einer Jahresausgabe, die „Germanistik" und das „Répertoire bibliographique de la philosophie" erscheinen in vier Vierteljahresausgaben mit zusammenfassendem Jahresregister.

Als *bedingt aktuell* können die „Historical abstracts", die „Bibliographie linguistischer Literatur (BLL)", die „Revue d'histoire ecclésiastique (RHE)", die „Internationale Bibliographie der Zeitschriftenliteratur (IBZ)", die „Internationale germanistische Bibliographie (IGB)" und „L'année philologique" gelten, da bei ihnen mehr als die Hälfte der Titel Erscheinungsjahre aufweisen, die zwei und mehr Jahre vor dem Erscheinungsjahr der sie verzeichnenden Bibliographie liegen.

Die „Annual bibliography of English language & literature", die „Jahresberichte für deutsche Geschichte", die „International bibliography of historical sciences (IBOHS)" und die „Romanische Bibliographie" müssen dagegen als *inaktuell* bezeichnet werden, weil bei ihnen mehr als die Hälfte der Titel aus Erscheinungsjahren stammen, die drei und mehr Jahre vor dem Erscheinungsjahr der betreffenden Bibliographie liegen. Bezeichnend ist dabei, daß zwei der vier Verzeichnisse, nämlich die „Jahresberichte für deutsche Geschichte" und die „Romanische Bibliographie", den Berichtsverzug törichterweise durch zweijährliches Erscheinen bekämpfen wollen, wodurch sie immer noch inaktueller werden.

Für die Praxis der bibliothekarischen Titelsuche oder -verifizierung in bereits erschienenen Bänden periodischer Fachbibliographien wird Aktualität allerdings unter einem anderen Blickwinkel gesehen: Als aktuell gilt eine Bibliographie dann, wenn sie einen möglichst hohen Prozentsatz von Titeln aus dem angegebenen *Berichtsjahr* enthält. Bei dieser Betrachtungsweise besteht die Spitzengruppe aus der „Annual bibliography of English language and literature", dem „Arts & humanities citation index", der „IBOHS", der „Bibliographie der deutschen Sprach- und Literaturwissenschaft" und der „Internationalen germanistischen Bibliographie". Auffällig ist dabei, daß bei veränderter Betrachtungsweise zwei Verzeichnisse aus dem vorher erwähnten Schlußdrittel, nämlich die „Annual bibliography" und die „IBOHS", in der Spitzengruppe landen.

Alle verspätet, d. h. nicht im angegebenen Berichtsjahr, sondern danach, als Nachträge verzeichneten Titel zwingen den Bibliographierenden zu mehrmaligem Nachschlagen in verschiedenen Jahrgängen, weshalb Bibliographien, in denen dies überwiegend notwendig ist, aus dieser Sicht als besonders inaktuell gelten. Bei den hier betrachteten Beispielen trifft dies für die „Jahresberichte für deutsche Geschichte", die „Revue d'histoire ecclésiastique" und die „Germanistik" zu.

Eindeutig fällt das Gesamturteil bezüglich der Aktualität bzw. Inaktualität bei den Verzeichnissen aus, die nach beiden Betrachtungsweisen in der Spitzen- bzw. Schlußgruppe landen: Der „Arts & humanities citation index" und die „Bibliographie der deutschen Sprach- und Literaturwissenschaft" sind nach dem derzeitigen Stand als sehr aktuell, die „Jahresberichte für deutsche Geschichte" sind als sehr inaktuell zu bezeichnen.

Um den in den periodischen Fachbibliographien bei gründlicher Verzeichnung aufgrund von Autopsie in gewissem Umfang nicht zu vermeidenden Berichtsverzug zu überbrücken, ist in den letzten Jahrzehnten der Typ des *Schnellinformationsdienstes* entstanden. In schneller Folge erscheinend – „Current contents/Arts & humanities“ z. B. wöchentlich – geben diese Dienste Kopien der Inhaltsverzeichnisse neuer Zeitschriftenhefte wieder und werden häufig nur durch eine Übersicht der berücksichtigten Zeitschriften erschlossen.

Für einzelne geisteswissenschaftliche Fächer erscheinen in der Bundesrepublik z. B. monatlich der „Zeitschrifteninhaltsdienst Theologie“, herausgegeben von der Theologischen Abteilung der Universitätsbibliothek Tübingen, vierteljährlich „Current contents Linguistik“, herausgegeben von der Stadt- und Universitätsbibliothek Frankfurt am Main, und ebenfalls vierteljährlich „New contents Slavistics“, herausgegeben von der Bayerischen Staatsbibliothek München.

Wenden wir uns nun dem Bereich der retrospektiven Fachbibliographien zu, der am Beispiel der Fächer Philosophie, Geschichte und deutsche Literatur beleuchtet werden soll. – Friedrich *Überwegs* „Grundriß der Geschichte der Philosophie“, eine Kombination aus Darstellung und Bibliographie, erscheint seit 1984 in einer Neubearbeitung, deren vorliegender 3. Band mit dem Titel „Ältere Akademie, Aristoteles, Peripatos“ eine gediegene retrospektive Grundbibliographie für das Fach Philosophie erwarten läßt. Die Berichtszeit schließt an die der letzten Ausgabe des „Überweg“ aus den zwanziger Jahren an und verzeichnet ältere Literatur nur dann, „wenn sie auch heute noch von grundsätzlicher Bedeutung ist“. Das bedeutet, daß für ältere Literatur weiterhin die 12., bei Bd. 2 die 11., zwischen 1923 und 1928 erschienene Auflage benutzt werden muß. Da bei der Neubearbeitung allein für die vorchristliche griechische Philosophie vier Bände vorgesehen sind, dauert es möglicherweise noch Jahrzehnte, bis der neue „Überweg“ vorliegt.

Daß die bibliographische Situation in diesem Fach trotzdem als sehr günstig zu bezeichnen ist, liegt in der Tatsache begründet, daß Wilhelm *Totoks* „Handbuch der Geschichte der Philosophie“ wohl bald vollständig vorliegt. Während sowohl im alten „Überweg“ als auch in Totoks Handbuch alle Titel in fortlaufender Schreibweise dargeboten werden, bietet der neue „Überweg“ die Titel im bibliographischen Teil deutlich voneinander abgesetzt und – zur leichteren Auffindbarkeit über das Register – auch durchnumeriert.

Daß eine Bearbeitungszeit von mehreren Jahrzehnten bei großangelegten retrospektiven Fachbibliographien nicht die Ausnahme, sondern eher die Regel darstellt, zeigen zahlreiche Beispiele. Während Totoks seit 1964 erscheinendes Handbuch sich aber immerhin einem Abschluß nähert, ist im Moment nicht abzusehen, wann die 10. Auflage des „*Dahlmann/Waitz*“, der „Quellenkunde der deutschen Geschichte", zu Ende geführt wird. Seit 1965, dem Erscheinungsjahr der ersten Lieferung, sind etwas mehr als die Hälfte der Bände bzw. Lieferungen erschienen, wobei die Register noch nicht berücksichtigt sind. Dabei glänzt der „Dahlmann/Waitz" nicht etwa durch ausführliche, fachkundig dargebotene bibliographische Daten, die dieses langsame Erscheinen erklären könnten. Ganz im Gegenteil: Bei Aufsätzen werden keine Seitenzahlen angegeben; bei Monographien fehlt meistens der Erscheinungsort. Zum Ausgleich werden dann bei einer Monographie gelegentlich vier Herausgeber aufgezählt, natürlich alle mit abgekürzten Vornamen, oder es wird neben einem Verfasser auch noch der Vorredner zitiert. Die Bearbeiter des „Dahlmann/Waitz" haben wohl noch nichts von der Leihverkehrsordnung gehört, die bestimmte Mindestforderungen an ein Zitat stellt, ganz zu schweigen von Normen und bibliothekarischen Regelwerken. Überwiegend fortlaufende Schreibweise der Titel, kleiner Druck und fehlende Teilregister für die bereits fertiggestellten Bände tun ein übriges dazu, daß Bibliothekare die 10. Auflage des „Dahlmann/Waitz" kaum benutzen und – das wiegt schwerer – sie auch kaum den Benutzern empfehlen.

Einige der genannten Mängel weist auch die von Günter *Albrecht* und Günther *Dahlke* herausgegebene „Internationale Bibliographie zur Geschichte der deutschen Literatur von den Anfängen bis zur Gegenwart" auf. Das Kleingedruckte ist hier zum Teil nicht einmal durch Spaltenbildung aufgelokkert, und für wichtige Zwischenüberschriften wird bei fortlaufender Schreibweise häufig noch nicht einmal eine neue Zeile angefangen. Bei Aufsätzen werden wie beim „Dahlmann/Waitz" keine Umfangsangaben gemacht, und bei Monographien wird im Grundwerk des „Albrecht/Dahlke" kein Erscheinungsort angegeben. Im 1984 erschienenen zweiteiligen Zehnjahresergänzungsband 1965–1974 werden nun zwar die Erscheinungsorte bei Monographien angegeben, ansonsten sind aber weiterhin alle Angaben bis zur Unkenntlichkeit abgekürzt.

Genug der negativen Gemeinsamkeiten mit dem „Dahlmann/Waitz", denn der „Albrecht/Dahlke" hat auch Positives zu bieten: Da ist zunächst die Tatsache des schnellen Erscheinens des Grundwerkes zwischen 1969 und 1977 sowie des bereits erwähnten Zehnjahresergänzungsbandes, in dem bei allen Kapiteln auf die entsprechenden Stellen des Grundwerkes verwiesen wird. Da ist außerdem der beeindruckende Titelreichtum und der anderweitig in diesem Maße nicht mögliche Nachweis der Forschungsliteratur aus den Ostblockstaaten.

Stellt man dem „Albrecht/Dahlke" für die begrenzte Berichtszeit von 1945 bis 1969 bzw. 1972 das von Clemens *Köttelwesch* herausgegebene „Bibliographische Handbuch der deutschen Literaturwissenschaft" zur Seite und berücksichtigt man für die ältere Zeit den Torso des „*Goedeke*", so kann durchaus von einer zufriedenstellenden Situation bei den retrospektiven Fachbibliographien zur deutschen Literaturwissenschaft gesprochen werden. Sollte das von Hans-Gert *Roloff* initiierte großangelegte biographische und bibliographische Lexikon „Die deutsche Literatur" in diesem Jahrhundert noch zu nennenswerten Ergebnissen kommen, so wäre es wohl wirklich *das* Jahrhundertwerk. Dieses Lexikon soll in sechs Reihen für verschiedene literarische Epochen und jede Reihe wiederum in zwei Abteilungen, nämlich Autorenlexikon und Forschungsliteratur, gegliedert werden. Die bislang vorliegenden Lieferungen glänzen durch übersichtlich dargebotene, voneinander abgesetzte und durchnumerierte Titelaufnahmen mit vollständigen Angaben ohne nennenswerte Abkürzungen. Kurz: Bei der formalen Gestaltung des bibliographischen Teils wird alles, was bei „Albrecht/Dahlke" zu bemängeln war, besser und schöner gemacht. Vergegenwärtigt man sich allerdings, daß seit 1980 erst fünf Lieferungen mit 400 Seiten und 7175 Titeln erschienen sind und daß diese fünf Lieferungen nur einen winzigen Bruchteil der Abteilung B „Forschungsliteratur" der Reihe II „Die deutsche Literatur zwischen 1450 und 1620" darstellen, so ist zu befürchten, daß dieses Projekt an seinem Gigantismus zugrunde geht und in Schönheit stirbt.

Wegen der großen Anzahl der existierenden Verzeichnisse und der Kürze der Zeit kann auf die Situation im Bereich der thematischen, Epochen- und *Personalbibliographien* hier nicht eingegangen werden. Zu den personalbibliographischen Teilen innerhalb retrospektiver oder periodischer Fachbibliographien zur Literaturwissenschaft sei jedoch angemerkt, daß es unverständlich ist, warum sie in so viele Personenalphabete zerstückelt werden müssen, wie die betreffende Bibliographie Epochen aufweist. In „L'année philologique" und seinen Vorläufern wird seit Jahrzehnten vorgeführt, wie praktisch ein einziges Alphabet von Autoren und anonymen Werken ist, was den systematischen Teil, der daneben selbstverständlich notwendig ist, in keiner Weise beeinträchtigt.

Auch bei den Registern ist den Benutzern einer Bibliographie in der Regel mit einem einzigen Alphabet am besten gedient. Zum „Bibliographischen Handbuch der deutschen Literaturwissenschaft" gibt es z. B. ein Verfasserregister, ein Register der behandelten Personen und ein Sachregister. Sucht jemand alles von und über eine Person, so muß er bei getrennten Registern zweimal nachschlagen. In den letzten Jahrgängen der „Bibliographie der deutschen Sprach- und Literaturwissenschaft" gibt es zwar nur mehr zwei Register, nämlich ein Namen- und ein Sachregister, aber auch für diese Trennung dürfte schwerlich eine hieb- und stichfeste Begründung zu finden sein. Bei einem einzigen Register kann es jedenfalls nicht passieren, daß man im falschen Alphabet landet. – Nicht einzusehen ist auch, warum es in fast keiner periodischen Fachbibliographie Registereintragungen unter Sachtiteln anonymer Werke gibt. Nicht in jedem Fall ist nämlich der Herausgeber bekannt, und selbst wenn er bekannt ist, leuchtet es nicht ein, warum er gerade in einem Register zu finden sein soll, das sich „Verfasserregister“ nennt.

Durch die Erschließung des Inhalts älterer Zeitschriften können gerade im Bereich der Literaturwissenschaft noch echte Funde gemacht werden. Erschließt der von Paul Raabe herausgegebene „Index Expressionismus“ noch relativ leicht zugängliches Material, so ist dies beim „Index zu deutschen Zeitschriften 1773–1830“ von Paul Hocks und Peter Schmidt nicht der Fall, und man wünscht sich gerade deshalb, daß dieses Unternehmen, das erst mit der Abteilung I für 14 Zeitschriften der Berliner Spätaufklärung vorliegt, nicht wie so viele andere steckenbleibt. – In diesem Zusammenhang ist auch Alfred Estermanns zehnbändiges Werk „Die deutschen Literaturzeitschriften 1815–1850“ (erschienen 1978–1981) zu nennen. Es erschließt zwar die darin verzeichneten Zeitschriften nur nach Autoren, ohne deren Beiträge zu nennen, schafft aber damit eine gute Ausgangsbasis für die Erarbeitung von Personalbibliographien.

Im Bereich der Erschließung alter Buchbestände werden zur Zeit gute Fortschritte gemacht: Das von der Bayerischen Staatsbibliothek in Verbindung mit der Herzog-August-Bibliothek in Wolfenbüttel herausgegebene „Verzeichnis der im deutschen Sprachbereich erschienenen Drucke des XVI. Jahrhunderts (VD 16)“ erscheint zügig, und die von der Bayerischen Staatsbibliothek und der Niedersächsischen Staats- und Universitätsbibliothek Göttingen begonnene Altbestandskatalogisierung wird nicht nur für den Bestands-, sondern auch für den bibliographischen Nachweis der Drucke des 17. und 18. Jahrhunderts eine erhebliche Verbesserung bedeuten. Da bei dem zuletzt genannten Unternehmen alle Titel für die EDV erfaßt werden, ist zu hoffen, daß als Ersatz für eine wohl nicht zu verwirklichende Sacherschließung wenigstens Stichwortregister erstellt werden. Beim „VD 16“ staunt man ohnehin, daß zwar mit größter Selbstverständlichkeit Register der Druckorte, der Drucker und der Verleger angekündigt werden, von einem Sachregister, und sei es nur ein Stichwortregister, aber nicht die Rede ist. Wir sollten darüber nachdenken, ob es nicht eine Pervertierung unseres beruflichen Selbstverständnisses bedeutet, wenn wir zwar Druckorte, Drucker und Verleger, nicht aber die Inhalte unserer alten Bücher erschließen.

Übersicht über den Erschließungsumfang und die Aktualität ausgewählter geisteswissenschaftlicher Fachbibliographien
(Angaben zur Aktualität aufgrund einer Stichprobe von jeweils 100 ausgezählten Titeln)

1. *Arts & humanities citation index* : A&HCI
1983 *(1984)* 117000 „Items", davon 30000 Aufsätze und 51000 Rezensionen
'83: 84; '82: 14; '81: 1; '80: 1.
2. *Germanistik:* internat. Referateorgan...
1983 7285 Eintragungen
'83: 44; '82: 23; '81: 7; '80: 10; '79 und früher: 16.
3. *Bibliographie der deutschen Sprach- und Literaturwissenschaft*
1983 *(1984)* 10075 Eintragungen
'83: 77; '82: 21; '81: 0; '80: 2.
4. *MLA international bibliography of books and articles on the modern languages and literatures*
1983 *(1984)* 42500 Eintragungen
'83: 55; '82: 41; '81: 3; '80: 0; '79: 0; '78: 1.
5. *Répertoire bibliographique de la philosophie*
1983 12395 Eintragungen (ohne Rezensionen-Anhang)
'82: 53; '81: 27; '80: 11; '79: 7; '78: 2.
6. *Historical abstracts*
1983 18500 Eintragungen
'83: 2; '82: 40; '81: 51; '80: 5; '79: 2.
7. *Bibliographie linguistischer Literatur* : BLL
1983 *(1984)* 16846 Eintragungen
'84: 1; '83: 42; '82: 46; '81: 6; '80:5.
8. *Revue d'histoire ecclésiastique* : RHE
1983 *(1983/84)* 8620 Eintragungen (ohne Nachträge für Rezensionen)
'84: 1; '83: 20; '82: 58; '81: 14; '80: 5; '79: 2.
9. *Internationale Bibliographie der Zeitschriftenliteratur* : IBZ
1983 *(1984)* ca. 135000 Aufsätze, davon ca. 47000 geisteswissenschaftliche
'83: 25; '82: 48; '81: 18; '80: 8; '79: 1.
10. *Internationale germanistische Bibliographie* : IGB
1982 *(1984)* 23132 Eintragungen
'82: 75; '81:19; '80: 4; '79: 2.
11. *L'année philologique*
1982 *(1984)* 13672 Eintragungen
'82: 73; '81: 22; '80: 5.
12. *Annual bibliography of English language and literature* : ABELL
1980 *(1983)* 15784 Eintragungen
'80: 87; '79: 11; '78: 2.
13. *Jahresberichte für deutsche Geschichte*
1980/81 *(1983)* 10718 Eintragungen
'81: 12; '80: 27; '79: 34; '78: 15; '77: 7; '76 und früher: 5.
14. *International bibliography of historical sciences* : IBOHS
1980 *(1984)* 7176 Eintragungen
'80: 78; '79: 16; '78: 6.
15. *Romanische Bibliographie*
1979/80 *(1984)* 16308 Eintragungen
'80: 47; '79: 32; '78: 7; '77: 10; '76: 4.

5. PODIUMSDISKUSSION – EINFÜHRUNG

BERNHARD FABIAN

Zwischen Buch und Bildschirm

Die Bibliothek als Stimulans der geisteswissenschaftlichen Forschung

Wie die Forschung effizient gefördert werden kann, wird seit einiger Zeit allenthalben als eine Frage von wachsender Dringlichkeit empfunden. Die ‚goldenen' sechziger Jahre, in denen Forschungsförderung allein eine Sache des dafür bereitgestellten Geldes zu sein schien, sind in historische Distanz gerückt. Die siebziger Jahre haben uns den Blick dafür geschärft, daß unabhängig von finanziellen Mitteln organisatorische Strukturen forschungsfördernd oder forschungshemmend wirken können. Die erste Hälfte der achtziger Jahre hat uns vor die Notwendigkeit gestellt, unter widrigen finanziellen und häufig auch institutionellen Bedingungen pragmatische Lösungen zu finden. Im nächsten Jahrzehnt, wenn nicht für längere Zeit, werden wir uns der Aufgabe gegenübersehen, neue Voraussetzungen dafür zu schaffen, daß unsere Forschung in einem nicht immer wissenschaftsfreundlichen Klima unter scharfem internationalem Konkurrenzdruck optimale Leistungen erbringen kann.

In den Naturwissenschaften ist die Diskussion um Erfordernisse und Möglichkeiten der Forschungsförderung in vollem Gange, und hier gibt es auch Versuche, die Geschichte der Forschung nicht nur unter wissenschaftstheoretischen, sondern auch unter institutionshistorischen Gesichtspunkten als einen Prozeß von Problemstellungen und Lösungsversuchen zu begreifen. Die spezifische Institutionsgebundenheit der modernen naturwissenschaftlichen Forschung läßt es dabei als selbstverständlich erscheinen, daß gute institutionelle Grundlagen keineswegs für sich allein gute Forschungsleistungen garantieren, andererseits aber auch hervorragende Forschungsleistungen nicht ohne entsprechende institutionelle Vorbedingungen erwartet werden können. In der Folge richtet sich die Aufmerksamkeit mehr und mehr auf die bislang nur unzureichend ergründete und vielleicht auch durch eine Reihe von Komponenten nicht ohne weiteres ergründbare Abhängigkeit der Forschungsleistung vom Wechselspiel zwischen dem Wissenschaftler und der ihn tragenden Institution.

In den Geisteswissenschaften ist ein entsprechendes Problembewußtsein nur rudimentär und in vieler Hinsicht überhaupt nicht ausgebildet. Dies hat vor allem zwei Gründe. Einmal wird die geisteswissenschaftliche Forschung, die über weite Strecken Individualforschung ist und es voraussichtlich auch bleiben wird, als eine überwiegend institutionsunabhängige Forschung betrachtet. Da sie keine der naturwissenschaftlichen Forschung vergleichbare apparative Ausstattung aufweist, scheint sie, verbreiteter Meinung zufolge, organisierter oder organisierbarer institutioneller Voraussetzungen nicht zu bedürfen. Zum anderen wird die Bibliothek, die die unabdingbare Grundlage aller geisteswissenschaftlichen Forschung darstellt, nicht als Institution, das heißt: als ‚strategische' Einrichtung mit einer vorgegebenen Aufgabe verstanden, sondern als eine bloße Büchersammlung von nicht näher definierter Zweckbestimmung.

In modischer Formulierung müßte dies eine Situation von hohem ‚Theoriedefizit' heißen. Ich vermeide diesen Ausdruck ebenso wie andere, nicht minder anspruchsvolle, weil aus meiner Sicht die notwendigen Überlegungen über die künftige Rolle der Bibliothek in der geisteswissenschaftlichen Forschung von leerer Spekulation freigehalten werden sollten.

II

Ein Blick in die Vergangenheit kann hilfreich für das Verständnis der Gegenwart und die Einschätzung der Zukunft sein. Die Urform der Forschung, wenn sie so bezeichnet werden darf, ist die Individualforschung. Das gilt für die Geisteswissenschaften wie für die Naturwissenschaften. In allen Bereichen sind die Anfänge der modernen Forschung durch den auf sich gestellten und für sich arbeitenden Gelehrten gekennzeichnet. Mit dem Namen Scaliger assoziiert sich ebensowenig eine Forschungsinstitution wie mit dem Namen Kepler. Galileis eigene feinmechanische Werkstatt und Tycho Brahes private Sternwarte sind repräsentativ für diese Phase der Wissenschaftsgeschichte.

In den Geisteswissenschaften reicht diese Tradition weiter als in den Naturwissenschaften, wo sie schon im späteren siebzehnten Jahrhundert durch institutionelle Frühformen wie die Royal Society abgewandelt wurde. Das siebzehnte und achtzehnte Jahrhundert sind, ungeachtet einiger auf Assoziation beruhender gelehrter Bemühungen, die klassische Epoche der Individualforschung. Entsprechend herrscht im Bereich dessen, was wir heute als Geisteswissenschaften bezeichnen, als institutionelle Grundlage der gelehrten Tätigkeit ein gänzlich auf die Bedürfnisse der Individualforschung abgestellter Bibliothekstyp vor: die private Gelehrtenbibliothek. Sie stellt das eigentliche Forschungszentrum dar, auch wenn von Gelehrten noch andere Bibliotheken als Repositorien für das handgeschriebene oder gedruckte Buch aufgesucht wurden. Selbst eine für ihre Zeit so revolutionäre Bibliothek wie die Göttinger Universitätsbibliothek wurde von den Professoren in erster Linie als Ergänzung zu den am Ort zahlreich vorhandenen Privatbibliotheken betrachtet[1].

Die große Umwälzung brachte die zweite Hälfte des neunzehnten Jahrhunderts. In den Naturwissenschaften wie in den Geisteswissenschaften setzte, was hier nur summarisch festzustellen ist, eine rapide Entwicklung ein, die immer neue Differenzierungsprozesse nach sich zog und infolge einer bis dahin unbekannten Vermehrung des gelehrten Schrifttums eine erste ‚Wissensexplosion' auslöste. Dies wiederum hatte auf der produktiven wie auf der rezeptiven Seite eine nachhaltige Veränderung der gesamten institutionellen Grundlagen der Wissenschaft zur Folge. Die Ära des heutigen Wissenschaftsbetriebs begann.

Erstaunlicherweise wurde, zumindest in Deutschland, dieser Einschnitt zuerst von Vertretern der Geisteswissenschaften konstatiert. Theodor Mommsen nahm bereits 1874 die Grenzen der „Autarkie des gelehrten Individuums" wahr. In seiner Antwort auf die Antrittsrede Adolf von Harnacks vor der Berliner Akademie (1890) stellte er „die Großwissenschaft, die nicht von Einem geleistet, aber von Einem geleitet wird, [als] notwendiges Element unserer Kulturentwicklung" heraus[2]. Harnack selbst skizzierte das Profil der neuen Epoche unter dem Titel „Vom Großbetrieb der Wissenschaft".[3]

Harnacks Aufsatz erschien 1905 – im gleichen Jahr, als er Generaldirektor der Berliner Bibliothek wurde. Für den historischen Rückblick weisen seine Ausführungen einerseits auf die naturwissenschaftlichen Forschungseinrichtungen der Kaiser-Wilhelm-Gesellschaft hin, an deren Entstehung er großen Anteil hatte; andererseits lassen sie im wissenschaftsgeschichtlichen Kontext jene Stelle sichtbar werden, an der die dem „Großbetrieb der Wissenschaft" kommensurable geisteswissenschaftliche Forschungsinstitution hätte entstehen müssen. Harnacks Absicht war, die Berliner Bibliothek zu einer solchen Institution von nationaler Bedeutung zu machen. Daß es ihm letztlich mißlang, daß der Aufstieg der Bibliothek gleichzeitig das Scheitern eines zukunftweisenden wissenschaftsorganisatorischen Konzepts implizierte, ist ein bibliotheks- und wissenschaftshistorisches Lehrstück, aus dem die Konsequenzen noch zu ziehen sind.

Im europäischen Rahmen gesehen, bietet sich die Wissenschaftsgeschichte der Geisteswissenschaften in Deutschland als eine Sonderentwicklung dar. Im Hinblick auf die Forschungsleistungen war die Zeit zwischen 1880 und 1930

[1] Vgl. „Göttingen als Forschungsbibliothek im achtzehnten Jahrhundert: Plädoyer für eine neue Bibliotheksgeschichte", in: Wolfenbütteler Forschungen, hrsg. von Paul Raabe, Band 2 (Bremen und Wolfenbüttel 1977), 209–239.

[2] Reden und Aufsätze (Berlin 1905), S. 45 und 209.

[3] Preußische Jahrbücher 119 (1905), 193–201.

eine produktive Epoche. Die deutschen Beiträge sind, im internationalen Vergleich gesehen, durchaus beeindruckend. Auch die Wissenschaftstheorie der Geisteswissenschaften, die in diesem Zeitraum entstand, stammte überwiegend aus Deutschland. Im Hinblick auf die Grundlegung und Fortentwicklung der institutionellen Voraussetzungen für die geisteswissenschaftliche Forschung waren die gleichen fünfzig Jahre jedoch ein Zeitraum der Stagnation, wenn nicht des Rückschritts. Welche Diskrepanz sich damals zwischen dem „Großbetrieb der Wissenschaft" und den ihn tragenden Institutionen aufzutun begann, wird mit der Verzögerung, die im Lebensrhythmus so dauerhaft angelegter und kontinuierlich wachsender Einrichtungen wie der Bibliotheken normal ist, erst heute vollends deutlich.

Institutionsgeschichtlich gesehen, liegt die Sonderentwicklung darin, daß etwa zur gleichen Zeit, da in Westeuropa und in den Vereinigten Staaten der Ausbau von universalen Großbibliotheken mit unvergleichlicher Intensität vorangetrieben wurde, in Deutschland die wissenschaftliche Kleinbibliothek in Konkurrenz zur größeren und großen Bibliothek trat. Die Institutsbibliothek, am Ende des neunzehnten Jahrhunderts im Zuge der Althoffschen Universitätsreformen geschaffen, setzte sich als institutionelle Grundlage der geisteswissenschaftlichen Forschung so nachhaltig durch, daß die zentralen und auf universale Bestandsvermehrung angelegten großen Bibliotheken zum lückenschließenden Zulieferer des an ‚seiner' Institutsbibliothek arbeitenden Wissenschaftlers wurden.

Der momentane Erfolg der Kleinbibliothek und ihre teilweise bis heute dominierende Rolle in einem prekären dualen System erklärt sich nicht so sehr soziologisch (aus den ‚Herrschaftsstrukturen' der Ordinarien-Universität) als psychologisch, nämlich aus den Arbeitsbedürfnissen des Individualforschers. In der Institutsbibliothek setzt sich die Tradition der privaten Gelehrtenbibliothek unmittelbar fort. In ihrer direkten Zugänglichkeit und in ihrem möglichen Zuschnitt auf die Intentionen des einzelnen Wissenschaftlers läßt sie sich als Ersatzform der Privatbibliothek unter den Bedingungen eines Wissenschaftsbetriebs betrachten, dessen Erfordernisse über jede private Leistungsfähigkeit hinausgehen.

Die für die deutsche Universität axiomatische und in einzelnen Bereichen noch immer aufrechterhaltene Einheit von Forschung und Lehre verfestigt die Tradition des Individualforschers, der die Kleinbibliothek als seine natürliche institutionelle Grundlage betrachtet. Da die Institutsbibliothek aufgrund des allen deutschen wissenschaftlichen Bibliotheken zukommenden Doppelcharakters zugleich Studien- und Forschungsbibliothek ist, gewöhnt sich der heranwachsende Wissenschaftler an die quasi-private Kleinbibliothek als seine ‚normale' Arbeitsumgebung. Das leistet dem Autarkiebestreben des einzelnen

Vorschub und verstärkt zugleich die für die heutigen Bibliotheksverhältnisse in der Bundesrepublik kennzeichnenden Spannungen zwischen den gegebenen Möglichkeiten und den sachlichen Erfordernissen der Forschungstätigkeit in den Geisteswissenschaften.

Institutionshistorisch gesehen, umfaßt die Bindung der geisteswissenschaftlichen Forschung an die Kleinbibliothek als ihre primäre Grundlage einen Zeitraum von mehr als einem halben Jahrhundert. Erst seit dem Ende der sechziger Jahre gibt es in den sogenannten ‚neuen' Universitäten Bibliotheksformen, die uns in ihrer Andersartigkeit verdeutlicht haben, daß im Wechselspiel zwischen dem Forscher und ‚seiner' Institution unterschiedliche Konstellationen möglich sind.

Die neuen Formen sind indessen nicht so sehr der Ausdruck eines gewandelten Wissenschaftsverständnisses (obwohl solche Komponenten zumindest bei einigen Neugründungen erkennbar sind) als das Ergebnis von unerläßlichen Rationalisierungsmaßnahmen. Unter den Prämissen eines umfassenden Ausbaus der universitären Lehr- und Forschungseinrichtungen ist es unmöglich, für jeden einzelnen Wissenschaftler die nach den Erfordernissen der Individualforschung ohne Zweifel angenehmen und in vieler Hinsicht auch wünschenswerten Arbeitsvoraussetzungen zu schaffen. Es ist sogar nicht einmal mehr grundsätzlich möglich (obwohl die Fiktion aufrechterhalten wird), in einer Kleinbibliothek einen sogenannten Grundbestand an Forschungsliteratur bereitzuhalten und diesen durch zusätzliche Versorgung aus einem überregionalen Reservoir in jeder für den Einzelfall erforderlichen Kombination zu ergänzen.

Wir sehen uns, kurz gesagt, der Tatsache gegenüber, daß sich das duale System unter den Bedingungen des „Großbetriebs der Wissenschaft" nur als eingeschränkt brauchbar und überdies als unvollkommen realisierbar erweist. Damit stellt sich für die kommenden Jahre die Aufgabe, es so zu ergänzen und vielleicht auch teilweise zu ersetzen, daß sich die Voraussetzungen für die geisteswissenschaftliche Forschung entscheidend verbessern.

III

Welche institutionellen Grundlagen sollten vorgegeben sein, damit die Wissenschaft möglichst produktiv arbeiten kann? Anders gewendet: Wie sollten die Bibliotheksverhältnisse aussehen, aufgrund derer wir erwarten dürfen, daß der einzelne Forscher seine beste Leistung erbringt?

Ich habe die private Gelehrtenbibliothek deswegen nachdrücklich herausgestellt, weil sie nicht nur historisch, sondern auch arbeitsmethodisch sozusagen eine institutionelle Urform darstellt. Ganz auf die Bedürfnisse ihres Besitzers und Benutzers abgestellt, enthält sie idealiter alles, was der Forscher braucht.

Sie deckt seine Informationsbedürfnisse und überdies das gesamte Spektrum seiner Interessen ab. Eine entsprechende Ordnung vorausgesetzt, ist die für den Forschungsprozeß erforderliche Literatur unmittelbar verfügbar. Der Aufwand für die Besorgung der Literatur ist minimal, das heißt: organisatorische Reibungsverluste treten praktisch nicht auf.

Wer Wissenschaftler bei einer Forschungstätigkeit beobachtet hat (und das ist aus Gründen, über die noch zu sprechen sein wird, nicht ganz einfach), der kennt ihren Widerwillen gegen alles, was als organisatorische Störung in den Arbeitsprozeß eingreift oder einzugreifen scheint. Es ist kein Zufall, daß die tatsächliche oder vermeintliche Beeinträchtigung der Forschung durch die Verwaltung mit der Perfektionierung der Administration zu einem eigenen Thema geworden ist. Und es ist auch kein Zufall, daß sich in den Vereinigten Staaten bereits eine eigene forschungsbegleitende Administration etabliert hat, die ihre Aufgabe allein in der Entlastung des Forschers von organisatorischen Angelegenheiten sieht[4].

Es geht darum, daß wir bei der forschungsgerechten Weiterentwicklung unseres Bibliothekswesens möglichst viel von diesen Arbeitsbedingungen der privaten Gelehrtenbibliothek in neue Formen hinüberretten müssen. Hinter einer solchen Forderung verbirgt sich kein elitärer Anspruch, wie bisweilen vermutet wird, sondern nur der Versuch, Arbeiter und Werkzeug so nahe beieinander zu lassen, wie dies in jedem Handwerk und auch in den Naturwissenschaften selbstverständlich ist. Wie das im einzelnen bewerkstelligt werden kann, erfordert eine Fülle von Überlegungen in einem normalerweise nicht als eigenes Terrain gesehenen Grenzbereich, in dem Bibliotheksadministration, Forschungsorganisation und Kreativitätspsychologie aneinanderstoßen.

Das Zeitalter der ‚Großforschung', in dem wir uns befinden, ist in aller Regel durch einen hohen und in Zukunft sicher noch steigenden Literaturbedarf für das einzelne Forschungsvorhaben charakterisiert. Vor allem in den historisch orientierten Disziplinen der Geisteswissenschaften wächst mit der inhärenten Differenzierung der Forschung der Bedarf an Literatur. Jeder Arbeitsprozeß in diesen Disziplinen setzt eine extensive Textgrundlage voraus, die aus wechselnden Konfigurationen von Quellenliteratur und moderner Forschungsliteratur besteht. Selbst bei Vorhaben, die im üblichen Sinne nicht als literaturintensiv gelten können, ist eine umfassende Heranziehung von Schrifttum verschiedener Art und Provenienz unerläßlich.

Das oberhalb der privaten Gelehrtenbibliothek und der Institutsbibliothek anzusetzende Literaturreservoir ist, prinzipiell gesehen, unter den heutigen

[4] Vgl. Wolfgang Schmidt, „‚Research Administration' amerikanischer Hochschulen – Forschungsverwaltung als Verwaltung für die Forschung", Beiträge zur Hochschulforschung (1984), 337–364.

Gegebenheiten auf zwei unterschiedliche Weisen realisierbar: einmal in Form der universalen Großbibliothek (die unterschiedliche Dimensionen aufweisen kann), zum anderen in Form des Verbundsystems. Die universale Großbibliothek ist bekanntlich vor allem im west- und osteuropäischen Ausland in verschiedener Ausprägung als Forschungsbibliothek anzutreffen, während das Verbundsystem eine in der deutschen und auch amerikanischen Bibliothekspraxis favorisierte, wenngleich nicht identisch konzipierte Lösung darstellt.

Von außen her gesehen, bieten sich beide Formen zunächst als gleichrangig dar, und sie werden auch vielfach als gleichwertig betrachtet. Hier wie dort werden unter beträchtlichem finanziellem und administrativem Aufwand erhebliche Ressourcen verfügbar gemacht; hier wie dort wird ein Literaturangebot bereitgestellt, das im Vergleich zur privaten Gelehrtenbibliothek und zur institutionellen Kleinbibliothek als mehr denn ausreichend angesehen werden muß. Quantitativ übersteigt es allemal die individuelle Aufnahmefähigkeit, so daß, wiederum von außen gesehen, weder eine Großbibliothek noch ein Verbundsystem in seiner Leistungsfähigkeit vom einzelnen Wissenschaftler auch nur annähernd ausgeschöpft und für seine Zwecke genutzt werden kann.

In Anbetracht dieser Gegebenheiten ist ein Plädoyer für das ‚große Literaturreservoir' als künftige institutionelle Grundlage der geisteswissenschaftlichen Forschung nicht unproblematisch. In einer Situation, die allenthalben durch Hypertrophien gekennzeichnet ist, setzt es sich, zumal wenn darin noch die vermeintlich bequemen Benutzungsbedingungen einer Kleinbibliothek impliziert sind, leicht dem Verdacht aus, Qualität durch bloße Quantität erreichen zu wollen, für Expansion einzutreten, wo Reduktion am Platze wäre, der Stoffhuberei Vorschub zu leisten, wo die wirkliche Durchdringung eines Gegenstandes in begrenztem Rahmen gefordert werden müßte. Schließlich gibt es, mit dem leuchtenden Beispiel von Erich Auerbachs *Mimesis* an der Spitze, genügend Belege dafür, daß Forscher auch unter widrigen institutionellen Bedingungen respektable, wenn nicht glanzvolle Leistungen erzielt haben.

Der Übergang zu neuen Formen der geisteswissenschaftlichen Literaturversorgung läßt sich deswegen nicht einfach fordern, und er läßt sich auch nicht nur damit begründen, daß die Forschung expandiere und daher breitere institutionelle Grundlagen benötige. Er bedarf des Nachweises, daß die Bereitstellung des ‚großen Literaturreservoirs' eine effizientere Forschungsförderung gerade im Hinblick auf jene qualitativ hochwertigen Forschungsvorhaben darstellt, an deren Ausführung uns gelegen sein muß, wenn wir geisteswissenschaftliche Forschung überhaupt als sinnvoll und erforderlich ansehen.

IV

Über den Gebrauch, den der Forscher von einem ihm verfügbaren Literaturreservoir macht, gibt es bislang nur umrißhafte Vorstellungen. Die Benutzerforschung, die in den letzten Jahren und Jahrzehnten als bevorzugtes Teilgebiet der Bibliothekswissenschaft betrieben worden ist, hat mit wenigen Ausnahmen weder hier noch im Ausland zu brauchbaren Ergebnissen geführt. Wir verfügen zwar über ein umfangreiches statistisches Material, nicht aber über einen zureichenden Einblick in den inneren Mechanismus der Literaturbenutzung, auf dessen Kenntnis und Verständnis es uns wesentlich ankommen muß.

Dafür gibt es zwei Gründe. Zum einen ist der Schematismus der Benutzerforschung kaum geeignet, über das Quantitative hinaus auch die wichtigen qualitativen Nuancen der Literaturbenutzung sichtbar und begreifbar zu machen. Daß die Benutzerforschung dies nicht kann, daran hat der Forscher, und das ist der zweite Grund, einen nicht geringen Anteil. Die Auskünfte, die er gibt und vor allem zu geben bereit ist, sind unzureichend, und sie verdecken gerade jenen Aspekt der Literaturbenutzung, der bei der institutionellen Planung im Bibliothekswesen nicht nur nicht vergessen werden darf, sondern sogar vorrangig gesehen und berücksichtigt werden sollte.

Was die Benutzerforschung ins Blickfeld bringt, ist eine Art der Literaturbenutzung, die sich als systematisch bezeichnen läßt. Eines der hervorstechenden Kennzeichen des modernen Wissenschaftsbetriebs ist die relativ feinmaschige Verzeichnung der neu anfallenden Forschungsliteratur für praktisch jede Disziplin in regelmäßigen zeitlichen Abständen, so daß allen auf diesem Gebiet Arbeitenden der ‚Stand der Forschung' gegenwärtig gehalten wird. Von dieser Forschungsliteratur macht der Wissenschaftler, ob er produktiv oder rezeptiv tätig ist, ständig Gebrauch. Auch wenn er nicht alles, was publiziert wird, zur Kenntnis nehmen kann, unterliegt seine Literaturauswahl doch in der Regel jenen systematischen Kriterien, die sich im landläufigen Verständnis mit ‚wissenschaftlicher Arbeitsweise' verbinden. In ähnlicher Weise gibt es ein systematisches Quellenstudium.

Daneben findet sich eine Art von Literaturbenutzung, die als unsystematisch bezeichnet werden darf, solange das nicht im abschätzigen Sinne geschieht. Sie erstreckt sich ebenfalls auf Quellenliteratur und Sekundärliteratur und ist in hohem Maße selektiv. Aber die Kriterien dieser Selektivität sind subjektiv, selten mitteilbar und in aller Regel kaum rational zu begründen. Diese Literaturbenutzung entbehrt, von außen her gesehen, jedes einsichtigen Zusammenhanges und wird deswegen kaum als integraler Bestandteil des Forschungsprozesses zur Kenntnis genommen. Sie ist tentativ und explorativ. Sie hat experimentellen Charakter und dient der gedanklichen Anregung, der Erweiterung des Problemhorizonts, der Erprobung einer Methode, dem ,Durchspielen' einer Konzeption. Dabei werden nicht selten heterogene Dinge zusammengebracht, fremde Disziplinen aufgesucht, ungewöhnliche Wege beschritten.

Der Generaldirektor der British Library, offenbar unzufrieden mit den Auskünften der Benutzerforschung, hat unlängst selbst einige renommierte Geisteswissenschaftler über ihre Forschungsarbeit in der Bibliothek befragt. Das Ergebnis war, daß es eine Standardform des geisteswissenschaftlichen Forschungsprozesses offenbar nicht gibt. Die Befragten erwiesen sich nicht nur als Individualisten; manche waren ausgesprochen verschlossen – offenbar aus Furcht davor, daß ihre Tätigkeit, die in hohem Maße subjektiv und diffus ist, als ,unwissenschaftlich' gelten könnte, wenn sie offengelegt würde. Seine Schlußbemerkung: „Such is the untidy process of creation."[5]

Beide Arten oder Formen der Literaturbenutzung gehen bei fast jedem wirklichen Forschungsprozeß ineinander über, und es ist schwierig, wenn nicht unmöglich, zwischen einer ,explorativen' Phase, in der man dem Forscher sein scheinbar erratisches Verhalten noch zu konzedieren bereit ist, und der eigentlich ,wissenschaftlichen' Phase zu unterscheiden, in der die Arbeitsweise und damit auch die Literaturbenutzung in jenen geordneten Bahnen verläuft, in der sich die Gewinnung wissenschaftlicher Erkenntnis vollziehen sollte. Beide durchdringen sich immer wieder, häufig genug auf völlig unvorhersehbare Weise. Erst das fertige Produkt weist nach sorgfältiger Reinigung jene Säuberlichkeit auf, die in der Herstellung praktisch nie anzutreffen ist.

Ein amerikanischer Informationstheoretiker hat darauf aufmerksam gemacht, daß man sich die ,Informationsaufnahme' in der Forschung, vornehmlich in den Geistes- und Sozialwissenschaften, aber nicht allein hier, zutreffender nach einem „Stimulationsmodell" als nach einem „Suchmodell" vergegenwärtigt[6]. Forschung ist zwar ein zielgerichteter Prozeß, aber er besteht, verbreiteter Meinung zum Trotz, nicht nur in der folgerichtigen Durcharbeitung eines Gegenstandes. Weit häufiger, so seine Beobachtung, stößt der Wissenschaftler – zufällig oder scheinbar zufällig – auf etwas, als daß er es in planvollem Vorgehen findet. Selbst wenn dies nicht in jedem Falle zutrifft, gibt es neben berühmten Beispielen (die dann als spannende Geschichten von geistigen Abenteuern auch von einem breiteren Publikum zur Kenntnis genom-

[5] Alexander Wilson, „The Place of the Research Library in the Universal Availability of Publications Programme", Interlending and Document Supply 13 (1985), 3–7. – Weiteren Aufschluß dürfte eine „Conference on the Academic Library and the Humanities" geben (York, November 1984), von der bislang nur ein kurzer Bericht verfügbar ist: Humanities Communication Newsletter, no.4 (April 1985), 15–17.

[6] T. H. Martin, „The Academic Community and Bibliographical Services", in: Bibliographical Services and User Needs: Report of a Conference Sponsored by the Council on Library Resources, Kansas City, 14–16 December 1983, 9–19. Ich verdanke den Hinweis auf diese Arbeit Mr. Wilson.

men werden) zahllose Belege dafür aus der täglichen Praxis jeder wissenschaftlichen Disziplin.

Die institutionellen Konsequenzen aus dieser Beobachtung sind weitreichend. Wenn sich der typische Forschungsprozeß nicht mit solcher Planmäßigkeit und Geradlinigkeit vollzieht, wie es aufgrund der veröffentlichten Ergebnisse von außen her den Anschein hat, dann muß versucht werden, die forschungstragende Institution so zu konzipieren, daß der einzelne qualifizierte Forscher, so unorthodox und scheinbar ‚regelwidrig' seine Arbeitsweise und seine Bedürfnisse auch sein mögen, gleichwohl im Interesse der Wissenschaft (und nur an ihr liegt uns, nicht an der Person des Forschers) seine besten Leistungen erbringen kann.

Das Problem der forschungsgerechten Literaturversorgung der Geisteswissenschaften stellt sich unter diesen Prämissen nicht allein und nicht in erster Linie als ein Problem der bloßen Quantität. Es geht nicht ausschließlich darum, in einem ‚großen' Literaturreservoir möglichst viel Literatur für die Forschung bereitzustellen, sondern auch und möglicherweise vorrangig darum, diese Literatur so bereitzustellen, daß sie den Forschungsprozeß bestmöglich unterstützt. Mit anderen Worten: Die Bereitstellung darf nicht auf einen hypothetischen Normal- oder Idealfall zugeschnitten sein, sondern sie muß sich in möglichst vielen Einzelfällen als brauchbar und darüber hinaus als förderlich erweisen.

Die Vorstellungen von Forschung und wissenschaftlicher Arbeit, die sich mit dem „Suchmodell" wie mit dem „Stimulationsmodell" verbinden, haben ihrerseits entscheidende Rückwirkungen auf die Bibliothekspraxis. Das „Suchmodell" unterstellt, daß das Forschungsergebnis geradenwegs in einer vorhersehbaren Abfolge von Schritten (wie immer diese aussehen mögen) erreichbar ist. Was den Literaturbedarf betrifft, impliziert es, daß der Wissenschaftler diesen Bedarf im einzelnen spezifizieren kann. Es wird angenommen, daß er weiß, was er braucht, und es wird weiter angenommen, daß es genügt, ihm die gewünschte Information innerhalb eines nicht allzu großen Zeitraums zuzuführen – unabhängig davon, woher sie letzten Endes kommt[7].

Als institutionelles Korrelat zu diesem Modell eignet sich sowohl eine einzelne Bibliothek von entsprechender Größe als auch ein Verbundsystem, das prinzipiell aus mehreren oder vielen Bibliotheken bestehen kann. Die größere Leistungsfähigkeit könnte, wenn ein Vergleich angestellt wird, auf seiten des Verbundsystems vermutet werden, in welchem sich die Bestände und Leistungen mehrerer Komponenten notwendig addieren. Es ist unter diesen Gesichts-

[7] Vgl. dazu einige Bemerkungen von Sue Stone, „Quality Control in Inter-Library Loan Services: Some User Perspectives", in: Inter-Library Lending: Practice, Politics, and Prospects, ed. Geoffrey Ford (London 1984), 53–74.

punkten möglich, dem Verbundsystem eindeutig den Vorzug zu geben, da es *per se* als das größtmögliche und damit für die Forschung optimale Literaturreservoir erscheinen muß.

Das „Stimulationsmodell" hingegen impliziert, daß der Forscher seinen Literaturbedarf nicht antizipieren kann, weil die Suche nach dem Neuen, die jede Forschung letzten Endes ist, immer das Moment des Unvorhersehbaren in sich birgt. Es stellt die ‚unsystematische' Literaturbenutzung in ihrer Bedeutung für den Forschungsprozeß wenn nicht über, so doch zumindest neben die ‚systematische'. Aus dieser Erkenntnis heraus wird als zugehörige Institution die universale Präsenzbibliothek angesehen, die jede gewünschte Einsichtnahme in Literatur als Begleitung eines laufenden Forschungsprozesses sozusagen momentan ermöglicht. Daß ein Präsenzbestand auch die ‚systematische' Benutzung gestattet, wird dabei als selbstverständlich vorausgesetzt. Der dominante Gesichtspunkt ist jedoch, daß durch die Bereitstellung eines unmittelbar benutzten Reservoirs dafür gesorgt wird, daß sich der Forscher ohne jede Einschränkung von Werk zu Werk und von Gegenstand zu Gegenstand bewegen kann, ohne befürchten zu müssen, daß sein Gedankengang abreißt oder seine „Denk-Spiele" (der Ausdruck stammt aus einem kürzlich preisgekrönten historischen Werk)[8] nennenswert unterbrochen werden.

Das Literaturversorgungssystem in der Bundesrepublik Deutschland ist, vor dem Hintergrund dieser beiden Modelle gesehen, eindeutig auf das „Suchmodell" abgestellt. Es versteht sich als dezentral angelegtes Verbundsystem, wobei allerdings von einem wirklichen Verbund erst seit der Einführung des Sondersammelgebietsplans der Deutschen Forschungsgemeinschaft (1949) gesprochen werden kann. Dieses dezentrale System, das im Hinblick auf alle sogenannten ‚alten' und auch auf einige ‚neue' Universitäten über eine Vielzahl von kleinen und kleinsten Institutsbibliotheken errichtet worden ist, befindet sich in einem Stadium der Konsolidierung. Die regionalen Zentralkataloge werden zusehends verbessert, und wahrscheinlich wird es, wofür bereits Anzeichen erkennbar sind, auf die Dauer gelingen, die regionalen in überregionale Kataloge zu überführen, so daß das Verbundsystem letztlich einen nationalen Zuschnitt erhält.

Die elektronische Datenverarbeitung, die einen solchen imposanten (aber im Hinblick auf die Pläne der American Research Libraries Group vielleicht doch noch bescheidenen) Zusammenschluß ermöglicht, wird uns in einigen Jahren erlauben, über enorme Literaturreservoire zu verfügen. Diese Entwicklung ist vorgezeichnet, und sie wird in jene großen bibliographischen Datenbanken

[8] Thomas Nipperdey, Deutsche Geschichte, 1800–1866: Bürgerwelt und starker Staat (München 1983); S. 805.

einmünden, von denen wir bislang nur auf einigen Gebieten einen Vorgeschmack haben[9].

Insofern die Wissenschaft eine methodisch betriebene Erkenntnisgewinnung ist, sind die Vorteile, die sich daraus für den Zugriff auf Literatur jedweder Art ergeben, nicht zu übersehen. Es wäre deswegen unangebracht, diese Entwicklung nicht zu begrüßen. Nur wer noch nicht die Erfahrung gemacht hat, welche Verbesserungen bei der Ermittlung von Literatur die Suchstrategien der EDV bedeuten, kann in jene Kassandrarufe ausbrechen, die fast ausschließlich von Geisteswissenschaftlern angesichts einer vermeintlich bedrohenden Technik ausgestoßen werden.

Gleichwohl erscheint es mir angemessen, den Bildschirm, vor dem sich in Zukunft wohl die gesamte Literaturermittlung und zumindest ein Teil der ‚Informationsaufnahme' abspielen wird, nicht nur als technisches Gerät, sondern auch als symbolischen Indikator zu bezeichnen. Er repräsentiert auf superlative Weise jenen Teil der wissenschaftlichen Arbeit, der dem „Suchmodell" zuzuordnen ist. Wer einen bestimmten Titel finden will, ist am Bildschirm schnell bedient. Wer die Literatur zu einem Thema oder einem Stichwort ermitteln will, wird sie demnächst auch als Geisteswissenschaftler in jener kaum zu bewältigenden Fülle über den Bildschirm abrufen können, wie dies bereits in der Medizin, den Naturwissenschaften und der Technik gang und gäbe ist.

Das Problem, das sich damit verbindet, besteht nicht in einer Überfülle von Information, wie gewöhnlich angenommen wird, sondern in der Koppelung dieser Überfülle mit einer, wenn ich so sagen darf, Orthodoxie des „Suchmodells". Die zunehmende Perfektionierung der Verbundkatalogisierung verhilft nicht nur hierzulande, sondern überall dort, wo Verbundsysteme existieren oder neu eingerichtet werden, dem Gedanken zum Durchbruch, daß es letztlich gleichgültig sei, wo sich ein Buch oder eine Zeitschrift befinde, solange ein Nachweis dafür existiere, der die Herbeischaffung zum Ort der beabsichtigten Benutzung ermögliche. Da der Benutzer wisse, was er benötige, könne und würde er in jedem Falle einen Leihvorgang einleiten.

Was ist die Folge? Pointiert gesagt, angesichts des enormen Literaturreservoirs, das jedes Verbundsystem darstellt, eine charakteristische, wenngleich nicht notwendig offensichtliche Form des Literaturmangels. Es ist an vielen Stellen eines Verbundsystems nicht genügend oder nicht die richtige Literatur zur Hand, die den Forscher durch ihre bloße Präsenz anregen könnte, sich außerhalb seines immer kleiner werdenden Spezialgebiets umzusehen, Integrale über weite Bereiche zu versuchen, sich den entscheidenden Aufschluß an

[9] Zu den letzten Entwicklungen, die auf Kleinsysteme neben Großsystemen hindeuten, vgl. Karl Wilhelm Neubauer, „Neuere Tendenzen bei der Entwicklung von Verbundsystemen für Bibliotheken", Das Inforum, Nr. 19 (April 1985), 6.

entlegener Stelle zu holen. Der Mangel wird daran deutlich, daß der Orientierungsrahmen entsprechender Arbeiten zu knapp ausfällt, als daß sie für förderliche Forschungsbeiträge gelten können. Daß es zu viele Bücher gibt, die das Ergebnis abgearbeiteter Literaturlisten sind, daß die wissenschaftliche Trivialliteratur sich ausbreitet, sind bekannte Phänomene, die hier nicht analysiert werden müssen, die aber nicht zuletzt auch in diesen Zusammenhängen gesehen werden sollten.

Das bedeutet nicht, daß ein Verbundsystem als primäre Ursache für unbefriedigende Forschungsleistungen ausgegeben werden könnte, und ich bin weit davon entfernt, dies hier zu tun. Aber es ist nicht zu übersehen, daß die Literaturversorgung über ein Verbundsystem unvermeidlich den wissenschaftlichen Arbeitsstil beeinflußt und eine Arbeitsweise begünstigt, die vielfach nicht die erwarteten oder dem Aufwand kommensurablen Ergebnisse erbringt oder erbringen kann.

Wenn wir von der institutionellen Seite her der Forschung in den nächsten Jahren und Jahrzehnten die bestmögliche Unterstützung bieten wollen, dann muß, davon war ich ausgegangen, ein Literaturreservoir zur Verfügung gestellt werden, das weit über die Privatbibliothek und die institutionelle Kleinbibliothek hinausreicht. Nur ein solches Reservoir kann jenes ‚frame of reference' bieten, das für die geisteswissenschaftliche Forschung erforderlich ist, wenn wir uns von ihr eine schöpferische Arbeit in und an der kulturellen Tradition erwarten.

Dieses Reservoir muß einen unmittelbaren und mit nur minimalem organisatorischem Aufwand verbundenen Zugang zu einem ebenso universalen wie differenzierten Bestand an historischer und moderner Literatur bieten. Es sollte in seiner leichten Handhabbarkeit die ‚unsystematische' Literaturbenutzung nicht nur fördern, sondern geradezu nahelegen und damit in gleicher Weise als Arbeitsgrundlage wie als Anregungspotential dienen können. Die Form, die dieses Reservoir haben muß, sollte idealerweise die der Präsenzbibliothek sein oder ihr zumindest nahekommen. In jedem Fall sollte es eine Bibliothek sein, die es dem Wissenschaftler erlaubt, *ad libitum* unmittelbaren Gebrauch von allem zu machen, was seine Arbeit fördert und ihre Ergebnisse verbessert.

Eine Vorstellung vom Wirkungsmechanismus einer solchen Bibliothek läßt sich kaum aus der Bibliotheksliteratur gewinnen. Die Quellengattung, die Aufschluß darüber geben kann, ist die Gelehrtenbiographie jener Generationen, für die die Privatbibliothek das ausschließliche oder vornehmliche Forschungsinstrument war. Nicolaus Sombarts *Jugend in Berlin* (1984) bietet mit seinen Bemerkungen über die Bibliothek des Vaters das jüngste Beispiel dafür. Solchen Darstellungen läßt sich nicht nur entnehmen, was die Präsenz des Buches (und ich meine dies auch hier im realen wie im übertragenen Sinne) für die geisteswissenschaftliche Forschung bedeutet. Sie vermögen auch zu verdeutlichen, warum es unerläßlich ist, diese Präsenz des Buches zu verstärken – nicht um der Bibliographen und Herausgeber willen, denen man als Repräsentanten eines Neo-Alexandrinismus sowieso einen unrealistischen Literaturbedarf zuschreibt, sondern um jener Wissenschaftler willen, deren Vorhaben spekulativer, historischer oder interpretativer Natur sind und von denen wir erwarten dürfen und verlangen müssen, daß sie so weit wie möglich ausgreifen.

Anläßlich der Einweihung des Neubaus der Königlichen Bibliothek in Berlin bemerkte Adolf von Harnack in seiner Ansprache: „Jeder Einsichtige weiß heute auch, daß die Wissenschaft ohne eine Zentralbibliothek überhaupt nicht zu bestehen vermag – nicht zur Repräsentanz und Parade, sondern weil alle wissenschaftlichen Hauptaufgaben aus dem Spezialistentum herausführen und einen universalen Bücherbestand fordern, ferner aber weil es geschriebene und gedruckte Schätze gibt, die erst durch die Verbindung miteinander ihren wahren Wert erhalten.“[10] Es dürfte schwerfallen, ein prägnanteres Argument für das universale, an einer Stelle konzentrierte Literaturreservoir zu finden. Harnacks Begründung gilt heute wie damals. Weder genügt für die „Hauptaufgaben“ ein spezialisierter Bestand, noch kommen bei einem Fehlen eines universalen Bestandes jene „Verbindungen“ zustande, ohne die die Einzelforschung steril bleibt.

VI

Mit diesen Bemerkungen möchte ich keine Vorschläge machen, die unter den historischen Bedingungen und augenblicklichen Gegebenheiten für Bibliothek und Forschung unrealistisch erscheinen müssen. Vor allem implizieren sie keinen utopischen Plan für eine neue nationale Forschungsbibliothek. Meine Absicht besteht darin, auf das Ungleichgewicht aufmerksam zu machen, das sich mit der Verbundkonzeption im Verlaufe einer langen Entwicklung in unserem wissenschaftlichen Bibliothekswesen ergeben hat und das sich unter den Bedingungen der neuen Techniken zwangsläufig verstärken muß. In den Vereinigten Staaten, in denen die Rahmenbedingungen für Verbundsysteme ungleich günstiger sind, gibt es bereits unüberhörbare Warnungen davor, daß man die Bibliotheken in einem „monolithischen Verbundsystem“ aufgehen läßt[11].

Wir können das etablierte Bibliothekswesen nicht abschaffen, und wir brauchen es auch nicht abzuschaffen, aber es sollte möglich sein, in ihm alle

[10] „Rede, gehalten bei der Einweihung der neuen Königlichen Bibliothek am 22. 3. 1914“, Zentralblatt für Bibliothekswesen, 31 (1914), S. 156.

[11] Richard De Gennaro, „Resource Sharing in a Network Environment,“ Library Journal, 105 (1980), 355.

Komponenten zu verstärken, die für die einzelne Bibliothek Autarkie bedeuten und die sie in die Lage versetzen, der Forschung jene Bedingungen der Präsenzbenutzung eines großen universalen Bestandes zu bieten, deren sie bedarf. Das kann auf der Ebene der zentralen Universitätsbibliotheken geschehen, und das muß darüber hinaus auf der Ebene der großen Bibliotheken mit sogenannten überregionalen Aufgaben geschehen. Auf diese Weise könnten zwei oder drei Bibliotheken der Forschung das bieten, was vielleicht eine Zentralbibliothek böte – wenn wir sie hätten.

Die Bibliotheken werden nicht damit rechnen können, daß von wissenschaftlicher Seite präzise Forderungen erhoben oder konkrete Vorschläge gemacht werden. Sie täten gut daran, sich mit dem Gedanken vertraut zu machen, daß die Wissenschaft gegenüber ihren eigenen organisatorischen und institutionellen Voraussetzungen vielfach nicht sonderlich klarsichtig ist. Dafür gibt es aus Vergangenheit und Gegenwart zahlreiche Beispiele – ebenso wie es Beispiele dafür gibt, daß antizipatorische Planungen im institutionellen Bereich, die von außen her erfolgt sind, sich als überaus erfolgreich erwiesen haben. Eines der jüngsten Beispiele ist die Lending Division der British Library. Von ihrem ersten Direktor stammen die kürzesten und, wie mir scheint, brauchbarsten Leitsätze der Bibliothekswissenschaft. Der dritte davon lautet: „Supply creates demand."[12] Was bereitgestellt werden sollte, ist vielleicht am besten mit einer Formulierung des scheidenden Präsidenten der Guggenheim Foundation umrissen, der die „independent research libraries" der Vereinigten Staaten als „workshops for scholars" bezeichnete[13].

[12] Donald Urquhart, The Principles of Librarianship (Bardsey, Leeds 1981), p. 74.

[13] Gordon N. Ray, „A Retrospective View", in: American Libraries as Centers of Scholarship, ed. Edward Connery Lathem (Hanover, New Hampshire 1978), p. 33.

6. NEUE ENTWICKLUNGEN BEIM EINSATZ DER EDV IN BIBLIOTHEKEN

KLAUS-DIETER LEHMANN

Bibliothekenverbund und lokale Systeme

Bericht über eine Studienreise in die USA

Bibliotheksreisen als Informations- und Studienreisen in die USA, um Erkenntnisse besonders auf dem Gebiet der Bibliotheksautomatisierung für deutsche wissenschaftliche Bibliotheken zu gewinnen, sind nicht neu. Die Deutsche Forschungsgemeinschaft hat solche Reisen bewußt gefördert, die erste 1965, die letzte 1975 – also vor 10 Jahren.

Die veröffentlichten Reiseberichte blieben nicht ohne Wirkung. Sie regten Diskussionen in der Berufsöffentlichkeit an hinsichtlich Übertragbarkeit, Kosten, Nutzen, Art der Dienstleistung usw., sie beeinflußten Planungen und Förderpolitik in bundesdeutschen Bibliotheken. Dabei war das Resultat nicht unbedingt nur die Übernahme amerikanischer Lösungen, sondern auch die Entwicklung eigenständiger Lösungen aufgrund erkannter Fehlentwicklungen oder einfach aufgrund anderer Rahmenbedingungen. Gerade diese Tatsache unterstreicht die Wichtigkeit, Entscheidungshilfen zur praktischen Anwendung nicht nur aus der Literatur, sondern durch Anschauung zu gewinnen. Im übrigen kann der Blick über den Zaun in jedem Fall nur nützlich sein, ob er nun die Welt verändert oder nicht.

Anlaß und Zielsetzung der vom 22. 9. bis 14. 10. 1984 durchgeführten Reise waren durch drei thematische Schwerpunkte gekennzeichnet: Es sollten gesicherte Erkenntnisse gewonnen werden über den Einsatz von Microcomputern innerhalb universitärer Netze und in Verbindung mit Verbundzentren, über den Entwicklungsstand von Online-Benutzer-Katalogen und über Möglichkeiten des Einsatzes der Bildplatte in Bibliotheken. Die Teilnehmer der Reise (Günter Beyersdorff, Rudolf Frankenberger, Günter Gattermann, Klaus-Dieter Lehmann, Reinhard Rutz und Gerhard Schlitt) hatten sich jeweils neben der allgemeinen Vorbereitung einem Spezialgebiet gewidmet, so daß der Erfahrungsaustausch mit den amerikanischen Fachkollegen möglichst intensiv geführt werden konnte.

Aufgrund der Literaturstudien und der Reisedauer wurden im Hinblick auf die Schwerpunktsetzung der Reise die folgenden Institutionen ausgewählt:

Library of Congress und National Library of Medicine, Council on Library Resources, die Verbundzentren Online Computer Library Center (OCLC) und Research Libraries Group (RLG), die wissenschaftlichen Bibliotheken der Ohio State University, Stanford University, University of California Berkeley, Dartmouth College, New York University und Columbia University, Research Library der New York Public Library sowie die Public Library des Pikes Peak Library District in Colorado Springs und die Firma Bibliographic Retrieval Services (BRS) in Latham, N.Y.

Die Ergebnisse der Reise werden in einer eigenen Publikation ausführlich dargestellt*. Im folgenden können aus der Fülle von Informationen nur die wesentlichen Eindrücke wiedergegeben werden und auch nur eingeschränkt auf den Themenkreis des Verhältnisses von Verbundsystemen und lokalen Systemen, das gerade durch die neuen Techniken entscheidende Veränderungen erfährt.

Die Mentalität der amerikanischen Universitätsbibliotheken wird sehr viel stärker durch lokale Aufgabenstellungen als durch zentrale Verbundstrukturen bestimmt.

Universitätsbibliotheken sind in ihre lokale Institution fest eingebunden. Ihr Stellenwert innerhalb der Universität ist hoch. Bei aller Bereitschaft zur Zusammenarbeit in Bibliotheksverbünden ist die lokale Eigenheit immer ein starkes Moment für Art und Umfang der kooperativen Projekte und der Blick auf den Benutzer ein wesentliches Motiv für die Ausprägung der Dienste. Die Benutzerbezogenheit ist *Programm,* daraus entwickelt sich das, was wir häufig als Pragmatismus bezeichnen.

Es ist deshalb kein Widerspruch, wenn es einerseits kaum eine wissenschaftliche Bibliothek gibt, die nicht an einem Verbundsystem beteiligt ist und andererseits die lokalen Dienstleistungen spezifische benutzerorientierte Ausprägung erhalten, auch und gerade die automatisierten Dienste.

In den USA konzentriert sich derzeit die Aktivität der Bibliotheken sehr stark auf die Installierung lokaler Systeme. Diese Entwicklung muß man im Zusammenhang mit den Computerkonzepten der Hochschulen sehen – nur so kann man diese Aktivitäten richtig einordnen.

Deshalb zunächst eine kurze Charakterisierung der Automatisierung an Universitäten.

* Inzwischen ist erschienen: Bibliothekenverbund und lokale Systeme. Bericht über eine Studienreise in die USA vom 24. 9. bis 13. 10. 1984. – Berlin: Deutsches Bibliotheksinstitut 1985. 169 S.

Amerikanische Universitäten, sowohl die privaten als auch die staatlichen, haben im Vergleich zu deutschen Universitäten eine wesentlich bessere Rechner-Ausstattung. Die Hochschulrechenzentren stehen in ihrer Leistungsfähigkeit kommerziellen Computerzentren nicht nach. IBM- und DEC-Rechner sind stark vertreten. Dazu kommt eine Vielzahl von Abteilungs- und Institutsrechnern, sehr häufig PDP-11 und VAX-Rechner für naturwissenschaftliche/technische Anwendungen und IBM 43XX-Anlagen für wirtschafts- und geisteswissenschaftliche Anwendungen. Die von uns besuchten Universitäten, insbesondere Dartmouth College, Berkeley University, Stanford University, hatten auf dem Campus mehrere tausend Terminals verteilt, hunderte davon mit gleichzeitigem Betrieb. Für die Universitätsangehörigen, auch für die Studenten, ist die Benutzung eines Terminals nichts Ungewöhnliches.

In den letzten Jahren ist die Automatisierung sehr stark durch den Microcomputer geprägt worden, wobei die rasche Entwicklung der Produkte jeweils in den Universitäten technisch nachvollzogen wurde, dies allein schon aus dem sehr ausgeprägten Konkurrenzdenken heraus, das die Universitäten in ihrem gegenseitigen Verhalten prägt.

Die Ausstattung erfolgte nicht nur in Instituten, Bibliotheken und Rechenzentren, sondern auch in den Studentenwohnheimen, die zumeist auf dem Universitätsgelände liegen.

Das Interesse der Computerhersteller für den universitären Markt ist so groß, daß es bei solchen Maßnahmen zu gemeinsamen Förderprojekten von Hochschule und Firma kommt, ein Verfahren, das in USA häufig Anwendung findet. Es ist nicht allein der unmittelbare Absatz, der reizt, sondern auch die Vermittlung einer spezifischen Firmenmentalität (Markentreue), die sich längerfristig auszahlen könnte – so die Überlegung der Firmen. Den Universitäten wiederum geht es um die Realisierung moderner Konzepte, um Wettbewerbsvorteile in der Lehre und Forschung, um die Attraktivität gegenüber den Studenten.

Den universitären Microcomputermarkt bestimmen weitgehend IBM und Apple, nicht zuletzt wegen ihrer aggressiven – oder wenn Sie wollen – offensiven Förderpolitik. Die Förderpolitik umfaßt dabei definierte Forschungsprojekte mit hohen finanziellen Zuschüssen, Preisnachlässen für Hochschulangehörige beim Kauf von Personalcomputern (PC) bis zu 50% oder Schenkungen bei ausgewählten Universitäten.

Die PC-Beschaffungen liegen nicht ausschließlich in der finanziellen Verantwortung der Universität, sondern die Studenten werden daran beteiligt. So gibt es in Dartmouth und Harvard die deutliche Empfehlung für Studienanfänger, einen eigenen PC zu kaufen, so wie man andere Lehrmittel kauft. Die Universität sorgt durchaus für die Aufstellung allgemein zugänglicher Microcomputer, vor allem in Bibliotheken, Gruppenarbeitsräumen und Rechenzentren, sie berücksichtigt bei ihren Bedarfsansätzen aber augenscheinlich die im Privatbesitz befindlichen Micros.

Die starke Zunahme von Microcomputern, die nicht nur als autonome Geräte genutzt werden, sondern auch zu vielerlei Interaktionen innerhalb und außerhalb der Universität führen, hat z. T. neue universitäre Netzkonzepte bedingt: Jeder Microcomputer bzw. jedes Terminal soll ein Servicepunkt sein, von dem aus man alle Datenverarbeitungsressourcen auf dem Campus nutzen kann: das Suchen in Online-Katalogen der Bibliothek, das Arbeiten mit leistungsfähigen Hintergrundrechnern, das Austauschen von Informationen mit anderen Micros, das Nutzen auswärtiger Computerangebote über entsprechende Gateways, also Anschlüsse, die in andere Netze führen.

Es ist verständlich, daß bei dieser Philosophie universitärer Netze die Bibliotheken ihre Serviceleistungen in das Konzept einbringen müssen, wollen sie nicht ihre Position als Informationsvermittler und Literaturversorger verlieren. Es gibt durchaus Gedankenspiele, bei denen die Literaturversorgung – an der Bibliothek vorbei – über ein Netzkonzept von außen geleistet werden könnte. Die Zugänglichkeit zu bibliothekarischen Daten via universitärem Netz wird einfach erwartet – und zwar mit einer entsprechenden benutzerfreundlichen Dialogsprache. Kernstück bei den von uns besuchten Universitäten war deshalb der lokale Online-Katalog, der möglichst 24 Stunden recherchierbar sein soll.

Hinzufügen muß man, daß diese Universitätsbibliotheken innerhalb der USA eine durchaus herausgehobene Stellung haben und in diesem konkreten Anwendungsgebiet an der Spitze der Entwicklung stehen. Aber das war auch genau die Zielsetzung der Reise: keinen allgemeinen, auf möglichst viele Bibliotheken zutreffenden Statusbericht zu geben, sondern absehbare Veränderungen und Fortschritte in der Bibliotheksautomatisierung zu beschreiben und zu analysieren. Eine Vielzahl amerikanischer Bibliotheken benutzte nach wie vor den Kartenkatalog als Ausgabeprodukt ihrer Verbundaktivitäten. Es ist jedoch nur eine Frage der Zeit und der EDV-Ausstattung der Universitäten, wann die Umstellung zum Online-Benutzerkatalog erfolgen wird.

Die Vorteile des Online-Benutzerkatalogs sind insbesondere
- die Möglichkeit, formal und sachlich zu suchen
- jedes Titelelement zum Suchbegriff zu machen
- auch mit Bruchstücken von Begriffen suchen zu können
- Suchbegriffe kombinieren zu können
- flexible, mit vielen Help-Funktionen ausgestattete Suchsprachen zu haben.

Die Nachteile des Online-Benutzerkatalogs sind insbesondere
- die Abhängigkeit von der Technik (Systemausfall, andere technische Defekte)
- die Notwendigkeit, Retrievalverfahren zu erlernen

– die punktuelle Suche und der fehlende Überblick über den Gesamtumfang eines Katalogs.

Alle von uns besuchten Universitätsbibliotheken hatten 1983/1984 ihren Kartenkatalog abgebrochen bzw. den Microfiche-Katalog eingestellt – er existierte höchstens als Sicherheitssystem – und den lokalen Online-Benutzerkatalog installiert, in den USA unter der Bezeichnung *OPAC* bekannt, Online Public Access Catalog.

Die zugrundeliegenden Programme werden nicht gegenseitig genutzt, die Systeme sind jeweils örtliche Eigenentwicklungen. Einige sind gemeinsam mit Firmen entwickelt worden. Sie sind auf eigenen Rechnern implementiert, z.B. VAX II/750, GEAC 6000, und über das hochschuleigene Datennetz zugänglich. Terminals oder Micros verschiedener Fabrikate können für die Katalogsuche genutzt werden; sie müssen lediglich den ASC II-Normen entsprechen. Darüber hinaus bestehen Wählverbindungsmöglichkeiten auch von außerhalb des Campus. In der Regel ist die Benutzung kostenlos, es gibt aber auch Universitäten, die Gebühren für Recherchen von außerhalb der Bibliothek festsetzen. Während für die Katalogbenutzung in den Zentralbibliotheken um die 30 Terminals stehen, ist potentiell die Nutzung von mehreren hundert oder tausend Terminals auf dem Campus möglich. Die Akzeptanz durch die Bibliotheksbenutzer ist sehr gut. Spontane Befragungen durch uns haben eine deutlich positive, z.T. begeisterte Einstellung zu dieser Katalogentwicklung ergeben. Durch die vielfältigen Suchmöglichkeiten bei Online-Benutzerkatalogen und der damit gegebenen Freiheit des Benutzers, seine Suchfrage selbst zu formulieren, ist es zu einem geänderten Benutzerverhalten bei der Katalogbenutzung gekommen.

Es werden weitaus mehr sachliche als formalbibliographische Anfragen gestellt: weit über 60% entfallen auf sachliches Suchen.

Die modernen Online-Benutzerkataloge bieten für ihren interaktiven Dialog meist zwei Arten von Suchverfahren.

Für den ungeübten Anfänger oder den gelegentlichen Benutzer gibt es den lookup-mode mit einer sehr überlegten Menuetechnik, mit instruktiven Anweisungen und einer Fülle von Help-Funktionen.

Für den qualifizierten Benutzer gibt es den command-mode, in dem der Benutzer seine Anweisungen ohne Vorgaben selbst formulieren und verknüpfen muß. Der command-mode ist hinsichtlich seiner Präzision, Schnelligkeit und Flexibilität besonders wirkungsvoll. Manche Online-Benutzerkataloge bieten sogar die Möglichkeit, lookup-mode und command-mode während der Suchformulierung zu wechseln.

Die Benutzerfreundlichkeit und die Benutzerorientiertheit der Suchsprachen ist bei allen untersuchten Systemen auffallend. Sie wird z.T. so weit getrieben, daß man ohne besondere Schulung auskommen kann. Eines ist sicher: Auf diesem Gebiet haben die amerikanischen Bibliotheken überzeugende Lösungen anzubieten. Nicht die Technik allein hat den Online-Katalogen zu diesem schnellen Durchbruch verholfen, sondern die vorbildlichen Benutzersprachen. Sie sind aus intensiven, sehr differenzierten Benutzerforschungsprojekten entstanden und umgesetzt worden. Daß sich Benutzer in solchen Strukturen wiederfinden, ist verständlich. Genutzt wird die Leistungsfähigkeit des Dialogs dadurch, daß bei den neueren Online-Katalogen für alle Bestandteile der Titelaufnahme voll invertierte Suchdateien aufgebaut sind, die eine Freitextsuche mit Zugriff auf alle Elemente ermöglichen. Die Elemente sind darüber hinaus als Suchfrage kombinierbar, man kann truncieren, man kann unterschiedliche Schreibweisen benutzen.

Die Bildschirmanzeige der Suchergebnisse kann in verschiedenem Umfang gewählt werden: als Zeile in einer Bildschirmauflistung, als Kurztitelangabe, im bibliographischen Standard- oder MARC-Format.

Der Aufbau der lokalen Online-Benutzerkataloge geschieht durch regelmäßige Magnetbandlieferungen der Verbundzentren, in wöchentlichem bis monatlichem Abstand. Dieses Aktualisierungsverfahren wird als voll ausreichend angesehen. Geliefert werden Neuaufnahmen und Korrekturen. Während also die Katalogisierung im zentralen Pool des Verbundzentrums erfolgt, unter konsequenter Ausnutzung von Fremddaten und Beachtung bibliographischer Qualitätsstandards, wird durch Rücklieferung der Katalogisate an die Bibliothek dort ein eigener lokaler Online-Benutzerkatalog als Bestandsnachweis aufgebaut.

Die derzeitigen Online-Benutzerkataloge enthalten in der Regel die Publikationen, die seit Beginn der 70er Jahre maschinenlesbar erfaßt wurden; das sind pro Bibliothek um die 1 bis 1,5 Mio. Datensätze.

Aber schon jetzt ist erkennbar, daß die Benutzer sich mit solchen zeitlichen Schnittstellen nicht gern zufriedengeben. Die gestiegene Leistungsfähigkeit, die neuen zusätzlichen Möglichkeiten, der Komfort der neuen Systeme soll ihrer Meinung nach auch die früheren Bestände erfassen. Die retrospektive Katalogisierung ist natürlich von einer Einzelbibliothek nicht zu leisten. Aber über die Verbundzentren mit ihren umfassenden Beständen und ihrem geschulten Redaktionspersonal ließe sich eine solche Dienstleistung schon eher realisieren – zum Nutzen nicht nur der Einzelbibliothek, sondern auch des zentralen Nachweises.

Die Möglichkeit, konventionelle Titelaufnahmen im „Lohnauftrag“ in maschinenlesbare Aufnahmen zu konvertieren, bietet OCLC bereits seit 1976. Das heute als „RETRO-CON“ bezeichnete Verfahren nutzt die OCLC-Datenbank mit ihren mehr als 12 Millionen Aufnahmen. Die Bibliotheken senden ihre Aufnahmen als Katalogkarten an die Zentrale. Dort werden sie durch ein eigenes Servicebüro von OCLC am Verbundkatalog verglichen und in maschinenlesbare Form überführt. Diese Dienstleistung beschäftigt derzeit mehr als 150 Mitarbeiter. Die maschinenlesbaren Aufnahmen werden von den Bibliotheken für den Aufbau ihrer Online-Benutzerkataloge genutzt, gleichzeitig erweitert OCLC damit seine Bestandsnachweise.

Seit neuestem bietet OCLC auch eine Konvertierungsmethode auf Microcomputerbasis an: MICROCON. Dieser Dienst wird Bibliotheken angeboten, die mindestens 20000 Titel konvertieren wollen. Die Bibliotheken erhalten den von OCLC eingesetzten Informationsarbeitsplatz M 300. Damit können die bei OCLC benutzten Suchschlüssel und die Lokaldaten eingegeben und per Diskette an OCLC geschickt werden. Die Datensätze werden umgesetzt und am OCLC-Verbundkatalog verglichen. Wird eine einzelne Titelaufnahme gefunden, so wird sie kopiert und im vollen MARC-Format aufbereitet.

Neben dem lokalen Online-Benutzerkatalog gibt es inzwischen eine Reihe von autonomen Bibliothekssystemen für verschiedene Anwendungsgebiete auf Mini- und Microcomputern. Am verbreitesten sind Ausleihsysteme, hier besteht die Absicht der Verknüpfung zum lokalen Online-Katalog, am geringsten sind die Angebote bei Bestell- und Erwerbungssystemen. Neben den Einzelkomponenten entwickeln sich inzwischen verstärkt auch integrierte Bibliothekssysteme auf lokaler Ebene, z.B. von OCLC das LS/2000, von GEAC, von Avatar, von CLSI, von Biblio-Techniques, von Innovative Interfaces.

Bei der steigenden Leistungsfähigkeit der Micros wird dieser Trend weiter zunehmen.

Dabei kann man feststellen, daß verstärkt Micros mit Standardbetriebssystemen angeboten werden, z.B. UNIX, das in einer maschinenunabhängigen Hochsprache namens C geschrieben ist und eine hervorragende Übertragbarkeit hat.

Es gibt derzeit Hunderte von Softwarepaketen mit bibliotheksspezifischen Anwendungen auf dem Markt. Es würde zu weit führen, hier Details aufzuführen.

Eine eigene Datenbank „MicroUse“ ist aufgebaut worden, um den nötigen Überblick zu geben.

Ich möchte mich jetzt dem zweiten Aspekt unseres Themas zuwenden:

Wie sieht die Position der Verbundzentren bei diesen lokalen Entwicklungen aus, wie reagieren sie darauf?

Charakteristisch für die Verbundzentren ist, daß sie in allererster Linie Datenressourcen darstellen und nicht so sehr die Entwicklung und den Einsatz integrierter Bibliothekssysteme betrieben haben.

Die heutige Situation der Verbundsysteme und ihrer Teilnehmer kann man zusammengefaßt so formulieren:

1) Die Library of Congress ist Hauptproduzent bibliographischer Datensätze; sie werden vertrieben über den MARC-Magnetbanddienst.

2) Es existieren drei Verbundzentren als „bibliographics utilities"
   a) OCLC als größte Datenressource für alle Bibliothekstypen
   b) RLG als Zentrum für die großen wissenschaftlichen Bibliotheken
   c) WLN als regionales System für alle Bibliothekstypen.

3) Mit großer Intensität werden verschiedene Projekte betrieben, die Verknüpfungen bestehender Datenbasen oder gegenseitige Nutzung erlauben (z. B. LSP).

4) Neben den „bibliographic utilities" haben sich Service-Zentren (service centers) etabliert, die bevorzugt regionale Verbundsysteme betreuen und „broker" von „bibliographic utilities" sind. Ihnen gehören im Durchschnitt 100 bis 200 Bibliotheken an. Ihre Daten erhalten sie zumeist auf Magnetbändern, mit den Mitgliedsbibliotheken erfolgt der Datenverkehr online. Regionale Verbundsysteme, die durch service centers verknüpft sind, sind z. B. AMIGOS oder INCOLSA oder NELINET. Sie sind zumeist OCLC-Kunden. Über die Katalogdatennutzung hinaus bieten sie auch einsatzfähige Subsysteme für verschiedene Bibliotheksfunktionen an.

Die Organisation und die Struktur der Systeme zeigen zwei Merkmale: Konzentration und Konkurrenz.

Obwohl die Bibliotheken in den USA einen großen Markt darstellen, ist die Anzahl der bibliothekarischen Verbundzentren vergleichsweise klein. Diese starke Konzentration liegt zum einen an dem hohen Investitionsaufwand für leistungsfähige Zentren, an dem Prinzip der Selbstfinanzierung, an der Tatsache der freiwilligen Teilnahme und geringen staatlichen Einflußnahme und an der langen Tradition zentral erstellter Katalogdaten durch die Library of Congress.

Das derzeitige Verhältnis der Verbundzentren untereinander wird stärker als je zuvor durch Wettbewerb gekennzeichnet. Die Zentren sind sich ihrer Kunden weder durch eine regionale Zugehörigkeit noch durch eine „kollegiale Mentalität" sicher; ausschlaggebend ist das Leistungsprofil. Und so ist es keine Seltenheit, daß sich Mitgliedsbibliotheken eines Verbundes zu anderen Verbünden umorientieren oder in mehreren Verbünden gleichzeitig Kunde sind.

Der starke Druck, der von den neuen technischen Möglichkeiten auf der lokalen Ebene (Microcomputer, universitäre Netze) ausgeht und der durch die Benutzererwartung verstärkt wird, zwingt die Verbundnetze sich den neuen Rahmenbedingungen rasch anzupassen bzw. Entwicklungen aktiv einzuleiten.

Die neuen Strukturen müssen das Verhältnis von Zentrale und Anwenderbibliotheken neu definieren. Die bisherigen Kooperationsformen können die künftige Arbeitsteilung zwischen lokaler Ebene und Zentrale nicht mehr beschreiben. Es sind technische, ökonomische und organisatorische Probleme, die hier zur Lösung anstehen. Man versucht durch zwei Entwicklungen gegenzusteuern, zum einen die gemeinsam genutzten Ressourcen attraktiver zu machen (Umfang und Qualität der Datenbank, Spezialdatenbanken für besonderes Bibliotheksmaterial, Zusammenarbeit mit anderen Datenzentralen, Rechner-Rechner-Kopplung, Verknüpfung von Informationsbanken mit Standortnachweissystemen, Telefacsimileübertragung und Volltextspeicherung), zum anderen durch ein präzis definiertes Zusammenwirken und Aufgabenteilen von lokalem und zentralem System.

Da die Verbundsysteme unabhängig voneinander entstanden sind, auch wenn sie vergleichbare Grundstrukturen aufweisen, ergeben sich hinsichtlich einer landesweiten Zusammenarbeit oder der Reduzierung des Mehrfachaufwandes deutliche Kompatibilitätsschwierigkeiten. In diese Richtung geht aber ganz eindeutig eine gezielte Entwicklung.

Die Bereitschaft zur Zusammenarbeit ist konkret vorhanden. Damit ist nicht der Aufbau monopolistischer Strukturen gemeint, sondern unter Beibehaltung unabhängiger Einrichtungen die stärkere und verbindlichere Berücksichtigung bestehender technischer und bibliothekarischer Standards und Normen, die einerseits zu einer Verbesserung der bibliographischen Qualität führen und andererseits moderne technische Netzkonzepte bis hin zur Rechner-Rechner-Kopplung erlauben.

Es ist charakteristisch, daß die erste Verknüpfung der Verbundzentren RLG und WLN und der LC in Form einer Rechner-Rechner-Kopplung auf der Grundlage standardisierter Kommunikationsprotokolle nach dem ISO-Schichtenmodell für offene Netze, der gegenseitigen Nutzung von Authority Daten gilt.

Da der aufwendigste und schwierigste Teil des Katalogisierens die einheitliche regelwerksgerechte Ansetzung betrifft und da diese Einheitlichkeit wesentliche Voraussetzung für das Zusammenwirken verteilter Datenbanken ist, kommt diesem Projekt besondere Bedeutung zu. Es wird als Linked Systems Project (LSP) bezeichnet.

LSP gestattet aber nicht nur die Kopplung von Verbundzentren wie RLG und WLN. Auch im Verhältnis von lokalen Systemen und Verbundzentren wird dieses Verfahren eine wichtige Rolle spielen. Die Installierung lokaler Systeme wie Online-Benutzerkataloge setzt weiterhin die Verbindung zu einer Datenzentrale voraus. Mit LSP können diese unterschiedlichen Systeme miteinander kommunizieren und down-loading als auch up-loading durchführen.

Das Ziel ist der Austausch vollständiger bibliothekarischer Eintragungen. Dieses Anwendungsgebiet wird noch einmal einen erheblichen Aufwand an Standardisierung erfordern.

Dadurch, daß für die Bibliotheksautomatisierung keine „handgestrickten“ spezifischen Bedingungen formuliert werden, sondern die allgemeine Entwicklung der Kommunikationsstrukturen genutzt wird, ergeben sich für weitere Anwendungen in der Zukunft (Volltext, elektronische Dokumentenlieferung) gute Möglichkeiten.

Außer der Entwicklung neuer Netzstrukturen mit geeigneten Standards, modularer und flexibler Software bieten die Verbundzentren inzwischen selbst lokale Bibliothekssysteme an, die mit dem Zentralsystem online zu verknüpfen sind bzw. vertreiben Workstationen mit spezifischer Software zum Einsatz.

Diese zweite Entwicklung, die besonders OCLC 1984 gezielt im lokalen Bereich begonnen hat, ist die Verwendung von Personalcomputern.

Die OCLC M 300 Workstation ist ein IBM PC mit zusätzlichen Hardware- und Softwareleistungen. Sie ermöglicht den Einsatz als Standleitungs- und Wählleitungsterminal, und sie hat neben den Eigenschaften eines Online-Terminals eine Reihe von Funktionen als autonomes System.

Es ist damit möglich, sowohl bestimmte Arbeitsvorgänge lokal vorzubereiten, bevor die Verbindung mit OCLC aufgenommen wird, als auch Rechercheergebnisse im lokalen Computer nachzubereiten (down loading). Dadurch werden die Transaktionen mit dem OCLC-System reduziert, die Effizienz des OCLC-Systems erhöht, zeitaufwendige Anfragen vermieden. OCLC bezeichnet die jeweilige Anwendungs-Software mit der M 300 Workstation als Micro Enhancer.

Derzeit gibt es die folgenden Enhancement-Angebote:
- Micro Enhancer Katalogisieren
- Micro Enhancer Leihverkehr
- Micro Enhancer Zeitschriftenbearbeitung

Die Installation der M 300 Terminals erfolgt sehr zügig, pro Monat werden fast 200 neue Terminals installiert.

Es ist zu erwarten, daß das Micro Enhancer-Programm bei allen Verbundsystemen weiter ausgebaut wird. Konkret geplant ist ein Enhancer für Erwerbung und ein Softwarepaket zur Katalogisierung von chinesischer, japanischer und koreanischer Schriften.

Mit dem forcierten Einsatz der M 300 Workstation und den spezifischen Softwarepaketen hat OCLC seine zentralen Dienstleistungen verbessert, den Teilnehmerbibliotheken neue lokale Anwendungen und bessere finanzielle Bedingungen geschaffen.

Die Veränderungen im Dienstleistungsangebot der Verbundzentren führen interessanterweise auch zu Veränderungen in der Kostenstruktur. Während bisher in der Regel das Einbringen neuer Titelaufnahmen frei war und die erstmalige Nutzung einer Verbundaufnahme bezahlt werden mußte (ca. 2 Dollar), hat seit Beginn des Jahres 85/86 OCLC ein Bonus-System eingeführt. Für das Einbringen neuer Aufnahmen gibt es jetzt eine Gutschrift – speziell bei OCLC 50 cents pro Aufnahme –; man könnte sich auch eine Gutschrift in Form freier Transaktionen vorstellen. Ebenso erhält man eine Gutschrift für eine erledigte Leihverkehrsbestellung.

Hier wird es sicher noch zu weiteren differenzierten Überlegungen kommen.

Die künftige Beurteilung eines Verbundzentrums wird nebem dem Vorhandensein überzeugender Leistungsdaten des Online-Betriebs sehr stark dadurch bestimmt werden, wie weit ein komfortabler, benutzerorientierter Dialog mit hoher Treffsicherheit gegeben ist, ob sinnvolle Lösungen von lokaler und zentraler Datenhaltung gefunden werden, ob die Vernetzung von Systemen aufgrund vereinbarter Standards möglich ist, ob eine strenge Synchronität verteilter oder mehrfach gespeicherter Datenbestände realisiert werden kann, ob neue Serviceleistungen Berücksichtigung finden (elektronische Dokumentenlieferung, Bildplattentechnologie etc.) und ob eine verbindliche bibliographische Qualität garantiert werden kann. Gerade die verstärkte Entwicklung lokaler Online-Benutzerkataloge bei zentraler Katalogisierung macht es erforderlich, daß regelwerksgerechte Katalogaufnahmen und verbindliche Namensansetzungen (authority files) beachtet werden.

Literatur:

Karen Markey: Subject Searching in Library Catalogs (OCLC library, information, and computer science series; 4) Dublin: OCLC 1984.

Charles R. Hildreth: Online Public Access Catalogs: The User Interface. Dublin: OCLC 1982.

Joseph R. Matthews: Publice Access to Online Catalogs. A Planning Guide for Managers. Weston: Online Inc. 1982.

Ching-Chih Chen; Stacey E. Bressler: Microcomputers in Libraries. New York: Neal-Schuman 1982.

Collected Papers of Frederick G. Kilgour. 2 Bd. Dublin, Ohio: OCLC 1984

Susan K. Martin: Library Networks, 1981–82. White Plains, New York: Knowledge Industry 1981.

DIETER KÖNIG

Benutzerfreundliche Kommandosprachen durch Normung

1. Vorwort

Ziel des Vortrages ist es, über die Normung von Kommandosprachen für Informationssysteme zu berichten und dabei auf die Notwendigkeit und den Nutzen von Normungsarbeit aufmerksam machen. Dabei soll nicht in die Tiefen von Bits und Bytes eingedrungen werden. Vielleicht gelingt es aber, den einen oder anderen Zuhörer, der noch keine Retrieval-Erfahrung hat, zu einer Terminalsitzung zu animieren.

2. Die Notwendigkeit von Normen

Dort, wo Menschen untereinander kommunizieren, entsteht die Notwendigkeit, das Verhalten und die Verständigung untereinander in Form von Regeln zu gestalten. Dies kann in ungeschriebener oder in kodifizierter Form geschehen.

Zu den ältesten und bekanntesten niedergeschriebenen Regeln gehören die Zehn Gebote des Alten Testaments, durch deren Einhaltung erst ein geordnetes und sinnvolles menschliches Zusammenleben ermöglicht wird. Wo diese Gebote verletzt werden, sehen wir früher wie heute Chaos.

Im Laufe der Jahrhunderte sind mit dem Fortschreiten der Zivilisation notwendigerweise eine Menge von gesetzlichen Vorschriften hinzugekommen, um immer neue Bereiche zu regeln oder um vorhandene Regelungen zu verbessern. Immer wieder hören wir auf der einen Seite den Ruf nach neuen Gesetzen (z.B. auf dem Gebiet des Umweltschutzes) und auf der anderen Seite nach dem Abbau von Vorschriften (z.B. im Rahmen Entbürokratisierung). Die hier an Hand von Gesetzen aufgezeigte Entwicklung und das Spannungsfeld zwischen zu viel und zu wenig Regelung gilt für die Normungsarbeit in gleicher Weise.

In einer stark arbeitsteiligen Gesellschaft wie der unseren ist es erforderlich, daß die Produkte verschiedener Hersteller zueinander passen und untereinander austauschbar sind. Dies konnte und kann nur mittels Normung geschehen. Durch Normung vereinheitlichte Produkte sparen in hohem Maße Kosten bei deren Herstellung, Wartung und Reparatur. Dies kommt letztlich dem Endverbraucher/Endbenutzer zu Gute.

Natürlicherweise entstand der Bedarf nach Normung zuerst bei Disziplinen wie Maschinenbau, Bauwesen, Elektrotechnik etc. Aber auch solche Gebiete, die nicht anfaßbare Objekte zum Gegenstand haben, entwickelten bald einen hohen Normungsbedarf. Dazu gehört insbesondere das Gebiet der Informationsverarbeitung. Hier gibt es inzwischen eine Vielzahl von Normen, neue kommen ständig hinzu. Beispielhaft seien genannt Normen über die digitale Codes, DV-Geräte, Programmiersprachen, Aufzeichnungen von Informationen auf magnetische Datenträger etc. Als wichtige Normziele auf dem Gebiet der Informationsverarbeitung sind zu nennen:

– Austauschbarkeit und Zusammenfügbarkeit von Hardware, Software und Informationen verschiedener Anbieter,
– Vereinheitlichung bei der Entwicklung, Wartung und Fehlerbeseitigung von informationsverarbeitender Hard- und Software.
– Vereinheitlichung in der Anwendung von Informationssystemen und bei der Ausbildung der Benutzer.

3. Normung von Kommandosprachen – eine Aufgabe des Normenausschusses Bibliotheks- und Dokumentationswesen (NABD)

Um die Normungsinteressen des gesamten Bereichs Bibliotheks- und Dokumentationswesen erfüllen zu können, wurde vor Jahren ein eigener Normenausschuß „Informations- und Dokumentationswesen" (NABD) gegründet. Dieser gliedert sich wie alle Normenausschüsse in Arbeitsausschüsse (AA) und diese wiederum in Unterausschüsse (UA). Die Normung der Kommandosprachen wird vom Unterausschuß „Benutzeroberflächen in Informationsverbundsystemen" des Arbeitsausschusses „Automation im Bibliotheks- und Dokumentationswesen" bearbeitet (siehe Bild 1). Um eine Vorstellung über das weite Tätigkeitsspektrum des Arbeitsausschusses zu vermitteln, seien einige weitere in letzter Zeit behandelte Normungsvorhaben genannt:

– Zitierregeln
– Titelaufnahme von av-Materialien
– Kategorienkataloge
– Transliterationssysteme
– Indexierungsregeln
– Thesaurusrichtlinien
– Registererstellung

Vielleicht findet der eine oder andere Zuhörer Gefallen an diesen Themen. Interessierte Mitarbeiter werden vom NABD immer gesucht.

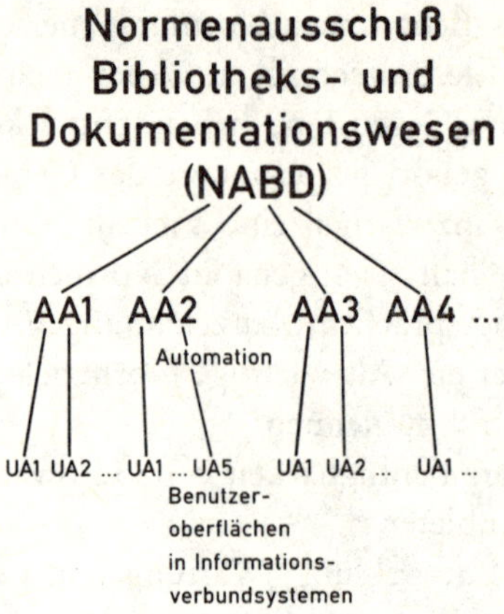

Bild 1

4. Gegenwärtige Situation auf dem Gebiet der Kommandosprache

Es gibt heute eine Menge von Host-Rechenzentren, die eine Vielzahl von Datenbasen fast aller Wissensgebiete anbieten. Aufgabe dieser Host-Rechenzentren ist es, die im Angebot befindlichen Datenbasen dv-gerecht zu speichern und für die Benutzer zur Abfrage über Leitungsnetze ständig vorzuhalten. Es sei darauf hingewiesen, daß die inhaltliche Erstellung und Fortschreibung der Datenbasen in der Regel nicht Aufgabe des Host-Rechenzentrums ist, d. h. Host-Rechenzentrum und Eigentümer der Datenbasis sind verschiedene Organisationen. Die vom Benutzer an das Host-Rechenzentrum zu entrichtende Gebühr für den Zugriff auf die Informationen steht zum einen Teil dem Host selbst und zum anderen Teil dem Eigentümer der Datenbasis zu (siehe Bild 2). Die Bundesanstalt für Straßenwesen, also meine Dienststelle, ist z. B. Miteigentümerin der „Internationalen Dokumentation Straße" (IDS) und somit zusammen mit anderen Institutionen für die inhaltliche Weiterentwicklung der Datenbasis verantwortlich. Das Angebot über internationale Netze erfolgt jedoch vom Host-Rechenzentrum Information Retrieval System (IRS) der European Space Agency (ESA).

Die auf dem Markt befindlichen Host-Rechenzentren verwenden zum Speichern der von ihnen angebotenen Datenbasen Retrieval-Systeme verschiedener Hersteller, was für den recherchierenden Anwender beim Wechsel des Host-Rechners den Gebrauch unterschiedlicher Kommandosprachen zur Folge hat. Inzwischen haben sich zwei wesentliche Richtungen von Kommandosprachen herausgebildet:

- die amerikanische Software (z. B. Messenger) und
- die Common Command Language (CCL).

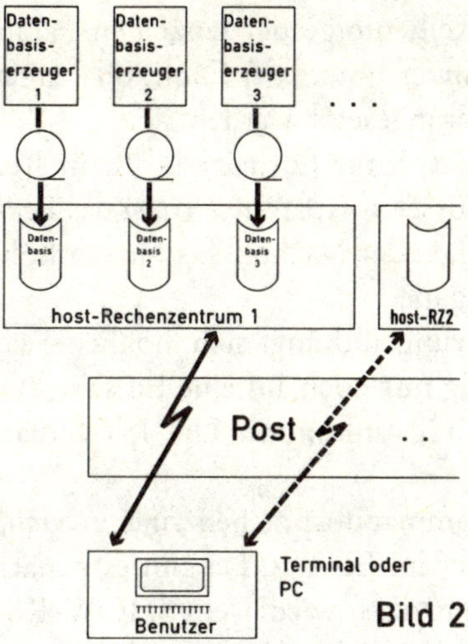

Bild 2

Die amerikanische Software gehört zu den frühen Produkten dieser Art und wird heute von den meisten amerikanischen Hosts benutzt. Das bedeutet, daß sie bereits einen großen Markt beherrscht. Als wesentliches Merkmal dieser Software ist anzusehen, daß viele Funktionsangaben in den Sprachkommandos als Stellungsparameter anzugeben sind. Sehen wir uns hierzu ein typisches Kommando an:

TYPE 1/5/1-5

Das Kommandowort TYPE gibt an, daß eine Online-Ausgabe von Recherche-Ergebnissen am Bildschirm erwünscht ist. Darauf folgen 3 Stellungsparameter, deren Reihenfolge genau einzuhalten ist. Sie besagen, daß für die erste (bereits vorangegangene) Suchfrage die Referenzen 1 bis 5 im Format 5 ausgegeben werden sollen. Jede Parameterposition hat somit ihre spezifische Bedeutung.

Die Kommandosprache CCL wurde im Auftrage der Europäischen Gemeinschaft entwickelt. Diese Software wird von europäischen Host-Rechenzentren – teilweise als zusätzliche Alternative zur amerikanischen Kommandosprache – angeboten. Wesentliches Merkmal von CCL ist, daß alle gewünschten Funktionsangaben als Schlüsselwortparameter angegeben werden. Schauen wir uns hierzu das eben gezeigte Kommando mit gleichem Funktionsumfang in CCL an:

SHOW S=1;F=5;R=1 TO 5

In CCL spielt die Reihenfolge der einzelnen Parameter keine Rolle. Statt dessen müssen zur Kennzeichnung der Funktion den Parametern die zutreffenden Schlüsselwörter vorangesetzt werden:

S für Set, F für Format und R für Reference

Der Vorteil von Schlüsselwortparametern ist das Fehlen einer vorgeschriebenen Parameterreihenfolge; der Nachteil liegt in der höheren Schreibintensivität bei der Kommandoeingabe.

Nach diesen Ausführungen drängt sich möglicherweise die Vorstellung auf, daß es bei der Normung nur noch auf eine Entscheidung zwischen amerikanischer Software und CCL ankommt. Die IST-Situation ist jedoch weitaus komplizierter.

Beide Arten von Kommandosprachen sind in vielfältigen Variationen der verschiedenen Hersteller im Einsatz. Da gibt es zunächst syntaktische Unterschiede; schauen wir uns dazu wieder ein SHOW-Kommando in CCL an:

Es sollen am Bildschirm die gefundenen Referenzen 1 bis 10 der letzten Suchfrage online am Bildschirm ausgegeben werden:

```
in ESA/IRS-Syntax: SHOW R=1 TO 10,
in SIEMENS-Syntax: SHOW R1  TO 10.
```

Solche syntaktischen Unterschiede mögen noch relativ harmlos sein. Gravierende Unterschiede bestehen in dem verschiedenen Funktionsumfang der einzelnen Sprach-Realisationen. Auch hierzu ein Beispiel:

Das Kommando-Wort zur Ausgabe von Suchbegriffen einer Datenbasis lautet in CCL: DISPLAY. Allein bei SIEMENS gibt es das Kommando DISPLAY „A“, mit dem alle Feldnamen (wie AUTOR, TITEL, etc.) einer Informationseinheit ausgegeben werden können. Eine solche Funktion des Kommandos DISPLAY ist bei anderen CCL-Realisationen nicht bekannt.

Zu einer verantwortungsbewußten Normungsarbeit gehört nun neben der Ermittlung der syntaktischen Unterschiede auch, den Funktionsumfang der einzelnen Sprachrealisationen festzustellen und auf Normungswürdigkeit zu untersuchen. Diese Tätigkeit ist der gegenwärtige Sachstand der Arbeiten des zuständigen NABD-Unterausschusses.

5. In Kommando-Sprachen realisierte Funktionen

Haben Sie bitte Verständnis dafür, wenn ich keinen Kurs in Kommandosprachen halte, sondern lediglich einen *Überblick* über wichtige Kommando-Funktionen geben möchte. Für die erklärenden Beispiele werde ich die Kommandosprache CCL zugrundelegen, ohne damit jedoch dieser Sprache einen Vorzug geben zu wollen.

5.1 Kommandos zum Eröffnen, Schließen und zur Kontrolle einer Dialogsitzung:

5.1.1

```
Kommando-Wort: BASE
Beispiel:      BASE 5;ED=82 TO 84
```

Im Beispiel wird die vom Host-Rechenzentrum angebotene Datenbasis 5 zur Recherche ausgewählt und der gewünschte Jahrgangsbereich der Informationen angegeben.

Darüber hinaus können mit dem Kommando dem System Schutzwörter zur Identifikation mitgeteilt, Dateien zum Speichern des Suchdialogs eingerichtet und die aufgelaufenen Dialogkosten ausgegeben werden.

5.1.2

```
Kommando-Wort: STOP
```

Mit diesem Kommando wird eine Dialogsitzung ganz oder teilweise beendet.

5.2 Kommandos zur Frage-Formulierung

5.2.1

```
Kommando-Wort: DISPLAY
Beispiel:      DISPLAY FOREST
Systemantwort:

REF   INDEX-TERM      ITEMS  RT
E1    FORESEEN            5
E2    FORESHOCK           8
E3    FORESIGHT           5
E4*   FOREST            987
E5    FOREST FIRES       76  10
E6    FORESTED           22
E7    FORESTER            4
E8    FORESTLAND          5
E9    FORESTRY          225
E10   FORESTS          1180  23
E11   FOREVER             3
E12   FOREWORD            5
                     -MORE-
```

Mit diesem Kommando wird eine Liste aller derjenigen Suchbegriffe der ausgewählten Datenbasis ausgegeben, die sich in der alphabetischen Umgebung des im Kommando genannten Suchbegriffs befinden. Dies ist sehr hilfreich, wenn noch zusätzlich nach ähnlichen bzw. zusammengesuchten Begriffen recherchiert werden soll.

5.2.2

`Kommando-Wort:` **FIND**
`Beispiel:` **FIND AU=MUELLER**

Im Beispiel werden aus der oben angesprochenen Datenbasis alle Referenzen herausgefunden, die den im Kommando angegebenen Suchbegriff „Author = Mueller" enthalten. Als Antwort erhält der Frager eine laufende Nr. für die Suchfrage, die Anzahl der gefundenen Referenzen und zur Protokollierung den Suchbegriff selbst

5.2.3

`Kommando-Wort:` **SAVE**

Dieses Kommando dient der Sicherung der im Dialog abgegebenen Kommandos in einer Datei, um die gleiche Suchstrategie später wiederholen zu können.

5.3 Ausgabe-Kommandos

5.3.1

`Kommando-Wort:` **SHOW**

Hierzu wurden bereits im vorgegangenen Kapitel Ausführungen gemacht.

5.3.2

`Kommando-Wort:` **PRINT**

Dieses Kommando hat eine ähnliche Parameterversorgung wie das SHOW-Kommando, jedoch erfolgt die Ausgabe offline am Drucker.

5.3.3

`Kommando-Wort:` **MORE**
Bedeutung: 1 Seite vorwärts am Bildschirm

5.3.4

`Kommando-Wort:` **BACK**
Bedeutung: 1 Seite rückwärts am Bildschirm

5.3.5

`Kommando-Wort:` **DEFINE**

Dieses Kommando gestattet die Definition eines benutzereigenen Ausgabeformats.

5.4 Allgemeine Kommandos

5.4.1

`Kommando-Wort:` **DELETE**
`Beispiel:` **DELETE S=1 TO 5**

Im Beispiel werden die vorangegangenen Suchfragen 1 bis 5 aus der Suchstrategie entfernt.

5.4.2

`Kommando-Wort:` **HELP**

Dieses Kommando gibt am Bildschirm Text als Hilfe zum Gebrauch des letzten Kommandos aus.

6. Chancen für die Realisierung und Akzeptanz einer Norm

In Anbetracht des geschilderten Sachstandes der Arbeit des zuständigen Unterausschusses handelt es sich hierbei um einen Ausblick in die Zukunft. Den Aussagen von Zukunftsmagieren mißtraue ich persönlich in starkem Maße. Aber im Falle der Zukunftschancen einer Norm über Kommandosprachen meine ich, aufgrund bereits vorliegender Erfahrungen mit künstlichen Sprachen auf dem Gebiet der Informationsverarbeitung gesicherte Aussagen machen zu können.

Sehen wir uns hierzu ein vergleichbares Beispiel aus den Programmiersprachen an. Mitte der fünfziger Jahre entstand der Bedarf, leicht erlernbare und kompakte Programmiersprachen zu schaffen, die keine detaillierten Maschinenkenntnisse erfordern. Für den technisch-wissenschaftlichen Einsatz wurde daher in den USA die Programmiersprache FORTRAN und bald darauf unter starker deutschsprachiger Beteiligung die Programmiersprache ALGOL entwickelt. ALGOL ist nach meiner Ansicht die flexiblere Sprache (sie gestattet Blockbildung, hat Vorteile bei der Prozedurgestaltung etc.). Trotzdem setzte sich Mitte der sechziger Jahre FORTRAN an den damaligen großen Rechenanlagen in der Praxis durch; ALGOL führte als Lehrfach an deutschen Hochschulen ein Schattendasein. Schnell entwickelten die Hersteller die zugehörige Übersetzungssoftware mit unzähligen Varianten, obwohl beide Sprachen mit dem Anspruch, universell zu sein, entwickelt wurden. Ein Programmaustausch zwischen verschiedenen Rechenanlagen war nur mit großem Aufwand möglich. Diese Situation der genannten Programmiersprachen in den sechziger Jahren ist voll vergleichbar mit der heutigen Situation von Kommandosprachen für Retrieval-Zwecke. Es gibt mehrere Kommandosprachen mit diversen Ausprägungen. Der Benutzer hat Schwierigkeiten beim Wechsel der zu befragenden Host-Computer.

Wie ging nun die Geschichte mit den Programmiersprachen FORTRAN und ALGOL zu Ende? Beide Programmiersprachen wurden in einem langwierigen Prozeß genormt. Man muß sich darüber im klaren sein, daß in Normungstätigkeit starke wirtschaftliche Interessen hineinspielen:

– Jeder Hersteller hat in die Software für die eigene Sprachvariante viel Kapital investiert. Je mehr eine Normsprache von der eigenen Sprachvariante abweicht, um so höher ist der Anpassungsaufwand.

– Jeder Benutzer hat seine Programme in einer der vielen Sprachvarianten realisiert. Umstellung seiner Programme auf eine Norm bedeutet auch für ihn erhebliche Zusatzleistung.

Die Normierung von ALGOL und FORTRAN durch das DIN wurde im Jahre 1975 abgeschlossen. Etwa 2 Jahre später stand bei den Herstellern die entsprechende Übersetzungssoftware zur Verfügung. Die Benutzer haben sich nur zögernd umgestellt. Als Schranke erwiesen sich zunächst

– das fehlende Wissen über die normierten Sprachen und

– bei bereits vorhandenen Programmsystemen der vorher genannte hohe Umstellungsaufwand.

Auf Kommandosprachen übertragen heißt dies, daß mit einer längeren Dauer bei Realisierung und Akzeptanz von Kommandosprachen zu rechnen ist. Die Interessen von Host-Rechenzentren, Software-Herstellern und Benutzern müssen abgeglichen werden.

Einen Ausweg aus der Situation, sich möglicherweise zwischen amerikanischer Kommandosprache und CCL entscheiden zu müssen, bietet die heute immer üblicher werdende sogenannte Menu-Technik. Man legt über die eigentliche Kommandosprache noch eine Benutzeroberfläche, in der das System dem Benutzer für den jeweils nächsten Rechercheschritt am Bildschirm Alternativen aufzeigt. Der Benutzer muß dann lediglich die gewünschte Funktion „ankreuzen". Dieses Vorgehen ist sehr verlockend und wird sich meiner Ansicht nach auch durchsetzen. Man muß sich aber darüber im klaren sein, daß eine solche Menu-Führung die Kreativität des Benutzers einschränkt und mehr für Standard-Arbeiten geeignet ist.

7. AUS DEN ARBEITSKREISEN

PAUL GLEIXNER

Mikroformen in wissenschaftlichen Bibliotheken und ihre Benutzung

Beim Studium der umfangreichen Fachliteratur über Mikroformen fällt auf, daß die Einführung der Mikroformen in den Bibliotheken gerne mit dem Begriff „Mikroform-Revolution" umschrieben wird. Versteht man nun Revolution als völlige Umwälzung eines bestehenden Systems, dann ist der Ausdruck „Mikroform-Revolution" sicher übertrieben, wenn auch der bibliothekarische Arbeitsablauf und das Benutzerverhalten in den letzten Jahren stark durch Mikroformen beeinflußt wurden. In der Praxis stellt man aber bei Benutzern wie bei Bibliothekaren immer wieder erhebliche Vorbehalte und Unsicherheiten fest, die häufig dazu führen, daß um Mikroformen ein großer Bogen gemacht wird. Das ist zu bedauern, denn sie sind erwiesenermaßen geeignet, den Bibliotheken bei der Bewältigung einiger ihrer schwierigsten Probleme entscheidende Hilfen zu bieten.

Die „Arbeitsgemeinschaft für Benutzungsfragen" halte ich nun für einen geeigneten Ort, um einen größeren Kreis von Kollegen anzusprechen, die den Benutzern Mikroformen vermitteln und die wesentlich dazu beitragen können, dieses Medium in den Bibliotheken handlicher und vertrauter zu machen. Beeinflußt wurde die Wahl des Themas auch von der Studie Bernhard Fabians zum Thema „Buch, Bibliothek und geisteswissenschaftliche Forschung"[1].

Vorschläge und Empfehlungen der Fabian-Studie

Die Vorschläge und Empfehlungen der Fabian-Studie zielen in mehrfacher Hinsicht auf einen verstärkten Einsatz von Mikroformen in wissenschaftlichen Bibliotheken ab. In der Übersicht zu den Kapiteln IV. 2–8 und VII. 2–4 der Studie[2] finden sich einige Vorschläge, die erkennen lassen, welche Bedeutung Fabian den Mikroformen für die Literaturversorgung beimißt. So setzt er sich ein für

[1] Bernhard Fabian: Buch, Bibliothek und geisteswissenschaftliche Forschung. Göttingen 1983. (= Schriftenreihe d. Stiftung Volkswagenwerk. 24.)

[2] Fabian (s. Anm. 1), S. 297ff.

– die Verwendung des Mikroplanfilms (Mikrofiche) für die Erledigung von Leihverkehrsbestellungen für Literatur, die nicht dem Copyright unterliegen

– die Ausrüstung zunächst der großen, durch den Leihverkehr besonders belasteten Universalbibliotheken, später auch weiterer Bibliotheken, mit leistungsfähigen Fotostellen zur schnellen Herstellung von Mikrofiches

– die Anlage und zentrale Führung eines Verzeichnisses mikroverfilmter Werke nach dem Vorbild des amerikanischen „National Register of Microform Masters"

– die Schaffung der Voraussetzungen für eine weitgehende Präsenthaltung von Beständen in den Forschungsbibliotheken, gegebenenfalls durch Beschränkung von Leihfristen und durch Duplizierung forschungsrelevanter Literatur (über weite Strecken in Mikroform) und

– die Erstveröffentlichung von Dissertationen grundsätzlich nur in Mikroform (Mikrofiche).

Wie weit diese Vorschläge realisierbar sind, muß die Zukunft zeigen. Deutlich ist aber ein Trend zu erkennen, der den Bibliotheken eine weitere Welle von Mikroformen ins Haus bringen wird. Diese Entwicklung kann manche Probleme der Bibliotheken lösen, aber auch neue bringen, und so ist es zu begrüßen, wenn durch die Fabian-Studie die Diskussion über den Einsatz der Mikroformen in Bibliotheken wieder belebt wird.

Kataloge in Mikroform

Unter dem Zwang zur Verwendung der COM-Kataloge zahlreicher Bibliotheken ist inzwischen den meisten Bibliothekaren und Bibliotheksbenutzern die Verwendung von Mikroformen mehr oder weniger zur Selbstverständlichkeit geworden. Verbundkataloge, zentrale Zeitschriften- und Monographienverzeichnisse und Bibliographien stehen heute in Mikroform zur Verfügung und bieten in regionaler, zeitlicher oder sachlicher Gliederung umfassende Besitznachweise zahlreicher Bibliotheken. Die Geräte- und Raumausstattung für Herstellung, Lagerung und Benutzung von Mikroformen wurde in wenigen Jahren in einem Maße vorangetrieben, wie vorher in Jahrzehnten nicht.

Niedriger Preis und geringer Raumbedarf erlauben es, in den Fernleihstellen Mikrofiche-Kataloge aufzustellen, mit deren Hilfe die Laufwege der Leihverkehrs-Bestellungen gezielter als bisher festgelegt werden können. Die Fernleihstelle der Bayer. Staatsbibliothek verwendet z.B. folgende Mikrofiche-Kataloge:

den „Bayer. Zentralkatalog", den „Bayer. Verbundkatalog", den „Verbundkatalog maschinenlesbarer Katalogdaten deutscher Bibliotheken" des „Deutschen Bibliotheksinstituts", den „Katalog der Österreichischen Nationalbibliothek Wien", den „Katalog der Universitätsbibliothek Wien", das „Bayer. Zeitschriftenverzeichnis", die „Zeitschriftendatenbank" und den „Niedersächsischen Zeitschriftennachweis".

Allmählich führen die vielen Mikrofiche-Kataloge zur Unübersichtlichkeit, und jemand, der mit der Problematik der Zentralkataloge nicht vertraut ist, mag fragen, ob es mit den hochentwickelten technischen Mitteln unserer Tage nicht möglich wäre, endlich einen brauchbaren Gesamtkatalog der westdeutschen Bibliotheksbestände herzustellen. Es sieht aber nicht danach aus, als ob es in absehbarer Zeit zu dieser „großen Lösung" und damit zu einer entscheidenden Verbesserung des Leihverkehrs in dieser Richtung kommen könnte.

Die regionalen Zentralkataloge, die in Baden-Württemberg, Bayern, Hessen und Nordrhein-Westfalen[3] bereits über Mikrofiche-Kataloge verfügen, üben bei der Weitergabe von Katalogduplikaten große Zurückhaltung, um nicht die Bibliotheken der eigenen Region in Gefahr zu bringen, daß sie über Gebühr im Leihverkehr der Bibliotheken in Anspruch genommen werden. Nach wie vor gilt schließlich das Regionalprinzip der Leihverkehrsordnung, nach dem Bibliotheken und Zentralkataloge verpflichtet sind, zuerst alle Möglichkeiten der eigenen Region auszuschöpfen; nur in Ausnahmefällen sind überregionale Direktbestellungen anhand von Bestandsverzeichnissen erlaubt.

Dennoch steht fest, daß durch Mikrofiche-Kataloge mit ihren umfangreichen und vielseitigen Nachweisen der Leihverkehr, wenn auch in begrenztem Maße, an Präzision und Schnelligkeit gewonnen hat. Ein Durchbruch ist allerdings noch nicht gelungen – vielleicht gibt aber hier Fabian neue Anstöße mit seiner Forderung nach „Entdogmatisierung des Leihverkehrs"[4].

Literatur in Mikroform

Große Mengen an Informationen haben sich in den vergangenen Jahren in den wissenschaftlichen Bibliotheken in Mikroformen angesammelt, und laufend kommt Neues hinzu.

Für die Verleger von Mikroformen geht es um nennenswerte Umsätze. Die Bayerische Staatsbibliothek allein hat beispielsweise in den Jahren 1980–1984 weit mehr als 1 Millionen DM für Mikroformen ausgegeben; die Tendenz ist deutlich steigend.

In der Hauptsache handelt es sich um mikroverfilmte Zeitungen, Zeitschriften und größere Projekte wie z.B. die „Early English Books", eine Mikrofilmserie, die große Teile der englischen Literatur von 1475 bis 1700 wiedergibt, die

[3] Vgl. Monika Brazda: Microfiche-Zentralkataloge. In: Bibliotheksdienst. 18. 1984. S. 9–33.
[4] Fabian (s. Anm. 1), S. 147ff.

„Flugschriftensammlung Gustav Freitag", die Veröffentlichungen der Biennale von Venedig aus den Jahren 1895 bis 1977 oder den „Marburger Index".

Den Löwenanteil an den für Mikroformen ausgegebenen Mitteln verbuchen immer noch die Verleger aus den Vereinigten Staaten; Andreas Werner[5] wertete das „Micropublishers Trade List Annual" aus und stellte fest, daß 1978 von 249 verzeichneten Mikroformenproduzenten 181, das sind 72,7%, in den USA ansässig waren.

Zunehmend sind jedoch auch deutsche Verleger an der Produktion von Mikroformen beteiligt, und sie genießen den Vorteil, daß einige Fehlentwicklungen bereits erkannt und eliminiert sind. In ein konkretes Stadium treten derzeit Pläne zur Herausgabe einer Mikrofiche-Serie wertvoller alter Drucke aus den Beständen der Bayer. Staatsbibliothek mit einem Volumen von ca. 1200 Titeln pro Jahr. Das ist zwar nicht allzuviel, wenn laut Vorwort zum „Verzeichnis der im deutschen Sprachbereich erschienenen Drucke des XVI. Jahrhunderts"[6] die gesamte Buchproduktion allein des 16. Jahrhunderts auf 140000 bis 150000 Titel geschätzt wird. Weil aber voraussichtlich zuerst die interessantesten, wertvollsten und am meisten verlangten Titel herausgebracht werden sollen, kann auch die Verfichung von 1200 Titeln pro Jahr erheblichen Gewinn für schutzbedürftige Bibliotheksbestände mit sich bringen. Schon seit einiger Zeit registriert jedenfalls die Bayer. Staatsbibliothek die Titel aus Fernleihbestellungen auf ältere Literatur, um über die Benutzungshäufigkeit Schwerpunkte des Bedarfs zu ermitteln. Das Entstehen von Mikroform-Archiven der älteren Literatur steht übrigens im Einklang mit den Vorschlägen Fabians zur Bildung eines „historischen Nationalarchivs gedruckter Texte"[7]. Für das 15. und 16. Jahrhundert soll die Bayer. Staatsbibliothek zuständig sein, für die übrigen Zeiträume, je nach Bestand und Aufgabenstellung, die Staatsbibliothek Preußischer Kulturbesitz, die Staats- und Universitätsbibliothek Göttingen, die Herzog-August-Bibliothek Wolfenbüttel und die Stadt- und Universitätsbibliothek Frankfurt a. M. Den Bibliotheken soll ein nach Erscheinungszeit klar umrissener Sammelauftrag erteilt werden, wobei die zu sammelnde Literatur auch in kopierter und verfilmter Form zu erwerben wäre, sofern Originalausgaben nicht mehr erhältlich sind.

Viele Leihverkehrs-Bestellungen auf ältere Werke werden heute schon durch Lieferung einer Mikrokopie erledigt. An der Bayer. Staatsbibliothek dürfen z. B. vor 1800 erschienene Werke grundsätzlich nicht mehr xerokopiert, sondern nur mehr verfilmt werden. Die Bibliotheken nutzen solche Gelegenheiten

[5] Andreas Werner, Margot Wiesner u. Peter Heydt: Mikroformen. München u. a. 1980. S. 15.

[6] Verzeichnis der im deutschen Sprachraum erschienenen Drucke des XVI. Jahrhunderts. Bd. 1. Stuttgart 1983. S. VII.

[7] Fabian (s. Anm. 1), S. 123ff.

nicht immer zur Erweiterung ihres Mikroform-Archivs. Ohne großen Mehraufwand könnte der Masterfiche und eine Benutzerkopie in den Bestand eingereiht werden, während der Besteller ein Duplikat des Fiche erhält. Bei Bedarf wäre dann kurzfristig und kostengünstig eine weitere Duplizierung ohne erneute Verfilmung möglich.

Brüchiges Papier

Die älteren Schriften bis zurück in die Inkunabelzeit sind in der Regel widerstandsfähiger und besser erhalten als die seit Ende des 19. Jahrhunderts auftauchenden, auf sauer hergestelltem, holzschliffhaltigem Papier gedruckten Bücher. Besonders häufig sind Zerfallserscheinungen zu beobachten bei Tageszeitungen und populären Zeitschriften dieser Zeit und bei Publikationen, die während der beiden Weltkriege und in den Jahren danach erschienen sind; bis herauf in unsere Tage aber auch bei Taschenbüchern und Werken aus dem Ostblock. Mit der Bräunung des Papiers an den Rändern beginnt es, und in fortgeschrittenem Stadium tritt das entscheidende Kriterium auf: Bei einmaligen Knicken bricht das Papier. Das gleiche Schicksal wird in wenigen Jahren die Bücher auf Recycling-Papier ereilen, die heute gelegentlich auftauchen, aber hoffentlich eine kurze Modeerscheinung bleiben. Die Verfilmung dieser Literatur ist m. E. vordringlicher als die Errichtung von Mikroform-Archiven der Werke des 15. bis 18. Jahrhunderts, weil der Zerfall rasch voranschreitet. Konsequenzen aus den Gefahren bei der Benutzung solcher Werke wurden in größerem Stile erst durch die Verfilmung von Tageszeitungen gezogen, von denen viele wichtige Titel inzwischen als Mikro-Ausgaben vorliegen. Die übrigen von der Zerstörung bedrohten Werke werden aber fast uneingeschränkt weiter im Original benutzt bis schließlich, speziell nach dem Xerokopieren, nur noch am Bundsteg abgebrochene Blätter zwischen den Einbanddeckeln zerbröseln. Es gibt Zehntausende von Werken, die in den nächsten Jahren und Jahrzehnten in diese Phase eintreten werden, und es ist unmöglich, alle diese Bücher zu verfilmen und die Originale als „nicht benutzbar" aus dem Verkehr zu ziehen. An der Bayer. Staatsbibliothek werden deshalb durch das Institut für Buchrestaurierung seit einiger Zeit zahlreiche vom Zerfallen bedrohte Werke, die entweder in den Benutzungsbereichen, in der Einbandstelle oder auch an anderer Stelle in der Bibliothek festgestellt wurden, in Pappkartons verpackt und mit folgendem Vermerk versehen:

„Wegen der starken Beschädigung darf dieser Band nur nach Rücksprache mit dem Leiter der Ausleihe und nur im Lesesaal mit besonderer Vorsicht benutzt werden. Im Falle mehrfacher Benutzung wird der Band verfilmt, restauriert oder ersetzt. Bitte den Band nach jeder Benutzung ans Institut für Buchrestaurierung geben."

Stellt sich nun heraus, daß ein verpacktes Werk häufiger verlangt wird, so fertigt die Bibliothek auf ihrer eigenen Kamera ein Mikrofiche-Duplikat an, das anstelle des Originals für die Benutzung bereitgestellt wird.

Sollte man nun versuchen, auch für Verfilmungen dieser Art Verleger zu finden? Bemühungen in dieser Richtung dürften aber allein schon daran scheitern, daß bei den relativ jungen Werken meist noch urheberrechtliche Fragen zu klären sind.

Dieses Problem müssen die Bibliotheken aus eigener Kraft lösen; sie sollten es möglichst bald und systematisch angehen. Abhilfe ist sicher nur durch Verfilmung in größerem Stile zu schaffen, eine bessere Methode gibt es z. Z. noch nicht. Es sollte aber kein unkoordiniertes Nebeneinander von Verfilmungen in verschiedenen Bibliotheken entstehen. Es könnte vielmehr, da es sich um Literatur des 19. und 20. Jahrhunderts handelt, in Anpassung an die Aufgabenverteilung bei Fabian[8] ein zentrales Unternehmen der Stadt- und Universitätsbibliothek Frankfurt a. M. und der Deutschen Bibliothek in Frankfurt a. M. werden, oder die Pflichtverlagsbibliotheken könnten ihre Archivierungspflicht durch Herstellung einer benutzungsfähigen Kopie in Mikroform erfüllen.

Dissertationen

Einige Anzeichen deuten darauf hin, daß Dissertationen künftig hauptsächlich in Mikroform benutzt werden müssen. Die Kultusministerkonferenz hat schon 1974 einer Veröffentlichung der Dissertationen in Mikroform zugestimmt. Fabian[9] sieht die Lösung des Dissertationenproblems darin, „daß zunächst *alle* Dissertationen in Mikrofiche-Form verfilmt werden". Die Master Copies der Filme will er nicht bei den zuständigen Hochschulbibliotheken, sondern an zentraler Stelle archiviert sehen, und diese „zentrale Stelle kann nur die Deutsche Bibliothek als Gegenwartsarchiv des deutschen Schrifttums sein". Nur besonders hervorragende Leistungen sollen, als Auszeichnung, in Buchform erscheinen. Wer in der Benutzungspraxis steht, weiß, daß Dissertationen recht häufig benutzt werden, und er muß damit rechnen, daß er sie dem Benutzer in Zukunft mehr und mehr in Mikroform bereitstellen muß.

[8] Fabian (s. Anm. 1), S. 141 f.
[9] Fabian (s. Anm. 1), S. 272.

Nachweis der Mikroformen in den Katalogen

Soweit Mikroformen als Verlagsprodukte regulär erworben werden und den üblichen Geschäftsgang durchlaufen, werden sie auch ordnungsgemäß in den Katalogen verzeichnet. Allerdings bleiben bei den großen Monographien-Serien die Titel der einzelnen Monographien meist auf der Strecke, im Katalog findet sich nur der Serientitel, zu dem die Filmrollen oder Fiches nach Nummern eingetragen sind. An der Bayer. Staatsbibliothek wurden bei den „Early English Books" auch die Einzeltitel in vereinfachter Form im Katalog nachgewiesen. Die Titel wurden aus den Verzeichnissen von Pollard and Redgrave[10] und von Wing[11] auf Katalogblätter kopiert, die mit Film-Signatur und Rollen-Nummern versehen in den Alphabetischen Dienstkatalog eingeordnet wurden. Auf diese Weise ist nunmehr ein großer Teil der alten englischen Literatur im Katalog verzeichnet; bei bereits vorhandenen Originalwerken liegt der Hinweis auf die Verfilmung, die benutzt, dupliziert oder rückvergrößert werden kann. Es war allerdings eine recht geld- und personalaufwendige Aktion, die für andere Sammlungen, z.B. die „Gerritsen Collection of women's history, 1543–1945"[12] mit mehr als 4000 Monographien zur Frauenfrage unterblieb. Man kann sich eigentlich nicht vorstellen, daß eine Sammlung von 4000 „echten", auf Papier gedruckten Büchern zu einem interessanten und aktuellen Thema so behandelt würde. Bei Mikrofilm-Serien ist es aber fast die Regel, daß nur der Titel der Serie in den Katalogen nachgewiesen wird, auf die Einzeltitel kommt der Benutzer erst über ein Verzeichnis, das, wenn er Glück hat, im Katalograum ausliegt.

Es geschieht auch immer wieder, daß vorhandene Duplikate von schützenswerten Schriften, ob nun in Mikroform, als Xerokopie oder Reprint, wegen ungenügender Hinweise am Katalog oder bei unübersichtlicher Katalogsituation unbeachtet bleiben und nach wie vor das Original benutzt wird. Gelegentlich findet man in der Originalausgabe selbst einen Hinweis auf die Existenz eines Duplikats, oft aber herrscht Unsicherheit, und es bleibt dann der Findigkeit der Mitarbeiter in der Benutzung überlassen, eventuell vorhandene Duplikate von schutzbedürftigen Originalwerken aufzuspüren. Sicher können manche Pannen noch als Anfangsschwierigkeiten entschuldigt werden. Die Maßnahmen zum Schutz gefährdeter Literatur und zur Verbesserung der Literatur-

[10] Alfred W. Pollard u. Gilbert R. Redgrave: A short-title Catalogue of books printed in England, Scotland & Ireland and of English books printed abroad, 1475–1640. 2 ed. Vol. 1. 2. London 1976.

[11] Donald G. Wing: Short title catalogue of books printed in England, Scotland, Ireland, Wales, and British America and of English books printed in other countries, 1641–1700. 2. ed. Vol. 1 – New York 1972 –.

[12] The Gerritsen Collection of women's history. Glen Rock/N. J. 1975.

versorgung sollten aber nicht durch mangelhafte Koordination zwischen Katalogen und Benutzungsbereich beeinträchtigt werden.

Um die Austauschbarkeit von Originalwerken mit Mikroform-Duplikaten in der Benutzung zu verbessern, wurde für die Anlage eines Mikrofiche-Archivs an der Bayer. Staatsbibliothek entschieden, daß die Mikroform-Duplikate die gleichen Signaturen wie die Originale mit vorangestelltem „F" erhalten. Masterfiche und Benutzerfiche sollen jeweils die gleiche Signatur tragen; Mikrofiche-Duplikate sind dadurch parallel zu den Originalen aufgestellt und rasch auffindbar.

Mikro-Rollfilm, Mikroplanfilm/Mikrofiche, Microcard

Neu beginnende Verfilmungsprojekte werden meist, wie auch das obenerwähnte Archiv der Bayer. Staatsbibliothek, als Mikrofiche-Ausgaben geplant und durchgeführt. Wie Andreas Werner[13] meint, „daß sich (in absehbarer Zeit auch bei der Zeitungsverfilung) der Mikrofiche weiter durchsetzt", so werden eigentlich in allen neueren Schriften über Mikroformen dem Fiche die besten Zukunftschancen eingeräumt. Der Mikrofiche übertrifft die anderen Mikroformen vor allem durch seine größere Speicherkapazität, das praktische DIN-Format, durch erheblich einfachere und schnellere Ordnungs- und Zugriffsmöglichkeiten und im Vergleich zum Rollfilm geringere Anfälligkeit für Schäden. Fabian[14] nennt den Mikrofiche „das z. Z. geeignetste technische Hilfsmittel für die Literaturversorgung in den Geisteswissenschaften", und Gertraud Preuß[15] meint charmant, daß man mit dem Mikrofiche-Katalog „sogar hartnäkkigen Verfechtern des Zettelkatalogs einen Wunsch erfüllen" konnte.

Der Rollfilm hat seine dominierende Stellung verloren, wenngleich er noch weiterproduziert werden wird. Wegen seiner großen Verbreitung muß bei der Geräte-Ausstattung weiterhin Rücksicht auf den Rollfilm genommen werden.

Die Microcards waren eine Fehlentwicklung; sie haben sich nicht bewährt und sind für die Benutzung nur an den wenigen Bibliotheken brauchbar, die noch Spezial-Lesegeräte für Microcards besitzen. Im Leihverkehr sollten sie eigentlich nicht mehr benutzt werden.

Mikroformen in der Ortsbenutzung

Am wenigsten ist bei der Benutzung von Mikroformen die Ortsausleihe betroffen. Die Benutzer suchen sich zwar die gewünschte Literatur aus Mikro-

[13] Andreas Werner, Margot Wiesner u. Peter Heydt (s. Anm. 5), S. 13.

[14] Fabian (s. Anm. 1), S. 169.

[15] Gertraud Preuß: Erstellung von COM-Katalogen in der Universitätsbibliothek Regensburg. In: Bibliotheksdienst. Beih. 134. Berlin 1978. S. 49–56.

fiche-Katalogen heraus, wollen aber gedruckte Bücher ausleihen. Mikroformen sind in der Ortsbenutzung in aller Regel auf den Lesesaal beschränkt, doch sollte auch die Ausleihe möglich sein, wenn ein Institut, eine Firma oder auch einmal eine Privatperson Mikroformen am eigenen Gerät benutzen will oder Rückvergrößerungen anderswo billiger oder besser erhalten kann als in der Bibliothek. Beim Mikrofiche kann der Zustand und die Vollständigkeit bei der Ausgabe wie bei der Rücknahme problemlos geprüft werden, bei Rollfilmen hingegen schränkt der große Aufwand bei der Zustandskontrolle die Verleihbarkeit erheblich ein. Nur selten jedoch sind die Arbeitsplätze in den Lesesälen für die Benutzung von Mikroformen optimal gestaltet, da fast überall die Verhältnisse auf die Benutzung gedruckter Bücher abgestimmt sind, während die erst nachträglich eingerichteten Plätze für Mikroformen nach anderen Gesichtspunkten zu gestalten wären.

In der Praxis der Mikroform-Benutzung trifft man, selbst an großen Bibliotheken, immer noch auf recht provisorische Lösungen. Man wird wegen der wachsenden Bedeutung der Mikroformen aber nicht auf Neu- oder Umbauten warten können, die eines Tages vielleicht die für Mikroformen erforderlichen Bedingungen ideal erfüllen werden. Nimmt man nämlich eine der zentralen Thesen Fabians ernst, dann werden in Zukunft einige der wichtigsten Bibliotheken keine Bücher mehr am Ort oder über Fernleihe ausleihen: „Die Forschungsbibliotheken", so meint er, „sollten als Präsenzbibliotheken geführt werden"[16]. Das würde nun heißen, daß an den Forschungsbibliotheken die Benutzung künftig ausschließlich in den Lesesälen stattfinden würde. Denkt man an dieser Stelle weiter und malt sich die Folgen für die bibliothekarische Praxis aus, dann entsteht das Bild eines einschneidenden Umbruchs, der die alten Benutzungsstrukturen grundlegend verändern würde.

Mikroformen im Leihverkehr der Bibliotheken

Schon 1938 bezeichnete Walter Schürmeyer[17] die Entlastung des Leihverkehrs als die wichtigste Aufgabe der Filmphotokopie. Fabian geht mehrfach auf die Verwendung der Mikroformen im Leihverkehr ein. Er schlägt vor, von jeder Fernleihbestellung, die durch Anfertigung von Mikrofiches erledigt wird, zwei Kopien an die anfordernde Bibliothek zu senden, eine für den individuellen Besteller, die andere zur Archivierung in der bestellenden Bibliothek[18]. Er geht aber noch einen Schritt weiter und fordert, zum ursprünglichen Prinzip der

[16] Fabian (s. Anm. 1), S. 204.

[17] Walter Schürmeyer: Die Vorteile der Filmphotokopie. In: Zentralblatt für Bibliothekswesen. 55. 1938. S. 494–498.

[18] Fabian (s. Anm. 1), S. 171/172.

Präsenthaltung zurückzukehren, wodurch sich nach seiner Auffassung im gleichen Maße Techniken und Verfahren erschließen würden, „die den physischen Transport erübrigen, den Schutz der Bestände gewährleisten und dem Leser dennoch die Benutzung ermöglichen“[19]. Diese „Ablösung des Informationsgehalts vom Informationsträger“ heißt, im Augenblick zumindest: Verfilmung der präsent gehaltenen Originalschriften und Verwendung von Mikroformen im Leihverkehr. Das im Bibliotheksplan 1973[20] festgeschriebene Dogma der „allumfassenden Literatur- und Informationsversorgung“ mit der kategorischen Forderung „Literatur aller Art ... für jedermann an jedem Ort“ hat sich als nachteilig für die Versorgung mit wissenschaftlicher Literatur erwiesen. Die aus diesem Dogma abgeleitete Verknüpfung des Leihverkehrs der öffentlichen Bibliotheken mit dem Leihverkehr der wissenschaftlichen Bibliotheken belastet einseitig die Universal- und Pflichtverlagsbibliotheken mit zahlreichen Bestellungen, auch auf unwissenschaftliche Litertatur, von der Astrologie bis zum Zukunftsroman. Lesesaalauflagen, wie sie an wissenschaftlichen Bibliotheken selbstverständlich sind, begegnen hier oft ungläubigem Kopfschütteln und bleiben zum Teil unbeachtet. Mit Mikroformen ist kaum etwas anzufangen, da die notwendige Geräteausstattung an kleineren öffentlichen Bibliotheken kaum vorhanden ist.

Ungeachtet großer Risiken verlangt das Dogma des Bibliotheksplans auch die Versendung alter und wertvoller Werke mit einem sehr hohen Aufwand an Arbeit und Kosten. So wird vor Erledigung der Bestellung eines vor 1800 erschienenen Werkes an der Bayer. Staatsbibliothek der Wert des Buches durch einen Experten ermittelt und entschieden, ob der Versand überhaupt bzw. mit Wertversicherung erfolgen kann. Schriften geringeren Umfangs werden als kostenlose Mikrofilmkopie geliefert. Bei einem Wert bis zu DM 1000 trägt die Bibliothek die Versicherungskosten, bei darüberliegendem Wert bis zu DM 3000 wird beim Besteller zurückgefragt, ob er bereit sei, die Versicherungskosten zu übernehmen; der Versand erfolgt dann nach Erhalt der Versicherungskosten in Form von Internationalen Antwortscheinen.

1984 wurden 2488 Bestellungen auf Werke mit einem Wert von mehr als DM 500, meist mit Erscheinungsjahr vor 1800, bearbeitet. Von 604 Bestellungen, deren Erledigung gegen Übernahme der Versicherungsgebühr angeboten worden war, wurden nur 295 aufrechterhalten. Die relativ niedrigen Versicherungsgebühren (DM 2000 Wert kosten z. B. DM 7,50 Gebühr) bewirkten also, daß mehr als die Hälfte der Bestellungen auf wertvolle Bücher plötzlich nicht mehr so wichtig war. Die schließlich versandten Werke sind natürlich nur im Lesesaal der empfangenden Bibliothek benutzbar und dürfen meist nicht xero-

[19] Fabian (s. Anm. 1), S. 162.
[20] Bibliotheksplan 1973. Berlin 1973. S. 10f.

kopiert werden. Gerade mit der Begründung auf billigere Kopiergelegenheiten außerhalb der Bibliothek kommen aber dann immer wieder Anträge auf Aufhebung der Lesesaalbeschränkung, die dann meistens mit dem Hinweis auf die Möglichkeit zur Herstellung einer Mikrokopie in der bibliothekseigenen Photostelle abgelehnt werden müssen.

In solchen Fällen wäre die Lieferung eines Mikrofiche-Duplikats von vornherein die einfachere und schnellere Lösung, die auch dem Sicherheitsanspruch der entleihenden Bibliothek Rechnung trägt. Selbst Verluste auf den Transportwegen oder während der Benutzung wären kein Problem. Über den Masterfiche könnte rasch und billig ein Ersatzexemplar hergestellt werden.

Kosten

Ein schwerwiegendes Problem liegt jedoch in den Kosten für die Herstellung der erstmaligen Aufnahme, des Masterfiche. Macht man die Benutzung der älteren Werke über Mikrofiche zum Prinzip, dann muß die besitzende Bibliothek die Masterfiches zu ihren Originalausgaben selbst besorgen. Selbst wenn über Archiv-Serien einiges von Verlagen geliefert wird, bleibt noch vieles übrig, was nach Bedarf verfilmt werden müßte. Im Institut für Buchrestaurierung der Bayer. Staatsbibliothek hält man dabei Kosten von 80 Pfennig pro doppelseitige Aufnahme und DM 10 Grundpreis pro Fiche für Material und Kopfleiste für realistisch. Das sind z. B. DM 150 für ein Buch mit 300 Seiten (= 150 Doppelseiten) auf 3 Fiches.

Hätte also die Bayer. Staatsbibliothek alle 1984 über Fernleihe bestellten rd. 2500 Werke mit einem Erscheinungsjahr vor 1800 verficht, so hätte sie, geht man einmal von Durchschnittskosten von DM 150 je Werk aus, rd. DM 375000 für die Verfichung aufwenden müssen. Ob und in welchem Umfang die Benutzer an den Kosten beteiligt werden können, steht offen. Sowie die Bibliotheken aber zum Schutze ihrer Altbestände und durch Hinwendung zur Präsenthaltung den Mikrofiche an Stelle der Originalwerke einsetzen, muß die Kostenfrage unter Abwägung der Konsequenzen für die Benutzung geregelt werden.

In der Literaturversorgung hat sich der Benutzer schon von der Schule und der öffentlichen Bibliothek her daran gewöhnt, Leistungen zum Nulltarif oder gegen eine kleine Anerkennungsgebühr zu erhalten. Durch hohe Gebühren und Kosten würde man die Mikroformen ins Abseits stellen. Für die beliebten „Geburtstagszeitungen", die Rückvergrößerungen alter Nummern von Tageszeitungen aus Filmen, ist der Benutzer zwar ohne Murren bereit, ansehnliche Beiträge zu bezahlen, bei der Literaturbeschaffung für Studium und Beruf erwartet er aber von den Bibliotheken weitgehend kostenfreie Bedienung.

Mikroformen und Xerokopien

Einer kurzen Würdigung bedarf auch noch das Verhältnis zwischen Xerokopie und Mikroformen. Schon von der Kostenseite her besteht eine große Diskrepanz, so daß es nicht verwundert, daß der Benutzer – hat er die Wahl – stets die Xerokopie vorzieht. Gert Hagelweide[21] stellte 1977 fest, daß die Anzeichen „auf ein unaufhaltsames Vordringen der Xerokopie“ hinweisen, während der Anteil des Mikrofilms zurückgedrängt wird. In der Tat laufen die Kopiergeräte in den Bibliotheken Tag für Tag auf Hochtouren, und die durch das ausufernde Kopieren verursachten Schäden an den Büchern sind entsprechend.

Für den Benutzer ist natürlich die Papierkopie die ideale Reproduktion: er kann sie ohne technische Hilfsmittel lesen, kann anstreichen, etwas dazuschreiben und sie leicht in seine Unterlagen einordnen.

Um die schwerwiegenden konservatorischen Probleme bei der Direktkopie zu lösen, soll ein spezieller Bibliothekskopierer entwickelt werden. Fabian[22] bemängelt aber auch dann noch, daß „mit der Herstellung der Kopie keine Möglichkeit der Speicherung verbunden ist. Bei jeder neuen Anforderung muß der gleiche Arbeitsprozeß wiederholt werden. Der Komfort für den Benutzer wird also durch eine Beanspruchung der Bibliothek erreicht, die im Normalfall nicht in angemessenem Verhältnis zum Nutzen stehen dürfte“.

Unter diesem Gesichtspunkt ist auch die Herstellung von Einzel-Xerokopien als Ersatz für gefährdete Werke oder auch als Erstanschaffung für vergriffene Werke zu sehen. Die Preise der Buchkopierdienste liegen mit ca. 30 Pfennig pro Seite doppelseitiger Kopie zuzüglich Einbandkosten günstiger als bei der Verfichung. Mit der Direktkopie auf Papier verzichtet man aber auf die unbestreitbaren Vorzüge des Mikrofiche, wie Raumersparnis, leichte Duplizierungsmöglichkeiten sowie den einfachen und portosparenden Versand im Leihverkehr. Zur Papierkopie meint Fabian[22], sie könne „nur eine unter anderen Möglichkeiten zur Reproduktion gedruckter Texte sein. Ihr Anwendungsbereich wird in Zukunft sicher nicht erweitert werden können, sondern eingeschränkt werden müssen“.

Buch und Mikroformen

Aus der Sicht des Lesers ist das Angebot von Informationen auf Mikroformen fast immer die „zweitbeste“ Lösung. Das Buch ist und bleibt erste Wahl, denn es

[21] Gert Hagelweide: Der Mikrofilm im bibliothekarischen Benutzungsbereich. In: Mikroform und Bibliothek. München 1977. S. 116–123.

[22] Fabian (s. Anm. 1), S. 169.

ist auch bei Fabian ein „Informationsträger von solcher Leichtigkeit der Handhabung, daß es in dieser Hinsicht von keiner anderen Erfindung übertroffen worden ist". Er nennt dafür nicht nur „physiologische Gründe, sondern auch andere, die fast anthropologisch zu nennen sind. Die Konditionierung der geistigen Aufnahmebereitschaft durch typographische Konventionen hat inzwischen eine jahrhundertelange Tradition, und die Verhaltensweisen des gelehrten Lesers haben eine solche habituelle Verfestigung erfahren, daß ein Verzicht auf das Buch, wenn überhaupt, nur bei bestimmten Quellenmaterialien in Kauf genommen wird"[23]. Jörg Fligge[24] stellt fest, daß „gedankliche Auswertung am Bildschirm kaum möglich ist" und betont die Wichtigkeit eines guten Readerprinters bei der Filmbenutzung.

Alle Vergleiche zwischen Buch und Mikroform betonen die einmaligen und durch nichts zu ersetzenden Vorzüge des Buches, daß man sich als Bibliothekar eigentlich scheuen müßte, dem Leser andere Medien überhaupt anzubieten.

Es waren nicht die Bibliotheksbenutzer, die nach den Mikroformen verlangt haben. Die Bibliothekare haben sie entdeckt, um einen Teil ihrer Probleme zu lösen. So sind sie auch verpflichtet, dem Leser die Annahme der Mikroformen so leicht wie nur möglich zu machen. Dazu gehört ganz wesentlich, daß die als Mikroform archivierte Information wieder in die gewohnte und unübertroffene Papierform gebracht wird. Mit dieser Frage beschäftigt sich das anschließende Referat von Maximilian Steinhagen über den „Readerprinter in der Benutzungspraxis".

[23] Fabian (s. Anm. 1), S. 260ff.

[24] Jörg Fligge: Zur Integration der Daten-, Text- und Faksimile-Kommunikation im Bibliothekswesen. In: ABI-Technik. 1. 1981. S. 103–108.

MAXIMILIAN STEINHAGEN

Reader-Printer in der Benutzungspraxis wissenschaftlicher Bibliotheken

Was sind und wozu dienen Reader-Printer?

Reader-Printer (künftig: RP), auf deutsch erfreulich präzise „Lese- und Rückvergrößerungsgeräte" genannt, sind Apparate, die ein Mikrofilmbild zunächst auf einem Bildschirm zwecks Beurteilung seines Inhalts und der optimalen Ausrichtung im Hinblick auf das Kopierformat sichtbar machen (= Reader) und, durch einen auf Knopfdruck auszulösenden schnellen fotografischen Prozeß, dieses Bild in gleicher Vergrößerung auf Papier kopieren (= Printer). Der Nutzer des RP bekommt dann eine mit bloßem Auge lesbare und bequeme handhabbare Arbeitsunterlage in die Hand. In der Regel werden an die Kopien besondere Ansprüche hinsichtlich Haltbarkeit und Reproduktionsfähigkeit (in erneuten Kopier- und Verfilmungsprozessen) nicht gestellt. Gelegentlich aber sollen einzelne solcher Rückvergrößerungen zum Ersatz fehlender Seiten in den entsprechenden originalen Büchern dienen, als Vorlage für Vervielfältigungen (die z. B. für die Teilnehmer eines Seminars bestimmt sind) weiterverwendet oder, in größerer Anzahl, mit einfachster Bindung z. B. in einem Schnellhefter, in die beliebten Seminarapparate eingereiht werden. Nur selten wird man über einen RP ein normales Buch herstellen wollen, um dieses dann in den Bibliotheksbestand einzustellen. Dieses sollte nur dann angestrebt werden, wenn eine häufigere Benutzung zu erwarten ist und alle anderen Beschaffungsversuche zu keinem Erfolg geführt haben.

Gattungen von Reader-Printern

Vor dem Aufkommen der RP in den sechziger Jahren konnte man nur durch den von der bildmäßigen Fotografie her bekannten fotografischen Bearbeitungsprozeß von Mikrofilmbildern Rückvergrößerungen auf Papier bekommen: spezielles („hartes") Fotopapier war unter einem Vergrößerungsgerät zu belichten, danach in mehreren Bädern fotochemisch zu behandeln, schließlich gründlich zu wässern, zu trocknen, zu glätten und zu beschneiden. In den RP ist dieses handwerkliche Verfahren automatisiert und durch neu entwickelte Kopiertechniken so vereinfacht und beschleunigt worden, daß man schon nach wenigen Sekunden die fertige Kopie in der Hand hat. Bis vor kurzem mußte die Schnelligkeit derartigen Kopierens mit Kompromissen hinsichtlich der Haltbarkeit der Kopien und anderen Nachteilen erkauft werden. So war es bis zum Erscheinen der „Normalpapier-RP" vor wenigen Jahren ein Unding, durch Rückvergrößern von Mikrofilmen wieder normale Bücher herstellen zu wollen – die beschichteten Papiere erschwerten die buchbinderische Verarbeitung, und ihre schlechte Haltbarkeit stand dem Gedanken der Archivierung ohnehin entgegen. Dagegen sind ohne Zweifel die Produkte aller Arten von RP als Arbeitsunterlage, z.B. für ein Forschungsprojekt oder zur Bearbeitung eines Geschäftsvorganges, geeignet.

Im folgenden werden die verschiedenen bei RP vorkommenden Kopierverfahren mit ihren Vor- und Nachteilen und ihre Implikationen im Bibliotheksbetrieb kurz vorgestellt. Grundsätzlich sind zwei Gruppen von Kopierverfahren zu unterscheiden: die Verfahren auf der Basis lichtempfindlicher Silbersalze und die modernen elektrofotografischen Verfahren.

Die ersten RP wandten ein fotochemisches Zweibadverfahren an: Mittels „Aktivator", einem schnellen Entwickler, und „Stabilisator", einem speziellen Fixier- und Neutralisierbad wurde Fotopapier auf die Schnelle und auf Kosten der Haltbarkeit behandelt. Die Kopien vergilbten rasch. Durch sofort anschließende Wässerung konnte man aber die Haltbarkeit erheblich verbessern. Dieser Gerätetyp ist so gut wie verschwunden.

Das modernere Kodak-Ektamate-Verfahren verwendet ein Fotopapier, bei dem die Entwicklungssubstanzen mit in der Gelatineschicht eingebettet sind und nach der Belichtung nur durch Wärme aktiviert werden. Vorteilhaft bei diesem Verfahren ist die gute Halbtonwiedergabe. Notizen, Farbstiftvermerke und Stempel auf den verfilmten Belegen werden sehr gut lesbar reproduziert. Der kaufmännische, der Banken- und der Krankenhausbereich sind die hauptsächlichen Nutzer dieses Typs von RP. Geräte und Verbrauchsmaterial sind relativ teuer; die Kopien haben schon beim Verlassen des RP einen bräunlichen Grundton und vergilben allmählich.

Ähnlich funktioniert das Dry-Silver-Verfahren der 3M-Company. Auch hier wird ohne Zuhilfenahme von Chemikalien lediglich durch Wärme entwickelt. Es ist ein unproblematisches Verfahren, die Geräte sind wenig störungsanfällig. Die Kopien sind einigermaßen haltbar, jedoch ist das Papier sehr teuer (z.Z. 30–40 Pf. für eine A4-Kopie – der Preis wird vom Weltmarktpreis für Silber abhängig gemacht) und altert in unverarbeiteten Zustand sehr schnell. Es sollte innerhalb eines Vierteljahres nach Einkauf verbraucht sein. Nach längerem Gerätestillstand sind die ersten Kopien Ausschuß, weil das von der Rolle bereits abgewickelte, mit der Luft in Berührung kommende Papier allmählich auch ohne Lichteinwirkung geschwärzt wird. Die von der Filmdichte abhängige optimale Belichtungszeit muß durch Versuche ermittelt werden. Der Belichtungsspielraum ist sehr eng, das heißt, schon geringfügige Unter- oder Überbelichtung führt zu unleserlichen Kopien. Von einwandfreien Mikrofilmen kann man aber kontrastreiche, gut lesbare Vergrößerungen bekommen. Das Papier kann nur auf Geräten von 3M eingesetzt werden, wie auch diese nur das 3M-Papier verarbeiten können. Für die Wiedergabe von Halbtonbildern gibt es auch ein weicher arbeitendes 3M-Papier. Der Wechsel der Halterungen für die verschiedenen Mikrofilmformate und der Austausch der Objektive und Kondonsoren[1] ist bei den 3M-Geräten etwas umständlich. Durch Verschieben der Lampenhalterung mit der Glühlampe kann notfalls die Ausleuchtung der Bildfläche verbessert werden, was im Hinblick auf den engen Belichtungsspielraum des Papiers wichtig ist. Bei Papierstau kann das Papier im Gerät aufbrennen.

Die bisher geschilderten Verfahren, die auf der Lichtempfindlichkeit gewisser Silbersalze basieren, arbeiten sämtlich mit Tonwertumkehr[2].

Nun zu den elektrofotografischen Kopierverfahren. Sie nutzen das physikalische Phänomen, daß einige Halbleiter-Materialien im Dunkeln statisch aufgeladen werden können und durch Lichteinwirkung diese Aufladung rasch wieder abgebaut werden kann. An die nach der Belichtung mit dem Mikrofilmbild noch aufgeladenen Stellen lassen sich Farbpartikel anlagern, die dann noch mit dem Papier verbunden werden müssen, was meist durch kurzzeitige Hitzeeinwirkung geschieht. In der eben geschilderten einfachen Form arbeitet das Verfahren tonwertgleich. Durch Kunstgriffe ist es aber möglich, auch tonwertumkehrend zu kopieren.

Ein bewährtes Verfahren mit relativ preisgünstigen Geräten arbeitet mit einem Papier, das bereits selbst mit der erforderlichen Halbleiterbeschichtung (hier: Zinkoxyd) versehen ist. Außerhalb des Gerätes ist das Zinkoxydpapier nicht lichtempfindlich; diese Eigenschaft wird ihm erst mit der elektrostatischen Aufladung zuteil. Die Farbpartikel befinden sich in einer „Toner" genannten speziellen Flüssigkeit, mit der das Papier im Gerät behandelt wird. Die Kopien verlassen das Gerät in schwach feuchtem bis halbnassem Zustand und sind mehr oder weniger grau. Halbtöne werden nur schlecht wiedergegeben. Es muß darauf geachtet werden, daß sich immer reichlich Tonerflüssigkeit im Gerät

[1] Linsensystem zur Sammlung des von der Lampe kommenden Lichtes und gleichmäßigen Ausleuchtung des „Bildfensters" in der Filmführung des Gerätes. Das aus dem Kondensor tretende Lichtbündel sollte der Größe des Mikrofilmbildes angepaßt sein. Zu breit gestreutes Licht bedingt längere Belichtungszeiten, zu eng gebündeltes Licht beschneidet das Bild kreisförmig.

[2] Tonwertumkehr oder Kopiermodus negativ – positiv bedeutet, daß man nur von einem negativen Mikrofilmbild positive Rückvergrößerungen (schwarze Schrift auf weißem Grund) erhalten kann. Der Modus positiv – positiv arbeitet tonwertgleich, d. h. helle Stellen des Mikrofilmbildes werden auf der Kopie hell, dunkle Stellen dunkel wiedergegeben.

befindet. Da die Menge der Farbpartikel im Toner allmählich abnimmt, sollte man, wenn die Kopien zu blaß werden, den verbrauchten Toner aus dem Gerät ablassen und durch frischen ersetzen. Zum einwandfreien Funktionieren der RP mit Flüssigtoner ist es unbedingt erforderlich, daß das Gerät täglich, mindestens jedoch zweimal in der Woche für einige Kopien genutzt wird. Sonst setzen sich die Farbpartikel ab. Bei längerem Nichtgebrauch solcher RP ist es vorgekommen, daß beim Eintrocknen der Tonerflüssigkeit Kristalle abgeschieden werden, die zusammen mit dem zäh gewordenen Tonerschlamm das Röhrensystem des RP verstopfen. Teure Reparaturen sind in einem solchen Fall nicht zu umgehen. Es muß auch davon abgeraten werden, mit fremdem „Tonerkonzentrat" die Farbkraft des Toners verbessern zu wollen; denn es ist nicht gewährleistet, daß sich die Substanzen verschiedener Provenienz miteinander vertragen. Die mit Flüssigtoner betriebenen RP können für je einen der Kopiermodi negativ – positiv oder positiv – positiv eingerichtet werden. Der Wechsel des Kopiermodus ist bei besseren Geräten durch Umstellen eines Schalters („N–P, P–P") möglich, bei anderen Geräten muß eine „Tonerwanne" ausgewechselt werden oder es ist eine gründliche Gerätereinigung und ein vollständiger Austausch der Tonerflüssigkeit erforderlich. Mitunter aber ist es überhaupt nicht möglich, den Kopiermodus zu ändern.

Neuere Modelle von RP setzen das Trockentonerverfahren ein. Bei diesem wird nach der Belichtung ein puderartiges schwarzes Pulver auf das Zinkoxydpapier aufgebracht und mit diesem durch Hitze und Druck verbunden. Tiefschwarze, kontrastreiche Kopien verlassen trocken die noch relativ preiswerten Geräte. Sie können ohne nachteilige Folgen längere Zeit unbenutzt bleiben. Meist kann der Kopiermodus durch Umstellen eines Schalters geändert werden. Nachteilig bei dem sehr kontrastreich arbeitenden Kopierverfahren ist, daß zwischen den Glasplatten der Filmhalterungen befindliche Schmutzteilchen sowie Kratzer im Film überdeutlich, Halbtöne dagegen praktisch nicht wiedergegeben werden.

Die derzeit letzte Entwicklungsstufe der RP stellen die Normalpapier-RP dar. Sie sind das Ziel unserer Wünsche. Wie die Bezeichnung schon zum Ausdruck bringt, sind nicht mehr spezielle oder beschichtete Papiersorten erforderlich, sondern es können die handelsüblichen Schreib- oder die für die gewöhnlichen Kopierer vorgesehenen Papiere eingesetzt werden. Diese lassen sich i. d. R. auch problemlos beschriften und buchbinderisch verarbeiten. Das Kopierwerk in einem solchen RP arbeitet nach dem Tonerübertragungsverfahren. Das Herzstück des Gerätes ist eine mit Halbleitermaterial beschichtete Trommel, die sich während des Kopierprozesses langsam dreht und um die herum sich die für den technischen Ablauf notwendigen Vorrichtungen befinden, die folgendes bewirken müssen: elektrostatische Aufladung der Trommeloberfläche, Einbelichtung des Mikrofilmbildes über bewegliche Spiegel, Aufbringen des Tonerpulvers, Übertragen des Tonerpulvers auf das ebenfalls elektrostatisch aufgeladene Papier (welches anschließend zwischen heißen Walzen hindurchgeführt wird, wobei das Tonerpulver schmilzt und sich dadurch mit dem Papier verbindet), schließlich erfolgt die völlige Entladung und Reinigung der Trommeloberfläche von überschüssigem Tonerpulver. Bei gut instandgehaltenem Gerät sind schöne, saubere Kopien möglich, die bei qualitativ einwandfreien Mikrofilmen nahezu Buchdruckqualität erreichen können. Die Haltbarkeit der Kopien ist die des Papiers, sie kann also praktisch unbegrenzt sein. Die Geräte sind nicht gerade billig. Für das Spitzenmodell[3] müssen einschließlich des Zubehörs (Filmhalterungen für alle gängigen Formate, Wechselobjektive für einen weiten Bereich von Rückvergrößerungsfaktoren) etwa 30000 DM aufgewendet werden. Die Kopiermodi (N–P, P–P) sind durch Umstellen eines Kippschalters zu wechseln, und eine automatische Belichtungsregelung vermindert den Ausschuß und spart Zeit. Durch eine zusätzliche Regelung von Hand kann in schwierigen Fällen die Kopienqualität eventuell noch verbessert werden. Bei den preiswerteren Konkurrenzfabrikaten ist die Umstellung auf den anderen Kopiermodus nur durch Austausch von Trommel und Toner oder überhaupt nicht möglich – man muß sich schon beim Gerätekauf für einen bestimmten Kopiermodus entscheiden.

Neben den geschilderten unterschiedlichen Kopierverfahren gibt es bei den RP Unterschiede hinsichtlich der Ausmaße der Kopierprodukte. Die Mehrzahl der Geräte liefert Kopien im Format A4. Das genügt meines Erachtens für den Einsatz in Bibliotheken; denn auch größere Zeitungsseiten sind nach sorgfältiger Einstellung der Bildschärfe in diesem Format ohne weiteres lesbar[4]. Notfalls kann man die obere und die untere Hälfte der Zeitungsseite in je einer Kopie wiedergeben. Einige RP-Modelle, die von Papierrollen arbeiten, können auch kleinere Formate als A4 liefern. Diese Sparmöglichkeit läßt sich in Bibliotheken aber nur selten nutzen. In der nächsten Größenklasse bis zum Kopienformat A3 sind die Geräte erheblich teurer. Da überwiegend A4-Kopien verlangt werden, sollte man sich die Anschaffung eines solchen Gerätes sehr überlegen. Darüber hinaus gibt es Rückvergrößerungsgeräte für Formate größer als A3 bis zu A1. Diese sind für die Wiedergabe von technischen Zeichnungen, die auf Filmlochkarten aufgenommen sind, ausgelegt. Oft ist es nämlich notwendig, an solchen rückvergrößerten Zeichnungen weiterzuarbeiten und diese dann erneut zu verfilmen. Es versteht sich, daß diese Geräte besonders hochwertig sein müssen und daher kostspielig sind. Ich vermute, daß auch in Kartenabteilungen mit größerem Bestand an mikroverfilmten Landkarten der Wunsch nach Rückver-

[3] Regma/Minolta LR 7.

[4] Eine Zeitungsseite im Format A2 (z.B. FAZ) wäre so im Verhältnis 1:2 linear verkleinert.

größerungen im ursprünglichen Maßstab nur gelegentlich auftreten wird. In diesen besonderen Fällen sollte man besser die Dienste einer einschlägigen Service-Firma in Anspruch nehmen als ein teures Gerät anschaffen, das wirtschaftlich vernünftig nicht genutzt werden kann.

Schließlich gibt es Unterschiede hinsichtlich der Arten von Mikroformen, die in den RP gelesen und rückvergrößert werden können. Nicht alle Geräte haben austauschbare Filmhalterungen für alle gängigen Mikroformen. Manche Geräte sind nur für eine der Mikroformen konstruiert, und sie haben dort ihre Berechtigung, wenn in einer Organisation nur mit einer Mikroform gearbeitet wird, wie das z. B. bei der Belegverfilmung in Banken und Versicherungen der Fall ist. Für die Austauschbarkeit der Filmhalterungen ist ein nicht geringer konstruktiver Aufwand nötig, der sich auch im Preis derartiger Geräte niederschlägt. Es gibt Geräte mit austauschbaren Filmhalterungen, die wohl 16mm-Rollfilm, nicht aber 35mm-Rollfilm aufnehmen können. Die Geräte bzw. Filmhalterungen für 16mm-Rollfilm können für Normspulen (mit Vierkantloch zum Aufstecken auf die Achse des Transporteurs) oder für die bequem handhabbaren Kassetten (es gibt verschiedene Systeme – am verbreitesten sind die „3M"-Kassetten) oder für beides eingerichtet sein. Bei Kassettensystemen ist i. d. R. der automatische Einzug des Filmanfangs möglich.

Die für 35mm-Rollfilme geeigneten Geräte lassen sich i. a. auch für 16mm-Rollfilm verwenden, sofern dieser auf Normspulen gewickelt ist. Der Filmtransport kann von Hand mittels Kurbel oder elektromotorisch erfolgen. Bei 16mm-Rollfilmen kann schon bei der Aufnahme ein sog. „Blip-Code" (kleines schwarzes Rechteck am Filmrand unter jedem Einzelbild) einbelichtet werden. Für manche RP-Modelle gibt es nämlich eine Zusatzeinrichtung, die beim Durchlauf des Filmes diese Blip-Codes abzählt und den Filmtransport an der zuvor eingetasteten Stelle (Seitenzahl oder Belegnummer) anhält.

Dann gibt es RP, die nur für Mikroplanfilm A6 (Mikrofiche) eingerichtet sind. Schon ab 4000 DM sind sie zu haben. Solche Geräte können im Katalogsaal nützlich sein, um zeitraubendes Abschreiben aus den immer zahlreicher werdenden Katalogen und Bibliographien in dieser Mikroform zu vermeiden. Die Mikrofichehalterungen sind bei einigen Modellen größer als A6, damit man auch Filmlochkarten und Jumbofiches (180×240 mm) nutzen kann[5].

Die zum Rückvergrößern technischer Zeichnungen vorgesehenen RP erlauben dagegen meist nur das Einlegen von Filmlochkarten (83×188 mm).

Zusammengefaßt läßt sich die wünschenswerte Ausstattung eines RP für den Betrieb in Bibliotheken im Hinblick auf die unterschiedlichen Mikroformen,

[5] Notfalls können Filmlochkarten und Jumbofiches auch um 90° gedreht eingelegt und kopiert werden.

die wir ja wegen ihres Inhalts zu kaufen leider gezwungen sind, wie folgt umschreiben:

1. austauschbare Filmhalterungen für 35mm- und 16mm-Rollfilm, ggf. auch für 16mm-Kassetten-Rollfilm, mit elektrischem Antrieb des Filmtransports, sowie für Mikroplanfilm (Mikrofiche) A6 und Filmlochkarten;

2. einen Satz Wechselobjektive mindestens für die Faktoren 8,5× bis 24× mit der Abstufung von Faktor zu Faktor etwa im Verhältnis 1:1,5[6];

3. verstellbaren Kondensor zur optimalen Ausleuchtung der Bildfläche;

4. Drehprisma oder drehbare Filmhalterungen für Bilddrehung um 90° – wichtig bei Querformaten oder zum gleichzeitigen Kopieren von zwei Seiten;

5. Umstellung des Kopiermodus mittels Schalter, also einfache Möglichkeit des „bimodalen" Kopierens;

6. Kopienformat A4 auf normales Papier;

7. Belichtungsautomatik mit zusätzlicher Regelungsmöglichkeit von Hand zur individuellen Verbesserung der Kopien bei schwierigen Mikrofilmen.

Aufstellung und Betrieb des Reader-Printers[7]

In einem in Abteilungsbibliotheken gegliederten Bibliothekssystem sollte erwogen werden, die vorhandenen Mikroformen zentral zu magazinieren und in einem zentralen Leseraum für Mikroformen zur Verfügung zu stellen. Die Gründe sind: Eine sachgemäße Aufbewahrung und Behandlung der Mikroformen ist besser gewährleistet. Freier Zugang für jeden Benutzer kommt wegen der Kleinheit dieses Bibliotheksmaterials und der leichten Verstellungsmöglichkeit insbesondere bei Mikrofiches nicht in Betracht – ausgenommen sind selbstverständlich die aktuellen Kataloge der Bibliothek. In dem zentralen Mikroformen-Leseraum sind weniger Lesegeräte und RP erforderlich, als wenn alle Außenstellen bzw. Abteilungen mit solchen auszustatten wären. Diese würden dort meist nur wenig genutzt. Das zentrale Gerät ist häufiger in Betrieb, Störungen, die durch längeren Stillstand verursacht werden können, werden vermieden. Die zuständigen Mitarbeiter der Bibliothek lernen die Geräte besser kennen und können bei Störungen die Ursache schneller finden. Schäden durch unsachgemäße Behandlung dürften wegen der besseren Beaufsichtigung kaum vorkommen. Wenn bei zunehmender Nutzungsintensität ein zweiter RP notwendig wird, ist es vielleicht ausreichend, wenn dieser nur für Mikroplanfilme ausgestattet ist. Da die Bestände an Mikroformen und ihre Nutzung stetig

[6] Aus COM-Katalogen 1:48 lassen sich mit dem Objektiv 24× zwei Druckseiten auf einmal kopieren.

[7] Die beiden letzten Abschnitte berichten vorwiegend über die in der UB Bielefeld gemachten Erfahrungen.

anwachsen, wird man bei einer allmählich erfolgenden Erweiterung des Geräteparks jeweils die modernsten und fortschrittlichsten Geräte kaufen können.

Wegen der Beleuchtungsverhältnisse und der Geräusch- und manchmal Geruchsemissionen der RP ist davon abzuraten, diese Geräte im Lesesaal aufzustellen. Auch aus diesen Gründen empfiehlt sich ein separater Mikroformen-Leseraum oder wenigstens die Einrichtung eines RP-Raumes. Diese Räume dürfen fensterlos sein oder sollten durch dichte Vorhänge abgedunkelt werden können. Die künstliche Beleuchtung sollte nur gedämpftes Licht verbreiten; wenige Glühlampen oder Warmton-Leuchtstoffröhren genügen. Das übliche neutralweiße Neonlicht hat einen zu hohen UV-Anteil, welcher das Lesen auf Bildschirmen erschwert. Neben dem RP sollte eine Tischlampe mit Schwenkarm angebracht sein, damit man die Tischfläche besser ausleuchten, den Bildschirm aber dunkel halten kann. Zur Aufstellung des RP eignet sich am besten ein normaler schreibtischgroßer Tisch. Neben dem Gerät ist dann noch genügend Fläche zum Schreiben und zum Ablegen von Büchern, Filmrollen, Gerätezubehör usw. vorhanden. Ein einseitiger abschließbarer Schubladen-Unterschrank unter der Platte kann das Zubehör des RP aufnehmen. Als Sitzgelegenheit werden die normalen, höhenverstellbaren Bürodrehstühle empfohlen.

Die Bibliotheksbenutzer sollten sich ihre Kopien selbst am RP anfertigen. Es ist aber erforderlich, daß sie in der richtigen Handhabung des Gerätes durch einen Bibliotheksmitarbeiter unterwiesen werden. Außerdem sollten alle Bedienungsknöpfe deutlich beschriftet sein. Die Filmhalterungen und die Objektive sollte nur das Bibliothekspersonal auswechseln; das Gleiche gilt für das Nachfüllen von Papier und Toner. Ein auffälliges Schild am Gerät muß darauf hinweisen, daß alle Störungen sofort dem Bibliothekspersonal mitzuteilen sind. Während der normalen Arbeitszeit sollte ein kompetenter Bibliotheksmitarbeiter zur Behebung kleinerer Störungen, zum Nachfüllen von Papier und Toner, zum Kleben evtl. gerissener Mikrofilme usw. schnell erreichbar sein.

Bei Defekten und größeren Störungen aber sollte umgehend der Wartungsdienst der Lieferfirma des Gerätes gerufen werden, damit es so bald wie möglich wieder einsatzbereit ist. Es empfiehlt sich ohnehin der Abschluß eines Wartungsvertrages, der neben der Behebung von Störungen die vierteljährliche, u.U. häufigere Reinigung und Inspektion des Gerätes vorsehen sollte. Bei der Beschaffung der Verbrauchsmaterialien kommen nur die von der Herstellerfirma des RP gelieferten oder empfohlenen Produkte in Frage. Besonders billige Alternativprodukte können Störungen oder Schäden am Gerät oder unbefriedigende Kopienqualität zur Folge haben.

Nicht unproblematisch ist die Ausstattung der RP mit Münzapparaten zur Auslösung des Kopiervorganges wegen des relativ häufigen Vorkommens von

Ausschußkopien, die dem unerfahrenen, gelegentlichen Gerätebenutzer nicht zur Last gelegt werden können. Entscheidet man sich für derartige Münzapparate, sollte man ein unbürokratisches Erstattungsverfahren für Ausschußkopien, die als Beleg einbehalten werden können, vorsehen. Da der Weg zum und vom RP an einem Bibliotheksmitarbeiter vorbei führen sollte, sollte dieser auch gleich die Rechnung oder Einzahlungsanordnung für die angefertigten Kopien ausstellen (Kontrollmöglichkeit durch Zählwerk im RP), Kleinbeträge gleich in bar kassieren. Bei stärkerem Andrang sollten Wartelisten eingerichtet und der Zugang zum RP terminiert werden. Zeichnen sich aber bei der Zuteilung der Benutzungszeiten öfter Schwierigkeiten ab, ist die Anschaffung eines weiteren Gerätes hinreichend begründet.

Abhilfe bei ungenügender Qualität der Kopien

Zunächst sollte man prüfen, ob der RP in Ordnung ist; vielleicht dazu eine Probekopie von einem einwandfreien Mikrofilmbild machen. Dann sollte man sich den fraglichen Mikrofilm genauer ansehen: was nicht auf dem Film ist, kann auch nicht auf der Kopie erscheinen. Eine ungenügende Schärfe des Mikrofilmbildes kann nicht verbessert werden. Problematisch sind Mikrofilme, wenn schon bei ihrer Aufnahme die Vorlage ungleichmäßig ausgeleuchtet war oder Schatten auf die Vorlage fielen. Vor allem aus dem technisch weniger entwickelten Ausland kommen nicht selten Mikrofilme, die einen zu geringen Kontrast aufweisen; man hatte dann dort mit Materialien, die für die bildmäßige Fotografie bestimmt waren, gearbeitet. Der Kontrast kann auch unzureichend ausfallen, wenn die Vorlage auf stark vergilbtem oder farbigem Papier gedruckt bzw. geschrieben war. Ein erfahrener Fotolaborant wird von solchen problematischen Mikrofilmbildern durch handwerkliche fototechnische Bearbeitung unter Verwendung „hart" oder „weich" arbeitender Fotopapiere und Entwickler und unter Anwendung von Kunstgriffen wie „Abwedeln" einzelner Partien des Bildes noch brauchbare Ergebnisse erzielen können. Auch durch Duplizierung des Filmes läßt sich manchmal der Kontrast und damit die Lesbarkeit und Kopierfähigkeit verbessern; aber es können dabei auch feine Details verlorengehen.

Gelegentlich werden besonders hohe Ansprüche an die Qualität der RP-Rückvergrößerungen gestellt, z. B. weil von diesen weiterkopiert werden oder diese als Druckvorlage für eine Veröffentlichung dienen sollen. Man sollte in solchen Fällen den RP zunächst gründlich reinigen und nur mit ganz frischem Toner und Papier arbeiten, sodann Tests mit unterschiedlichen Belichtungszeiten oder Kontraststufen und Variierung der Ausleuchtung (Kondensoreinstellung) vornehmen, evtl. auch ein Objektiv mit einem anderen Vergrößerungsfaktor nehmen, um die optimale Einstellung zu finden. Wenn das alles nichts hilft, ist man an die Grenzen der technischen Möglichkeiten des RP gestoßen. Man kann es dann noch auf einem anderen RP oder durch handwerkliches Vergrößern in einem Fotolabor versuchen. Sonst bleibt nur die Beschaffung des aufgenommenen Originals per Fernleihe oder eine Neuaufnahme dieses Originals. Oft ist nicht bekannt, daß auf Mikrofilm aufgenommene Bildsammlungen wie z.B. der „Marburger Index“ eigentlich nur der Vorauswahl dienen sollen, das reproduktionsfähige Foto aber von dem jeweiligen Bildarchiv zu beziehen ist, wenn man Abbildungen veröffentlichen will. Wird ein größeres Format der Rückvergrößerung gewünscht, kann man mehrere Teilbilder zusammenkleben oder man sollte sich an einen reprotechnischen Servicebetrieb wenden, dem die großformatigen, für technische Zeichnungen gedachten RP zur Verfügung stehen. Farbige Rückvergrößerungen von Farbmikrofilmen sind derzeit nur im Handbetrieb in einem Fachlabor zu machen.

Wenn eine besonders gute Haltbarkeit der Rückvergrößerungen gefordert wird, kommt nur ein Normalpapier-RP, in dem man holz- und säurefreies Papier verwendet, oder der normale fotografische Prozeß mit gründlicher Schlußwässerung, in Betracht. Normalpapier-RP mit Einzelblatteinzug gestatten auch das Kopieren auf Klarsichtfolien, wie sie z.B. in Overhead-Projektoren verwendet werden. Mit dem Einzelblatteinzug können auch doppelseitige Kopien gemacht werden, was nützlich ist, wenn in Büchern fehlende Seiten wieder einzufügen sind. –

Der Mikrofilm ist als modernes, raumsparendes Speichermedium für umfangreiche, aber wenig genutzte, in Buchform oft kaum beschaffbare Literatur und für einige Typen von Nachschlagewerken und bibliothekarischen Informationsmitteln aus unseren wissenschaftlichen Bibliotheken nicht mehr wegzudenken. Da der Mikrofilm aber nicht so problemlos handhabbar ist wie ein ordentlich gebundenes Buch, bedarf es eines gewissen bibliothekarischen Engagements, um diesen und die zu seiner Nutzung unverzichtbaren Mittel – Lesegeräte und eben Reader-Printer – funktionsfähig den Bibliotheksbenutzern zur Benutzung bereitzustellen. Nur so kann der Mikrofilm, an dem kein Weg mehr vorbei führt, akzeptiert werden.

8. TRIERER BUCH- UND BIBLIOTHEKSGESCHICHTE

Alois Thomas zum 90. Geburtstag

I. Die ottonische Buchmalerei

Florentine Mütherich

Die ottonische Trierer Buchmalerei steht heute – nach einem Jahrhundert kunsthistorischer Forschung – als ein leuchtender Stern am Himmel der mittelalterlichen Kunst. Im historischen Gefüge der großen ottonischen Schulen hat sie ihren Platz neben der Reichenau, neben Köln und Echternach, mit denen sie in vielfältigen Beziehungen verbunden ist, gebend und nehmend, lehrend und lernend, gemeinsamen Zielen und Aufgaben zugewandt, aber stets unverkennbar in einer Eigenart, die als eine dem Klassischen zugewandte Komponente der ottonischen Kunst gekennzeichnet worden ist[1].

Es ist daher ein wohlbekanntes Bild, das hier als eine der Glanzperioden der Trierer Buchmalerei zu präsentieren ist, ein wohlbekanntes und glänzendes Bild, vor dem man vergessen kann, daß es auch Stellen in ihm gibt, die nicht ganz so deutlich gezeichnet sind, wie es zu wünschen wäre, und daß es Züge aufweist, die im Rahmen der ottonischen Schulen ungewöhnlich sind. Indem wir uns darauf beschränken, das bekannte Bild der ottonischen Trierer Buchmalerei in knappen Zügen nachzuzeichnen, sollen – so weit es in diesem Rahmen möglich ist – wenigstens einige der offenen Fragen angeschnitten werden, die die Forschung heute bewegen oder der Untersuchung bedürfen.

Das Bild der ottonischen Trierer Buchmalerei, wie es heute – vor allem dank der Arbeiten Carl Nordenfalks[2] – vor uns steht, ist von jenen Handschriften aus den beiden letzten Jahrzehnten vor der Jahrtausendwende bestimmt, über

[1] Die umfangreiche Literatur zur ottonischen Buchmalerei in Trier ist zusammengestellt in: H. Schiel, Der Codex Egberti der Stadtbibliothek Trier. Vollfaksimile mit Textband. Basel 1960, S. 205ff.; B. Nitschke, Die Handschriftengruppe um den Meister des Registrum Gregorii. Recklinghausen 1966, S. 97ff.; Codex Egberti. Teilfaksimile-Ausgabe. Textband von G. Franz und F. Ronig. Wiesbaden 1983, S. 145ff. – Einen ausgezeichneten Überblick über Forschungsverlauf und Forschungsstand bietet R. Kahsnitz, Das goldene Evangelienbuch von Echternach Codex Aureus Epternacensis Hs. 15 6142 aus dem Germanischen Nationalmuseum in Nürnberg. Frankfurt 1982, S. 47ff.

[2] Von den zahlreichen Arbeiten Nordenfalks (s. in den Anm. 1 genannten Literaturübersichten) vgl. in diesem Zusammenhang vor allem: Beiträge zur Geschichte der turonischen Buchmalerei, in:

denen der Name des großen Malers steht, den die Kunstgeschichte seit Arthur Haseloff[3] den Meister des Registrum Gregorii nennt, nach jener Handschrift, deren Kaiserbild[4] allein genügt hätte, um ihm einen Platz unter den Großen der mittelalterlichen Buchkunst zu sichern.

Was sich außerhalb des Bannkreises, den dieser eine Name umschließt, in Trier an ottonischer Buchmalerei findet, kann sich in keiner Weise mit der Bedeutung messen, die mit dem Wirken des Meisters des Registrum Gregorii verbunden ist, gleich ob es sich um Werke handelt, die vor ihm, neben ihm oder nach ihm entstanden sind. Zu dem Bild der ottonischen Buchmalerei Triers gehören jedoch auch sie als Teile eines historischen Ablaufs, in dem der Meister des Registrum Gregorii das zentrale und entscheidende Kapitel einer Entwicklung darstellt, die ein Vierteljahrhundert vor ihm beginnt, als an vielen Stellen des ottonischen Reiches versucht wird, eine künstlerische Tradition wiederzubeleben, die in den inneren und äußeren Stürmen des ausgehenden 9. und beginnenden 10. Jahrhunderts mit dem karolingischen Reich untergegangen war.

So hatte auch in Trier die Konsolidierung des Reiches durch Otto den Großen den Anstoß zu einem Neubeginn bedeutet, der sich in der Handschriftenproduktion mit einer Reihe von illuminierten Codices aus dem 3. Viertel des Jahrhunderts belegen läßt, die wahrscheinlich mit dem damals weit über Trier hinaus berühmten Kloster St. Maximin in Zusammenhang zu bringen sind. Die bedeutendste dieser Handschriften ist jener Codex der Moralia Gregors des Großen[5], der zwar keine figürlichen Darstellungen aufweist, aber eine reiche, zuletzt von Joachim Plotzek[6] einer sorgfältigen Analyse unterzogene ornamentale Dekoration zeigt. Neben weitverbreiteten frühottonischen Rankeninitialen weist sie als wichtigsten Bestandteil Schmuckformen auf, die Nachahmungen von Ornamentmotiven der karolingischen Schule von Tours sind und einer der in Trier vorhandenen karolingischen Handschriften, einer Bibel in St. Maximin, entnommen wurden[7].

Acta Archaeologica 7, 1936, S. 281ff.; Der Meister des Registrum Gregorii, in: Münchner Jahrbuch der Bildenden Kunst 3.F. 1, 1950, S. 61ff.; The Chronology of the Registrum Master, in: Kunsthistorische Forschungen Otto Pächt zu seinem 70. Geburtstag. Salzburg 1972, S. 62ff. Zuletzt: Archbishop Egbert's „Registrum Gregorii", in: Studien zur mittelalterlichen Kunst 800–1250: Festschrift Florentine Mütherich. München 1985, S 87ff.

[3] A. Haseloff, in: H. V. Sauerland – A. Haseloff, Der Psalter Erzbischof Egberts von Trier. Trier 1901, S. 70ff.

[4] P. E. Schramm, Die deutschen Kaiser und Könige in Bildern ihrer Zeit. Neuauflage unter Mitarbeit von P. Berghaus, N. Gussone, F. Mütherich. München 1982, Abb. 106, S. 203f.

[5] Trier, Stadtbibliothek Ms. 2209/2328 2° – Kostbare Bücher und Dokumente aus Mittelalter und Neuzeit. Trier 1984, Nr. 10 S. 15f.

[6] J. M. Plotzek, Zur Initialmalerei des 10. Jahrhunderts in Trier und Köln, in: Aachener Kunstblätter 44, 1973, S. 101ff.

[7] Nordenfalk, Beiträge, a.a.O. (Anm. 2), S. 281ff.

Da dies nicht die einzige Trierer Handschrift ist, in der diese karolingischen Formen erscheinen, ist diese von der Nachahmung touronischer Vorbilder bestimmte Ornamentik als das entscheidende Charakteristikum der Trierer Buchmalerei des dritten Viertels des 10. Jahrhunderts anzusehen, als das Element, durch das sie sich von allen anderen Schulen unterscheidet. Es ist dabei jedoch von Interesse, daß wohl weder diese Nachahmung touronischer Motive, noch die Rankenornamentik frühottonischer Prägung die erste Äußerung der jungen Trierer Buchmalerei darstellen. Ein Trierer Codex dieser Zeit in Göttingen[8], eine theologische Sammelhandschrift, weist als Initialornamentik abstrakte Flechtbandmuster auf. Ihre Vorbilder sind in der Zeit um 900 in Echternach zu finden, wo damals unter dem Einfluß der frankosächsischen Schulen eine ganze Anzahl von Handschriften mit dieser Dekoration entstanden war[9].

So hat offenbar die ottonische Trierer Buchmalerei bei ihren ersten Versuchen an diese spätkarolingischen Formen angeknüpft, die von dem benachbarten Echternach aus den Trierern schnell bekannt geworden sein mögen. Es scheint sich erst um einen zweiten oder dritten Schritt zu handeln, mit dem man sich in Trier den naturalistischen, aus klassischen Vorbildern stammenden Ornamentformen der touronischen Handschriften zuwandte, d.h. um einen bewußten Rückgriff, im Gegensatz zu dem Anknüpfen an lokale Tradition oder zeitgenössische Strömungen, wie es bei den anderen Initialen zu verzeichnen ist. Dieser Vorgang ist bemerkenswert, weil er in Einklang steht mit dem, was sich am Anfang der ottonischen Zeit auch an anderen Orten abspielt. Auf der Reichenau[10] beschränken sich die ersten ottonischen Handschriften ebenfalls auf reinen Ornamentschmuck, der an spätkarolingische Formen lokaler Prägung anknüpft, die sich vielleicht in eigenen, heute verlorenen Handschriften, sicher aber in denen des benachbarten St. Gallen fanden, und dieser ersten Phase folgt dann ein Rückgriff auf weitaus ältere karolingische Handschriften aus einer der großen Renaissanceschulen, der Hofschule Karls des Großen, – nur daß die Reichenau sich nun nicht mehr mit ornamentalen Formen begnügte, sondern bereits nach der karolingischen Figurenkunst griff[11], während Trier im Ornamentalen verharrte.

[8] Göttingen, Niedersächsische Landes- und Universitätsbibliothek Hs. theol. 99. Ich verdanke Hartmut Hoffmann den Hinweis auf die Handschrift (vgl. Anm. 13).

[9] C. Nordenfalk, Ein karolingisches Sakramentar aus Echternach und seine Vorläufer, in: Acta Archaeologica 2, 1931, S. 207ff.

[10] A. Boeckler, Die Reichenauer Buchmalerei, in: Die Kultur der Abtei Reichenau II. München 1925, S. 962ff.

[11] W. Koehler, Die Tradition der Adagruppe und die Anfänge des ottonischen Stiles in der Buchmalerei, in: Festschrift Paul Clemen. Düsseldorf 1926, S. 255ff.

In dieser bescheidenen Trierer Welt erscheint nun plötzlich eine überragende Künstlerpersönlichkeit, ein Vertreter der inzwischen herangewachsenen großen ottonischen Kunst, die sich eben anschickt, ihrem Höhepunkt zuzustreben. 977 besteigt Erzbischof Egbert den ehrwürdigen Trierer Bischofsstuhl, und mit ihm oder doch durch ihn kommt der Meister des Registrum Gregorii nach Trier. Über seine Herkunft wissen wir nichts. Aber da Egbert Kanzler Ottos II. gewesen war, ist es berechtigt, auch den Meister des Registrum Gregorii für eine Zeit lang im Umkreis der kaiserlichen *capella* zu vermuten. Es steht fest, daß er Beziehungen zu Lorsch hatte, für das er wiederholt tätig war. In Trier muß er bald einer Werkstatt vorgestanden und Gehilfen und Schüler gehabt haben. Die viel diskutierte Frage, wie weit in dieser Werkstatt auch Goldschmiedewerke und Elfenbeinschnitzereien hergestellt wurden, können wir hier beiseite lassen, aber es ist wichtig, daran zu erinnern, daß der Meister des Registrum Gregorii nicht nur Maler, sondern auch Schreiber war, Initiator einer besonderen, kalligraphischen, innerhalb der ottonischen Schulen einzigartigen Schrift, die unter anderem höchst bedeutsame antiquarische Leistungen vollbringen konnte, wie die schönen Unzialen des heute in New York aufbewahrten, vielleicht für Otto III. geschriebenen Purpurevangeliars[12] zeigen, die lange von der paläographischen Forschung weitaus älteren Perioden zugewiesen worden sind. Mit größtem Interesse dürfen wir die im Druck befindliche Untersuchung der ottonischen Schreibschulen durch Hartmut Hoffmann[13] erwarten, in der gerade die Schrift des Meisters des Registrum Gregorii einen gewichtigen Platz einnehmen wird.

Das antiquarische Interesse des Schreibers charakterisierte offensichtlich den Meister des Registrum Gregorii auch als Maler, da er nicht nur der Schöpfer bedeutender Handschriften war, sondern auch ältere, wertvolle Codices ausschmückte, denen er auf Einzelblättern Bilder einfügt. Vielleicht hängt dieses Interesse mit seiner Bildung zusammen, da wir annehmen dürfen, daß er über Kenntnisse des Griechischen verfügte, die nicht nur – einer auch sonst zu beobachtenden ottonischen Vorliebe folgend – in den Inschriften seiner Miniaturen ihren Niederschlag fanden, sondern auch in dem griechischen Interlineartext eines Psalters[14], den er für den Erzbischof schrieb – vielleicht angeregt von den karolingischen Bilinguen, über die vor allem das Bodenseegebiet verfügte[15], wo der Meister des Registrum Gregorii sich, wie Carl Nordenfalk annimmt[16],

[12] New York, Pierpont Morgan Library M. 23. – P. E. Schramm – F. Mütherich, Denkmale der deutschen Könige und Kaiser. München 1981², Nr. 84, S. 148f.

[13] Im Druck: H. Hoffmann, Buchkunst und Königtum im ottonischen und frühsalischen Reich. Schriften der Monumenta Germaniae Historica 30.

[14] Trier, Stadtbibliothek, Ms. 7. – Schatzkunst Trier, Kat. der Ausstellung 1984, Nr. 28, S. 100f.

[15] W. Berschin, Griechisch-lateinisches Mittelalter. Bern–München 1980, S. 15f.

[16] Nordenfalk, Chronology, a.a.O., S. 68.

im Auftrag Egberts in den 80er Jahren einige Zeit aufgehalten zu haben scheint. Wir wissen nicht, ob oder wie lange er nach dem Tode Egberts, 993, in Trier blieb, und ebenso sind uns Zeit und Ort seines Todes unbekannt. Das letzte feste Datum, das mit einem seiner Werke verbunden werden kann, ist das Jahr 996.

Doch wenn wir auch wenig über Person und Leben des Meisters wissen und immer noch weitgehend auf Hypothesen und Vermutungen angewiesen sind, so haben wir doch das feste Gerüst des Werks, das er hinterließ, beginnend mit den um 980 entstandenen Schöpfungen, einem für das Kloster Lorsch geschriebenen Sakramentar in Chantilly[17] und den Evangelistenbildern, die einem karolingischen Evangeliar aus dem Kloster St. Martin bei Trier[18], das in das Prager Strahow Kloster gelangte, eingefügt sind. Den ornamentalen wie figürlichen Meisterleistungen dieser Werke folgt 984 das Registrum Gregorii, nach dem der Meister benannt ist[19]. Zu den Fragmenten, die auf uns gekommen sind, dem Kaiserbild in Chantilly und der Darstellung Gregors des Großen, die in Trier blieb, gehören auch die Titelblätter, auf denen das berühmte Gedicht eingetragen ist, mit dem Egbert den Tod Ottos II. beklagt und das so ein festes Datum für diese frühe Handschriftengruppe liefert. Mit ihr erscheint im Bereich der ottonischen Buchmalerei ein neues Element, das mit den Mitteln einer illusionistischen Darstellungskunst die plastischen und räumlichen Werte der Spätantike wiederzubeleben suchte, wie es im vorangehenden 9. Jahrhundert die großen karolingischen Renaissance-Schulen getan hatten, auf die diese ottonischen Handschriften zurückgreifen.

Ebenso klar wie die Frühphase hat sich auch im Werk des Meisters des Registrum Gregorii eine späte abgrenzen lassen, die ihre charakteristischen Vertreter in einem zweiten, für Trier geschriebenen Sakramentar in Paris[20] und einem Evangelistenbild aus St. Peter im Schwarzwald[21] hat, das ursprünglich zu einer älteren Echternacher Handschrift gehörte. Beide Werke lassen die Verfestigung erkennen, die die weichen Formen der Frühzeit erfahren haben, nicht nur im Figurenstil, wie der Vergleich des Blattes aus St. Peter im Schwarzwald mit einem Evangelistenbild des Prager Evangeliars zeigt, sondern auch im Ornamentalen, wofür die Vere Dignum-Seiten der beiden Sakramentare, des

[17] Chantilly, Musée Condé Ms. 40. – Nitschke a.a.O., S. 13, Nr. 10. – Nordenfalk, Chronology S. 63ff.

[18] Prag, Museum der tschechischen Literatur (ehem. Kloster Strahow), Ms. D. F. III. 3. – Nitschke, a.a.O., S. 13, Nr. 12. – Nordenfalk, Chronology, a.a.O., S. 65ff.

[19] Chantilly, Musée Condé, Ms. 14 bis und Trier, Stadtbibliothek, Einzelblatt. – Schramm, Kaiser und Könige, a.a.O., S. 203f., Abb. 106. – Schatzkunst Trier, a.a.O., Nr. 29, S. 101f.

[20] Paris, Bibliothèque Nationale lat. 10501. – Nitschke, a.a.O., S. 12, Nr. 9. – Nordenfalk, Chronology, S. 63ff.

[21] St. Peter im Schwarzwald, Bibliothek des Priesterseminars. – Schatzkunst Trier, a.a.O., Nr. 32, S. 104.

frühen Lorscher und des späten Trierer, klare Belege bieten. Für die späte Stilphase liefert eine weitere Handschrift, das Evangeliar von Manchester[22], das nur seine Zierseiten bewahrt hat, ein Datum, da die Inschriften, die die Medaillonbilder auf der Matthäusseite umziehen, die Kaiserkrönung Ottos III. und damit das bereits erwähnte Datum von 996 voraussetzen. Die verlorenen, aber in Kopien des 11. Jahrhunderts überlieferten Evangelistenbilder bieten neue Bildtypen, spiegeln neue Vorlagen, die dem Meister in dieser Zeit zugänglich waren. Als ein Dokument des Spätstils des Meisters wird das Einzelblatt mit einer Darstellung der Verkündigung in Würzburg angesehen[23], trotz stilistischer Unterschiede gegenüber den vorangehenden Werken. Um sie zu erklären, ist für das Würzburger Blatt wie auch bei dem Evangeliar von Manchester eine Entstehung außerhalb Triers erwogen worden.

Zwischen und neben diesen beiden Gruppen, der frühen bis 984 und der späten um und nach 996, stehen andere Handschriften, von denen hier, neben dem bereits erwähnten New Yorker Purpurcodex und dem griechisch-lateinischen Psalter, nur die beiden wichtigsten zu nennen sind. Zunächst der Codex Egberti[24]: viel gepriesen, viel umstritten, ein Standardwerk der Kunstgeschichte, das erste Beispiel für die langen Zyklen neutestamentlicher Szenen, die eine der großen Leistungen der ottonischen Kunst sind, der Inschrift nach ein Geschenk der Augia Fausta an den Erzbischof Egbert, aber auf der Reichenau unter Mitwirkung von Egberts eigenen Malern geschaffen, da die Hand des Meisters des Registrum Gregorii in den Bildern am Anfang erscheint; auch die Schreiber der Handschrift waren Trierer. Ein festes Datum für die Handschrift gibt es nicht, aber es ist Carl Nordenfalk[25] zuzustimmen, wenn er den Codex Egberti der zweiten Hälfte der Amtszeit Egberts zuschreibt, der 993 in Trier starb.

Neben dem Codex Egberti ist das Evangeliar der Sainte-Chapelle in der Bibliothèque Nationale[26] zu nennen, mit dem wiederum andere Bildtypen in Erscheinung treten: Evangelistenbilder, zu deren Vorlagen Werke der Hofschule Karls des Großen zählen, wie sie in Trier selbst in der Ada-Handschrift in

[22] Manchester, John Rylands Library Ms. 98. – P. Bloch – H. Schnitzler, Die ottonische Kölner Malerschule II. Düsseldorf 1970, S. 15ff. – Nordenfalk, Chronology, S. 64ff.

[23] Würzburg, Universitätsbibliothek, M.p.theol.qu. 4, S. 69f. – Nordenfalk, Chronology, S. 69f.

[24] Trier, Stadtbibliothek, Ms. 24. – S. die beiden in Anm. 1 genannten Faksimileausgaben. – Schatzkunst Trier, a.a.O., Nr. 27, S. 99f.

[25] Chronology, S. 68f.

[26] Paris, Bibliothèque Nationale lat. 8851. – R. Kahsnitz, Das goldene Evangelienbuch von Echternach Codex Aureus Epternacensis Hs. 15 6142 aus dem Germanischen Nationalmuseum in Nürnberg. Frankfurt 1982, S. 58ff.

St. Maximin[27] verfügbar waren, ein Bild der Maiestas Domini, für das eine touronische Handschrift in der Art der Vivian-Bibel[28] das Vorbild geboten hatte, wie denn auch die Gesamtausstattung eines Evangeliars mit Maiestas Domini-Seite und vier Evangelistenbildern dem von der Schule von Tours geschaffenen Buchtypus folgt[29]. Die Form dieser Evangelistenbilder erschien noch in weiteren Werken, die zwar selbst verloren sind, aber im 11. Jahrhundert in Lorsch in den Miniaturen der sogenannten Udalricus-Gruppe[30] wiederholt werden und auch in Lüttich[31] ihre Spuren hinterlassen haben.

Damit sind kurz die wichtigsten Etappen im Werk des Meisters des Registrum Gregorii genannt, wobei Fragen der Eigenhändigkeit, der Anteile der Werkstatt, dahingestellt bleiben mußten. Es versteht sich von selbst, daß auch die übrige Trierer Handschriftenproduktion in dieser Zeit aufs stärkste von den Ausstrahlungen berührt wurde, die von dem Meister des Registrum Gregorii ausgingen, jene Trierer Schulen, die sich im 3. Viertel des Jahrhunderts, vor der Ankunft des Meisters des Registrum Gregorii, durch den Anschluß an das karolingische Tours entwickelt hatten. Dieser Anschluß an Tours bleibt auch weiterhin charakteristisch für die Trierer Buchmalerei, wobei nicht nur die Motive der touronischen Ornamentik fortleben, sondern nunmehr auch figürliche Elemente dargestellt werden, die den touronischen Vorbildern entstammen. Es liegt nahe, daß es der Eindruck und das Beispiel des Meisters des Registrum Gregorii waren, die der älteren Trierer Buchmalerei den Weg in die karolingische Bilderwelt gewiesen hatten, wie denn auch seine Bildtypen im Ganzen ebenso wie Details einzelner Formen nachgeahmt und übernommen wurden.

Bei dem touronischen Vorbild, das in den Trierer Handschriften vom späten 10. bis in das 11. Jahrhundert hinein erscheint, handelt es sich stets um eine Darstellung des thronenden Christus, die aus einem touronischen Maiestas Domini-Bild abgeleitet ist. Es sind im wesentlichen vier Handschriften, die hier zu nennen sind, ein Lektionar und drei Evangeliare, die aus den Klöstern St. Maximin und St. Maria ad Martyres nach Berlin, Koblenz und Paris verschlagen sind; nur eine ist in Trier geblieben: das karolingische Evangeliar aus St. Maria ad Martyres, dem im 11. Jahrhundert ein Blatt mit dem Maiestas Domini-Bild eingefügt wurde.

[27] W. Koehler, Die karolingischen Miniaturen II. Die Hofschule Karls des Großen. Berlin 1958, S. 83ff. Taf. 94–97.

[28] W. Koehler, Die karolingischen Miniaturen I. Die Schule von Tours. Berlin 1963², Taf. 73.

[29] Ebdt., 2: Die Bilder, S. 232ff.

[30] C. Nordenfalk, Der Meister des Registrum Gregorii, in: Münchner Jahrbuch 3. F. I, 1950, S. 61ff. – Bloch-Schnitzler, a.a.O., S. 18, 133.

[31] U. Nilgen, Der Codex Douce 292 der Bodleian Library zu Oxford. Bonn 1967, p. 144ff. – Bloch-Schnitzler, a.a.O., S. 18.

Die älteste der Handschriften, das zuletzt von Franz Ronig untersuchte Lektionar in Paris[32] aus dem letzten Viertel des 10. Jahrhunderts, steht in seiner Ornamentik in der älteren Trierer Tradition der Tours-Nachfolge, wie die Rahmenmotive zeigen, und auch die Darstellung des thronenden Christus weist unverkennbar touronische Elemente auf, vor allem die Rechte Christi, die jene kleine, als Hostie gedeutete Scheibe hält, die ein so charakteristisches Detail der touronischen Maiestas Domini-Bilder ist[33]. Dagegen zeigt der Kopftypus der jugendlichen Christusfigur den Einfluß des Meisters des Registrum Gregorii.

Die übrigen drei Handschriften sind Evangeliare, bei denen der Anschluß an den in Tours geschaffenen Typus des Evangelienbuches auch im Bildprogramm klar in Erscheinung tritt, wie immer er auch in den einzelnen Fällen vermittelt worden sein mag. Die künstlerisch bedeutendste Handschrift ist das aus St. Maximin stammende Evangeliar in Berlin[34], wo Christus – den touronischen Vorbildern entsprechend – bärtig ist, während durch die sieben Leuchter der Apokalypse der Charakter der Erscheinung auf eine Weise verändert ist, die eigentlich nicht an den Anfang eines Evangelienbuches paßt. Am reinsten tritt der touronische Charakter bei der Christus-Gestalt hervor, die am Anfang des Evangeliars in Koblenz[35] steht, wo Kopftypus und Gewandstil unmittelbar dem touronischen Vorbild folgen. Auch das letzte, bereits erwähnte Bild, das in das karolingische Evangeliar aus St. Maria ad Martyres[36] eingefügt ist, zeigt die touronische Grundform der Christus-Figur, die hier als Maiestas Domini von den Evangelistensymbolen begleitet ist, daneben aber sehr deutlich den Einfluß des Meisters des Registrum Gregorii. Es ist möglich, daß hier nicht wie bei dem Evangeliar der Sainte-Chapelle eine touronische Bibel, sondern ein touronisches Evangeliar die Vorlage für das Maiestas Domini-Bild geliefert hat – vermittelt durch eine Komposition des Meisters des Registrum Gregorii, die jener nahestand, die für die Maiestas Domini-Bilder späterer Kölner Handschriften als Grundlage vermutet worden ist[37].

Trotz aller Unterschiede, die zwischen den vier Trierer Bildern und zwischen ihnen und der Maiestas Domini-Seite des Evangeliars der Sainte-Chapelle bestehen, ist ihnen allen der Anschluß an Tours gemeinsam, mit dem eine

[32] Paris, Bibliothèque Nationale, Nouv. acq. lat. 1541. – F. Ronig, Ein ottonisches Lektionar aus Trier in Paris, in: Festschrift Alois Thomas. Archäologische, kirchen- und kunsthistorische Beiträge. Trier 1967, S. 325ff.

[33] Vgl. Anm. 28.

[34] Berlin, Staatsbibliothek Preuß. Kulturbesitz, Ms. theol. lat. fol. 283. – Schatzkunst Trier, a.a.O., Nr. 35, S. 106.

[35] Koblenz, Landeshauptarchiv Hs. 701/81. – Schatzkunst Trier, a.a.O., Nr. 34, S. 105.

[36] Trier, Stadtbibliothek Ms. 23. – Schatzkunst Trier, a.a.O., Nr. 17, S. 91.

[37] Bloch-Schnitzler, a.a.O., S. 85ff.

charakteristische Tradition der ottonischen Trierer Buchmalerei fortgesetzt wird. Daher ist es vielleicht kein Zufall, daß diese Trierer Tradition im Bereich des Meisters des Registrum Gregorii vor allem im Evangeliar der Sainte-Chapelle so deutlich erscheint, da dort auch sonst lokale, in Trier vorhandene karolingische Quellen benutzt werden. So scheint das Evangeliar der Sainte-Chapelle gleichsam ein besonderer Tribut an den *genius loci* Triers zu sein.

Mit dem letzten der Maiestas Domini-Bilder, dem des Evangeliars aus St. Maria ad Martyres, ist indessen das 1. Viertel des 11. Jahrhunderts erreicht und damit das Ende eines Weges, der um die Mitte des 10. Jahrhunderts begonnen worden war und dessen Verlauf heute weitgehend als gesichert angesehen werden darf. Aber es gibt doch auch noch eine Reihe offener Fragen und Fragenkomplexe, die jedoch in diesem Rahmen nicht in ihrem vollen Umfang ausgebreitet werden können. So seien nur zwei herausgegriffen, die sich mit Datierungs- bzw. Lokalisierungsproblemen befassen, die im chronologischen Gefüge des hier vorgelegten Überblicks von Bedeutung sind.

Die erste betrifft die Spätzeit des Meisters des Registrum Gregorii, die Frage, ob er nach dem Tode Egberts in Trier geblieben ist. Sie hat sich vor allem an dem Evangeliar von Manchester entzündet, an der Erklärung der neuen, vorher im Werk des Meisters nicht überlieferten Formenwelt, die es aufweist. Die in der Kölner Kopie, dem Stuttgarter Evangeliar aus dem 11. Jahrhundert, überlieferten Evangelisten ohne Symbole – ein Anachronismus in dieser Zeit – sind mit den Bildern der damals in Aachen aufbewahrten karolingischen Handschriften in Zusammenhang gebracht worden[38], und diese Herkunft der Bilder hat Nordenfalk[39] bewogen, an eine Entstehung des Manchester-Evangeliars in Aachen zu denken. Daß es eindeutig Trierer Schrift aufweist, wäre kein Argument gegen eine derartige These, da der Meister selbst Schreiber war und auch sicherlich Trier nicht allein verlassen hätte. Aber andererseits sind die offenkundigen und durch das Fehlen der Symbole besonders schwerwiegenden Übereinstimmungen zwischen den karolingischen und ottonischen Evangelistenbildern doch nicht so zwingend, daß nicht auch andere Erklärungen zu erwägen wären, angefangen von der Annahme, daß dem Meister des Registrum Gregorii die in Aachen liegenden Handschriften auch von Trier aus zugänglich gewesen sein mögen, bis zu der – in der Forschung meist angenommenen – Einschaltung eines weiteren karolingischen Zwischengliedes, das, wie etwa das Evangeliar von Blois, die Bilder des Wiener Krönungsevangeliars wiederholt hätte[40].

[38] Ebdt. S. 125f. – Nordenfalk, Chronology, S. 69. – Kahsnitz, a.a.O., S. 58

[39] Chronology, S. 69.

[40] Bloch-Schnitzler, a.a.O., S. 125f.

Indessen erklärt keine der Aachener Handschriften sämtliche Evangelistentypen des Manchester Evangeliars[41], und die Vielschichtigkeit des Problems wird noch deutlicher, wenn man bedenkt, daß die im Wiener Krönungsevangeliar dargestellten Evangelistentypen in Trier auch außerhalb des direkten Kreises um den Meister des Registrum Gregorii wiederkehren: in dem Evangeliar in Koblenz, darunter auch die in der Manchester- bzw. Stuttgarter Handschrift nicht vorhandenen Figuren[42]. Aber die Koblenzer Evangelisten stehen in einer Bildanlage, die auf andere Zusammenhänge verweist, deren Reimser Quellen unverkennbar sind[43]. Es wäre wohl zunächst zu versuchen, den Weg der Wiener Evangelistenbilder in karolingischer Zeit weiter zu erklären, ehe man an die Entwirrung der in Trier zusammenlaufenden Fäden gehen kann.

Anders jedoch, und zwar doch wohl günstiger, steht es bei der zweiten Frage, die hier anzuführen ist, da sie ebenfalls einen wichtigen Punkt in dem Problemkreis um das Werk des Meisters des Registrum Gregorii bildet. Es handelt sich um die Datierung des Evangeliars der Sainte-Chapelle, bei der die Forschung zu verschiedenen Ergebnissen gekommen ist, je nach der Erklärung, die man den Münzbildern im Rahmen der Matthäusseite gab, auf denen zweimal – in der Horizontalen – der eines Königs Heinrich verzeichnet ist. Bezog man beide Namen auf Heinrich I., den Vater und Großvater der beiden oben und unten genannten Ottonen, so kam man zu einer Datierung in die Spätzeit Ottos II. Bezog man sich auf Heinrich I. und Heinrich II., so hatte man die Handschrift nach 1002 anzusetzen[44]. Nordenfalk[45] schlug eine dritte Lösung vor, indem er den zweiten Namen als den Heinrichs des Zänkers ansah und damit das Evangeliar in jene kurze Zeitspanne des Jahres 984 datierte, als Heinrich der Zänker, der nach dem Tode Ottos II. den dreijährigen Otto III. in seine Gewalt gebracht hatte, den Schein der Vormundschaft fallen ließ und sich von seinen Anhängern, zu denen auch der Trierer Erzbischof Egbert zählte, Ostern zum König ausrufen ließ – ein kurzer Triumph, der schon am Peter-und-Pauls-Tage des Jahres ausgeträumt war, als er das königliche Kind seiner Mutter zurückgeben mußte.

Nordenfalks These hat vielfache Zustimmung gefunden und ist zuletzt von Rainer Kashnitz noch einmal nachdrücklich vertreten worden[46]. Aber es gab auch Gegenstimmen, die für Heinrich II. und damit die Spätdatierung der

[41] Zu den karolingischen Quellen der beiden übrigen Evangelisten vgl. Bloch-Schnitzler, ebdt.
[42] Vgl. Bloch-Schnitzler, a.a.O., Abb. 489–492.
[43] Ebdt. S. 125.
[44] Vgl. den Überblick über die verschiedenen Datierungen bei Kahsnitz, a.a.O., S. 74ff.
[45] Nordenfalk, in: A. Grabar – C. Nordenfalk, Das frühe Mittelalter. Genf 1957, S. 202, und Chronology, a.a.O., S. 66f.
[46] Vgl. Schramm-Mütherich, Denkmale, Nr. 83, S. 148. – Kahsnitz, a.a.O., S. 76.

Handschrift eintraten[47]. Zur Lösung der Frage könnte ein Faktor von Nutzen sein, der m.E. in diesem Zusammenhang noch nicht genügend herangezogen worden ist – die Verbindung der Handschrift mit der Reichenau. Wie seit langem erkannt ist[48], sind die kleinen Figuren in den Kanontafeln des Evangeliars der Sainte-Chapelle das Werk eines Reichenauer Malers. Sie haben ihre nächsten Parallelen in der Dekoration der Kanontafeln des Evangeliars Ottos III.[49], und kehren auch in dem etwas späteren Münchener Evangeliar Clm 4454[50] wieder. Hier, bei diesen Reichenauer Figuren des Trierer Evangeliars gibt es angesichts der dichten Folge von illuminierten Reichenauer Handschriften aus dem späten 10. und dem Anfang des 11. Jahrhunderts bessere Möglichkeiten der genauen stilistischen Eingrenzung als bei den wenigen und stärker isolierten Trierer Bildern.

In diesem Zusammenhang ist darauf hinzuweisen, daß es wohl überhaupt ratsam wäre, nicht nur, wie es bisher meist das Anliegen der Forschung gewesen ist, immer wieder zu versuchen, die Anteile der beiden Schulen so klar wie möglich zu scheiden, sondern vielmehr ihren Zusammenhang für die Lösung von Fragen zu benutzen, die aus dem getrennten Bestand jeder einzelnen nicht beantwortet werden können. Hierher gehörten dann allerdings nicht nur die Reichenauer Einflüsse in Trier, sondern auch die Spuren, die Trierer Werke auf der Reichenau hinterlassen haben und unter denen nur das Kaiserbild in der Bamberger Flavius Josephus-Handschrift[51] größere Beachtung gefunden hat im Hinblick auf seine Zwischenstellung zwischen dem Kaiserblatt in Chantilly und dem Bild Ottos III. in seinem Evangeliar in München. Wenn das Bamberger Bild dementsprechend verschiedentlich früher angesetzt wird als das im Evangeliar Ottos III., so setzt dies jedoch eine Vorlage des Doppelblattes voraus, das selbst so viele Unvollkommenheiten und Fehler aufweist, daß sein Maler kaum der Erfinder einer so grandiosen Bildformel sein kann, wie sie im Evangeliar Ottos III. in klassischer Form erscheint[52].

In diesem Zusammenhang aber ist jener weiteren Spuren von Trierer Vorbildern auf der Reichenau zu gedenken, auf die schon Carl Nordenfalk[53] hingewie-

[47] Bloch-Schnitzler, a.a.O., S. 19. – Schramm, Kaiser und Könige, a.a.O., S. 215, Abb. 121.

[48] So Haseloff, a.a.O. (Anm. 3), S. 76. – Nordenfalk, Chronology, S. 68.

[49] München, Bayer. Staatsbibliothek Clm. 4453, fol. 11v–22r. – Das Evangeliar Ottos III. Clm 4453 der Bayerischen Staatsbibliothek München. Faksimileausgabe; Mütherich, in: Begleitband mit Beiträgen von F. Dressler, F. Mütherich, H. Beumann. Frankfurt 1978, S. 69f.

[50] München, Bayer. Staatsbibliothek, Clm 4454, fol. 8v, 10v, 13r: – G. Leidinger, Evangeliarium aus dem Domschatz zu Bamberg. Miniaturen aus Handschriften der Kgl. Hof- und Staatsbibliothek in München 6. München 1921, Taf. 1, 3, 6. – S. auch Mütherich, Otto III, wie Anm. 49.

[51] Bamberg, Staatsbibliothek, Class 79. – Schramm, Kaiser und Könige, a.a.O., S. 205, Abb. 109.

[52] Vgl. Anm. 49, fol. 23v–24r.

[53] Chronology, a.a.O., S. 67f.

sen hat und die sich in den Evangelistenbildern des um 1007 zu datierenden Perikopenbuches Heinrichs II.[54] und des ihm vorangehenden Münchener Evangeliars Clm 4454[55] finden. Das Matthäus- wie das Johannesbild des Perikopenbuches wiederholen die gleichen Evangelisten des Evangeliars der Sainte-Chapelle[56], und der jugendliche Matthäus in Clm 4454 folgt jenem Trierer Evangelistentypus, der zuerst im Evangeliar von Prag überliefert ist[57]. Auch die übrigen Evangelisten in Clm 4454 greifen Trierer Motive auf.

Diese Trierer Evangelistentypen in den Reichenauer Handschriften, zu denen die Übereinstimmungen in den Kanontafeln treten, bedeuten aber wohl, daß wir nicht nur mit einzelnen Vorlagen, sondern mit einem Trierer Codex vom Typus des Evangeliars der Sainte-Chapelle auf der Reichenau zu rechnen haben[58]. Im Lichte dieser Verbindungen und Wechselbeziehungen – Reichenauer Maler in Trier, Trierer Maler auf der Reichenau, Reichenauer Handschriften in Trier, Trierer Handschriften auf der Reichenau – verliert auch ein Werk wie der Codex Egberti den Charakter des Ungewöhnlichen, der Anlaß zu so vielen Irrungen und Wirrungen gegeben hat.

Einzigartig ist jedoch die enge Verbindung der beiden Schulen selbst, und hier begegnen wir einem jener eingangs erwähnten Wesenszüge, die die ottonische Buchmalerei Triers von der anderer ottonischer Zentren unterscheiden. Ein anderer ist die in der Geschichte der ottonischen Buchmalerei auffallende Erscheinung, daß die Trierer Buchmalerei schon in den ersten Jahrzehnten des 11. Jahrhunderts zu Ende geht. Zwar hat dieses vorzeitige Ende in der Kunstgeschichte wenig Beachtung gefunden, indem es mit den ungünstigen Verhältnissen im Trier des frühen 11. Jahrhunderts erklärt worden ist. Es darf aber daran erinnert werden, daß die Verhältnisse auf der Reichenau um die Jahrtausendwende auch alles andere als günstig waren, und doch wurde eine Prachthandschrift nach der anderen hergestellt, wie auch der Schatten kaiserlicher Ungnade, der in den 80er Jahren über Trier lag, der weiteren Tätigkeit der

[54] München, Bayer. Staatsbibliothek, Clm 4452. – G. Leidinger, Das Perikopenbuch Heinrichs II. München 1914.

[55] Vgl. Anm. 50.

[56] Vgl. Kahsnitz, a.a.O., Abb. 68, 74 und Leidinger, Perikopenbuch, a.a.O., Taf. 2, 5.

[57] Vgl. Leidinger, Evangeliarium, a.a.O., Taf. 14. – Nitschke, a.a.O, Taf. 40, 7.

[58] Es wäre in diesem Zusammenhang wünschenswert, daß jene merkwürdige italienische Handschrift aus dem 12. Jahrhundert in Florenz (Biblioteca Laurenziana, ms. Acq. e Doni 91) einmal einer eingehenden Untersuchung unterzogen würde, die eine Kopie eines Reichenauer Himmelfahrtsbildes mit einer weiteren verbindet, der ein Evangelistenbild des Meisters des Registrum Gregorii zugrundeliegt. Vgl. Kat. Mostra storica Nazionale della Miniatura. Ausst. Rom 1954, S. 28, Nr. 40. – D. Formaggio – C. Basso, La Miniatura. Novara 1960, Abb. 108, S. 116. – P. Klein, Zum Weltgerichtsbild der Reichenau, in: Studien zur mittelalterlichen Kunst 800–1250. Festschrift Florentine Mütherich. München 1985. S. 114.

Schule keinen Abbruch tat. Es muß daher noch andere Gründe für das frühe Ende geben.

Ebenso bemerkenswert wie das vorzeitige Ende der Trierer Schule ist die beherrschende Rolle, die ein Einzelner, der Meister des Registrum Gregorii, in ihr spielt, verglichen etwa mit der Reichenau, wo ein Meister neben dem anderen steht, auf den anderen folgt. Damit zeigt sich zugleich auch die andersartige Organisation der Trierer Schule, die viel mehr die Züge einer Werkstatt hat. Bemerkenswert ist aber auch der Charakter der in Trier produzierten Handschriften selbst, die Vorliebe für ungewöhnliche Werke wie die Miniaturen des Registrum Gregorii, die vielen Einzelblätter, der Wechsel, die Neuprägungen in entscheidenden Bildformeln wie im Evangelistenbild – kurz Eigenschaften, die zwar bekannt und registriert sind, die aber als Gesamheit besondere Beachtung verdienen, wenn man nicht nur die Geschichte, sondern auch den Charakter der Trierer Buchmalerei verstehen will.

Die Ursachen für diese Züge sind nicht schwer zu finden. Bei der Scheidung der verschiedenen Typen frühmittelalterlicher Schulen in Hofschulen und Klosterschulen hat Wilhelm Koehler[59] für das 9. Jahrhundert auf jene Sonderformen hingewiesen, die zwar keine Hofschulen im eigentlichen Sinne sind, diesen aber in ihrem Charakter entsprechen, wie etwa Metz, wo Erzbischof Drogo, der Sohn Karls des Großen, als großer Mäzen Künstler berief, die eine Reihe kostbarer Handschriften für ihn schufen. Dasselbe gilt für das Trier Egberts, der zwar nicht der Sohn, aber der Freund eines Kaisers war und ebenfalls als Mäzen eine Schule an seinem Bischofssitz begründete, die jene Eigenschaften aufweist, die für Hofschulen charakteristisch sind: Kurzlebigkeit, Tätigkeit bedeutender Künstler, kostbare Handschriften, kein festes Programm, sondern wechselnde Aufgaben, individuelle, einmalige Schöpfungen, keine umfangreichen, langwierigen Werke, die über die Möglichkeiten dieser Schulen hinausgehen, so wie Karl der Kahle drei Bibeln besaß, von denen keine in seiner Hofschule hergestellt worden war[60].

Von hier aus gesehen, fällt auch auf die Trierer Beziehung zur Reichenau neues Licht. Die Reichenau ist die charakteristische Klosterschule, mit einer langen ununterbrochenenen Folge von Meistern und Gruppen, die durch Jahrzehnte hindurch bestimmte Typen von Handschriften mit bestimmten Typen von Illustrationszyklen produzierte. Diese leistungsfähige Schule mußte Egbert als die ideale Ergänzung einer eigenen erscheinen, geeignet für jene Aufgaben, die man in Trier nicht unternehmen konnte oder wollte, wobei die

[59] W. Koehler, Buchmalerei des frühen Mittelalters. Fragmente und Entwürfe aus dem Nachlaß. Hgg. von E. Kitzinger u. F. Mütherich. München 1972, S. 106.
[60] Schramm-Mütherich, Denkmale, a.a.O., Nr. 42, S. 129, Nr. 54, S.135, Nr. 56, S. 136.

Reichenau sich ihrerseits die Kunst des großen Trierer Meisters zunutze zu machen wußte.

So entsteht eine Verbindung, die mit dem kostbaren Psalter begonnen hatte, den Egbert sich auf der Reichenau nach seiner Erhebung zum Erzbischof von Trier schreiben ließ[61], die auch nicht abreißt, als er in Trier seinen eigenen Künstler beruft, seine eigene Schule gründet, und die über seinen Tod hinaus fortdauert, wie noch im 11. Jahrhundert das für Trier geschaffene Reichenauer Sakramentar in Paris bezeugt[62]. So erscheint die Annahme Nordenfalks[63], Egbert habe seinen Maler eine Zeitlang auf die Reichenau gesandt, durchaus wahrscheinlich, zumal dies nicht der einzige Fall für ein solches Vorgehen in ottonischer Zeit ist; man denke an Abraham von Freising[64], der seine Schreiber nach Toul sandte, um dort Handschriften zu kopieren. Und daß Egbert auch in seinen künstlerischen Intentionen nicht der einzige ottonische Mäzen dieser Art war, beweist das Beispiel Bernwards von Hildesheim[65] – nur daß dieser keinen Meister des Registrum Gregorii zur Verfügung hatte.

Ein Preis, der für das glänzende Phänomen dieser Mäzenatenkunst zu zahlen war, ist ihr frühes Ende. Man möchte allerdings meinen, daß es gerade in diesem Falle, in Trier, zu vermeiden gewesen wäre, angesichts der vielen und bedeutenden Klöster, die die Nachfolge der Schule Egberts hätten antreten können, zumal die Herstellung von illuminierten Handschriften ihnen nicht fremd war.

Daß sie es nicht taten, mag verschiedene Gründe haben, doch der entscheidende ist wohl der, daß sie es nicht vermochten, daß ihre künstlerischen Mittel für die Durchführung einer solchen Aufgabe nicht ausreichten, und zwar darum nicht, weil ihr eigenes Wachstum sich nicht hatte entfalten können in dem tiefen Schatten, den ein so helles Licht wie das des Meisters des Registrum Gregorii werfen mußte. Es hätte wohl ein größerer Abstand dazu gehört, um eine eigene Entwicklung weiterführen zu können. So hat es einen tiefen historischen Sinn, daß es eine andere Klosterschule war, die dort anknüpfte, wo man in Trier aufgehört hatte. Das Erbe des Meisters des Registrum Gregorii wurde in Echternach angetreten.

[61] Cividale, Museo Archeologico, Cod. 136, s. Haseloff, a.a.O.

[62] Schatzkunst Trier, a.a.O., Nr. 33, S. 104f. – Paris, Bibliothèque Nationale, Lat. 18005.

[63] Chronology, S. 68.

[64] B. Bischoff, Die Freisinger Dombibliothek, in: Das Bayerland 57, 1955, S. 392. – N. Daniel, Handschriften des 10. Jahrhunderts aus der Freisinger Dombibliothek. München 1973, S. 83f.

[65] F. J. Tschan, St. Bernward of Hildesheim. Notre Dame 1952.

II. Die Buchmalereiwerkstatt des Trierer Erzbischofs und Kurfürsten Kuno von Falkenstein (1362–1388)[1]

Franz J. Ronig

(Resumierende Nachschrift des Referates)

Nach der Blüte der Buchmalerei unter Erzbischof und Kurfürst Balduin von Luxemburg (1307–1354), über die eine neue Untersuchung mit „Zuerwerb" vorgelegt werden konnte[2], erlebte diese Kunstgattung unter Erzbischof Kuno von Falkenstein einen neuen Höhepunkt. War die Buchmalerei unter Balduin trotz seiner eigenen Studien in Paris und trotz einer gewissen Ausrichtung des Luxemburger Hauses an westlicher Kultur dennoch an der Kölner Kunst orientiert, so finden wir im Atelier des Kurfürsten Kuno enge Verbindungen mit der Buchmalerei in Metz. Eine Verbindung mit Metz erregt in Trier kein besonderes Erstaunen, da Metz einerseits in geographischer Nähe liegt und andererseits zum kirchlichen Metropolitanverband von Trier gehörte.

Es wird erlaubt sein, von einer Werkstatt oder einem Atelier zu sprechen. Addiert man nämlich die erhaltenen Miniaturen mit den nachweisbar verlorenen – wobei die eindeutig Metzer Handschriften weggelassen werden –, so kommt man auf eine Zahl, die zwischen circa 450 erhaltenen und circa 550 geschätzten schwankt. – Die Trierer Schatzkunst-Ausstellung des vergangenen Jahres (1984) zeigte erstmals alle Werke des Ateliers zusammen (mit Ausnahme des Dortmunder Fragmentes).

Kuno von Falkenstein war als tatkräftig wie auch prunkliebend bekannt. Wegen seiner Fähigkeiten war er schon 1348 „Vormunder" des Mainzer Erzstiftes, wählten ihn die Kölner zum Administrator des Erzbistums. Die Wahl zum Kölner wie auch zum Mainzer Erzbischof schlug er dennoch aus. 1359 (drei Jahre vor seinem Trierer Amtsantritt) tadelte ihn Karl IV. auf dem Reichstag zu Mainz wegen seiner modischen und kostbaren Kleidung. Kunos Anspruch und

[1] Die gesamte Literatur ist aufgeführt in: F. J. Ronig, Die Buchmalereischule des Trierer Erzbischofs Kuno von Falkenstein. Ein Forschungsbericht. In: Florilegium Artis. Festschrift für Wolfgang Götz. Saarbrücken 1983, S. 111–115. – Dazu: Ders., Werke aus der Buchmalereiwerkstatt des Trierer Erzbischofs und Kurfürsten Kuno von Falkenstein. In: Schatzkunst. Ausstellungskatalog. Trier 1984, S.152, Nr. 94–102.

[2] F. J. Ronig, Kunst unter Balduin von Luxemburg. In: Balduin von Luxemburg, Erzbischof von Trier – Kurfürst des Reiches. 1285–1354. Festschrift aus Anlaß des 700. Geburtsjahres. Hg. von F. J. Heyen. (Quellen und Abhandlungen zur mittelrheinischen Kirchengeschichte 53.) Mainz 1985, S. 489–558, hier: S. 547–551.

Selbstbewußtsein werden bei Betrachtung seines Bildnisses auf dem Titelblatt des nach ihm benannten Perikopenbuches im Trierer Domschatz[3] deutlich. Diese Bildformulierung greift zurück auf das entsprechende Blatt im Perikopenbuch des Erzbischofs Egbert von Trier (977–993), das zu seiner Zeit schon über die Funktion eines Widmungsbildes hinausging und den Erzbischof in feierlicher und selbstbewußter Repräsentation zeigte. Daß sich Kuno auf einem Adlerthron sitzend und mit Löwen unter den Füßen darstellen ließ, konnte wohl eine Anspielung an seinen Familiennamen („Falkenstein") sein, konnte aber auch wie eine Art Parallele zu jenem Adlerthron verstanden werden, auf dem Karl IV., ebenfalls mit Löwen unter seinen Füßen, dargestellt wurde (Siegel) – was zweifellos wieder ein Rückgriff auf jene Adlerthrondarstellung Ludwigs des Bayern war.

Wenn man schon von den Bildnissen Kunos spricht, sollten auch jene in Stein erwähnt werden. Das des „Trierer Kurfürsten" auf dem „Schönen Brunnen" zu Nürnberg[4] ist trotz aller Porträthaftigkeit ähnlich pauschal gehalten wie das im Perikopenbuch, wohingegen das auf dem Grabdenkmal in der Koblenzer St.-Kastor-Kirche den Toten in einem fast schonungslosen Verismus zeigt[5]. Vergleicht man diese Bildnisse mit dem Text der Limburger Chronik, so gewinnt man eine Persönlichkeitscharakterisierung, wie sie sonst kaum einem mittelalterlichen Menschen zuteil wird. „... Er war ein herrlich starker Mann in betreff des Körpers, eine Persönlichkeit, groß von Ansehen, hatte ein großes Haupt mit struppig-lockigem dunklen Haar; ein breites Antlitz mit Pausbakken, einen kühnen Blick ... Er stand auf seinen Beinen wie ein Löwe ... Wann er zornig war, dann blies er seine Backen auf, daß sie flatterten: das stand ihm herrlich und weise und nicht übel an ..."[6].

Unter den zehn, teils nur fragmentarisch erhaltenen Handschriften sollen die drei datierten an den Anfang gestellt sein: das Trierer Perikopenbuch von 1380, die Weltchronik in der Landesbibliothek zu Stuttgart von 1383 und der „Nachzügler": die Collatio des Friedrich Schavard von 1402 in Paris, Bibliothèque Nationale. – Das Perikopenbuch des Trierer Domschatzes[7] zählt mit seinen circa 160 Miniaturen zu den am reichsten illustrierten Evangelienbüchern des Mittelalters. Die Umschrift des Titelbildes datiert den Kodex auf den 8. Mai 1380. Wie das Titelbild auf das des Codex Egberti zurückgreift, so nehmen viele

[3] Schatzkunst, Nr. 94. – F. J. Ronig, Die Bildnisse Kunos von Falkenstein: Typ oder Porträt. In: Die Parler. Köln 1978. S. 211–214.

[4] Ronig (wie Anm. 3), S. 212.

[5] Ders. (wie Anm. 3), S. 211.

[6] Ders. (wie Anm. 3), S. 213f.: Text mit Übersetzung.

[7] Schatzkunst, Nr. 94.

Miniaturen entsprechende Kompositionen des ottonischen Buches auf[8] und setzen sie in den Stil des Kuno-Ateliers um – ein kunsthistorisch bemerkenswerter Vorgang; der Rückgriff überbrückt immerhin fast genau 400 Jahre! Dennoch richtet sich der Zyklus insgesamt nicht am Codex Egberti aus; das ist schon durch die opulente Fülle der Miniaturen unmöglich. Zusätzlich durchbricht aber der Zyklus der Kuno-Miniaturen das im Egbert-Kodex waltende Schema der chronologischen Reihenfolge der Szenen aus dem Leben Jesu.

Die Miniaturen zeigen zum Teil eine räumliche Tiefe, sie bringen Landschaft, stellen die Szenen lebendig und in einer flotten Erzählweise dar (vgl. etwa die Weihnachtsminiaturen). Dagegen beharren andere Miniaturen in älteren Traditionen, indem sie die Szene vor den unräumlichen und geheiligten Goldgrund setzen (vgl. den Reichen Prasser und den Armen Lazarus). Dabei kann der Goldgrund sowohl glatt als auch in den verschiedensten Mustern graviert und punziert sein. Überhaupt verlangen die reich variierenden „Teppichmuster" der Bildgründe Aufmerksamkeit. Sie verbinden die Miniaturen des Ateliers untereinander, aber auch mit vielen anderen Ateliers Frankreichs, zurück bis zu der Werkstatt des Pucelle.

So wie es Miniaturen mit strengem, fast hieratischem Bildaufbau gibt (vgl. Pfingsten), so auch solche, bei denen die Aktion, die Dramatik und Dynamik der beweglichen Figürchen, ja sogar deren Drastik das Bild bestimmen (vgl. die Geißelung). – Der Stil wird u. a. dadurch bestimmt, daß die Gewänder dem Körper eng anliegen und daß der Farbauftrag teils deckend mit Weißhöhungen erfolgt, teils aber auch in durchsichtig-lasierender Weise (wie etwa beim Lendentuch des Gekreuzigten).

Die mit 200 Miniaturen aufs reichste illustrierte Weltchronik des Rudolf von Ems (Stuttgart, Württembergische Landesbibliothek, Cod. Bibl. fol. 5)[9] zeigt das Atelier auf seinem Höhepunkt. Die Vollendung der Handschrift ist durch einen Eintrag auf das Jahr 1383 datiert. Der Kodex im Format Groß-Folio mag auf dem Weg der Erbschaft aus dem Falkensteinschen Besitz in den der Ziegenhain und Waldeck und von dort in den Württembergischen gekommen sein. – Die zum Teil großformatigen Miniaturen schildern vor in Gold und Farben gemusterten Gründen auf lebendige Weise Szenen aus dem Alten Testament, der Legende (wie etwa das Bad Adams und das der Eva) und aus der Profangeschichte. Das Bild des Turmbaus von Babel ist mit bemerkenswerten handwerklichen Details bereichert. Der Untergang der Ägypter im Roten Meer wird zu einer phantastisch rotierenden Komposition, die das Chaotische des Untergangs auf eine fast unüberbietbare Weise darstellt.

[8] Codex Egberti. Textband von G. Franz und F. J. Ronig. Wiesbaden 1983, S. 46, 54, 59–61, 74, 80, 90, 92–96, 101, 120f., 125f., 128f., 134, 140.

[9] Schatzkunst, Nr. 95.

Die Collatio super Urbis recommendatione mit St. Pauliner Märtyrerlegende des Stiftspropstes Friedrich Schavard[10] aus St. Paulin in Trier (Paris, Bibliothèque Nationale, lat. 10.157), 1402 verfaßt, geschmückt und unfertig liegengelassen, gelangte durch Maugérard nach Paris. Ein zweites Exemplar, bei dem der Platz für die Miniaturen freigelassen wurde, liegt in der Trierer Stadtbibliothek (cod. 1343/94). – Durch den (zwar etwas verrohten) Stil und die Bildhintergründe erweist sich die Pariser Handschrift als von einem Maler des Falkenstein-Ateliers bearbeitet. Die Datierung charakterisiert sie als einen Nachläufer, der 14 Jahre nach dem Tode des Erzbischofs, als das Atelier wohl schon lange aufgelöst war, das Weiterleben des Stiles anzeigt – ein für die Kunstgeschichte nicht uninteressantes Phänomen: läßt sich doch der einmal (wann auch immer) kreierte Stil an datierten Handschriften von 1380 bis 1402 konstant über 22 Jahre verfolgen. – Die szenischen Miniaturen geben Ereignisse aus der Märtyrerlegende von St. Paulin wieder und zeigen die Erfindungsgabe des Malers, der sich hier wohl auf keine vorgeprägten Schemata beziehen konnte – es sei denn, es hätte einen älteren uns unbekannten Zyklus gegeben. – Von nicht minderem Interesse sind die Abbildungen des CHI-RHO im Kranz[11], das Friedrich Schavard bei der Öffnung des Paulinus-Sarkophags des 4. Jahrhunderts 1402 fand und genau beschrieb, und des romanischen Siegels der Stadt Trier[12], das eine ebenso minutiöse Beschreibung und allegorische Interpretation fand. Hier werden der eigene Stil unterdrückt und die Gegenstände in fast archäologischer Treue abgebildet, wie es ähnlich bereits bei historischen Denkmälern Matthew Paris gemacht hatte.

Nun folgen die nicht-datierten Handschriften, die sich mit stilistischen Methoden und Kriterien noch nicht genügend sicher in den Zusammenhang des Ateliers einordnen lassen; genauere Untersuchungen zur Datierung und Einordnung dazu stehen noch aus. Die Größe des Ateliers mit Mitarbeitern verschiedenster Qualitätsstufen erschweren die Datierung mit formalen Argumenten. – Das Fragment eines „Wälschen Gastes“[13] gelangte aus dem Erbachschen Hausarchiv über die Glazier Collection in die Pierpont Morgan Library (M. G. 54). Durch das Trierische Wappen und das von Falkenstein ist die Handschrift mit dem Trierer Erzbischof Kuno verbunden. Der Stil der Figuren und der Ornamente ist eindeutig der unserer Werkstatt. Das Manuskript besitzt noch 69 Miniaturen, die den Traktat des Thomasin von Zerclaere illustrieren. Es handelt sich meistens um Beispiele und Allegorien für Tugenden, Laster und

[10] Schatzkunst, Nr. 100.

[11] F. Ronig, Eine mittelalterliche Interpretation des Christusmonogrammes. In: Kurtrier. Jb. 1982. Festschrift E. Zenz. S. 23–33.

[12] Ders., Die älteste Abbildung des Trierer Stadtsiegels. In: Kurtrier. Jb. 1981. Festschrift R. Laufner. S. 94–103.

[13] Schatzkunst, Nr. 98.

Lebensgewohnheiten. So wird die Trägheit dargestellt oder etwa auch eine alte Frau, die die Jugend verspottet. So wird Hector von Achill um Troja geschleift oder der Mord an Julius Caesar dargestellt.[14]

Von einem Missale ist nur noch die erste Seite als Einzelblatt erhalten (Trier, Stadtbibliothek)[15], das im Initial „A“ zur Introitus-Antiphon des Ersten Adventsonntags „Ad te levavi“ den seine Seele erhebenden König David darstellt. Da es sich nur um die erste Seite handelt, kann man keine Gewißheit erlangen, ob es sich um das Fragment einer ehemals ganz illuminierten Handschrift oder nur um das besonders geschmückte Titelblatt eines ansonsten ungeschmückten Buches handelt – was eigentlich unwahrscheinlich ist. Der Illuminator dürfte ein solcher Mitarbeiter des Ateliers gewesen sein, der älteren Traditionen des 14. Jahrhunderts verpflichtet war.

Das Kölner Wallraf-Richartz-Museum bewahrt in seinem Kupferstichkabinett ein in seinem oberen Bereich stark beschnittenes Antiphonarblatt[16], das im Initial „M“ zur Antiphon „Misit Herodes Rex“ das Gastmahl des Herodes zeigt. Da das Fest der Decollatio Sancti Johannis Baptistae auf den 29. August fällt, und das Kirchenjahr der Heiligen mit dem 30. November beginnt, kann man in etwa ermessen, wie groß einmal der Umfang der verlorenen Handschrift gewesen sein mag.

In der Dortmunder Stadtbibliothek wird ein mehrblättriges Antiphonarfragment (Hds. 68) aufbewahrt[17], dessen einziges Initial mit der Szene einer Darstellung Jesu im Tempel leider so beschädigt ist, daß man 1984 von einer Ausstellung abgesehen hat. Die erhaltenen Blätter tragen die Ziffern 162–165, was die Größe des Verlustes ahnen läßt. Wegen der hohen Foliozahl werden die erhaltenen Blätter wohl kaum zum normalen Verlauf des Kirchenjahres, sonders eher zum angehängten Sanctorale gehört haben, da das zugehörige Fest Mariä Lichtmeß auf den 2. Februar fällt.

Als letzte Trierer Handschrift sei der Liber Nominum aus dem Stift St. Simeon in Trier vorgestellt[18], der im Germanischen Nationalmuseum zu Nürnberg aufbewahrt wird (Hs. 41848). Die Handschrift enthält am Anfang die Eidesformeln für Propst, Dekan, Kanoniker und Vikare, die auf den Anfang des Johannes-Evangeliums (f. 6v) und im Angesichte des zugleich aufgeschlagenen Bildes der Kreuzigung Christi (f. 7) den Treueid ablegten. Die folgenden Seiten

[14] Zur Ikonographie des Bildzyklus (nicht unserer Handschrift) vgl.: Zucht und schöne Sitte. Eine Tugendlehre der Stauferzeit. Mit 36 Bildern aus der Heidelberger Handschrift Cod.Pal.Germ. 389. „Der Wälsche Gast“ des Thomassin von Zerclaere. (E. M. Vetter und F. Neumann.) Wiesbaden 1977.

[15] Schatzkunst, Nr. 96.

[16] Schatzkunst, Nr. 97.

[17] F. Ronig, in: Festschr. Götz (wie Anm. 1), S. 112. – Schatzkunst, S. 152.

[18] Schatzkunst, Nr. 99.

bringen die Namen und Daten der Kanoniker von St. Simeon und Urkundentexte. Das Kreuzigungsbild dürfte ein etwas späteres Produkt der Werkstatt sein. Gewisse Rohheiten und Mißproportionalitäten lassen es nicht auf der obersten Qualitätsstufe erscheinen.

Hatte Margot Remy in ihrer 1929 publizierten Dissertation[19] noch versucht, die stilistische Heimat des Ateliers trotz aller auch von ihr gesehenen französischen Parallelen in der Wetterau zu suchen, so lenkte Carl Nordenfalk 1953 als erster den Blick auf Metz[20]: im Zusammenhang mit einem Metzer Stundenbuch in der Stiftsbibliothek zu Linköping verwies er auf das Stundenbuch der Isabeau de Bavière (Paris BN. lat. 1403), das den Stil der Handschriften aus dem Kuno-Atelier und darüber hinaus noch bemerkenswerte ikonographische Parallelen zum Trierer Perikopenbuch zeigt.[21] So ist die Darstellung des Judakusses und der Gefangennahme Jesu in solchen Details verwandt, daß sie nur aus dem ikonographischen Fundus ein- und desselben Ateliers erklärbar sind; ähnliches gilt für die Ikonographie der Geißelung, der Kreuztragung und der Koimesis Mariae. Eine vergleichbare Ikonographie der Gefangennahme Jesu findet sich ebenfalls in den Metzer Stundenbüchern zu New York (Pierpont Morgan Library, M. 88) und Baltimore (Walter's Art Gallery, W. 91). Damit ist für die weitere Forschung der Weg nach Metz gewiesen. Nordenfalk nahm 1953 sogar an, daß sich die Malerschule des Trierer Ateliers aus Metz „rekrutiere". Nun ist tatsächlich noch eine weitere, im Stile unseres Ateliers illumierte Handschrift aus Metz bekannt geworden (Paris BN. fr. 9558), auf die François Avril schon 1981 hingewiesen hatte[22]. Es handelt sich um eine französische Sammelhandschrift mit Traktaten über verschiedene Themen; sie enthält Initialen mit lehrenden Dominikanern, mit Papst Gregor, St. Bernhard, aber auch die Szene des Todes Senecas.

Schaut man auf die stilistische Situation der Buchmalerei in der ersten Hälfte des 14. Jahrhunderts sowohl in Metz wie auch in Trier und im ganzen Rheinland, so will einem nirgendwo ein Ansatz für eine Entwicklung hin zum Stil des Kuno-Ateliers und der parallelen Metzer Handschriften auffallen. Wohl gibt es Ansätze auf dem Felde der Ikonographie im Bereich von Metz. Dazu sind zusätzlich die neulich von A. Cutler und B. Henisch publizierten „Royère-Hours" zu zählen[23]. Aufs Ganze gesehen, wird man – wie 1929 schon M. Remy

[19] M. Remy, Die Buchmalereiwerkstatt des Trierer Erzbischofs Kuno von Falkenstein. In: Trierer Zs. 4, 1929, S. 49–74.

[20] C. Nordenfalk, En medeltida Bönbok fran Metz i Linköpings Stifts- och Landsbibliotek. In: Linköpings Biblioteks Landlingar. Ny Serie, Bd. 4 : 3. Linköping 1953.

[21] Schatzkunst, Nr. 101.

[22] Schatzkunst, Nr. 102 (Lit.).

[23] A. Cutler und B. Henisch, The Royère-Hours. In: Jb. f. westdeutsche Landesgeschichte 9, 1983, S. 51–73.

und nach ihr andere – weiterhin nach Ansätzen in der Buchmalerei Frankreichs suchen müssen. Die Ausstellung „Les Fastes du Gothique"[24] hat dazu einige neue Aspekte beigetragen. Wie aber manche ikonographische Details auf verschiedenen Traditionssträngen wandern, mag die Szene der Hochzeit zu Kana im Trierer Perikopenbuch zeigen: in ihrer höfischen Anlage erinnert die Komposition an Darstellungen von Mahl-Szenen sowohl im Bildzyklus der unter Balduin von Luxemburg angefertigten Romreise Kaiser Heinrichs VII. als auch an ähnliche Szenen in der Grandes Chroniques de France.

(Bei dem teils sehr fragmentarischen Bestand der Handschriften bittet der Vortragende die Damen und Herren um Hinweise auf evtl. noch vorhandene weitere Fragmente aus der Schule des Kuno von Falkenstein.)

[24] Les Fastes du Gothique. Le siècle de Charles V. Galeries internationales du Grand Palais. Paris 1981/82.

III. Die Vorgeschichte der Trierer Stadtbibliothek vom 16. bis zum 18. Jahrhundert

(Die Jesuiten- und die Universitätsbibliothek)

Gunther Franz

Vorbemerkung

Der 50. Deutsche Bibliothekartag fand 1960 anläßlich des Neubaus der Stadtbibliothek in Trier statt. Dazu wurde eine kleine Festschrift „Armaria Trevirensia. Beiträge zur Trierer Bibliotheksgeschichte" vom damaligen Direktor der Stadtbibliothek Dr. Hubert Schiel († 1983) herausgegeben[1]. Die vier Beiträge, die sich vor allem mit den Handschriften der Kloster- und Stiftsbibliotheken befassen, sind heute von unveränderter Bedeutung. Sie werden jetzt ergänzt und zusammen mit bereits veröffentlichten und neuen Beiträgen als „Armaria Trevirensia. Beiträge zur Trierer Bibliotheksgeschichte. 2., stark erweiterte Auflage zum 75. Deutschen Bibliothekarktag in Trier" veröffentlicht[2]. Die 15 Aufsätze geben einen Überblick zur Bibliotheks- und Geistesgeschichte vom 8. Jahrhundert bis zur Gegenwart, wie er für wenige andere Städte möglich sein dürfte. Nur von Bibliotheken in der Antike (seit dem 4. Jahrhundert), die der Literaturversorgung des kaiserlichen Hofes, der ersten Universität oder kirchlichen Institutionen dienten, wissen wir zu wenig. Die beigefügte Bibliographie zur Trierer Bibliotheksgeschichte[3] unterstreicht, daß es in Trier nicht nur traditionsreiche Bibliotheken gibt, sondern daß dieses Erbe auch erforscht und dadurch lebendig gehalten wird.

So lag es nahe, auf dem Trierer Bibliothekartag erstmals seit längerer Zeit eine eigene Vortragsfolge zur Buch- und Bibliotheksgeschichte der gastgebenden Stadt in das Programm aufzunehmen. Ich verstehe dabei Buchgeschichte als den umfassenden Begriff, der sowohl Handschriften als gedruckte Bücher und Bibliotheken umfaßt. Die hier veröffentlichten drei Vorträge stellen in gewisser Hinsicht eine Ergänzung zu den jetzt erschienenen „Armaria Trevirensia" dar. Der Vortrag zur Vorgeschichte der Trierer Stadtbibliothek benutzt außer darin

Abgekürzt zitierte Literatur siehe Seite 397.

[1] Armaria Trevirensia. Beiträge zur Trierer Bibliotheksgeschichte. Zum 50. Deutschen Bibliothekartag in Trier hrsg. von Hubert Schiel. Trier 1960.

[2] Die Bibliothek des Priesterseminars, die Stadtbibliothek und die Universitätsbibliothek haben das Erscheinen des Bandes unterstützt. Der Bibliothekar des Rheinischen Landesmuseums, J. Merten, hat die Erstellung des Registers übernommen.

[3] Von Gisela Brach. In: Armaria Trevirensia 1985, S. 257–272 mit 221 Nummern.

enthaltenen Beiträgen von Hubert Schiel, Richard Laufner und Paul Bissels auch frühere Arbeiten von Gottfried Kentenich[4].

Diese Vortragsfolge zur Trierer Buch- und Bibliotheksgeschichte sollte eigentlich in der 1775 vollendeten feierlichen Promotionsaula der Universität, die heute dem Priesterseminar und der Theologischen Fakultät gehört, stattfinden. Denn dieses Gebäude hat für die Trierer Geistes- und Bibliotheksgeschichte ganz besondere Bedeutung. Hier befanden sich ab 1570 die Bibliothek des Jesuitenkollegs, ab 1773 die Universitätsbibliothek, ab 1798 die Bibliothek der Zentralschule, ab 1804 bis 1957 die Stadtbibliothek. 1964 bezog die Bibliothek des Bischöflichen Priesterseminars das alte Gebäude. Sie ist zugleich die Bibliothek der 1950 wieder errichteten Theologischen Fakultät. Für die Stadtbibliothek und ihre Vorgänger bestand also eine räumliche Kontinuität von 1570 bis 1957[5]. Da in die seit 1804 städtische Bibliothek Bestände aus allen Trierer Bibliotheken einflossen, könnte man das Thema sehr breit anlegen. Ich nenne zunächst Beispiele von Kloster- und Stiftsbibliotheken, die besonders der Literaturversorgung der Universität dienten. Es wird 2. die 1560 gegründete Jesuitenbibliothek, die zugleich Aufgaben einer Universitätsbibliothek hatte, behandelt, 3., deren Verbindung mit einer Universitätsbibliothek und 4. der Übergang zur Stadtbibliothek nach der französischen Besetzung und Säkularisation. Zahlreiche der behandelten Handschriften und Drucke sind während des Bibliothekartages in der 1984 neu gestalteten Schatzkammer der Stadtbibliothek („Kostbare Bücher und Dokumente aus Mittelalter und Neuzeit“) und der Ausstellung „Friedrich Spee – Dichter, Seelsorger, Bekämpfer des Hexenwahns zum 350. Todestag“ zu sehen.

1. Die Literaturversorgung der Universität

Vor allem für Benediktinerklöster galt die seit 1170 belegte Sentenz: *Claustrum sine armaria quasi castrum sine armamentario*[6]. In noch stärkerem Maße geht man heute davon aus, daß mit einer Universitätsgründung die Schaffung einer Universitätsbibliothek einhergehen müsse. So hat man 1970 in Trier gleichzeitig mit der Universität eine Bibliothek ohne Vorlaufzeit eröffnet, was

[4] Gottfried Kentenich: Zur Geschichte der Stadtbibliothek. In: Ernst Voullième: Die Inkunabeln der öffentlichen Bibliothek und der kleineren Büchersammlungen der Stadt Trier. Leipzig 1910 (Zentralblatt f. Bibliothekswesen Beih. 38), S. V–XXX. – Gottfried Kentenich: Die Trierer Jesuitenbibliothek. In: Königliches Friedrich Wilhelm-Gymnasium zu Trier 1563–1913. Festschrift zur Feier des 350jährigen Jubiläums der Anstalt. Trier 1913, S. 57–65.

[5] Gunther Franz: Bibliotheksbau und Denkmalpflege. Der lange Weg der Stadtbibliothek Trier vom Jesuitenkolleg zur Weberbach. In: Armaria Trevirensia 1985, S. 181–204.

[6] Erstmalig in einem Brief des Kanonikus Gottfried zu Sainte-Barbe-en-Auge.

natürlich zu Anfangsschwierigkeiten führte. Als 1473 die nach der Antike zweite Universität in Trier eröffnet wurde (die päpstliche Gründungsbulle stammt bereits von 1455)[7] war dagegen von einer Bibliothek keine Rede. Es gab aber reichlich Bücherbesitz in den Trierer Klöstern und Stiften, auf den man zurückgreifen konnte. (In Köln, Freiburg oder Greifswald ging dagegen die Bildung einer Universitätsbibliothek von der Artistenfakultät aus.)[8]

Die umfangreichsten Inkunabelbestände sind aus den Benediktinerabteien St. Matthias und St. Maximin, der Kartause St. Alban, dem Augustinerstift St. German und dem Kollegiatstift St. Simeon nach der Säkularisation in die Stadtbibliothek gekommen[9]. Diese Bibliotheken hatten in den ersten hundert Jahren der Universität die größten Bestände an Handschriften und zeitgenössischen Drucken. Die vier alten Benediktinerklöster und das Stift St. Paulin sind außerhalb der Stadt auf römischen Friedhöfen, wo auch die ersten Christen begraben lagen, entstanden. St. Matthias – ursprünglich St. Eucharius nach dem ersten Trierer Bischof genannt – im Süden, St. Maximin und das Stift St. Paulin nebeneinander im Norden und ebenfalls im Norden an der Mosel die Klöster St. Martin und St. Maria ad Martyres.

Aus *St. Eucharius-St. Matthias* stammt das älteste Buch der Stadtbibliothek, der 719 geschriebene *Liber de promissionibus et praedicationibus Dei*, und die Apokalypse aus dem 1. Viertel des 9. Jahrhunderts. Abt von St. Matthias war 1421–1439 Johannes Rode, nach dessen Reform die Bibliothek vermehrt wurde, u.a. durch Abt Antonius Lewen (1484–1519), der eine neue Bibliothek erbaute. Ein Bibliothekskatalog mit dem Stand um 1530 ist als Abschrift (zwischen 1550 und 1575) für Frater Martin Gorrens in der Stadtbibliothek erhalten[10].

St. Maximin war eine ganz bedeutende Abtei, die bis ins 17./18. Jahrhundert um ihre Reichsunmittelbarkeit kämpfte. Der älteste Bibliothekskatalog von ca. 1100 ist erhalten; ein zweites Verzeichnis stammt von 1493[11].

Das *Augustinerstift St. German* in der Stadt Trier war seit 1477 von Augustinerchorherren der Windesheimer Kongregation besetzt, die für ihre Studien eine planmäßig angelegte und erweiterte Bibliothek besaßen und wegen ihrer

[7] Es handelt sich um eine halb städtische und halb landesherrliche Einrichtung. Emil Zenz: Die Trierer Universität 1473 bis 1798. Ein Beitrag zur abendländischen Universitätsgeschichte. Trier 1949 (Trierer geisteswissenschaftliche Studien Bd. 1).

[8] Ladislaus Buzas: Deutsche Bibliotheksgeschichte des Mittelalters. Wiesbaden 1975 (Elemente des Buch- und Bibliothekswesens Bd. 1), S. 118f.

[9] Kentenich, Stadtbibliothek (wie Anm. 4), S. XXXI–XXXVIII.

[10] Hs. 2229/1751 8°. Josef Montebaur: Studien zur Geschichte der Bibliothek der Abtei St. Eucharius-Matthias zu Trier. Freiburg im Breisgau 1931 (Römische Quartalschrift. Suppl. H. 26). – Petrus Becker: Notizen zur Bibliotheksgeschichte der Abtei St. Eucharius–St. Matthias. In: Armaria Trevirensia 1985, S. 44–63.

[11] Richard Laufner: Vom Bereich der Trierer Klosterbibliothek St. Maximin im Hochmittelalter. In: Armaria Trevirensia 1985, S. 15–43.

Schule angesehen waren. Diese erlag der Konkurrenz der 1560 gekommenen Jesuiten. Kloster und Bibliothek mußten 1570 an die Franziskanerminoriten übergeben werden[12]. Zwei Bibliotheken waren für die Literaturversorgung der Universität besonders wichtig: die Kartause St. Alban und das Simeonstift.

Die *Kartause St. Alban* südlich vor der Stadt hatte eine umfangreiche theologische Bibliothek, zu der mehrere Vermächtnisse beitrugen, besonders die von Paulus Müntzdail 1487 und Christoph von Rheineck 1535. Der Katalog der Kartause von 1662 ist erhalten[13]. Er beginnt: *Per signum sanctae crucis ex inimicis nostris libera nos, Deus noster. Incipit catalogus.* Es ist ein Standortkatalog mit den Gruppen von A–Q. Jede Gruppe umfaßt durchschnittlich 150 Bände, insgesamt 2423 Bände. Durch die genauen Angaben von Ort, Drucker und Jahr sind die Drucke leicht zu identifizieren. Nach der Zerstörung der Kartause vor den Stadtmauern 1674 durch die Franzosen wurde sie seit 1689 in der Nähe von Konz neu aufgebaut[14].

Das *Simeonstift*. In dem römischen Stadttor, der Porta Nigra, wurde um 1042 nach der Heiligsprechung des dort bestatteten Inklusen Simeon eine Doppelkirche eingebaut. Das Simeonstift daneben (heute Städtisches Museum) hatte eine bemerkenswerte Bibliothek. Das Stift war durch ein Kanonikat besonders mit der Universität verbunden. Es stellte den Theologieprofessor Johannes Leyendecker, den zweiten Rektor der Universität († 1494). Leyendecker besaß eine Privatbibliothek, die er testamentarisch mit dem Wunsch vermachte, daß sie den Grundstock einer Universitätsbibliothek etwa im Stift St. Simeon oder in der Universität selber (in der Dietrichstraße) bilden sollte[15]. Die Bücher Leyendeckers sind etwa zur Hälfte in die Kartause und in das Simeonstift gekommen. Matthias von Sarburg († 1539) war ebenfalls Professor der Jurisprudenz, Dechant von St. Simeon und wurde als *nobilis Bibliothecae San-Simoneae [!] instaurator* bezeichnet[16]. Von ihm stammt vielleicht der Bibliothekskatalog von St. Simeon[17], in dem die Bücher in vielfacher Hinsicht erschlossen sind: Standortkatalog, Register der beigebundenen Schriften, Sachindizes nach Fachgebieten. Ein Teil der Bücher war auf 11 Pulten mit je bis zu 25 Bänden

[12] Heute Angela-Merici-Gymnasium der Ursulinen.

[13] StB Trier Hs. 2233/1816 4°.

[14] In Merzlich, heute Konz-Karthaus.

[15] Johannes Simmert und Petrus Becker: Eine Anregung zur Einrichtung einer Universitätsbibliothek im Testament des Trierer Magisters Dr. theol. Joh. Leyendecker († 1494). In: Verführung zur Geschichte. Festschrift zum 500. Jahrestag der Eröffnung einer Universität in Trier 1473 – 1973. Hrsg. von Georg Droege u. a. Trier 1973, S. 150–164.

[16] Nikolaus von Hontheim: Historia Trevirensis diplomatica et pragmatica. T. 2. Augsburg u. Würzburg 1750, S. 549.

[17] StB Trier Hs. 1614/412 4°. – Vgl. Richard Laufner: Armaria Trevirensia. Die Bedeutung des Studiums von Altbeständen der Stadtbibliothek Trier für die Kenntnis des Geisteslebens am Ende des Mittelalters. In: Archives et bibliothèques de Belgique 48, 1977, S. 2–41, besonders S. 27–37.

angekettet, andere in alphabetischer Ordnung in Behältnissen darunter. Wertvolle juristische Handschriften und Frühdrucke sind durch Matthias von Sarburg nach St. Simeon gelangt. Einen Teil seiner Bibliothek hat er wie Leyendecker der Kartause vermacht. Die Einrichtung einer Pultbibliothek diente der Sicherung der Bände bei Benutzung durch Außenstehende, in diesem Falle den Angehörigen der in der Nähe untergebrachten Universität. Während anderswo bereits im 16. Jahrhundert die Ketten entfernt wurden, blieben sie im Simeonstift bis zum Ende um 1800. In späterer Zeit war Bibliothekar Georg Christoph Neller († 1783), einer der bedeutendsten Kanonisten seiner Zeit und Vertreter der Aufklärung[18].

2. *Die Jesuitenbibliothek*

1559 scheiterte der Versuch, die Reformation in Trier einzuführen, da es der Stadt trotz relativ großer Selbständigkeit nicht gelungen war, freie Reichsstadt zu werden. Unter Berufung auf den Augsburger Religionsfrieden, nach dem der Landesherr die Religion bestimmen konnte, belagerte Johann VI. von der Leyen (1556–1567) die Stadt und vertrieb die Protestanten mit dem Prediger Caspar Olevianus. Bereits 1560 holte der Kurfürst den Jesuitenorden nach Trier. Dieser war die wichtigste Stütze bei der Durchführung der tridentinischen Reformen, der Förderung der Frömmigkeit, Seelsorge und der Katechese, der christlichen Unterweisung[19]. Die Jesuiten übernahmen die philosophischen und theologischen Fakultäten der bedeutungslos gewordenen Universität und brachten sie erstaunlich schnell in Aufschwung. Sie gründeten auch das bis heute bestehende Gymnasium, an dem zur Vorbereitung des Studiums die *Humaniora,* vor allem die klassischen Sprachen gelehrt wurden.

Die Jesuitenbibliothek wurde sofort 1560 begründet. Einige Bücher brachten die Patres mit, andere stifteten die alten Abteibibliotheken und die Kartause St. Alban. Der Kurfürst Johann von der Leyen, der für den Unterhalt der Patres Sorge trug, spendete auch Geld und Bücher für die Bibliothek. Mehrere Bände tragen das Wappen des Kurfürsten mit der Jahreszahl 1561 auf dem Einband (z.B. Alfonsus Madriliensis: *Libellus aureus de vera Deo apte inserviendi*

[18] Philipp Wilhelm Gercken berichtete in seinen: Reisen durch Schwaben, Baiern, die angränzende Schweiz, Franken, die Rheinische Provinzen und an der Mosel etc. in den Jahren 1779–1785. T. 3. Stendal 1786, S. 386: *Die uralte Stiftsbibliothek bey dem Collegiatstifte S. Simeonis zeigte mir vorgedachter Herr geheime Rath Neller, der zugleich bey diesem Stifte Canonicus senior und Bibliothekar war. Sie besteht aus uralten Juristen und Canonisten, so alle an Ketten auf langen Pulpeten liegen, davon ich die ältesten Drucke notiert hatte.* – Ein *liber catenatus* aus dem Simeonstift (Vermächtnis Johannes Leyendeckers), Hs. 1063/1282 8°, ist in der Schatzkammer der Stadtbibliothek ausgestellt. Kostbare Bücher und Dokumente, Nr. 31.

[19] Zuletzt Andreas Heinz u.a.: Jesuiten in Trier [und] Frömmigkeit und Seelsorge zur Zeit Spees. In: Spee-Katalog S. 16–40.

methodo, gerade 1560 in Louvain erschienen). Ein *Catalogus Benefactorum Bibliothecae Collegii Societatis Iesu Treviris*[20] nennt 100 Werke als Schenkung Johannes von der Leyen.

Sein Nachfolger Jakob III. von Eltz (1567–1581) war ebenfalls ein Förderer der katholischen Reform. Er übergab 1570 den Jesuiten das Kloster der Franziskanerminoriten mit ihrer Kirche als Kolleg für Patres, Lehrer und Novizen. Die Bibliothek kam sicher zu diesem Zeitpunkt auch hierher und blieb dort – wie gesagt – unter verschiedener Trägerschaft bis 1957. Im Katalog der Wohltäter ist bei Jakob von Eltz hervorgehoben, daß er die 1568–1573 bei Plantin erschienene Bibelpolyglotte in 8 Bänden, herausgegeben von Arias Montanus, stiftete[21]. Sie enthält die Bibel in 5 Sprachen und wurde als größtes typographisches Unternehmen des 16. Jahrhunderts bezeichnet. Die Einbände tragen das kurfürstliche Wappen.

Ein Katalog der Jesuitenbibliothek ist bereits aus dem Jahre 1586 vorhanden[22]. Er beruft sich auf die Ordensregel, nach der die Bücher nach den Fakultäten aufzustellen und zu verzeichnen sind und außerdem ein alphabetischer Katalog angelegt werden müsse. Eine Systematik zu Beginn nennt die drei Fakultäten: die Theologie, die Philosophie – mit Metaphysik, Physik, Medizin, Logik, Ethik und Mathematik – und die *Humaniora,* die am Gymnasium gelehrten klassischen Sprachen. Da die medizinischen und juristischen Fakultäten ausdrücklich außerhalb der Interessen des Ordens lagen, ist Medizin nur im Rahmen der Philosophie vertreten. Die medizinische Fakultät hatte im 16. und 17. Jahrhundert zu bestehen aufgehört. Die juristische Fakultät in Trier war schwach besetzt. Ihr Literaturbedarf wurde zumindest teilweise durch die Bibliothek des Simeonstifts gedeckt. Die Jesuitenbibliothek hatte also die Aufgaben einer Universitätsbibliothek. An den ganz von Jesuiten geleiteten Universitäten wie Paderborn, Bamberg und Fulda waren die Universitätsbibliotheken sowieso mit den Kollegbibliotheken identisch[23]. 1610–1614 wurde ein Flügel des Jesuitenkollegs neu gebaut und ein großer Anbau, flankiert von zwei Treppentürmen, errichtet. 1614 zog das Gymnasium in den Neubau ein, und auch die Vorlesungen der philosophischen und theologischen Fakultäten wurden hierher verlegt. Nur die kleine juristische Fakultät blieb im Universitätsgebäude in der Dietrichstraße.

20 Alfonsus Madriliensis StB Trier M I 6 8°. – Catalogus Hs. 1810/998 2°. – Kentenich, Jesuitenbibliothek (wie Anm. 4), S. 57.

21 StB Trier A V 84 2°. Leon Voet: The Plantin Press (1555–1589). A bibliography of the works printed and published by Christopher Plantin at Antwerp and Leiden. Vol. I. Amsterdam 1980, S. 280–315.

22 StB Trier Hs. 2228/1815 4°.

23 Ladislaus Buzas: Deutsche Bibliotheksgeschichte der Neuzeit (1500–1800). Wiesbaden 1976 (Elemente des Buch- und Bibliothekswesens Bd. 2), S. 40.

Betrachten wir noch einige weitere Bücher aus der Jesuitenbibliothek. Bibliotheksgeschichte, die nur aus Jahreszahlen, Bestandszahlen und Katalogsystematiken besteht, ist leicht eine farblose Angelegenheit. Der Buchdruck faßte ungewöhnlich spät in Trier Fuß. Zwei Wanderdrucker blieben 1481 nicht. Erst 1574 bis 1576 wurde auf Veranlassung Jakobs von Eltz die Agende gedruckt, das Rituale mit den liturgischen Texten für die Spendung der Sakramente und Sakramentalien in aufwendigem Rot- und Schwarzdruck. Durch die abgedruckten kurfürstlichen Befehle und Wappen wurde der offizielle Charakter der Agende betont und mit Wappen auf dem Einband wurde sie auch dem Jesuitenkolleg zur Verfügung gestellt[24].

Seit 1582 gab es durch die Förderung des Kurfürsten für dauernd eine privilegierte Druckerei in Trier, dem einzigen Druckort im Lande. Das Privileg für Heinrich Bock von 1586 schützte ihn auf zehn Jahre gegen Nachdruck. Die große Hexenverfolgung wütete in Deutschland besonders stark von etwa 1585 bis 1595. Der Trierer Weihbischof Peter Binsfeld mit seinem *Tractatus de confessionibus maleficorum et sagarum*, deutsch: *Tractat von Bekantnuß der Zauberer und Hexen. Ob und wie viel denselben zu glauben* hatte daran Anteil. Die Schrift wurde 1589 von Heinrich Bock zusammen mit dem erwähnten kurfürstlichen Privileg gedruckt[25].

Das Buch enthält auch eingedruckt ein empfehlendes Gedicht von Bartholomäus Bodeghemius († 1608). Er war dreißig Jahre lang Offizial des Trierer Erzbischofs, also der führende geistliche Richter, und ein vielseitig interessierter Herr, der auch französische und italienische Schriftsteller besaß. Seine Bibliothek im Wert von 3 000 Talern vermachte er dem Jesuitenkolleg. Auf dem Titelblatt von Binsfeld findet sich deswegen der Eintrag:

Libraria Societatis Jesu Collegii Trevirensis Anno 1608. Ex donatione Reverendi Domini Juris Utriusque Licentiati, Domini Bartholomaei Bodegemii, Officialis Trevirensis (Abkürzungen aufgelöst). Es war sozusagen ein Autorenexemplar.

Bei der herrschenden Verblendung von Theologen und Juristen gab es auch andere Stimmen. Der Theologe Cornelius Loos verfaßte um 1591 die Schrift *De vera et ficta magia* (Von der wahren und eingebildeten Zauberei). Der Titel wurde in der Handschrift durch Änderung abgeschwächt: *De vera et falsa magia.* Loos betrachtete die ganze Zauberei als Einbildung und Aberglauben. Beim Kölner Drucker wurden die bereits ausgedruckten Bogen beschlagnahmt (sie sind in der Kölner Universitäts- und Stadtbibliothek erhalten). Loos wurde

[24] StB Trier 11/356 4°. Kostbare Bücher und Dokumente, Nr. 68.

[25] Gunther Franz: Die Hexenverfolgung im Kurfürstentum Trier. In: Spee-Katalog, S. 41–56; zu Binsfeld lat.: Nr. 22. Die Übersetzung von Binsfeld stammte vom Drucker Bock und wurde 1590 veröffentlicht (Spee-Katalog, Nr. 23).

gefangengesetzt, mußte widerrufen und starb als Rückfälliger im Gefängnis vor der Verurteilung. Das Manuskript der Schrift gelangte in die Jesuitenbibliothek[26].

Friedrich Spee von Langenfeld trat 1610 in den Jesuitenorden ein und verbrachte die ersten beiden Jahre im Trierer Noviziat der niederrheinischen Provinz. Das Noviziat hatte eine eigene Bibliothek. Er veröffentlichte 1631 in Rinteln die *Cautio Criminalis*, die eindrückliche Mahnung zur Vorsicht beim Strafprozeß gegen angebliche Hexen. Es wurde anonym veröffentlicht *Auctore incerto theologo romano*, von einem unbekannten katholischen Theologen. Die erste Fassung gelangte über das Jesuitenkolleg Münster in die Trierer Jesuitenbibliothek[27]. In Trier lehrte Friedrich Spee 1632 bis 1635 Moraltheologie und biblische Exegese und benutzte selbstverständlich die Bibliothek (es war ja alles unter einem Dach). Hier stellt er auch 1634 die Gedicht- und Liedsammlung der *Trutz-Nachtigall* zusammen, wohl die bedeutendste katholische Barockdichtung. Sein Autograph mit zahlreichen Änderungen, die zeigen, wie Spee an dem Text arbeitete, und der Titelzeichnung gelangte 1871 in die Straßburger Bibliothek[28]. Die ebenfalls von Spee selbst geschriebene Reinschrift, in der für den Druck die Stellen für einzufügende Holzschnitte angegeben sind, sozusagen das Layout, gelangte aus dem Nachlaß Spees in die Jesuitenbibliothek und später in die Stadtbibliothek, blieb also von der Entstehung bis 1957 im selben Gebäude, um noch einmal diese Kontinuität zu betonten[29]. Die *Trutz-Nachtigall* wurde erst 14 Jahre nach Spees Tod in Köln nach dem Trierer Autograph gedruckt[30]. Diese Handschrift bildet auch die Grundlage für die jetzt erschienene historisch-kritische Ausgabe[31].

Der Jesuit Athanasius Kircher war ein erstaunlich vielseitiger Barockgelehrter. In der Trierer Bibliothek findet sich eine fast vollständige Sammlung seiner reich mit Kupferstichen illustrierten Werke zur Naturwissenschaft und Orien-

[26] StB Trier Hs. 1900/1479 8°. Emil Zenz: Cornelius Loos – ein Vorläufer Friedrich von Spees im Kampf gegen den Hexenwahn. In: Kurtrierisches Jahrbuch 21, 1981, S. 146–153. Spee-Katalog, Nr. 28.

[27] StB Trier 1/117 8°. Die Betonung der Herkunft von einem katholischen Theologen fand jemand während des Druckes zu provokativ, so daß der erste Bogen neu gedruckt wurde. Auf dem Titel heißt es jetzt *Auctore incerto theologo orthod.* (von einem unbekannten rechtgläubigen Theologen). Diese Fassung ist in der Bibliothek des Priesterseminars Trier vorhanden. Spee-Katalog, Nr. 31 und 32.

[28] Bibliothèque Nationale et Universitaire Strasbourg Ms. 2328, 1871 von Antiquar Drieselmann, Stuttgart, der Hochschule zu Straßburg gestiftet. Spee-Katalog, Nr. 82.

[29] StB Trier Hs. 1118/2283 8°. Spee-Katalog, Nr. 84.

[30] Köln 1649. StB Trier T 245 8°. Spee-Katalog, Nr. 85.

[31] Friedrich Spee: Trutz-Nachtigall. Hrsg. von Theo G. M. van Oorschot. Bern 1985 (Friedrich Spee: Sämtliche Schriften. Historisch-kritische Ausgabe, hrsg. von Emmy Rosenfeld, Bd. 1). Danach Friedrich Spee: Trvtz-Nachtigal. Kritische Ausgabe nach der Trierer Handschrift. Hrsg. von Theo G. M. van Oorschot. Stuttgart 1985 (Universal-Bibliothek Nr. 2596).

talistik. Seine *Lingua aegyptiaca restituta* (Rom 1634) ist eine grundlegende koptische Sprachlehre. Sie wurde 1763 aus der Stiftung des Domdechanten Johann Philipp von Walderdorff erworben. Dieser war bereits 1682 gestorben und hatte der Jesuitenbibliothek 1 000 Reichstaler hinterlassen, aus deren Zinsen hundert Jahre lang bis 1784 Bücher erworben wurden. Das Trierer Exemplar ist voller handschriftlicher Eintragungen und dadurch ein Zeugnis gelehrter Forschungen[32].

Diese Beispiele haben zugleich auf die Vermehrung der Bibliothek durch Stiftungen neben der normalen Vermehrung hingewiesen. Jetzt sollen wieder die Kataloge und die Unterbringung betrachtet werden.

Ein neuer Bibliothekskatalog wurde 1671 angefertigt vom Bibliothekar Heinrich Thenen in 21 Klassen, wobei die Reihenfolge Theologie, Philosophie, *Humaniora* beibehalten ist[33]. Nach den *Historici sacri* folgen die *Historici profani;* nach dem *jus canonicum* ist *jus civile* eingefügt; auf Philosophie folgen Mathematik, Medizin, *Miscellanei et politici.* (Die Gruppe *Miscellanei* durfte man nie vergessen.) Knapp hundert Jahre später, 1763 und 1764, ist die Bibliothek noch einmal katalogisiert worden. Die 23 Gruppen sind jetzt mit Großbuchstaben bezeichnet, aber inhaltlich im wesentlichen gleich geblieben[34]. Am Schluß finden sich W *Linguae peregrinae,* die modernen Fremdsprachen mit 463 Bänden, X *Miscellanei,* Y *Appendix ad varias classes* und Z die *Libri prohibiti.* Die indizierten Bücher hatten einen eigenen Katalog, der aber leider nicht erhalten ist. Innerhalb der Sachgruppen bestand die Signatur aus dem Format, einer römischen Zahl für das Regal und der arabischen Individualnummer. Die Jesuitenbibliothek enthielt im Jahre 1586 Bücher von 1 152 verschiedenen Autoren (die Zahl der Bände ist nicht bekannt). Sie wuchs auf 6 000 Bände im Jahre 1671 und auf 10 075 Bände im Jahre 1770. Das entsprach durchaus einer Universitätsbibliothek. Sie ist heute noch zum größeren Teil nach den Sachgruppen von A–Y geschlossen aufgestellt.

Für die Bibliothek wurde 1732 der größte Saal des Kollegs neu eingerichtet. Er erhielt eine gewölbte Stuckdecke und Holzgalerien. In den handschriftlichen *Annuae* (dem Jahresbericht) von 1732 ist vermerkt, daß es in der ganzen Ordensprovinz kaum einen ebenso schönen Bibliothekssaal gäbe[35]. Im Biblio-

[32] StB Trier D 1576.

[33] StB Trier Hs. 2232/1814 4°. Der Handschriftenkatalog (*Catalogus manuscriptorum*) aus dem Jahre 1694 enthält 140 Nummern (Hs. 2226b/1813 2°).

[34] StB Trier Hs. 2412/2358 2° (2 Bände Alphab. Katalog) und Hs. 2413/2359 2° (3 Bände Sachkatalog). Die Klassen mit Bandzahlen bei Kentenich, Jesuitenbibliothek (wie Anm. 4), S. 64. Es gibt noch einen Katalog der *Bibliotheca minor* der Jesuiten (6 Hefte Hs. 2227/1807 2°).

[35] *Bibliothecam adornamus, cuius facies, si colophonem viderit, vix parem in provincia habebit.* Kentenich, Jesuitenbibliothek, S. 64.

thekssaal standen auch die beiden Barockgloben von Coronelli. Erdglobus und Himmelsglobus (deren Gesamthöhe 175 cm betragen) stammen von 1688 und 1693. Der Trierer Kurfürst Johann Hugo von Orsbeck erwarb sie 1699 für seine Kunstkammer auf dem Ehrenbreitstein. Vielleicht wurden sie 1732 zur Ausschmückung des Bibliothekssaales und zugleich als Studienobjekt dem Jesuitenkolleg gestiftet. Die beiden Globen blieben bis 1957 an derselben Stelle. Verschiedene Bilder zeigen sie in dem 1905 von Gottfried Kentenich als Lesesaal eingerichteten Raum[36]. Die Coronelli-Globen wurden 1984 restauriert und sind in die Ausstellung der Stadtbibliothek einbezogen[37].

1. Der frühere Bibliothekssaal der Jesuiten- und Universitätsbibliothek, nach 1905 Lesesaal der Stadtbibliothek

[36] Kentenich, Jesuitenbibliothek (wie Anm. 4), Taf. 17 vor S. 57. Franz, Bibliotheksbau und Denkmalpflege (wie Anm. 5), S. 184.

[37] Die Restaurierung durch Restauratorinnen aus Trier und von der Österreichischen Nationalbibliothek in Wien brachte eine überraschende Frische der Farben. Kostbare Bücher und Dokumente, Nr. 109–112. – Gunther Franz: Aus der Arbeit von Stadtbibliothek und Stadtarchiv Trier. In: Kurtrierisches Jahrbuch 24, 1984, S. 253–266, darin S. 264f. – Eine Veröffentlichung über die Geschichte der Trierer Coronelli-Globen von Hans Wolfgang Kuhn ist in Vorbereitung.

3. *Die Universitätsbibliothek*

Kurfürst Franz Ludwig von Pfalz-Neuburg traf 1722 Maßnahmen zur Erneuerung der Trierer Universität. Die juristische Fakultät wurde reformiert, die medizinische neu gegründet. Dafür wurde erstmals eine eigene Universitätsbibliothek errichtet, die in Ergänzung zur Jesuitenbibliothek mit *trefflichen juristischen und medizinalischen Büchern zum gemeinen Gebrauch der Studenten* ausgestattet sein sollte[38]. Im Universitätsgebäude war kein Platz, vielmehr mietete man ein geeignetes Zimmer bei den Karmelitern in der Nähe, die praktischerweise auch die Aufsicht stellten[39]. Der nächste Kurfürst Franz Ludwig von Schönborn hatte besonderes Interesse an der Einführung des Geschichtsstudiums. 1744 besetzte er die jahrelang leerstehende Professur des Staatsrechts und der Geschichte neu mit dem Holsteiner Johann Philipp Prätorius, der in Trier konvertiert war[40]. Gleichzeitig wurde Prätorius die Universitätsbibliothek übertragen, die er durch die umfangreichen und kostspieligen Sammlungen zum Staatsrecht und zur Geschichte ergänzen sollte. Die notwendigen Mittel wurden aus einer verwaisten Professorenstelle genommen. Prätorius ging bereits 1749/50 weg, weil er sich in eine Auseinandersetzung mit dem Kurfürsten eingelassen hatte. Ob er in kurzer Zeit eine Verbesserung der historischen Studien erreicht hat, läßt sich nicht nachweisen. Seine Anschaffungen für die Bibliothek werden aber heute noch regelmäßig benutzt. Er veröffentlichte einen gedruckten Katalog[41] und begründete im Vorwort, man möge nicht auf die geringe Zahl der Bücher, sondern deren vergleichsweise sehr hohen Preis achten, da nur ausgesuchte, in der Regel mehrbändige Werke, aufgenommen seien. Beispielsweise sind es Lodovico Antonio Muratori: *Rerum Italicarum scriptores.* Ferdinando Ughelli: *Italia sacra* oder die große Encyclopédie von Diderot und d'Alembert[42]. Von den verzeichneten gut 1000 Bänden sind 619 der Geschichte mit Geographie und Genealogie gewidmet. Die Bände

[38] Churfürstliche Ordinata vor die Universität zu Trier de anno 1722. Paul Bissels: Die alte Trierer Universitätsbibliothek. In: Kurtrierisches Jahrbuch 13, 1973, S. 64–69, Abdruck in Armaria Trevirensia 1985, S. 72–77, das Zitat S. 73.

[39] Das Karmeliterkloster war 1687 bis 1710 weitgehend neu gebaut worden. Da die Universität in ihrem alten Gebäude in der Dietrichstraße nur einen großen und kleinen juristischen Hörsaal hatte, mietete sie auch einen Konferenzsaal im Karmeliterkloster an. 1945 wurden die Gebäudereste niedergelegt (heute zum Teil Kaufhaus Horten in der Fleischstraße).

[40] Heribert Raab: Johann Philipp Prätorius und die Geschichtswissenschaft an der Trierer Universität in der ersten Hälfte des 18. Jahrhunderts. In: Vierteljahrsblätter der Trierer Gesellschaft für nützliche Forschungen 1, 1955, S. 36–43.

[41] Catalogus bibliothecae universitatis Trevericae. o.O.u.J. (Trier, um 1747–50), 17 S. StB Trier 6/2350 8° und T 343 8°.

[42] Muratori 24 Bände, Mailand 1723–38. StB Trier Nf 17/3. – Ughelli 10 Bände, Venedig 1717–22. StB Trier F 771 4°.

erhielten ein stattliches Exlibris mit dem Wappen des Kurfürsten Franz Georg von Schönborn[43].

Als 1773 durch den Papst der Jesuitenorden aufgehoben wurde, bestimmte Kurfürst Klemens Wenzeslaus, der der Aufklärung zuneigte und eine Reihe von Reformen durchführte, das Jesuitenkolleg zur Universität. Ein neuer Flügel mit der Promotionsaula wurde aufgeführt. Von dem alten Universitätsgebäude in der Dietrichstraße wurden die Vorlesungen, soweit sie nicht wie die theologischen und philosophischen sowieso schon dort waren, in das frühere Jesuitenkolleg verlegt. Die Universitätsbibliothek aus dem Karmeliterkloster wurde mit der Kurfürstlichen Bibliothek, der früheren Jesuitenbibliothek, verbunden.

2. Exlibris der Universitätsbibliothek Trier um 1750 mit Wappen des Kurfürsten Franz Georg von Schönborn

[43] Abbildung in Armaria Trevirensia, S. 77.

1775 wurden beide Bibliotheken gemeinsam der gelehrten Öffentlichkeit zugänglich gemacht. Im *Trierischen Wochenblättchen* wurde veröffentlicht, daß die Bibliothek *wöchentlich zwey Tage, und zwarn Montags und Donnerstags Morgens von 9 bis 11, nachmittags von 2 bis 4 Uhren eröffnet, und allen Gelehrten in dieser Zeit die Einsicht und nöthige Auszüge der Büchern, wie bey mehrern Academien hergebracht, in einem eigends hierzu bestimmten Zimmer gnädigst verstattet werden sollen*[44]. Unter „Gelehrten" waren nicht nur die Professoren und Studenten der Universität zu verstehen, sondern auch die akademisch Gebildeten außerhalb der Universität, vor allem die Geistlichen und Beamten. Die Universitätsbibliothek hatte als Bibliothekar von 1775 bis 1783 den Weltpriester Gaudenz Schneider. Daneben gab es zeitweise einen Professor als Oberbibliothekar und einen zweiten Unterbibliothekar, alle nebenamtlich[45]. Die frühere Universitätsbibliothek erhielt eine eigene Aufstellung in 6 Klassen: A Kirchengeschichte, B Recht, C Staatsrecht, D Medizin und Philosophie, E Geschichte und F Miscellanea. Wahrscheinlich von demselben Bibliothekar, der 1763/64 den Katalog des Jesuitenkollegs geschrieben hatte, wurde nach dessen Vorbild auch der UB-Katalog angelegt[46]. Die Signaturen sind ebenso aufgebaut; nur wurden durch zusätzliche römische Zahlen auch die unteren und oberen Regalhälften unterschieden. Von 2500 Eintragungen sind die Hälfte als Verweisungen abzuziehen. Um so mehr bedeutete das Vermächtnis von 1000 gedruckten und handgeschriebenen Büchern durch Nikolaus von Hontheim (1701–1790) im Jahre 1780[47]. Hontheim war Juraprofessor, Offizial und Weihbischof. Bedeutend waren seine umfangreichen Werke zur Trierer Geschichte und besonders das 1763 unter dem Pseudonym Febronius veröffentlichte Werk *De statu ecclesiae et legitima potestate Romani pontificis*[48].

4. Der Übergang zur Stadtbibliothek

1794 wurde Trier von der französischen Revolutionsarmee besetzt. Die Universität nahm im folgenden Jahr ihre Vorlesungen wieder auf, bis sie 1798 ebenso wie die anderen linksrheinischen Universitäten in Köln, Bonn und Mainz geschlossen wurde. 1796 ließ der französische Kommissar Keil ebenso

[44] Trierisches Wochenblättchen 1775, Nr. 21.

[45] Richard Laufner: Die Trierer Stadtbibliothek und ihre Bibliothekare im 19. Jahrhundert. 1. Teil. In: Kurtrierisches Jahrbuch 10, 1970, S. 155–174, Abdruck in Armaria Trevirensia 1985, S. 127–146, hier S. 128.

[46] StB Trier Hs. 2230/1800 und 1801 2° (2 Bände).

[47] Der Katalog wurde geschrieben von Hontheims Freund Prof. Georg Christoph Neller.

[48] Vgl. u.a. Heribert Raab: Johann Nikolaus von Hontheim (1701–1790). In: Rheinische Lebensbilder 5, Bonn 1973, S. 23–44.

wie aus Klosterbibliotheken auch aus der Universitätsbibliothek 212 Werke entnehmen, um sie nach Paris zu schaffen[49].

Johann Hugo Wyttenbach (1767–1848) hatte große Bedeutung für das Trierer Geistesleben in der ersten Hälfte des 19. Jahrhunderts[50]. Er war als Hauslehrer

3. Der Begründer der Stadtbibliothek Johann Hugo Wyttenbach

[49] Sie mußten später bis auf 40 Druckwerke wieder zurückgegeben werden. Hubert Schiel: Die Auflösung der Trierer Kloster- und Stiftsbibliotheken und die Entfremdung von Trierer Handschriften durch Maugérard. In: Armaria Trevirensia 1960, S. 59–81, Abdruck in Armaria Trevirensia 1985, S. 92–114, hier S. 98f.

[50] Richard Laufner: Johann Hugo Wyttenbach (1767–1848). In: Rheinische Lebensbilder 5, 1973, S. 45–56. – Laufner: Die Trierer Stadtbibliothek (wie Anm. 45). – Guido Groß: Von der Lesegesellschaft 1783 zur Trierischen Leihbibliothek 1819. Bildungsstreben des Bürgertums in Trier vom Ausgang der kurfürstlichen bis zum Beginn der preußischen Zeit. In: Armaria Trevirensia 1985, S. 78–91. – Ernst Wolfgang Orth: Die Einflüsse der geistigen Väter des ersten Trierer Stadtbibliothekars Johann Hugo Wyttenbach (1767–1848). In: Zur Geschichte rheinischer Stadtbibliotheken. Trier 1980 (Kurtrierisches Jahrbuch, Sonderheft), S. 136–156.

bei der Familie Nell in Trier 1791–93 Bibliothekar der Lesegesellschaft. Als solcher hat er 1792 Goethe bei dessen Aufenthalten auf dem Hinweg zur Champagne in Frankreich und während des Rückweges in die Lesegesellschaft eingeführt, mit ihm über Kant diskutiert und ihm die Altertümer der Stadt gezeigt. Als Hauslehrer in Wetzlar wurde er 1798 nach Trier zurückgerufen, um bei der Neugestaltung des Bildungswesen mitzuwirken, zunächst in der Unterrichtskommission. Seit dem 12. 11. 1799 war Wyttenbach Präsident, Professor und Bibliothekar der nach Schließung der Universität eröffneten provisorischen Zentralschule. Seit 1799 finden sich von seiner Hand Besitzeinträge *Bibliotheca publica civitatis Treverensis*. Die Zentralschule war mehr als ein Gymnasium – sie war eine Einrichtung des Saardepartements, dessen Hauptstadt Trier seit 1798 bildete. Dennoch galt die Bibliothek der Zentralschule, die ehemalige Universitätsbibliothek, als die öffentliche Bibliothek der Stadt Trier.

Die Klöster, z. B. St. Maximin, hatten Handschriften und Archive teilweise 1792 von Trier fort und rechtsrheinisch in Sicherheit gebracht[51]. Bei der Besetzung 1794 und in den folgenden Jahren wurde vieles aus den in Trier verbliebenen Bibliotheken von den Einwohnern und Soldaten geplündert und zu Schleuderpreisen verkauft. Am 9. 6. 1802 verfügte die Konsularregierung die Aufhebung aller kirchlichen und klösterlichen Institute in den vier Departements des linken Rheinufers. Wyttenbach sammelte, was ihm erreichbar war. Als Armand-Gaston Camus 1802 Trier besuchte, schreibt er: *Die Bibliothek der Zentralschule ist die ehemalige Jesuitenbibliothek, worin sich alte Ausgaben und auch einige [!] Handschriften befinden. Der Bibliothekar Wyttenbach hat mehrere Bücher dieser Art aus den Sammlungen der aufgehobenen Klöster und Kapitel gesammelt... An mehreren Büchern befindet sich noch die Kette, womit sie an ein Pult befestigt gewesen, wenn man sie zur Einsicht vorlegte.*[52] (Diese Bände stammten aus der Bibliothek von St. Simeon.) Am 1. März 1803 verfügte der Präfekt des Saardepartements die Verbringung der Klosterbibliotheken, soweit sie noch nicht veräußert waren, in die Zentralschulbibliothek. Ein statistisches Jahrbuch des Saardepartements für 1802/03 nannte für die Bibliothek einen Bestand von 34000–35000 Bänden, also bereits das Dreifache ihrer ursprünglichen Zahl bei Aufhebung der Universität. 1807 nennt eine Denkschrift den Bestand von 50000–60000 Bänden; es ist nicht bekannt, wie viele davon in der Hauptaktion 1803 zugeflossen waren.

Der bekannte Bücherkommissar Jean-Baptiste Maugérard war 1802/1803 in Trier und hat 156 Handschriften bzw. Archivalien und 105 Inkunabeln und andere wertvolle Drucke aus der Zentralschulbibliothek ausgewählt und an die

[51] Hans Wolfgang Kuhn: Anmerkungen zur Auflösung der Stifts- und Klosterbibliotheken in und um Trier. Zum Beispiel die Abtei St. Maximin. In: Armaria Trevirensia 1985, S. 115–126.
[52] Schiel in Armaria Trevirensia 1985, S. 100.

Bibliothèque Nationale in Paris gesandt. Ein geringer Teil kam 1815 nach Trier zurück. Am 26. September 1803 wurde die Zentralschulbibliothek durch den Präfekten des Saardepartements versiegelt, da sie an die Stadt übergeben werden sollte, und am 21. Februar 1804 erfolgte dann die Umwandlung der Zentralschule in eine städtische Sekundärschule. Äußerlich änderte sich kaum etwas, da Wyttenbach auch Direktor der Sekundärschule und Bibliothekar blieb. Diese Doppeltätigkeit übte er fast unglaublicherweise bis 1846 aus. Wyttenbach war auch Lehrer von Karl Marx, der vor 150 Jahren, 1835, am Gymnasium das Abitur gemacht hat. Nachdem Wyttenbach mit 79 Jahren das Amt des Gymnasialdirektors aufgegeben hatte, blieb er noch bis zu seinem Tode zwei Jahre lang Bibliotheksleiter.

Der Zustrom aus den früheren Klosterbibliotheken setzte sich nach 1804 fort. Genaue Auskünfte über die Bestände der Stadtbibliothek und ihre sachliche Gliederung lieferte Wyttenbach am 18. 12. 1812 anläßlich einer Anfrage des französischen Innenministers. Danach besaß die Stadtbibliothek 1595 Handschriften, davon 800 Bände Theologie, 356 Geschichte und 200 Jura. Die Druckschriften umfaßten 69295 Bände, davon wieder die Hälfte, nämlich 36000 Bände Theologie, 10600 Bände Geschichte und 6700 Jura[53].

Außer aus den zu Beginn genannten Trierer Klöstern und Stiften stammen Handschriften und Drucke auch aus anderen Trierer Klöstern; aus der Umgebung sind besonders das Augustiner-Chorherrenstift Eberhardsklausen (heute Klausen auf dem Weg nach Bernkastel-Kues)[54], die Zisterzienserabtei Himmerod in der Eifel und in geringerem Umfang das Augustiner-Chorherrenstift Springiersbach (Richtung Koblenz) zu nennen.

Trotz der Bedeutung des Jahres 1803 für den Zustrom der Bücher aus den säkularisierten Klöstern und Stiften waren die Schicksale der Bücher recht unterschiedlich. Das möchte ich an drei berühmten Beispielen erläutern.

Das *Ada-Evangeliar* aus der Hofschule Karls des Großen um 800 hatte in St. Maximin 1499 einen neuen Golddeckel mit dem Konstantin-Kameo erhalten[55]. Dieser zeigt die Familie Kaiser Konstantins und ist vor 326 in Trier entstanden. Das Ada-Evangeliar wurde mit anderen Schätzen der Abtei St. Maximin 1792 über den Rhein gerettet. Es kam nach Ehrenbreitstein, Würz-

[53] Stadtarchiv Trier 34/1. Die genaue Aufstellung bei Laufner (wie Anm. 45) in Armaria Trevirensia 1985, S. 132.

[54] Aus Eberhardsklausen stammen zahlreiche Handschriften und Inkunabeln. In deren Einbänden findet sich die umfangreichste Sammlung hebräischer Fragmente in Deutschland, die augenblicklich von Forschern in Jerusalem und New York erschlossen wird.

[55] Kostbare Bücher und Dokumente Nr. 2, 3; der im folgenden behandelte Egbert-Codex Nr. 11 und die Gutenberg-Bibel Nr. 47. – Zum Schicksal des Ada-Evangeliars Kuhn (wie Anm. 51) und vorher Guido Groß: Zum Schicksal des Codex aureus in Trier. In: Neues Trierisches Jahrbuch 1968, S. 5–12.

burg, Aschaffenburg, Hanau, Bayreuth. Nach Bekanntwerden des Friedens von Campo Formio 1797 wurde das Flüchtlingsgut nach Mainz gebracht. Man ahnte damals nichts von der Geheimklausel zum Friedensvertrag, derzufolge die Festung zum Jahreswechsel 1797/98 an Frankreich zu übergeben war. Bei der Haussuchung wegen Spionageverdachts stieß man 1800 auf die Maximiner Kisten. Das Ada-Evangeliar wurde mit zwei Bänden der *Acta Sanctorum*, zwei Chartularien und 61 der ältesten Urkunden an die Nationalbibliothek überwiesen. Die Ada-Handschrift gaben die Bibliothekare weiter an das Musée Napoleon. Die letzten Exmaximiner „schenkten" 1815 die Ada-Handschrift dem König von Preußen, Friedrich Wilhelm III. Es wurde 1815 unter dem Schutz preußischer Soldaten nach Aachen geholt und 1818 vom König der Stadtbibliothek Trier überwiesen.

Der *Egbert-Codex*, um 985 auf der Reichenau bzw. in Trier entstanden, enthält die früheste Folge von Miniaturen zum Leben Jesu im Mittelalter[56]. Die Handschrift gehört dem Stift St. Paulin. Er war wahrscheinlich im April 1794 mit anderen Kostbarkeiten über den Rhein nach Frankfurt in Sicherheit gebracht worden. Der silbervergoldete Einband wurde wohl während des Exils zur Sicherung des Lebensunterhaltes verkauft. Die letzten Kanoniker von St. Paulin waren übereingekommen, daß derjenige, der am letzten am Leben bleibe, den Egbert-Codex der Trierer Bibliothek übergeben solle. Der gelehrte Johann Wilhelm Goetten übergab den Kodex am 14. März 1810 der Stadtbibliothek. Dort besichtigte ihn 1817 der historisch interessierte preußische Kronprinz, der spätere Friedrich Wilhelm IV., bei einem Besuch. Das kann Einfluß auf die Übergabe des Ada-Evangeliars im folgenden Jahr gehabt haben.

Gutenberg-Bibeln sind zwei aus Trier bezeugt. Den ersten Band erhielt Wyttenbach 1803 aus einem Trierer Kloster, nach einem späteren Zeugnis aus St. Matthias[57]. 1812 gab Wyttenbach ein Einzelblatt an den Bibliophilen Teissier in Metz, einen „Freund der Studien und Altertümer". Es ist das 11. Blatt des Alten Testaments, also eine Dublette zu dem vorhandenen Band. Es konnte in diesem Jahr durch eine Spende der Kreissparkasse für die Stadtbibliothek zurückerworben werden. 1828 entdeckte Wyttenbach in einem Bauernhaus in Olewig bei Trier einen unvollständigen zweiten Band der Gutenberg-Bibel, der

[56] Codex Egberti. Voll-Faks.Ausg. hrsg. von Hubert Schiel. Tafelbd. Textbd. Basel 1960. – Codex Egberti. Teilfaks.-Ausg. d. Ms. 24 der Stadtbibliothek Trier. Hrsg. von Gunther Franz. Tafelbd. Textbd. Wiesbaden 1983.

[57] Don Cleveland Norman: The 500th anniversary picturial census of the Gutenberg Bible. Chicago, Ill. 1961. Ilona Hubay: Die bekannten Exemplare der zweiundvierzigzeiligen Bibel und ihre Besitzer. In: Johannes Gutenbergs 42zeilige Bibel. Kommentarband, hrsg. von Wieland Schmidt und Friedrich Adolf Schmidt-Künsemüller 1979, S. 127–155, besonders Nr. 1, 11, 46. Gunther Franz: Die Gutenberg-Bibel der Stadtbibliothek Trier. In: Jahrbuch Kreis Trier-Saarburg 1985, S. 147–157.

auch 63 Blätter aus dem ersten Teil enthielt. Diese Teile wurden 1931 und 1936 mit Zustimmung von Fachkollegen verkauft, um damit den dringend notwendigen Neubau der Stadtbibliothek zu finanzieren[58]. Durch das Einzelblatt von 1812 konnte ich jetzt feststellen, daß die Gutenberg-Bibel in Mons in Belgien, die nach dem Einband wahrscheinlich aus St. Maximin in Trier stammt, ebenfalls zu demselben Exemplar gehört. Diese Bibel ist also nach der Auflösung der Abtei auseinandergerissen worden und heute über Europa und Amerika zerstreut (Mons; Vaduz, Nachlaß Graf Oswald von Seilern; Bloomington, Indiana; Einzelblätter in den beiden 1979 von Mainz und Stuttgart erworbenen Bibeln u.a.). *Habent sua fata libelli...* Wenn Stöwesand von drei neuen Gutenberg-Bibeln sprach[59] – wobei die Rechnung, daß durch die Aufteilung des unvollständigen Trierer Exemplars zwei Bibeln entstanden seien, sowieso problematisch ist –, ist es also in Wirklichkeit eine einzige Bibel, die durch das Blatt mit der Widmung Wyttenbachs von 1812 wieder in Trier präsent ist.

Die wichtigste Bereicherung nach der Säkularisation war die Stiftung der Bibliothek des Richters *Johannes Peter Job Hermes* (1765–1833)[60]. Mit ihm war Wyttenbach seit den achtziger Jahren des vorangehenden Jahrhunderts, als sie einen Freundeskreis zur Pflege der Aufklärung in Verbindung mit der Lesegesellschaft gebildet hatten, befreundet. Der leidenschaftliche Sammler Hermes hatte nach der Säkularisation vieles günstig – manches vielleicht auch zu günstig[61] – erhalten, aber auch jahrzehntelang systematisch wertvolle Werke, Zeitschriften, Bibliothekskataloge erworben. Bis 1830/32 hat er der Stadtbibliothek insgesamt 22000 Bände gestiftet! Darunter enthält die Sammlung von Almanachen und Zeitschriften aus dem Ende des 18. und Anfang des 19. Jahrhunderts zahlreiche Unika[62]. Die freigebige Gesinnung wird durch ein jetzt gefundenes Schreiben an Wyttenbach aus dem Jahre 1813 verdeutlicht:

> Lieber Herr Bibliothekär!
> Ich freue mich, Ihnen mal für die Stadtbibliothek mit einem schönen Werk Freude – zumal bei der freudeleeren Zeit – machen zu können: ich erhielt izt das französische Originalwerk über die Königin Christine v. Schweden, welches Jean Arckenholz, einen Finnländer, zum Verfasser hat, kann daher die von Reiffstein zu Cassel gefertigte Übersetzung abgeben. Proficiat!
> Totus vester H[ermes].

[58] Franz (wie Anm. 5), S. 187f.

[59] Rudolf Stöwesand: Noch unbekannte Gutenbergbibeln und ein Überblick über die Entwicklung der Registrierung. In: Archiv f. Geschichte des Buchwesens 1, 1956, S. 490–512.

[60] Guido Groß: Johann Peter Job Hermes (1765–1833). Ein Trierer Sammler und Mäzen. In: Trierer Beiträge 14, 1984, S. 20–29.

[61] Kuhn (wie Anm. 51), S. 122f.

[62] Sie ist jetzt in der Berliner Zeitschriftendatenbank nachgewiesen.

Das französische Original in vier Bänden kam dann 1829 zur Stadtbibliothek und ist ebenfalls erhalten[63].

Im Katalogsaal der Stadtbibliothek Trier hat Hubert Schiel 1957 eine feierliche Inschrift anbringen lassen:

> Die Stadtbibliothek Trier geht in ihrer heutigen Gestalt auf das Jahr 1798 zurück. Ihren Grundstock bilden die Bibliotheken der 1473 gegründeten Universität und des 1560 errichteten Jesuitenkollegs. Hierzu kamen die teilweise sehr alten Büchersammlungen der 1802 aufgehobenen Klöster des Trierer Raumes: Die Benediktinerabteien St. Eucharius-St. Matthias, St. Marien, St. Martin, St. Maximin und der Stifte St. German, St. Paulin und St. Simeon zu Trier, ferner die Bücherschätze der Abteien St. Salvator in Prüm, der Zisterzienserabtei Himmerod, der Augustinerklöster Eberhardsklausen und Springiersbach. Die Stadtbibliothek wahrt dieses kulturelle Erbe und weiß sich seinem humanistisch-abendländischen Geist verpflichtet...

Wir haben zu Beginn gehört, daß die Erwähnung der 1473 gegründeten Universität zumindest mißverständlich ist, weil es eine eigene Universitätsbibliothek zunächst nicht gab. Aber die Gründung der Jesuitenbibliothek als Grundstock der Stadtbibliothek war 1560 vor genau 425 Jahren. Ich möchte eine solche Zahl nicht überbewerten, aber zum Schluß des Vortrages doch erwähnen. Das verträgt sich auch damit, daß 1979 durch Richard Laufner der 175. Wiederkehr des Jahres 1804 mit dem Übergang der durch die Säkularisation stark vergrößerten Bibliothek in städtische Trägerschaft gedacht worden ist[64].

Es kommt nicht auf die Jubiläumsdaten an, sondern darauf, daß die Geschichte tägliche Wirklichkeit ist. Die seit 1560 erworbenen und die von den Klöstern und Stiften zugeflossenen Handschriften und Bücher sind realiter vorhanden und werden laufend benutzt. Insofern dient die Buch- und Bibliotheksgeschichte nicht nur der Kenntnis der Vergangenheit, sondern auch dem Verständnis des kulturellen Erbes, das wir heute betreuen und der Benutzung zugänglich halten.

[63] (Jean Arckenholtz:) Memoires concernant Christine Reine de Suède, pour servir d'eclaircissement à l'histoire de son règne ... 4 Bde. Amsterdam und Leipzig 1751–1760. Mit bibliographischen Eintragungen von J.P.J. Hermes. StB Trier 9/534 4°. Historische Merkwürdigkeiten, die Königin Christina von Schweden betreffend; zur Erläuterung der Geschichte ihrer Regierung... 4 Bde. Leipzig und Amsterdam 1751–1760. StB 9/536 4°. Eintrag von der Hand Wyttenbachs: *Biblioth. publ. Trevirensis ex dono domini J.P.J. Hermes Treviri, 1813*. Darin lag noch das Begleitschreiben.

[64] Es fand ein Kolloquium statt: Zur Geschichte rheinischer Stadtbibliotheken. Referate zum 175jährigen Jubiläum der Stadtbibliothek Trier 1979. Hrsg. von der Stadtbibliothek Trier. Trier 1980 (Sonderheft d. Kurtrierischen Jahrbuchs).

Abgekürzt zitierte Literatur:

Armaria Trevirensia. Beiträge zur Trierer Bibliotheksgeschichte. Zum 75. Deutschen Bibliothekartag in Trier hrsg. von Gunther Franz. Wiesbaden 1985 (Bibliotheca Trevirensis. Veröffentlichungen der Stadtbibliothek und des Stadtarchivs Trier Bd. 1).

Kostbare Bücher und Dokumente aus Mittelalter und Neuzeit. Katalog der Ausstellung der Stadtbibliothek und des Stadtarchivs Trier. Bearb. Gunther Franz unter Mitarbeit von Reiner Nolden. Trier 1984 (Ausstellungskataloge Trierer Bibliotheken Nr. 8).

Friedrich Spee. Dichter, Seelsorger, Bekämpfer des Hexenwahns. Zum 350. Todestag. Katalog einer Ausstellung der Stadtbibliothek Trier. Hrsg. von Gunther Franz. Trier 1985 (Ausstellungskataloge Trierer Bibliotheken Nr. 10).

Schlußwort der Vorsitzenden des Vereins der Diplom-Bibliothekare an wissenschaftlichen Bibliotheken zum 75. Deutschen Bibliothekartag

ULLA USEMANN-KELLER

Das Schlußwort, meine sehr verehrten Damen und Herren, liebe Kollegen und Kolleginnen, zu halten, nach einer inhaltsreichen Diskussion wieder zum Monolog zurückzukehren, tagungsmüde und heimreisewillige Teilnehmer noch weitere 10 Minuten auf ihren Stühlen zu halten, ist nun seit Jahren die nicht immer dankbare Aufgabe des Vereins der Diplom-Bibliothekare an wissenschaftlichen Bibliotheken. Funktionen der Schlußworte sollen wohl sein: Zusammenfassung des Geschehens zu geben, nicht Gesagtes in Windeseile nachzutragen, Ausblicke auf Künftiges anzudeuten, Dank zu sagen.

Letzteres werde ich mit Vergnügen – und wie ich hoffe in ihrer aller Namen – tun, auf die anderen Punkte dagegen verzichten. Wiederholungen als pädagogisches Element wäre, da es sich ja um eine Fortbildungsveranstaltung gehandelt hat, durchaus legitim. Aber wo beginnen und vor allem wann enden bei diesem umfangreichen Programm? Das nicht Gesagte dient Ihnen vielleicht als Anreiz bzw. könnte den Ausgangspunkt für neue Themenwünsche bilden; außerdem bleibt noch der heutige Abend und die morgigen gemeinsamen Ausflüge als die letzten Gelegenheiten zum Gedankenaustausch.

So bleibt mir also Dank zu sagen:

Die Vorbereitungen für dieses Treffen in dieser alten, nun auch von uns gefeierten Stadt begannen im Sommer letzten Jahres mit den Direktoren der hier ansässigen Bibliotheken. Die harmonische und gute Zusammenarbeit ließ dann diesen Bibliothekartag entstehen. Die organisatorische Hauptlast trug die Universitätsbibliothek. Im Tagungsbüro bewältigten Frau Girradet und ihre Kollegen und Kolleginnen den Ansturm auf Trier und seine Bibliotheken souverän. Herr Wessel war immer da, wo er gebraucht wurde. Herr Hundemer und Herr Dr. Ott standen den Vereinen ein Jahr aufgeschlossen zur Seite, ein Bielefelder Pensionär übermittelte vorjährige Erfahrungen, die Stadt Trier verwirklichte ihre zugesagte Hilfe. Die Vorstände der Vereine möchten sich recht herzlich bedanken.

Danken möchten wir ebenso den Vortragenden, den Ausstellern, den Politikern, die sich unserer Sache annahmen, der Universität für ihre Gastfreundschaft, den Kollegen und Kolleginnen der Trierer Bibliotheken, die diese Mehrarbeit für uns alle auf sich genommen haben. Für die Pressearbeit und deren Koordination engagierten sich Dr. Reich und Peter Borchardt. Und danken möchte ich Ihnen, daß Sie so zahlreich dieser Einladung gefolgt sind; begründen Sie doch damit weiterhin das Bedürfnis nach überregionaler Kommunikation und Fortbildung. Insgesamt konnten wir 1733 Teilnehmer in diesem Jahr begrüßen, davon 59 Ausländer aus

Belgien	Niederlande
Dänemark	Österreich
Großbritannien	Schweiz
Italien	USA
Luxemburg	VR China

Die Umbruchphase in den Bibliotheken, die wir uns zum Teil und mangels erforderlicher Distanz immer noch nicht recht bewußt machen, die eingeleitet wurde durch Einführung der Technologie und deren Weiterentwicklung und die fortgeführt wird durch Sparmaßnahmen im Sach- und Personalbereich, verlangt, daß wir bibliothekarische Aufgaben und Ziele neu definieren. Die Personalverbände versuchten dem Rechnung zu tragen durch die Erarbeitung neuer Berufsbilder. Das des VDB liegt bereits seit einem Jahr vor, während die Mitgliederversammlung des VdDB das „Berufsbild der Diplom-Bibliothekare im Wandel" hier in Trier verabschieden konnte.

Vieles hat zwar die Bibliotheken gezwungen, den Dornröschenschlaf aufzugeben: Die Entwicklung der Technik, die unruhige Marktwirtschaft mit Preissteigerungen und Arbeitslosigkeit, sich rascher verändernde juristische Voraussetzungen, ich denke dabei an Preisbindungsprobleme, an beabsichtigte Nivellierungen bei Steuer- und Zollfragen und angestrebte Korrekturen im Kopierrecht, die sinnvollerweise nicht alle Eingang in das letzte Woche verabschiedete neue Gesetz zum Urheberschutz gefunden haben.

Die Anforderungen an die Bibliotheken haben sich verändert. Ich denke hier an die Steigerungen in den Benutzungsbereichen. 41,6% mehr Fernleihen und 7,7% mehr Ortsausleihen mußten zum Beispiel 1984 bewältigt werden, während die Personalsituation der Bibliotheken unverändert blieb.

Intensivere Bibliotheksbenutzung erfordert mehr Personal. Der Personalbedarf in den Katalogisierungsabteilungen wird dagegen rückläufig sein, und Bildschirmarbeitsplätze erfordern einen veränderten Arbeitsrhythmus. Das Angebot von Teilzeitarbeit mit allen Vor- und Nachteilen, Arbeitsbeschaffungsmaßnahmen und befristete Arbeitsverträge sollen helfen, die Arbeit auf möglichst viele zu verteilen.

Mit all diesen hier nur angedeuteten Problemen und Veränderungen werden wir uns intensiv beschäftigen müssen. Es ist wichtig, ausreichend Erfahrungen in der Neustrukturierung unserer Arbeitswelt zu sammeln, vor deren Wirklichkeit nicht die Augen zu verschließen, d. h., daß die Bibliotheken – obwohl der

Tradition und Konvention durch ihre Aufgabenstellung verschrieben – entsprechend den äußeren Rahmenbedingungen gezwungen werden, experimentierfreudigere Lösungswege zu gehen.

Sichtbar wird die Ignoranz derer, die Arbeit haben, gegenüber denen, die sie suchen. Und sichtbar werden die Hemmungen der arbeitslosen Bibliothekare, sich auf den Arbeitsämtern zu melden. Diese Meldung garantiert zwar nicht die sofortige Vermittlung eines Arbeitsplatzes, schafft aber den Abbau der Dunkelziffer über die Arbeitslosigkeit in unserer Berufssparte. Berufsverbände wie Gewerkschaften sind machtlos, für ihre Mitglieder einzutreten, wenn die Betroffenen durch den Rückzug in das Private diese Hilflosigkeit provozieren. Bundespräsident von Weizsäcker sagte in seiner Laudatio auf Octavio Paz anläßlich der Verleihung des Friedenspreises des Deutschen Buchhandels im letzten Jahr „Kultur ist Politik". Bibliotheken sind wie Museen, Theater u. ä. Institutionen, Kultureinrichtungen und damit aufgerufen, sich politisch zu verhalten. Auch wenn ich hier nur aus der Sicht der Berufsverbände spreche, sind wir Bibliothekare doch der Teil, der für die Verwaltung bestimmter Kulturgüter zuständig ist. Für die Lösung unserer Probleme sind wir gezwungen, aus der geschaffenen Isolation herauszutreten, Öffentlichkeitsarbeit zu leisten, in den Dialog mit den gesellschaftlichen Strukturen zu treten, d. h. wir müssen politisch handeln.

So wie wir es noch immer hinnehmen müssen, als schlechter bezahlte Nichttechnische Bedienstete im Öffentlichen Dienst den Sparwillen des Staates mitzutragen, macht z. B. die Absenkung der Eingangsämter im gehobenen sowie im höheren Dienst den Berufseinstieg nicht gerade attraktiv, auch wenn Ausführungsvorschriften vom Ende des letzten Jahres für einige die Härten gemildert haben.

Da solche besoldungs- und tarifrechtliche Änderungen öffentliche und wissenschaftliche Bibliotheken gleichermaßen treffen, ebenso wie beide Sparten unter Stellenreduzierung und Mehrarbeit leiden, empfiehlt sich ein engeres Zusammenagieren der bibliothekarischen Berufsverbände. Damit ist es an der Zeit, über Möglichkeiten für Kooperationen zur Erreichung gemeinsamer Ziele nachzudenken, neue Wege zur Bewältigung veränderter Rahmenbedingungen zu suchen und zu finden.

Nur manchmal empfinde ich wie Rainer Maria Rilke „... der Mut ist so müde geworden, und die Sehnsucht so groß". Vielleicht ist es diesem 75. Bibliothekartag gelungen, aus Sehnsucht – also Wünschen und Vorstellungen – wieder den Mut zu wecken. Damit würden die Bibliotheken als Kulturspeicher, die der Vergangenheit verpflichtet sind und für die Zukunft arbeiten, der Gegenwart gerecht.

Mit dieser Gegenwart werden wir uns im nächsten Jahr erneut beschäftigen. Dazu darf ich Sie schon heute im Namen der beiden Vereine nach Oldenburg einladen. Damit schließe ich den diesjährigen 75. Deutschen Bibliothekartag in Trier.